DOCUMENTS

ANCIENNES CORPORATIONS DES ARTS ET MÉTIERS

DE CHAMBÉRY

ET DE

QUELQUES AUTRES LOCALITÉS DE LA SAVOIE

PERSONNEL ECCLÉSIASTIQUE

DU

DIOCÈSE DE CHAMBÉRY

DE 1802 A 1893

Par L. MORAND

Secrétaire perpétuel de l'Académie de Savoie
Chevalier des Saints Maurice et Lazare

CHAMBÉRY
IMPRIMERIE SAVOISIENNE, 5, RUE DU CHATEAU

1893

ACADÉMIE DES SCIENCES
BELLES-LETTRES ET ARTS DE SAVOIE

DOCUMENTS

Vol. VII

DOCUMENTS

ANCIENNES CORPORATIONS
DES ARTS ET MÉTIERS
DE CHAMBÉRY
ET DE
QUELQUES AUTRES LOCALITÉS DE LA SAVOIE

PERSONNEL ECCLÉSIASTIQUE
DU
DIOCÈSE DE CHAMBÉRY
DE 1802 A 1893

Par L. MORAND

Secrétaire perpétuel de l'Académie de Savoie
Chevalier des Saints Maurice et Lazare

CHAMBÉRY
IMPRIMERIE SAVOISIENNE, 5, RUE DU CHATEAU

1893

DOCUMENTS

ANCIENNES CORPORATIONS DES ARTS ET MÉTIERS DE CHAMBÉRY

ET DE QUELQUES AUTRES LOCALITÉS DE LA SAVOIE[1]

Par L. MORAND,

Secrétaire perpétuel de l'Académie de Savoie,
Chevalier des Saints Maurice et Lazare.

CORPORATION DES TAILLEURS

Patentes de maistre et surintendant des tailleurs de Savoie de Jean Janin, de Chambéry.

Emmanuel Phillibert par la grâce de Dieu duc de Savoye, prince de Piedmont, à tous ceux qui ces présentes verront salut.

Comme, tant pour la malice que défaut de prieurs, de plusieurs tailleurs et confrairies de notre ville de Chambéry, sont commis journellement abus et malversations, au grand préjudice et dommaige du public, pour à quoi obvier et remédier cy après, Nous a semblé bon y pour-

---

[1] Voir le volume IV, IV⁰ série des *Mémoires de l'Académie*, page 37.

voir par provision et constituer personnage suffisant et cappable, en tittre de maistre et surintendant dudict métier de tailleur et confrairie, aux fins d'avoir socil et soing de réformer tels abus et reléguer les compagnons dudict métier qu'il cognoistra pas estre cappables, le tout en attendant que, après une réformation par quatre de maistres jurés, Nous y ayons aultrement ordonné,

Sçavoir faisons que, Nous confiant en la personne de Pierre Janin, tailleur et natif de nostre ville de Chambéry, pour le bon et louable rapport, qui faict Nous en a esté, et de ses forces, suffisance, loyauté, prudhomie, expérience et bonne diligence, iceluy, pour ses causes consultées, à ce Nous mouvant, avons créé, constitué et estably, créons, constituons et estabissons, par esdites présentes, maistre surintendant dudict métier de tailleur, cousturier, et réformateur des abus qui se commettent en iceluy dans notre ville de Chambéry, et, pour les office et surintendance, créons aux honneurs, autorités, prérogatives, prééminence, libertés et droicts accoustumés et qui y appartiennent, et pour avoir force et superintendance de réformer ceulx qui commettent abus et fraudes audit métier de tailleur, et de réléguer ceulx qu'il cognoistra n'estre suffisants de telle charge, à la charge toutefois qu'il ne s'y commette aucun abus, et le tout par provision comme dessus et jusques à ce que, après une réformation générale des maistres jurés, aultrement y soit esté par nous prononcé,

Mandons, commandons et enjoignons à tous les maistres tailleurs et compagnons dudit métier, que Pierre Janin le recognaissent pour maistre, superintendant et réformateur des abus, et luy, ces choses touchant et concernant ladite charge et superintendance, obéissent et entendent diligemment, car tel est nostre vouloir.

En témoignage de quoy Nous avons signé ces présentes de notre main et sceller faict icelles de nostre scel accoustumé. Donné à Chambery le vingtième octobre mil cinq cent soixante neuf.

Signé E. Phrt. — Milliet[1].

*
* *

Ordonnance de Me Pierre Janin, surintendant des tailleurs de Chambéry.

M° Pierre Janin, maistre tailleur et superintendant audit art, remonstre qu'il lui est venu à notice que plusieurs, s'entremettant dudit art et profession, commettent infinité d'abus, malversations, et indeues exactions, au préjudice du public et de la charge et aucthorité audit Janin octroyées, en l'assistance de Jean Claude Le More, aussy tailleur, nommé et convenu par les aultres tailleurs et couturiers, suivant l'arrest du dernier août 1570 et estat par les sieurs scindiques de la présente ville, notamment ès poincts et choses cy après déclarées :

En premier lieu, aulcungs s'entremettent de leur boutique et font profession dudict art sans licence et congé dudict Janin, maistre tailleur, et dudit More, son assistant, auxquels préalablement ils se doibvent addresser pour estre créés et pour cognoistre de leur cappacité à la forme de ses lettres et du présent arrest, de quoy s'ensuyvent plusieurs inconvénients ; car aulcungs, par ignorance dudict art et pour ne l'avoir bien appris, gastent l'étoffe des accoustrements, et aultres qui sont forains et incogneus, soubs prétexte de telle licence qu'ils s'attribuent de leur propre authorité, font amas d'accoustrements, et en après remuent mesnage, vendent, engagent et empochent, ce qui est digne d'animadver-

---

[1] *Archives du Sénat*, vol. XIX *bis*, fol. 9, 1579.

sation et correction pour obvier audicts abus et inconvénients.

Aulcungs aussy, en plus grande fraude de l'authorité et pouvoir concédés audict Janin par Son Altesse, travaillent secrettement en chambre, sans estre receus, n'y avoir faict essays ou chefs d'œuvre pour estre passés maistres audict art comme dessus, et par le moyen de quoy, ledit maistre tailleur, sondict assistant et aultres, qui sont cappables et receus, deviendront inutiles de leurdit art et profession, et d'ailleurs le public y est grandement intéressé pour les causes sus-dites.

Il y a encore à considérer que, si tels apprentis non receus sont recogneus en leur faulte et qu'ils ayent commis quelque fraulde et larcin, ou autre acte illicite, craignant d'en estre punis et corrigés, ils tachent entre eulx de se prester la main et se supporter en leurs faultes pour les couvrir, tellement que l'apprenti cognoit des faultes de l'aultre et les aultres aussy, sans le congé dudit Janin et de sondit assistant, s'entremettent de visiter les acoustrements, au préjudice des pouvoir et authorité octroyés à icelluy Janin et de l'arrest sur ce ensuivy, et, oultre ce, font plusieurs indeues actions.

De quoy advertys lesdicts Janin et assistant, et afin qu'il ne semblast de convenir avec eulx pour le debvoir de sa charge, suyvant les lettres de premission qu'il a sur ce obtenues de Son Altesse et enterinées par le Sénat, il est pourveu par requeste, le huitiesme aoust dernier, par laquelle il a remonstré sommayrement ce que dessus, et a esté dit quelle sera monstrée à monsieur le procureur général.

Je concluds donques, suyvant les fins de ladite requeste, et, ce faisant, pour obvier aux abus, fraudes et malversations qui se commettent, à faulte de tenir main et regarder sur les cas susdits, il soyt inhibé à toutes personnes vollant faire profession dudit art, de lever boutique sans le congé et licence dudict Janin, comme superintendant, et dudict Claude Le More, tallieur, esleu et nommé pour connoistre de la cappacité, preudhomie et suffisance de telle personne.

Semblablement inhibé à tous n'estans receus pour maistres dudict art de travailler en lieux secrets, sans advis de maistre cogneu, par le commandement et sallaire duquel ils travaillent.

En outre, inhibé de s'entremettre de faire aulcune visitation de besogne dudit art et pour rayson de laquelle y aura peine pour le dol, fraude et malversation qui y peuvent estre commis, attendu que telle visitation et cognoissance appartient directement audit maistre Pierre Janin, surintendant, en l'assistance dudit Jean-Claude Le More, à la forme de ses lettres et arrets d'intherinement d'icelles.

Et que lesdites inhibitions seront publiées, à son de trompe, par les carreffours de ceste ville et aultres lieux en dépendans, afin que nul n'en prétende cause d'ignorance en après, qu'il sera par ledit Janin superintendant procédé a sommayre apprise et inquisition contre ceulx qui se treuveront avoyr contrevenu auxdites inhibitions, et pour, sur le proces verbal qui en sera faict et rapporté par ledit Janin, en l'assistance dudit Jean-Claude Le More, et aultres qu'il pourra appeler, estre prononcé comme de rayson. Signé DUROBIN, procureur.

Veu les lettres de maistrise obtenues par maistre Pierre Janin, suppléant, — l'arrest du Sénat par lequel est dict que ledict Janin jouyr de sadite maistrise et fère tout acte d'icelle à l'assistance d'ung qui sera choisy et nommé par les aultres talliers et cousturiers, en la présence des scindiques de la présente ville, — la nomination et eslection dudict assistant, faicte comme dessus, de la personne de maistre Claude Le More, — les capitulations, les règlements nommés en advant que

Pierre Janin et More assistant, contenus au placet sus escript sommayrement par maistre Pierre Janin et Durobin le procureur genéral, informé des grands abbus, fraudes et tromperies que commettent plusieurs des cousturiers nouveaulx, ignares et mal aprins au mestier, et par lesquels plusieurs accoustrements de gens de bien sont mal faicts et gastés, puys s'absentent et se retirent hors de ce pays, au grand dommage et perte de ceulx qui ont à faire avec eulx, dict qu'il n'empesche que ledit Janin procède à la correction, représentation et chastiment desdits abbus, et aultres fins contenues audict plaid, fasse ses inhibitions et deffenses y contenues, en l'assistance toutefoys dudict Mouroz et, où il escherroit cognoissance de coust, que les parties soient renvoyées par devant le juge mage de Savoye, pour régler les parties sommairement sur les différentes oppositions, ou appellations, qui pourroient rehussir, et donner main forte stricte d'après règlements. Faict à Chambéry le 4 février 1578[1].

Teneur de lettres patentes de maistre surintendant des tailleurs en faveur de François Cartier.

VICTOR AMÉ par la grace de Dieu, duc de Savoye, Chablais, Aouste et Genevois, prince de Piémond, etc.

Estant nécessaire de pourvoir à la charge de maistre juré et intendant sur les tailleurs d'habits, en nostre ville de Chambéry, vaquante long temps y a par le décéds de feu maistre Blaise Pontelly, et de la commettre à personne qui sache congnoistre les manquements, et intelligences de ceulx qui veulent entreprendre ledit

---

[1] *Archives du Sénat*, vol. XIX *bis*, fol. 9, 1579.

art, pour éviter les abbus et corriger les fautes d'où ils procèdent principalement, bien informé que maistre François Cartier, à l'imitation de feu son père et de ses frères, mesme de celluy qui sert à Madame, est fort expérimenté audit art, et que nous ne pourrions faire meilleure ellection pour la charge susdite.

A ceste cause, Nous avons icelluy, maistre François Cartier, constitué et depputé, et, par ces présentes, de nostre certaine science, pleine puissance souveraine, et pour l'advis de nostre Conseil, constituons et députons maître juré et intendant en l'art des tailleurs d'habits en nostre ville de Chambéry, avec auctorité de congnoistre sur la capacité de ceulx quy voudront entreprendre ledit art, sur les différends qui pouroient arriver entre lesdicts tailleurs, et entre iceulx et particuliers, et ordonner sur les abbus et manquemans quy seront commis, et à la satisfaction des intéressés, par l'advis des plus intelligens dudit art, tant ainsy que faisoit ledit Pontelly, et aux autres honneurs, auctorités, prérogatives, privilèges, droicts et advantages, qui en dépendent et dont jouissoit son prédécesseur, à la charge qu'il prestera le serment en tel cas accoustumé.

Si donnons en mandement à nos très chers biens amés et féaulx Conseillers, les gens tenants nostre Sénat en Savoye, et tous autres nos Magistrats, Ministres, Officiers, Vassaulx et Juges qu'il appartiendra, d'observer les présentes et estimer, tenir et réputer ledit maistre François Cartier pour maistre juré et intendant comme dessus, le faisant et laissant user lesdits honneurs, auctoritez, prérogatives, prééminences, privilèges, advantages et droicts susdicts, sans difficulté. Car ainsy nous plaist.

Donné à Quérasque, ce 20 juillet 1831.

Signé V. AMÉDÉE [1]

---

[1] *Archives des tailleurs.* (Livre des marchands tailleurs de Chambéry).

*
* *

Lettres de jussion du duc Victor-Amédée Ier au Sénat de Savoie pour l'entérinement des lettres-patentes en faveur du maitre surintendant des tailleurs, François Cartier.

Victor Amé par la grâce de Dieu duc de Savoye, Chablais, Aouste, Genevois, prince de Piedmond,

A nos très chers bien aimez et féaulx Conseillers, les gens tenans nostre Sénat audit Savoye, salut.

Receu avons l'humble supplication de maistre François Cartier contenant qu'il auroit obtenu de nos Lettres cy attachées, soubs le contrescel de notre Chancellerie, lesquelles il n'auroit peu présenter et poursuivre l'homologation, entérinement et vériffication, dans le temps à ce faire préfix, pour plusieurs empeschemans à luy survenus, ce qu'à present il désireroit faire. Mais, d'autant que ne les vous ayant présentées dans le temps à ce introduict par le stil, vous ne fassiez difficulté de passer oultre à la vérification et entérinement d'icelles, il désireroit, sur ce, lui estre pourveu de remède convenable, humblement requérant iceluy.

Pour ce est il que Nous, ces choses considérées, désirant subvenir à nos subjects selon l'exigence des cas, Nous mandons et ordonnons par ces présentes qu'ayez à procedder à l'entérinement et vériffication desdictes lettres, selon leur forme et teneur, nonobstant qu'il ne les aye présentées dans le temps ; que ne luy voulons nuire ny préjudicier en aucune manière que ce soit, ains en tant que de ce soin l'en avons relevé et relevons par ces présentes de nostre grâce spéciale, pleine puissance et auctorité souveraine, stil, rigueurs de droit et autres choses à ce contraires nonobstant.

Donné à Chambéry le premier juin mil six cens trente trois. Signé par le conseiller Perrin. Scellée [1].

*
* *

Statuts de la Confrérie des tailleurs.

Au nom de Dieu soit notoire et à chacun manifeste que l'an prins à la nativité de Nostre Seigneur Jésus Christ courant mil cinq cent nonante quatre, et le mardy seiziesme jour du mois d'aoust, lendemain du jour et feste de l'Asumption de Nostre Dame, dans l'église paroissiale de Sainct Légier, à Chambéry, au devant la chapelle sous le vocable de l'Asumption Nostre Dame, après la célébration de la messe et autres divins services accoutumés faire par semblable jour que ce jourdhui, en ladicte chapelle à l'honneur de Dieu et de la glorieuse Vierge Marie, sa mère, et prière pour les deffuncts tailleurs et autres confrères trespassez, à ce assemblez en la manière accoustumée, se sont comparus et présentés pardevant moy, notaire et commissaire ducal audict Chambéry soubsigné, et en présence des tesmoings soubsnommés :

Honorable Blaise Pontelly, maistre juré et superintendant en l'art des tailleurs d'habits, esleu pour Son Altesse en ce pays de Savoye, et bourgeois dudict Chambéry, honorable Hugues Moncellin, Pierre Dagand, modernes prieurs, André Cartier, Anthoine Brun dit Tallabard, Anthoine Blanchet, Jehan Cornus, Gabriel Palatin, Humbert et Loys Baston, frères, Jehan Treyssard, François Gevaud, Henry Rivollier, Claude Cappitan, Mauris Blardet, Claude Pointet, Jehan Michellier, Blais

---

[1] *Archives des tailleurs.* (Livre des marchands tailleurs de Chambéry).

Dagand et Laurent Coppier, tous tailleurs et confrères de la confrérie accoustumée estre s'observer en l'honneur de la glorieuse Vierge Marie, audict Chambéry, ledict jour de l'Asumption,

Lesquels de leurs bon grez et franche volonté, pour eux et les leurs audict art de tailleur et confrairie susnommés, tant en leurs noms propres que des autres tailleurs et confrères, pour lesquels ils se sont faict fortz, affirmant estre les deux tiers, voire plus des trois faisant le tout, ayant au préalable chacun d'eux donné sa voix et conféré ensemble, et, suyvant ce, nommé et esleu pour nouveaux prieurs, ainsy que de tout temps immémorial a esté observé, sçavoir : ledict hon. Lois Baston, premier, et ledict Jehan Michellier, second, aux charges et honneurs accoustumés et qu'appartiennent à tel office de prieur en ladicte confrairie, et, en signe de vraie élection et nomination, leur avoir esté ravisé par lesdicts Moncellin et Dagand, cy devant prieurs, les charges accoustumées, portées pour marques de prieur, qu'iceulx Loys Baston et Michellier, prieurs nommés comme dit estre, auroient acceptées, avec promesses de rendre leur devoir, selon leur possibilité, audict office, suyvant ce qu'ils se trouveront estre tenus, tant d'ancienne coustume qu'institution de ladicte confrairie,

Ont iceux maistres jurés, prieurs jadis et modernes, et autres tailleurs et confrères susdicts, tous d'un commun accord et tant à leurs noms que des autres leurs confrères tailleurs, dit, transigé et accordé pour l'entretien et collaboration, tant de la sainte messe qu'autres services en ladicte église Saint Légier et chapelle de Nostre Dame, ce que cy après s'ensuit :

En premier lieu, que dès à présent et par après se continuera, chacune année et d'année en année à perpétuité, semblable eslection de nouveaux prieurs en ladicte église Sainct Légier, après la messe dicte et autres divins saincts offices célébrés audevant ladicte chapelle Nostre Dame, sçavoir, le jour de dimanche préceddant ladicte feste de l'Asumption de Nostre Dame, sans attendre le jour de ladicte feste, ny lendemain, afin que les prieurs modernes sachent à qui mettre le crochon du pain bénist, que se fera ledit jour de Nostre Dame, et tous ensemble, tant modernes que nommés, ayant moyen et donnant ordre chacun pour son regard à ce qui sera de leur devoir.

Item, aussy que dès à présent et à perpétuité, chaque année, à tel jour et feste de l'Assumption de Nostre Dame, quinzieme du mois d'aoust, se fera faire un presche ou sermon de la parolle de Dieu en ladicte église Sainct Légier, et après ledict sermon, la procession accoustumée faite, sera célébré et dit audevant de ladite chapelle la sainte messe à diacre soubsdiacre, laquelle messe à respondre en musique ; auquel presche, comme aussi à ladicte procession et célébration de ladicte messe, assisteront lesdicts maistres jurés, prieurs et autres confrères et tailleurs, quy y pourront assister,

Lequel jour, sera faict par lesdicts prieurs susnommés et esleus, et autres qui seront cy apres esleus après eulx, un beau pain bénit et charité, auquel y aura la farine de demy veissel de beau froment, à la mesure de cette ville plus ou moins, ainsy que leur bon plaisir et possibilité sera ; lequel pain bénist sera porté à offrir à ladicte procession et pendant la célébration de ladicte messe, et, en après, distribué aux assistans audict divin office en ladite église, comme jà cy devant esté de bonne coustume faict,

Et sera donné en ausmone, pour l'honneur de Dieu, aux pauvres, ledict jour et feste de Nostre Dame, au mois d'aout par lesdicts prieurs et autres quy seront suyvamment nommés après eux, sçavoir: en pain, la quantité ou valleur d'autre demy veissel de pur froment, mesure susdite, plus ou moins aussi selon leur bon plaisir et volonté ou possible,

Et en outre, seront tenus lesdicts prieurs susnommés et autres advenir de prendre garde, ledit jour et feste de Nostre Dame, quinziesme jour du mois d'aoust, s'il y aura d'huille à la lampe accoustumée estre ardante devant l'ymage de la glorieuse Vierge Marie, en ladicte chapelle, et où il n'y en aura, sera tenu celuy quy offrira le pain, achepter, ledit jour, d'en mettre et la remplir. Quoy fait, sera tenu ledit Sr Recteur à ladicte chappelle, et, de ce il le pourra s'en prendre garde, afin qu'il ne s'espande ou respande, comme aussi se continuera, en ladite chappelle, la célébration de la sainte messe, laquelle aussy se dira à diacre et soubsdiacre, avec les *Exaudi* et autres divins services, le lendemain de ladicte feste Nostre Dame, semblable jour que ce jourdhui, et, laquelle messe et autres divins services, assisteront lesdicts maistres jurés, prieurs et autres confrères tailleurs, afin de prier Dieu pour l'âme des trépassés tailleurs, leurs confrères.

Item, qu'en ensuivant ces bonnes et louables coustumes, observées cy devant en ladite confrairie, sera dicte et célébrée, en ladicte chapelle de Nostre Dame, par messire Facioz Cappitan, prebtre, à present recteur d'icelle, de quoy lesdicts maistres jurés, prieurs et autres tailleurs confrères susnommés, le prebtre et ses successeurs, recteurs de ladicte chapelle, s'engagent, une petite messe, tous les dimanches à perpetuité, à la celebration de laquelle assisteront lesdicts maistres jurés, prieurs et autres tailleurs et confrères, qui y pourront assister, et se remettra ledict pain bénist qu'auroit esté anciennement accoutumé de faire, — lequel pain bénist s'offrira des à présent, de dimanche en dimanche, à ladicte messe, de ce sera de confrère en confrère, leur vie durant, et successivement par leurs successeurs confrères en ladicte confrairie.

Lequel tour de dimanche, sera tenu celui qui offrira ledict pain benist fournir une chandelle ou deux de bonne cire et honnestes, pour le luminaire de ladicte messe, ou bien fournir ledict luminaire au bon plaisir et dévotion de celuy qui offrira ledit pain bénist, et selon le temps auquel ladicte messe se dira, sauf de la torche seulement qui s'allume à la célébration du Sainct Sacrement de l'hostie Nostre Seigneur Jesus Crist, laquelle torche se prendra des ordinaires de ladicte confrérie, pour la célébration de laquelle grande messe et autre divin service qui se dira ledit jour Nostre Dame du mois d'aoust, sera payé au sieur curé ou vicaire de présent, et quy seront à l'advenir, par lesdicts prieurs susnommés, et autres, leurs successeurs, annuellement et à tel jour de ladicte feste de Nostre Dame, six florins monnoye de Savoye ; et pour la responce de ladicte messe en musique, comme sus est dit, autres six florins monnoye susdicte ; comme aussy payeront annuellement lesdicts prieurs et leurs successeurs, ledict jour et feste de Nostre Dame, ou le lendemain, audit messire Facioz Capitan, recteur susdict, et à ses successurs recteurs, afin qu'il leur plaise, et de ce, soient tenus de mieux en mieux rendre leur devoir à la célébration desdictes messes et autres divins services susdicts en ladicte chapelle, la somme de quinze florins monnoye de Savoye.

Et c'est, outre tous autres droicts et revenus qui luy appartiennent comme recteur susdict, et à sesdicts successeurs, et qui leur pourroient appartenir, suyvant et à la forme, ou par vertu des tittres, contracts et documens passés au proffit de ladicte chapelle et recteurs d'icelle, lesquels tittres et contracts seront remis dès à présent audict messire Facioz Capitan, à présent recteur susdict, en promettant, avec caution suffisante, de s'en charger et de les représenter toutes fois et quantes de ce il en sera requis, suivant l'inventaire et charge qu'en sera faite en deue forme, afin de les préserver et les pouvoir remettre, en après de luy, aux autres ses successeurs recteurs, ou bien de les renover, aussy que ce verra estre requis et nécessaire de faire.

Item a esté dit, promis, traité et accordé par lesdicts maistres jurés, prieurs et autres tailleurs et confrères susdicts, pour eulx et leurs successeurs en ladicte confrairie, qu'iceulx prieurs et autres leurs successeurs consécutivement seront tenus, d'année en année à perpétuité, surtout dudict office de prieur, de représenter et remettre aux prieurs, qui seront nommés à leurs places, trois torches avec deux chandelles, le tout en cire blanche et honneste, pour être préservées et entretenues pour le luminaire de ladicte chapelle, ou autre service divin, qu'il conviendra faire, ainsy qui sera veu et advisé, selon les occurances et opportunités que ce trouvera estre, pour le service divin de ladicte chappelle avec compte et prestation du reliquat de ce qu'ils se trouveront avoir exigé et fourny pendant le temps qu'ils auront esté prieurs.

Et, afin que lesdicts prieurs présens et advenirs, ayent moyen payer et fournir, et par conséquent rendre leur devoir chacun d'eux, pendant leur temps, à faire célébrer les messes et autres divins services et charges susdits, et autres qui pourroient survenir, selon l'occurance et nécessité des temps, a esté dict et accordé et transigé par lesdits maistres jurés, prieurs et confrères susdicts, pour eulx et leurs successeurs en ladicte confrairie, que tous maistres et chacun d'eux, soit tailleurs ou marchands, tenans boutique en ceste ville et faulxbourgs d'icelle, seront tenus de payer, chacune année, leur vie durant, aux sieurs prieurs et leurs successeurs, sçavoir : un florin monnoye de Savoye, plus ou moins selon leur pouvoir et bonne dévotion, ayant egard que c'est pour l'entretien du service divin et l'honneur de Dieu et de la glorieuse Vierge Marie, et afin de faire prier Dieu pour les deffuncts trespassés tailleurs et confrères.

Item, que tous maistres tailleurs et chacun d'eux, qui lèveront et entreront en boutique, soit en ceste ville, soit aux faulxbourgs d'icelle, seront tenus de payer, pour une fois, en entrant, au commencement à tenir boutique, aux susdicts prieurs ou à leurs successeurs, la somme de deux escus d'or en or, ou la vraye valleur en bonne monnoye de Savoye, sauf toutes fois est reservé, en ce, les enfants des maistres, natifs de cette dicte ville et faulxbourgs d'icelle, lesquels, en ce, seront privilégiez, et donneront ce que bon leur semblera, selon leur pouvoir et bonne dévotion.

Item, que tous apprentis et chacun d'eulx, venants en apprentissage de l'art de tailleur, en ladicte ville et faulxbourgs d'icelle, seront aussy tenus de payer à l'entrée de leur apprentissage, aussy pour une fois, auxdicts prieurs ou à leurs successeurs, la quantité d'une livre de cire bonne et pure, ou la vraye valleur, pour le payement de quoy seront responsables leurs maistres, sans aucune difficulté ; pour l'exaction desquelles choses seront tenus lesdicts prieurs et leurs successeurs porter la boite et faire la queste, comme cy devant il y a jà esté de bonne coustume faict.

Et finalement a esté dit, accordé et transigé que, pour obvier aux abbus quy se peuvent commettre par les tailleurs ignorans et ne sachant leur art, néanmoins tenans à se mettre en boutique comme maistres, sans licence et sans que l'on sache s'ils sont cappables pour faire tel mestier, que, dès à présent, il y aura tailleurs roulant leur boutique comme maistres, soit en cette dicte ville et faulxbourgs d'icelle, qui puissent entrer ou commencer à se dire maistres tailleurs en boutique, sans licence ou adveu, et par conséquent s'estre au préalable présentés pour faire chef d'œuvre ou estre interrogés sur leur suffisance et capacité, dudict maistre juré, en assistance des autres prieurs et plus anciens maistres tailleurs, qui seront à ces fins appellez ou nommés, tant de la part dudict maistre juré, que dudict tailleur qui voudra lever boutique, sy bon luy semble.

Promettans le tout Blaise Pontelly, maistre juré, Loys Baston, Jehan Michellier, prieurs nommés, Hugues Moncellin, Pierre Dagand, cy devant prieurs, André Cartier, Anthoine Brun dit Tallabard, Anthoine Blanchet, Jehan Cornu, Gabriel Palatin, Humbert Baton, Jehan Treyssard, François Linnard, Henry Vulliet, Claude Cappitan, Mauris Blardet, Claude Pointet, Blaise Dagay et Laurent Coppet, tous tailleurs et confrères susdicts, tant à leur nom que des autres tailleurs leurs confrères, et pour eulx et les leurs en ladicte confrairie et successeurs, par leur serment par chacun d'eulx ès mains de moy dict notaire presté, touchant les Ecristures, obligeans tous leurs biens, d'avoir à faire tenir fermes et stables les choses susdictes, ensemble tout le contenu en ce contract, sans y contrevenir, et, par ce, ont rénové à tous droicts et loix, par le moyen desquels ou desquels il pourroient, en manière que ce soit, aller ou venir au contraire des choses susdictes, mesme au droict disant la generale renonciation non valleur, sy la spécialle ne procedde.

Fait et prononcé à Chambéry. Présens à ce ledict messire Facioz Cappitan, recteur susdict, messire Jehan Ballan, prebtre chanoine régulier au prioré Saint Joire, et honnorable Anthoine Bertet, clerc en ladite église Sainct Légier, tesmoings à ce requis et appelés. Signé enfin de la minutte de ce contract, Pontelly, maistre juré assistant, Brun dict Tallabard présent, Jehan

Ballan présent, Capitan prebtre présent, et moy Guillaume Rondet, notaire et commissaire ducal à Chambéry, qui a receu, prononcé et stipullé le contract susdit, et ce requis par lesdictes parties, et icelluy expédié pour lesdicts maistres jurés, prieurs et autres tailleurs et confrères et leurs successeurs en ladicte confrairie de l'Asumption de Nostre Dame susdicte, et, ce faisant, me suis icy soubscript et signé de mon seingt mannuel accoustumé.

En foy et tesmoignat de verité de ces choses y contenues, jaçoit d'autre main que la mienne il soit escrit.

Signé Rondet.

Le susdict contract et transaction a esté extraict de l'original expédié en faveur dudict honnorable Blaise Pontelly, maistre juré susdict; et pour avoir, les premiers cy devant esleus, perdu et égaré l'original à eulx expédié, ont requis à moy dict notaire ducal soubsigné, leur signer le présent pour leur servir en temps et lieu, ce que j'aurois fait après deue collation faite à son dit original, qu'est demeuré entre les mains dudict honnorable Pontelly.

Fait à Chambéry, dans les cloistres Saint François.

Signé J. Jerugnier, notaire [1].

Bulle d'Innocent X en faveur de la confrérie des tailleurs de Chambéry.

Innocentius PP. X

Ad perpetuam rei memoriam. Cum, sicut accepimus, in parochiali ecclesia Sancti Leodegarii oppidi Cambe-

---

[1] *Archives des tailleurs.* (Livre des marchands tailleurs de Chambéry).

riensis, gratianopolitanæ diœcesis, una pia et devota utriusque sexus Christi fidelium confraternitas Beatæ Mariæ Virginis, non tamen pro hominibus unius specialis artis canonicè erecta, seu erigenda existit, cujus confratres et consorores quam plurima pietatis et charitatis opera exercere consueverunt, Nos, ut confraternitas predicta majora in dies suscipiat incrementa, de omnipotentis Dei misericordia, ac Beatorum Petri et Pauli Apostolorum ejus auctoritate confisi, omnibus utriusque sexus Christi fidelibus, qui dictam confraternitatem in posterum ingredientur, die prima eorum ingressus, si, verè pœnitentes et confessi, sanctissimum Eucharistiæ sacramentum sumpserint, plenariam, necnon tam descriptis quam pro tempore describendis in dicta confraternitati confratribus et consororibus, in cujuslibet eorum mortis articulo, si verè pœnitentes et confessi et sacra communione refecti, vel quatenus id facere nequiverint, saltem contriti, nomen Jesu ore, si potuerint, sin minus cordè devotè invocaverint ;

Etiam plenariam aliam eisdem predesignatis in tempore existentibus confratribus et consororibus verè quoque pœnitentibus et confessis ac sacra communione refectis, qui predictæ confraternitatis ecclesiam vel capellam seu oratorium, die festo Assumptionis Beatæ Mariæ Virginis, usque ad occasum solis festi, huc singulis annis devotè visitaverint et ibi pro chistianorum principum concordia, hæresum extirpatione, ac sanctæ matris Ecclesiæ exaltatione, pias ad Deum preces effuderint ;

Plenariam similiter omnium peccatorum suorum indulgentiam et remissionem misericorditer in Domino concedimus insuper eisdem verè pariter pœnitentibus et confessis ac sacra communione refectis, qui præfatam ecclesiam vel capellam seu oratorium in Conceptionis, Purificationis, Annunciationis et Nativitatis ejusdem

Beatæ Mariæ Virginis festis diebus, ut predictum visitaverint et oraverint ;

Quo die predictorum id egerint, septem annos et totidem quadragenas ;

Quoties vero missis et aliis divinis officiis in dicta ecclesia vel capella seu oratorio pro tempore celebrandis et recitandis, aut congregationibus publicis vel privatis, ipsius confessis ubivis facientibus interfuerint, aut pauperes hospitio susceperint, vel pacem inter inimicos composuerint, aut componi fecerint vel procuraverint, ac etiam qui corpora defunctorum, tam confratrum et consororum hujusmodi quam aliorum, ad sepulturam associaverint, aut quascumque processiones de licentia ordinarii facientes, summumque Eucharistiæ sacramentum, tam in processionibus quàm cum ad infirmos ac alios quoscumque et quomodocumque, pro tempore, deferetur, comitati fuerint, aut si impediti, campane ad id signo dato, semel orationem dominicam et salutationem angelicam dixerint, aut etiam quinquies orationem ac salutationem easdem pro animabus defunctorum confratrum et consororum predictorum recitaverint, aut demum aliquem ad viam salutis reduxerint, et ignorantes præcepta Dei et ea quæ ad salutem sunt, docuerint, aut quodcumque aliud pietatis, vel charitatis opus exercuerint, toties pro quolibet prædictorum operum, sexaginta dies de injunctis eis, seu alias quomodolibet debitis pœnitentiis in forma ecclesiæ consueta relaxamus, quibus perpetuis futuris temporibus valituris.

Volumus autem ut si alias dictis confratribus et consororibus, præmissa peragenda aliqua alia indulgentia, perpetuo vel ad tempus nondum elapsum duratura, concessa fuerit, præsentes nullæ sint : vel si prædicta confraternitas alicui archiconfraternitati, aggregata jam sit, vel in posterum aggregetur, vel quavis alia ratione uniatur, seu etiam quomodolibet instituatur, priore et quævis aliæ litteræ apostolicæ illis nullatenus suffragentur, sed ex tunc eo ipso prorsùs nullæ sint. Datum Romæ apud Sanctum Petrum sub annulo Piscatoris, die XVI martii MDCXXXXVI, Pontificatus Nostri anno secundo. M. A. MARATÆUS.

Permittitur et commendatur hujus perpetui indulti apostolici publicatio per totum Sabaudiæ decanatum, juxta suum tenorem et formam. Camberii, vigesima quarta junii anni millesimi sexcentesimi quadragesimi sexti. PILLET, *offic.*[1]

*
* *

Acte d'eslection faict par les tailleurs de Chambéry de quatre maistres jurés, 2 mai 1646.

A tous qu'il appartiendra certifie et rapporte, je Claude Vachier, notaire ducal, bourgeois de Chambéry, que ce jourdhui, second mai mil six cent quarante six, ont comparu pardevant moi notaire ducal de Chambéry soubsigné, dans ma banche, heure de midi, honorable Bartholomé Revel, maistre tailleur et procureur de la confrérie des tailleurs de la présente ville, lequel m'auroit exhibé une requeste par luy présentée au souverain Sénat de Savoye, le trentiesme avril dernier, année courante, portant qu'il pleut au Sénat authoriser :

Premièrement de s'assembler pour estre procedé à la nomination de quatre maistres jurés, par le décès de feu honorable François Quartier, vivant maistre tailleur près de la présente ville, offrir de lever quantité d'habutz qui se commettent, tant à la réception des tailleurs que pour les autres négoces et affaires de leur confrérie, laquelle requeste, ayant esté monstrée au sei-

---

[1] *Archives des tailleurs.* (Parchemin.)

gneur procureur général, il aurait par ses conclusions noté au bas d'icelle, du second courant mois de may, déclarer n'empêcher leur assemblée, laquelle aurait esté permise en suite de ces conclusions par décret du Sénat de ce jourd'hui, signé Janus d'Oncieu, soubsigné Goddar, et auroit ledict Revel, en qualité susdicte, ensuite dudict décret, prié et requis pour les autres maistres tailleurs de la présente ville, nottamment les cy bas nommés de comparoir dans les cloistres de Sainct François de la présente ville, aujourdhui heure susdite de midy, attendant eux pour procéder à la nomination, me requérant à ces fins de me vouloir transporter audict lieu, pour chacun des maistres recepvoir leur voix aux fins narrées, par laquelle requeste cy jointe, ce que je luy ai accordé, où estant ont comparu tous les maistres tailleurs cy après nommés, lesquels, l'un après l'autre et séparément, ont baillé leur voix par le commun consentement de chacung d'iceux, ainsy que cy après s'ensuit :

Sçavoir, ledit honnorable Bartholomé Revel a nommé honneste Jean Genevois et Thomas Gallet pour hommes, et, pour femmes, honneste Pilibert Pugin et Estienne Jaquemin. Etc.

Suivent sous cette même formule, les noms des maistres restants et ceux des candidats nommés. — Les premiers sont, après Bartholomé Revel :

Jacques Paviot, Jean Boisset, Antoine Rey, Benoit Tardy, Gabriel Morel, Jacques Batalliard, Jean Louis Marchandon, Claude Raffin, Nicolas Nicod, Nicolas Baud, Pierre Gobert, Jean Artod, Jean-Claude Bizonnet, Philibert Pugin, Claude Ropio, Humbert Courtois, Pierre Alliod, Amédée Burdin, Antoine Durand, Pierre Frasset, Humbert Pernet, Guillaume Morel, Claude Bovier, Benoit Collomb, Charles Villard, François Bovier, Antoine Bovier, Antoine Gachet, Antoine Vallier, André Revra, Pierre Porrier, Claude Durat, Odde Girard, Ayme Pitit, Estienne Jacquemin, Joachim Rey, Claude Dunant, Dominique Joly, Louis Fressard, Estienne Richard, Jacques Percherand, Jean Genevois, Claude Viollet, Pierre Periaz, Humbert Chabod, Claude Convers, Girard Vacquier, Pierre Revillod, Claude Pitit, Jean-Claude Jaquin, Pierre La Grave, Maurice Gonthier, Thomas Galley, Jean Bourgeois, François Chapuis, André Regueraz, Jaques Mantel, Claude Rafin.

Et, sur ce, lesquelles nominations faictes par les maistres tailleurs ainsy assemblés, se trouvent esleus pour maistres tailleurs jurés lesdits Genevois, Galley, Pugin et Odde Girard, lesquels ont accepté la charge, suivant quoy j'ai iceux renvoyé pardevant qui sera estably par le Sénat pour prester le serment en tel cas requis, suivant les fins de la requeste, et d'en dresser le procès verbal pour leur servir ainsy que de raison.

A Chambéry, les ans et jour susdicts, suivant les réquisitions ainsi faictes par les maistres tailleurs.

Signé VACHIER [1].

*
* *

Teneur de contract portant assemblée faicte par les maistres tailleurs de la présente ville.

Du premier apvril mil six cent septante un, pardevant moy notaire soubsigné, et présents les temoins bas nommés personnellement establis dans le lieu de la Grenatte accoustumé faire assemblée :

Honnorable Claude Raffin, prieur de la confrérie des maistres tailleurs de la ville de Chambéry, honnorable François Charpenne et François Bouvier, procureurs de

---

[1] *Archives du Sénat*, vol. XL, fol. 317, 1639-1646.

ladicte confrérie, honnorable Christophe Briançon, honnorable Philippe Descote, honnorable Philippe Richard, honnorable Claude Beisson, honnorable Annibal Machet, honnorable Pierre Jacquin, honnorable Pierre Martin, honnorable Jean Jaquemin, honnorable Pierre Ponet, honnorable Antoine Rey, honnorable Jean-François Ropioz, honnorable François Gaymoz, honnorable Antoine Bioct, honnorable Benoist Jourdan, honnorable Estienne Rostain, honnorable Pierre Billion, honnorable François Léger, honnorable Pierre Moriton, honnorable Jullian Arnaud, honnorable François Rachon, honnorable Antoine Jon, honnorable Nicolas Thierry, honnorable Claude Meissonnier, honnorable Claude Claret, honnorable Bertrand Villiet, honnorable Joseph Dagan, honnorable Claude Bocquet, honnorable René Cathelin, honnorable Jean George, honnorable Claude Lambert, honnorable Charles Labbaye, honnorable Pierre Vectier, honnorable Claude Marion, honnorable François Chavoux, honnorable Antoine Bouvier, honnorable Jean Bouvier, honnorable Claude Guilliet, honnorable Joseph Bouvier et honnorable Benoist Laurent,

Tous maistres tailleurs de Chambéry, excédant les deux parts des trois, les trois faisant le tout, deubment assemblés, de leur gré et libre volonté ont d'une unanime voix nommé honnorable François Charpenne, maistre tailleur pour hommes, honnorable Jean Pierre Dunant et honnorable Annibal Machet, tous deux maistres tailleurs pour femmes, pour maistres tailleurs jurés pour trois années, à commencer ce jourdhui, absents, moy notaire pour eux acceptant et stipulant,

Et c'est pour examiner ceux qui voudront se passer maistres de leur dicte profession de maistres tailleurs avec honnorable Jean Genevois premier maistre juré et pour éviter et recognoistre les habuts et manquements qui se pourroient commettre de leurdicte profession, iceux corriger, et, par ces mesures présentes, ont aussy convenu et arresté entre eux de faire homologuer le présent, afin qu'il soit observé en tous et chacung ses poincts, soit articles qui s'ensuivent, comme aussy qu'en bien que tous les maistres qui voudront estre receus dans la confrérie seront examinés en présence des quatre maistres jurés, procureurs et prieurs de ladicte confrérie, de huict maistres des plus capables, et le parrain qui représentera aux maistres.

N'estant capable celuy qu'il représentera et ne respondant pertinemment aux interrogats que luy seront demandés, ledict parrain sera condamné à l'amende à la discrétion desdicts maistres ; et, estant capable, à payer les droicts de la chapelle qui sont de vingt-deux florins ou la valleur de deux escus d'or, comme est porté pour la vieille transaction, et quattre ducatons aux maistres jurés, et une messe pour les deffuncts, et, pour lesdictes lettres, cinq florins.

Comme aussy, que les filles des maistres qui se marieront avec un garçon taillieur, ledict garçon tallieur sera obligé à faire chef d'œuvre et sera examiné par lesdicts maistres, comme les autres maistres, et estant treuvé capable payera les droicts de la chapelle au prieur tant seulement ; et, que de trois ans en trois ans on changera de maistres tailleurs jurés ; et, qu'il ne sera permis à aucun tailleur de travailler dans la chambre, ny autrement, qu'il ne soit passé maistre tallieur.

Et ainsy a esté délibéré en publique assemblée, au lieu de la Grenatte, le 1er apvril 1671. Présents, Claude Rebotton et Joseph Clerc, habitant audit Chambéry, tesmoins requis. Signé au pied de ma minutte, Claude Guilliet, François Gaymoz, Jean Bouvier, Cathelin, Jean-François Ropioz, Antoine Bioct, Bovier, Charles de Labaye, Descoste présent, François Léger, Jean Jacquemin, Jean George, Jean Gabourd, Claude Lambert et Joseph Bouvier, et moy notaire ducal soubsigné. Le présent receu requis, après avoir ballié acte aux parties, et prononcé en ladicte assemblée, publique et accepté par les susnommés. Signé BESSON, notaire [1].

**

Règlement pour les tailleurs de Chambéry, 1726.

1° Le corps des tailleurs s'assemblera chaque année le dimanche avant l'Assomption de Notre-Dame pour établir le prieur de leur confrérie, deux maîtres jurés pour hommes et deux pour femmes, qui seront élus à la pluralité des voix, sans qu'aucun puisse refuser tels emplois, à peine de deux livres d'or applicables à la confrérie, sauf ceux qui les auront déjà occupés l'année précédente, qui ne pourront pas continuer deux années de suite. Cette élection faite, l'on lira dans l'assemblée, à haute et intelligible voix, tous les règlements et statuts qui regardent ledit corps, et l'on remettra tous les titres de la confrérie aux nouveaux élus, qui s'en chargeront et recevront le compte du prieur précédent, qui aura dû exiger les droits de ladite confrérie pendant l'année.

2° Personne ne pourra à l'avenir exercer la profession de tailleur pour hommes ou pour femmes, dans la ville de Chambéry, fauxbourgs et dépendances, soit en boutique, soit en chambre, sans avoir été examiné par le corps, approuvé par les deux maîtres jurés, travaillé fidèlement de ladite profession cinq années, de quoi ils feront conster par les maîtres chez qui ils auront travaillé, et sans avoir au moins cent livres de biens stables, ou une caution pour semblable somme ; après

---

[1] *Archives du Sénat,* vol. XLV, fol. 251 *verso,* 1664-1672. — Suivent la teneur de la requête au Sénat et le décret d'homologation.

quoi, ils seront admis à l'exercice de ladite profession, en payant dix livres à la confrérie, s'ils sont sujets, et vingt s'ils sont étrangers, et trois livres à chacun des deux maîtres jurés, sauf les fils de maîtres, habitans de la ville, qui ne paieront à la confrérie qu'une livre de cire, ou la valeur en argent; et, si quelqu'un vouloit exercer ladite profession pour hommes et pour femmes, il paiera la moitié de plus.

3° Chaque tailleur sera tenu pour sa famille, ses apprentis et ses sarrons, de tous les dommages et désordres qui pourront arriver chez lui concernant son art.

4° Au cas que quelqu'un se plaigne qu'un tailleur lui a mal fait un habit, qu'il l'a gâté, ou en quelque façon endommagé, l'on s'en tiendra alors au sentiment des deux maîtres jurés d'hommes ou de femmes, selon que sera l'habit, lesquels ayant prêté serment entre les mains du juge de police, ou des assesseurs, estimeront le dommage, et lesdits juges feront ensuite satisfaire l'intéressé, ou en faisant refaire l'habit, s'il se peut, ou en le faisant payer. Le tailleur paiera, en outre, le quart de la valeur du dommage à la confrérie, sans pouvoir exercer sa profession qu'il n'ait satisfait, ou payé; et un tailleur, qui aura été trouvé trois fois en faute, ne pourra plus exercer sa profession comme maître dans la ville et dépendances, à peine de cinquante livres pour chaque fois qu'il contreviendra à cet article. Les maîtres jurés seront payés de leurs peines ou par le tailleur qui aura manqué, ou par l'accusateur qui aura calomnié, et ce, suivant la taxe du juge.

5° Ceux qui voudront se plaindre d'un tailleur, ne pourront le faire que dans cinq jours après la rémission des habillemens, s'ils sont de la ville, et dans huit, s'ils sont étrangers; passé lequel temps, ils ne seront plus reçus.

6° Si un tailleur prend plus d'étoffe qu'il n'en faut

pour un habillement, il paiera la valeur de ce qu'il aura pris de trop à celui à qui est l'habit, et la même valeur à la confrérie ; et ce, ensuite du sentiment des jurés, comme dessus.

7° Si quelqu'un a donné commission à un tailleur de prendre de l'étoffe pour un habit, et que l'étoffe ne soit pas bonne, le tailleur sera obligé de la payer, à moins qu'il fasse conster qu'il n'en a pas trouvé de meilleure, et d'en avoir averti celui qui lui en a donné commission.

8° Dès qu'un sarron ou sarrelle ont commencé de travailler chez un maître pour un temps, ils n'en pourront pas en sortir avant l'expiration d'iceluy ; et ne s'étant point engagés pour un temps fixe, ils seront obligés d'avertir le maître huit jours avant d'en sortir, sans quoi aucun autre maître ne pourra les prendre, à peine de vingt livres applicables à la confrérie, à moins que cela soit du consentement du premier maître.

9° Tous les apprentis paieront à la confrérie une livre, en entrant en apprentissage, dont les maîtres seront responsables, et seront obligés à cet effet, de consigner les apprentis, entre les mains du prieur de la confrérie, dans quinze jours après qu'ils auront pris, à peine de cinq livres applicables à la confrérie.

10° Sous le nom de tailleurs, tous ceux qui travaillent aux habillements d'hommes ou de femmes, soit hommes, soit femmes, de même que les chaussetiers sont compris.

11° Tout tailleur qui se sera chargé de faire quelque sorte d'habillements pour un temps, et qu'il n'aura pas fait, paiera cinq livres à la confrérie, outre les dommages que son retard pourrait causer à la partie ; et ce, à moins qu'il ne fasse conster de quelque tardon légitime, qui puisse avoir causé ce retard.

12° Tous ceux qui, quinze jours après la publication du présent, travailleront en leur particulier du métier

de tailleur, soit en boutique, soit en chambre, sans
avoir été admis et approuvé, donner caution et juré
d'exécuter ce que dessus, paieront vingt livres à la confrérie, lesquelles, aussi bien que les autres peines pécuniaires cy dessus, seront exigées chaque année par le
prieur et serviront pour les réparations de la chapelle,
célébration des offices divins, et autres frais qu'il conviendra de faire à la confrérie ; et chaque contrevenant
devra les payer, sans pouvoir prétexter d'aucuns privilèges ou exemptions [1].

Délibération et Règlement du 18 aoust 1805.

Aujourd'hui 30 thermidor an 13 (18 aoust 1805), les
marchands tailleurs de la ville de Chambéry et ses faubourgs se sont réunis en société chez l'un d'eux, pour
délibérer sur les moyens à prendre, à l'effet de solenniser la fête de N.-D. de l'Assomption, ainsi que l'ont
pratiqué leurs prédécesseurs depuis plusieurs siècles.

Il conste par les lettres patentes des anciens souverains de la cy devant Savoye, en date des 20 juillet 1631
et 1er juin 1633, le décret rendu le 13 juin 1633 par le
souverain Sénat de ladite province, et les bulles de
LL. SS[tés], que, depuis l'année 1578, lesdits marchands
tailleurs s'étaient organisés en maîtrise privilégiée et
en confrérie sous le vocable de N.-D. de l'Assomption,
que dès lors ils ont solennisé cette fête avec pompe et
sans interruption jusqu'en l'année 1792, époque de la
Révolution.

Il est bien à regretter que l'on ne puisse représenter
le tableau des anciens confrères maîtres tailleurs qui se

---

[1] *Archives municipales de Chambéry,* n° 988.

sont succédés pendant ce long espace de temps, tel qu'il existait par ordre de date de leur réception, année par année. Le livre des délibérations, où étaient inscrits leurs noms et prénoms, ainsi que l'élection des syndics et jurés, se trouve à ce moment froissé et déchiré par l'effet des circonstances sur les vicissitudes des choses humaines causées par la Révolution.

La Société, en jetant un voile sur le passé et sans s'écarter de l'ordre des choses établi par les lois, désirant rétablir cette harmonie qui caractérise l'ordre social, laquelle a toujours existé parmi les confrères de l'art des marchands tailleurs de cette ville et ses faubourgs, après avoir invoqué l'intercession de la Vierge Marie, leur patronne, a arrêté d'un accord unanime les articles réglementaires suivants, pour être exécutés, dans leur forme et teneur, par les membres composant ladite confrérie et leurs successeurs.

Art. 1er. — Toutes les années au 15 aoust, les marchands tailleurs de la ville de Chambéry et ses faubourgs feront à leurs frais solenniser leur fête, sous le vocable de N.-D. de l'Assomption, ainsi que l'ont pratiqué leurs prédécesseurs, dès l'année 1578, et, à cet effet, ils choisiront l'église qui leur paraîtra la plus commode et la plus convenable de celles fixées par la loi.

Art. 2 — Il sera célébré ledit jour une grande messe à diacre et sous-diacre, ensuite la bénédiction du Très Saint Sacrement. Mais, avant la messe, il sera fait une procession pendant laquelle l'on chantera l'hymne *Ave, maris stella*.

Art. 3. — Le lendemain de ladite fête, il sera aussi célébré une messe de *Requiem* pour le repos de l'âme des confrères tailleurs et tailleuses décédés et qui auront été inscrits membres de l'association sur un registre ouvert à cet effet. Les membres de la Société seront invités à assister à ces cérémonies religieuses.

Art. 4. — Il sera chaque année nommé un prieur, ainsi que cela s'est toujours pratiqué. La veuve d'un marchand tailleur pourra remplir cette fonction avec le titre de prieure en chef.

Art. 5. — Il sera aussi nommé un sous-prieur qui, l'année suivante, remplacera de droit le prieur, dans les fonctions qui lui sont attribuées.

Art. 6. — Les dames et demoiselles qui exercent l'art de tailleuses, pourront, si elles se font inscrire pour faire partie de l'association, être honorées de ce titre, si leur bonne volonté et leurs affaires le leur permettent, mais elles ne pourront choisir leur prieur que parmi les membres de l'association.

Art. 7. — Les prieurs ou prieures seront nommés, autant qu'il sera possible, par rang d'ancienneté dans l'art ; l'on pourra cependant, si le cas l'exige, en faire indifféremment le choix dans le corps.

Art. 8. — L'épouse d'un prieur sera toujours honorée du titre de prieure, quoiqu'elle n'exerce pas cet art.

Art. 9. — Dans le cas que le prieur fût célibataire ou veuf, il devra choisir sa prieure dans le nombre des dames ou demoiselles de l'association.

Art. 10. — Les prieurs ou prieures sont seuls chargés du soin de faire parer l'autel où sera solennisé la fête de N.-D. de l'Assomption.

Art. 11. — Les prieurs, conjointement avec les sous-prieurs, feront chaque année, dans la quinzaine avant la fête de N.-D. de l'Assomption, la visite chez tous les marchands tailleurs et tailleuses, pour y recevoir les offrandes et rétributions nécessaires pour subvenir aux frais de la solennisation de la fête.

Le clerc de la Société sera chargé de les assister dans cette fonction.

Art. 12. — Chaque prieur aura soin de dresser un état des offrandes et rétributions qu'il aura perçues, sur lequel seront inscrits les noms et prénoms de chaque donateur pour être ensuite porté sur le Grand-Livre.

Art. 13. — Le prieur sera chargé de faire les recettes, dépenses et approvisionnements ; il remplira les fonctions de trésorier.

Il en fera un état particulier qu'il remettra à la Société, le jour du rendement de compte.

Art. 14. — Le rendement des comptes de la Société se fera, chaque année, le premier dimanche qui suivra fête de N.-D. de l'Assomption.

Tous les membres de l'association seront invités à s'y trouver.

Art. 15. — Il sera nommé quatre conseillers experts pour régler dans leur sagesse l'intérêt et le bien-être de la Société ; ils se concerteront avec le prieur et le sous-prieur, et feront tout ce qui sera en leur pouvoir pour maintenir la bonne harmonie parmi les membres de l'association.

Art. 16. — Ils seront chargés de la vérification des comptes de recettes et dépenses, délivreront les mandats nécessaires pour les paiements et actes de bienfaisance, et feront tout ce qu'ils croiront convenable pour améliorer et donner de la splendeur au respectable corps des marchands tailleurs.

Art. 17. — La charge de conseiller expert est fixée à quatre ans ; néanmoins celui qui, par sa moralité et son intelligence, aura mérité l'estime des membres de l'association, pourra être continué.

Art. 18. — La charge de conseiller expert n'excluera pas celle de prieur ; si l'un d'eux était appelé à remplir cette fonction, il pourra exercer l'une et l'autre, en prêtant tous ses soins, et avec zèle, pour l'intérêt de l'association.

Art. 19. — Si un membre de l'association, de l'un et de l'autre sexe, venait à être malade ou se trouver dans tout autre cas malheureux, deux des conseillers experts se transporteront auprès de lui, pour lui faire une visite de cérémonie, et lui rendre les secours que l'humanité exige.

Art. 20. — En cas de décès, quatre marchands tailleurs prendront le défunt chez lui et le porteront jusqu'au lieu où il doit être inhumé ; les autres accompagneront le convoi funèbre.

Cet usage aura lieu envers les dames et demoiselles tailleuses associées, et les épouses des marchands tailleurs, quoiqu'elles n'exerceraient pas l'état.

Art. 21. — Les conseillers experts sont chargés de faire avertir chaque marchand tailleur, toutes les fois qu'il y aura assemblée générale.

En cas d'urgence, ils se concerteront avec les prieur et sous-prieur, pour en convoquer une, et auront soin de désigner le jour et le local.

Art. 22. — Chaque assemblée se tiendra chez un des conseillers experts ; cependant, si le local ne se trouvait pas assez commode, elle pourra avoir lieu chez l'un des anciens membres de l'association.

Art. 23. — La signature des quatre conseillers et celle de quatre autres marchands tailleurs, membres de l'association, suffiront pour l'approbation d'une délibération faite par la Société.

Art. 24. — Le livre des délibérations portera inventaire des effets appartenant à la Société; il sera intitulé le Grand-Livre et sera soigné par l'un des conseillers experts que la Société aura chargé de ce précieux dépôt.

Art. 25. — Le premier dimanche qui suivra la fête de N.-D. de l'Assomption, jour du rendement des comptes, MM. les conseillers experts inviteront les confrères qui se trouveront présents à terminer la fête par un banquet frugal où présideront la douce harmonie et la pure gaîté.

Art. 26. — Les frais du susdit banquet seront acquittés par chaque confrère et par égale portion du prix.

Art. 27. — Chaque confrère invitera son épouse à assister au banquet ; dans le cas qu'il fût célibataire ou veuf, il y invitera celle pour qui il a le plus d'estime.

**

Statuts de la nouvelle société mutuelle des marchands tailleurs de Chambéry, approuvés par le Préfet de la Savoie, le 20 janvier 1872.

Titre Ier. — Dispositions générales. — Conditions d'admission. — Art. 1er. — La Société des tailleurs d'habits de notre ville a pour but le rapprochement de tous ses membres, d'établir entre eux un lien d'union et de fraternité, afin de s'aider et de se secourir mutuellement et de pratiquer les grands principes d'humanité et de solidarité.

Art. 2. — La Société se compose de membres titulaires et elle est indissoluble par elle-même, c'est-à-dire que personne ne peut demander sa dissolution, ni le partage des fonds.

Art. 3. — Pour être admis membre de la Société, il faut être maître ou ouvrier tailleur, habiter Chambéry depuis un an, être âgé de seize à quarante-cinq ans, se faire présenter par un sociétaire au conseil de l'administration et offrir à la Société toutes les garanties désirables de santé et de moralité.

Art. 4. — Celui qui aurait encouru une condamnation portant atteinte à l'honneur, à la probité et à la moralité, ne pourra être admis dans la Société, et en serait immédiatement exclus sans remboursement, s'il en faisait partie.

Art. 5. — Dans les réunions de la Société, il est interdit de s'occuper de questions politiques ou religieuses.

Titre IIe. — Administration. — Art. 6. — L'administration est composée d'un président, d'un vice-président, d'un secrétaire, d'un trésorier et de trois commissaires de section.

Art. 7. — Les membres de l'administration sont élus, chaque année, en assemblée générale, à la majorité relative et au scrutin secret ; ils sont rééligibles. Toutes les fonctions sont gratuites.

Art. 8. — Le président régit la Société, avec l'aide du conseil d'administration, il signe tous les actes et reçoit les réclamations des sociétaires, il convoque les membres de l'administration chaque fois que l'intérêt de la Société l'exige, il dirige la discussion dans toutes les réunions de la Société et doit toujours y maintenir l'ordre le plus parfait. Le sociétaire qui troublerait une réunion serait, séance tenante, passible d'une amende de cinquante centimes ; en cas de récidive, l'amende sera de deux francs.

En cas d'absence ou de maladie, ou par délégation, le président sera remplacé dans toutes ses charges par le vice-président.

Art. 9. — Le secrétaire est chargé de toutes les écritures de la Société, rédige les procès-verbaux des séances, vise et enregistre tous les mandats de recette et de dépense, contresigne tous les actes de la Société ; il peut s'adjoindre un second sous sa responsabilité.

Art. 10. — Le trésorier perçoit la cotisation des sociétaires et leur en délivre un reçu ; il est dépositaire des fonds et des titres de la Société ; il ne peut avoir à sa disposition plus de cent francs de numéraire, et ne délivre de l'argent que sur la présentation d'un bon signé par le président et le secrétaire.

Art. 11. — Les commissaires de sections sont chargés de recevoir les déclarations de maladie et de guérison, et d'en faire immédiatement rapport au président ; ils doivent également visiter le plus souvent les malades de leur section.

Art. 12. — Une commission de deux membres pris hors du conseil sera chargée de contrôler les livres et d'en faire un rapport aux assemblées semestrielles. Les sociétaires pourront également vérifier les opérations de la Société.

Titre IIIe. — Capital. — Art. 13. — Le capital social se compose de la somme de six cent cinquante-trois francs, provenant de l'ancienne Societé, et se continuera par le prix d'entrée qui est de deux francs, et de la cotisation de chaque sociétaire, qui est d'un franc par mois. Il sera néanmoins facultatif de donner une somme plus forte ; cet excédant servira à former un fonds de réserve pour dépenses ou charges imprévues, ou pour tout autre cas prévu par l'administration.

Art. 14. — Les fonds de la Société seront placés en son nom et ne pourront être retirés en totalité ou en partie qu'avec l'avertissement du conseil et la signature du président, du secrétaire et du trésorier.

Art. 15. — Le premier jeudi de chaque mois, d'une heure à trois, les sociétaires devront se transporter au domicile du trésorier, pour y faire le versement de leurs cotisations. Il leur sera facultatif de payer par anticipation plusieurs mois ou une année entière.

Art. 16. — L'administration de la Société devra se réunir en conseil chez le président, au moins une fois par mois, pour discuter les intérêts de la Société et recevoir les candidats. La discussion, l'admission ou le refus d'un candidat doivent être secrets.

Art. 17. — Les sociétaires seront convoqués en assemblée générale tous les six mois, dans un local pour ce destiné, afin de prendre connaissance de la situation morale et financière de la Société, et discuter les améliorations à introduire qui seront proposées par l'administration. Le secrétaire enregistrera les propositions que pourront faire les membres de la Société, afin que le conseil prépare la discussion par un rapport et le soumette à l'approbation de la prochaine assemblée.

Art. 18. — Les sociétaires ou membres du conseil qui, convoqués régulièrement, n'assisteront pas à la réunion, sans avoir auparavant motivé leur absence, seront passibles d'une amende de cinquante centimes, et d'un franc en cas de récidive. La même peine sera appliquée à celui qui n'assistera pas à la sépulture d'un membre de la Société.

Art. 19. — Les convocations pour sépulture ou assemblée sont confiées aux soins de l'administration.

Art. 20. — Au décès de la femme d'un sociétaire, la Société invitera les dames des associés à assister aux funérailles.

Titre IVᵉ. — Secours. — Art. 21. — En cas de maladie régulièrement déclarée au commissaire de section, il sera accordé au sociétaire malade un franc par jour pendant deux mois ; après ce terme, les secours seront continués, mais le conseil avisera à en fixer le chiffre, en se basant sur la position du malade et des fonds de la Société.

Art. 22. — Les candidats reçus n'auront droit aux secours que six mois après leur admission, il en sera de même pour les six premiers mois de la fondation de la Société.

Art. 23. — Lorsqu'un malade aura besoin de veilleurs

d'après l'ordre d'un médecin, deux sociétaires s'acquitteront de ce devoir à tour de rôle ; ils pourront cependant, en avisant le commissaire de série, douze heures d'avance, se faire remplacer ou changer de tour avec d'autres sociétaires, et, dans ce cas, ils devront présenter eux-mêmes leurs remplaçants ou s'entendre avec le commissaire, dans ce but. Celui qui, sans raisons légitimes données à l'avance, manquerait à ce service, serait passible de cinq francs d'amende, et il sera convoqué de nouveau.

Art. 24. — Les maladies provenant de rixes ou de libertinage, ne seront pas secourues.

Art. 25. — Ceux qui auront trois cotisations en arrière perdront tout droit aux secours, et seront considérés comme démissionnaires ; ils ne seront pourtant rayés des registres que s'ils restent une année sans régler leur compte ; en cas de décès, on assistera à leurs funérailles.

Art. 26. — Les sociétaires amendés ne pourront payer leur cotisation, sans avoir réglé leurs amendes, qui seront, en vertu du règlement, appliquées par le conseil d'administration.

Art. 27. — Les sociétaires qui seront reconnus abuser des secours et faire de la Société une spéculation, en seront privés immédiatement ; l'administration pourra même prononcer leur exclusion sans remboursement.

Art. 28. — Les membres de la Société se réuniront le troisième dimanche du mois d'août de chaque année, dans un banquet fraternel, pour célébrer les bienfaits du principe d'association.

Art. 29. — Tous les sociétaires devront être munis du présent règlement et l'observer ponctuellement.

Il contient à la suite un tableau sur lequel il sera fait reçu des cotisations.

Avant d'être mis en vigueur, ces statuts seront soumis à l'autorisation de l'autorité supérieure.

Art. 30. — Les présents statuts pourront être, sur la demande de plusieurs sociétaires, révisés par la commission ou par le conseil d'administration, dans ce qu'ils auraient d'imparfait ou de non prévu.

Vu et approuvé : Chambéry, le 20 janvier 1872.

Pour le préfet de la Savoie en congé, le secrétaire général, DELACHENAL [1].

---

[1] *Archives des tailleurs* (Livre des marchands tailleurs de Chambéry).

CORPORATION DES MENUISIERS

Statuts de la confrérie des menuisiers.

Du dimanche 29 julliet 1576, suivant la commission et permission obtenues du souverain Sénat cy attachées, en la présence de Mre Claude Buisson, curial de ceste ville de Chambéry, et de moy Jacques Bellin, notaire ducal dudict Chambéry, soubsigné, en la maison appelée Haultecombe, à Maché, fauboùrg dudict Chambéry, se sont assemblés les maistres menuisiers, sçavoir :

Honnorables Claude Jallier, Pierre Massonnat, Henry Prussane, Charles Fora, Nycolas Brignet, Amed Champrond et Nycolas Collomb, tous maistres menuisiers résidants en ceste ville de Chambéry, lesquels tant à leurs noms qu'aux noms des aultres maistres menuisiers absents, pour lesquels ils se font forts et promettent faire ratifier tout ce que cy après est ordonné et délibéré. Meuz de dévotion, voulliants ériger une confrérie soubs le vocable Saincte Anne, en la chapelle d'icelle fondée en l'esglise Saint Dominique, en ceste ville de Chambéry, et pour la manutention ou entretien d'icelle confrairie, délibèrent et ordonnent ensemblement et d'un commun accord, ainsi que cy après est posé article par article, suppliant très humblement le souverain Sénat de Savoye, le volloir confirmer et authentiquer et sur ce décerner toute provision nécessaire.

Premièrement ont délibéré et ordonné que toutes les années, le jour feste Saincte Anne, se fera un pain bény par les maistres menuisiers, lequel sera porté solennellement en l'esglise Saint Dominique de ceste ville de Chambéry, en la chappelle Saincte Anne, assistans tous maistres menuisiers, leurs femmes ensemble, aussy tous les compagnons menuisiers, sans nul exempter, sinon en cas de nécessité urgente, comme de malladie, ou qu'ils fussent absents loing d'une journée, et à ce porrons estre contraincts à peine contre le défalliant de l'amende de douze sols Savoye, laquelle amende le défalliant sera contrainct paier sans déport et sera mise dans la boîte qui por ce sera faicte.

Item, que toutes les années, le jour et feste Saincte Anne, sera dicte et célébrée une grande messe, en la susdicte chapelle Saincte Anne, le plus solempnellement que faire se porra, où sera bény ledict pain.

Item, que pour le luminaire de ladicte confrairie seront faicts deux gros cierges et deux petits, qui seront ardens, lorsqu'on célébrera la messe et divin office ledict jour et feste Saincte Anne.

Item, que tout homme qui vouldra s'ingérer lever boutique de menuisier dans la présente ville de Chambéry, faulsbourgs et franchises d'icelle, sera tenu payer et mettre en la boîte de la présente confrairie un escu d'or, s'il est estrangier, et, s'il est enfant natif de ladicte ville ou franchises d'icelle, ne paiera que la moitié et à ce sera contrainct par toute rigueur de justice, *etiam* par emprisonnement de sa personne et prompte expédition de ses biens.

Item, ont délibéré et ordonné que nul menuisier estrangier ne porra et ne luy sera loisible lever, ny tenir boutique, de maître menuisier, dans ladicte ville, faubourgs et franchises d'icelle, que préalablement il ne face copparoistre par bonnes et suffisantes attestations du lieu de son origine, qu'il est homme de bien, de bonne fame et réputation, ayant vescu et vivant catholiquement.

Item, ont ordonné que l'année proche venant, le jour et feste Saincte Anne, lesdicts maistres menuisiers, s'estant assemblés, ils fonderont une messe basse qui sera dicte et célébrée en ladicte chappelle Saincte Anne, tous les premiers jours des mois de l'an.

Item, que toutes les années se fera ung chanter en ladicte esglise Sainct Dominique, selon la faculté de l'argent que se trouvera dans la susdicte boîte.

Item, ont délibéré et ordonné que nul des maistres menuisiers ne retirera aucun compagnon sortant du service d'ung autre maistre, rière les franchises de ceste ville, pour luy donner aucune besoigne sans la permission du maistre qu'il aura dernièrement servi, à peyne d'un escu d'or qui sera mis dans ladicte boîte ou sera payé sans départ, et, à ce, porront estre contraincts comme dessus.

Item, que nul apprentis sera receu au mestier de menuisier, que au préalable il ne paye une livre de cire pour ladicte confrairie ; à faulte de ce, le maistre sera, comme dessus, contrainct la paier pour ledict apprenti et sans départ.

Item, que nul maistre ne recepve à son service aucung apprenti sortant d'avec aultre maistre menuisier, s'il n'a parachevé son temps avec son premier maistre, à peine d'un escu d'or applicable à la boîte, et de tous despens, dommages et intérest au presmier maître, à dire des aultres maistres ; et, à ce, seront contraincts comme dessus.

Item, que tous maistres menuisiers, comme le leur viendra quelque compagnon, seront tenus luy faire entendre les présentes ordonnances, afin qu'il n'en puisse prétendre aucune ignorance.

Item, que tous maistres menuisiers résidants et tenants boutique en ceste ville, faulsbourgs et franchises d'icelle, paieront et mettront tous ladicte amende au sort, dans ladicte boîte, deux sols de Savoye.

Item, que, chacung jour et feste Saincte Anne, seront

esleus entre lesdicts menuisiers deux prieurs, qui porteront ladicte boîte durant une année, et seront tenus, tous les samedis au soir, d'aller par toutes les boutiques des maistres menuisiers et aultres estans de la présente confrairie, pour recepvoir lesdicts deux sols et les mettre dans leur boîte, dans laquelle semblablement lesdicts prieurs mettront, tous les samedis, chacung deux sols, en présence de quelque autre maître menuisier.

Item, que, lorsque quelque compagnon menuisier passera par ceste ville, se trouvant en necessité d'argent, luy seront donnés cinq sols pour sa passade, lesquels seront prins dans la susdicte boîte.

Item, feront ung estui bois noyer, qui sera mis en ladicte chapelle, aux despens de tous les maistres, pour dans icelluy serrer et tenir les titres, droicts et aultres choses de ladicte confrairie.

Item, ont ordonné que quiconque se vouldra mettre de la présente confrairie paiera d'introge un florin, qui se mettra dans ladicte boîte.

Item, ont ordonné que, quand quelque maistre menuisier, ou bien maistresse, décèdera à Chambéry, ou bien rière ses franchises, tous les aultres maistres et maistresses seront tenus assister à son enterrement, fère porter les Jeux gros cierges et susdictes torches allumés, et que quatre desdicts maistres tiendront la carre du linceul qui sera sur le corps.

Item, qu'à chacung mortuayre, soyt de maistre, ou maistresse, chacung desdicts maistres et maistresses paiera un sol Savoye, qui sera mis dans ladicte boîte.

Et le tout que dessus a esté faict en présence de N. Jehan de Piochet seigneur de Sallin, Martin Bassonet et Amed Bertin, hoste à Maché, tesmoings. Signé Buysson, Bellin, notaire, Bussonnet, Bertin[1].

---

[1] *Archives du Sénat,* vol. XVIII, fol. 170, 1574-1577.

CORPORATION DES MAÇONS

Ordonnances, statuts et articles pour les prieurs de la confrérie des Quatre Couronnés et aultres maistres massons de la présente ville de Chambéry et franchises.

Premièrement ont délibéré et ordonné que, touttes les années, le jour et feste des saincts Quattre Couronnés, s'offre ung pain bénict par les maistres massons, lequel sera pourté solempnellement en l'esglise Desmains (de Lémenc), au grand autel, assistants au divin office et à la procession tous les maistres massons, leurs femmes ensemble, aussy tous les compagnons massons, sans nul exempt, sinon le cas de nécessité urgente, comme de malladie, ou qu'ils fussent absents loing d'une journée, et à ce pourront estre contraincts à peyne contre les défaillants de l'amende d'un florin, laquelle amende lesquels défaillants seront contraincts payer comme dessus, et sera mis dans la boyte que, pour ce, sera faicte.

Item, que, toutes les années, le jour et feste saincts Quattre Couronnés, sera dicte et célébrée une grande messe au susdict grand autel Desmains (de Lémenc), le plus solempnellement que faire se pourra, et faire bénir le pain.

Item, que, pour le luminaire de ladicte confrérie, seront faicts deux gros cierges et deux petits, que seront ardants lhors qu'on célébrera la messe et divin office, lesdicts jour et feste des saincts Quattre Couronnés.

Item, ont ordonné que, l'année proche venant, le jour et feste susdicts des saincts Quattre Couronnés, comme lesquels massons seront assemblés, ils fonderont une messe basse, qui sera dicte et célébrée au grand autel, toultes les dimanches succécutivement, et seront tenus tous les massons payer, l'ung après l'aultre, ladicte messe avec un petit pain bénict, laquelle messe et pain bénict les prieurs seront tenus exiger et recouvrer de ceux à qui le crochon sera estre donné.

Item, que chacung jour et feste saincts Quattre Couronnés, seront esleus, entre les susdicts massons, deux prieurs, qui porteront ladicte charge durant une année, lesquels, cas advenant qu'ils reffusassent fère la charge, seront contraincts.

Item, ont ordonné que, quand quelque maistre masson ou sa femme décèdera à Chambéry, ou bien riesre ses franchises, tous les susdicts maistres ou maistresses seront tenus assister à son enterrement, fère pourter les deux gros cierges et six cierges allumés, et quattre desdicts maistres tiendront le carre du linceul que sera sur le corps, et les absents seront tenus payer trois sols, qui seront mis dans ladicte boyste.

Item, que, à chaque mortuayre, soit de maistre ou de maistresse, chacung desdicts maistres ou maistresses paye un escu Savoye, que sera mis dans ladicte boyste.

Item, tous les maistres massons payeront annuellement, le jour et feste des saincts Quattre Couronnés, un florin, et les compagnons six sols, pour fère le service divin, et le tout sera mis dans ladicte boyste, et les prieurs tenus d'exiger d'ung chacung.

Item, que, toutes les années, se fera un chantal en ladicte esglise Desmains (de Lémenc), sellon la faculté de l'argent qui se trouvera dans la susdicte boyte, et seront tenus, tant les maistres que compagnons, bailler un sol pour chascung d'iceux.

Item, que tout homme qui vouldra s'ingérer lever hostellier de maistre masson, dans la présente ville de Chambéry, faubourgs et franchises d'icelle, sera tenu payer et mettre en la boyste de la présente confrérie ung escu d'or, s'il est étrangier ; et s'il est enfant natif de ladicte ville ou franchises d'icelle, ne payera que la moytié, et cas, sera contrainct par toutte rigueur de justice, *etiam* par emprisonnement de sa personne et prompte exécution de ses biens.

Item, ont ordonné que nul masson estrangier ne pourra et ne luy sera loysible lever hostellier de maistre masson dans ladicte ville, faubourgs et franchises d'icelle, que préallablement il ne fasse apparoistre par bonne et souffisante attestation du lieu de son origine, qu'il est homme de bien, de bonne fame et réputation, ayant vescu et vivant catholiquement.

Item, ont délibéré et ordonné que nul des maistres massons ne retirera aucung compagnon sortant du service d'ung aultre maistre, riesre les franchises de ceste ville, pour luy donner quelqu'une besoigne, sans la permission et consentement du maistre qu'il aura demeuré en service, à peine d'ung escu d'or qui sera mis dans ladicte boyste et sera payé sans départ, et, à ce, pourrait estre contrainct comme dessus.

Item, que nul apprentif ne sera receu au mestier de masson, que au préalable il ne paye une livre de cire pour ladicte confrérie, à faulte de quoi le maistre d'icelluy sera, comme dessus, contrainct de payer pour ledict apprenti et sans départ.

Item, que nul maistre masson ne recepvra à son service aulcung apprentif sortant d'un aultre maistre masson, s'il ne parachève pas son temps avec son précédent maistre, à peine d'ung escu d'or applicable pour ledict service divin, et de tous despens, dommages intérest dudict précédent maistre, ce dict des aultres maistres, et à ce seront contraincts comme dessus.

Item, que tous maistres massons, comme il leur viendra quelque compagnon, seront tenus lui fère entendre les susdites ordonnances, affin qu'il ne puisse prétendre cause d'ignorance.

Item, que quelconque qu'il y ait compagnon masson qui passera par ceste ville, se trouvant en nécessité d'argent, luy seront donnés cinq sols Savoye pour la passade, lesquels seront prins dans la susdicte boyste. Signé ROLET, lieutenant, et JOSSERAND, curial[1].

[1] *Archives du Sénat,* vol. XXXII, fol. 60, 1612-1615.

CORPORATION DES CHIRURGIENS

Règlement et statuts touchant la confrérie des Saints Cosme et Damien, érigée dans la présente ville de Chambéry.

INITIUM SAPIENTIÆ TIMOR DOMINI

Au nom de la Très Saincte et Indivise Trinité et de la très glorieuse Vierge Marie, mère de Dieu, et au nom et protection de Sainct Cosme et Sainct Damien, comme intercesseurs devant le throne de la majesté divine pour tous les confrères, qui devotement et catholiquement se sont sousmis sous leurs sauvegarde et dévotion, et particullièrement pour obtenir d'eux la grace de pouvoir deument et parfaictement exécuter leurs charges, tant au prouffit du public que pour l'honneur, tant commun que particullier de leur charge, tous les confrères soussignés commençants la très saincte et très louable confrérie desdicts Saincts, nos protecteurs, tant pour eux que pour lesdits articles ci-apprès, qui seront introduicts à ladicte confrérie, ont statué et délibéré devant Dieu de deument observer et volontairement exécuter lesdicts règlement et statuts de ladicte confrérie, cy apprès desduicts, aiants esté accordés comme religieusement, devottement et utilement par eux, communément assemblés pour cet effet, apprès avoir impétré l'assistance du Saint Esprit en une messe, pour cet effet publiquement célébrée, ce qu'ils ont faict de zèle et ardeur qu'ils ont en servant Dieu, avoir un protecteur devant son très auguste throsne, et pour s'entraisder et chérir, tant pour le prouffict du public et pour l'honneur de

Dieu, de la communauté et des particuliers, prions tous Dieu, tant pour eulx que pour leurs perpétuels successeurs, leur voulloir faire la grace. Signé Brondel, F. de La Fontaine, chirurgien, Vespre, chirurgien. Le 27 septembre 1634.

1. Le jour de la feste de sainct Cosme et sainct Damien, tous les confrères assisteront à la grande messe et autres offices divins, qui se feront dans la chappelle ce jour-là.

2. Le lendemain, apprès la feste susdicte, lesdicts confrères se treuveront aux anniversels et prières publiques, qui se feront pour tous nos maistres et confrères défuncts, pour prier pour leurs ames.

3. Et, cas advenant que quelques maistres ou confrères tombent malades, ou leurs femmes, sera tenu le prieur esleu ceste année de rendre son devoir comme bon chrétien et confrère.

Statuts pour l'union des confrères.

1. Et, d'autant que pour le règlement d'une communauté soict un chef qui ait soin du bien public de la confrérie, la communauté a commis et commet le plus ancien chirurgien pour estre prieur pour une année tant seulement, et l'année de ladicte prieurie suivante luy succédera sans élection le plus ancien après luy, et ainsi annuellement et consécutivement par ordre à perpétuité, jusques à revolvement au premier, s'il y eschoit.

2. Et, pour maintenir et contenir l'union entre les maistres chirurgiens, est convenu et establi entre eux amiablement que autre chirurgien ne pourra lever aucung appareil, tant à la ville qu'aux champs, que ce ne soit par le consentement du précédent chirurgien qui l'aura pansé, tant serviteurs qu'apprentis, et, cas advenant que le malade hors de ville requiert assistance de

quelque aide chirurgien, celluy ci, en tel cas pour ne pouvoir avoir l'assistance du premier, le pensera une première foys, et, avant que de passer outre, fera païer, ou paiera les précédents appareils.

3. Aulcung chirurgien ne pourra nouvellement ériger boutique sans le consentement des magistrats ou supérieurs, ou par eux, par attestation et par lettres, recogneu capable, et, à faute de ce, jusques aiant, qu'autrement, soit par iceux pourveu, le consentement de tous les maistres recognoissants de sa capacité, et, suivant ce, ne sera admis à la communauté, que le maistre esleu ne paye pour la chappelle une pistolle.

4. Tous les apprentis seront tenus, à leur entrée, de consigner à la boîte dudit prieur deux florins, et, à faute de ce, le maistre est responsable du tout pour les debvoirs et despenses de la chappelle.

5. Tous les maistres qui traicterons véroles et autres maladies de nottable blessure ou inconvalescence, recommanderont aux parties quelques offrandes pour la chappelle, qu'ils mettront dans la boîte commune de ladite confrérie.

6. Que, le jour de la feste, s'assembleront tous les maistres et confrères en lieu à ce par le prieur destiné, pour avant toutes choses convenir publiquement des comptes, des différends entre les confrères, accorder les inimitiés et prouvoir sur les contraventions des susdicts statuts, desquels présentement il sera décidé entre eux à la plusralité des voix, et seront conviés les condamnés d'amiablement satisfaire.

7. Et, cas advenant qu'il impourtat de prouvoir, avant ladite resligion de l'an, à quelque différend, ou autres choses, pour la communion ou pour les particulliers, audit cas le prieur assemblera les quatre plus anciens maistres audit lieu, pour vuider le differend, et, si eux ne le peuvent, assemblera la communauté au

jugement de laquelle seront tenus absolument se régler.

8. Auront principal soing, à leurs actions, de l'honneur et debvoir deubs à toute la médecine, en général, visant premièrement à ce but pratiquer l'honneur et mutuel debvoir qu'ils se doivent l'ung à l'autre, tant en ce qui concerne les mutuels conseils touchant leurs cures et mutuelles assistances, comme aussy touchant les mutuels prest des utils qu'ils ont, pour se les communiquer mutuellement les uns aux autres.

9. Le prieur de l'année sera tenu tirer quittance des messieurs les religieux de Saint-François, et retirera les torches et chandoilles et les remettra au prieur qui continuera par apprès, comme aussy l'argent que luy restera du rendant compte à tous les maistres.

10. Aucung maistre, lequel aura faict assistance de quelques praticques, ne sera tenu de ballier aucun argent mis à l'appareil.

11. Ne sera permis à aucung maistre de recepvoir aucung compagnon, qu'il n'ait demeuré trois mois hors la ville, et sans consentement du maître où il aura demeuré.

12. Comme aussy tous apprentifs seront tenus, le lendemain de la feste, d'assister pour sonner les cloches pour les trépassés eux-mêmes, si besoing en est.

13. Et s'il y a quelque maistre qui fust nécessiteux, le prieur sera tenu d'advertir les maistres pour l'assister, en faisant courir une boîte, chacung à sa devotion.

14. Cas advenant qu'il décéda quelque maistre, l'on fera faire son chantal le lendemain, ou autre jour qu'il sera accordé par les maistres.

15. Et, d'autant qu'en tous statuts la principale direction doit procéder de celluy qui est auteur de tout, seront principalement advertis tous les confrères en toutes leurs actions, soit despendantes des susdicts statuts que autres, d'avoir tousjours devant leurs yeux

Dieu comme présent et juge, tant de leurs dictes actions, que de leurs intentions, pour eux se régler entre eux comme bons confrères et chrestiens. Signé Brondel, F. de La Fontaine, chirurgien, J. Balle, chirurgien, Longy, chirurgien, C. Bizet, chirurgien, J. Laurent Vespre, chirurgien, J. F. Vizet, chirurgien, Truittat, chirurgien, J. C. Doncel, chirurgien [1].

Teneur des statuts touchant la confrérie des saincts Cosme et Damien, érigée dans la présente ville de Chambéry, tirés des anciens statuts, et auxquels a esté adjousté du consentement de tous les confrères pour éviter les abus qui pourroient se commettre par cy après, et, lesquels présents statuts ils promettent d'observer et faire observer soubs le bon plaisir du Sénat.

Premièrement, lesdicts maistres chirurgiens de la ville de Chambéry, soit faubourgs d'icelle, feront dire le jour des SS. Cosme et Damien, à leur chapelle, une messe haulte, et le lendemain aussy feront célébrer une messe de mort pour le soulagement de l'âme des maistres deffuncts, et, pour cela, chacun desdicts maistres, soit leurs veufves faisant exercer leur art après leur mort, payeront annuellement deux florins.

Item, seront obligés lesdicts maistres d'assister aux susdits offices, faute de ce, payeront un quart d'escu entre les mains du prieur, sans s'en pouvoir excuser, à moins que d'estre malades.

Item, lesdicts maistres esliront, le jour de leur feste, un prieur, en présence duquel et de deux autres des

---

[1] *Archives du Sénat,* vol. XL., fol. 305, 1639-1646.

maistres qui seront à ce députés, le précédent prieur posera compte de son administration le mesme jour de la feste, et l'après diné ; et, en tant que le prieur qui sortira de charge ne volleust poser ce compte, comme dict est, il payera deux quarts d'escu pour la première fois ; et, en cas qu'il sy opiniatrat plus outtre, il payera cinquante livres applicables comme cy après.

Item, s'il arrive quelque différend entre quelques-uns des maistres, concernant leur proffession, le prieur tachera de les accomoder et connoistra de leur différend, ou bien, à son absence, le plus ancien des maistres, lesquels, en ce cas, pourront obliger le coulpable de faire satisfaction à l'autre ; et, en tant qu'il ne veule satisfaire à ce qui aura esté ordonné, il payera pour cela deux quarts d'escu applicables à la boete.

Item, ne pourra lever boutique de chirurgie qu'il n'aye esté examiné par les maistres trois diverses fois, en présence de tel seigneur qui sera commis par le Sénat, et du seigneur procureur général, et que de ce il n'aye esté recogneu capable.

Item, qu'avant de procéder audit examen, tout aspirant sera obligé de consigner entre les mains du prieur, le jour auparavant, ce qui se doibt pour chasque acte, et ledit examen et opération estant faicts, s'il est trouvé capable, il sera receu maistre avec les priviléges accoustumés, en payant une pistole pour les droits de la chappelle et prestant le serment entre les mains du prieur.

Item, qu'avant aussy que d'estre recogneu pour maistre, il sera obligé de faire une opération chirurgicale sur un corps humain, telle que les maistres la trouveront à propos, et sur laquelle opération il sera examiné ; et en tant qu'il ne fut trouvé capable, il sera renvoyé.

Item, nul ne pourra pratiquer ledit art en chambre, pour quelle cause que ce soit, à moins que d'avoir esté passé maistres, à peyne de quarante livres d'amende applicables, la moitié à la boete, et l'autre moytie à la Charité, et de confiscation de leurs instruments.

Item, nul maistre, compagnon, ny apprentif, ne pourra lever l'appareil d'un autre qu'au préalable il ne l'aye faict appeler ; ce qu'estant faict, et, en cas que le malade ne volu plus se servir de luy, au dict cas, il sera payé à celuy qui l'aura mis ce que lui sera deub pour cela, et en tant que quelcun leva ledit appareil, sans avoir faict ce que dessus, il payera dix livres d'amende applicables comme cy devant.

Item, que nul maistre ne pourra prendre chez luy un compagnon sortant de chez un autre maistre, que par antécédent il n'aye demeuré trois mois hors la ville et faubourgs, et sans le consentement du maistre où il aura demeuré, à peyne de cent livres applicables comme dessus, dans lequel article ne seront compris que les compagnons estrangers.

Item, tous nouvellement passés maistres seront obligés, pendant six mois, de servir la Charité pour rien, et tous apprentifs payeront pour une fois à l'entrée entre les mains du prieur deux florins, et, en tant qu'ils n'y satisfairont pas, leur maistre sera obligé de le payer pour eux.

Item, sera permis à l'advenir aux vefves des maistres et à celles d'à présent de faire exercer ledit art de chirurgie, dans la boutique de leurs marys, par des garçons.

Item, qu'avant que les garçons pris par lesdittes vefves puissent exercer ledit art, ils seront examinés une seule fois, sans que ledit examen puisse leur servir de rien, quand ils voudront se passer maistres, et, en étant qu'ils ne seroient trouvés capables, ils seront renvoyés.

Item, qu'au cas que lesdicts garçons exerçassent ledict art, avant ledit examen, les vefves qui les auront introduits payeront cinquante livres, et lesdicts garçons, autre cinquante applicables comme dessus.

Item, ladite vefve ne pourra tenir aucun apprentif, à peyne d'estre privée du susdict privillège.

Item, que lesdicts garçons ne pourront faire aucun rapport, à moins qu'ils ne soient veus par le prieur, et un maistre qui, à ce, sera estably chaque année par la confrérie pour ce subject.

Item, que les garçons des veufves d'à présent seront aussy examinés comme les précédents dans le mois, et, faute de ce, fermeront boutique, et ne pourront, ny les autres des susdittes veufves, exposer des bassins au dehors, à peyne de dix livres.

Item, quand quelque maistre aura remis sa boutique à son compagnon, ledit compagnon ne pourra prendre aucun apprentif, à peyne de dix livres.

Item, que nul ne pourra résider, pour exercer ledit art, dans les lieux circonvoisins, à une lieue aux environs de la présente ville, que par un entécédant il n'aye esté examiné comme les garçons des veufves, et, en tant qu'avant ledit examen, il vinsse à s'ingérer à l'exercice dudit art, il payera cent livres applicables comme dessus.

Item, que tous ceux qui exercent ledit art aux lieux circonvoisins à présent, se feront examiner dans le moys, à peyne de cent livres et privation de l'exercice dudit art [1].

**

Règlement des chirurgiens, 1726.

Le corps des chirurgiens s'assemblera, le dimanche avant la fête des saints Cosme et Damien, pour élire un

---

[1] *Archives du Sénat,* vol. XL, 1639-1646.

prieur de leur confrérie à la pluralité des voix, sans qu'aucun maître puisse refuser cet emploi, à peine d'un écu d'or, applicable à la confrérie, sauf celui qui l'aura occupé l'année précédente, qui ne pourra pas être continué deux années de suite.

Cette élection faite, l'on lira dans l'assemblée, à haute et intelligible voix, les statuts et les règlements qui regardent la confrérie, et le prieur ancien remettra au moderne tous les titres de la confrérie, en présence duquel et des deux maîtres députés à ce sujet, le prieur ancien rendra compte le même jour des revenus de ladite confrérie, qu'il aura dû exiger l'année précédente, sous la même peine que dessus.

Le prieur élu se représentera le lendemain de cette élection au bureau du Vicariat, où il prêtera serment de veiller à l'observance des statuts, et d'y donner avis des abus qu'il découvrira dans son art, sous la même peine que dessus.

Personne ne pourra exercer la profession de chirurgien dans la présente ville, fauxbourgs et dépendances, qu'il ne soit catholique, apostolique romain, et qu'il n'ait subi deux examens, et fait une opération de chirurgie sur un corps humain, tel que les maîtres le trouveront à propos, à peine de vingt livres d'amende applicables comme dessus.

Les examens se feront en présence du Vicaire de police, qui fixera les jours auxquels ils se devront faire, et pour cet effet l'aspirant s'adressera au prieur, qui en donnera avis au Vicaire de police.

Aucun ne sera reçu à ces examens qu'il ne rapporte attestation, en due et probante forme, d'avoir exercé la chirurgie pendant trois années dans quelque ville, outre le temps d'apprentissage dont il rapportera acquit.

Dans cet examen les interrogats seront commencés par le dernier maître, et ensuite chacun en son ordre et rang, sans qu'aucun parent ou allié de l'aspirant puisse faire des interrogats, ni y assister, de même qu'à l'opération de chirurgie. Tous ces actes faits, le prieur recueillera les voix des maîtres qui auront assisté, et l'aspirant sera ensuite reçu ou renvoyé, selon qu'il sera jugé capable. Ensuite de quoi, il prêtera serment entre les mains dudit Vicaire d'observer le présent règlement.

L'aspirant sera obligé de payer au Vicaire de police un écu d'or par chaque acte, et deux livres dix sols à chaque maître assistant pour tous les actes, lesquelles sommes seront consignées entre les mains du prieur avant le premier examen susdit.

Il est défendu à tous les maîtres aucunes paroles injurieuses ou mauvaises dans les assemblées, à peine de quatre livres d'amende applicables comme dessus.

Nul maître ne pourra recevoir un sarron chirurgien, qui aura servi chez un autre dans la présente ville et fauxbourgs, sans en avoir donné avis au susdit maitre, à moins que le susdit sarron n'eût demeuré hors de la ville trois mois après en être sorti.

Ils ne recevront aucun sarron étranger, qu'il ne rapporte son attestation de vie et mœurs, qu'il ne soit catholique romain, et qu'il ne rapporte acquit de son apprentissage, à peine de dix livres d'amende applicables comme dessus.

Chaque apprenti paiera, en entrant en apprentissage, deux livres à la confrérie, dont les maîtres seront responsables, et donneront à cet effet note au prieur des apprentis qu'ils prendront, dans quinze jours après qu'ils les auront.

Nul maître, compagnon ou apprenti ne pourra lever l'appareil d'un autre, sans l'avoir fait appeler, à peine de dix livres; et au cas que le malade ne voulût plus se servir du premier, celui qui aura levé l'appareil sera obligé de payer audit premier maître tout ce qui lui sera dû, sauf à lui de se le faire rembourser au malade.

Tous les maîtres étant convoqués par le prieur, seront obligés de se trouver à l'heure assignée pour quelque assemblée touchant les affaires de la confrérie, à peine de deux livres applicables comme dessus, sauf qu'ils ne fassent conster de quelque excuse légitime, et, l'heure passée, s'il ne se trouve que quatre maîtres avec le prieur, ce qu'ils auront réglé sera aussi valable, comme si tous eussent assisté.

Le prieur donnera avis au bureau du Vicariat de toutes les contraventions au présent règlement, et dès qu'un maître aura manqué trois fois dans des cas essentiels de sa profession, il n'en pourra plus travailler, à peine de cent livres d'amende applicables comme dessus.

Tous ceux qui, quinze jours après la publication du présent règlement, travailleront en leur particulier de ladite profession, sans avoir été admis, approuvés et avoir juré d'exécuter ce que dessus, payeront cent livres à la confrérie, lesquelles, aussi bien que les autres peines pécuniaires ci-dessus, seront exigées chaque année par le prieur et serviront pour les réparations de la chapelle, célébration des offices divins et autres frais qu'il conviendra de faire à la confrérie, et chaque contrevenant devra les payer sans pouvoir prétexter d'aucuns privilèges ou exemptions [1]

[1] *Archives municipales de Chambéry*, n° 1050.

CORPORATION DES TISSERANDS

Articles que les tisserands de la présente ville de Chambéry, confrères de Notre-Dame de Grâce, fondèrent en l'église des R^{ds} Pères Cordeliers de ladite ville.

Premièrement, que les anciennes institutions de ladite confrérie seront par eux gardées, et qui se trouvent estre conformes aux saincts décrets et sanctions ecclésiastiques.

Qu'ensuiste de l'arrest rendu par le Sénat, le 15 janvier 1637, les estrangiers qui lèveront boutique de tisserands, en la presente ville et aux fauxbourgs d'ycelle, payeront trente florins, lesquels seront remis entre les mains des prieurs de ladicte confrérie, et les enfants de maistres payeront, pour même fait, quinze florins.

Que, pour obvier aux abus qui se commettent par les tisserands, aucun d'iceux ne pourra lever boutique sans adveu et approbation de deux maistres tisserands qui auront esté esleus et choisys par la plus grande partie desdicts confrères, à ce en semblable cas appelés, et lesquels pourront estre changés, alors que ladicte plus grande partie d'iceux verra et cognoistra estre expédient et nécessaire pour la manutention de ladicte confrérie.

Et, pour les abbus et malversations qui seront commises par lesdicts tisserants en exercice dudict art, au préjudice des particuliers qui les auront mis en besogne, sera payé par ceux qui se trouveront avoir failly, un escu d'or applicable pour la réparation de la chapelle, avec les dommages intérest de la partie intéressée.

Et finalement, que point d'estrangers tisserants et voulant exercer ledit art, ne sera receu à exercice d'ycelluy, que, par préalable, lesdicts confrères ne soient dheument informés de la vie, bonnes mœurs, d'où il est, par bonnes attestations, qu'il a vescu et vivra catholiquement en l'Eglise apostolique et romaine. — Signé Rey[1].

*
* *

Alexander VII ad perpetuam rei memoriam.

Cum, sicut accepimus, in ecclesia domus Fratrum Minorum ordinis sancti Francisci conventualium, oppidi Camberiaci, gratianopolitanæ diœcesis, una pia et devota utriusque sexus Christi fidelium confraternitas, sub invocatione Beatæ Mariæ Virginis Gratiarum nuncupata, non tamen pro hominibus unius specialis artis canonicè erecta, vel erigenda, existit, cujus confratres et consorores quam plurima pietatis et charitatis opera exercere consueverint, Nos, ut dicta confraternitas majora in dies suscipiat incrementa, auctoritate nobis a Domino tradita ac de omnipotentis Dei misericordia et Beatorum Petri et Pauli apostolorum ejus auctoritate confisi, omnibus utriusque sexus Christi fidelibus qui dictam confraternitatem in posterum ingredientur, die primo eorum ingressus, si vere pœnitentes et confessi sacratissimum Eucharistiæ sacramentum sumpserint,

Plenariam eisdem, tam descriptis quam pro tempore describendis in dicta confraternitate confratribus et consororibus, in cujuslibet eorum mortis articulo, si pœnitentes et confessi ac sacra communione refecti, vel quatenus id facere nequiverint, saltem contriti nomen

---

[1] *Archives du Sénat*, vol. XL, 1639-1646.

Jesu ore, si potuerint, sin minus corde devotè invocaverint ;

Etiam plenariam ac eisdem nunc et pro tempore existentibus dictæ confraternitatis confratribus et consororibus etiam verè pœnitentibus et confessis ac sacra communione refectis, qui præsentis confraternitatis ecclesiam seu capellam vel oratorium die festo Visitationis Beatæ Mariæ virginis immaculatæ, a primis vesperis usque ad occasum solis festificationis, singulis annis, devotè visitaverint, et ibi pro christianorum principum concordia, hæreseum extirpatione ac Sanctæ Matris Ecclesiæ exaltatione pias ad Deum preces effuderint ;

Plenariam similiter omnium peccatorum suorum indulgentiam et remissionem in Domino misericorditer concedimus insuper dictis confratribus et consororibus etiam verè pœnitentibus et confessis ac sacra communione refectis dictam ecclesiam sive capellam aut oratorium et quatuor aliis festis diebus per ipsos confratres semel tantum eligendis et ab ordinario approbandis, ut predictum, visitantibus et ibi orantibus ;

Quo die predictorum id egerint, septem annos et totidem quadragenas.

Quoties vero missis, et aliis divinis in dicta ecclesia, vel capella seu oratorio, pro tempore celebrandis et recitandis, seu congregationibus publicis, vel privatis, ejusdem confraternitatis ubivis faciendis interfuerint ; aut pauperes hospicio susceperint ; vel pacem inter inimicos composuerint, vel componi fecerint, seu procuraverint ; vel etiam qui corpora defunctorum, tam confratrum et consororum, huicquam aliorum, ad sepulturam associaverint ; aut quascumque processiones de licentia ordinarii faciendas, sanctissimumque Eucharistiæ sacramentum, tam in processionibus, quam cum ad infirmos aut alios, ubicumque, aut quocumque, pro tempore, deferetur, comitati fuerint ; aut si impediti, campanæ ad id signo dato, semel orationem dominicam et salutationem angelicam dixerint ; aut quinquies orationem et salutationem easdem pro animabus defunctorum confratrum et consororum hujusmodi recitaverint ; aut demum aliquem ad viam salutis reduxerint ; et ignorantes præcepta Dei et ea quæ ad salutem sunt, docuerint ; aut quodcumque aliud pietatis vel charitatis opus exercuerint, toties pro quolibet prædictorum operum exercitio sexaginta dies de injunctis eis seu alias quomodolibet debitis pœnitentiis, in forma Ecclesiæ consueta, relaxamus, prœsentibus, perpetuis futuris temporibus valituris.

Volumus autem quod, si alias dictis confratribus et consororibus præmissa peragenda, aliqua alia indulgentia, et perpetuo vel ad tempus nondum elapsum, duratura, concessa fuerit, prœsentes nullæ sint ; aut, si dicta confraternitas alicui archiconfraternitati aggregata jam sit, vel in posterum aggregatur, vel quavis alia ratione uniatur, aut etiam quomodolibet, illis nullatenus suffragentur ; sed ex tunc, eo ipso, nullæ sint ;

Datum Romæ apud Sanctam Mariam Majorem, sub annulo piscatoris, die decima septembris, anno millesimo sexcentesimo sexagesimo primo, et pontificatus nostri septimo. — Signé S. Ugolinus.

Publicari permittimus hortamurque confratres ac consorores præfatæ confraternitatis, quatenus studeant ditari prædictis indulgentiis ex Ecclesiæ matris thesauro. Datum Camberii die nona mensis novembris anno millesimo sexcentesimo sexagesimo primo. Signé, Vibert, *officialis*[1].

[1] *Archives du Sénat* (Dossiers divers).

Teneur d'acte de délibération passé entre les confrères de Nostre Dame de Grace, érigée dans l'église des R^{ts} Pères de Saint-François de Chambéry.

L'an mille sept cent deux et le dimanche, 30ᵉ jour du mois de julliet, comme ainsy soit que les maistres tisserands de la ville de Chambéry et faubourgs d'icelle, de la confrérie de Nostre Dame de Grace, érigée dans l'église des R^{ds} Pères de l'Observance de Saint François de cette ville, se soient assemblés ce jourd'hui dans le jardin desdits R^{ds} Pères, du costé des murailles de la ville, pour délibérer entre eux sur l'estat présent de la chapelle de ladite confrérie, pour le maintien d'icelle, et fournir aux frais qu'il convient faire annuellement, tant pour le service qui se fait dans ladite chapelle, que pour la cyre, attendu qu'il n'y a aucuns revenus dépendants de ladite confrérie, et que la plus part des confrères d'icelle font refus de payer annuellement la rétribution accoutumée, et pour esviter la ruyne de ladite chapelle et la cessation du service accoustumé, lesdits confrères se seroient assemblés au susdit jardin, lieu accoustumé à faire l'assemblée par lesdits confrères maistres tisserands, scavoir :

Honnorables Loüys Chasset, Jean Jacquemoz, Gabriel Bourgeois, François Vincendet, Balthasard Ancelin, Antoine Sosset, François Bellemin, François Montillier, Jean Laurent Peyret, Louis Dalby, Pierre Jacquemoz et Jacques Bosson, tous maistres tisserands et confrères de Nostre Dame de Grace, capitulairement assemblés, excédants les deux parts, les trois faisants le tout, tous lesquels, après en avoir conféré unanimement ensemble, ont délibéré, comme par le présent ils délibèrent, promis et promettant pour eux et leurs successeurs à l'advenir, suivant et en conformité de l'ancienne coustume et usage par eux cy devant observés, que chacun desdits confrères payera annuellement entre les mains de l'un d'entre eux, qui sera établi pour recevoir la rétribution, sçavoir :

Chaque maistre tisserand un florin, chaque compagnon six sols, et chaque apprenti, pendant qu'il sera en apprentissage, deux florins pour une fois, lequel argent sera employé pour l'entretien de ladite chapelle, fourniture de la cyre, et payement du service qui se fera dans ladite chapelle, le jour de la feste, et, pendant le cours de l'année, les jours de dimanche.

Et, d'ailleurs, en conformité des statuts de ladite confrérie et de l'arrest du Sénat rendu sur iceux le 15 janvier 1637, a esté délibéré que les étrangers qui lèveront boutique de tisserand, en la présente ville ou faubourgs et franchises, payeront trente florins, et les enfants des maistres payeront, pour le mesme fait, quinze florins.

Le tout quoy, les susnommés confrères promettent par serment, par eux entre mes mains presté, pour eux et leurs successeurs a l'advenir quelconque, observer et faire observer, et ny jamais contrevenir directement, ny indirectement, en jugement et dehors, aux peines de tous dépens, dommages interest, et sous l'obligation de tous leurs biens présents et advenir, qu'à ces fins ils se constituent tenir, supplient très humblement nos seigneurs du souverain Sénat de vouloir approuver et homologuer le présent, et ordonner que son contenu sera inviolablement observé.

Et ce ont fait, sous et avec toutes autres deues promesses, serment presté entre mes mains, soumissions à touttes conclusions, renonciations à tous droits, loix et moyens contraires, et autres clauses requises.

Fait et passé dans le susdit jardin des R^{ds} Pères de Saint François de la présente ville, en présence d'honorable Pierre Vibou et Jean Vulliermet, tous deux habitants de cette ville, témoins requis. Signé sur la minute, Bosson, acceptant, Pierre Jacquemoz, acceptant, Jean Jacquemoz, acceptant, Fr. Vincendet, accept. et Peyret, accept., n'ayant les autres parties, ny témoins sceus signer, de ce enquis.

Et moy Claude Chaffardon, notaire royal à Chambéry, soussigné, ay le présent receu, de ce requis, et iceluy expedié en faveur desdits confrères, après l'avoir consigné en l'office de l'insinuation au fulliet 508 du 2ᵈ livre de 1702, et payé 25 sols pour le droit. Quoique d'autre main soit escrit, signé Chaffardon[1].

---

[1] *Archives du Sénat,* vol. LIV, fol. 150, 1701-1703.

CORPORATION DES SERRURIERS
CHAUDRONNIERS, FERBLANTIERS, LANTERNIERS
SELLIERS, MARÉCHAUX-FERRANTS
TAILLANDIERS, COUTELIERS, ARMURIERS
ÉPINGLIERS
FOURBISSEURS, ÉPERONNIERS

Transactions et articles passés entre les prieurs et confrères de la confrérie de Saint-Esloy.

Au nom de Dieu soit notoire que, l'an prins de la nativité de Nostre Seigneur Jésus Christ, courant mil six cent trente huit, et le vingtiesme jour du mois de juin, se sont comparus et présentés pardevant moy notaire ducal soussigné, et présents les témoings soubsnommés :

Honnorables Pierre Lhospital et George Morel, prieurs modernes de la confrérie de Saint Esloy, Cathelin Charquet, esperonnier de S. A. R. et son marqueur général deçà les Monts, Claude Charquet, serrurier, Claude Sauge, bourgeois de Chambéry, serrurier, Jean Rigaud, Antoine Larderat, George Galliard, Paul Mareschal, Gille Bidal, Jean Cormaieur, sellet, Jean de la Fort dict la Violette, François Deshimbet, Daniel Prestout, sellet, Édouard, Pierre, Gaspard, Simond, Claude Boisserand, armuriers, lesquels de leur bon gré et libérale volonté, pour eux et leurs successeurs à l'advenir quelconques en ladite confrérie Saint Esloy, érigée dans l'esglise Sainct-Légier, tant en leurs noms que des autres leurs confrères, pour lesquels ils se font forts, asseurant estre les deux tiers, voire plus, les trois fesant le tout, aïant, au préalable, chescun d'eux donné sa voix, et toutes ensemble et suivant ce, nommés et esleus pour nouveaux prieurs, sçavoir : honorables Pierre Lhospital, arquebusier, et George Mareschal, aux charges et honneurs accoustumés et qu'appartiennent à tel office de prieur de ladite confrérie, qu'iceux prieurs nommés, comme dict est, avoient à tâche, avec promesse de rendre leur debvoir, sellon leur possibilité, audit office, suivant ce qu'ils se trouveront estre tenus, tant d'ancienne coustume que institution de ladite confrérie ;

Ont iceux maistres prieurs et confrères susdicts, tous d'un commun accord, et tant à leurs noms que des autres leurs confrères dicts, transigé et accordé, pour l'entretien et augmentation de ladite confrérie et célébration de la sainte messe, qu'autres services de ladite esglise de Saint-Léger et chapelle Saint-Esloy, ce que cy après s'ensuit :

En premier lieu, qu'iceux confrères, désirant vivre en paix et bonne union, et pour préoccuper à tout ce qui pourrait troubler leur repos, et donner ordre que leur chapelle soyt décemment ornée, affin que le service divin se fasse le plus chrestiennement qu'il leur est possible, et contre les escandalles qui se commettent par plusieurs personnes à l'occasion du pain bénit le jour de leur feste Saint Esloy, où s'est veu que, devant que le pain bénit fut offert, plusieurs femmes et des compagnons despouillent ledict pain de ses bouquets et autre ornements, lesdicts maistres pour arrêter à tels abbus et inconvénients, après meure considération entre eux faicte, ont délibéré et résolu que toutes amendes, qui proviendront des contrevenants au contenu des articles cy après escrits, seront applicables à la réparation de leur chapelle audict Sainct Légier, et à autres debvoirs dépendants d'icelle, ainsi que sera du bon advis desdicts prieurs et confrères, lesquelles amendes seront perccues par lesdicts prieurs modernes, qui en rendront fidèle compte aux prieurs précédents.

En ensuivant l'observation de l'ancienne coustume entre lesdicts prieurs, confrères et maistres de ladite confrérie Sainct Esloy, a esté dict et résolu et délibéré estre esleus deux prieurs en ladite confrérie, trois semaines devant la feste de Saint Esloy, par devant les prieurs, confrères et maistres qui se trouveront estre de ladite confrérie, lesquels prieurs seront obligés, comme est de tout temps, faire dire basse messe tous les dimanches audict autel Saint Esloy, et du pain bénist qui s'offre audict temps, le crochon sera distribué de maistre à maistre, lequel maistre recevant ledit crochon doibt et est obligé de donner, pour faire dire une basse messe, et pour un petit pain, comme d'ancienne coustume observée et relevée.

Que si quelqu'un des maistres escripts, ou leurs de ladite confrérie, refusent et ne veullent accepter ledit pain bénist, ny consentir de donner entre les mains des prieurs, pour faire célébrer une basse messe, paiera cinq florins d'amende applicables, comme sus est dict, à la réparation de ladite chapelle de ladicte confrérie, en faisant apparoir du reffus par acte autentique.

Que les prieurs seront tenus tenir roolle toutes les annuités de tous les maistres de ladicte confrérie, en recepvant d'eux l'argent pour la messe, mestre *solvit* sur ledict rolle, et de remettre ledict rolle aux prieurs précédents, lesquels prieurs nouvellement esleus participeront du bon conseil des prieurs, leurs antécesseurs, et, à ce, les maistres, pour la direction de ladite confrérie, y assisteront.

Et, pour donner ordre à la distribution du pain bénist, qui se donne à la feste Saint Esloy dans l'esglise dudict Saint Légier, attendu que de coustume il y a quatre pains en piramide, le pain dessoubs se remet aux prieurs nouveaux, pour en faire distribuer aux maistres, selon qu'ils jugeront nécessaire, et en observant les louables coustumes de ladite très recevable confrérie.

Le second pain se partagera en trois également, et se distribue, la première partie au prieur qui l'a offert, la seconde part se prend au milieu, distribuable aux prieures, lesquelles en feront part à celles de la confrérie qui se trouveront dans l'esglise, le troisiesme morceau se distribuera, à la fin de la messe, aux maistres qui seront assistants.

Le troisième pain sera distribué et donné aux compagnons de ladite confrérie, à la charge et condition, comme de tous temps et d'ancienne coustume a esté observé, la veille Saint Eloy, saluer les maistres de ladicte confrérie, tant de la ville que des faubourgs, avec instruments et armoiries, selon que sera du temps.

Et, pour le quatriesme pain, appartiendra aux prebstres de la chapelle.

Et, pour éviter aux scandales, qui tous les ans se commettent à la despouille du pain bénist, touchant les fleurs et autres ornements, au cas qu'il soit offert, la compagnie a délibéré et résolu que tous maistres, femmes, compagnons, contrevenant à ce, paieront, pour la réparation de la chapelle, dix florins.

Résolu aussy par les gens de la confrérie et ordonné que les compagnons, qui sont d'icelle, accompagneront ledict pain bénist, deffendront, et se donneront garde qu'on ne tombe aux scandales susdicts, accompagneront ledict pain bénist et le mettront en garde dans la sacristie dudict Saint Légier, ou devant du grand autel, où est de coustume de le partager, à peine de ne participer pour leur part audict pain.

Estant ordonné aux prieurs nouveaux de se saisir des bouquets et autres ornements, les distribuer à ceux et celles de la confrérie, ainsy que bon leur semblera, sans contredit de personne, ceux de la confrérie préférables à autres.

Et, comme d'ancienne et louable coustume, l'on accompagne et décore ledict pain bénist de fleurs et autres ornements, en conséquence de ce, les maistres ont résolu et délibéré et ordonné entre eux, d'un mutuel consentement, que lesdictes maistresses de ladicte confrérie Sainct Eloy porteront ou envoieront à la maistresse, qui doibt offrir le pain bénist, des fleurs, bocquets, et autres choses semblables, pour l'embellissement dudict pain bénist.

Estants tenus lesdicts prieurs faire orner leur pain benist à leurs despens, et les prieuresses donner aux maistres et compagnons, qui se trouveront à la sortie dudict pain bénist, l'accompagnant à l'esglise de Sainct Légier, à chacun un bocquet décent et commendable, et, à l'entrée de l'esglise dudict Sainct Légier, sont aussy tenus lesdicts prieurs faire délivrer à chaque maistre, maistresse et compagnon, une petite chandelle cire blanche, ainsy que de coustume.

Sont amendables les maistres à trente sols pour la réparation de la susdicte chapelle, qui n'assisteront à la procession d'icelle confrérie, le jour de la feste de Sainct Eloy, sauf qu'il y ait cause de légitime excuse.

Paieront aussi les enfants des maistres de la présente ville, ou faubourgs d'icelle, venant à lever boutique, chacun trents sols pour une livre de cire applicable à la réparation de ladicte chapelle Sainct Eloy.

Tous voulant lever boutique, estans estrangers, bien qu'ils soient fils de maistres en ladicte profession, venans à leur boutique dans ceste ville et faubourgs, et qui s'introduiront dans cette confrérie, paieront dix florins applicables, comme sus est dict, à la réparation de ladicte chapelle et n'estans fils de maistres venant dresser boutique dudict art, paieront dix florins applicables comme dessus.

Délibéré aussy que ceux qui entreront en apprentissage en ladicte profession, dépendant de ceste confrérie, paieront vingt-quatre sols, n'estants fils de maistres, tant de la ville que faubourgs, le tout applicable comme dessus.

Délibéré aussy qu'arrivant le cas que quelqu'un tombe en l'amende, pour raison des desfauts audictes recestes, que les prieurs seront obligés à la poursuite du paiement d'icelles, si tost le cas arrivé, faute de quoy, ce que leur négligence retardât le paiement d'icelles, iceux prieurs seront tenus icelles païer, sans aucune difficulté et contredict, sauf leur recours contre les amendables.

Comme aussy solliciteront et poursuivront le paiement de tous debvoirs que peuvent arriver à la faveur de ladicte confrérie dans leurs temps, à peine d'en répondre et païer à leur propre et prins nom, sauf leurs recours, comme sus est dict.

Ladicte confrérie est de coustume faire célébrer une hauste messe *pro defunctis*, et autres prières, ainsi que nostre Saincte Mère Eglise de coutume faire, sçavoir : devant leur chapelle, où, pendant le sainct sacrifice et autres offices, les prieurs et confrères de ceste confrérie y assisteront et y rendront leur debvoir, et tous autres maistres que plaira.

Lesquels prieurs, lhors en estre en ceste dicte charge, poseront et rendront compte de tout ce qu'ils auront manié, despendant de ladicte confrérie et chapelle aux prieurs qui leur succèderont, le lendemain de ladicte feste.

Estans tenus les prieurs préparer la chapelle de la confrérie, à toutes les festes solennelles, le plus décemment que leur sera possible.

Estant ordonné aux compagnons de ladicte confrérie

de porter leur boëte le jour de Sainct Jean Baptiste, veille de leur feste, pour y mettre, en argent, les effets des bonnes volontés des maistres d'icelle confrérie, et de tous autres qui y seront affectionnés à l'honneur de faire charité en considération d'icelle, aux fins que les compagnons soient soulagés, pour rendre les debvoirs auxquels ils sont abstraincts, tant pour les articles cy devant que cy après descripts.

Comme aussy est ordonné ausdicts prieurs porter ladicte boëte, pour faire cuillette des charités des maistres et autres, pour le soulagement et secours qui unanimement s'est deu faire à tous ceux d'icelle confrérie, qui se trouveront en nécessité de maladie, ou autrement quelle qu'elle soit.

Auquel cas de maladie, venant quelqu'un des maistres et austres de ladicte confrérie à désirer recepvoir les sacrements de l'hostie, estants adultes, les prieurs mettront ordre que quatre maistres portent le dais, et qu'aussy prieurs y assistent, portant chescun d'eux un flambeau, ainsi et comme est de coustume faire en telle solennité.

Lesquels prieurs estant advertis, ou leur estant venu à notice le décès de quelque maistre, tant de la ville que faubourg, seront obligés en avertir tous les autres maistres, pour assister à la sépulture du deffunct, et lesdicts prieurs avec deux flambeaux.

Et, comme de toutte confiance louable les prieurs donnent à chesque maistre, ou font porter à leur logis, un petit pain vulgairement appelé crochon, les compagnons de ladicte confrérie, aiant esgard que ce ne se peut faire sans nostable despense, pour les relever en partie d'icelle a esté délibéré et résolu que, lors de la distribution dudict crochon, chesque maistre mettra à la boëte six sols monnoye de Savoie, qu'est autant qu'il désireroit donner pour faire célébrer une basse messe, et, ce faisant, sera mis *solvit* sur le roolle qui sera faict et porté à ceste fin.

Et, pour plus amples démonstrances que ladicte confrérie ha à faire paroistre le zèle qu'elle a à l'honneur de Dieu et du glorieux Sainct Eloy, son patron, à la solennité de la feste dudict sainct, la confrérie a ordonné que les prieurs feront sonner à Sainct Légier, avec carrillions, comme feste solennelle, tant la veille que le jour, comme aussy à une autre église, telle que choisiront les prieurs, tâcheront avoir des prebstres et officiers d'icelle pour assister à la solennité de ladicte feste, en observant les règles et louables coustumes du lieu, promettant et jurant lesdits prieurs, pour eux et les leurs, tant en leur nom que des autres leurs confrères et successeurs à l'advenir, par leur serment, chacun d'eux, ès mains de moi notaire, presté, touchant les Escriptures, obligeant tous leurs biens, d'auoir et faire tenir seures et stables les choses susdictes ensemble, sans y contrevenir, et, par ce, ont renoncé à tous droicts et loys par le moyen desquels, ou desquelles, ils pourroient en manière que ce soit aller ou venir au contraire des choses susdictes, clausules requises.

Faict et prononcé à Chambéry, dans les cloistres de Sainct François. Présents Mre Laurent Melon, praticien audict Chambéry, et honorable Jean Chaffard dict La Croix, habitant audict Chambéry. Signé à la cote Lhospital, Serge Morel, Charquet, Charquet, Jean Rigost, Jean Pasamaroir, Bernard Borra, François Deshimbert, Jean de la Fort, Melon, combien d'autre soit escrit, de moi notaire ducal soussigné Vachier [1].

[1] *Archives du Sénat*, vol. XL, fol. 146, 1639-1646.

Teneur de contrat d'aubergement et conventions pour les prieurs et confrères de la dévote confrérie de Saint Eloy, fait avec les R^{ds} Pères prieurs et religieux de Saint Dominique de Chambéry.

Comme ainsy soit que, pour le plus grand honneur et gloire de Dieu, dès longues années ayt esté érigée d'une dévotte confrérie, sous le vocable de saint Eloy, dans l'esglise des R^{ds} Frères prescheurs, ordre de Saint Dominique de Chambéry, par les maistres serruriers, mareschaux, selliers, fourbisseurs, arquebusiers, chaudronniers, pottiers, coutteliers, lanterniers, fondeurs, bastiers, et autres ouvriers travailliants en fer et autres métaux, pour honorer le R^d saint Éloy, leur patron, annuellement le jour dont l'église célèbre la feste, qui eschoit le vingt-cinq juin, et désirants lesdicts maistres et confrères accroistre la dévotion envers Dieu et ledit saint Éloy, leur patron, et les services qui se font en ladicte confrérie, tant le jour et feste dudict saint que le jour suivant, en commémoration des confrères et fidelles trépassés.

Ensuite de quoy lesdicts confrères, pour mieux faire faire lesdicts services, et pouvoir mieux orner leur chappelle, auroient requis lesdicts Révérends Religieux de leur accorder et ballier autre chappelle dans leur dicte esglise, que celle que leur avoit esté cy devant accordée et balliée, et en icelle faire à l'advenir le service annuellement et perpétuellement, ainsy que cy apprès, et aux paches et conditions suivantes, et conformément aux propositions verbales cy devant faittes de part et d'autre, et respectivement acceptées, lesquelles propositions, paches et conventions, aux fins qu'il en conste à l'advenir, à perpetuitté, lesdicts R^{ds} Relligieux et dévots confrères ont voulu estre rédigés par contract authentique et public, ayant à ces fins la plus grande partie desdicts maistres et confrères duement assemblés, le vingt six du mois de juin proche passé, faict procure à douze desdicts maistres et confrères, par moy notaire soubsigné receue, en vertu de laquelle ils ont convenu, traitté et accordé avec lesdicts Révérends Relligieux, à forme desdictes propositions et réquisitions, comme s'ensuit :

Pour ce, est-il que ce jourdhui, vingtiesme juillet mil six cents cinquante neuf, par devant moy notaire ducal royal soubsigné, et présents les tesmoins bas nommés, se sont personnellement establys et constitués :

Révérends Pères Charles Gaud, prieur, Hugues Noë Marchand, sous prieur, tous deux docteurs en théologie, Louys Dunant, Boniface Vachellot, Joseph Gayme, Jacques Pelin et frère Charles Dalmac, tous religieux dudict couvent de Saint Dominique dudict Chambéry, capitulairement assemblés au son de la cloche, à la manière accoustumée, excédants les deux parts des religieux dudict couvent, les trois faisants le tout d'une part.

Et honorable George Vibert, maistre cellier, François Court, maistre mareschal ferrant, précédents prieurs de ladicte confrérie, Pierre Deville, maistre chauderonnier, Charles Cheron, maistre fourbisseur, modernes prieurs, tous quattre habitant audit Chambéry, dans le faubourg Montmelliant, Claude Blanchard, maistre mareschal, bourgeois dudit Chambéry, dudit faubourg de Montmelliant, Antoine Constable, maistre lanternier, habitant dans la ville dudit Chambéry, Claude Chaffardon, mareschal, tous deux habitant dans le faubourg du Reclus, Lazare Bouchetan et Antoine Carcollet, tous deux maistres serruriers, habitant dans le faubourg de Maché, tous des confrères et jadis prieurs de ladite confrérie, tant à leurs propres et privés noms qu'en quallité de procureurs et députés des autres maistres et confrères, aussy jadis prieurs de ladite confrérie, aussy duement assemblés, ensuitte de la procure à eux faitte et acceptation d'icelle sus désignée, par moy notaire receue, que sera au bas des expéditions des présentes ténorisée, d'autre part, lesquels révérends relligieux et députtés, pour eux et leurs successeurs, d'une part et d'autres mutuelles et réciproques spitulations et acceptations suivantes, sçavoir :

Lesdits révérends relligieux dudit Saint Dominique ont promis et promettent pour eux et autres relligieux, leurs successeurs audit couvent, auxdits confrères de ladite confrérie présents et advenir, les procureurs et députés susnommés présents et acceptant pour eux et autres confrères de ladite confrérie et leurs successeurs, de faire le service de ladite confrérie dores en avant dans la chappelle soubs le vocable de Sainte Marie Magdelaine, fondée dans ladite esglise, à commencer dès le premier dimanche, apprès la stipulation des présentes.

Laquelle chappelle, à ces fins, dès hores comme pour lors, lesdits révérends prieurs et relligieux abergent, et, par forme d'abergement, quittent et remettent purement, simplement et irrévocablement auxdits confrères et députés, avec promesse de les en laisser et faire jouir dès hores en advant, pour faire ledit service tant seulement, en laquelle chappelle lesdits confrères feront faire un tableau et image dudit sainct, avec un rétable, et seront tenus de communiquer auxdits révérends prieurs et relligieux le dessin dudit tableau et rétable, avant que d'en bailler le prix faict aux maistres peintre et menuisier, avec lesquels, pour ce faire, ils voudront convenir, de laquelle chappelle, soit d'une des portes du trilly de fer d'icelle, lesdits confrères, soit les prieurs d'icelle confrérie présents et advenir, auront une clef pour y entrer, quand requis sera pour y faire faire le service de ladite confrérie, et lesdits révérends relligieux, une clef de l'autre porte dudit trilly, pour y entrer quand bon leur semblera, soit pour y faire les services deubs et dont ils seront requis, oultre celluy de ladite confrérie, soit pour y ensevelir les corps de ceux qui y ont leur sépulture, soit pour y faire leurs services, sans que à ce lesdits confrères y puissent jamais faire dificulté, ny former empeschement.

Sera, en oultre, permis auxdits confrères d'orner et décorer ladite chappelle, comme bon leur semblera, à leurs despends, du consentement néantmoins desdits révérends relligieux, et seront tenus, comme les susdicts députtés promettent, de maintenir le couvert et vittres de laditte chappelle, aussy à leurs despends.

Et ce, ont promis et accordé lesdits révérends prieur et relligieux auxdits confrères et députtés, pour et moyenant l'introge, pour une fois, de quatre cents florins monoye de Savoye, lesquels quatre cents florins, lesdits révérends relligieux ont heus et receups desdits confrères députtés, tant en la rémission et transport de deux obligations passées en faveur de ladite confrérie par les confessants y nommés et désignés au transport, que d'icelles à l'effet du présent, et, peu apprès icelluy, sera faict et par moy notaire receup, revenants lesdites deux obligations en principal et esmoluments à trois cents cinquante florins dix sols, qu'en la somme de quarante-neuf florins deux sols par lesdits députtés comptés et délivrés en quatre escus blancs, deux crosats de bon argent et de poids, et le reste en sols et bonne monoye de Savoye, par lesdits révérends prieur et relligieux retirés et emportés en leur puissance, présents je notaire et tesmoins ;

De sorte que desdits quatre cents florins, tant moyenant ledit transport que ladite somme réellement receue, ils se contentent et quittent lesdits confrères et députés et leurs successeurs, avec, par exprès de leur en jamais plus rien demander, ny permettre estre demandé en jugement, ny dehors, à peine de tous despends, dommages et intérêts, et soubs l'obligation de tous et un chascuns les biens dudit couvent, présents et advenir, qu'à ces fins ils se constituent tenir en faveur desdits confrères, et par ces présentes lesdits révérends relligieux ont promis et promettent auxdits confrères et députtés, en cas de trouble, molestie ou empeschement en la jouissance de ladite chappelle, rendre et restituer auxdits confrères, soit à leurs successeurs, ledit introge de quatre cents florins à mesmes peynes et obligations que dessus, auxdits cas tant seullement.

Et au cas que lesdits confrères viennent à sortir leur confrérie dudit couvent, ledit introge demeurera entièrement acquis auxdits relligieux et pourront lesdits confrères audit cas, sans difficulté, enlever de ladicte chappelle tout ce qu'ils y auront faict faire, et que leur appartiendra ; et au cas que lesdicts confrères y eussent faict faire quelques réparations, soit en pierres, bois, ferrures, couverts, carronements, ou autrement, et qu'ils feussent contraints de vuider laditte chappelle, ou troublés et empeschés en la jouissance d'icelle, lesdits révérends relligieux seront tenus de payer et rembourcer lesdites réparations, soit leur valleur, ainsy qu'ils promettent auxdits confrères, en l'estat qu'elles se trouveront lors dudit trouble et empeschement, à ditte maistre et experts.

Comme aussy, que rien ne soit faict au préjudice desdittes réparations par lesdits révérends relligieux, ou autres quelconques, qui peusse altérer et gaster lesdites réparations, lesquelles, audit cas, seront reffaites et restablyes aux frais et despends desdits révérends relligieux, ou autres, par le faict desquels elles auront esté gastées, à la diligence néantmoins et poursuitte desdits révérends relligieux.

Et cependant lesdits révérends relligieux ont promis et promettent faire le service de ladite confrérie annuellement en ladite chappelle et en icelle célébrer, tous les jours de dimanche, une messe basse, et, pour ce, fournir tous les ornements et autres choses nécessaires, sauf le luminaire que lesdits confrères, soit les prieurs de ladite confrérie fourniront, comme aussy le jour de la feste dudit saint Eloy, et le jour suivant, le reste duquel luminaire lesdits prieurs retireront, après que les services seront faicts.

Item, seront tenus lesdits révérends relligieux, pour le jour et feste dudit saint Eloy, parer ladite chappelle et autel, et pour fournir tous les ornements et autres choses nécessaires.

Item, seront tenus, la vigile de la feste dudit saint Eloy, faire sonner à branlle leur grande cloche avec le carrillion, sçavoir : le jour de la vigile à midy, vespres et aux huict heures du soir, et le jour de la feste aux matines, première messe, grande messe, et pendant la procession, laquelle procession, lesdits révérends relligieux feront annuellement le jour de la feste dudit saint Eloy pour accompagner le pain bény, que les prieurs sont obligés de faire conformément aux règles et statuts de ladite confrérie, à la manière accoustumée, et, au retour de la procession, lesdits relligieux diront et chanteront la grande messe dans ladite chappelle, avec les cérémonies accoustumées, et seront tenus lesdits confrères de ballier auxdits relligieux le petit pain bénict, des quattre qu'ils ont coustume leur donner annuellement ; et feront sonner, ledit jour, les vespres, comme le jour de la vigile et sus les huit heures du soir, lesdits relligieux feront sonner les deux grandes cloches à bransle, le jour suivant, avant la première messe et apprès l'anniversaire, qu'ils feront pour tous les fidelles confrères trépassés, pour lequel anniversaire lesdits relligieux diront une grande messe des deffuncts, et à la fin d'icelle chanteront le *libera me*, suffrages et oraisons accoustumées, dans ladite chappelle.

Et pour tous lesdits services, sonneries et les sonneurs, pour l'organiste et pour touttes les choses que dessus, lesdits confrères, soit les prieurs qui sortiront de charge, seront tenus payer annuellement, comme lesdits députtés promettent, le jour après ladite feste, la somme de quarante-deux florins monoye susdite auxdits révérends relligieux, soit au procureur ou sacristain dudit couvent, à peyne de tous despends, dommages et intérêts, et soubs l'obligation de tous les biens de ladite confrérie présents et advenir quelconques, qu'ils se constituent tenir.

Et a esté convenu et arresté entre lesdits révérends relligieux et confrères députés que dores en avant lesdits prieurs présents et advenir de ladite confrérie feront faire un chantal et service pour chaque confrère, qui décèdera, dans ladite chappelle, par lesdits révérends religieux, sçavoir, une grande messe de mort, et, à la fin, y iront chanter le *libera me* avec les suffrages et oraysons, à la coustume ordinaire, ainsy que font faire les prieurs des confréries de Saint George et Quattre Couronnés, érigées dans ladite église ; et sera permis auxdits prieurs de sonner, avec les troisiesmes et quattriesmes cloches dudit couvent trois glas, sçavoir, un le soir, un advant que le service se fasse, et l'autre à la fin de la messe et service, lequel service lesdits revérends religieux promettent faire pour et moyenant trois florins pour chasque chantal, lesquels lesdits prieurs payeront, soit après le service faict, soit à la fin de l'année de leur priorat, et sortans de charge, à la forme du livre du Père sacristain dudit couvent, lequel lesdits prieurs présents et advenir seront tenus advertis du décès des confrères qui décèderont, pour faire faire ledit chantal et service, au jour plus commode, le tout à mesmes peines que dessus, et soubs les obligations et constitutions susdites.

Et, pour ledit service et chantal, les prieurs porteront une boitte pour exiger des confrères, pour le paiement dudit chantal.

A aussy esté convenu et arresté entre lesdits révérends religieux et lesdits confrères députtés que, venant à mourir quelqu'un des confrères de ladite confrérie, n'ayant sépulture en aucune des esglises de la présente ville ou de dehors, et n'ayant moyen de l'y avoir, il sera permis aux héritiers, soit aux confrères de ladite confrérie, de le faire ensépulturer dans le cemistière de l'esglise dudit Saint Dominique, pour, et moyenant trois florins ditte monnoye, pour chascun desdits confrères et de leur famille, que l'on ensepvelira, tant pour le droit de sépulture que pour l'assistance de croix, lesquels trois florins les héritiers des confrères décédés seront tenus payer auxdits religieux, soit au procureur ou sacristain dudit couvent ; et, lorsque par charité les confrères les fera ensevelir, les prieurs de ladite confrérie seront tenus les payer, comme cy dessus.

Ainsy que lesdits députtés promettent, aux peynes, obligations et constitutions susdittes, et ainsy que dessus, pour tous lesdits services, a esté convenu entre lesdits révérends relligieux et confrères députés, et promis inviolablement observer, sans y contrevenir, ny permettre estre contrevenu, en jugement, ny dehors, à peynes respectives de tous despens, dommages et interests, et soubs obligation de tous leurs dits bien, qu'ils se constituent tenir les uns en faveur des autres, sçavoir, lesdits révérends religieux, ceux dudit couvent et lesdits confrères députés, ceux de leur dite confrérie, et ce ont faict soubs et avec touftes deubes permissions, par mutuelles et réciproques stipulations et acceptations, soubmissions à touts recours, renonciations à tous droits contraires, serment presté, lesdits religieux, la main à la poitrine, et lesdits confrères deputtés sur les Escriptures entre mes mains, et clauses respectivement requises et nécessaires.

Faict et passé à Chambéry, dans le grand réfectoire dudit couvent. Présents Mes Claude Guillermin, praticien, et honorable François Charrier, maistre courdonnier, tous deux bourgeois dudit Chambéry, tesmoins requis. Signé, en la minutte F. Charles Gaud, humble prieur, F. Hugues Noë Marchand, sous prieur, F. Louys Dunand, F. Boniface Vachellot, F. Joseph Gayme, F. Jacques Pellin, procureur, F. Charles Dalmat Simon, député, Jean Jacques Guittard, confrère, Guilliermin présent, Charrier, présent. Les autres confrères députés n'ont signé, pour ne savoir, de ce enquis, et moy Jean Louys Jacquier, bourgeois dudit Chambéry, notaire ducal royal soubsigné, de ce recepvoir requis, qui le présent ay levé et expédié en faveur desdicts prieurs et confrères députés et de leurs successeurs. Signé JACQUIN, notaire [1].

*
* *

Teneur d'acte de délibération des confrères de la confrérie de Saint Eloy, érigée dans l'esglise des R^{ds} Pères de Saint Dominique, présente ville, du 22 may 1690.

1. Délibération a esté faite entre les maistres confrères de la confrérie de Saint Eloi de la présente ville et faubourgs d'icelle, érigée dans l'église de Saint Dominique,

[1] *Archives du Sénat*, vol. L, fol. 176, 1687-1691.

à l'autel dudit saint Eloi, par les prieurs, conseillers et maistres confrères de ladite confrérie, tous unanimement congregés et assemblés au lieu et manière accoustumés.

Présents honnestes Mauris Forrat, prieur moderne, André Clerau, François Martin, Jean Revel dit Carcollet, Louys Challandier, Claude Roux dit Fontaine, Claude Richard, Claude Jolytemps, Louys Fricquet, Theodore Viollet, Antoine Verney, tous maistres serruriers, honnestes Estienne et Jean Guy, maistres chaudronniers, honnestes Jean Pierre et Antoine Pocta, frères, maistres ouvriers en fer blanc, honnestes Guilliaume Vigniolle et Claude Mouchet, maistres selliers, honnestes Germain Flambert, Claude Bouchet, Jean Tardy, Thomas Beccu, Antoine Rey dit Loyseau, Claude Gabet, Claude Boisset et Claude..., et François Vullien, maistres coutteliers, André Laurent et Jacques Simon, maistres armuriers, honneste Grégoire Girod, maistre bastier, honneste Jean Bazet, maistre épinglier, tous conseillers et confrères en ladite confrérie de saint Eloy ;

Lesquels, apprès avoir murement considéré les nécessités de leur confrérie et le peu de cas que pourroient faire cy apprès les maistres nouvellement establys des actes de délibérations faicts aux assemblées, il a esté, à ces fins, délibéré et résolu que la confrérie se pourvoira par requête au Sénat pour l'insinuation, homologation et enregistrement de tous les articles de délibération contenus dans l'assemblée faicte par lesdits confrères, le vingt sixiesme juin mil six cent trente huit, par devant M⁰ Vachier, notaire, tant par les raisons que dessus, que encor en cas d'incendie ou esgarement du présent registre, pour y avoir recours au besoing.

2. Pour raison de quoy seront establis deux des confrères pour procureurs, afin de présenter ladite requeste pour requérir l'insinuation, non seulement desdits arti-

cles, mais encor du contrat d'établissement et conventions faictes avec les révérends prieurs et relligieux de Saint Dominique le vingtiesme julliet mil six cent cinquante neuf, receup et signé par M⁰ Jacquin, notaire.

3. Aussy esté délibéré que ceux qui refuseront et ne voudront accepter la charge de prieur et faire le pain benict à tour de roolle et suivant leur réception, comme a esté anciennement et est toujours observé dans la confrérie, et qui fairont de difficulté de payer la messe, comme est de coustume, qui est quatorze sols, pour faire faire les services divins nécessaires, et qu'on est accoustumé faire pendant l'année et jour de la feste en l'honneur et gloire de Dieu et du Sainct, lesdits refusants seront amendables de vingt-cinq livres fortes applicables aux réparations et nécessités de la chapelle, ce qu'ils promettent inviolablement observer, à l'obligation de leurs biens soubs clause de constitut, en forme et aux peines y portées.

A Chambéry, ce vingt deux may mil six cents nonante. — Signé Vignolle, Antoine Girerd, Claude Ros Fontaine, Pierre Devillat, Jean Raset, Louys Challandier, Claude Mouchet, A. Poctoz, C. Guy, François Martin, Jacques Simond, Antoine Vernay, André Laurent, Bouvier, Claude Fourrat, prieur, et BOUVARD, notaire [1].

[1] *Archives du Sénat*, vol. LIV, 1690.

CORPORATION DES CHARPENTIERS

Establissements et constitutions qu'ont faict les prieurs et confrères charpentiers de la confrérie de Saint Joseph fondée au grand hostel de l'église de Sainct-Légier parochiale présente ville de Chambéry.

L'an mil six cent quarante-cinq et le huitiesme jour du mois de mars, à tous présents et advenir soit notoire et manifeste que ce jourdhui se sont congrégés et assemblés :

Honnestes Benoit Champrond et Estienne Chatellain, prieurs modernes de la confrérie de Saint Joseph, fondée dans l'esglise de Sainct-Légier parochiale de la présente ville de Chambéry, et, à leur réquisition, les charpentiers nommés pour maistres, en parties bourgeois et habitans de la présente ville, et confraires de ladite confrairie, François Claude Modurat, Jacques Baudevin, Claude Cottard, Jean Perier, Claude Champrond l'ayné, Claude André, Benoit Galliardin, Laurent Mochon, Claude Devigne, Estienne Belley, Jean Nicod, Pierre Janin et Jean Greffe, faisant les deux tiers desdits confrères et desdicts maistres charpentiers ;

Lesquels, appres avoir meurement considéré les abus qui se commettent au faict de ladite confrairie, des manquements ès offices divins qui se doibvent faire en icelle et au faict de leur profession, en sorte que, par la négligence et peu de soing qui est entre eux, notamment par leur mauvaise intelligence, ladite confrairie, en ce faisant, n'est conservée et maintenue comme se doibt, et qu'au faict de leur dite profession et à l'exercice d'icelle, s'y commet de grands abus et inconvénients, sur quoy ayant à bien adviser et à rendre leur confrairie à perpétuité en deub et bon estat, et la rendre encore plus commandable, la maintenir et conserver, voire l'augmenter, pour la plus grande gloire de Dieu, et pour lever aussy tous abus que se pourroient commettre aussy à leur profession, ont, pour eux et leurs successeurs à l'advenir quelconques, faict le présent establissement, constitution et règlement, comme sera coutume ez articles suivants, que seront dès ores et à perpétuité observés de poinct en poinct, le tout néantmoins pour le bon voulloir et plaisir du souverain Sénat de Savoye, ce qu'ils supplient humblement vouloir auctoriser et omologuer pour servir et valoir à perpétuité.

Premièrement, que tous les maistres charpentiers qui auront esté prieurs de ladite confrarie s'assembleront au lieu accoustumé, huict jours avant la feste Saint Joseph, pour estre par eux nommé un prieur capable pour faire et supporter ladite charge et qui sera de bonne réputation, et ce annuellement.

Item, que celui qui sera esleu prieur, sera tenu accepter ladite charge, et, au cas qu'il ne voulut recepvoir, souffrira la peine de dix escus, qu'il sera contrainct de payer promptement, pour estre employés au proufict et ornement de leur chapelle.

Item, que le prieur esleu sera tenu de faire et offrir ung pain, le jour de ladite feste, à ses dépens, à l'accoustumée, faire faire tous les offices divins requis, ensemble faire célébrer les services, touts les dimanches et autres jours qui seront establis, pendant la charge, le plus sainctement que faire se pourra.

Item, que tous les maistres et confrères de ladite confrarie, ensemble les compagnons, garçons et apprentis, seront tenus d'assister à la procession qui se fera le jour de ladicte feste, en ladicte esglise, et que ceux qui n'y assisteront, hors qu'ils ne feussent malades ou absents de la présente ville, seront tenus de mettre six sols dans la boëte de ladite confrarie, et à ce pourront estre contraincts.

Item, que, le lendemain de la feste de Saint Joseph, sera dict et cellébré, dans ladicte esglise et au grand hostel d'icelle, une grande messe de *Requiem*, à laquelle assisteront tous les maistres et, là, prieront Dieu pour le salut et remède de l'âme des confrères décédés.

Item, que tous les maistres charpentiers seront tenus de mettre annuellement dans ladicte boëte ung florin, le jour de ladicte feste, pour estre employé pour faire faire les offices divins, et à ce seront contraincts les refusants à payer.

Item, que tous les compagnons et garçons seront aussy tenus, ledict jour, de mettre annuellement, dans ladicte boëte, huict sols, et à ce seront contraincts comme dessus.

Item, que tous les apprentis seront de mesme tenus deslivrer, la première année de leur apprentissage, deux livres de cire pour estre employées, comme dessus, et à ce seront contraincts comme dessus.

Item, qu'aucungs compagnons, ny garçons de ladicte profession, ne pourront estre receus maistres, qu'ils n'ayent esté examinés par les quatre anciens maistres de leur capacité.

Item, que nul estranger ne pourra estre receu, qu'il n'aye rapporté bonne et authentique attestation du lieu de sa naissance, et s'il est de bonne famille, bonne réputation, et s'il est bon chrestien apostolique romain, au cas examiné et receu sera tenu de mettre, dans ladite boëtte, un escu d'or sol et observer le présent establissement.

Item, que ceux qui seront maistres receus, estants de cest estat, seront tenus de mettre dans ladite boette, ung escu, et à ce seront contraincts comme dessus.

Item, qu'aucung compagnon, ny garçon, ne pourra prendre aucungs prix faits, ni faire aucune besogne en lieux particuliers pour aucung temps, tant dans la présente ville, qu'à une lieue alentour d'icelle, qu'il n'aye esté receu maistre, à peine de dix florins qu'il sera contrainct de payer soudain qu'il sera requis.

Item, que les fils de maistres ne seront tenus à aucune chose qu'à l'examen de leur capacité et à ung florin, comme les aides maistres, qui sera mis dans la boëte.

Item, que nul maistre ne prendra à soy pour travallier aucun apprentif servant maître, qu'il n'aye parachevé son apprentissage, ny compagnon que ce ne soit, à moins du sceu et consentement du maistre chez lequel il travalliera, à peine d'un escu d'or sol, qui sera mis dans la boete, et à ce sera contrainct comme dessus.

Tous lesquels susnommés confrères et maistres charpentiers, à leurs noms et des autres confrères charpentiers de ladite présente ville, ont requis le notaire ducal royal, audit Chambéry, soussigné, vouloir rédiger par escript ce présent establissement, règlement et constitution, et leur octroyer acte que leur ay accordé, en tant que c'est de mon office, pour se prouvoir pardevant le souverain Sénat pour la confirmation d'icelluy. A Chambéry, les an et jour susdicts. — Signé DESERVETAZ [1].

[1] *Archives du Sénat,* vol. XL, fol. 310 v°, 1639-1646.

CORPORATION DES CORDONNIERS, TANNEURS ET CORROYEURS

Teneur des patentes pour honnorable Claude Deschaux dict Briset, maistre courdonnier et intendant de la maistrise.

Charles-Emmanuel par la grace de Dieu, duc de Savoye, prince de Piémont, roy de Chipre, etc.

Désirant, à l'imitation de nos sérénissimes prédécesseurs, conserver les arts dans leur perfection, et empêcher les abbus qui s'y peuvent commettre, et estant informé qu'en celui des courdonniers, taneurs et corroyeurs, il y a tousjours eu un maistre de cette profession, choisy et député pour surveiller à ce que un chacun fit son devoir, et qu'il ne se commit aucune fraude, tant dans la marchandise, que dans la facture et débit d'icelle, laquelle charge et surintendance a esté exercée en dernier lieu par François Bérenger, maistre courdonnier et bourgeois de nostre ville de Chambéry, qui avait succédé à Mᵉ Blard, maistre courdonnier de nostre ville d'Annissy, qui avait exercé pareillement ladicte charge fort longtemps de ladicte surintendance et maistrise auparavant luy, à laquelle, comme vacante par le décès dudict François Bérenger, voulant maintenant pourvoir, et estant informé de la probité et capacité de Claude Deschaux dict Briset, maistre courdonnier en nostre dicte ville de Chambéry ;

Pour ces causes et autres dignes de respect, à ce nous mouvant, par ces présentes signées de nostre main, nous avons ledict Claude Deschaux faict, nommé et député, faisons, nommons et députons pour exercer ladicte

— 89 —

maistrise et surintendance sur les courdonniers, taneurs et corroyeurs de nostre dicte ville de Chambéry et autres lieux de nos Estats de là les Monts, pour l'exercer en la mesme forme et manière que faisait François Bérenger et autres ses prédécesseurs, et produisant particullièrement qu'on ne vende aucun cuir, qui ne soit de la bonté requise, et que personne ne soit receu à la maistrise desdicts arts de courdonnier, taneur et couroyeur, sans avoir donné des preuves de sa capacité devant les maistres à ce par luy députés, et ce, avec les honneurs, autorités, privilèges, droicts et prérogatives qui en dépendent et dont ont jouy ses prédécesseurs en ladicte charge.

Ci donnons en mandement à nos très chers, bien amés et féaux conseillers, les gens tenant notre Sénat de Savoye, de veriffier les présentes, et du contenu d'icelles faire jouir l'impétrant selon leur forme et teneur, car tel est nostre plaisir.

Donné à Turin, le sixiesme février mil six cent septante un. — Signé CHARLES-EMMANUEL, V^a BUSQUET, V^a GRANERY, R^{ta} CARRON et contresigné CAULY [1].

Teneur de délibération faicte entre les maistres courdonniers de la présente ville de Chambéry.

L'an mil six cent soixante neuf et le vingt quatre jour du mois de julliet, ont comparu pardevant moy notaire ducal soubsigné, honnorable François Béranger, intendant des maistres courdonniers, et les quatre maistres assistants sçavoir : Pierre Guillet, Philibert Francoz, Jean Rousseau, les prieurs Pierre Desgranges et René

[1] *Archives du Sénat*, vol. XLV, fol. 250 v°, 1664-1672.

Vulliod, comme encore tous les cy après nommés, sçavoir :

Claude Campet, Pierre Cognet, Antoine Chambon, Rolet Bergeret, Claude Merle, Louys Chappaz, André Campet, Claude Deschaux, Jean Méritel, Félix Galliard, Jean Excoflon, Joseph Ferragus, Pierre Pacoret, Pierre Ricard, Catherin Santet, corroyeur, Antoine Rolet, Claude Rebotton, François Virand, Jean-Claude Rossillion, Pierre Bourg, Barthélemy Miguet, Claude Jomard, Claude Collomb, Jean-Claude Mattel, Claude Dumoullin, Claude Jance, Antoine Bertrand, Pierre Vincent, Pierre Dupra, Nicolas Bally, Claude Vulliod, Antoine Jacquiod, Pierre Desgranges l'aîné, Pierre Blanchet, Claude Blanc, Claude Pulvin, Jean Crotel, Maurice Sattet, corroyeur, Andé Favre dict Réglaz, Antoine La Racine, Jean Jeanthon dict La Marche, Claude Vibod, Pierre Ronjon, Charles Bellet, Pierre Gaidioz, Louys Favre dict Réglaz l'aîné, Jean Santet, corroyeur, Claude Pichon, tanneur, Jacques Richard, taneur, Cesar Dupra, taneur, Antoine Dupra et François Bally, taneur, Martin Bardin, Claude Martin et Catherin Simond, secrétaire de ladicte confrérie, tous maistres courdonniers, taneurs et corroyeurs, lesquels, d'un commun consentement, ont délibéré comme s'ensuit, sçavoir :

Que touts garçons courdonniers, qui dès ores en avant ce passeront maistres, payeront lhors de leur réception la somme de vingt florins dans la boette de la chapelle de saincts Crespin et Crespinian, comme aussy ceux qui passeront maistres taneurs et corroyeurs, sauf les fils des maistres, qui ne payeront que deux florins lhors de leur dicte réception de maistres ; et de mesme, les apprentifs seront aussi obligés de payer dans ladicte boette lesdicts deux florins, et que les maistres qui les prendront seront obligés de les faire payer ou payer eux mesmes ; toutes lesquelles choses, ils veulent estre employées aux frais qu'ils ont supportés pour obtenir de Sa Sainteté les bulles à eux accordées, comme aussy pour les réparations, maintien et entretien de ladicte chappelle, qui est en fort pauvre estat, qui a obligé touts les susnommés à faire telle déliberation, n'avoir en cy devant aucunes indulgences ; et, présentement en ayant pour cinq festes principales de l'année, il leur convient avoir de quoy faire faire le divin service auxdicts jours.

De tout quoy les susnommés m'ont requis acte, que de mon office leur ay octroyé en présence d'honnorable Antoine Pernet, bourgeois de Chambéry, et M° Jean-Baptiste Masson, huissier extraordinaire au Sénat, tesmoingts requis. — Signé en ma minutte, Bérengier, Claude Deschaux, Louis Chappaz, Rolet Légeret, Philibert Francoz, Pierre Riccard, Jean Rossiand, Claude Campet, Jean Méritel, Joseph Ferragus, Antoine Rolet, Pierre Paccoret, Claude Rebotton, Catherin, Jean Excoffon, André Campet, Antoine Chambon, Pierre Cugnet, Félix Galliand, Claude Merle et Catherin Simon, secrétaire de ladicte confrérie, Pernet, présent, Mascon, présent, et non les autres, pour ne scavoir, de ce enquis, et, moy notaire ducal de ce recepvoir requis. — Signé BOURGEOIS, notaire [1].

*
* *

Règlement pour les courdonniers, taneurs et coroieurs, 1726.

1° Le corps des courdonniers, dans lesquels sont compris les taneurs et coroieurs, s'assemblera le dimanche avant la fête de saint Crépin, pour établir un prieur à leur confrérie, lequel sera une année courdonnier, et

---

[1] *Archives du Sénat,* vol. XLV, fol. 203, 1664-1672.

l'autre, taneur ou coroieur. Ils établiront aussi, le même jour, quatre maîtres sardes, soit jurés, dont deux seront courdonniers, et deux taneurs ou coroieurs. Ces élections se feront à la pluralité des voix, sans qu'aucun puisse refuser tels emplois, à peine de deux escus d'or d'amende applicables à la confrérie, sauf cependant ceux qui les auront déjà occupés l'année précédente, qui ne pourront pas continuer deux années de suite. Après cette élection, l'on lira dans l'assemblée, à haute et intelligible voix, les règlements et statuts qui regardent ledit corps, et l'on remettra tous les livres de la confrérie au nouveau prieur, qui s'en chargera et recevra à l'assistance des quatre anciens maîtres jurés, les comptes de l'ancien prieur, qui aura dû exiger les droits de ladite confrérie pendant l'année.

2° L'ancien prieur fera le pain bénit, le jour de la fête de saint Crépin, de la grosseur qu'il voudra, sans être obligé de faire aucune dépense, et chaque maître paiera dans la quinzaine auparavant, dix sols pour être employés aussi bien que les autres droits et amendes, pour le service et maintien de notre chapelle.

3° Les maîtres sardes se représenteront, le lendemain de l'élection, au bureau du vicariat, où ils prêteront serment de veiller exactement à l'observance des présents statuts, et de bien et fidèlement procéder aux visites des cuirs et autres marchandises, qui regardent leurs arts. Ils seront obligés de faire ces visites, au moins trois fois l'année, et particulièrement dans le temps que les marchandises sont arrivées des foires ; et lorsqu'ils trouveront quelqu'une des marchandises, qui ne sera pas de la qualité requise, ou quelque contravention aux présens statuts, ils en donneront incessamment avis au bureau du vicariat, pour y être pourvu, ainsi qu'il appartiendra, le tout sur la même peine que dessus.

4° Personne ne pourra travailler, comme maître, des

métiers de courdonnier, taneur ou coroieur, soit en boutique, soit en chambre, qu'il n'ait été examiné, reçu et approuvé par le prieur et deux maîtres jurés, et travaillé fidellement de ladite profession pendant quatre ans, sçavoir : deux années comme apprenti, et deux années comme sarrons, de quoy il fera conster par le certificat des maîtres, chez qui il aura travaillé ; il paiera ensuite pour cette admission huit livres à la confrérie, s'il est sujet de S. M., et seize, s'il est étranger ; et, s'il est fils de maître, habitant de présente ville, il ne paiera qu'une livre ; et quiconque paiera, en outre, deux livres au prieur, et à chacun des deux maîtres jurés ; et au cas que quelcun vienne à travailler desdites professions comme maîtres, sans avoir exécuté tout ce que dessus, paiera à ladite confrérie deux escus d'or d'amende, outre la confiscation des marchandises, que l'on trouvera chez eux, dont le prix sera aussi appliqué à la confrérie.

5° Si quelque maître gaste quelque ouvrage que l'on lui aura donné à faire, il sera obligé de dédommager l'intéressé, sur l'estimation qui en sera faite par les jurés, au sentiment desquels s'en tiendra le vicaire de police, après avoir reçu leur serment ; et paiera, en outre, quatorze livres à la confrérie.

6° Il est défendu à toute sorte de personne, sauf aux maîtres approuvés comme dessus, de vendre des souliers dans la présente ville, faubourgs et franchises, à peine de confiscation, et d'un écu d'or d'amende applicable à la confrérie, sauf cependant dans les foires franches établies par les souverains, et notamment par l'édit du 9 juillet 1677.

7° Les maîtres ne pourront prendre aucun apprenti pour un temps moindre de deux années, et les apprentis paieront à la confrérie, en entrant en apprentissage, une livre dont les maîtres seront responsables, et, à cet effet, consigneront entre les mains du prieur les apprentis qu'ils auront pris, dans quinze jours après qu'ils les auront, à peine de cinq livres applicables comme dessus.

8° Aucun maître ne pourra recevoir un sarron, qu'il ne lui conste qu'il a fini son apprentissage, à peine de deux écus d'or d'amende.

9° Le temps de l'apprentissage expiré, les apprentis seront tenus de tirer quittance de leurs maîtres, et de la faire enregistrer sur les registres de la confrérie, où ils se feront inscrire pour compagnons.

10° Dès qu'un compagnon sera convenu avec un maître de rester chez lui un temps fixé, il ne pourra pas en sortir avant l'expiration d'icelui ; et dès qu'il ne sera pas engagé pour un temps fixe, il sera obligé d'avertir le maître, huit jours avant que d'en sortir, sans quoi aucun autre maître ne pourra le recevoir, à peine de cinq livres, à moins que ce ne soit du consentement du susdit maître.

11° Pour éviter les dépenses que font ordinairement faire les sarrons courdonniers, qui sont chez des maîtres, aux autres qui n'y sont pas, sous prétexte de leur chercher et faire trouver de la besogne, la confrérie nommera un maître, qui sera appelé embaucheur, à qui tous les sarrons devront s'adresser pour avoir de la besogne, et aucun maître ne pourra recevoir un sarron, si ce n'est des mains dudit embaucheur, à peine de dix livres d'amende ; et il sera payé audit embaucheur six sols pour chaque sarron étranger, et trois sols pour ceux qui auront fait leur apprentissage dans cette ville, et c'est chaque fois qu'ils changeront de boutique.

12° Les veuves des maîtres pourront continuer de tenir boutique et avoir des compagnons, et même faire achever aux apprentis de leurs maris le temps de leur apprentissage, sans toutefois qu'elles puissent prendre aucun apprenti nouveau.

13° Les compagnons qui épouseront les filles des maîtres, ne paieront à la confrérie, pour la maîtrise, que la moitié des droits cy devant[1].

[1] *Archives départementales de la Savoie,* n° 1050.

CORPORATION DES BOULANGERS ET DES PATISSIERS

Teneur de coustume ancienne que tous les pâtissiers et bollongiers de la confrérie de Saint-Honoré doivent observer.

Premièrement, le prieur, qui sera estably, sera obligé de se charger du luminaire que l'on luy remettra, et tous autres ornements, qui seront à laditte chapelle, et desquels en sera fait inventaire touttes les années, et du tout rendre bon compte.

Item, ledit prieur sera tenu faire dire la messe, toutes les dimanches, et à l'heure de six du matin en esté, et en hiver à sept, la première comme est de coustume.

Item, sera aussy tenu fournir, à ses dépens, un pain de deux sols, pour bénir avant ladite messe, et, après la messe, en sera par luy distribué aux assistants.

Item, ledit prieur sera tenu advertir tous les maistres pâtissiers et bollongiers, quand il sera requis faire quelque assemblée.

Item, sera aussy tenu, quand il viendra l'heure que l'on voudra porter le Saint Sacrement à quelque confrère ou confréresse, de porter ou faire porter deux flambeaux de laditte confrérie, avec les excussons d'icelle, et à y faire compagnie.

Item, sera aussy tenu, quand il viendra que quelque confrère ou confréresse mourront, il portera, à leur enterrement, les excussons, pour avoir deux flambeaux pour assister audit enterrement, et, en après, estre mis lesdits deux flambeaux pour le service de ladite chapelle.

Item, seront tenus les maistres faire assemblée générale dans Saint François, quinze jours avant la feste de saint Honoré, pour faire eslection de prieur, et venant à manquer, estant advertys par ledit prieur, payeront deux livres de cire blanche.

Item, que le jadis prieur sera tenu advertir tous lesdits maistres, pour assister à ladite assemblée pour ladite eslection, sans qu'auxdites assemblées puissent assister que ceux qui auront fait les charges et le pain bénist.

Item, que ledit jadis prieur, avec celuy qui sera esleu, seront tenus porter la boëte, huict jours avant la feste dudit saint Honoré, et iront par toutes les maisons des maistres et bienfaiteurs de la ville et faubourgs d'icelle, et c'est annuellement.

Item, que tous les prieurs, chacun à leur tour, seront tenus achepter, à leurs despens, une livre et demy de cire blanche, sçavoir, une livre en petites chandelles pour les maistres, et demy livre pour les maistresses, et que ladite demy livre fera autant de nombre de chandelles que ladite livre.

Item, que tous les prieurs entrant en leur priorat seront tenus fournir, à leurs despens, un flambeau, lequel luy servira à la procession, en sortant de ladite charge, et, après ce, demeurera pour le luminaire de la chapelle.

Item, que ledit prieur qui sera esleu, sera tenu de faire une collation aux maistres, lorsque l'on luy remettra la boëte, selon la faculté de ses biens.

Item, que celui qui recevra le crochon pour faire le gros pain bénist, l'année suivante, sera tenu accompagner celuy qui aura fait le pain bénist à la procession, et achepter à ses despens une chandelle blanche de demy livre, laquelle il deslivrera à la femme de celuy qui offrira ledit pain bénist.

Item, sera tenu faire la collation aux maistres et maistresses, et à ceux qui accompagneront le crochon.

Item, que celuy qui sera tenu faire le gros pain bénist, le fera de quatre pains en pâtisserie, garnys d'images et bouquets.

Item, sera tenu à faire venir, à ses despens, la bande de violons pour assister à la procession et à la remission du crochon, si du moins payer un ducaton applicable au luminaire de la chapelle.

Item, sera aussy ledit prieur tenu de faire lesdits quatre pains bénists, deux jours avant la feste dudit saint Honoré, et supportera les charges et frais à l'accoustumée, selon ses moyens.

Item, que, venant celuy qui aura receu le crochon à mourir la mesme année, la vefve, si elle continue à tenir boutique ouverte, sera tenue et obligée de faire ledict pain bénist, selon ses facultés.

Item, que touttes les maistresses seront tenues de porter des bouquets pour fleurir les susdits pains.

Item, que celuy qui fera lesdits pains pour bénir, sera tenu achepter son flambeau à ses despens, lequel il portera allumé à la procession, et, en après, sera remis au proffict de la chapelle.

Item, seront aussy tenus les maistres et maistresses, le jour dudit saint Honoré, accompagner lesdits pains bénists à la procession et remission du crochon.

Item, que les quattre maistres, qui seront esleus par celuy qui aura faict ledict pain, seront tenus faire la distribution d'une partie desdicts pains par l'esglise, après la bénédiction faicte d'iceluy, en leur fournissant à chacun une serviette.

Item, le lendemain de la feste, tous les maistres seront tenus se trouver au chantal général, et, après ce, à la position du compte du prieur, estant par un préallable iceux advertis par ledit prieur, à peine de deux livres de cire blanche, sauf qu'il y eut excuse légitime.

Item, que tous les garçons, qui voudront s'installer et se passer maistres audit mestier de leur boutique, seront tenus, à leur réception, de donner à ladite confrérie la quantité de cinq livres cire blanche pour le luminaire, ou dix florins pour la réparation de ladite chapelle, comme a esté cy devant représenté, excepté les fils de maistres.

Item, que la messe, qui se paye annuellement par tous les maistres, sera tout au moins de quinze sols, comme a esté cy devant observé.

Item, que tous cuysiniers et autres tenant cabarest, faisant pâtisserie et ayant four, seront tenus de payer les droicts de la chapelle, qui sont cinq livres de cire blanche, soit dix florins.

Item, que tous les maistres, qui recevront apprentifs, seront tenus, la première année, de deslivrer au prieur, qui sera lhors establly, une livre de cire blanche, ou bien un quart d'escu, et, les autres années, six sols pour la messe.

Item, que tous ceux qui ne satisferont et observeront le contenu en tous les articles cy dessus mentionnés, seront tenus de l'amende de deux livres de cire blanche applicables au luminaire de la chapelle, ainsi qu'a esté cy devant observé.

Lesdits articles, ayants esté dressés et publiés, à forme de l'acte d'assemblée cy joinct, par moy soubsigné, et, en foy de ce, ay signé. Chambéry, ce vingt deux april mil six cents septante quatre. — Signé PLATTET, notaire [1].

[1] *Archives du Sénat,* vol. L, 1672-1674.

*
* *

Anciens sommaires de divers actes des archives de Chambéry, concernant les pâtissiers, boulangers et meuniers.

1. La connoissance et pouvoir d'établir le prix à tout bled, à l'exclusion de tous autres magistrats, est donné aux scindiqs de Chambéry par Amed Ier, duc de Savoye, afin de subvenir aux oppressions et nécessités du public, inhibant à son conseil et juge mage d'en prendre connoissance, advis de leur prester tout secours et assistance, par patentes données à Thonon, le 8 septembre 1415.

2. N'est permis d'achepter du bled pour le revendre, mais simplement pour ses usages et sa famille, si ce n'est que ce fut par la permission et consentement des s[rs] scindiqs de Chambéry, avec l'advis de six conseillers de ladite ville, par patentes de Bonne de Bourbon, mère et tutrice d'Amédée, duc de Savoie, données à Chambéry, le 14 février 1392.

3. Est inhibé aux pâtissiers, bolangers et meuniers et autres revendeurs du bled d'entrer dans la grenette aux jours de marchés, ny de marchander le bled dans icelle, ou s'enquérir du prix d'iceluy, sous la peine que sera établie par le magnifique conseil de Chambéry, suivant ordonnance, soit règlement fait par les nobles scindiqs de ladite ville, confirmé et voire concédé en titre de privilège par lettres patentes du duc Charles données à Turin, le 29 janvier 1525.

4. Arrest rendu, le 7 décembre 1605, contre les bolangers et pâtissiers de la ville de Chambéry, qui avoient fait construire des petits fours, sans la permission des nobles scindiqs de la ville.

5. Tout le bled et légume, de quelque espèce et qualité qu'il soit, se vendra et débitera dans la ville de Chambéry, sera mesuré ès mesures justes et certaines qu'à ces fins seront establies par les nobles scindiqs de ladite ville selon le vray eschandal dressé et érigé en lieu commode.

Pour lequèl mesurage de chaque vaisseau de bled et légumes, S. A. impose, au profit commun de la ville, la mesure d'un demy moudurier, et pour chaque cartan, le huictain d'un moudurier, payable ladite imposition en même espèce de bled et légumes, sans aucune exemption de personne, par patentes d'Emmanuel-Philibert données à Turin, le 14 mars 1566, vérifiées par arrest de la Chambre du 7 mai suivant, et par arrest du 30e aoust, même année, sauf pour regard de ladite nouvelle imposition de bled pour la susdite mesure, par laquelle ledit Sénat et Chambre ordonne que les bourgeois, habitants et autres intéressés seront ouys et appelés.

6. Est inhibé à toutes personnes, de quelque état et qualité qu'elle soient, de vendre et achepter aucun bled dans la ville de Chambéry ou faubourg d'icelle, sinon à la grenette et lieu accoustumé, et sans le mesurer en icelle, et ne l'aller errer, ledit bled, en lieu que ce soit, hors ledit marché, à peine de confiscation dudit bled et autres amendes arbitraires, a la connoissance des scindiqs et conseil de ladite ville, auxquels S. A. attribue telle juridiction et connoissance contre les délinquants, avec pouvoir de prompte et précise exécution, nonobstant opposition, appellation, empêchements, et sans préjudice d'icelle, comme pour denier du fisque, par les susdittes patentes du 14 mars 1566, vérifiées par la Chambre, le 7 may, et par le Sénat, le 30 aoust suivant.

7. Tous ceux qui veulent peser du bled à la grenette, doivent payer un denier fort blanchet, que sont à présent deux quarts, tant pour le poids que pour sortie

d'icelluy, à celuy qui sera étably par les N^es scindics, ainsi que par patentes de Charles, duc de Savoye, du 13 décembre 1508, publiées le 16 dudit mois et 3 novembre 1509.

8. Dans le sac n° 45, sont les procédures faittes par le procureur de ville, demandeur, en cas de contravention aux ordonnances rendues contre les meuniers, portant qu'ils ne doivent entrer en la grenette, et arrest du Sénat sur la poursuite.

9. Les pâtissiers et boulangers de Chambéry, ayant construit de petits fours sans la permission de la ville, furent condamnés par ordonnances de la ville des 21 janvier 1598 et 6 mars 1599, desquels s'étant rendus appelants, il y eut arrest du 7 décembre 1605, par lequel l'appellation fut mise au néant, et, en émendant, les pâtissiers furent quittes et absous des fins et conclusions contre eux prises par le procureur de ville pour la nouvelle imposition de dix florins par eux demandée pour chaque petit four construict par lesdits appelants, sauf auxdits scindiqs de se prévaloir de l'offre à eux faite, pour ce regard, au procès, le tout sans préjudice des privilèges concédés à ladite ville et du droit de prohibition de construire nouveaux fours sans leur consentement, à la forme desdits privilèges.

10. Les R^ds Pères gardien et procureur de Saint-François de la présente ville ont fait une promesse, par laquelle ils se sont obligés de ne se servir d'un four par eux construict dans leur maison, que la ville prétendait faire démolir, pour autre que pour y cuire des pâtés et tourtes, sans y vouloir faire cuire du pain, du 22 may 1412.

Contract d'acquis de la place où est la grenette, fait par les nobles scindiqs des Srs de Lescheraine et Poypon, des 8 et 10 novembre 1575.

Prix fait de la nouvelle grenette, du 28 may 1578, ainsi qu'une ordonnance de payer 100 florins aux religieux de Saint-François, pour les dommages d'avoir enlevé la grenette de leur cimetière [1].

[1] *Ancien sommaire des Archives de Chambéry*, p. 1, 14, 26, 27 et 29. (Archives de M. le conseiller Fr. Mugnier.)

CORPORATION DES APOTHICAIRES

Statuts des maistres apothicaires de la ville de Chambéry, octroyez par le souverain Sénat de Savoye en l'année 1679, homologués et modifiés par ledit Sénat et enregistrés en ladite année 1679.

1. Comme vrays chrétiens et catholiques, les maistres apothicaires de cette ville et fauxbourgs d'icelle seront tenus de faire dire une messe haute, le jour de Ste Magdeleine, à l'autel que l'on aura choisy, dédié à cette saincte, lesquels services se feront aux dépens de la boëte, et lesdicts maistres seront obligés d'assister auxdicts services, tant du jour de la feste, que du lendemain, à peine de deux florins, sauf en cas de maladie ou cause légitime ; et, pour cet effet, pour la première fois, et pour la première année du susdit establissement, les maistres qui sont dès à présent, seront obligés de donner la somme de deux florins, pour commencer à subvenir aux frais qu'il faudra supporter pendant la susdite première année.

2. Toutes les années, ils s'assembleront le lendemain de la feste de saincte Magdeleine, dans le lieu que l'on aura choisy pour faire leur assemblée, pour procéder à l'eslection des deux maistres jurés, soit de deux prieurs, sçavoir, un des anciens et un des modernes, lesquels presteront serment, entre les mains des prieurs précédents, de bien et deument faire leur charge.

3. A ces deux jurés, sera donné tout pouvoir de taxer les parties, de faire, toutes les années, la visite des drogues et compositions, dans les boutiques des maistres apothicaires de cette ville et fauxbourgs d'icelle, en l'as-

sistance du médecin estably ; comme aussy, de faire les poursuites contre ceux qui voudront contrevenir au présent reiglement, sans toutes fois qu'ils puissent transiger, ny accorder aucune chose que ce ne soit de la plus grande partie du corps des maistres apothicaires et du consentement d'iceux, lesquels prieurs poseront leur compte, le susdit jour de l'assemblée, et, s'ils fesoient quelques difficultés, ils payeront, la première fois, la somme de six florins, et, en cas d'opiniâtreté, payeront la somme de douze florins, pour à quoy faciliter ils seront obligés de tenir des livres, l'un pour les délibérations qui seront faittes dans les assemblées, l'autre de leur recepte et dépance, comme aussy pour la visite des boutiques et pour tous les actes des aspirants.

4. Seront semblablement tous-lesdits maistres apothicaires tenus, estant convoqués par lesdits jurés, de se trouver à l'heure qui sera préfigée des assemblées, qui se feront concernement leurs affaires, autrement laditte heure estant passée, s'il s'en trouve trois assemblés avec lesdits jurés, tout ce qu'ils auront réglé et délibéré sera autant valable que sy tous y eussent assisté.

5. Celuy qui voudra se présenter à la maistrise de pharmacie, s'adressera aux jurés, pour faire convoquer l'assemblée dans la chambre et lieu destiné, et à mesme temps, lecture luy sera faite des statuts par un des jurés, affin qu'il n'en prétende cause d'ignorance, et sera obligé de donner à chasque maistre, pour le droict d'assemblée, la somme de deux florins, qui seront mis dans la boëte.

6. Aucun ne sera receu à se présenter à l'examen, qu'il ne rapporte attestation en bonne et probable forme, bien légalisée, d'avoir pratiqué la pharmacie en bonnes villes, l'espace de trois années, outre le temps de son apprentissage, duquel il rapportera acquit.

7. Lequel sera pourveu dudit art et office d'apothicaire, ayant préalablement satisfait à ce que dessus, et luy sera donné jour préfigé et parrain, ou conducteur, par les deux jurés, affin d'estre ouy et examiné, en l'assistance du susdit médecin estably, des seigneurs commissaires généraux ; et sera payé par l'aspirant à chascun la somme de sept florins, pour une fois tant seulement, et à chaque maistre assistant la somme de trois florins six sols, pour les trois actes, toutes lesquelles sommes seront consignées, un jour auparavant chasque examen, par l'aspirant entre les mains des jurés, pour estre ledit argent distribué à chascun.

8. Lequel aspirant souffrira trois examens et fera deux chefs-d'œuvre, le premier desquels examens sera faict et commencé par le dernier maistre tenant boutique, chascun à son ordre et rang, et l'on mettra le temps de deux mois pour accomplir et parachever les susdicts trois examens et deux chefs-d'œuvre, leur donnant la distance de quinze en quinze jours, estant le temps nécessaire pour les mettre en exécution, tous les aspirants à la maistrise estant obligés de les souffrir et subir.

9. Aucuns des parents, ny alliés, de ceux qui aspireront parvenir audit estat, soit médecin, pharmacien ou chirurgien, ne pourront assister auxdits examens, ny à leurs chefs-d'œuvre, sy ce n'est qu'il ayt esté trouvé bon par l'assemblée que feront lesdicts maistres apothicaires préalablement pour y deslibérer.

10. Lesdicts jurés, après les examens faicts et receuz, prescriront a l'aspirant deux chefs-d'œuvre, ayant esgard à ses moyens et facultés, et lesquels chefs-d'œuvre sera tenu et obligé de faire, dans le temps et lieu par eux ordonné, le tout à ses dépens, et les chefs-d'œuvre luy demeureront, et, pour cest effect, seront les voix des assistants recueillies par les jurés, aux fins d'estre par

eux jugés de sa capacité ou incapacité, avant que de procéder à sa réception.

11. Il n'y aura qu'un seul aspirant sur les rangs et à la fois, à la charge que l'on procédera incessament aux examens d'icelluy, et un autre ne se pourra présenter que le premier n'ayt entièrement satisfait ; s'il estoit renvoyé par incapacité, un autre se pourra présenter pour estre examiné.

12. Celuy qui se présentera et conduira, comme parrain, un aspirant, ne pourra assister, quand on opinera, pour y avoir voix délibérative, ny autrement.

13. Le poursuivant estant receu, il payera, pour le droict de la boëte, la somme de dix florins pour ayder et subvenir aux frais et nécessités de la communauté desdits apothicaires, laquelle somme sera payée, avant que de luy expédier ses lettres de réception.

14. Ne pourra ledit aspirant ouvrir boutique, bien qu'il ayt ses lettres et expéditions, qu'en la présence et assistance desdicts jurés et maistres apothicaires, qui sy voudront trouver, et le tout sans fraix.

15. L'aspirant, estant receu maistre, il sera tenu et obligé de faire ce que luy sera ordonné par les deux jurés, concernant leur estat et affaires de la communauté, comme estant le dernier venu et receu, et jusque à ce que quelqu'autre soit receu, qui fera les mesmes charges concernant les affaires susdictes.

16. Sera fait un livre auquel on inscrira les propositions et conclusions prinses et faites dans leurs assemblées, pour s'en servir selon les occurences, lesquelles conclusions seront signées par les deux jurés et tous les autres maistres assistants.

17. Aux assemblées qui se feront, ne se commettra, ny profèrera aucun blasphème, courroux, ny paroles injurieuses, les uns contre les autres, et se porteront tout honneur et amitié, et c'est à peine de six florins contre

les contrevenants, applicables, la moitié aux pauvres, et l'autre moitié à la boëte pour leurs affaires communes.

18. Ne sera permis à aucun maistre de recevoir en sa boutique un serviteur, qui vienne de servir un aultre maistre dans la mesme ville ou faubourgs d'icelle, que ce ne soit de l'avis et consentement de ce premier maistre, à moins que ledit serviteur n'eut demeuré hors ladite ville, l'espace de six mois ; comme aussy, seront obligés lesdicts maistres de ne prendre, ny recevoir que des serviteurs de bonne vie, catholique romain, et espérience requise, du fait desquels ils demeureront responsables, et mesme, s'il se trouve quelques maistres qui passent les ordres obtenus par le souverain Sénat, ils seront condamnés à la somme de vingt florins pour la première fois, lequel argent sera mis dans la boëte, pour les nécessités de la confrérie.

19. Les veuves des apothicaires pourront tenir leurs boutiques ouvertes pendant leur viduité, tant seulement à la charge qu'elles auront pour l'administration d'icelles un serviteur capable et suffisant, estant recogneu tel par un examen qu'il souffrira par les deux jurés, en l'assemblée des maistres apothicaires, ou partie d'iceux, une fois seulement et sans frais, sauf que ledit serviteur payera la somme de six florins, lequel examen ne luy pourra servir en cas qu'il voulust se passer maistre, et la première dispensation qu'il fera ne luy sera permis de la parachever, sans que premièrement elle n'ayt esté veue par lesdicts jurés, ou autres par eux commis, pour sur icelle estre examiné, comme il appartiendra ; ne luy estant permis, de mesme, de prendre, ny enseigner aucun apprentif, à peine de nullité dudit apprentissage.

20. Les apprentifs que les maistres recevront en leurs boutiques, ne pourront estre receus en apprentissage,

qu'ils n'ayent connoissance de leur grammaire, et qu'ils ne soient d'aage compétant, ayant du moins l'aage de quinze années, et payeront les apprentifs la somme de quatre florins applicables pour les pauvres fraters passagers, et, à faute de ce faire, les maistres demeureront responsables.

21. Il est très expressément défendu auxdits maistres apothicaires de ne bailler, vendre, ny débiter aucuns médicaments vénéneux, simples ou composés, comme arciniq, réagal, sublimé, et autres semblables, sans expresses ordonnances des médecins approuvés, si ce n'est à gens qui leurs soient connus en prud'homie, et qui, en leur art et métier, se servent nécessairement de ces drogues, et les advertiront de les employer incontinant, sans les laisser à l'abandon, et qu'ils n'en abusent, à peine de punition corporelle ; et de mesme est défendu auxdicts maistres apothicaires, soit pharmaciens, de vendre, ny tenir dans leurs boutiques des marchandises méchaniques, comme huile de noix, beurre, ou fromage, et poissons de caresme, et autres [1].

23. Pour empescher cy après les abus qui règnent en cette ville, lesquels ne procèdent des apothicaires, mais bien des espissiers, chirurgiens, confiseurs, marchands-droguistes, contreporteurs, religieux, religieuses et autres, qui se meslent de distribuer des remèdes dans la ville, et est deffendu à tous de distribuer et mesme de tenir dans leurs boutiques aucuns médicaments composés, et, particulièrement aux chirurgiens et barbiers, de ne donner aucunes médecines dans la ville, lesquelles seront débitées seulement par les maistres apothicaires, et fournyes à leurs pratiques, suyvant les ordonnances desdits médecins.

[1] Un article portant le n° 22 fut supprimé dans l'approbation donnée par le Sénat.

24. Ne sont compris au présent règlement les fils des maistres apothicaires de cette ville, qui ne souffriront qu'un examen et ne feront qu'un chef d'œuvre, tant seulement en payant pour une fois aux seigneurs commissaires généraux et mesdecins establys la somme de sept florins à chacun ; tout de mesme payeront, pour une fois, à chaque maistre la somme de trois florins six sols, et mettront la somme de dix florins dans la boëte, pour le droict de réception, n'estant de mesme compris les fils des maistres, qui, dès quelques années en çà, ont travaillé sous la direction de leur père, lesquels serout tenus pour maistres, après la mort de leur dict père, et tiendront rang auparavant les aspirants qui seront receu cy apprès, lesquels il pourront interroger, à l'absence de leurs pères dans leurs rangs, n'estant pas croyable qu'il ne leur ayt donné tous les documents nécessaires pour les rendre habiles dans leur profession.

25. Seront obligés lesdicts maistres apothicaires de tenir leurs boutiques garnies de compositions suivant la pharmacopée de Lyon.

26. Le nouveau maistre, ou le dernier receu apothicaire, sera obligé de servir les pauvres malades de la Charité de la présente ville, sans espoir de paiement, l'espace de six mois.

27. Que si quelqu'un des maistres vouloient quitter de travailler, par maladie ou autrement, dans sa boutique, et la remettre à un serviteur, il en doit être responsable, et de toutes ses actions, et ledit serviteur ne pourra prendre aucun apprentif, et sera par au préallable examiné, en présence du médecin et des maistres jurés.

28. Les deux jurés establys feront poser deux serrures avec deux clefs aux coffres, soit placcards de laditte confrérie, et ne pourront y aller, l'un sans l'autre, les

quelles clefs ils remettront aux jurés modernes, après leurs comptes rendus.

29. Est ordonné à tous les maistres d'assister à tous les actes et chefs-d'œuvre des aspirants, à peine de trois florins, sauf en cas de maladie et cause légitime, pour la première fois, et de plus grands aux autres [1].

*
* *

Règlement des Apothicaires en 1726.

Le corps des apothicaires s'assemblera tous les ans, le dimanche avant la fête de sainte Madeleine, dans le lieu destiné à leurs assemblées, pour procéder à l'élection de deux maîtres jurés, soit prieurs de leur confrérie. Cette élection se fera à la pluralité des voix, sans qu'aucun ne puisse refuser tels emplois, à peine de deux écus d'or d'amende, applicable à la confrérie, sauf cependant ceux qui les auront déjà occupés l'année précédente, qui ne pourront pas être obligés à continuer deux années de suite. Après cette élection, l'on lira dans l'assemblée, à haute et intelligible voix, les règlements et statuts qui regardent le corps, et l'on remettra tous les titres de la confrérie au plus ancien des nouveaux élus, qui s'en chargera, et l'on recevra le compte du plus ancien des deux prieurs précédents, qui aura dû exiger les droits de la confrérie pendant l'année précédente.

Ces deux maîtres jurés se représenteront, le lendemain de leur élection, au bureau du vicariat, où ils prêteront serment de veiller exactement à l'observance des présents statuts, et d'y donner avis des abus qu'ils découvriront dans leur art.

Tous les maîtres apothicaires, étant convoqués par

---

[1] *Archives du Sénat*, vol. XLVII, fol. 116, 1678-1680.

lesdits jurés, seront obligés de se trouver à l'heure qui sera assignée pour quelque assemblée, concernant les affaires de la confrérie, à peine de deux livres applicables à la confrérie, sauf qu'ils fassent conster de quelque excuse légitime ; et, l'heure étant passée, s'ils se trouvent trois maîtres avec lesdits jurés, ce qu'ils auront réglé sera aussi valable, comme si tous eussent assisté.

Personne ne pourra exercer la profession d'apothicaire comme maître, dans les fauxbourgs et dépendances, qu'il ne soit catholique, apostolique romain, et qu'il n'ait subi deux examens, fait deux chefs-d'œuvre, à peine de cent livres d'amende comme dessus. Les examens se feront en présence du vicaire de police, et d'un médecin qui sera par lui choisi à cet effet, et il y aura un mois d'intervalle de l'un à l'autre.

Ceux qui voudront se présenter à la maîtrise, s'adresseront aux maîtres jurés qui en donneront avis au vicaire de police, qui leur fixera le jour auquel l'assemblée devra être convoquée.

Aucun ne sera reçu à cet examen, qu'il ne rapporte attestation, en due et probante forme, d'avoir pratiqué la pharmacie dans quelque ville, l'espace de trois ans, outre le temps de l'apprentissage, duquel il rapportera acquit.

Dans ces examens, les interrogats seront commencés par le dernier maître et ensuite chacun en son ordre et rang, sans qu'aucun parent ou allié de l'aspirant puisse faire des interrogats, ni y assister, de même qu'aux chefs-d'œuvre.

Après les examens faits et reçus, les jurés prescriront à l'aspirant deux chefs-d'œuvre, qu'il sera obligé de faire dans le temps et lieu qui lui seront ordonnés, à ses dépens, et les chefs-d'œuvre lui demeureront.

Tous ces actes faits, les jurés recueilleront les voix des autres maîtres qui y auront assisté, et l'aspirant sera ensuite reçu ou renvoyé, selon qu'il sera jugé capable.

L'aspirant sera présenté à ces actes par un maître qui lui sera donné par les jurés, et qui l'assistera dans chaque acte comme parrain, et ne pourra avoir voix, ni être présent aux opinions.

L'aspirant sera obligé de payer au vicaire de police un écu d'or pour chaque acte, la moitié moins aux médecins, et deux livres dix sols à chaque maître assistant, pour tous les actes, toutes lesquelles sommes seront consignées, avant ledit examen, entre les mains d'un des jurés.

L'aspirant étant reçu, paiera à la boîte la somme de six livres, pour aider la communauté à subvenir aux frais qui lui sont nécessaires, après lequel paiement lui seront expédiés les actes de réception, et il pourra ensuite ouvrir boutique en présence et assistance des jurés, sans frais, ayant auparavant prêté serment, entre les mains du vicaire de police, d'observer les présents statuts.

Le dernier maître reçu sera obligé de faire ce qui lui sera ordonné par les deux jurés, concernant les affaires de la communauté, à peine de deux livres d'amende applicables à la confrérie.

Il est défendu à tous les maîtres de proférer aucune parole injurieuse ou mauvaise dans les assemblées, à peine de quatre livres d'amende applicables à la confrérie.

Nul maître ne pourra recevoir un sarron apothicaire, qui aura servi chez un autre dans la présente ville et fauxbourgs, sans en avoir donné avis au précédent maître, sous la même peine que dessus, à moins que ledit sarron n'eût demeuré hors de la ville, trois mois après en être sorti.

Ils ne recevront aussi aucun sarron étranger, qu'il ne rapporte son attestation de vie et mœurs, qu'il ne soit catholique romain, et qu'il ne rapporte acquit de son apprentissage, le tout à peine de dix livres d'amende applicables à la confrérie.

Les maîtres ne pourront recevoir aucun apprenti qui soit au-dessous de l'âge de quinze ans, et qu'il n'ait connaissance de la grammaire, à peine de dix livres applicables comme dessus, et chaque apprenti paiera à la confrérie, en entrant en apprentissage, deux livres, dont les maistres seront responsables et donneront note, à cet effet, au juré qui aura l'exaction des revenus de la confrérie, des apprentis qu'ils prendront, dans quinze jours après qu'ils les auront.

Il est défendu à tout maître apothicaire de vendre, bailler ou débiter aucun médicament vénéneux, simple ou composé, sans expresse ordonnance des médecins approuvés, si ce n'est à gens qui leur sont connus en prodomie et qui dans leurs arts et métiers se servent nécessairement de ces drogues, qu'ils ne leur donneront qu'en présence de deux témoins, en les avertissant de les employer d'abord, et des dangers qu'il peut y avoir de les laisser à l'abandon, et c'est à peine de trente livres d'amende applicables comme dessus.

Tous les maîtres seront obligés de tenir leurs boutiques garnies de tous les médicinaux et compositions nécessaires, selon la pharmacopée du lieu.

Aucun maître apothicaire ne pourra faire des compositions qu'en la présence d'un médecin et d'un des maîtres jurés, qui feront leurs attestations dans un livre que les maîtres seront obligés de tenir à cet effet, d'avoir vu la dépensation des drogues, et d'en avoir vu faire le mélange, à peine de vingt-cinq livres d'amende, applicables comme dessus.

Il est défendu aux maîtres apothicaires de s'ingérer à traiter des malades et entreprendre des cures sans l'ordonnance par écrit du médecin, si ce n'est en cas de forte nécessité et d'absence du médecin, sous les mêmes peines que dessus.

Il est ordonné à tous les apothicaires d'exécuter les ordonnances des médecins, sans y rien ajouter ni diminuer, à peine de cinquante livres d'amende ; et au cas qu'ils croient quelques unes des drogues portées par l'ordonnance, nuisibles à celui pour qui elles sont destinées, ils en avertiront le médecin, sans pouvoir rien retrancher ou augmenter à ladite ordonnance, que le médecin ne l'ait écrit et signé au bas de ladite ordonnance.

Les jurés seront obligés de donner avis au bureau du Vicariat de toutes les contraventions au présent règlement, et dès qu'un maître aura manqué trois fois, dans les cas essentiels de la profession, il n'en pourra plus travailler, à peine de cent livres d'amende applicables comme dessus.

Tous ceux qui, quinze jours après la publication du présent, travailleront en leur particulier de ladite profession, sans avoir été admis et approuvés, et avoir juré d'exécuter ce que dessus, paieront cent livres à la confrérie, lesquelles, aussi bien que les autres peines pécuniaires cy dessus, seront exigées chaque année par les jurés, et serviront pour les réparations de la chapelle, célébration des offices divins, et autres frais qu'il conviendra de faire à la confrérie, et chaque contrevenant devra les payer sans pouvoir prétexter d'aucun privilège ou exemption[1].

[1] *Archives municipales de Chambéry,* n° 1050.

CORPORATION DES BLANCHISSEURS CHAMOISEURS, GANTIERS ET PELLETIERS

Teneur de règlements et statuts en faveur des maistres blanchisseurs, chamoiseurs, gantiers et peletiers de la ville de Chambéry.

L'an mil six cent huictante un et le premier décembre, par devant moy notaire ducal soubsigné, et présents les tesmoints soubs nommés, se sont personnellement establis et constitués,

Honnorables Jean Revil, Benoît et Maurice Domenget, frères, Guilliaume Besson, François Janin, Estienne Latoud, Antoine Cantin, Estienne Darie, Michel Didier, Joseph Boccard, Amé Bougnier, prieur estably en leur confrairie, le vingt neuf novembre dernier, par Vulliod et Antoine Forestier,

Tous maistres blanchisseurs, chamoiseurs, gantiers et pelletiers, partie bourgeois et habitants de la présente ville, lesquels dheuement assemblés dans l'arrière boutique dudit Guillaume Besson, située proche de Saint-Antoine, et désirant pour la plus grande gloire de Dieu et du glorieux saint André, apostre, qu'ils ont dès longtemps eslu pour leur patron, et se mettre soubs sa protection, et pour maintenir leur confrairie érigée soubs le vocable dudit saint André, dans l'église des R[ds] Pères de Saint-Antoine de la présente ville, ce jourdhui, ainsy que par contract receu par moy notaire soubsigné, ont faict et font d'un commun accord et consentement les conventions suivantes :

En premier lieu, que l'élection du prieur de ladite confrairie se fera toutes les années, le dimanche auparavant la saint André et dans l'église des R^ds religieux de Saint-Antoine, tous les maistres estant dheubement assemblés, ou du moins tous ceux qui s'y pourront rencontrer ; que le prieur sera obligé de payer, l'année de son protectorat, la somme de quatre florins, une livre et demy de cire, et fera un pain bénist selon ses facultés, le jour de saint André, patron de leur confrairie.

Item, que tous les maistres seront obligés de payer chascun, toutes les années, audit jour et feste de saint André, un florin entre les mains du prieur, pour les messes et pour le mainctien de ladite confrairie, et qu'ils seront obligés, tant que faire se pourra, d'assister aux grandes messes qui se diront, tant le jour de saint André que le lendemain.

Item, que le prieur aura soin de faire dire la messe fondée devant leur chapelle, tous les premiers dimanches de chasque mois.

Item, que tous ceux qui voudront lever boutique et travailler des proffessions en chef, dans la présente ville, ou dans les franchises d'icelle, seront obligés de payer au prieur, chascun vingt florins pour les réparations de laditte chapelle, à la réserve des fils des maistres, qui ne payeront rien.

Item, que tous les maistres qui prendront des apprentifs, seront obligés de leur faire payer la somme de cinq florins pour une fois, lesquels seront de mesme payés au prieur pour les réparations de ladite chapelle, comme aussy lesdits apprentifs payeront six sols pour la messe, pour le temps de leur apprentissage, et que, faute ce, le maistre desdits apprentifs restera obligé de payer le tout, à son propre et privé nom.

Item, qu'on fera faire une boitte, dans laquelle on mestra l'argent qui viendra à ladite confrairie, qui fermera à deux clefs, dont le prieur moderne sera saisy d'une, et le plus ancien maistre de la profession, de l'autre, que l'on acheptera un livre, dans lequel on mestra en escript tout ceux qui payeront leur confrairie, comme aussy tout l'argent que l'on recevra et que l'on deslivrera.

Item, que, si le prieur vient à faire quelque despence pour la poursuite du payement de ce qui sera dheub à ladite confrairie, ou faire autre dépense nécessaire, ladite despense luy sera rendue le lendemain de saint André, jour auquel il sera obligé de poser compte entre les mains des autres maistres, en faisant apparoir de ladite despense.

Item, que tous ceux qui manqueront sans cause légitime, estant advertis, à la position dudit compte, payeront un florin d'amende, qui sera mis dans ladite boitte, et ledit compte posé le prieur eslu pour l'année suivante se chargera de ce qui luy sera remis, avec promesse de le représenter lhors qu'il sortira de son priorat, et tout ce que dessus, lesdits susnommés ont promis et promettent observer, et faire observer à l'advenir de point en point, selon sa forme et teneur, et de n'y contrevenir, n'y permettre estre contrevenu directement, ny indirectement, en manière que ce soit, à peine de tous despens, dommages et intérests, soubs l'obligation respective de tous et un chascun, leurs biens présents et advenirs, qu'à ces fins ils se constituent tenir, et, ce, ont faict soubs et avec toutes autres dheubes promesses, serment presté, soubmission, à toutes causes, renonciations à tous droits à ce contraires, et clauses requises.

Faict et prononcé à Chambéry, dans ladite arriesre boutique dudict Guilliaume Besson, en présence d'honnorable Jacques, fils de feu François Dubois, d'honnorable Antoine, fils de feu François Bellemain, tous deux cordonniers, habitant audit Chambéry, tesmoins requis. Signé sur ma minutte, François Janin, E. Darie, Maurice Domenget, Latoud, Benoist Domenget, Michel

Didier, présent, Besson, présent, et Antoine Cantin, les autres maistres cy devant nommés, non plus que lesdits tesmoints, n'ont signé, pour ne sçavoir, de ce enquis, et moy notaire ducal soubsigné recevant, requis, ay le présent expedié auxdits maistres, ce requérant. Signé RENAUD, notaire [1].

***

Teneur de la convention passée entre les religieux de Saint Antoine et la corporation des blanchisseurs, gantiers, et pelletiers de la ville de Chambéry.

L'an mil six cent huictante un et le premier décembre, par devant moy notaire ducal soubsigné, et présent les tesmoings soubs nommés, se sont personnellement establis et constitués à sçavoir :

Le R^d Père Grataz, commandeur de la commenderie de Saint Antoine de Chambéry et des despendances, le R^d Père Louys Ponce de ladite commenderie, le R^d Père Joseph Crose, sacristain de ladite maison, tous religieux dudit Saint Antoine, d'une part ; et honnorables Jean Revil, Benoist Domenget, François Janin, Estienne Latoud, Antoine Cantin, Estienne Darie, Michel Didier, Joseph Baccard, Amied Pougné, prieur, Antoine Forestier, Guillaume Besson, Maurice Domenget, Jean Vulliod, tous maistres blanchisseurs, chamoiseurs, gantiers et pelletiers, travaillant en peau en la présente ville, lesquels, de leur bon gré, pour eux et leurs successeurs, ont faict et font les conventions suivantes avec lesdits R^{ds} prieur et religieux :

Seront tenus et obligés, toutes les années, de célébrer une grande messe solennelle, le jour et feste de saint André, apostre, patron desdits maistres pelletiers, devant

[1] *Archives du Sénat*, vol. XLIX, fol. 78 v°, 1682-1687.

l'hautel de Saint-André, autrefois Sainte-Anne, et pendant laquelle grande messe, lesdits R^{ds} religieux feront jouer de leurs orgues.

Item, le lendemain, ils célébreront aussy une grande messe des morts, avec diacre et soubsdiacre, avec le *Libera me* ensuitte d'icelle ; que tous les premiers dimanches de chasque mois, ils diront, devant ledit authel, une messe basse, entre sept et huict heures, tant en esté qu'en hiver ; que la veille et jour dudit saint André, ils feront sonner leur grande cloche et le carillon, en payant pour lesdits maistres ceux qui sonneront, ou il leur sera permis de les faire sonner.

Et le tout ce que dessus, lesdits R^{ds} religieux sont obligés de faire, moyennant la cense annuelle de vingt florins monoye de Savoie, qui leurs seront payés touttes les années, le lendemain dudit saint André ; et, cas advenant qu'il vienne à mourir quelcun des confrères, pendant l'année, lesdits R^{ds} religieux, de ce estans advertis, seront tenus et obligés de faire dire une grande messe de mort, avec diacre et soubsdiacre, et devant le susdit autel, le lendemain du décès dudit confrère, avec aussy le *Libera me ;* pour raison de quoy, lesdits maistres seront tenus et obligés de leur payer un quart d'escu pour chascune desdictes messes, le lendemain de la saint André, avec le reste de la susdite cense.

Et le tout ce que dessus, tant lesdits R^{ds} religieux, que lesdits maistres, ont promis observer chascun en ce qui les concerne, et promettent respectivement de n'y jamais contrevenir, ny permettre estre contrevenu directement, ny indirectement, à peine à sçavoir : desdits R^{ds} religieux, de tous leurs biens temporels et lesdits maistres soubs l'obligation solidaire de tous et un chascun, leurs biens présents et advenir, qu'ils se constituent respectivement tenir avec renonciation au bénéfice de division et ordre de discussion, par foy et serment presté, les R^ds religieux la main à la poitrine à la magnière des prestres, et, ce, ont faict lesdites parties, soubs et toutes autres dheues promesses, serment presté, obligation respective de biens, constitution d'iceux, soubmission, renonciation et autres clauses requises.

Faict et passé à Chambéry, dans la maison desdits R^ds religieux, en présence d'honnorable Guillaume Vignolle, maistre sellier, habitant audit Chambéry, et honneste Antoine, fils de feu François Bellemin, maistre courdonnier, habitant audit Chambéry, tesmoints requis. Signé sur ma minutte, Jacques Grattaz, F. Ponse, procureur, Joseph Crosé, sacristain, Benoist Domenget, Maurice Domenget, Latoud, F. Janin, présent, Antoine Cantin, Es. Darie, Besson, présent, Michel Didier, présent, et Vignole, présent. L'autre tesmoin, ny les autres maistres n'ont sceu signer, de ce enquis, et moy notaire ducal soubsigné recepvant requis. Signé RENAUD, notaire[1].

[1] *Archives du Sénat,* vol. XLIX, 1682-1687.

COLLÈGE DES MÉDECINS

Règlements et statuts dressés pour l'institution du Collège de médecine de la ville de Chambéry.

Comme il est ordinaire, dans toutes les bonnes villes bien policées, de prendre un soin particulier pour la conservation des citoyens d'icelle, Chambéry, qui est la principale des Estats de Savoye, n'y doit pas moins penser que les autres, en taschant d'éviter les abus qui y peuvent avoir esté commis jusqu'à présent, et qui s'y pourraient glisser à l'advenir par l'introduction des personnes qui se diroient médecins, sans en avoir les degrés, ni le mérite, à ces fins, la bonne police, qui s'y observe d'allieurs dans toutes les professions, n'exige pas un moinsdre soin pour celle-cy, qui est la plus importante pour la santé et pour le bien public, que pour les austres : et ainsy on s'est advisé d'y establir un collège de médecine, de mesme que dans les autres villes circonvoisines, afin que personne ne puisse s'ingérer doresnavant de pratiquer, en cette ville, la médecine, sans y estre agrégé.

Pour ce sujet, le souverain Sénat de Savoye, agréant le service et cognoissant le mérite des médecins qui y sont à présent establis, les reçoit selon l'ordre du temps du doctorat que chascun pourra avoir, les obligeant à ces fins d'apporter leurs lettres devant le commissaire qui sera ordonné, pour, selon icelles, leur donner le pas et la préséance qui leur sera dheue, et a dressé les articles suivants, que chascun des collégiés sera tenu d'observer par foy et serment, qu'il prestera par devant le seigneur commissaire qui sera estably par le Sénat.

1. Que les docteurs agrégés seront obligés et tenus de s'assembler toutes fois et quantes qu'ils en seront invités par des billiets, que le doyen leur envoyera, pour délibérer, tant sur la santé publique, que pour les affaires particulières du collège, lesquels billiets seront portés à chaque docteur agrégé par bedeau choisy et gagé par ledit collège.

2. Que tous les docteurs aggrégés seront tenus et obligés de payer, entre les mains d'un des aggrégés, qui sera estably et choisy par la pluralité des voix, de trois en en trois années, pour procureur, soit scindicq dudit collège, la somme de huit florins, monoye de Savoie, pour estre employée aux urgentes nécessités dudit collège, ou pour faire prier Dieu pour les docteurs aggrégés qui viendraient à décéder, à l'enterrement et au service desquels tous les aggrégés seront tenus d'assister et de faire porter les quatre coins du drap par les quatre derniers aggrégés, estant en robbe tous, lesquels médecins seront encor obligés de donner, le jour du décès de leur confrère, une messe chacun, pour le repos de l'âme du deffunt.

3. Que toutes les fois que l'on changera de procureur, soit scindicq, celuy qui sortira de la charge sera tenu et obligé de rendre compte par devant le doyen, le procureur nouveau éleu, et tel autre aggrégé, que le collège nommera, et de remettre au nouveau éleu procureur, soit scindicq, l'argent dont il se trouvera redevable au collège.

4. Que le collège fera faire, de l'argent qu'il donnera toutes les années au premier jour de l'an, un coffre de noyer fort, fermant à trois clefs, dont le doyen en aura une, le procureur une autre, et la troisième sera entre les mains de tel des aggrégés que le collège nommera, lequel coffre sera gardé par le doyen, dans lequel l'on enfermera les livres de probation cy après, les archives et le

livre que l'on fera faire pour escrire tous les actes des assemblées qui se feront par ledit collège, tant générales que particullières, que ledit procureur, soit scindicq, sera obligé de mettre par escript, en présence du collège assemblé ; tous lesquels actes seront signés par tous les docteurs aggrégés, suivant la pluralité des voix dont celle du doyen en vaudra deux.

5. Que le pas et la préséance sera donné à chasque aggrégé, selon l'ordre de sa réception au collège, parmy lesquels le plus ancien receu tiendra lieu de doyen et aura la préséance sur les autres, dans toutes les occasions qui se présenteront.

6. Nul ne pourra exercer, ny pratiquer la médecine, dans la ville, ny les fauxbourgs, qu'il ne soit aggrégé audit collège, auquel personne ne pourra se présenter, qu'il ne soit docteur d'une Université recognue, et qu'il n'aye pratiqué la médecine hors ladite ville et fauxbourgs, l'espace de cinq ans entiers dont le récipiendaire sera tenu d'apporter bonne et vallable attestation, en bonne et dheue forme, faicte par devant les juges mages, ou chastelains des lieux, où il aura praticqué ; lesquels lieux on laisse à son choix, sans que pourtant le temps des voyages que font les jeunes docteurs pour leur éducation, despuis leur doctorat jusqu'à ce qu'ils ayent fixé leur demeure, pour exercer la médecine dans un lieu certain de la province de Savoye, entre dans le susdit terme de cinq années de leur exercice.

7. Le récipiendaire sera catholique, appostolique et romain, dont il sera tenu de faire paroistre au collège par des certifficats ou attestations authentiques, qu'il apportera, avec ses lettres de docteur, audit collège assemblé chez le doyen d'iceluy, et que le tout soit en bonne forme et hors de contredit.

8. Que le doyen ne donnera point de billiet au réci-

piendaire, pour assembler le collège, qu'il n'aye un certificat de procureur, soit scindicq, dudit collège, que le récipiendaire a consigné entre ses mains la somme de deux cents florins monoye de Savoye, excepté que le récipiendaire fust fils d'un des docteurs aggrégés dudit collège, auquel cas il ne payera que la somme de cent florins, et ce, pour la bourse commune dudit collège, pour une fois seulement, outre l'argent qu'il sera tenu de ballier pour les séances de nos seigneurs du Sénat et des docteurs aggrégés, lesquelles consignations seront réglées à la modération du Sénat telles qui s'ensuivent, différentiant néanmoints les consignations des assemblées particullières, qui se feront chez le doyen, d'avec les générales et publiques.

9. Le collège, ayant examiné les lettres de docteur du récipiendaire et les susdites attestations de pratique, chez le doyen, où il aura esté assemblé et les ayant aggréé, donnera trois mois audit récipiendaire, pour faire les informations de vie, mœurs, religion, et estude en philosophie, lesquelles ayant esté aggréées par ledit collège, il assignera trois autres mois audit récipiendaire, pour faire son premier acte, qui sera un aphorisme d'Hippocrate qu'il fera sur le champ, *ad aperturam libri,* dans le lieu que le Sénat ordonnera pour faire ses assemblées générales, qui se feront à portes ouvertes et devant tout le monde, *in habitu decenti,* avec la robbe et le bonnet carré, sans qu'il soit permis à l'aspirant de faire aucune harangue, pour ne plus abuser du temps de messieurs du Sénat et des docteurs aggrégés, comme aussy il ne sera permis à aucun des aggrégés d'examiner le récipiendaire que sur ce qu'il aura dit dans son discours, et sur l'explication qu'il aura faicte.

10. Le collège, ayant agréé cet acte, donnera au récipiendaire trois autres mois, pour faire son acte de

pratique, *ad aperturam libri,* de la mesme manière et au mesme lieu que le précédent, lequel estant aggréé, le récipiendaire, accompagné de deux docteurs aggrégés en robbe, ira trouver le doyen en présence des seigneurs commissaires et généraux, entre les mains duquel il prestera serment d'observer exactement tout le contenu dans les présents articles.

11. En cas que le récipiendaire ne satisfasse pas par les explications et par les responses, il sera loisible audit collège de le renvoyer, pour tel temps qu'il jugera à propos, affin qu'il se rende plus capable.

12. Pour recognoistre la cappacité du récipiendaire, le collège, assemblé au lieu susdit en robbe et bonnet, présentera par les mains du procureur, soit scindicq, le livre de probation faict pour chaque acte écrit à la main, dans le premier desquels seront tous les aphorismes d'Hippocrate, escripts chascun sur son feuillet et si bien entremeslés que l'on n'en puisse pas deviner la suite ; dans l'autre seront les tittres de chasque maladie escripts de la mesme façon que dessus ; le procureur, soit scindicq, présentera lesdits livres, à chasque acte, au doyen, lequel en ouvrira les crochets en pleine assemblée et l'ira présenter à monsieur le commissaire pour picquer dedans, et donner la matière et le suject au récipiendaire, lequel, ayant faict son discours, il sera permis à chasque aggrégé de luy proposer trois arguments, ou trois questions, sur ce qu'il aura dit seulement, sans qu'on s'en puisse écarter, à moins que le récipiendaire soit docteur d'une Université très célèbre, comme Paris ou Montpellier, car, en ce cas, on jugera de sa capacité sur le discours qu'il aura faict, sans autres interrogations, ny arguments.

13. Apprès les examens susdicts, faicts publiquement et à portes ouvertes, le collège, en présence des seigneurs

commissaires et généraux, agréant le récipiendaire, l'associera à tous les honneurs, prérogatrices et immunités des aggrégés.

14. Qu'il sera permis aux aggrégés, qui auront des enfants docteurs en médecine, de leur faire faire leur exercice auprès d'eux, les jeunes médecins, devant de bonne heure s'instruire des coustumes, des tempéraments et manières de vivre de ceux de qui ils doivent ménager la santé toute leur vie. Il est néantmoins deffendu auxdits jeunes docteurs de rien faire auprès des malades, sans les advis de leurs pères, pendant l'espace des trois premières années.

15. Qu'il plaira au Sénat de donner authorité audit collège pour éviter tous les abus qui se pouroient commettre dans la débite des drogues et dans leurs préparations, telles que sont ordinairement celles des saltimbanques, charlatans, triacleurs, et tous autres se disant opérateurs, lesquels seront obligés de se présenter audit collège, pour faire examiner les drogues et compositions qu'ils veulent débiter, en présence néantmoins des maistres aposthicaires.

16. Quant à la visite des drogues, qui se doit faire chez les maistres appothicaires deux fois toutes les années, le collège nommera deux des aggrégés par la pluralité des voix, qui accompagneront ceux qui seront commis pour ladite visite.

17. Que tous les docteurs aggrégés seront obligés chaque année, au jour et feste de saint Luc (18 octobre), qu'ils choisissent pour leur patron, de s'assembler chez le doyen, pour y faire lecture des présents statuts, affin de les remémorier à chascun, et, de là, iront tous ensemble à la messe que l'on faira dire à une chapelle dédiée à saint Luc, et, le lendemain, une autre pour les âmes de leurs confrères deffuncts.

18. Que nos seigneurs du Sénat seront les protecteurs dudit collège, et qu'ils en soustiendront les intérests, affin qu'on puisse éviter les grands abus qui se peuvent glisser dans la médecine.

Signé Jarre, Audé, George, Potot, fils, Fr. A. Seigle, Ferragude[1].

[1] *Archives du Sénat,* vol. XLVIII, fol. 24, 1680-1683.

CORPORATION DES MEUNIERS

Teneur d'actes de délibération pour les susdits confrères de la confrérie de Saint-Martin.

L'an mil six cent huictante-huit, et le nefviesme jour du mois de novembre, ont comparu par devant moy notaire ducal soubsigné, et présents les tesmoins bas nommés dans le lieu dit la Grenette :
Honnestes François Porral, Michel Dianant, Simon Chiron l'aîné, fils de feu Estienne Chiron, François Georges, Benoist Porcier, Louys Gomet, François fils de feu Pierre Chiron le jeune, François Poguet, Claude, fils de Pierre Chiron, Louys Chambon, Pierre Porral et Claude Moulin, tous mugniers et confrères de ladite confrérie de saint Martin, érigée dans l'esglise Saint-Léger de la présente ville et au grand autel d'icelle, et, voyant qu'il s'y commettait abus, ont faict et font d'un commun consentement et accord les conventions portées par les articles cy après par je dit notaire soubsigné receus, et ensuite du présent acte de délibération, lesquels articles ils veulent estre inviolablement observés.

Item, que, si le procureur, qui sera estably en ladite confrérie, fait quelque despense nécessaire pour la poursuite de ce qui sera deubt à ladite confrérie, la susdite despense luy sera rendue le lendemain de la feste de saint Martin, jour auquel il sera obligé de poser compte de son exaction, en faisant apparoir. Le tout quoy, les susdits confrères ont promis observer, comme aussy les susdits articles cy après, et faire observer, et ny contrevenir directement, ni indirectement, à peine de tous damps, soubs l'obligation de leurs biens presents et advenir qu'à ces fins ils se constituent tenir, serment presté, obligation, soubmission, renonciation et clauses requises.

Fait et prononcé, au lieu de la Grenette, en présence d'honneste Claude Merloz, serviteur de ville, et d'honneste Claude, fils de feu Jacquemaz Marret, habitant à Chambéry, tesmoins requis. Signé sur la minutte, François Chiron, C. Merle présent, les autres n'ont signé, pour ne sçavoir écrire, de ce enquis, et moy Antoine Excoffon, notaire ducal soubsigné, recevant requis. Signé Excoffon, notaire[1]

*
* *

Teneur des reigles et statuts establys par les confrères de la confrérie de Saint-Martin.

Premièrement, que le prieur qui sera establi par lesdits confrères le jour de l'assemblée, sera tenu et obligé de faire célébrer, touttes les dimanches de l'année, une petite messe en la chapelle de ladite confrérie, et, le jour de la feste de saint Martin, une grande messe, avec un chantal le lendemain.

Item, que, pour faire célébrer lesdittes messes et faire faire le service divin, lesdits confrères seront obligés de payer touttes les années audit prieur la somme de trente sols chascun, sçavoir, quinze sols le jour de leur assemblée, et les autres quinze le jour du chantal.

Item, que tous lesdits confrères s'assembleront quinze jours auparavant la feste de saint Martin, pour eslire un prieur, touttes les années, lesquels confrères seront advertis par le prieur moderne de ladite confrérie, et celui qui manquera à assister à ladite assemblée,

---

[1] *Archives du Sénat,* vol. L, fol. 105, 1687-1691.

estant adverty, sera obligé de payer à ladite confrérie, soit au procureur establÿ en icelle, une livre cire blanche, ou un quart d'escu, pour les réparations de ladite chapelle.

Item, que, si l'un desdits confrères, ou plusieurs, ou quelqu'un de leur part, font aucune voiture en la présente ville, avec leur asne ou asnesse, ou feront moudre, battre ou travailler à aucun des artifices des moulins où ils demeureront, ledit jour de la feste de saint Martin, payeront la somme de cinq florins applicables aux réparations de ladite chapelle.

Item, que tous lesdits confrères seront tenus et obligés d'assister à la grande messe, qui se célébrera en ladite esglise de Saint Léger et en ladite chappelle, le jour de la feste de saint Martin, comme aussy, le lendemain, au chantal, et ceux qui manqueront, à moins qu'ils ne soient dehors ou malades, payeront une livre cire blanche, applicable à ladite chappelle. Signé, EXCOFFON, notaire [1].

[1] *Archives du Sénat,* vol. L, fol. 105, 1687-1691.

CORPORATION DES CIERGIERS, CONFISEURS ÉPICIERS ET DROGUISTES

Teneur de contrat des conventions faites par les marchands ciergiers, confiseurs, espiciers, droguistes de la ville de Chambéry.

L'an mil six cent nonante cinq et le quatrième janvier, par devant moy notaire royal soubsigné, et présents les tesmoings basnommés, se sont establis et constitués en leurs personnes :

Le sieur Joseph Lard, marchand ciergier et bourgeois de Chambéry, prieur de la confrérie de Sainte-Geneviève, érigée dans l'église de Sainte-Marie-Egyptienne, hors la ville de Chambéry, esleu prieur de ladite confrairie par les cy après nommés le sieur Joseph Bastien, marchand espicier, le sieur Claude l'aisné Vichet, le sieur Joseph Dardel, le sieur Joseph Villat, Philippe Gaymoz, Jean-Baptiste Clavel, Jean Calvet, Estienne Romanet, Alexandre Le Vigier, Jean Debesche, Benigne Boulanger, Jean Delphin, tant en leur nom que des sieurs Aymé Rambert, Claude Barrier, Claude le jeune Vichet, des sieurs Claude Bastien, Claude-François Villat, Claude Lard, René Vermey, Jean-Joseph Brunet, absens, tous tant maistres ciergiers, épiciers, confiseurs, que droguistes, lesquels, de gré pour eux et les leurs ont fait et font les conventions suivantes, sçavoir est :

Que toutes les années le jour et feste de sainte Geneviève (2 janvier) sera faite l'eslection d'un nouveau prieur, après la messe qui sera ditte à Sainte-Marie, suivant le contract fait aujourd'hui avec lesdits R^{ds} Pères, receu par je notaire soubsigné, lesdits confrères dheuement assemblés, du moins les deux parts excédant, les trois faisant le tout, lequel prieur sera esleu suivant la pluralité des voyx, bien entendu qu'un prieur n'y pourra estre pendant deux années de suite, et que ce sera selon l'eslection qui en sera faitte.

A esté convenu que tous les maistres, tant présents que à l'avenir, desdittes professions, bailleront, toutes les années, ledit jour et feste de saincte Geneviève, chacun deux florins, les garçons chacung dix-huit sols, et les apprentis chacun un florin, lequel argent sera remis entre les mains du sieur Claude l'aîné Vichet, procureur estably par les susnommés.

De plus, a esté convenu que chaque maistre, qui voudra s'establir nouvellement dans l'une desdittes professions, sera obligé, lhors de son establissement, de payer un louys d'or, pour une fois, et un quart d'écu, touttes les années, audit jour de sainte Geneviève ; comme aussi que tous ceux qui voudront faire apprentissage, et que, pour le payement d'iceux, l'on ne s'en prendra qu'aux maistres qui les auront pris pour apprentifs, lesquels apprentifs bailleront aussy annuellement un florin audit terme, à la réserve des fils de maistres qui ne seront tenus payer, ny ledit louys d'or, ny lesdits douze florins six sols, ains tant seulement ledit quart d'écu ;

Ladite confrairie ayant de mesme esleu pour sacristain en icelle le sieur Philippe Gaymoz, iceluy sieur Claude l'aisné Vichet, procureur susdit, avec ledit sieur Gaymoz, icy présents et laditte charge acceptant, lesquels ont promis de s'acquitter de leur charge autant bien qu'il leur sera possible.

A esté convenu aussy qu'il sera fait une boette fermant à la clef, dans laquelle sera mis l'argent provenant de laditte confrairie, qui sera remis au procureur estably, et autre à l'avenir, lequel posera compte de son exaction et deslivrance, touttes les années, au mesme terme, entre les mains du prieur qui aura esté establly l'année précédente, et autres confrères qui seront choisis, laquelle clef demeurera entre les mains dudit sieur prieur, avec convention qu'on ne pourra l'ouvrir, ny deslivrer aucun argent, qu'en sa présence et de son consentement, lequel procureur payera annuellement, de l'argent provenu de ladite confrairie, auxdits R^{ds} Pères de Sainte-Marie, la somme de quarante florins le lendemain de la feste dudit jour de sainte Geneviève, comme a esté convenu par le susdict contract, dont il retirera quittance, laquelle sera remise audit sieur prieur.

Avec conventions expresses que ledit jour et feste sera observé ponctuellement par les susnommés et autres à l'avenir, dont leur sera donné nottice, comme une feste solennelle, et tiendront leurs bouttiques ledit jour fermées, et en cas de contraventions seront tenus de payer les contrevenants chacun un écu au proffit de ladite confrairie, sans qu'il soit receu aucune excuse, quelle qu'elle soit.

Ayant de mesme esté convenu que, en cas que l'on aura payé ce qui sera nécessaire pour le service divin et utilité de laditte confrairie, comme aussy que, venant l'un desdits confrères à mourir, ils seront tenus de faire dire une grande messe de *Requiem*, pour le repos de son âme, incontinent après son décès.

Et s'il reste quelque argent dans la boette, il sera employé pour les nécessités de la mesme confrairie, suivant que sera avisé par les sieurs prieurs, procureurs et confrères d'icelle dheument assemblés, du moins les deux parts excédant, sans quoy ne pourra estre diverti aucun argent de laditte boette ;

Ayant lesdites parties pour l'establissement de laditte confrairie, présentes audict contract, deslivré, sçavoir, les maistres chacun un demy écu neuf, valant trois florins trois sols six deniers, pour l'année présente tant seulement, et à l'avenir annuellement un quart d'écu et les garçons chacun dix-huit sols, et les apprentifs chacun un florin annuellement, lequel argent a esté présentement deslivré, tant par les maistres, garçons, que apprentifs,

Voyant moy dit nottaire et tesmoings,

Audit sieur Claude l'aisné Vichet, procureur, à forme de l'annotation mise sur un livre par luy tenu et signé, promettant lesdittes parties d'avoir tout le contenu au présent jour agréable, ferme et stable, et de n'y venir contre directement, ny indirectement, à peine de tous dépens, dommages et intérest, et soubs l'obligation de tous et chacun de leurs biens présents et advenir, qu'ils se constituent respectivement tenir en faveur de l'autre et de ladite confrérie, déclarant avec serment qu'ils veulent et entendent que tout le contenu au présent soit inviolablement observé, et pour la plus grande validité, il sera en tant que de besoin homologué pour future mémoire.

Et ce, ont fait lesdictes parties soubs et avec touttes dheues promissions, soumissions, obligations, serment presté, renonciations et autres clauses requises.

Fait et passé à Chambéry, dans la maison de noble François de More, en présence de M. Louys, fils de feu M. Pierre Bugnard, praticien, habitant à présent Chambéry, tesmoings requis. Les parties présentes et témoings ont signé sur la minutte, à la réserve de Jean-Baptiste Clavel, l'un des confrères qui n'a sceu signer de ce enquis, et moy Nicolas Chanterel, notaire royal apostolique et bourgeois de Chambéry soubsigné au présent contrat de convention, expédié en faveur des sieurs prieurs, procureurs et confrères de la confrairie de Sainte-Geneviève érigée en l'église des R[ds] Pères de Sainte-Marie-Egyptienne de Chambéry, iceux ce requérant, tant pour eux que pour leurs successeurs à l'advenir, bien que d'autre main soit escript, signé CHANTEREL, notaire [1].

[1] *Archives du Sénat,* vol. LII, 1698-1701.

CORPORATION DES PERRUQUIERS

Règlements des Perruquiers, 1726.

Le corps des perruquiers s'assemblera, le dimanche avant la fête du Bienheureux Amédée qu'ils ont choisi pour leur patron et s'éliront, ce jour-là, un prieur et deux maîtres jurés ; cette élection se fera à la pluralité des voix, et aucun ne pourra refuser ces emplois, à peine d'un écu d'or applicable à leur confrérie, sauf ceux qui les auront déjà occupés l'année précédente, qui ne pourront pas être contraincts de les garder deux années de suite.

Après cette élection, l'on lira dans l'assemblée, à haute et intelligible voix, les règlements et statuts concernant leur art, et l'ancien prieur remettra ensuite au moderne tous les titres concernant leur confrérie, et ce dernier s'en chargera et recevra, en l'assistance des deux jurés, le compte de l'ancien prieur, qui aura dû exiger tous les droits et revenus de ladite confrérie, sans qu'il puisse refuser de rendre ledit compte ce jour-là, à peine d'un écu d'or applicable comme dessus.

Le prieur et maistres jurés se représenteront, le lendemain de l'élection, au bureau du vicariat, où ils prêteront serment de veiller exactement à l'observance des présents statuts, et d'observer réellement se comporter dans leur emploi.

Chaque maître paiera tous les ans dix sols, dans quinze jours avant l'assemblée ci-dessus, et cet argent sera appliqué, aussi bien que les amendes et autres droits de la confrérie, pour faire dire une grande messe, le jour du Bienheureux Amédée, et une messe de morts, le lendemain, pour le repos des âmes des maîtres perruquiers défunts, pour les réparations et maintien de la chapelle, et pour les autres nécessités de la confrérie.

Personne ne pourra, à l'avenir, exercer la profession de perruquier comme maître, soit en boutique, soit en chambre, dans la présente ville, fauxbourgs et dépendances, qu'il ne soit reçu maître et nommé capable, ensuite de l'examen qu'il devra subir, après avoir fait un chef-d'œuvre en présence de ceux qui seront députés par le corps à cet effet, et, pour cette maîtrise, l'on paiera à la confrérie un écu d'or, si c'est un sujet de S. M., et deux, si c'est un étranger, sauf le fils de maître, sujet de S. M., et ceux qui épouseront des filles ou veuves des maîtres, qui ne paieront que deux livres de cire ; l'on paiera, en outre, deux livres au prieur et à chaque maître juré.

Aucun ne pourra être reçu à l'examen, qu'il n'ait travaillé cinq ans de la profession, chez des maîtres, y compris l'apprentissage ; de plus, ceux qui voudront être admis à la maîtrise seront obligés de rapporter des certificats en authentique forme, de même que de leur vie et mœurs, si ce sont des étrangers, qui ne devront point être admis qu'ils ne soient catholiques, apostoliques romains.

Aucun apprenti ne pourra convenir, pour son apprentissage, pour un temps moindre de deux ans, sans qu'il puisse travailler chez un autre maître, avant que d'avoir rempli ce terme et ses obligations envers son maître, à peine de deux écus applicables comme dessus contre les autres maîtres qui les recevront, sauf que les apprentis n'eussent quelque cause légitime et agréée telle par le vicaire de police, et chaque apprenti paiera, en entrant en apprentissage, une livre à la confrérie, dont les maîtres seront responsables, et ils donneront à cet effet une note au prieur des apprentis qu'ils prendront, dans quinze jours après qu'ils les auront pris, et le prieur devra enregistrer le nom, surnom, passé de l'apprenti, et le nom du maître chez qui il est.

Les sarrons qui auront convenu de travailler chez un maître pour un temps fixe, n'en pourront point sortir, sans juste cause, avant l'expiration d'icelui, et n'ayant pas convenu pour un temps fixe, ils seront obligés d'avertir le maître quinze jours avant que d'en sortir, à peine de dix livres d'amende applicables comme dessus, laquelle encourront aussi les maîtres qui les recevront chez eux, sans qu'ils aient exécuté ce que dessus.

Et comme on ne peut pas absolument empêcher l'abus de faire des perruques de vieux cheveux, en tout ou en partie, les maîtres qui en vendront de cette qualité devront fidèlement l'expliquer et déclarer aux acheteurs, à peine, au cas de contravention, de deux écus d'or d'amende, et de la perte de la perruque, applicables comme dessus. Les maîtres pourront cependant, sans encourir aucune peine, refaire des vieilles perruques pour des particuliers qui les leur auront remises.

Il est défendu, sous la même peine, à aucun maître de teindre ou blanchir des cheveux, sauf les noirs, et de rien faire à aucun qui en puisse changer la nature, et comme cela arrive souvent par le fait même de ceux qui vendent les cheveux, il est défendu à toutes sortes de personnes d'en vendre de cette qualité, à peine de confiscation des cheveux, et d'un écu d'or pour chaque livre, applicable comme dessus.

Les maîtres jurés seront obligés de faire, deux ou plusieurs fois l'année, la visite chez tous les maîtres, dans le temps qui leur sera ordonné par le vicaire de police, et dans ces visites, les maîtres seront obligés, à l'arrivée des jurés, d'ouvrir leurs boutiques, chambres, garde-robes, et autres endroits, que les jurés leur ordonneront, et leur montrer toutes les perruques et cheveux qu'ils auront, tant en œuvre que autres, pour être le tout visité et examiné, si les perruques sont bonnes et bien faites, à peine de deux écus d'or en cas de contravention, applicables comme dessus.

Tous ceux qui travaillent aujourd'hui pour leur compte, comme maîtres, de la profession de perruquiers, seront regardés comme maîtres, sans être obligés de subir aucun examen, ny faire aucun chef-d'œuvre; ils devront à cet effet, un mois après la publication du présent, se présenter aux prieur et maîtres jurés établis pour lors, desquels ils tireront des certificats d'avoir travaillé, comme maître, pour leur compte, et le prieur inscrira leurs noms dans les registres de la confrérie, et, à défaut de ce, ils ne pourront plus être reçus qu'en subissant l'examen et passer les incombances portées par les articles ci-dessus, et toutes les peines pécuniaires ci-dessus seront exigées chaque année par le prieur, et serviront pour les réparations de la chapelle, célébration des offices divins et autres frais qu'il conviendra de faire à la confrérie, et chaque contrevenant devra payer sans pouvoir prétexter d'aucuns privilèges ou exemptions [1].

[1] *Archives municipales de Chambéry,* n° 1050.

LES BOUCHERS

Lettres du Conseil de Savoye résidant à Chambéry, du 11 août 1425, contenant le règlement pour les bouchers de la ville de Chambéry.

Primo, ut nullus macellarius possit exercere officium macellarie in villa Chamberii, nisi prius juret in manibus castellani et sindicorum dicte ville, qui nunc sunt vel pro tempore fuerunt, de vendendo carnes secundum formam ordinationum et franchiesarum superius designatarum per dictos illustres dominum Sabaudie comitem et dominam Bonam de Barbonio, prelibati domini nostri ducis prædecessores, dudum concessarum, presentibus in eisdem ordinationibus et franchesiis descriptis et declaratis ; ipsasque ordinaciones et franchesias servare juret, tam in predictis quam in excoriandis carnibus, et aliis omnibus suis punctis, aculis, clausulis et particulis universis.

Item, quod omnes marcellarii presentes et futuri teneantur et debeant omnes carnes excoriare, in excoriario ad hoc ordinato ante macellum nunc existens in villa Chamberiaci, loco dicti in Viridario super aqua Albane, et in aliis macellis, tam in macello sito prope pontem Minoretarum, quam in macello Judeorum sito prope portam Machiaci, infra ipsos macellos loco publico et eminenti. Itaque, nullus sit audax in occulto excoriare, nec in domibus ipsorum macellariorum, nec etiam carnes excoriatas in aliquo loco retrahere seu ponere, nisi in ipsis macellis publicis in eminentibus locis, ubi per quascumque personas videri possint.

Item, quod omnes macellarii teneantur et debeant

vendere carnes etiam in parva quantitate, secundum apetitum ementium, et hoc usque ad dimidiam libram quarumcumque carnium; quod illiam teneantur ipsi macellarii vendere et tradere cuicumque emere volenti.

Item, quod nullus macellarius possit nec audeat quascumque carnes in macellis venales et excoriatas vendere, nisi cum stateris seu bilanciis pendictis vel suspensis, et non aliis, nec cum alio pondere.

Item, quod nullus macellarius sit ausus quovismodo capita animalium, vel alias quascumque brilaudas vendere, ad pondus quodcumque.

Item, quod nullus macellarius audeat contradicere cuique emere volenti carnes, quominus illas sibi vendat preciis statutis, et si forte ipse carnes quas quis emere velit jam sunt alteri vendite, quod, incontinenti postquam sunt alteri vendite, teneantur illas amovere ipsi macellarii de macello, et ibi, in macello vel alio loco, nullathenus venales exponere possint vel debeant.

Item, quod si contingat aliquod animal bovinum, muteminum, vitulinum, et porcinum, aut aliud certo precio majori consueto, propter ejus excellentiam, pro libra extimari, quod nullus macellorius presens vel futurus quosvismodo audeat vel presumat, pretextu talis existimationis aliud animal ejusdem precii tali precio extimato vendere, seu alio majori quam conceditur in dictis ordinacionibus et franchesiis; et hoc sub penis in eis contentis et declaratis pro quolibet contrarium faciente, tociens quociens, commictendis, et prelibato domino nostro duci irremissibiliter applicandis.

Macellariis vero superius nominatis terminum unius mensis, hac die incohandum, ad fieri faciendum et habendum prememoratas bilancias et lapides ad ponderandum carnes predictas assignamus[1].

---

[1] *Archives municipales de Chambéry*, n° 130.

**

Ancien sommaire d'autres actes des archives municipales de Chambéry, concernant les bouchers.

Bonne de Bourbon, mère tutrice d'Amédée, duc de Savoie, par patentes données à Chambéry le 14 février 1392, établit le prix à toute sorte de chair et volaille, tant pour l'hyver que pour l'esté, et, au cas que les bouchiers voulussent contrevenir audit prix et taux, elle veut qu'ils soient privés et déchassés et qu'il en soit établi d'autres en leur place par les scindicqs de Chambéry avec injonction au chastellain d'y tenir main.

Par autres patentes du 26 avril suivant, la même princesse veut que lesdits bouchers soient contraints de débiter leur chair au prix et taux qu'il sera établi, sous les peines y portées, et donne pouvoir aux scindicqs de Chambéry d'establir le prix et taux desdites chair et danrées, avec inhibition auxdits bouchers d'exposer en vente ladite chair qui restera le jeudi au soir, depuis les festes de Pâques jusqu'à la Saint-Michel, aux peines y portées, et commission addressante auxdits syndicqs pour cet effect.

Finalement, par autres patentes du 21 juillet suivant, ladite princesse donne pouvoir auxdits scindicqs de déchasser lesdits bouchers contrevenants et en établir d'étrangers qui observeront le taux et ordonnances de la ville, auxquels est permis de ne rien vendre à crédit, si bon leur semble, à qui que ce soit, ne leur étant permis de vendre ladite chair que dans la grande boucherie ordinaire, estant inhibé au conseil et juge mage de prendre connoissance de ce que dessus, à l'exclusion desdits sieurs scindicqs.

Par patentes du duc Charles III, du 29 janvier 1525, confirmant celles du duc Amédée III de 1425, lesdits bouchers seront tenus d'écorcher toutes les bestes qu'ils tueront au lieu destiné pour l'escorcherie, qui est au lieu appelé au verger sur la rivière d'Albane, au devant la boucherie publique, comme aussi au bas de la boucherie située *prope portam Minoretam,* qui est au Reclus, qu'au bas de la boucherie des Juifs, proche la porte de Maché, et non ailleurs, sans qu'il leur soit permis d'escorcher lesdittes bestes dans leurs maisons, n'y de transmarcher lesdittes chairs ailleurs que dans lesdittes boucheries publiques, où elles seront posées en lieu éminent qui puisse estre vu de tout le monde.

La duchesse Yolant, mère et tutrice de Philibert, 4e duc de Savoie, ayant donné licence et permission aux mariés Rami d'ériger une boucherie dans le faubourg de Maché, sous l'introge de cent florins de cense annuelle de six deniers gros, les bouchers de la ville de Chambéry, comme aussi les scindicqs d'icelle, auroient représenté au prince Philibert le dommage qu'ils en souffroient, et luy même en ce que les bancs de la boucherie ordinaire de la ville ne seroient plus d'un si grand revenu ;

Ce qui lui auroit baillé sujet d'abolir entièrement ladite boucherie, en dédommageant lesdits mariés Nicod de cent florins qu'ils avoient donnés, et les libérant de ladite cense annuelle, à la charge et condition qu'au cas qu'en temps de peste, guerre ou autre, on vint à fermer la porte de Maché, les bouchers de ladite ville seront tenus de faire porter, vendre et débiter la chair nécessaire dans ledit faubourg au taux et prix accoustumé, avec inhibitions et défenses à toutes personnes de tenir aucunes boucheries dans ledit faubourg de ladite ville ;

Ny de vendre et débiter de chair autre part que dans la grande boucherie qui est proche la maison et église des religieuses de Sainte-Claire dans ville, à peine de confiscation de la chair qui sera vendue et débitée ailleurs, aussy avec inhibitions et défenses auxdits bouchers de surpasser le prix et taux étably par ladite ville.

Et afin qu'on ne puisse prétendre cause d'ignorance, il veut que lesdites capitulations et ordonnances concernant lesdits bouchers soient exécutés et posés au lieu le plus éminent de la dite boucherie et que chacun en puisse prendre connoissance. Par patentes données à Chambéry, le 8 juin 1480.

En l'an 1619, les nobles scindicqs firent les dépenses nécessaires pour la réparation des couverts de la boucherie, et du depuis rembourcées par les propriétaires des bancs, étants 16 en nombre, à raison de 206 florins chacun.

La ville par son ordonnance du 4e septembre 1669, par forme de règlement, a faict expresses inhibitions et défenses à tous particuliers de la ville et lieux circonvoisins de faire tuer, et débiter aucune chair, dans les faubourgs, que le bétail ne soit visité et la permission donnée par mess^{rs} les sindics de le vendre, à peine de cent livres d'amende et confiscation du bétail.

ANCIENNES CORPORATIONS DES ARTS ET MÉTIERS D'ANNECY

CORPORATION DES MOULINIERS EN SOIE

Règles et statuts de la confrérie que prétendent ériger les maistres mouliniers à soye résidant en la cité d'Annessy dans l'esglise de Sainct Dominique et en la chapelle fondée sous le vocable de Notre-Dame de Pitié, en attendant de recevoir les indulgences qu'il plaira à Sa Saincteté accorder comme aux aultres confréries érigées par les mêmes mouliniers et ouvriers en soye.

1. Premièrement, sera faict élection par lesdicts maistres mouliniers et ouvriers d'ung prieur et deux assistants, lesquels auront soing ensemblement de prouvoir à tout ce qui sera nécessaire pour la confrérie, et l'office desquels finira annuellement la ville de l'Assumtion de Notre-Dame, et seront establis les autres à leur place, et ainsy alternativement.

2. Sera de mesme faict élection d'ung secrétaire annuellement, qui aura charge, soubs le commandement du prieur et des aultres assistants, de faire tout ce qui concerne l'ornement de leur chapelle, en attendant de prouvoir d'ung plus grand nombre d'officiers, le nombre des confrères estant plus grand.

3. Tous ceux qui prétendront estre agrégés à laditte confrérie, seront obligés d'avoir la voix du prieur, des assistants et des deux tiers des confrères.

4. Tous lesquels confrères seront obligés de s'assembler dans laditte chapelle, tous les dimanches et jours des festes solennelles, pour assister à la messe, exhortation et aux prières qui s'y feront, et les défaillants seront tenus de dire leur cause de leur absence au prieur.

5. Seront obligés de mesme les confrères de se confesser et communier une fois tous les mois, oultre les jours de feste de Notre-Dame et solennelles, et dire tous les jours cinq *Pater* et *Ave* avec le *Salve Regina*.

6. Sera prié le révérend prieur de Saint Dominique de ballier ung religieux, ou plus, selon qu'il sera de besoing, pour entendre les confessions des confrères, dire une messe tous les dimanches et jours de festes solennelles, et faire des excitations, quand il sera prié par le prieur de laditte confrérie.

7. Seront obligés les révérends prieurs et religieux de Sainct Dominique, de leur assentement, de célébrer dans laditte chapelle, le jour de l'Assumtion de Notre Dame, une grande messe avec les diacre, soubsdiacre, accolites, outre voix et encensoir, et les confrères d'y assister, se confesser et communier.

8. Le lendemain seront obligés les révérends prieurs et religieux, de leur consentement, de célébrer une messe pour les trépassés confrères, avec diacre, sousdiacre, et les confrères d'y assister sans astriction.

9. Quand un des confrères sera malade, le prieur aura soin de le faire visiter et luy faire recevoir les Saints Sacrements ; que s'il plaict à Dieu de l'appeler de ceste vie, les confrères accompagnieront son corps à la sépulture, et, le jour qu'il sera advisé par le prieur de laditte confrérie, sera ditte une basse messe pour l'âme du confrère en laditte chapelle, à laquelle lesdicts confrères assisteront sans astriction ; seront néanmoings obligés lesdits confrères de prier Dieu pour le remède de

l'âme du deffunct et dire le *Miserere*, ceux qui sauront lire, et les autres cinq *Pater* et cinq *Ave*.

10. Et, pour la plus grande consolation desdicts confrères, sera Sa Saincteté suppliée de vouloir accorder à leur confrérie des indulgences semblables à celle des autres confrères des maîtres mouliniers et ouvriers à soye, ou plus grandes, attendu le voisinage de Genève et que la plus part desdicts maistres et ouvriers y ont faict leur apprentissage de la fabric à soye.

11. Et, pour l'entretien du luminaire et aultres faicts qu'il conviendra faire pour l'exercice et confirmation de laditte confrérie, seront invités les confrères par le prieur et assistants de fournir en ce qui leur plaira, chacun selon sa dévotion. Signé P. Richard, prévôt des mouliniers, Estienne Laurent, juré des maistres, Antoine Gaesel, juré des maistres, Bibay, maistre juré, Laurent Grumet, des maistres jurés, tous signés[1].

---

[1] *Archives du Sénat,* vol. XXXVII *bis*, fol. 168, 1631-1634.

CORPORATIONS DES MINEURS, DES CORDONNIERS DES TAILLEURS DES MENUISIERS, DES MERCIERS

Ordonnance des maîtres tailleurs d'Annecy, 26 octobre 1554.

L'an mil cinq cent cinquante quatre, indiction douzième et le vingt-sixième jour du mois d'octobre, se sont établis en leurs propres personnes, messire Nycod Goddet, prieur, Claude Bellod, Pierre Goddet, Pierre Bellod, Loys Quex, Pierre de Chastel, Pierre Ribitel, Loys Briclot, Donat Sudon, Rolet Braliard, François Fernex, Loys Parent, Jean de Foug, Pierre Tabuys, Georges Nouvellet, Jacques Mortier, Aguettier Luppiny, Claude Chevrier, Jean Ruff, maistres courdonniers en ceste ville d'Annessy.

Lesquels et ung chascun d'eux, en tant que leur appartient pour la maintenance et présignation du luminayre et des cyres de la confrairie de Monsieur Saint Crespin et Crespinien, ont ordonné, étably et fait une ordonnance perpétuelle entre les maystres preynant des apprehentis, comme à toujours durables, suyvant les coustumes par le passé, comme s'ensuyt :

Et premièrement que les courdonniers qui prendront un apprehenti, que ledict apprehenti soit entenu payer, en l'introge de son apprentissage, pour la maintenance des cyerges et luminayres de ladite confrérie, une livre de cyre, et, lesquels, lesdits maystres seront tenus de payer au nom de leurs apprehentis au prieur que pour lors sera, et desquels sera tenu, en temps, compte à ladicte confrairie ;

Comme aussy les presnommés ont promis et promectent payer audit prieur, et de ce, d'ores en avant, en leur propre debte, obligeant pour ce tous leurs biens, lesquels constituent de tenir.

Laquelle ordonnance et prononciation, lesdicts ont agréable et ycelle approuvent, ratifient et promettent de non jamais contrevenir, avec toutes promissions, renonciations, et à ce requises.

Faict à Annessy, dans la salle du couvent de Sainct Dominique, en présence de honorables François Recordon, Jean, fils de feu Barttolomé Cloutrier, de la Balme. DESERVETAS, notaire[1].

***

Lettres de l'autorité civile, au sujet des corporations ouvrières d'Annecy.

Monsieur,

Lorsque vous pourés me renvoïer les placets dont vous me parlez, Monsieur, dans votre lettre du 26 février dernier, je vous prie d'y joindre celui des menuisiers de la ville d'Annecy, attendu qu'on en demande de tems à autre des nouvelles à ce bureau d'État.

Votre très humble et très obéissant serviteur,

CONE.

Turin, le 1ᵉʳ mars 1777.

M. ADAMI, avocat fiscal général, à Chambéry.

Monsieur,

D'après les judicieuses réflexions que vous avez faites, Monsieur, dans votre paréré du 14 de ce mois sur les

---

[1] *Archives départementales d'Annecy.*

placets que vous m'avez renvoïés, des tailleurs et chaussetiers de la ville d'Annecy, des menuisiers et des couteliers, arquebusiers, serruriers et autres artisans de ladite ville, il ne sçauroit y avoir lieu à l'octroi de leur demande de pouvoir dresser des statuts relatifs à leurs métiers ; je vous prie par conséquent d'en faire instruire ces différents artisans en leur faisant rendre respectivement les papiers ci-inclus, qui sont tous ceux qui étoient joints aux requêtes desdits tailleurs et des couteliers.

J'ai l'honneur d'être, avec une considération très distinguée, Monsieur, votre très humble et très obéissant serviteur,
CONE.

Turin, le 18 juin 1877.

M. ADAMI, avocat fiscal général à Chambéry.

Monsieur,

Je vous communique, Monsieur, le placet ci-inclus par lequel les menuisiers d'Annecy implorent l'établissement d'une maîtrise sous les conditions et règles y jointes, à côté desquelles vous trouverez des changements proposés par le juge du consulat de Chambéry. Je vous prie confidemment de prendre le tout en considération et de me dire votre avis, si, eu égard aux circonstances de la ville d'Annecy, il convient de permettre l'établissement supplié et d'approuver en conséquence les conditions susdites avec les changements proposés par ledit juge du consulat.

Votre très humble et très obéissant serviteur,
CONE.

Turin, le 13 juillet 1776.

A M. ADAMI, avocat fiscal général à Chambéry.

Monsieur,

J'ai d'abord remis, ce matin, au prieur de la confrérie des couteliers, serruriers, marchands, etc., nommé

Rival, le vieux titre que vous m'avez fait l'honneur de m'addresser, pour qu'il en fasse faire un transcriptum, soit extrait, bien correct et bien lisible, et me rapporter l'un et l'autre au plus tôt, afin que, sans retard, je les fasse parvenir à votre bureau.

Je vous fais mes excuses, si je ne suis pas plus prompt à vous faire parvenir les instructions que vous souhaitez, concernant ces confréries et tout ce qui est d'icelles, mais je n'ai pas encore pu avoir les notions certaines qu'on m'en a fait espérer, soit parce que les personnes mieux instruites ne sont pas icy, soit parce qu'on ne peut pas avoir la clef de leurs archives. Je vous prie d'être persuadé que je ne suis point en négligeance pour cela.

J'ai l'honneur d'être avec le plus profond respect, Monsieur, votre très humble et très obéissant serviteur.

De Mongenis.

Annecy, ce 12 mais 1776.

Monsieur,

J'ai l'honneur, Monsieur, de vous addresser sous les litterés cy inclus, relativement aux informations qui m'ont esté demandées de la part de votre bureau, concernant les tailleurs pour hommes et pour femmes, et les marchands chaussetiers établis dans cette ville qui se sont pourvus au Roy, il y a quelques mois, par le placet sur le contenu duquel a esté demandé le *Parere* de votre bureau. Ces litterés établissent les articles sur lesquels m'ont estées demandées des notions assurées, sçavoir que cette confrérie est établie à Annecy depuis plusieurs siècles, qu'elle a eu ses statuts duement autorisés et observés, que, pour l'observation d'iceux, on s'est addressé au tribunal de la judicature maje contre les contrevenants à iceux. Il est certain que les confrères ont été en usage de tenir des assemblées. J'ai fait demander les principaux d'iceux, ainsi qu'il m'a esté prescrit, et ils m'ont déclaré ne connoître, quant à présent, aucun autre règlement, soit statut nécessaire, que ceux qu'ils ont adjoutés aux anciens, qui sont tous recueillis dans le mémoire cy-joint.

D'aillieurs, ce ne sera pas inutile que cette confrérie subisse et que ses statuts soient exactement observés. Le public en peut ressentir un avantage par la cessation de certains abus de la part de plusieurs étrangers et mesme des habitants du pays qui s'installent maîtres ouvriers, quoique très ineptes dans ce métier, faisant très mal les ouvrages qu'on leur confie, au préjudice des bons maîtres qui ne sont pas toujours les préférés, parce qu'ils ne travaillent pas à un aussi bon marché que les massacres ravaudeurs.

Au reste, ils m'ont tous prié de leur procurer la rémission de tous les susdits litterés, dès qu'on n'en aura plus besoin.

J'ai l'honneur d'estre, avec le plus parfait respect, Monsieur, votre très humble et très obéissant serviteur.

De Mongenis.

Annecy, ce 12 avril 1776.

Monsieur,

Les taillieurs et taillieuses d'habits de la confrérie de Sainte Madelaine establie en cette ville, depuis 1441, n'ont pas encore pu me procurer et faire faire des transcriptums, soit extraits, des titres justificatifs de leurs establissements et règlemens, non plus que ceux de la confrairie de Saint Eloy qui comprend les orlogers, serruriers, mareschaux, chauderoniers, potiers, ferblantiers, selliers, fourbisseurs, etc., qui travaillent pour le même but. J'espère qu'ils ne tarderont plus guère de me remettre tout ce qui peut justifier la légitimité de leurs établissemens et règlemens que je leur demande, pour pouvoir, Monsieur, vous les transmettre au plus tôt.

Signé, DE MONGENIS.

Annecy, ce 19 mars 1776.

Les vœux qu'on vient de lire n'eurent pas le succès attendu. Par une lettre du 18 juin 1776, l'avocat fiscal général répondit « qu'il n'y avait pas lieu à l'octroi de la demande de la confrérie [1].

**

Lettres patentes de cordonnier délivrées par Loys Quex, roi dudit art, 25 août 1564.

Loys Quex d'Annessy, roi et maistre ouvrier de l'art de cordoanerie et des aultres ars qui en dépendent, aux comté de Genevoys, baronies de Foucigny et Beaufort, comme appert par lettres patentes émanées de Monseigneur le duc de Nemoux, comte de Genève et Genevoys, baron de Faucigny et Beaufort, données à Sainct Germain en Laye, le quatrième jour d'octobre mil cinq cents soixante, scellées du grand scel et signées de sa main et contre signées par Duguet, secrétaire, sçavoyr faisons :

Que, ayant trouvé par expérience de honnête Estienne Mestral, cordoanier de ladycte Roche bourgeois, capacité et suffizance pour faire et exercer l'art de cordoanerie et aultres dépendant d'icelluy, et à plein informé de sa prodomie et honesteté, iceluy Mestral ayt admis et receu audict art de cordoanerie et aultres dépendant d'iceluy, avec pouvoir de bien exercer fiablement et sans fraude, tromperie ou abucts.

[1] *Archives départementales d'Annecy.*

Ce que a promis et juré sus les sainctes escriptures de Dieu, et de réveller tous ceux qui feront le contraire.

En tesmoignage de quoy lui ayt octroyé ces présentes scellées du scel, à ce ordonnées et signées par nostre secrétaire comital soubsnommé.

Donné à la Roche le vingt-cinquième jour d'aoust mil cinq cens soixante quatre. Et moy François Monet, notaire et curial de la Roche, à ce recepvoir requis, combien que d'aultre main soyt escript. Ainsy est du commandement du roy.

Loys. François MONET [1]

*
* *

Patentes de Mercier délivrées par Bernard Mossot, roi dudit art, 20 décembre 1538.

Nos Bernardus Mossot, ut rex merceriorum constantibus litteris ducalibus ad illustrissima Domina nostra Charlotta de Orlianis, ducissa Nemosii, comitissa Gebenensis, tutrice illustrissimi domini nostri Jacobi de Sabaudia, ducis Nemosii, comtisque Gebenensis, emanatis.

Quarum vigore et potestatis nobis attribute, informati prius de probitate et industria honnesti Reymondii, filii Henrici Guillermi de Sivriaco, prope Annessiacum in Gebenesio, quem creamus et facimus mercerium, eidem dando plenam potestatem hujusmodi artem mercerie exercendi, ustendo semper bona fide.

Ipse enim nobis promisit juramento suo, tactis sanctis scripturis, ad hoc intervenientibus, in presentia magistrorum Anthonii Roux de Annessiaco et Johannis Rosset de Vuachio, merceriorum.

---

[1] *Archives départementales d'Annecy* (Sur parchemin avec sceau pendant de Savoie.)

De quibus premissis nobis ipse ipsas petit has litteras quas eisdem duximus concedendas per presentes datas Annessiasci, die vigesima mensis novembris, millesimo quingentesimo trigesimo octavo, subque sigillo nostro pendente apponendo. Et hic me tanquam requisitus parte supra nominatorum in testimonium premissorum.

HUGONIS [1].

[1] *Archives départementales d'Annecy.*

PERSONNEL ECCLÉSIASTIQUE

DU

DIOCÈSE DE CHAMBÉRY

(DANS SES LIMITES ACTUELLES)

De 1802 a 1893

Par L. MORAND,

Secrétaire perpétuel de l'Académie de Savoie,
Chevalier des Saints Maurice et Lazare.

PERSONNEL ECCLÉSIASTIQUE

DU

DIOCÈSE DE CHAMBÉRY

PRÉFACE

En tête de la nomenclature des ecclésiastiques qui sont nés ou qui ont rempli des fonctions dans le diocèse de Chambéry, de 1802 à 1893, je crois utile de rapporter les diverses vicissitudes de ce même diocèse depuis sa création, ainsi que les principaux points des législations qui régirent les choses et les personnes du ministère sacré pendant ce temps.

Vicissitudes du diocèse de Chambéry. — Le diocèse de Chambéry fut créé par bulle du pape Pie VI, le 18 août 1779, avec les seules paroisses de l'ancien décanat de Savoie. Celles-ci avaient déjà été retirées définitivement, dès le 20 juin 1778, de la juridiction de l'évêque de Grenoble, et unies provisoirement à l'abbaye de Saint-Michel de la Cluse (Piémont), sous le gouvernement spirituel et temporel de son abbé commandataire, S. E. le cardinal Gerdil, institué grand vicaire [1].

Treize ans après la première de ces dates, la nouvelle circonscription épiscopale fut horriblement ravagée, sinon complètement anéantie, par l'affreuse tourmente révolutionnaire qui s'étendit de 1792 à 1801.

Le 29 novembre de cette dernière année, à la suite du Concordat passé et ratifié par le pape Pie VII et le premier consul Bonaparte le 15 août précédent, elle fut reconstituée avec tout le territoire formant les départements du Mont-Blanc et du Léman [2].

Le 16 juillet 1817, le diocèse ainsi rétabli fut détaché de la circonscription métropolitaine de Lyon et élevé lui-même à la dignité d'archidiocèse, avec juridiction sur le diocèse d'Aoste en Piémont.

Près de cinq ans après cet acte de haute bienveillance, le 15 février 1822, il perdit néanmoins, par la création du diocèse d'Annecy, presque tout le territoire qui formait autrefois le diocèse de Genève.

Enfin, le 5 août 1825, il subit un second démembrement non moins sensible par le rétablissement des anciens diocèses de Tarentaise et de Maurienne.

Le nombre des paroisses qui constituèrent, à son origine, le diocèse de Chambéry, fut de soixante-quatre : D'une part, les paroisses de la ville épiscopale, Lémenc, Saint-Léger, Maché ; d'autre part, les paroisses rurales ou foraines, Aix, Tresserve, Saint-Simon, le Vivier, Mouxy, Clarafont, Méry, Pugny, Saint-Jeoire, Chignin,

---

[1] Voir, pour les détails de cette création du diocèse de Chambéry, *Recherches historiques sur le Décanat de Saint-André (de Savoie)*, par M. le chanoine Trepier, IIIe série, tome VII, chapitre vi et suivants des *Mémoires de l'Académie des sciences, belles-lettres et arts de Savoie*.

[2] Bulle du pape Pie VII, *Qui Christi Domini vices*, 3 des calendes de décembre.

Trivier, Montmélian, Francin, Arbin, les Marches, Cruet, Saint-Pierre d'Albigny, Fréterive, Grésy-sur-Isère, Montailleur, Saint-Jean de la Porte, Miolans, Thoiry, Puygros, Curienne, la Thuile, Saint-Jean d'Arvey, les Déserts, Apremont, Barberaz, Saint-Alban, Bassens, Verel, Saint-Baldoph, la Ravoire, Barby, Jacob, Saint-Sulpice, Montagnole, Vimines, Cognin, Saint-Cassien, Saint-Thibaud, Saint-Jean de Couz, Sainte-Ombre, Servolex, Bissy, Sonnaz, la Motte, Voglans, le Bourget, Bordeaux, les Echelles, Saint-Pierre de Genebroz, Epernex, Corbel, la Chapelle-Blanche, Villaroux, les Mollettes, Détrier, Arvillard.

De 1802 à 1822, le diocèse comprit environ six cent cinquante-huit paroisses, ainsi réparties : cent cinquante et une de la province de Savoie-Propre, cent treize du Genevois, cent quatre-vingt-dix-neuf des provinces de Carouge, du Chablais et du Faucigny, cinquante et une de la Haute-Savoie, cinquante-cinq de la Tarentaise et soixante-neuf de Maurienne.

En 1822, par la création du diocèse d'Annecy, ce nombre fut réduit à trois cent vingt. Je ferai observer que les sept paroisses de Rumilly, Marigny, Bloye, Massingy, Moye, Lornay et Héry-sur-Alby, n'y furent point comprises [1].

Enfin, par ses derniers démembrements au profit des nouveaux évêchés de Tarentaise et de Maurienne, le 5 août 1825, le diocèse de Chambéry fut encore diminué de cent soixante paroisses et n'en obtint pour lui que cent cinquante-neuf, parmi lesquelles se trouvèrent les sept paroisses de la rive gauche du Cheran, citées plus haut, qui lui revinrent du diocèse d'Annecy [2].

---

[1] *Bulle du 15 février 1822.*
[2] *Bulle du 5 août 1825.* — Les paroisses qui revinrent à chacun des anciens diocèses rétablis, furent : Pour la Tarentaise, Moûtiers, Aigueblanche, Aime, les Allues, les Avanchers, Bellecombe,

Aujourd'hui les limites territoriales de notre circonscription épiscopale sont encore les mêmes qu'en 1825. Mais le nombre de ces paroisses s'est légèrement accru. Par suite de la division de quelques-unes d'entre elles, conformément à ce qui existait avant la Révolution, ce nombre a été porté, comme on le verra dans le corps de ce travail, de cent cinquante-neuf à cent

Bellentre, le Bois, Saint-Bon, Bonneval, Bourg-Saint-Maurice, Bozel, Brevières, Celliers, Champagny, les Chapelles, Grand-Cœur, la Côte-d'Aime, Doucy, Fessons-sous-Briançon, Fessons-sous-Salins, Fontaine-le-Puits, Sainte-Foy, Granier, la Guraz, Haute-Cour, Hauteville, Saint-Jean de Belleville, Landry, Saint-Laurent de la Côte, Longefoy, Mâcot, Saint-Marcel, Saint-Martin de Belleville, Montagny, Mont-Girod, Mont-Valezan-sur-Bellentre, Mont-Valezan-sur-Séez, Naves, Grand-Naves, Saint-Oyen, Pesey, la Perrière, le Planey, Pralognan, Notre-Dame du Pré, Pussy, Salins, la Saulce, Séez, Tessens, Tignes, Val de Tignes, Versoix, Villargerel, Villaroger, Villette, Allondaz, Arêche, la Bâtie, Beaufort, Saint-Sigismond, Thenesol, Saint-Thomas des Esserts, Tours, Venthon, Villard de Beaufort. — Total, 81 paroisses.

Pour la Maurienne : Bonvillard, Sainte-Hélène des Millières, Notre-Dame des Millières, Montbion, Bourget-en-Huile, Chamoux, Champlaurent, Montandry, le Pontet, Villard-Léger, Saint-Jean de Maurienne, Aiguebelle, Aiton, Saint-Alban des Villards, Saint-Alban d'Hurtières, Albanne, Albiez-le-Jeune, Albiez-le-Vieux, Saint-André, Argentine, Aussoix, Avrieux, Beaune, Bessans, Bonneval, Bonvillaret, le Bourget, Bourgneuf, Bramans, la Chambre, Chamousset, la Chapelle, le Châtel, Saint-Colomban des Villards, Notre-Dame du Cruet, Epierre, Saint-Etienne de Cuines, Fontcouverte, les Fournaux, Saint-Georges d'Hurtières, Hermillon, Jarrier, Saint-Jean d'Arves, Saint-Julien, Lanslebourg, Lanslevillard, Saint-Léger, Sainte-Marguerite, Sainte-Marie de Cuines, Saint-Martin de la Chambre, Saint-Martin de la Porte, Saint-Martin-Outre-Arc, Saint-Michel, Modane, Montaimont, Montdenis, Mongelafrey, Montgilbert, Montpascal, Montricher, Montrond, Montsapey, Montvernier, Orelle, Saint-Pancrace, Saint-Pierre de Belleville, Pontamafrey, Randens, Saint-Rémy, Sardières, Sollières, Saint-Sorlin d'Arves, Thyl, Termignon, Valmeinier, Valloires, Villarembert, Notre-Dame du Villard, Villardgondran, Villarodin.— Total, 80 paroisses.

soixante-douze, dont quarante-trois possèdent un ou plusieurs vicaires sous la direction de leurs curés.

Le diocèse de Chambéry, du reste, est subdivisé en vingt-trois archiprêtrés et renferme une population totale de cent cinquante-neuf mille trois cent quatre-vingt-six habitants.

Le nombre de ses prêtres est actuellement de trois cent quarante.

Comme métropole, il a pour suffragants les diocèses limitrophes d'Annecy, de Tarentaise et de Maurienne.

**
* *

Le diocèse de Chambéry pendant la période révolutionnaire de 1792 à 1801. — L'entrée des troupes françaises sous le commandement du général de Montesquiou, le 22 septembre 1792, fut le point de départ de toutes les vexations, de toutes les confiscations, de toutes les persécutions, de tous les actes sacrilèges qui frappèrent bientôt les églises de Savoie.

Dès le 26 octobre suivant, l'Assemblée des Allobroges, s'inspirant du décret du 2 novembre 1789 et de la Constitution civile du clergé de France du 13 février 1790, prononça la confiscation de tous les biens ecclésiastiques et chargea des commissaires d'en faire l'inventaire.

Le 8 février 1793, les commissaires de la Convention, Simond, Grégoire, Héraut de Séchelles et Jagot, chargés d'organiser la révolution en Savoie, publièrent une proclamation dont les quatre premiers articles réduisaient les quatre diocèses du duché à un seul, avec Annecy pour siège et Lyon pour métropole. Les autres dispositions, comme on le jugera par les extraits suivants, ne respiraient pas une moindre rage antireligieuse :

« 5. Les citoyens ont le droit d'élire les ministres de leur culte.

« 6. Il sera pourvu à la nomination de l'évêque et des curés par la voie des élections, lesquelles se feront par un scrutin individuel et à la pluralité des suffrages.

« 7. L'élection de l'évêque se fera par le corps électoral du département, dans les formes prescrites pour les membres de l'assemblée du département.

« 12. L'élection des curés se fera par les électeurs du district et dans la forme prescrite pour la nomination des membres de l'assemblée administrative du district.

« 16. Les évêchés et les cures seront réputés vacants jusqu'à ce que les élus aient prêté serment de *veiller avec soin sur les fidèles du diocèse ou de la paroisse qui leur est confiée et de maintenir la liberté et l'égalité ou de mourir en la défendant.*

« 18. Les curés actuels prêteront le serment ci-dessus dans la huitaine, à dater de la publication de la présente proclamation.

« 25. Tous les ecclésiastiques qui, étant assujettis au serment, ne l'auront pas prêté dans le délai prescrit, ou qui, après l'avoir prêté, l'auront rétracté et auront persisté dans leur rétractation, seront tenus de sortir sous huit jours hors des limites du district et du département de leur résidence, et dans la quinzaine, hors de la République.

« 26. En conséquence, chacun d'eux se présentera devant le directoire du district ou la municipalité de sa résidence, pour y déclarer le pays étranger dans lequel il entend se retirer, et il lui sera délivré sur-le-champ un passeport qui contiendra sa déclaration, son signalement, la route qu'il devra tenir et le délai dans lequel il doit être sorti de la République.

« 27. Passé le délai de quinze jours ci-devant prescrit, les ecclésiastiques non sermentés, qui n'auraient pas obéi aux dispositions précédentes, seront déportés à la Guyane française.

« 30. Tous autres ecclésiastiques non sermentés, séculiers et réguliers, prêtres, simples clercs ou frères lais sans distinction, quoique non assujettis au serment, seront soumis à toutes les dispositions précédentes, lorsqu'ils auront occasionné des troubles venus à la connaissance des corps administratifs, ou lorsque leur éloignement sera demandé par six citoyens domiciliés dans le même département.

« 32. Sont exempts des dispositions précédentes les infirmes dont les infirmités seront constatées par un officier de santé, qui sera nommé par le conseil de la commune du lieu de leur résidence, et dont le certificat sera visé par le même conseil ; sont pareillement exceptés les sexagénaires dont l'âge sera dûment constaté.

« 33. Tous les ecclésiastiques qui seront dans le cas des exceptions portées par le précédent article, seront réunis au chef-lieu du département, dans une maison commune dont la municipalité aura l'inspection et la police.

« 36. Les directoires des districts seront, en outre, tenus d'envoyer, tous les quinze jours, au ministre de l'intérieur, des états nominatifs des ecclésiastiques de l'arrondissement qui seront sortis de la République ou auront été déportés, et le ministre devra communiquer ces états à la Convention nationale. »

En conformité à l'article 38 de cette proclamation, les électeurs du département du Mont-Blanc se réunirent le 17 février 1793, à Chambéry, et nommèrent évêque François-Marie-Thérèse Panisset, curé de Saint-Pierre d'Albigny. Celui-ci, après s'être fait consacrer le 6 avril suivant, à Lyon, par le citoyen Adrien Lamourette, archevêque constitutionnel de Rhône-et-Loire, assisté du citoyen Henri Raymond, évêque intrus de l'Isère, et du citoyen Louis Charrier de la Roche, évêque constitutionnel démissionnaire de la Loire-Inférieure, fit son entrée solennelle à Annecy, le 14 du même mois. Il déclara prendre pour vicaires épiscopaux les citoyens Jacques Ducret, ancien professeur de théologie au collège de Chambéry, Louis-François Gallay, curé de Saint-Jean de Chevelu, et Jacques Songeon, d'Annecy. Le nouvel évêque schismatique maintint, malgré le mépris public dont il était entouré, son intrusion jusqu'aux premiers jours de 1796, où ramené à son devoir par les remords de sa conscience et surtout par les charitables exhortations de MM. Dubouloz et Vuarin, vicaires généraux de l'évêque de Genève, il s'enfuit secrètement à Lausanne et y publia sa rétractation.

Cependant, la Révolution allait chaque jour d'excès en excès plus grands et avait établi de toutes parts le régime de la Terreur.

Déjà, le 22 novembre 1793, le Conseil général du Mont-Blanc avait prescrit que tous les *vases d'or et d'argent*, et autres meubles précieux, fussent remis aux directoires des districts et remplacés par des *vases de bois, de verre ou d'étain*. Deux mois après cet arrêté, le 26 janvier 1794, le commissaire de la Convention Albitte, enchérissant sur cet acte inique, ordonna l'abolition de tout culte religieux, en même temps que la saisie au profit de la Nation, ou la destruction de tout ce qui s'y rattachait. Le texte de son manifeste mérite aussi d'être cité pour son impie fureur :

« 1. Tous les bâtiments, terrains et matériaux, métaux et ustensiles, ayant servi jusqu'à ce jour aux usages de quelque culte que ce soit, rentrent, dès ce moment, sous la main de la Nation et ne peuvent servir qu'à des usages civiques.

« 2. Toutes les enseignes et machines religieuses qui peuvent encore se trouver, soit dans l'intérieur, soit à l'extérieur desdits bâtiments, soit sur les routes et places et autres lieux publics seront, sans délai, enlevés ou anéantis.

« 3. Tous les costumes, ornements, linges, vases, ustensiles, matières et métaux ouvrés ou monnayés que ces bâtiments renferment, seront dans le délai de quinze jours, par les soins de chaque municipalité, transportés au dépôt qui sera indiqué par l'administration du district.

« 4. Toutes les cloches existantes, sauf les timbres des horloges indispensablement nécessaires, seront incontinent descendues, brisées et envoyées au chef-lieu du district. Les cordes à leurs usages seront soigneusement recueillies et portées auxdits chefs-lieux.

« 5. La matière des cloches sera, sans délai, transportée à la plus prochaine fonderie de canons, et les cordes à la corderie du port de la Montagne (Toulon).

« 6. Les clochers seront démolis, les bois, cuivres, fers, plombs et autres matériaux en provenant, seront déposés dans des lieux sûrs, indiqués par les administrateurs des districts. »

Il est inutile d'ajouter que ces prescriptions draconniennes furent aussitôt exécutées sur tous les points du département du Mont-Blanc. On peut, en outre, juger de l'acharnement qu'on mettait en même temps à poursuivre les ecclésiastiques restés fidèles, par cet autre arrêté des directeurs de Cluses, dont l'application au reste de notre pays fut demandée par le même proconsul Albitte, le 18 janvier 1794 :

« 1. Que tout individu qui saisira, mort ou vif, ou qui fera saisir un prêtre réfractaire, aura douze cents francs de récompense.

« 2. Que tout citoyen qui aura donné asile à un prêtre

réfractaire ou profité de son ministère, sera traité comme suspect et emprisonné jusqu'à la paix.

« 3. Que les parents des prêtres réfractaires seront mis en arrestation et auront leurs biens séquestrés.

« 4. Que tout citoyen qui dénoncera un particulier ou une municipalité recevra cinq cents francs de récompense. »

Le léger répit dans la persécution, qui se manifesta durant les années 1796 et 1797, fut de peu de durée, et la haine antireligieuse reprit bientôt la suite de ses violences.

Durant cette longue et triste période de près de dix ans, tous les évêques de Savoie, sauf celui de Genève, Mgr Paget qui résidait à Turin, étaient morts, soit en captivité, soit en exil. Mgr Michel Conseil, évêque de Chambéry était décédé prisonnier en son palais, le 29 septembre 1793, à l'âge de 77 ans 6 mois et 10 jours, et sa dépouille mortelle avait été sépulturée sans cérémonie religieuse dans l'église de Sainte-Marie-Egyptienne, dite alors des *Incurables*. Mgr Joseph de Montfalcon du Cengle, archevêque de Tarentaise, revenu à Moûtiers au mois d'août, à la suite des troupes sardes, avait précédé l'évêque de Chambéry, de sept jours dans la tombe. Mgr de Brichauteau, évêque de Maurienne, qui avait émigré en Piémont le surlendemain de l'invasion de la Savoie par les troupes françaises, et qui avait été ensuite transféré au siège d'Acqui, était mort lui-même en cette ville le 26 août 1796.

Malgré ces terribles et tristes conjonctures, de courageux prêtres, sous la direction de vicaires généraux postés en observation sur les frontières, ne cessèrent de parcourir en tous sens les divers diocèses de Savoie, afin de porter les secours religieux aux fidèles. Le vicaire général qui, après la mort de Mgr Conseil, dirigea les affaires du diocèse de Chambéry, jusqu'en 1801, fut M. Jean-Baptiste Aubriot de la Palme.

*
* *

Le diocèse de Chambéry de 1801 à 1815. — Le Concordat qui fut passé entre le pape Pie VII et le premier consul Bonaparte, le 26 messidor an IX (15 juillet 1801), est ainsi conçu :

« 1. La religion catholique, apostolique et romaine, sera librement exercée en France : son culte sera public, en se conformant aux règlements de police que le Gouvernement jugera nécessaire pour la tranquillité publique.

« 2. Il sera fait par le Saint-Siège, de concert avec le Gouvernement, une nouvelle circonscription des diocèses français.

« 3. Sa Sainteté déclarera aux titulaires des évêchés français, qu'elle attend d'eux avec une ferme confiance, pour le bien de la paix et l'unité, toutes espèces de sacrifices, même celui de leurs sièges. D'après cette exhortation, s'ils se refusent à ce sacrifice commandé par le bien de l'Eglise (refus néanmoins auquel Sa Sainteté ne s'attend pas), il sera pourvu par de nouveaux titulaires au gouvernement des évêchés de la circonscription nouvelle de la manière suivante :

« 4. Le premier Consul de la République nommera, dans les trois mois qui suivront la publication de la bulle, aux archevêchés et évêchés de la circonscription nouvelle. Sa Sainteté conférera l'institution canonique suivant les formes établies par rapport à la France, avant le changement du Gouvernement.

« 5. Les nominations aux évêchés qui vaqueront dans la suite, seront également faites par le premier Consul, et l'institution canonique sera donnée par le Saint-Siège, en conformité de l'article précédent.

« 6. Les évêques, avant d'entrer en fonctions, prêteront directement, entre les mains du premier Consul, le serment de fidélité qui était en usage avant le changement de Gouvernement, exprimé dans les termes suivants :

« Je jure et promets à Dieu, sur les Saints Évangiles,
« de garder obéissance et fidélité au Gouvernement
« établi par la Constitution de la République française.
« Je promets aussi de n'avoir aucune intelligence, de
« n'assister à aucun conseil, de n'entretenir aucune
« ligue, soit au dedans, soit au dehors, qui soit contraire
« à la tranquilité publique ; et si, dans mon diocèse ou
« ailleurs, j'apprends qu'il se trame quelque chose au
« préjudice de l'État, je le ferai savoir au Gouverne-
« ment.

« 7. Les ecclésiastiques du second ordre prêteront le même serment entre les mains des autorités civiles désignées par le Gouvernement.

« 8. La formule de prière suivante sera récitée à la fin de l'office divin dans toutes les églises catholiques de France :

Domine, salvam fac rempublicam.
Domine, salvos fac Consules.

« 9. Les évêques feront une nouvelle circonscription des paroisses de leurs diocèses, qui n'aura d'effet que d'après le consentement du Gouvernement.

« 10. Les évêques nommeront aux cures. Leur choix ne pourra tomber que sur les personnes agréées par le Gouvernement.

« 11. Les évêques pourront avoir un chapitre dans leur cathédrale, et un séminaire pour leur diocèse, sans que le Gouvernement s'oblige à les doter.

« 12. Toutes les églises métropolitaines, cathédrales, paroissiales et autres non aliénées, nécessaires au culte, seront remises à la disposition des évêques.

« 13. Sa Sainteté, pour le bien de la paix et l'heureux rétablissement de la religion catholique, déclare que ni elle ni ses successeurs ne troubleront, en aucune manière, les acquéreurs des biens ecclésiastiques aliénés, et qu'en conséquence, la propriété de ces mêmes biens, les droits et revenus y attachés, demeureront incommutables entre leurs mains ou celles de leurs ayant-cause.

« 14. Le Gouvernement assurera un traitement convenable aux évêques et aux curés dont les diocèses et les cures seront compris dans la circonscription nouvelle.

« 15. Le Gouvernement prendra également des mesures pour que les catholiques français puissent, s'ils le veulent, faire en faveur de l'Église des fondations.

« 16. Sa Sainteté reconnaît, dans le premier Consul de la République française, les mêmes droits et prérogatives dont jouissait près d'elle l'ancien Gouvernement.

« 17. Il est convenu entre les parties contractantes que, dans le cas où quelqu'un des successeurs du premier Consul actuel ne serait pas catholique, les droits et prérogatives mentionnés dans l'article ci-dessus, et la nomination aux évêchés, seront réglés, par rapport à lui, par une nouvelle convention. »

Quelque temps après cet acte passé avec le pape, le 18 germinal an x (8 avril 1802), le premier Consul s'autorisant de la concession faite au Gouvernement dans la seconde partie du premier article, publia, à l'insu du Saint-Siège, sous le titre d'*Articles organiques*, une série de dispositions concernant l'exercice public du culte et la conduite de ses ministres. Ce règlement contre lequel, à raison de certaines prescriptions anti-canoniques, les Souverains Pontifes n'ont cessé de réclamer, a été néanmoins maintenu par tous les Gouvernements qui se sont succédé en France. Pour mieux faire juger de la manière dont se passaient les affaires ecclésiastiques, durant la période de temps qui suivit jusqu'à la fin du premier Empire, dans le diocèse de Chambéry, je rappellerai ici les principaux points de cette législation :

« 1. Aucune bulle, bref, rescrit, décret, mandat, provision, signature servant de provision, ni autres expéditions de la cour de Rome, même ne concernant que les particuliers, ne pourront être reçus, publiés, ni autrement mis à exécution sans l'autorisation du Gouvernement.

« 6. Il y aura recours au Conseil d'Etat dans tous les cas d'abus de la part des supérieurs et autres personnes ecclésiastiques.

Les cas d'abus sont l'usurpation ou l'excès du pouvoir, la contravention aux lois et règlements de la République, l'infraction des règles consacrées par les canons reçus en France, l'attentat aux libertés, franchises et coutumes de l'Église gallicane, et toute entreprise ou tout procédé qui, dans l'exercice du culte, peut compromettre l'honneur des citoyens, troubler arbitrairement leur conscience, dégénérer contre eux en oppression, ou en injures, ou en scandales publics.

« 16. On ne pourra être nommé évêque avant l'âge de trente ans, et si l'on n'est Français.

« 18. Le prêtre nommé par le premier Consul fera ses diligences pour rapporter l'institution du Pape.

« Il ne pourra exercer aucune fonction avant que la bulle portant son institution n'ait reçu l'attache du Gouvernement, et qu'il n'ait prêté en personne le serment prescrit par la convention passé entre le Gouvernement français et le Saint-Siège.

« 19. Les évêques nommeront et institueront les curés ; néanmoins, ils ne manifesteront leur nomination et ils ne donneront l'institution canonique qu'après que cette nomination aura été agréée par le premier Consul.

« 30. Les curés seront immédiatement soumis aux évêques dans leurs fonctions.

« 31. Les vicaires et desservants exerceront leur ministère sous la surveillance et la direction des curés.

« Ils seront approuvés par l'évêque et révocables par lui.

« 32. Aucun étranger ne pourra être employé dans les fonctions du ministère ecclésiastique sans la permission du Gouvernement.

« 33. Toute fonction est interdite à tout ecclésiastique, même Français, qui n'appartient à aucun diocèse.

« 35. Les archevêques et évêques qui voudront user de la faculté qui leur est donnée d'établir des chapitres, ne pourront le faire sans avoir rapporté l'autorisation du Gouvernement, tant pour l'établissement lui-même, que pour le nombre et le choix des ecclésiastiques destinés à le former.

« 41. Aucune fête, à l'exception du dimanche, ne pourra être établie sans la permission du Gouvernement.

« 45. Aucune cérémonie religieuse n'aura lieu hors des édifices consacrés au culte catholique dans les villes où il y a des temples destinés à différents cultes.

« 48. L'évêque se concertera avec le préfet pour régler la manière d'appeler les fidèles au service divin par le son des cloches; on ne pourra les sonner pour toute autre cause sans la permission de la police locale.

« 54. Les curés ne donneront la bénédiction nuptiale qu'à ceux qui justifieront, en bonne et due forme, avoir contracté mariage devant l'officier civil.

« 60. Il y aura au moins une paroisse par justice de paix.

« Il sera, en outre, établi autant de succursales que le besoin pourra l'exiger.

« 63. Les prêtres desservant les succursales seront nommés par les évêques.

« 64. Le traitement des archevêques sera de 15,000 francs.

« 65. Le traitement des évêques sera de 10,000 francs.

« 66. Les curés seront distribués en deux classes. Le traitement des curés de la première classe sera porté à 1,500 francs ; celui des curés de la seconde classe à 1,000 francs.

« 68. Les vicaires et desservants seront choisis parmi les ecclésiastiques pensionnés en exécution des lois de l'Assemblée constituante.

« Le montant de ces pensions (267 francs) et le produit des oblations formeront leur traitement[1].

« 69. Les évêques rédigeront les projets de règlements relatifs aux oblations que les ministres du culte sont autorisés à recevoir pour l'administration des sacrements. Les projets de règlements rédigés par les évêques ne pourront être publiés ni autrement mis à exécution qu'après avoir été approuvés par le Gouvernement.

« 71. Les Conseils généraux des départements seront autorisés à procurer aux archevêques et évêques un logement convenable.

« 72. Les presbytères et les jardins attenants, non aliénés, seront rendus aux curés et desservants des succursales. A défaut de ces presbytères, les Conseils généraux des communes sont autorisés à leur procurer un logement et un jardin. »

Depuis la promulgation de cette loi organique, plusieurs décrets consulaires ou impériaux sont venus ajouter à ces prescriptions ou les expliquer. C'est ainsi

---

[1] Un décret impérial porta plus tard le traitement des desservants à 500 francs.

que, dans le décret du 24 messidor an xii (13 juillet 1803) sur les préséances, les cérémonies publiques, etc., il est dit, entre autres, au sujet des chefs des diocèses, que, « lorsque les archevêques et évêques feront leur première entrée dans la ville de leur résidence, la garnison sera en bataille sur les places que l'archevêque ou l'évêque traversera, » et en outre, qu'il aura habituellement une sentinelle tirée du corps-de-garde le plus voisin.

De même, le 30 décembre 1809, un décret fut publié pour régler ce qui concernait les fabriques paroissiales. D'après cet acte, les attributions de ces sortes de corps administratifs seront de veiller à l'entretien et à la conservation des temples ; d'administrer les aumônes et les biens, rentes et perceptions, autorisés par les lois et règlements, les sommes supplémentaires fournies par les communes, et généralement tous les fonds qui sont affectés à l'exercice du culte ; enfin d'assurer cet exercice et le maintien de sa dignité dans les églises auxquelles ils sont attachés, soit en réglant les dépenses qui y sont nécessaires, soit en assurant les moyens d'y parvenir.

Chaque fabrique sera composée d'un conseil et d'un bureau de marguilliers. Le premier comprendra neuf membres, lorsque la paroisse aura cinq mille ou plus d'habitants ; et seulement cinq membres, lorsque ce nombre d'habitants sera moindre de cinq mille. Le curé et le maire en seront les membres nés et s'ajouteront à ceux qui viennent d'être fixés.

Le conseil, sauf en cas d'urgence et avec l'autorisation de l'évêque, s'assemblera ordinairement le premier dimanche d'avril, de juillet, d'octobre et de janvier. Il délibérera sur le budget de la fabrique, le compte annuel de son trésorier, l'emploi des fonds excédant les dépenses, le montant des legs et donations, le remploi des capitaux remboursés, les dépenses extraordinaires, enfin les procès à entreprendre ou à soutenir, ainsi que les baux de longue durée, les aliénations ou les échanges.

Le bureau des marguilliers représentera en quelque sorte le pouvoir exécutif de la fabrique. Il préparera le budget et toutes les affaires qui devront être soumises au conseil. Il fera exécuter les délibérations prises par celui-ci.

Les fabriques auront pour sources de revenus : le produit des biens et rentes restitués, de même que les biens des confréries – le produit des biens, rentes et fondations qu'elles auront été autorisées à accepter — le produit spontané des terrains servant de cimetières — le prix de la location des chaises — les quêtes faites pour les frais du culte – le produit des troncs placés pour le même objet — les oblations faites à la fabrique – les droits perçus des services religieux.

Le budget établira les recettes et les dépenses de l'église et sera soumis au conseil dans la séance du mois d'avril de chaque année. Le compte sera présenté à la même époque et fournira l'état des recettes effectuées ou à effectuer, en même temps que celui des dépenses payées ou à payer. Ainsi dressé, il en sera gardé une copie dans la caisse de la fabrique, et remis une autre à la mairie.

Enfin, les communes ne devront pas elles-mêmes rester absolument étrangères à l'entretien du culte paroissial. Elles devront suppléer à l'insuffisance des revenus pour les charges ordinaires des fabriques, fournir au curé ou desservant, soit un logement, soit, à son défaut, une indemnité pécuniaire, et aussi contribuer aux grosses réparations des édifices consacrés au culte.

***

Le diocèse de Chambéry sous la Restauration, de 1815 à 1860. — Dès la reprise de possession de ses États de terre-ferme, le roi Victor-Emmanuel Ier, considérant la religion comme la plus solide base et le plus fort soutien de la société, l'entoura d'un respect profond et ne négligea rien de ce qui pouvait l'aider à remplir sa glorieuse et utile mission.

Pourtant, malgré les édits qui supprimaient les innovations apportées, durant la période de l'occupation française, à la conduite des affaires publiques et ordonnaient le retour pur et simple à ce qui avait lieu auparavant, la législation impériale qui concernait les fabriques et les ecclésiastiques des églises paroissiales ne fut pas changée tout aussitôt. L'intendant général, G.-M. Caccia adressa de l'Hôpital (aujourd'hui Albertville), le 25 octobre 1815, aux syndics de son ressort une lettre circulaire ainsi conçue :

« Plusieurs demandes m'ayant été faites par MM. les syndics et par MM. les curés sur la nécessité de savoir si les fabriques des églises doivent être regardées comme supprimées depuis l'heureux changement qui a rendu ce pays à son Souverain légitime, je crois nécessaire de vous prévenir que jusqu'à ce que le Gouvernement ait prononcé sur le nouveau mode qu'il jugera à propos d'adopter pour l'administration des biens et revenus des églises dans les communes où il en existe, les fabriques doivent continuer, et l'un des membres doit faire les fonctions de trésorier, rendre au corps de la fabrique ses comptes, qui ensuite doivent être approuvés par le conseil de commune dans un acte consulaire.

« Le conseil de fabrique donnera par conséquent ses dispositions pour que ledit trésorier et ceux qui en ont fait les fonctions pendant les années précédentes, s'occupent de suite de la reddition des comptes pour lesdites années, et la même chose devra avoir lieu dans les premiers jours de 1816 pour l'année courante. Le premier soin des fabriques doit être également de veiller à ce que les capitaux chargés de fondations ou d'autres œuvres pies ne soient autrement employés que suivant les pieuses intentions de ceux qui les ont donnés aux églises.

« Dans le cas que la fabrique ne soit pas au complet à cause de décès, démission ou changement de domicile de quelqu'un de ses membres, vous ferez de suite à l'intendant de votre province, de concert avec M. le curé, les propositions nécessaires pour les remplacements. »

Mais, dans les premiers mois de l'année suivante, le roi édicta une modification importante aux anciennes lois de la monarchie sarde sur l'acquisition d'immeubles par les corps religieux, autrement dits mains-mortables. Par des lettres patentes du 9 février 1816, frappé du dépouillement dont tous les corps de cette nature avaient été victimes sous la Révolution française, il les autorisa à recevoir, soit par donation entre-vifs, soit par testament, des propriétés foncières.

En outre, par une circulaire du sénat de Savoie, publiée par ordre du roi le 30 juillet suivant, il fut arrêté que les anciens conseils de fabrique, maintenus provisoirement par la lettre de l'intendant général Caccia, seraient définitivement supprimés, et que l'administration des biens, rentes, revenus et autres recettes du culte public seraient confiée au soin des curés et gérée suivant la teneur des canons ecclésiastiques. Cet acte était ainsi conçu :

« Sa Majesté ayant été informée que les administrations des fabriques des églises paroissiales, dont les attributions ont cessé d'après les dispositions des édits des 28 octobre 1814 et 22 décembre 1815, n'ont point encore remis aux curés et desservants respectifs les titres appartenant à leurs églises, ni rendu compte de leur gestion, et qu'il en résultait un grave inconvénient pour lesdites églises, qui ne peuvent recouvrer les sommes dont les anciens fabriciens pourraient être comptables, ni les revenus courants qu'ils ne peuvent réclamer des débiteurs, faute des titres à ce nécessaires, et voulant Sa Majesté obvier à cet inconvénient, il lui a plu demander au sénat de donner les dispositions nécessaires pour la reddition des comptes des fabriques, et pour la rémission des titres dont leurs administrateurs étaient nantis, entre les mains des curés et desservants respectifs, et avec l'intervention des sous-économes royaux. C'est pourquoi nous vous invitons, Monsieur, à devoir au plus tôt, avec l'intervention des sous-économes royaux, vous faire rendre compte par tous ceux qui, pendant le gouvernement passé et d'après les lois et décrets alors en vigueur, ont eu l'administration des fonds, biens, revenus et obligations appartenant à vos églises respectives, et à vous faire remettre en même temps tous les titres et écritures y relatives, et persuadés de votre exactitude à vous conformer à la présente, nous prions Dieu qu'il vous conserve[1]. »

Ce nouvel état des fabriques paroissiales dura pendant les neuf années qui suivirent. Le 22 août 1825, conformément aux lettres patentes du roi Charles-Félix, du 5 avril précédent, le sénat de Savoie publia, sur le même sujet, le manifeste qu'on lit ci-après et qui resta

[1] Signé, GABET, secrétaire.

en vigueur jusqu'à l'annexion des provinces sardes en deçà des Monts à la France :

« 1. Seront considérés comme formant le temporel de chaque église paroissiale les biens et avoirs affectés au service du culte divin dans cette église et notamment :

« 1° Les biens et droits appartenant à l'église paroissiale, ceux des autres églises et confréries de la paroisse non rétablies, ou qui seraient supprimées, et ceux des corporations ecclésiastiques qui lui auraient été irrévocablement abandonnés :

« Les biens provenant de l'ancienne cure ou vicariat qui n'auraient pas été aliénés, continueront à faire partie du bénéfice-cure ou rectorat et vicariat, et seront administrés par ce bénéficier, à qui les revenus appartiendront, sauf à avoir égard à ce revenu lors de la fixation du supplément de traitement qui serait à accorder au curé ou recteur :

« Les revenus des vicariats feront partie du temporel de l'église pendant la vacance de ceux-ci ;

« 2° Ceux des fondations et donations qui seraient faites à l'église, autres cependant que celles exclusivement pour messes ou obits, lesquelles continueront à appartenir aux curés et recteurs ;

« 3° Ceux que l'église acquerrait à quelque titre que ce soit, sous la réserve, pour les immeubles et rentes, de lettres d'amortissement, sauf les cas prévus par les Royales Patentes du 9 février 1816 ;

« 4° Le produit des concessions de tombes particulières, aux termes du règlement du 9 avril 1822 ;

« 5° Celui de la location des chaises et concessions de bancs et places dans l'église ;

« 6° Les quêtes ou cueillettes pour les frais du culte divin, entretien et réparations des églises, et ce qui sera trouvé dans les troncs destinés aux mêmes fins ;

« 7° Les oblations faites aux églises, à l'exception de

celles pour messes et autres, que le curé ou recteur est autorisé à percevoir comme faisant partie de son casuel, d'après les règlements de l'Ordinaire ;

« 8° Les droits que les fabriques seraient autorisées à percevoir, tant pour sonnerie, emploi d'ornemens particuliers, que pour luminaire et autres pour les inhumations ou autrement pour des services religieux ;

« 9° Enfin les sommes que fournissent des communes ou paroisses, suivant l'article 7 des Royales Patentes du 5 avril dernier.

« 2. Sur ces avoirs et revenus, les fabriques devront pourvoir aux frais du culte divin, en se conformant aux fondations et donations ; et même au traitement qui aurait été assigné aux vicaires amovibles, et au supplément du traitement autorisé en faveur des curés ou recteurs, ainsi qu'aux grosses réparations des églises, cimetières et presbytères ; celles dites locatives des presbytères restant à la charge du bénéficier.

« En cas d'insufisance pour les objets nécessaires, il y sera pourvu par un supplément à la charge des communes et paroisses, en se conformant aux bases portées par les Royales Patentes du 5 avril dernier.

« 3. Le temporel de chaque église sera administré par un conseil de fabrique à établir par l'Ordinaire, présidé par le curé ou recteur, et à défaut son vicaire, et composé de divers membres, selon la population, dont quelques-uns devront être laïques.

« Fera aussi partie de ce conseil un membre du conseil de la commune, ou de chaque conseil de commune, si la paroisse est formée de plus d'une commune.

« Les membres du conseil de fabrique, autres que le curé ou recteur, seront périodiquement amovibles et nommés par l'Ordinaire, par simple lettre.

« Le conseiller de la commune sera choisi par l'évêque, sur une présentation triple de ce conseil de commune.

« 4. Le conseil de fabrique choisira dans son sein, ou hors de son sein, un trésorier qui exigera et quittancera toute somme due à la fabrique ; il devra, le cas échéant, faire les poursuites convenables, ainsi que toutes mesures conservatoires, en vertu de sa seule nomination. S'il y a contestation au fond, il ne pourra agir qu'en vertu d'une délibération du conseil dûment approuvée par l'Ordinaire.

« Le conseil de fabrique nommera les organistes, sacristains, clercs, sonneurs et tous les serviteurs de l'église, sur la présentation du curé ou recteur, lequel pourra, de son autorité privée, les renvoyer. Ce conseil pourvoira à ce que chaque chef de famille fasse présenter à son tour le pain bénit, il suppléera à ce devoir pour ceux qui y manqueraient, sauf à répéter contre ceux-ci les dépenses qu'il aurait avancées à ce sujet.

« 5. Le conseil de fabrique ne pourra aliéner les immeubles que de l'agrément de l'Ordinaire et sous l'autorité du sénat. Il en sera de même des transactions sur droits immobiliers.

« Il revisera les règlemens actuellement en exercice pour les droits énoncés au n° 8 de l'article premier. Les nouveaux règlements seront présentés au sénat pour leur homologation, avant le premier janvier prochain, époque à laquelle cessera de plein droit la perception de tous droits non autorisés par ce magistrat.

« 6. Le conseil de fabrique arrêtera son budget et les comptes annuels que rendra par-devant lui le trésorier, le tout sous l'approbation de l'Ordinaire.

« Il ne pourra faire aucune dépense non portée au budget, sans une délibération spéciale, laquelle sera soumise à la même approbation, si elle excède 25 livres.

« Si le budget, ou toute autre dépense non prévue lors de celui-ci, présente un déficit qui puisse retomber à la charge de la commune ou des paroissiens, le budget et la délibération, avec les pièces relatives, seront communiquées par l'Ordinaire à l'Intendant, qui entendra le conseil de la commune ou des communes intéressées.

« 7. Si ce conseil ou ces conseils consentent le supplément demandé, et que l'Intendant approuve leur délibération, le montant du déficit sera porté sur le budget de la commune, ou autrement réparti aux termes de l'article 5 des Royales Patentes du 5 avril dernier.

« Si l'Intendant trouve des difficultés à approuver pareille délibération, il en référera au ministre de l'intérieur.

« 8. Si le conseil ou les conseils de commune contestent la demande du supplément par quelque motif que ce soit, il y sera pourvu par le sénat, sur le vu de toutes les pièces, l'avis de l'Ordinaire et celui de l'Intendant.

« La décision du sénat servira de règle pour l'approbation par l'Ordinaire du budget de la fabrique, et de la délibération pour dépense imprévue ; et la somme qui aura été fixée par cette décision devra être portée sur le budget de la commune, ou autrement répartie conformément à l'article 5 des susdites lettres patentes.

« 9. Les contestations, sur les comptes du trésorier, que l'Ordinaire n'aurait pu concilier, seront de même soumises à la décision du sénat.

« Les délibérations des conseils de fabrique, celles des conseils de commune, relatives aux dépenses du culte, et les comptes des trésoriers des fabriques seront sur papier libre.

« 10. Les dispositions du présent seront applicables aux fabriques des églises cathédrales, sauf que l'Ordinaire ne sera pas tenu de nommer des membres laïques ; mais le curé de la paroisse annexée à la cathédrale en sera toujours membre né, sans qu'il puisse cependant renvoyer aucun serviteur de l'église cathédrale.

« 11. S. M. invite l'archevêque et les évêques de Savoie à faire les règlements convenables pour l'administration des conseils de fabrique, d'après les bases portées par le présent. Ces règlements seront entérinés, avant le premier janvier prochain, par le sénat. »

En outre des droits qu'ils étaient autorisés à percevoir des cérémonies religieuses, en vertu de l'article premier de ce manifeste, les curés ou recteurs des paroisses recevaient un traitement annuel, partie du gouvernement, et partie des communes. Le premier paya d'abord généralement une somme fixe de cinq cents francs, comme indemnité pour les biens dont les cures avaient été dépouillées par la Révolution. Le supplément que les communes étaient tenues de fournir, en cas d'insuffisance des revenus des fabriques, variait, suivant les localités, entre trois cents et quatre cents francs. L'obligation de cette dernière subvention dura jusqu'en 1848, où le gouvernement la supprima et prit à sa charge le traitement entier des curés au taux uniforme de neuf cents francs.

Quant aux chefs des diocèses, ils reçurent exclusivement du gouvernement, en outre de menses en biens-fonds ou en titres de rentes, un traitement annuel fixe de dix mille francs pour l'archevêque de Chambéry, et de cinq mille francs pour chacun des évêques des autres provinces.

Le règlement que Mgr l'archevêque Bigex édicta pour les fabriques du diocèse de Chambéry, en conformité de l'article 11 du manifeste du sénat de Savoie, fut adressé à la haute compagnie le 1er décembre 1825 et entériné par elle le 17 du même mois. Il portait, en substance, les dispositions suivantes, dont plusieurs se rapprochaient du règlement français du 30 décembre 1809[1] :

Chaque paroisse aura un conseil de fabrique. Dans les paroisses de mille âmes et au-dessus, ce conseil sera composé de sept membres ; dans les paroisses d'une population moindre, il sera de cinq membres seulement. Il comprendra le curé qui en sera le président-né, pouvant se faire remplacer par son vicaire, un conseiller de la commune choisi sur la rose de trois présentée par ses collègues, cinq ou trois notables de la paroisse, suivant la population de celle-ci.

Les conseils de fabrique se renouvelleront partiellement au mois de décembre de chaque année, par un ou par deux membres, suivant la classe à laquelle ils appartiennent. Les nouveaux membres seront nommés par l'archevêque, d'après les principes électifs de l'article précédent.

Le même membre pourra remplir les fonctions de trésorier et de secrétaire.

Le conseil se réunira en assemblée ordinaire le second dimanche de chaque trimestre ; il pourra être convoqué extraordinairement toutes les fois que le président le jugera nécessaire.

L'administration journalière sera confiée à un bureau composé du curé qui en sera aussi président, et de deux autres du conseil nommé par celui-ci. Le bureau s'assemblera le premier dimanche de chaque mois, et même plus souvent, s'il en est besoin.

Les conseils ne pourront délibérer valablement, que si cinq membres, dans les paroisses de première classe, et quatre, dans les autres, sont présents.

Ils auront l'administration de tous les biens et revenus

---

[1] Ce règlement, porté pendant que Mgr Bigex était administrateur des diocèses de Tarentaise et de Moûtiers nouvellement reconstitués, devint également la loi de ces diocèses.

affectés à la célébration du culte public. En même temps, ils devront pourvoir convenablement à tout ce que cette célébration exige, à l'acquit des fondations, aux réparations des églises et des cimetières, aux traitements et suppléments de traitements assignés aux curés et aux vicaires, à la construction des caveaux pour la sépulture des curés, etc. Les curés restaient chargés des réparations locatives de leurs presbytères.

Cependant, les conseils ne pourront aliéner les immeubles, ni transiger sur des droits immobiliers qu'ils n'aient été autorisés par l'archevêque.

Les budgets des fabriques seront établis, dans le dernier trimestre de l'année, sur les indications fournies par le bureau. Il devra être approuvé par l'autorité diocésaine, et aucunes dépenses, autres que celles qui y sont portées, ne pourront être faites sans autorisation.

En ce qui regarde le droit des fabriques sur la sonnerie, l'emploi d'ornements particuliers, le luminaire des sépultures, etc., chaque conseil devra reviser ou établir, avant le 1er juin 1826, son règlement, lequel sera soumis à l'approbation de l'archevêque et à l'homologation du sénat [1]. Les oblations spontanées qui se font aux bénédictions de pain, aux baptêmes, aux relevailles, à la première communion, etc., ainsi que le tiers du luminaire des enterrements, appartiennent exclusivement aux curés et restent en dehors de l'administration des conseils de fabrique. Néanmoins, ceux-ci veilleront à ce que chaque chef de famille s'acquitte à son tour du devoir d'offrir le pain bénit le dimanche ; à son défaut, ils devront y suppléer, sauf recours contre le défaillant pour se couvrir de la dépense.

Enfin, il appartenait aux conseils de fabrique de

[1] Le règlement particulier de chaque paroisse se trouve, en effet, dans un volume des archives de l'ancien sénat de Savoie, actuellement Cour d'appel.

nommer les organistes, les clercs, les sonneurs, et tous autres serviteurs des églises, sur la présentation des curés ; mais ceux-ci avaient le droit de les renvoyer purement et simplement, s'ils n'en étaient pas satisfaits.

Dans l'église cathédrale, les mêmes employés dépendaient exclusivement de l'archevêque. Le conseil de fabrique du curé de la paroisse de Saint-François de Sales et de six chanoines du chapitre métropolitain, nommés de même, ainsi que le président, par l'archevêque.

Comme il en fut pour le manifeste du sénat du 22 août 1825, dont il était en quelque sorte le commentaire, le règlement de Mgr l'archevêque Bigex sur les fabriques fut généralement suivi jusqu'en 1860. Dans ce même règlement, le prélat, visant particulièrement les droits casuels des curés, renouvela ainsi qu'il suit, le tarif qui avait été approuvé par le gouvernement du 4 mai 1804 :

« 1. Les oblations, pour les baptêmes, sont laissées à la piété des fidèles, de même que celles des femmes mariées qui se font relever de couches.

« 2. Les messes manuelles sont fixées de quinze à vingt sous en monnaie courante.

« 3. Les grand'messes de dévotion sont fixées à trois livres nouvelles ; avec diacre et sous-diacre, à cinq livres.

« 4. Les grand'messes de *Requiem* sont fixées à trois livres ; avec diacre et sous-diacre, à quatre livres.

« 5. Les diocèses de Chambéry, de Tarentaise et de Maurienne sont divisés en deux classes : la première comprend les villes de Chambéry, de Moûtiers et de Saint-Jean de Maurienne ; la seconde est composée des autres villes, bourgs et villages des diocèses.

« 6. *Publications des mariages* : 1re classe, droits du

curé, trois livres ; 2ᵉ classe, deux livres. — *Célébration des mariages :* 1ʳᵉ classe, trois livres ; 2ᵉ classe, deux livres. *Messes basses pour les mariages :* 1ʳᵉ classe, deux livres ; 2ᵉ classe, une livre.

« 7. *Sépultures :* 1ʳᵉ classe, au curé, pour les défunts au-dessus de quatorze ans révolus, six livres, au-dessous de cet âge, quatre livres ; aux prêtres assistants, deux livres, et le cierge suivant la dévotion des fidèles. — 2ᵉ classe, au curé, pour les défunts de quatorze ans accomplis, quatre livres ; pour ceux de moins de quatorze ans accomplis, trois livres ; aux prêtres assistants, une livre et le cierge.

« 8. Les pauvres seront enterrés gratuitement et seront toujours accompagnés par un prêtre, et de deux chandelles.

« 9. *Mise à l'anniversaire :* 1ʳᵉ classe, au curé, huit livres, et pour la messe trois livres ; 2ᵉ classe, six livres, et pour la messe deux livres.

Ce tarif des droits casuels des curés a reçu depuis, comme on peut le voir dans les *Constitutions synodales* de Mgr Billiet et de Mgr Pichenot, quelques légères modifications rendues nécessaires par la dépréciation de l'argent.

* *

Le diocèse de Chambéry depuis l'annexion de la Savoie à la France jusqu'à ce jour, 1860-1893. — Ici, ma tâche de narrateur est nécessairement abrégée. Par suite de l'annexion de la Savoie à la France, le 14 juin 1860, le diocèse de Chambéry, comme ceux des autres provinces de l'ancien duché, fut soumis aux règlements de cette dernière nation sur les ministres et les choses du culte public. Les principaux éléments de cette législation ne sont autres que les documents que j'ai déjà cités, à l'occasion de la période consulaire et impériale de 1801 à 1815, le Concordat, les articles organiques, le décret du 30 décembre 1809, etc. Chacun, du reste, est assez informé aujourd'hui par ce qu'il voit, pour que je m'abstienne de tout détail à ce sujet. Je ferai seulement observer que, depuis quelques années, les gouvernants de la République actuelle, d'un côté ont ajouté aux règlements antérieurs des dispositions nouvelles, et d'un autre côté les ont interprétés, sur certains points, dans un sens draconien qui paraît n'avoir point été dans la pensée de leurs auteurs. Comme exemple de semblables innovations, on ne manquera pas de remarquer le dernier acte que le pouvoir vient d'accomplir à l'heure même où j'écris ces lignes, je veux dire le décret du 27 mars 1893, portant règlement d'administration publique sur la comptabilité des fabriques, qui, nous semble-t-il, constitue une grave atteinte à la libre administration des biens des églises, ainsi qu'à la juste autorité du clergé dans les choses de la religion.

* **

Division et but de cet ouvrage. — Maintenant, quant au tableau du personnel ecclésiastique du diocèse de Chambéry qu'on trouvera dans les pages suivantes, il n'est besoin de dire que, suivant les exigences mêmes du sujet, j'ai dû employer la méthode la plus claire et la plus commode pour l'instruction du lecteur.

Evidemment, il ne s'agit que du diocèse de Chambéry dans ses limites actuelles.

J'ai divisé mon travail en trois parties.

Dans la première se trouve cité le nom des hauts dignitaires et des ecclésiastiques qui ont rempli des fonctions, soit dans l'administration centrale, soit dans les divers établissements généraux du diocèse. Celui-ci compte huit évêques ou archevêques qui l'ont dirigé, et douze évêques qui ont occupé ou qui occupent encore des sièges à l'étranger. Par exception, j'ai donné une biographie plus détaillée des premiers ; pour les seconds, je me suis borné le plus souvent à citer simplement, avec le lieu et la date de leur naissance, les principaux actes de leur vie sacerdotale et épiscopale. Les uns et les autres sont, en outre, représentés par des photogravures tirées de tableaux peints, de lithographies au crayon ou de photographies directes, tels que j'ai pu me les procurer.

La seconde partie intitulée : *Personnel ecclésiastique des paroisses*, comprend d'abord, en tête de chacune d'elles, quelques détails propres à donner une idée de sa physionomie et de son importance, tels que son nom latin, le canton et l'archiprêtré dont elle relève, son saint patron, son altitude au-dessus du niveau de la mer, l'étendue totale de son territoire, l'étendue de ses terrains cultivés et habités, sa population à différentes époques, le nom de chacun de ses villages ou hameaux et le nombre de leurs habitants respectifs. Ensuite sont inscrits, suivant l'ordre de leur succession, les curés et les vicaires qui ont exercé leur ministère dans la paroisse, et, suivant la date de leur naissance, les ecclésiastiques qui en sont originaires.

Enfin, la troisième partie, qui a la forme d'un dictionnaire, contient par ordre alphabétique, le nom de chacun des ecclésiastiques simplement indiqués dans les parties précédentes, suivi du lieu et de la date de sa naissance, de la date de son ordination, des divers postes qu'il a occupés, et, s'il y a lieu, de la date de sa mort.

L'importance d'un tel tableau, tant pour un grand nombre de familles, tant pour l'histoire que pour le clergé du diocèse de Chambéry, ne me paraît pas douteuse. Les familles nombreuses qui ont fourni des prêtres ou des religieux à l'Eglise seront heureuses de voir conserver ainsi le souvenir de ceux qui les ont honorées. L'historien lui-même trouvera, dans cet ouvrage, les éléments d'un intérêt réel pour ses travaux, quels qu'ils soient, œuvres d'ensemble ou monographies. Quant au clergé, il ne pourra que se féliciter d'avoir la faculté de relire les noms et les états de service de ceux qui l'ont précédé dans la voie du plus glorieux dévouement à Dieu et de qui il pourra apprendre la pratique incessante des vertus sacerdotales. A ce sujet, je ne puis taire la profonde et douce émotion que j'éprouve moi-même devant ces belles et saintes figures qui, dès le commencement de ce siècle, ont répandu tant de bien dans nos paroisses, tant d'édification dans les âmes, et fait du diocèse de Chambéry l'un des meilleurs jusqu'à ce jour. Ma longue existence sur la terre m'a fait connaître la plupart d'entre elles ; j'ai toujours présents à la mémoire, surtout d'augustes vieillards qui avaient bravé les périls de la Révolution pour porter secours aux fidèles, et dont l'humilité, la douce affabilité et le respect de l'autorité n'avaient d'égal que leur profonde piété et leur zèle ardent pour le bien des rachetés de Jésus-Christ[1].

[1] Qu'on me permette de soumettre ici, en passant, une pensée qui répond assurément à la piété de chacun des curés actuels. Ne serait-ce pas une sainte et salutaire action que nous inscrivions, comme on le voit dans quelques diocèses de France, en gros caractères, sur un beau tableau appendu à l'endroit le plus apparent de nos sacristies, les noms des évêques et des prêtres qui se sont succédé à la tête de notre diocèse et de nos paroisses ? Je crois qu'il y aurait en cela un double profit : d'un côté, nous serions invités plus directement chaque matin à prier, dans la sainte messe, pour nos vénérés prédécesseurs ; d'un autre côté, nous trouverions chaque jour à cette vue une sorte de rappel pour nous-mêmes à la pratique de nos devoirs sacerdotaux.

J'aurais voulu donner à mon travail plus d'étendue et de développement, remonter dans les siècles passés et ajouter une courte monographie de chaque église paroissiale. Mais le temps presse, et je ne puis répondre qu'il consente à rester encore quelques années à ma disposition. S'il le permet, je tâcherai de donner à mon entreprise le complément désirable. En attendant, je me fais un bonheur d'offrir à mon pays, ainsi qu'à mes pères et à mes confrères dans le sacerdoce, morts ou vivants, ce premier essai, comme un témoignage de mon ardent amour et de ma profondation vénération.

PREMIÈRE PARTIE

ADMINISTRATION CENTRALE ET ÉTABLISSEMENTS GÉNÉRAUX DU DIOCÈSE

Évêques et Archevêques titulaires du Diocèse de Chambéry.

Mgr René DES MOUSTIERS DE MÉRINVILLE

Armes : *Écartelé ; aux 1er et 4e d'azur, à deux léopards d'or, l'un sur l'autre,* qui est des Moustiers ; *aux 2e et 3e d'or, à trois fasces de gueules,* qui est de Mérinville.

Monseigneur René des Moustiers de Mérinville était l'un des prélats les plus remarquables, non seulement par les avantages qu'il tirait de sa haute naissance, mais encore par les qualités précieuses qui ornaient son âme. A la distinction et au charme du physique, il joignait une élévation d'esprit et une fermeté de caractère qui n'avaient d'égales que sa bonté pour tous et sa piété pour l'Eglise. La famille des Moustiers était originaire de Savoie, suivant la tradition qui en est encore conservée aujourd'hui chez ses membres et que confirment des actes d'une autorité incontestable. Il est dit textuellement dans le cartulaire de Me Mahul, à Carcassonne, qu'elle descend d'un chevalier appelé Urban des Moustiers, en Savoie, qui tirait son origine de la ville de Moûtiers, en Tarentaise. Ce chevalier était venu en France et avait servi contre les Anglais et les Albigeois, sous le règne de Philippe-Auguste. Il s'était fixé dans ce royaume, et y avait épousé, en 1220, D^{lle} Guitterie, héritière du lieu noble du Fraisse et de la Fuye, en Poitou. Son fils François fit partie de la première croisade de saint Louis.

Depuis cette époque, cette maison ne cessa d'étendre ses terres et sa bonne renommée dans le midi et l'ouest de la France, en Languedoc, dans le Poitou et dans le Périgord, quand, en 1564, le mariage d'Eusèbe de Moustiers avec Françoise de Reilhac, fille du comte de Mérinville, lui apporta en dot ce comté, dans la Beauce, et vint encore augmenter sa puissance et sa considération. Plusieurs de ses membres occupèrent avec éclat des rangs élevés dans l'Etat et dans l'Eglise. Mgr René des Moustiers de Mérinville avait déjà été précédé, dans les hautes fonctions de l'épiscopat, par deux grands oncles, entre autres, par Mgr Charles-François de Mérinville, qui, pendant près de trente-neuf ans, depuis 1709 jusqu'à 1748, avait gouverné le diocèse de Chartres. Son père François des Moustiers et sa mère D⁰ Catherine Jousserand habitaient, vers le milieu du dix-huitième siècle, leur château d'Auby, situé sur la paroisse de Nouïc, dans le Limousin, dépendant aujourd'hui de l'arrondissement de Bellac, dans le département de la Haute-Vienne [1].

Le Dictionnaire historique de Feller rapporte la vie de Mgr Charles-François de Mérinville en ces termes : « Charles-François de Mérinville, évêque de Chartres, était fils du comte de Rieux, gouverneur de Narbonne, et neveu à la mode de Bretagne de Godet des Marais, son prédécesseur sur le siège de Chartres. Né à Paris

[1] A l'égard des terres possédées anciennement par les des Moustiers de Mérinville, on lit dans le même cartulaire de M⁰ Mahul que j'ai déjà cité : « Mérenville ou Mérinville, terre située en Beauce, qui entrée par mariage, en 1564, dans la maison des Moustiers, laquelle en est restée surnommée, après avoir cessé d'en être propriétaire... Quant à celle de Rieux, c'est une baronie des États de Languedoc, que Marguerite de la Jugie porta à François des Moustiers, son mari. Après avoir appartenu au président Bernard de Rieux, elle est retournée en la possession du comte de Mérinville, qui a obtenu des lettres patentes du roi pour changer le nom de cette terre en celui de Mérinville qu'elle porte à présent (1775). Par ce moyen, elle a perdu son nom de Rieux. Le fief du Fraisse est encore possédé par cette maison. Les armes des Moustiers sont encore sur son vieux château, bâti depuis plus de 400 ans. »

La famille des Moustiers de Mérinville existe encore aujourd'hui dans la Haute-Vienne et dans Seine-et-Oise. Dernièrement les journaux de Paris rapportaient la mort subite, à l'âge de 60 ans, dans son château de Sannat (Haute-Vienne), de la comtesse Renaud des Moustiers de Mérinville, née Marie-Célestine Dupuy. Elle était mère du comte René des Moustiers de Mérinville, marié à Mˡˡᵉ Firino, du comte François des Moustiers de Mérinville, capitaine au 1ᵉʳ chasseurs, marié à Mˡˡᵉ Œsterreich, du comte Maurice des Moustiers de Mérinville, et de la comtesse de Beauchesne. On lit aussi qu'un autre personnage de cette famille, Mᵐᵉ de Maussabré, comtesse des Moustiers de Mérinville, est de même décédée le dimanche 30 avril de cette présente année, à l'âge de cinquante-huit ans, en son hôtel de l'avenue Bosquet, à Paris.

le 2 février 1682, Mérinville se sentit une vocation décidée à l'état ecclésiastique et entra au séminaire de Saint-Sulpice, puis fut pourvu de l'abbaye de Saint-Calais, qu'il remit ensuite au roi, lorsqu'il fut appelé à l'évêché de Chartres. Il avait été nommé coadjuteur de ce siège le 26 avril 1709, et il fut évêque en titre la même année par la mort de Godet des Marais. La vie du nouveau prélat fut un exemple continuel de toutes les vertus chrétiennes. Sa maison était réglée comme une communauté. Son diocèse, ses séminaires et les pauvres étaient tour à tour l'objet de sa sollicitude. Il prêchait fréquemment dans les diverses paroisses et donnait souvent des missions. En 1725, la ville de Châteaudun ayant été presque entièrement consumée par un violent incendie, l'évêque y court, console les habitants et leur distribue des secours. Il se chargea en grande partie de la reconstruction de trois églises qui avaient été enveloppées dans ce désastre. Une disette qui affligea le Perche, en 1739, lui donna une nouvelle occasion d'exercer sa charité. Il se rendit à la cour, obtint quelques secours du roi, et, y ayant ajouté ses propres dons, il alla les porter lui-même, voyageant avec un seul domestique, et visitant les paroisses les plus malheureuses, où sa présence et ses bienfaits ramenèrent à l'espérance. Ce digne évêque mourut à Chartres le 10 mai 1748. Nous citerons parmi ses productions son mandement pour rétablir les conférences ecclésiastiques dans son diocèse, en 1727, et une ordonnance, en 1736, pour condamner les *Nouvelles ecclésiastiques*. Mérinville eut part aux mesures, prises de son temps par la majorité des évêques, sur les contestations qui divisaient l'Église, et il adressa, en 1744, à son clergé, des sujets de conférences ecclésiastiques sur la morale, 2 volumes in-8°. »

C'est dans l'antique manoir d'Auby, au milieu des souvenirs glorieux et édifiants de ses ancêtres, que le futur évêque de Chambéry naquit le 1ᵉʳ juillet 1742, et commença une carrière, d'abord heureuse et brillante, puis terriblement tourmentée et douloureuse, qu'il ne termina qu'à l'âge de quatre-vingt-sept ans quatre mois et onze jours. La simple énumération des événements et des actes qui marquèrent principalement sa vie, suffira pour donner un aperçu de la grandeur d'âme et de la vertu qui caractérisèrent ce pieux et vaillant pontife.

L'état ecclésiastique avait exercé bientôt sur l'esprit du jeune René de Mérinville un attrait irrésistible. Entré de bonne heure dans les ordres sacrés, suivant la coutume de son temps, il fut pourvu du prieuré d'Auby en 1759 ; il ne tarda pas ensuite, eu égard aux bons souvenirs laissés par son grand oncle sur le siège de Chartres, d'être nommé chanoine et vicaire général de cette illustre église. En 1775, il fut, en outre, investi de la charge d'aumônier par quartier de la nouvelle maison royale de Marie-Antoinette, femme de Louis XVI, récemment montée sur le trône, qu'elle devait échanger si tristement, hélas ! dix-huit ans plus tard, pour la guillotine. De plus, en 1778, il reçut, comme juste récompense de ses services et de ses mérites, la commanderie de Samer. Enfin, dans cet intervalle, le siège de Dijon étant devenu vacant, il fut aussi désigné pour l'occuper. Préconisé par le Souverain Pontife le 23 avril 1787, il fut sacré le 13 mai suivant, et prit possession de son diocèse le 21 juillet de la même année, après avoir fait, la veille, son entrée solennelle dans la ville épiscopale.

Parmi les circonstances qui, durant les premières années de sa prélature, firent ressortir la haute estime dans laquelle il était tenu de toutes parts, je citerai surtout les suivantes. Dès les premiers jours qui succédèrent à celui de son installation, il fut admis comme conseiller d'honneur dans le parlement de Bourgogne.

Quelque temps après cet acte de haute distinction, au mois de novembre de la même année, l'éminent prélat donna l'hospitalité, dans son propre palais, au prince de Condé venu pour présider les états généraux de la province. De son côté, le clergé ne lui montra pas moins de sympathie et de vénération ; le 13 janvier 1788, assisté des évêques de Mâcon et de Chalons-sur-Marne, il consacra, dans sa cathédrale, l'abbé de la Farre, nommé évêque de Nancy.

Ce fut là, en quelque sorte, la fin de cette période riante et tranquille de sa vie. Quinze mois après la fête de la consécration épiscopale que je viens de citer, surgit pour l'évêque de Dijon, comme pour toutes les personnes indissolublement attachées aux dogmes de l'Eglise et aux traditions séculaires de la France, l'ère de combats acharnés, de persécution violente et d'exil cruel, qui dura plus de douze ans, sans relâche. Le 28 avril 1789, il fut élu, en effet, député du clergé aux états généraux de France, et, au mois de mai suivant, se rendit à Paris, où il ne négligea aucune occasion d'interposer sa haute autorité en faveur du droit et de la religion. On le retrouve de même dans les assemblées révolutionnaires qui se succédèrent ensuite. Le 30 octobre 1790, il fut l'un des trente députés courageux qui, protestant contre le décret schismatique du 12 juillet précédent, signèrent l'*Exposition* des principes de la constitution civile du clergé. Le 27 décembre suivant, malgré la sanction même du roi, il refusa fièrement de prêter serment, et tint ensuite, avec une énergie non moins intrépide, tête, soit à l'orage subversif qui s'étendait sur toute la France, soit dans son propre diocèse à l'intrus Valfins, évêque constitutionnel de la Côte-d'Or.

Cependant, le vent dévastateur soufflait chaque jour avec plus de force, brisant les obstacles les plus solides et accumulant de toutes parts ruines sur ruines. Mgr de Mérinville, élu de nouveau député à l'assemblée législative du 1ᵉʳ octobre 1791, se vit aussitôt réduit à une impuissance absolue de continuer utilement la lutte. Le 7 mai 1792, il donna sa démission de législateur et se confina dans une douloureuse retraite à Paris. Néanmoins sur la crainte qu'en gardaient les révolutionnaires, il ne tarda pas d'être en butte à leurs vexations et à leurs violences. Le 31 août 1792, il obtint, à la vérité, un passeport pour Londres ; mais n'ayant pu, au dernier moment, se décider à quitter sa France bien-aimée, il fut arrêté et enfermé dans la prison de Sainte-Pélagie, le 5 septembre suivant. Dans une lettre qu'il écrivit plus tard à son auguste chef Pie VI, que la Révolution ne devait point non plus épargner, il dit de lui-même qu'après avoir été emprisonné et s'être vu à la veille de monter sur l'échafaud, il fut contraint de fuir précipitamment, presque nu, et sans autre secours qu'une somme modique qui lui avait été prêtée pour faire sa route.

Depuis ce moment, on le trouve à Bruxelles, le 27 mai 1794, où les armées de la République arrivent et le forcent à se retirer à la Haye. De là, il passe en Angleterre, sur une barque de pêcheurs ; mais bientôt la rigueur du climat l'oblige à quitter cette île et à se rendre dans l'Allemagne du Sud. Entre autres séjours qu'il fit dans ce dernier pays, on voit qu'il vécut d'abord neuf mois à Carlsrhue, capitale du grand duché de Bade, à sept kilomètres de la rive droite du Rhin. Ensuite, on constate, le 8 janvier 1799, sa présence à Lintz, dans la Haute-Autriche, au confluent du Danube et du Traun, où il reçoit l'hospitalité des religieux de l'abbaye de Kremsmunster. En 1800, il rentra en France. Pendant tout le temps de son exil, il garda autant qu'il put la direction de son diocèse et écrivit plusieurs mandements empreints de la plus touchante éloquence.

Lorsque le Concordat fut signé entre le Saint-Siège et le premier consul et la paix rendue à l'Eglise, Mgr des Moustiers de Mérinville se soumit avec une docilité édifiante au sacrifice que le pape Pie VII demanda aux évêques survivants des anciens diocèses de France. Son cœur ressentit, en réalité, un brisement douloureux, mais il se plia généreusement aux exigences du devoir et de l'obéissance. Le 2 décembre 1801, le pieux prélat signa sa démission d'évêque de Dijon.

Pourtant, les mérites et les hautes qualités de Mgr de Mérinville ne restèrent pas sans considération et sans utilité. Sur la présentation du premier consul Bonaparte, il fut institué, le 4 mai 1802, évêque de Chambéry et de Genève, par le cardinal Caprara, légat *a latere* du pape Pie VII à Paris. Le 18 janvier de l'année suivante, il fit son entrée solennelle à Chambéry, et, le 23 du même mois, il prit officiellement possession de son siège. Mais, dans l'intervalle de temps qui sépara sa nomination de son installation, il eut la charge d'organiser et d'administrer provisoirement pour le cardinal Fesch le nouveau diocèse de Lyon, où il révéla une fois de plus son habileté et sa fermeté. Frisquet, dans sa *France pontificale*, rapporte, entre autres détails sur cette circonstance de la vie de Mgr de Mérinville, que ce prélat exigea inexorablement la rétractation des prêtres constitutionnels, et même que des rigueurs furent commises en son nom contre certains prêtres récalcitrants [1].

---

[1] FRISQUET, *France Pontificale*. Cet ouvrage inachevé ne parlant que de quelques diocèses, y compris Lyon, se trouve seulement à la grande bibliothèque nationale de Paris. (Voir dans la vie du cardinal Fesch, ce qui concerne Mgr des Moustiers de Mérinville, pages 555-558.)

La cérémonie de son installation à Chambéry eut lieu dans la cathédrale, en présence des autorités civiles du gouvernement et de la ville, et d'une immense foule de peuple rassemblé. Au début, le préfet du Mont-Blanc Verneilh lui adressa cette allocution : « Monsieur l'évêque, la France était sans culte, et cependant la presque totalité des Français avait conservé sa croyance ; le gouvernement a fait cesser cette étrange contradiction. Les autels se sont tout à coup relevés, et la religion sort de ses ruines plus belle et en quelque sorte plus épurée par ses malheurs. Grâces soient donc rendues à celui qui a conçu et si heureusement exécuté la grande pensée de rétablir, au sein de la France républicaine, la foi de ses pères. Grâces lui soient rendues de nous avoir donné dans sa sagesse un prélat expérimenté, aussi recommandable par ses vertus que par l'éminence de sa place.

« Depuis longtemps, Monsieur l'évêque, votre présence était attendue et désirée dans ce diocèse ; mais vous étiez retenu par les besoins d'une église célèbre que vous avez heureusement conciliée et organisée. Vous trouverez celle de Chambéry dans une situation beaucoup plus tranquillisante. Il semble que le peuple de la ci-devant Savoie, placé en quelque sorte par sa position plus près de la divinité, pouvait moins que tout autre se passer des secours de cette religion antique et bienfaisante, qui adoucit les mœurs, qui épure et ennoblit les sentiments, qui console et fortifie dans le malheur et qui empêche l'homme puissant d'abuser de son pouvoir et de ses richesses.

« Déjà, Monsieur l'évêque, la sagesse de votre administration a dissipé toutes les inquiétudes ; votre caractère bon, franc, indulgent et conciliateur, est déjà connu ; et l'on vous aime en même temps que l'on vous révère. Voyez l'empressement, l'allégresse de ce peuple rassemblé, après dix ans d'agitations et de troubles; il a besoin de sagesse, de calme et de paix ; il vous demande des pasteurs à la fois purs, religieux et indulgents, qui ne sachent point séparer l'amour de la religion de l'amour de la patrie; non, ses espérances ne seront point trompées ; votre bon cœur et votre patriotisme éclairé nous en sont de sûrs garants. Les ministres de la religion rendront un juste hommage au gouvernement par qui elle a repris dans nos institutions le rang que lui assignaient la sainteté de son origine et l'importance des services qu'elle doit rendre à la société. Leur influence douce et salutaire, en fortifiant l'exécution des lois, va ramener dans le sein des familles et parmi les citoyens le règne des vertus avec l'union et la concorde.

« Il m'est bien doux, Monsieur l'évêque, en vous présentant les clefs de votre église, d'avoir aussi à vous offrir, au nom de tous les fonctionnaires publics, ou plutôt de tous mes administrés, en échange de vos soins paternels, confiance, amour, considération, respect et reconnaissance. »

Le prélat répondit lui-même à ce discours, en ces termes : « Citoyen préfet, le rétablissement de la religion dans notre patrie est en effet le plus important pour tous les citoyens, pour les familles, pour le gouvernement et tous les ordres de la société, pour toute la France. Fut-il jamais un Etat florissant et heureux sans religion? Mais aux yeux de la foi qui révèle à l'homme ses destinées éternelles et les moyens de les remplir, la religion est le bien suprême auquel les avantages de la terre sont subordonnés. Qu'il est donc heureux de la voir rétablir cette religion sainte, et qui mieux que ses ministres doit sentir ce bonheur?

« Appelé par le premier consul et envoyé par le Chef suprême de l'Eglise, pour rétablir et faire refleurir la religion catholique dans ces contrées, je sens combien cette charge redoutable est au-dessus de mes forces, et combien peu je mérite les éloges que vous m'avez adressés ; mais les intentions qui m'animent sont pures ; mon zèle est tout dévoué au bien. J'épuiserai le reste de mes forces à l'œuvre importante dont je suis chargé. Je serai secondé par le concours et l'exemple des magistrats vertueux, dignes de la confiance et animés de l'esprit du Gouvernement. Je me trouverai soutenu par la sagesse, le zèle et l'autorité du premier magistrat qui préside avec tant de succès et un applaudissement général à l'administration de ce département, et Dieu m'aidera du secours de ses grâces ; j'ose espérer atteindre le grand but de mon ministère et coopérer efficacement au bonheur de la patrie en travaillant à la sanctification du troupeau qui m'est confié. »

Le même jour, Mgr de Mérinville adressa à ses diocésains un mandement, dans lequel il disait particulièrement aux prêtres : « En quelles circonstances nous nous trouvons placés, nos chers coopérateurs, et à quelle grande fin nous aurons été réservés ! Dans l'ancien temps, la sollicitude d'un evêque et d'un prêtre se bornait à peu près à maintenir et à perfectionner le bien qu'ils trouvaient dans leur diocèse ou leur paroisse, à réformer les abus qui s'y étaient glissés ; mais aujourd'hui c'est un renouvellement général dans la foi, dans les mœurs et dans les œuvres de salut qu'il faut opérer, c'est l'époque d'une nouvelle ère pour la religion ; c'est à nous à assurer son triomphe dans les cœurs et à lui rendre l'éclat dont elle brilla dans les premiers temps où des hommes apostoliques en portèrent le flambeau dans ces contrées. »

Sans tarder, il s'occupa aussi de rétablir chaque chose en son ordre dans son diocèse de Chambéry et Genève. Le 25 janvier, le surlendemain même de la prise de possession de son siège, il nomma pour ses vicaires généraux titulaires, RR. Claude-François de Thiollaz et François-Marie Bigex ; pour son aumônier, R. Jean-François Vuarin ; pour son chancelier, Joseph-Sulpice Moinier, qui avait déjà rempli ces mêmes fonctions auprès de lui, à Dijon ; pour chanoines titulaires de son chapitre, RR. Claude-François de Thiollaz, prévôt, François-Marie Bigex, archidiacre, André-Marie de Maistre, doyen, Jacques-François Dubouloz, Jean-Baptiste Aubriot de la Palme, Dominique Rogès, Antoine Perret, Jean-François Duc, Dominique-Antoine Garellaz, François Goybet ; enfin, pour chanoines honoraires, RR. Alexandre-Nicole de la Place, André-Marie Montréal François-Marie Bazin du Chanay, Claude-Marie-Louis de Regard de Vars, Jean-Pierre Chevalier, Jacques Garin, André-Donat Gargoux, Joseph-Marie de la Chambre, Pierre Duport, Jean-François Garnier. Bientôt après, il créa son grand séminaire, là même où il existe actuellement, dans l'ancien couvent qui avait jadis abrité successivement, les PP. Jésuites et les Cordeliers de Saint-François d'Assise, et lui donna pour supérieur un de ses prêtres les plus pieux et les plus méritants, R. Benoît Guillet, originaire de la ville même de Chambéry et frère du général de ce nom. En 1804 (2 décembre), il fut un des prélats qui assistèrent au sacre de l'empereur Napoléon Bonaparte par le pape Pie VII venu exprès de Rome à Paris.

Mgr de Mérinville ne conserva pourtant son nouveau siège guère plus que le court espace de deux ans. Se voyant, par suite des infirmités précoces que lui avaient valu les rudes épreuves de son exil pendant la Révolution, dans l'impossibilité de remplir, telles que sa conscience délicate les entendait, les obligations de son ministère épiscopal envers un immense diocèse, il offrit, dans le courant du mois de janvier 1805, sa démission, qui fut ensuite acceptée doublement par le pape et par le gouvernement impérial. Le 26 février de l'année suivante, il fut nommé chanoine-évêque de la basilique de Saint-Denis et chevalier de la Légion d'honneur [1].

Depuis son départ de Chambéry, Mgr de Mérinville vécut habituellement, soit à Versailles même, soit au château que sa famille avait alors et qu'elle possède encore à Villiers-le-Bâcle, à deux lieues de cette ville, dans le canton de Palaiseau. Les dix dernières années de sa vie furent affligées de la plus rude épreuve. Frappé d'une cécité complète, il affirma, dans son invariable et touchante résignation, tout ce qu'il y avait de grand et de chrétien dans ce vaillant serviteur de Dieu. Sa mort eut lieu au château de Versailles, le 11 novembre 1829. Le lendemain, il fut célébré, dans la cathédrale de cette ville, un service solennel *præsente corpore*; mais il est certain que la dépouille mortelle ne fut pas sépulturée à Versailles, et à peu près non moins certain qu'elle ne fut pas non plus transportée à Nouîc, dans le Limousin. Bien qu'aucun document ne le rapporte expressément, on peut croire avec beaucoup de probabilité, que le corps du vénérable prélat fut aussitôt dirigé vers le château de Villiers-le-Bâcle, et qu'il y repose encore aujourd'hui dans le caveau de famille, en un grand cerceuil sans indication de nom, qu'on voit près de la bière d'une aïeule du pontife et de celle d'un enfant [1].

A Chambéry, la nouvelle de la mort du saint prélat causa une vive émotion, et ranima dans les cœurs les souvenirs heureux de son épiscopat que vingt-cinq années d'éloignement n'avaient point éteints. Le chapitre métropolitain de cette ville fit célébrer, le 1er décembre 1829, un service solennel pour le repos de l'âme du

---

[1] Voir pour quelques autres détails sur l'épiscopat de Mgr de Mérinville, à Chambéry, les *Mémoires pour servir à l'histoire ecclésiastique du diocèse de Chambéry,* par S. Em. le cardinal BILLIET.

vénérable défunt, et fut suivi, dans cet acte de filiale reconnaissance, par un grand nombre de paroisses du diocèse. « La mémoire du juste vivra éternellement, » dit l'Ecriture sainte ; à quatre-vingt-dix ans de distance, les cœurs sincèrement catholiques de notre pays n'éprouvent pas des sentiments moins pieux devant cette belle figure du pontife qui, sur les ruines amoncelées par la tourmente révolutionnaire, releva si heureusement le siège de Chambéry, et forme aujourd'hui, avec ses quatre premiers successeurs, Mgrs de Solle, Bigex, Martinet et Billiet, cette admirable pléiade d'évêques trempés au feu de la persécution et unissant à une science profonde une fermeté de caractère et une sagesse de direction aussi remarquables que profondes.

[1] La plupart des détails de la vie de Mgr de Mérinville, de 1787 à 1802, qu'on a lus précédemment, m'ont été fournis par M. l'abbé J.-R. Garraud, curé de Premeaux, au diocèse de Dijon, qui, lui-même, s'occupe en ce moment de faire la biographie des évêques de cette ville.

Monseigneur Irénée-Yves DE SOLLE

Armes : *D'azur à l'aigle de gueules, au chef d'or chargé de trois étoiles de sable.*

Un autre sceau porte: *D'argent avec les initiales de ses prénoms et nom entrelacées de sable.*

Monseigneur Irénée-Yves de Solle naquit à Auch, département du Gers, en France, le 19 mai 1744, d'une famille noble et distinguée dans la magistrature. Dès ses plus jeunes années, il annonça un goût décidé pour l'état ecclésiastique; à l'âge de quatorze ans, il reçut la tonsure des mains de Mgr de Montillet, archevêque d'Auch, et fut pourvu d'un canonicat à la métropole de cette ville. Ce fut au collège des Jésuites de Toulouse qu'il fit ses premières études, et toute sa vie il conserva pour cette Société une profonde estime et une sincère affection. Ses parents l'envoyèrent ensuite à Paris pour y achever son éducation. A son retour, il fut successivement promu aux ordres sacrés et nommé vice-gérant de l'officialité métropolitaine par Mgr d'Apchon, successeur de Mgr de Montillet. Il fut également nommé vicaire général de Lombez par Mgrs de Fénélon et de Chauvigny, qui avaient apprécié ses qualités distinguées et avaient désiré se l'attacher pour s'aider de ses conseils dans l'administration de leur diocèse.

En 1782, M. de Solle fut député par son chapitre pour aller, à Paris, suivre un procès important que celui-ci avait porté en appel au conseil du roi ; le procès venait d'être jugé en faveur du chapitre, lorsque la révolution éclata. M. de Solle ne voulant prêter aucun des serments exigés des ecclésiastiques à cette fatale époque, se retira dans les Pays-Bas et ne rentra en France que lorsque l'orage fut un peu apaisé. Il vécut ainsi dans la retraite et dans les plus pénibles privations, jusqu'à l'époque du concordat de 1801, où il fut nommé à l'évêché de Digne, en Provence.

Sa première pensée, en apprenant cette nomination qu'il n'avait ni briguée ni désirée, fut d'y répondre par un refus, et il n'accepta qu'à la sollicitation de quelques amis religieux qui lui en firent un devoir de conscience. Il fut sacré, le 11 juillet 1802, dans l'église des Carmes de Paris, et justifia bientôt le choix qu'on avait fait de lui pour l'épiscopat, par la conduite pleine de zèle, de douceur et de prudence, qu'il montra dans le diocèse de Digne, dont l'organisation et l'administration offraient à cette époque plus d'un genre de difficultés. Dans les années 1803 et 1804, il fit la visite générale de son diocèse, et se rendit dans tous les chefs-lieux de cantons des deux départements qui en formaient la circonscription, pour y administrer le sacrement de confirmation.

Au mois de janvier 1805, Mgr de Solle fut transféré du siège de Digne à celui de Chambéry. Pendant dix-neuf ans d'épiscopat dans ce dernier diocèse, il s'y est occupé sans relâche des moyens de faire refleurir la religion, de rétablir la discipline ecclésiastique, de multiplier les établissements religieux. C'est sous son administration que furent établis douze petits séminaires dans l'étendue de la Savoie que comprenait alors le diocèse de Chambéry, que l'on vit s'élever dans cette dernière ville un monastère de la Visitation, une maison de Sœurs de Saint-Joseph dont la congrégation se propagea ensuite dans plusieurs autres lieux du diocèse, un couvent de Capucins, un établissement des Frères de la doctrine chrétienne, une maison de Dames du Sacré-Cœur de Jésus. Citer la création de tant d'établissements divers et tous infiniment précieux, c'est donner une juste mesure du zèle et de la charité du prélat qui souriait avec complaisance à l'idée de tout ce qui était bien, et savait par sa douce influence inspirer et encourager tout genre de bonnes œuvres. Il répétait souvent, dans les dernières années de son épiscopat, qu'il n'aurait plus rien à désirer, s'il lui était donné de voir, avant de mourir, un collège de Jésuites à Chambéry ; ses vœux ont été accomplis, et il a pu jouir de l'espérance qu'a fait naître dans tous les cœurs religieux la fondation d'une maison si utile.

Son attachement au Saint-Siège, pour lequel il professa la plus profonde et la plus entière obéissance, se montra surtout au concile national tenu à Paris, en 1811. Dans sa séance du 25 juin, il proposa publiquement aux évêques assemblés d'aller se jeter aux pieds de l'Empereur pour réclamer la liberté du pape, alors captif à Savone.

Cette proposition généreuse, appuyée par deux autres prélats, fut écartée par le président, qui craignit sans doute d'irriter Bonaparte ; mais elle n'en fit pas moins honneur au courage et à la franche piété du prélat qui plaidait la cause du chef de l'Eglise en face de son persécuteur.

Pendant le cours de son épiscopat, Mgr de Solle a fait la visite générale de son diocèse, malgré son étendue et souvent malgré l'âpreté des chemins dans des paroisses situées sur les montagnes les plus élevées, afin d'administrer le sacrement de confirmation et prendre par lui-même une connaissance exacte des localités et des besoins spirituels des peuples confiés à sa sollicitude. Il s'applaudissait d'avoir ordonné plus de quatre cent cinquante prêtres pour son diocèse.

Au mois de novembre 1814, Mgr de Solle fut nommé par le roi de France membre d'une commission formée pour s'occuper des affaires ecclésiastiques du royaume, et il eut plus d'une fois, dans le sein de la commission, l'occasion de rappeler et de soutenir comme légitimes et nécessaires les mesures adoptées par le Concordat de 1801, contre lequel on semblait alors vouloir réveiller d'anciennes oppositions. Par l'ordonnance du 17 février 1815, il fut nommé conseiller de l'instruction publique ; mais les événements des Cent-Jours empêchèrent l'exécution de cette ordonnance, et peu après, Chambéry, avec le reste de la Savoie, fut détaché de la France et replacé sous la puissance de ses anciens et légitimes souverains. Mgr de Solle trouva dans cette circonstance la règle de sa conduite dans ses sentiments religieux[1] ; il voua sans réserve à la noble et paternelle Maison de Savoie, sous la domination de laquelle il passait, l'obéis-

---

[1] A l'encontre de ses sentiments humains qui le portaient à regretter sa séparation de sa patrie d'origine.

sance la plus entière et l'attachement le plus vrai, et se montra constamment jaloux d'en donner des preuves publiques. Il ne parlait jamais qu'avec la plus profonde sensibilité des témoignages de la touchante bienveillance dont il avait été honoré, à diverses époques, par Leurs Majestés.

Devenu archevêque par suite de la bulle d'érection de son église en métropole, du 17 juillet 1817, Mgr de Solle continua de régir son diocèse et à s'y faire chérir par les plus aimables qualités. Au zèle et à la charité d'un évêque, il joignait une finesse d'esprit, une délicatesse de sentiments, un ton d'urbanité et d'affabilité, qui auraient fait rechercher sa société comme homme du monde, mais dont il ne se prévalait que pour se concilier cette affection et cette confiance générales, si nécessaires à un homme public pour faire le bien. Il n'y a point d'exagération à dire qu'il avait gagné tous les cœurs dans son diocèse, et qu'il n'est pas une classe de la société qui ne le vénérât et ne le chérît comme un père. Aussi les regrets furent universels, lorsque ses infirmités augmentant et sa vue faiblissant tous les jours davantage, il crut devoir donner la démission de son siège. Il vit dans la douleur publique une preuve des sentiments qu'il avait su si bien inspirer, et en fut profondément touché. Ce fut le 23 novembre 1823, qu'il cessa ses fonctions épiscopales, ayant reçu ce jour-là même la nouvelle officielle que sa démission avait été acceptée, le 11 du même mois, par le Saint Père. Il partit peu de jours après pour Paris, et se retira dans le sein de sa famille, pour ne plus songer, disait-il lui-même, qu'à se préparer à la mort. Il y fut à peine arrivé qu'il reçut de S. M. le roi Charles-Félix la grand' croix de l'Ordre des Saints Maurice et Lazare, comme témoignage de sa satisfaction pour les longs et importants services qu'il avait rendus à la religion en Savoie. Cette marque de bienveillance excita vivement sa sensibilité et sa reconnaissance. Hélas ! le vénéré prélat ne devait pas survivre longtemps à tant d'émotions diverses ; le 30 décembre 1824, il fut appelé par Dieu, après une courte maladie, à jouir dans une vie meilleure de la récompense due à ses services et à ses vertus [1].

La nouvelle de sa mort eut un douloureux écho, non seulement dans le cœur de ses anciennes ouailles, mais encore dans tous ceux qui avaient pu le connaitre et l'apprécier. Le 3 janvier 1825, le journal des *Débats,* de Paris, lui consacra cet article nécrologique :

« Mgr l'archevêque de Chambéry vient de terminer une longue et honorable carrière ; sa mort enlève un modèle à l'Eglise, un appui aux malheureux, un tendre ami à toute une famille en pleurs. Jamais homme ne fut plus digne d'être aimé, jamais homme ne le fut aussi davantage ; à toutes les vertus d'un apôtre, il joignait toute la dignité d'un évêque et la plus aimable familiarité ; il imitait cette grandeur affable qui savait rapprocher les distances sans les confondre.

« Chéri dans tout son diocèse, il aurait, disait-il souvent, trouvé le parfait bonheur, s'il n'avait été frappé, dans ses vieux jours, de la plus affreuse calamité. Il avait tout perdu en perdant les yeux : son caractère aimable et si expansif devint plus rêveur ; il ne pouvait plus, sans témoins, se transporter dans la chaumière du malheureux : c'en était assez pour désoler son cœur paternel.

« Dans l'impossibilité de continuer ses fonctions, il vint à Paris ; il y trouva, comme partout, de nombreux amis ; sans cesse il se rappelait avec délices les bontés qu'on avait pour lui, et avec joie, il épanchait son cœur dans celui de son digne neveu, le marquis de Solle. Le

---

[1] Extrait du *Journal de Savoie,* n° du 28 janvier 1825.

respectable archevêque est mort dans les bras de sa famille, dont la désolation peint assez les regrets. »

Déjà, le 26 novembre 1823, après le départ du vénéré prélat de Chambéry, les vicaires généraux Rey, Billiet et Martinet, nommés le 22 du même mois par le chapitre métropolitain, le siège vacant, traduisaient ainsi, dans une lettre au clergé, les propres sentiments de tous les prêtres du diocèse sur les qualités et les vertus de leur ancien évêque :

« Dix-neuf ans d'une administration douce et paternelle avaient accoutumé le clergé de Savoie à vivre sous la direction de son évêque, comme une nombreuse famille sous un chef vénéré. Sa bonté adoucissait toutes les peines attachées à notre état; et les nombreuses inquiétudes inséparables d'un ministère aussi difficile que celui des pasteurs disparaissaient, quand on les avait versées dans son sein. Son cœur aimait à encourager, à consoler les nôtres, et savait rendre faciles les plus rigoureux sacrifices. La sévérité des règles ecclésiastiques qui régissent ce diocèse, était si sagement tempérée par ses tendres invitations, ou par sa touchante indulgence, que rien ne coûtait pour lui plaire, et que l'on pourrait dire que, sous son gouvernement, la force de notre discipline était tout entière dans notre amour.»

Le 17 et le 18 janvier 1824, des services solennels furent célébrés dans les églises de Notre-Dame de Chambéry et de la Métropole pour le repos de l'âme du vénéré défunt. Cet exemple, sur l'invitation de son successeur Mgr Bigex, fut bientôt suivi dans toutes les églises du diocèse.

Monseigneur François-Marie BIGEX

Armes : *De sable à la gerbe d'or ; au chef d'azur à trois étoiles d'argent.*

Monseigneur François-Marie Bigex naquit le 24 septembre 1751, à la Balme de Thuy, mandement de Thônes, en Genevois. Il avait un oncle plébain d'Evian, et un grand oncle aumônier des Dames de Sainte-Claire de la même ville. Ces deux ecclésiastiques l'appelèrent auprès d'eux et mirent leurs soins à cultiver les heureuses dispositions qu'ils remarquaient en lui [1]. En peu de temps, il parcourut les premières classes de latin dans le collège d'Evian ; et, quoiqu'il eut commencé ses études un peu tard, il avait terminé son cours de philosophie à seize ans. Alors il fut envoyé à Thonon pour entreprendre celui de théologie dogmatique. Il étudiait en même temps l'Ecriture sainte et la langue grecque, dont un Père Barnabite, empressé de seconder son amour pour le travail, lui donnait des leçons assidues ; et l'intérêt qu'il inspirait détermina le célèbre avocat Louis Dubouloz à lui enseigner les éléments du droit civil qu'il avait rédigés pour son fils. On tenta, à cette époque, de l'engager dans cette carrière ; mais la Providence, qui avait sur lui d'autres desseins, lui inspira la persévérance nécessaire pour l'état auquel il se sentait appelé.

Après trois ans d'études théologiques, il alla se présenter à l'examen pour être admis au séminaire d'Annecy. L'illustre évêque qui occupait alors le siège de cette ville, Mgr Biord, doué d'une rare pénétration et habile à discerner le mérite, sut prévoir les services que les talents et la piété du jeune aspirant promettaient de rendre dans la suite à l'Eglise. M. Bigex fut reçu à l'unanimité des suffrages. Il passa une année au séminaire. La capacité et les connaissances dont il donnait

---

[1] Mgr Bigex compta, en outre, dans le sacerdoce, un frère aîné, Etienne Bigex, et un neveu, Alphonse Bigex. Le premier était, en 1822, curé de Doussard. Le 15 octobre de cette année, il célébra solennellement son cinquantenaire de prêtrise, entouré de tous ses anciens vicaires, d'une vingtaine de prêtres accourus pour cette circonstance, ainsi que de tous ses paroissiens. M. André, curé de Faverges, prononça, à cette occasion, un discours plein d'éloquence, qui fut suivi d'une allocution émue et touchante du vénérable pasteur. Le second mourut, à Chambéry, chanoine du chapitre métropolitain de cette ville, le 31 août 1834, à l'âge de trente ans.

de jour en jour de nouvelles preuves, firent juger qu'il méritait d'être formé sur un plus grand théâtre ; on le fit partir pour Paris, où il fut admis au séminaire de Saint-Sulpice.

Dès la seconde année de son cours, il fut fait successivement maître des conférences, professeur de philosophie et ensuite de théologie. Son cours de cinq ans étant terminé avec le succès le plus distingué, il obtint de faire celui de la licence deux ans avant le terme ordinaire. Pendant le temps de ses études, il avait été choisi, avec plusieurs de ses confrères, pour faire le catéchisme à la paroisse de Saint-Sulpice.

Lorsqu'il eut achevé les deux années de licence, son mérite lui fit assigner le second rang, et, en cette qualité, on lui adjugea l'une des pensions qui étaient accordées sur des bénéfices aux deux premiers sujets de la licence. Il avait disputé la première place, mais, si elle lui échappa, celle qui lui échut était encore assez honorable, si l'on se rappelle que Bossuet, dans la même circonstance, ne parvint également qu'à la seconde.

La princesse de Piémont (la bienheureuse Marie-Clotilde de France) avait recommandé l'abbé Bigex à la princesse de Marsan, son ancienne gouvernante. Il eut souvent occasion de s'entretenir avec elle des vertus de son auguste élève et des merveilles de la grâce qui avaient éclaté en elle dès son enfance. La princesse de Marsan lui fit obtenir une seconde pension, dont il a joui, ainsi que de la première, jusqu'à la Révolution française.

M. Bigex avait reçu en 1783 le grade de docteur de la Faculté de théologie.

Pendant son cours à la Sorbonne, il avait eu des rapports particuliers avec deux prélats de la famille de Conzié, du Bugey, dont l'un était archevêque de Tours, et l'autre, évêque d'Arras. Ce dernier, qui passait pour l'un des évêques les plus distingués de l'Eglise de France, avait conçu pour M. Bigex la plus haute estime et un véritable attachement. Il voulait le retenir auprès de lui en qualité de vicaire général, et il fit même à cette fin des instances auprès de l'évêque de Genève.

M. Bigex, en quittant Saint-Sulpice, y avait laissé, de ses vertus et de son savoir, des souvenirs qui sont restés longtemps vivaces. Aussi eut-il plus tard des relations fréquentes avec M. Emery, supérieur de cette maison, sur les affaires générales de l'Eglise de France.

On avait encore essayé de fixer M. Bigex à Paris ; mais Mgr Biord, qui n'aurait pu se résoudre à priver son diocèse d'un tel sujet, se hâta de l'attacher au chapitre d'Annecy par un canonicat.

A son retour de Paris, M. Bigex vint à Chambéry, où il resta quelques jours auprès de Mgr Michel Conseil, qui lui donna plusieurs marques de la considération qu'il avait pour lui. En quittant ce prélat, il se rendit à Turin pour offrir l'hommage de sa reconnaissance à la princesse de Piémont. Accueilli avec la plus honorable distinction, il eut avec elle un entretien dont il aimait souvent à rappeler le souvenir.

Au bout de quelques mois, M. Bigex reçut des lettres de vicaire général.

En 1785, Mgr Biord étant mort, M. Bigex s'acquitta dignement de la tâche douloureuse de prononcer l'oraison funèbre de ce grand évêque. Il fut nommé l'un des vicaires capitulaires pour la vacance du siège de Genève, et deux ans après, il reçut de Mgr Paget, successeur de Mgr Biord, de nouvelles lettres de vicaire général.

A l'époque désastreuse de 1792, Mgr Paget, fidèle à ses devoirs, s'était retiré en Piémont. M. Bigex se rendit à Lausanne, pour veiller de là sur le troupeau exposé dès lors aux plus grands dangers, pour soutenir, par de fréquentes exhortations, le zèle des ministres de l'Evangile qui, au péril de leur vie, distribuaient en secret les secours de la religion, pour les diriger dans leurs pénibles et dangereuses missions par des instructions appropriées aux malheurs des temps. Il se passait peu de semaines que les ecclésiastiques du diocèse ne reçussent des avis et des communications propres à les consoler, à maintenir les peuples dans les principes religieux et à conserver parmi eux le précieux dépôt de la foi.

Obligé par intervalles de changer de résidence, M. Bigex fut quelque temps au Grand-Saint-Bernard, d'où il revint à Lausanne et ensuite à Genève, toujours occupé des mêmes vues et se livrant à d'infatigables travaux. Outre les soins qu'il prenait envers les missionnaires et les fidèles du diocèse de Genève, la confiance que l'on avait en lui était telle qu'il se trouvait chargé, dans ces conjonctures difficiles, de la direction de dix-neuf diocèses. Pendant ce temps, il publia quelques écrits relatifs aux circonstances : tels furent son *Instruction à l'usage des fidèles du diocèse de Genève*, sa *Réponse d'un Catholique savoisien à la lettre pastorale de l'évêque du M.-B.* (Mont-Blanc), sa *Lettre à M. P., Le Catholique du Jura, Le Missionnaire catholique*, etc.

Il composa ce dernier ouvrage dans la vue de diminuer parmi le peuple l'influence des doctrines révolutionnaires qui tendaient de toutes parts à égarer les esprits. Ce livre eut rapidement plusieurs éditions, et il se répandit dans presque tous les diocèses de France. L'effet qu'il ne pouvait manquer de produire y excita l'attention d'un gouvernement dont il contrariait les principes. Le ministre de France près la République helvétique fut chargé de porter des plaintes à l'avoyer de Berne sur la faculté qu'il laissait à un émigré de publier et d'introduire en France un livre qu'il traitait de séditieux. L'auteur, cité devant l'avoyer, se défendit avec autant de prudence que de dignité, et il parvint à déterminer le gouvernement suisse à faire une noble réponse à cette réclamation. Il est à observer qu'au moment même où le gouvernement français se plaignait en Suisse de la publication du *Missionnaire catholique*, deux journaux de Paris faisaient les plus grands éloges de ce livre sous les yeux de ses accusateurs.

C'est encore à Lausanne que M. Bigex conçut et exécuta le projet de ses *Etrennes religieuses*, qui eurent le plus grand succès, pendant douze années consécutives. Ce recueil, composé de dissertations simples, mais solidement raisonnées, et de citations judicieusement adaptées aux points de vue que proposait l'auteur, était très propre à remplir son objet, celui de combattre les fausses doctrines du temps et les maximes impies de l'incrédulité.

Ces *Etrennes religieuses* furent supprimées en 1810 par la police française. Ensuite de ses réclamations auprès du ministre des cultes, l'auteur obtint l'arbitrage de Mgr Duvoisin, évêque de Nantes; mais malgré la décision favorable de ce prélat, le livre resta suspendu, parce qu'il contenait quelques articles touchant la suprématie du Souverain Pontife, qui était alors détenu prisonnier.

Le motif qui engagea M. Bigex à se réfugier au Grand-Saint-Bernard fut l'invasion des cantons suisses par les troupes de la République française. Il se trouvait sur ce point élevé des Alpes, lorsque Bonaparte y opéra son fameux passage avant la bataille de Marengo.

La Providence qui veillait sur les destinées de l'Eglise, lui permit enfin quelque repos, après les sanglantes persécutions qu'elle venait d'essuyer. Un vénérable pontife, élu à Venise, avait succédé, sous le nom de Pie VII, sur la chaire de Saint-Pierre à l'infortuné

Pie VI. Un Concordat religieux fut signé à Paris le 15 juillet 1801, et ratifié par le pape le 15 août suivant. L'Eglise de France reçut l'organisation nouvelle dont il a été parlé dans la préface de ce livre.

Lorsque Mgr des Moustiers de Mérinville vint prendre possession de son siège à Chambéry, ce prélat connaissait déjà les vertus, les talents, les grandes lumières de M. Bigex et son expérience consommée dans la direction spirituelle d'un diocèse, ainsi que dans tous les détails de l'administration. Il le choisit pour l'un de ses vicaires généraux, conjointement avec M. de Thiollaz, ancien prévôt de la cathédrale d'Annecy, compagnon d'études de M. Bigex à la Sorbonne, et son digne collègue dans l'administration de l'ancien diocèse de Genève. Il ne fallait rien moins que de tels coopérateurs pour embrasser tout le travail qu'exigeait la réunion de quatre diocèses en un seul, pour saisir avec justesse tous les rapports qui devaient être pris en considération, et pour régler avec prudence tous les intérêts qu'il s'agissait de concilier : tâche grande et dificile, à laquelle la complication des circonstances et les suites des désordres antérieurs devaient naturellement opposer de nombreux obstacles.

Mgr de Mérinville, chargé d'organiser le diocèse métropolitain de Lyon, s'était encore adjoint M. Bigex pour l'aider dans cette importante mission, qui fut remplie avec tout le succès qu'elle pouvait comporter. La haute et juste réputation dont jouissait le collaborateur de l'évêque de Chambéry détermina, dans ce temps-là, plusieurs évêques français à interposer leur crédit pour le faire promouvoir à l'épiscopat.

Après que Mgr de Mérinville eut donné sa démission du siège de Chambéry, Mgr de Solle, qui lui avait succédé, continua à M. Bigex les fonctions de vicaire général et la dignité d'archidiacre du chapitre.

Dans le cours de son administration, le zélé et habile collaborateur de ces deux prélats prit une part active à tous les travaux relatifs à la direction du nouveau et grand diocèse. Il est à remarquer, entre autres, que les retraites ecclésiastiques et les conférences périodiques dans les archiprêtrés eurent lieu ici, bien avant qu'on les eût commencées dans aucun des diocèses de France.

Dans les visites pastorales de Mgr de Mérinville et de et de Mgr de Solle, c'était M. Bigex qui portait le plus souvent la parole aux fidèles ; et ses discours religieux, pleins de force et d'onction, faisaient la plus grande impression sur les auditeurs.

Au mois d'août 1817, il fut nommé à l'évêché d'Aire, en même temps que M. de Thiollaz le fut à celui de Castres. Mais le roi Victor-Emmanuel, juste appréciateur du mérite et jaloux de conserver les sujets utiles au bien de ses peuples, retint M. Bigex et le nomma le mois suivant à l'évêché de Pignerol. Il fut sacré dans l'église de Saint-Philippe, de Turin, le 23 novembre 1817, et prit possession de son siège, quelques jours après. Il serait difficile d'entrer dans le détail de tout ce que le nouveau prélat a fait et entrepris de bien dans le diocèse qui lui était ainsi dévolu et qu'il dirigea pendant sept ans. Il publia plusieurs mandements remplis de discussions lumineuses, propres à éclairer celles de ses ouailles (les Vaudois), que l'erreur de leurs pères a écartées du sein de la véritable Eglise. Il rétablit le synode diocésain, qu'avait créé, en 1773, Mgr Jean-Baptiste d'Orlié de Saint-Innocent, en même temps qu'il fonda un grand et un petit séminaire. Ses visites pastorales furent partout une école de religion par les enseignements qu'il donnait, de même qu'un exemple vivant d'édification par la dignité et la piété que respirait sa personne.

Dans les mandements et les lettres pastorales qu'il

publia, en 1821, au sujet des funestes événements de cette époque et de l'avènement de S. M. Charles-Félix sur le trône généreusement abandonné par son auguste frère, on voit non seulement des monuments d'une noble fidélité envers le prince légitime, mais aussi de solides dissertations sur l'origine et la nature de l'autorité souveraine.

Pour défendre les intérêts de l'évêché confié à ses soins, Mgr Bigex eut à soutenir plusieurs procès importants, dans lesquels il fut lui-même son propre avocat, et particulièrement dans une cause qu'il gagna contre un fameux juriconsulte qui défendait la partie adverse.

Son œil paternel veillait sur tous les membres de son troupeau. Un jour, par sa vive charité et par son puissant crédit, il obtint de la clémence du roi la remise de la peine de mort en faveur d'un Vaudois nouvellement converti à la foi catholique.

Son zèle actif et ses travaux continus ne se bornaient pas à son diocèse ; il trouvait encore le temps de se livrer à des soins plus étendus, se montrant l'un des plus fermes soutiens de la discipline ecclésiastique.

Lorsque Mgr de Solle eut donné sa démission du siège archiépiscopal de Chambéry, Mgr Bigex fut appelé à lui succéder et prit le gouvernement de son archidiocèse le 18 juillet 1824.

Rentré dans un pays et au sein d'un clergé auxquels il n'avait cessé de porter un tendre intérêt, environné de coopérateurs dont il connaissait le zèle et les lumières, il pouvait dès lors, sous le sceptre protecteur de nos religieux souverains, se livrer avec consolation et sécurité aux utiles entreprises que son activité, son expérience et sa sollicitude éclairée lui suggéraient pour le plus grand bien de la religion et des mœurs. Aussi entra-t-il avec courage dans sa nouvelle carrière apostolique. Après avoir donné ses premiers soins aux intérêts généraux de son diocèse et aux principaux détails de l'administration, il entreprit ses visites pastorales.

Il faudrait citer ici le concert unanime de louanges, l'admiration de la part des prêtres et des fidèles de toutes les classes, pour le zèle sans bornes que le vénérable prélat déployait dans ces circonstances, afin de ranimer la foi des peuples, faire renaître la piété dans tous les états, réprimer les abus de tous genres, enfin rétablir la décence dans le culte et la régularité dans tout ce qui regarde le service des paroisses. Je regrette d'être obligé d'omettre le récit d'une foule de circonstances touchantes auxquelles ces visites ont si souvent donné lieu, et qui seraient bien propres à faire voir quelle profonde vénération inspirait partout la présence de ce respectable pontife, et jusqu'à quel point elle contribuait à développer les sentiments religieux dont le germe s'est toujours heureusement conservé dans nos contrées.

Mgr Bigex, conformément aux dispositions du manifeste du sénat de Savoie, du 22 août 1825, que nous avons cité dans la préface de ce livre, s'occupa aussitôt de constituer les conseils de fabrique et donna, le premier décembre de la même année, le règlement dont j'ai rapporté également les principaux articles.

A l'époque du Jubilé universel, il ne négligea rien, non plus, pour en préparer les fruits et pour répandre dans tout son diocèse les secours spirituels les plus capables d'en étendre et d'en assurer les bienfaits. A cet effet, il rédigea, sous le titre d'*Instruction pour le Jubilé,* un petit livre qui fut ensuite recommandé avec éloge par un grand nombre d'autres prélats dans leurs diocèses.

Mgr Bigex était au moment de mettre à exécution plusieurs projets utiles, lorsqu'il plut à Dieu de le rappeler à lui. Il mourut dans l'exercice de ses fonctions, victime du même zèle qui l'avait animé dans tous ses travaux. Il s'était rendu au Bourget-du-Lac pour la clôture d'une mission. Parti de grand matin, par un un temps froid, il rapporta de cette pénible journée le principe de sa dernière maladie. Il continua sur son lit de mort, avec la plus touchante sollicitude, de prendre soin des intérêts les plus chers de son troupeau. Enfin le mal ayant pris le caractère le plus grave, il reçut les sacrements de l'Eglise avec cette fervente piété et cette entière soumission aux volontés du Ciel que l'on devait attendre d'une âme aussi éminemment chrétienne. Il expira le 19 février 1827, à dix heures et demie du matin. La consternation, à cette nouvelle, fut générale, et les regrets unanimes dans tous les rangs de la société aussi bien que parmi les membres du clergé.

Mgr Bigex était d'une haute stature ; il avait le port noble et assuré. Sa physionomie, pleine de dignité, annonçait tout à la fois cette gravité tempérée par la bienveillance, qui faisait le fond de son caractère, l'austérité de ses mœurs, l'inflexibilité de ses principes religieux, et en même temps cette aménité qui faisait particulièrement le charme de ses entretiens. Rempli de délicatesse et fidèle aux véritables convenances sociales, il n'oubliait aucun honnête procédé et savait respecter toutes les bienséances.

Les relations qu'il entretenait avec les personnes les plus distinguées témoignent de l'autorité dont il jouissait dans l'Eglise. Il en avait contracté à Lausanne avec plusieurs familles les plus considérables de France. Au nombre des prélats avec qui il eut des liaisons, il faut citer Mgr d'Aviau, archevêque de Bordeaux, qui fut son ami particulier, qui le consulta souvent et suivit ses avis dans plus d'une circonstance difficile. Un grand nombre d'ecclésiastiques étrangers recoururent aussi à ses lumières et le considérèrent comme le plus sûr conseiller.

Enfin, ce qui complète son éloge, c'est la confiance que lui témoignèrent constamment les rois Victor-Emmanuel Ier et Charles-Félix, et dont l'une des preuves les plus honorables fut de s'en rapporter à son propre choix pour un précepteur des enfants de S. A. S. le prince de Carignan. En désignant dans cette circonstance, M. l'abbé Charvaz, qui mourut depuis archevêque de Gênes, il montra qu'on n'avait pas vainement fait appel à son conseil.

Aux diverses publications du vénérable prélat qui ont déjà été citées précédemment, il faut ajouter les suivantes qui eurent également un grand succès : *Lettre à un ami retiré à la campagne sur le projet de l'établissement d'un théâtre à Annecy*, in-12, 1789. — *De la Sanctification des fêtes et dimanches, instruction pour ceux qui sont dans l'impossibilité d'assister aux offices divins*, 1799. — *Règlement pour une Société de bons amis, pour propager la religion, veiller au bien des Missionnaires*, etc.

Il est impossible, du reste, de faire connaître ici avec détail toutes les lettres pastorales et tous les mandements, soit ceux auxquels il a coopéré, soit ceux qu'il a donnés sous son nom dans les deux diocèses de Pignerol et de Chambéry ; il suffit de dire que toutes ces productions, aussi nombreuses que remarquables, révèlent encore avec plus d'éclat sa sollicitude pour le salut des âmes, son zèle infatigable, sa haute piété, son admirable sagesse et cette vaste érudition dont ses longues et profondes études avaient enrichi son esprit [1].

Néanmoins, il convient de faire observer que cette parole destinée à maintenir la religion dans les cœurs,

---

[1] Extrait du *Journal de Savoie*, n° des 3 et 30 mars 1827.

le vénérable prélat ne laissa pas de l'adresser à ses bien-aimés diocésains jusque dans ses derniers moments. Parmi les autres travaux dont il s'occupa sur son lit de mort, on remarquera particulièrement le mandement qu'il composa pour le carême prochain et qui fut ensuite lu, après sa mort, dans toutes les églises du diocèse. Le passage suivant fera surtout juger de la touchante éloquence de cette sorte de testament et de la profonde émotion qu'il dut produire chez les fidèles : « Que ne nous est-il donné, ô nos très chers frères, de vous rassembler tous autour de notre lit de douleur, comme le patriarche Jacob rassembla ses enfants autour de lui, lorsqu'il vit approcher sa fin ! Avec quelle consolation, nous ouvririons sur vous nos yeux baignés de larmes ! Nous vous bénirions de nos mains défaillantes, nous vous ferions entendre les accents de notre voix prête à s'éteindre, nous vous exprimerions, du moins par quelques gestes, les sentiments tout paternels dont notre cœur fut toujours pénétré pour vous. Nous voilà maintenant lié par la maladie, ignorant ce qu'il plaira à l'arbitre suprême d'ordonner de nous. Quoi qu'il en puisse être, nous sommes soumis et prêt à nous immoler pour la dernière brebis de notre troupeau. Que nous importe la vie, pourvu que nous achevions notre tâche, et que nous remplissions le ministère que nous avons reçu du Seigneur Jésus ! Si quelqu'un de vous se perd, nous n'en serons point responsable : durant trois années, nous n'avons cessé de nous occuper de vous jour et nuit et de vous avertir. Actuellement, je vous recommande à Dieu et à sa grâce, à celui qui est puissant pour édifier et pour vous donner part à son héritage avec tous les saints. »

Le saint viatique fut administré, le dimanche 18 février, à trois heures et demie après midi, par M. le chanoine de Loche, prévôt du chapitre métropolitain.

Les confréries de la paroisse de Saint-François, les élèves du séminaire, et le chapitre en habits de chœur précédaient le Saint Sacrement. Le dais était porté par MM. les nobles syndics et deux conseillers de ville. S. Exc. M. le comte d'Andezeno, gouverneur du duché, accompagné d'un nombreux état-major, et d'autres personnes distinguées suivaient le saint viatique.

Le 22 février, les vicaires capitulaires, MM. Rochaix et Turinaz, ordonnèrent des prières pour le vénérable défunt dans toutes les églises du diocèse. En outre, l'Académie royale de Savoie fit célébrer dans le même but, le 7 mars, un service solennel dans l'église de Notre-Dame, et le Conseil de ville, le 20 du même mois, un autre service dans l'église métropolitaine.

Monseigneur Antoine MARTINET

Armes : *D'argent à la tour crenelée de sable, surmontée de trois martinets du second; au chef d'azur à trois étoiles d'argent.*

Devise: *Non habemus hic manentem civitatem.*

Monseigneur Antoine Martinet naquit à Queige, dans la vallée de Beaufort, en Tarentaise, le 22 avril 1766, de parents peu fortunés. Entrevoyant d'heureuses dispositions dans leur enfant, ils lui firent suivre la carrière des études au collège royal de Chambéry, où il la parcourut rapidement et avec beaucoup de succès, se faisant déjà distinguer de bonne heure par une remarquable maturité dans le jugement, une grande aptitude au travail, et d'autres qualités encore qui faisaient entrevoir un heureux avenir. Après avoir soutenu avec une grande distinction des thèses sur la philosophie et la théologie, et avoir passé deux ans au séminaire de Moûtiers, il reçut, vers 1789, au moyen des dispenses nécessaires, les ordres sacrés avant l'âge requis. Il fut placé à cette époque par Mgr de Montfalcon, alors archevêque de Tarentaise, en qualité de vicaire dans la paroisse de Saint-Paul, pour être formé à l'exercice du ministère, mais au bout de quelques mois, il fut rappelé pour remplir les fonctions de secrétaire auprès de l'archevêque, dont il gagna toute la confiance.

Bientôt ensuite le jeune abbé Martinet fut nommé professeur de théologie et préfet du collège royal de Moûtiers, dans lequel il introduisit de grandes améliorations. Lorsqu'en 1793, on demanda le serment au clergé de Tarentaise, il répondit courageusement par un refus au nom de tous les professeurs ; et après avoir été quelque temps gardé à vue, ainsi que l'archevêque de Tarentaise, il accompagna ce vénérable prélat en Piémont, où ils se retirèrent tous deux au commencement de mars 1793.

Revenus ensemble à Moûtiers, au mois d'août suivant, lorsque les républicains avaient été repoussés momentanément de la province par l'armée sarde, l'archevêque mourut au milieu de son troupeau, avec la douleur de le voir exposé encore à de nouvelles calamités. L'abbé Martinet reprit seul cette fois le chemin de l'exil ; mais ce fut pour revenir bientôt, guidé par l'ardeur de son zèle, se dévouer aux travaux pénibles et si dangereux des missions en cette époque de persécution. C'est alors qu'au travers des périls sans nombre auxquels il est sans cesse exposé dans la distribution des secours qu'il porte partout où le besoin s'en fait sentir, il déploie ces prodiges de courage, de patience et de charité, qui ont toujours fait admirer le prêtre catholique dans les occasions extraordinaires, qui réclament un grand dévouement et qui ne peuvent être qu'inspirés par un bien vif amour auprès de ses frères et soutenus par une foi d'une conviction profonde. M. Martinet avait été nommé pro-vicaire général du diocèse, puis chef des missions, et c'est en cette qualité qu'il avait donné un règlement plein de sagesse pour les organiser et prescrire toutes les mesures propres à atténuer, autant que possible, les effets du zèle acharné des persécuteurs ; car on sait qu'en fait de persécutions, il ne se rencontre que trop de ces hommes qui, poussés par toutes les passions humaines une fois déchainées, mettent à faire le mal une ardeur qu'ils ne seraient jamais capables de montrer, s'il s'agissait de poursuivre les projets les plus bienfaisants et les plus utiles aux intérêts de l'humanité. Aussi les révolutionnaires, sachant que M. Martinet était le chef et l'âme de ces missions, mirent-ils sa tête à prix ; mais ce fut en vain, car ils ne purent parvenir à se saisir de sa personne. Cependant, cédant aux instances de ses amis, il finit par consentir à s'éloigner pour la troisième fois de son pays et à repasser les Alpes pour se réfugier encore en Piémont. Là, il se livra à une éducation particulière, celle du marquis de Cambiano Turinetti ; et, poussé par cet amour du travail et de l'instruction dont il a été dominé toute sa vie, il profita de son séjour à Turin pour suivre les cours de l'Université et se faire graduer en théologie.

En 1812, l'abbé Martinet revint se fixer en Savoie, et après avoir prêché l'Avent dans la cathédrale de Chambéry, il fut bientôt nommé par Mgr de Solle à la cure de Maché, l'une des paroisses de cette ville, où il multiplia le bien et qu'il garda pendant quatre ans. En 1816, il fut appelé de nouveau à diriger le collège de Moûtiers en qualité de supérieur, puis, en 1817, à professer la théologie dans le même établissement. Deux ans après cette dernière marque d'estime et de confiance, il fut rappelé à Chambéry par Mgr de Solle, qui le fit chanoine honoraire, lui ouvrit les portes de son conseil, le plaça à la tête du tribunal ecclésiastique, lui remit la direction des écoles chrétiennes, et enfin le nomma vicaire général en 1822.

Lorsqu'en 1825, nos religieux souverains eurent résolu de rétablir l'évêché de Tarentaise, l'un des plus anciens des Gaules, M. Martinet, qui avait contribué à son érection, fut jugé capable d'organiser le nouveau diocèse et digne de succéder à dix-huit évêques et à cinquante-quatre archevêques qui avaient successivement gouverné cette église pendant un grand nombre de siècles, et au nombre desquels on compte deux papes célèbres, Nicolas II, en 1058, et Innocent V, en 1276. Il fut donc élevé à ce siège épiscopal, et sacré à Chambéry, le 19 mars 1826. Il fut reçu avec enthousiasme dans son diocèse, où vivait encore le souvenir du bien qu'il y avait fait anciennement, et où il trouva facilement tous les secours nécessaires pour compléter son organisation. Il entreprit de relever la cathédrale de Moûtiers, qui avait été abattue par la tempête révolutionnaire, et il y parvint en quatre ans par les seules ressources provenues, soit des privations que s'imposèrent les ecclésiastiques pour contribuer aux sommes nécessaires, soit des dons faits par les communes, qui s'empressèrent à l'envi de fournir toute sorte de matériaux.

L'archevêché de Chambéry étant devenu vacant par la mort de Mgr Bigex, Mgr Martinet fut nommé, en 1828, pour le remplacer et fit son entrée solennelle dans cette ville le dimanche de *Quasimodo* de la même année. « Cet archevêché, dit M. le chanoine Rendu dans l'oraison funèbre qu'il prononcera plus tard sur la tombe du nouvel archevêque, cet archevêché qui avait eu pendant longtemps les administrateurs les plus habiles, semblait devoir ne lui offrir que la perspective d'un repos qui aurait été légitimé par une longue vie de travail ; mais l'homme de Dieu trouve toujours à faire quand il s'agit du bonheur de ses semblables et de la gloire de son maître. Jamais administration ne fut plus active que la sienne. » En effet, dans un diocèse de cent soixante-huit paroisses seulement, sous son administration, qui n'a pas duré plus de onze ans, il s'est construit quarante églises neuves, dix-neuf ont été restaurées, et vingt-deux presbytères ont été reconstruits, et tous les autres plus ou moins réparés ; résultats remarquables, auxquels il faut ajouter une foule d'autres œuvres utiles et bienfaisantes ; telles que l'établissement des Missionnaires, l'œuvre du Bon-Pasteur, l'érection de quelques paroisses et la création d'un grand nombre d'écoles.

Le saint prélat qui avait déjà éprouvé de temps à autre, depuis quelques années, les atteintes d'une maladie cruelle, vit, avec l'année 1839, recommencer de nouveaux et fâcheux symptômes. Le mal fit bientôt des progrès rapides ; et, à la suite de trois mois de souffrances les plus douloureuses, voyant arriver la fin de sa longue carrière mortelle sans regrets et avec la plus parfaite résignation, et, après avoir reçu les sacrements avec cette ferveur et cette haute piété qui caractérisaient son âme éminemment chrétienne, il expira le 6 mai, à sept heures et demie du matin, laissant après lui les plus sincères regrets dans tous les cœurs, parmi le clergé comme parmi les fidèles de son diocèse[1].

Sa sépulture eut lieu le mercredi matin, 8 mai, et fut présidée par Mgr Jean-François-Marcellin Turinaz,

---

[1] Extrait du *Journal de Savoie*, n° du 5 juillet 1839.

évêque de Tarentaise, qui peu de jours auparavant était venu visiter son éminent prédécesseur et qui était de nouveau accouru pour assister à ses obsèques. MM. les nobles syndics et conseillers de Chambéry, en robes consulaires, occupaient avec le chapitre métropolitain les places d'honneur autour du cercueil. Le clergé de la ville épiscopale et d'une grande partie du diocèse, les corps religieux, les élèves du séminaire, ceux de Saint-Louis-du-Mont, toutes les confréries des différentes paroisses de la cité marchaient entre deux haies formées par le corps des pompiers et de la garde de sûreté, dont la musique faisait retentir des airs funèbres qui alternaient avec les chants des ecclésiastiques et se mêlaient au son de toutes les cloches des églises paroissiales. Le cercueil reposait sur un corbillard qui était surmonté d'un baldaquin richement orné et d'un effet majestueux et lugubre. La cathédrale, les places publiques, toutes les hauteurs de la colline de Lémenc et tous les abords de la route que devait suivre le convoi étaient encombrés par la population de la ville et des lieux circonvoisins ; partout on apercevait, en même temps, la physionomie d'un peuple religieux et une teinte universelle de tristesse et de deuil [1].

Le pieux prélat avait choisi lui-même pour lieu de sa sépulture la chapelle du Calvaire à Lémenc, dont il avait fait achever la construction commencée par Mgr Aubriot de la Palme, et où depuis longtemps il avait fait creuser un tombeau dans le roc vif sur lequel elle est bâtie. Sa dépouille mortelle y fut transportée conformément à son vœu, et c'est là qu'elle repose depuis près de cinquante-quatre ans.

Le lendemain de la mort du vénéré pontife, le chapitre métropolitain en informa le clergé du diocèse et invita

---

[1] *Journal de Savoie*, n° du 11 mai 1839.

les curés et recteurs à célébrer, pour le repos de l'âme du défunt, un service solennel dans leurs paroisses respectives. Mgr Rey, évêque d'Annecy, ancien collègue et ami de Mgr Martinet, ordonna lui-même, dans sa cathédrale une semblable cérémonie, à laquelle assistèrent le séminaire et le clergé de la ville, ainsi que le commandant de la province, accompagné de son état-major. Semblablement à ce qu'il avait déjà été fait pour Mgr Bigex, le Corps de ville fit aussi célébrer en l'église métropolitaine, le 19 juin, un service pour l'archevêque décédé.

Entre autres paroles du chapitre métropolitain aux ecclésiastiques du diocèse, on remarquera les suivantes qui expriment la justice rendue aux éminentes qualités du vénérable prélat : « Si nos paroles, nos très chers confrères, n'étaient plus propres à augmenter vos regrets qu'à vous donner des consolations, nous parlerions de l'intérêt que toute la population de sa ville métropolitaine a manifesté pour lui, dès le premier instant où elle a connu qu'elle était menacée de le perdre. Le monde qui est difficile, exigeant même à l'égard de ceux qui ont reçu la terrible mission de le condamner et de le reprendre quand il s'écarte des voies de la sainteté, le monde a retenti pour lui d'un témoignage universel d'estime et d'affection. Déjà on avait reconnu et admiré l'étendue et la profondeur de sa science ecclésiastique ; aujourd'hui, on proclame sa prudence, son inébranlable fermeté, sa sagesse et surtout cet esprit de droiture, de justice et de conciliation qui, sans jamais dévier des sentiers de la vérité, a su faire régner l'harmonie entre les intérêts et les opinions les plus opposées. Aucune carrière n'a été mieux remplie que celle du pieux prélat que nous regrettons. Tour à tour professeur, missionnaire, administrateur unique d'un diocèse pendant les jours de la persécution, il a toujours fait le bien sans bruit et pratiqué la vertu sans ostentation. Les onze années de son épiscopat laissent des traces qui seront toujours ineffaçables sur toute la surface de ce diocèse. »

Le service religieux que le chapitre métropolitain fit célébrer après le trentième jour de la mort du prélat, eut lieu le mercredi, 12 juin. Mgr Rey, venu exprès d'Annecy, officia pontificalement, et M. le chanoine Rendu prononça l'oraison funèbre. Ce discours plein d'éloquence fit une profonde impression sur l'assistance. C'est ainsi que l'orateur, rappelant les dangers de M. Martinet dans les missions qu'il était chargé d'organiser pour paralyser les effets de la terreur et de la persécution, apostrophe les lieux fréquentés par le courageux apôtre : « De combien de scènes touchantes et pleines d'intérêt je pourrais vous rendre témoins, si les bornes que me prescrit cette funèbre cérémonie me permettaient d'entrer dans le détail de ses courses périlleuses ! Rochers sourcilleux de la Tarentaise, noires forêts, glaces éternelles, grottes profondes où il allait s'ensevelir pour échapper à l'œil vigilant des persécuteurs, que ne pouvez-vous nous redire les insomnies, les douleurs, les fatigues dont vous fûtes témoins ! Que de fois les antres secrets des montagnes furent transformés en catacombes, et tout à coup au milieu de la nuit furent entendus redisant les cantiques sacrés, dont retentissaient naguère les temples du Seigneur ! Oh ! qu'ils étaient admirables ces moments d'un christianisme devenu primitif sous la hache des bourreaux ! »

Le passage dans lequel il rend hommage aux mérites de l'administration diocésaine et du chapitre métropolitain, dont Mgr Martinet fut un des membres distingués, n'est pas moins digne d'être cité : « Il fut appelé, dit-il, comme vicaire général dans cette administration, qui depuis longtemps était si justement admirée dans toute l'Eglise, et par l'étendue de ses lumières, et par la sagesse de ses conseils, et par l'éminence de ses vertus. Déjà il appartenait à ce chapitre, unique phénomène dans la chrétienté, qui, dans peu d'années, a donné à l'Eglise dix évêques, qui tous devaient être l'honneur et la gloire du sacerdoce, à ce corps qui avait possédé les Bigex, les de Thiollaz, les de Maistre, ces grandes capacités qui appartiennent à l'Eglise universelle autant qu'à la Savoie. Et si l'illustre prélat qui perpétue le zèle, la science, l'éloquence et la sainteté sur le siège de saint François de Sales n'était présent à cette cérémonie, que n'aurais-je pas à dire pour faire ressortir la portion de gloire qu'il fît rejaillir sur le chapitre de Chambéry ! »

Heureux diocèse qui pouvait alors s'enorgueillir d'avoir à sa tête de tels hommes.

Son Eminence Monseigneur Alexis BILLIET

Armes : *D'azur à huit billiettes en bretéches, 2, 4, 2, d'or; au chef d'argent à deux têtes de maures de sable tortillées du premier.*

Son Éminence Monseigneur Alexis Billiet a continué, ou plutôt a couronné du plus vif éclat la série des illustres évêques de Chambéry que l'on vient de voir. Originaire des Chapelles, dans la haute Tarentaise, il naquit le 28 février 1783, d'une famille honorable de paysans, où un admirable ensemble de bonnes mœurs, d'amour du travail, d'attachement à la religion et d'union entre ses membres était une tradition héréditaire. Celle-ci était aussi désignée dans la localité par le surnom de *Maure*, et se composait, avec le père et la mère, de neuf enfants. Le vénérable prélat, à qui le souvenir du foyer paternel ne cessa d'être cher, a représenté ces circonstances, dans ses armoiries, par un champ d'azur à *huit billiettes* d'or posées en bretêches, 2, 4 et 2, au chef d'argent portant deux têtes de *maures* de sable tortillées du premier.

Doté des dons les plus riches et les plus puissants d'une âme fortement trempée et admirablement équilibrée, Mgr Billiet, comme Jean Fraczon, le célèbre cardinal de Brogny, triompha des obstacles de sa naissance obscure, s'est avancé à grands pas dans la voie que la Providence lui avait tracée, et s'est élevé, par le seul ascendant de ses mérites, jusqu'aux plus hauts sommets de la hiérarchie ecclésiastique. Le caractère et la vie du glorieux pontife peuvent se peindre par ces quatre mots : il était l'homme d'intelligence, l'homme de Dieu, l'homme de travail, l'homme du devoir.

Durant les vingt premières années de sa vie, il garda les troupeaux de son père au sein d'un des paysages les plus grandioses de nos Alpes, et vit s'abattre toutes les fureurs de la Révolution sur la contrée. L'homme, quel qu'il soit, garde toujours, dans son esprit et dans son cœur une profonde impression des choses tristes ou gaies, brutales ou généreuses, au milieu desquelles il a passé la partie initiale de son existence. Le montagnard semble, par l'effet de ses habitudes de retraite, être encore plus accessible à cette disposition de l'âme. D'un côté, la fleur qui tapissait les prairies de son père, les grands monts qui s'étageaient autour de lui, les neiges qui les couronnaient, les torrents qui en déchiraient les flancs, les grands vents qui tournoyaient en ronde rageuse autour d'eux, les secousses intérieures du sol qui rappelaient leur formation ; d'un autre côté, la fuite des prêtres devant les menaces de mort des révolutionnaires, la chasse furieuse dont ils étaient l'objet, la fermeture et la profanation des églises, le bris des cloches et des croix, l'interdiction de la prière aux fidèles : tout cela frappa vivement l'âme du jeune pâtre et détermina la tournure, en même temps que les prédilections de son esprit calme et observateur.

On trouvera plus loin l'énumération et la nature des principaux travaux scientifiques de l'infatigable prélat.

La carrière ecclésiastique qu'il a illustrée était déjà dans ses goûts d'enfant. Dès avant l'explosion de la Révolution dans ses montagnes, il mettait sa joie à servir la messe de son curé, qui, en retour, lui apprenait les éléments de la lecture, de l'écriture, du calcul et aussi du latin. Quand ce vénéré pasteur se fut éloigné de la paroisse, son élève n'en continua pas moins par devers lui seul, ses études, portant aux paquéages où il menait son troupeau, sa grammaire, sa bible et son dictionnaire. Bien plus, les habitants des Chapelles, rendant hommage à la piété et à l'instruction précoce de leur jeune compatriote, l'avaient établi leur catéchiste et l'officiant de leurs réunions pieuses. Celui-ci, à leur grande édification, récitait la prière, rappelait les dogmes et les prescriptions de la religion, et lisait quelques passages d'auteurs chrétiens, dans lesquels il intercalait souvent, sur le même ton, ses propres remontrances contre les travers et les abus qu'il avait pu découvrir chez ses auditeurs.

En 1798, par l'arrivée aux Chapelles de M. l'abbé Péronnier, ancien professeur de rhétorique au collège royal de Moûtiers, la vie du catéchiste improvisé prit un cours plus décidé vers le but auquel il aspirait. Fréquentant assidûment, pendant quatre ans, l'école que ce prêtre zélé avait ouverte aux jeunes gens de la localité, il en reçut avec avidité les leçons et pénétra successivement, avec un succès étonnant, les arcanes des belles lettres, de la philosophie et de la théologie. Le 5 octobre 1805, il se présenta au grand séminaire de Chambéry, et fut admis, après un examen brillant, avec un vif éloge de la part des examinateurs. Six mois ne s'étaient point encore écoulés depuis ce jour, le 15 avril 1806, l'élève, à peine âgé de vingt-trois ans, fut jugé digne d'être lui-même professeur, et fut chargé d'enseigner la philosophie. Ordonné prêtre le 23 mai 1807, on le vit ensuite remplir avec une égale distinction et un fruit admirable, en outre des fonctions du professorat, celles de directeur, puis celles de supérieur du même établissement.

Cependant, là ne se borna point son action brillante et féconde ; celle-ci fut appelée à s'étendre aussi sur tout le diocèse. Dès l'année 1818, Mgr de Solle le choisit pour vicaire général. Après la démission de ce prélat, il fut également nommé d'abord par le chapitre métropolitain vicaire capitulaire pendant la vacance du siège, le 22 novembre 1823 ; puis, vicaire général par Mgr Bigex, le 21 juillet 1824.

La renommée des grandes qualités qu'il avait révélées dans ces diverses fonctions, aussi bien que celle de sa haute science, n'avait pas manqué de se répandre au loin et d'attirer l'attention du souverain et du pape. Aussi, lorsque s'accomplit le rétablissement du diocèse de Maurienne, fut-il appelé à occuper ce siège. Préconisé par le Souverain Pontife le 19 décembre 1825, il fut consacré dans la cathédrale de Chambéry, en même temps que Mgr Martinet nommé à l'évêché de Tarentaise, le dimanche des Rameaux, 19 mars 1826, par Mgr Bigex. Une nombreuse députation de Saint-Jean de Maurienne était accourue pour assister à cette cérémonie. Le soir même de sa consécration, le nouveau prélat partit pour Turin. A son retour de cette ville, après avoir reçu les ovations enthousiastes des populations et des municipalités sur tout le parcours de la vallée, depuis l'hospice du Mont-Cenis, il fit son entrée solennelle à Saint-Jean, le 2 avril. La fête qui eut lieu à cette occasion fut aussi belle que touchante. Les autorités civiles et militaires, la magistrature, le Conseil de ville, les habitants rivalisèrent dans l'expression de leur joie et dans leurs témoignages de respect envers le pontife[1]. Grâce à la haute sagesse et à la grande activité de ce dernier, l'organisation du diocèse fut bientôt achevée, et l'on vit, durant les quatorze ans qu'il la régit, la nouvelle église épiscopale reprendre, par la restauration de ses temples, le zèle des pasteurs et la piété grandissante des fidèles, son glorieux renom d'autrefois.

La bulle pontificale, prononçant la translation de Mgr Billiet au siège archiépiscopal de Chambéry, fut signée le 27 avril 1840. Le dimanche 14 juin suivant, le vénérable prélat fit son entrée officielle dans cette ville. Le *Journal de Savoie*[2] relate en ces termes les détails de cette cérémonie : « La veille, sur les quatre heures de l'après-midi, M. le chevalier Girard, archidiacre du chapitre métropolitain, délégué par Mgr Billiet, a pris possession, au nom du prélat, du siège archiépiscopal, selon les formules canoniques, et avec le cérémonial d'usage.

« Arrivé à Chambéry le dimanche matin, Mgr Billiet est descendu au couvent des RR. PP. Capucins, à l'entrée du faubourg Montmélian, où il a fait sa première station, et où il a reçu les visites ordinaires. Le soir,

---

[1] Voir sur cette solennité le *Journal de Savoie*, n° du 14 avril 1826.
[2] N° du 19 juin 1840.

après les vêpres, le chapitre métropolitain, le clergé des quatre paroisses, et un grand nombre d'autres ecclésiastiques de la ville et des environs, se sont rendus processionnellement de la cathédrale à l'église de l'hospice de Saint-Benoît, où Mgr l'archevêque devait faire sa seconde station ; ils étaient précédés de toutes les confréries et des élèves du séminaire, du collège des RR. PP. Jésuites, ainsi que du petit séminaire de Saint-Louis-du-Mont. De leur côté, MM. les nobles syndics et les conseillers délégués s'étaient rendus au couvent des Capucins, auprès de Mgr l'archevêque qu'ils ont accompagné dans le trajet, de là à l'église de Saint-Benoît, vers l'avenue de laquelle se trouvait rangée la compagnie des gardes-pompiers et les gardes de sûreté. Auprès de la même avenue, un bel arc-de-triomphe en verdure, présentant, dans les niches latérales à jour, les images de la Religion et de saint Jean-Baptiste, et surmontées des armoiries du prélat, entourées d'emblèmes religieux, avait été érigé par les soins de la ville sur la rue du faubourg Montmélian.

« Lorsque Mgr l'archevêque est entré dans l'église de Saint-Benoît, la musique urbaine, placée sur la tribune, s'est fait entendre. Après quelques prières, le prélat, qui était en rochet et en camail, s'est placé sur un trône, où il a été revêtu des ornements pontificaux. M. le marquis de Travernay, membre du Conseil de ville, étant monté dans une chaire située vis-à-vis du siège du prélat, lui a adressé, suivant l'usage, au nom de la ville un discours touchant auquel Monseigneur a répondu.

« La procession, à laquelle se sont joints les RR. PP. Capucins, a recommencé ensuite à défiler avec ordre, et le prélat, avec la crosse et la mître, précédé de la croix archiépiscopale, accompagné de deux dignitaires du chapitre, s'est avancé sous un dais porté par quatre conseillers, membres du bureau d'administration de la ville, en robes consulaires, et suivi immédiatement de MM. les syndics et conseillers. La procession s'est ainsi rendue, accompagnée des gardes-pompiers, des gardes de sûreté et de la musique urbaine, à l'église métropolitaine, vers l'entrée de laquelle le nouveau pontife a été complimenté par M. le chanoine Girard, archidiacre du chapitre. Après avoir répondu, Monseigneur s'est rendu dans le sanctuaire, en même temps que les enfants de chœur exécutaient un morceau de chant avec accompagnement d'orgue. Le *Te Deum* a été ensuite entonné, puis suivi de l'hommage des chanoines.

« Mgr Billiet revenant, après une longue absence, en qualité de premier pasteur parmi nous, a voulu adresser la parole à ses nouvelles ouailles, pour témoigner tout l'intérêt qu'il porte au nouveau troupeau confié désormais à sa vigilance pastorale. Il est monté en chaire et a prononcé un discours dans lequel il a exposé avec une noble simplicité les divers points importants de la haute et sainte mission qu'il est chargé de remplir au milieu de nous ; sujet analogue à celui qui est traité dans le mandement dont il avait fait précéder son entrée et qui avait été lu le matin dans les diverses paroisses.

« Cette belle et imposante solennité, qui a pour témoins une foule innombrable de fidèles de la ville et des environs, a été terminée par la bénédiction du Saint-Sacrement. Pendant la cérémonie, des décharges de mousqueterie ont été faites par la compagnie des gardes-pompiers et gardes de sûreté sur la place de la cathédrale. »

Depuis ce jour, Mgr Billiet gouverna près de trente-trois années le diocèse de Chambéry avec une sagesse parfaite et entouré de la considération universelle, conservant toujours l'affection de son clergé, la vénération et la confiance des fidèles, l'estime et le respect de ceux mêmes qui ne partageaient point ses convictions, ni sa foi. La bonne administration de l'église qui lui était confiée formait l'objet de sa plus vive et plus constante sollicitude. Ne se déchargeant sur personne de ce qu'il regardait comme le devoir de sa charge, il descendait lui-même jusqu'aux moindres détails, examinant et vérifiant de ses propres yeux toutes choses qui concernaient la bonne tenue des paroisses et des divers établissements diocésains, écrivant et répondant de sa plume à chacun de ses prêtres qui le consultait ou dont il réclamait des renseignements. Sa correspondance énorme s'élevait annuellement à plus de deux mille six cents ou deux mille sept cents lettres ; dans les quatre derniers mois de 1873, qui précédèrent sa mort, elle comprit encore sept cents de ces missives. Dès l'année 1841, il convoqua un synode, où furent discutées et rédigées des Constitutions empreintes d'un admirable esprit ecclésiastique, et qui, sauf quelques légères modifications sur des points secondaires, sont demeurées jusqu'à ce jour la loi du clergé et des fidèles. De plus, il visita plusieurs fois toutes les paroisses de son diocèse, provoqua partout une sainte émulation pour la restauration des églises, donna une impulsion nouvelle aux études, fonda et encouragea un grand nombre d'œuvres destinées à procurer plus d'éclat au culte religieux.

Je ne rappellerai pas l'amour qu'il portait particulièrement, à l'exemple du divin Maître, aux pauvres, aux infortunés et aux affligés ; ceux qui l'ont approché savent, ou plutôt Dieu seul sait toutes les ressources dont il a disposées en faveur des malheureux, laissant ignorer à sa main gauche le secret des généreuses aumônes de sa main droite.

Sa propre vie répondait à sa piété et à l'idée qu'il s'était faite des devoirs de sa haute mission ; bon et indulgent pour les autres, il était dur et austère pour lui-même. Durant tout son épiscopat, il ne cessa de suivre le règlement des séminaristes. Quand l'âge et les infirmités survinrent, il n'apporta même aucun changement à sa manière habituelle de vivre. Chaque matin, il se levait à cinq heures, faisait sa méditation et les prières préparatoires à la célébration de la messe. Il célébrait ensuite, dans sa chapelle, le saint sacrifice, et, après son action de grâces, rentrait aussitôt dans sa chambre pour y faire son travail de cabinet. A dix heures, sa porte s'ouvrait, et jusqu'à l'heure de son repas, son temps était consacré à la réception de ses prêtres et à l'administration des affaires de son diocèse. Son repas était simple et modeste ; il aimait à convier familièrement à sa table les personnes qu'il avait vues le matin, et là, dans un moment de délassement et de repos, on retrouvait toujours les saillies de son esprit et les bons mots dont il aimait à assaisonner ses conversations familières. Sa récréation était courte : quelques minutes au coin de son feu pendant l'hiver, dans son jardin et au milieu de ses plantes durant l'été ; puis recommençaient les visites, les audiences jusqu'à une heure avancée de l'après-midi. A la tombée de la nuit, il récitait son office avec son secrétaire particulier; puis, après une modeste réfection, il donnait le signal de la prière en commun. Celle-ci se faisait dans sa chambre, son secrétaire la récitait à haute voix ; les domestiques de la maison y assistaient. Enfin, à dix heures, la lumière s'éteignait, et le pontife s'endormait sous le regard de Dieu, au service duquel il avait employé sa journée [1].

Les nombreux services rendus à la religion par Mgr Billiet et ses grands mérites lui valurent les plus hautes

---

[1] Voir l'article nécrologique consacré à S. Em. Mgr le cardinal Billiet dans le *Courrier des Alpes*, du 3 mai 1873, n° 53.

distinctions de la part des gouvernements sous lesquels il vécut, aussi bien que du pape. Nommé sénateur du royaume, le 3 avril 1848, par le roi de Sardaigne Charles-Albert, après la réforme des lois constitutionnelles, il fut créé, le 27 septembre 1861, après l'annexion de la Savoie à la France, cardinal du titre de Saint-Alexis sur le mont Aventin. En outre, il reçut la décoration de commandeur de l'Ordre des Saints Maurice et Lazare, le 11 juillet 1834, celle de chevalier grand'croix le 3 avril 1840, enfin celle de commandeur de la Légion d'honneur en 1861.

La puissante intelligence de S. Em. Mgr Billiet, son esprit clair et méthodique, son assiduité infatigable au travail en firent, en même temps qu'un pontife distingué, un savant autorisé et profond. Très versé dans toutes les sciences, la botanique, la géologie, la physique, la météorologie, l'histoire, la statistique, il était en correspondance presque avec toutes les grandes sommités scientifiques et littéraires de son temps. Plus de vingt Sociétés savantes de France et de l'étranger s'étaient fait une gloire de l'inscrire parmi leurs membres. Il fut lui-même, avec M. le général comte de Mouxy de Loche, le comte Xavier de Vignet et le professeur Georges-Marie Raymond, le fondateur de l'Académie des sciences, belles-lettres et arts de Savoie, et en resta jusqu'à son dernier jour l'un des collaborateurs les plus actifs. Deux jours avant son entrée solennelle à Chambéry comme archevêque, le 12 juin 1840, la Société, heureuse de cette exaltation méritée de son membre le plus distingué, s'empressa de le nommer président honoraire perpétuel. Les travaux scientifiques qu'il publia montrent la nature de son esprit, aussi bien que l'étendue de ses connaissances, et méritent d'être cités. Tels sont : *Notice sur le lignite de Sonnaz*, 1823. — *Aperçus géologiques sur les environs de Cham-*

béry, 1825. — *Résumé des observations météorologiques faites à Chambéry en 1822.* — *Lettre au sujet des tombeaux et des monuments découverts en 1827 près du col de la Madeleine (Maurienne),* 1828. — *Mouvement de la population dans le diocèse de Maurienne de 1810 à 1830,* 1831. — *Notice sur le village de Brios, où mourut Charles-le-Chauve,* 1835. — *Observations sur quelques anciens titres conservés dans les archives des communes de la province de Maurienne,* 1837. — *Notice sur la peste qui a affligé le diocèse de Maurienne en 1830,* 1839. — *Observations thermométriques faites à Saint-Jean de Maurienne, de 1826 à 1838,* 1839. — *Notice sur les tremblements de terre que l'on a éprouvés en Maurienne depuis le 19 décembre 1838 jusqu'au 18 mars 1840,* 1840. — *Des Brises périodiques dans les vallées des Alpes,* 1843. — *Hypsométrie du diocèse de Maurienne, soit du bassin de l'Arc depuis Montmélian jusqu'au Mont-Cenis,* 1843. — *Discours d'ouverture de la séance publique de la Société royale académique de Savoie (13 août 1844),* 1846. — *Mouvement de la population dans le diocèse de Maurienne,* 1846. — *Mémoire sur l'instruction primaire dans le duché de Savoie,* 1845. — *Dissertation sur les dyptiques, suivie de la description d'un dyptique grec trouvé en Savoie,* 1846. — *Observations sur le recensement des personnes atteintes de goître et de crétinisme dans les diocèses de Chambéry et de Maurienne,* 1851. — *Mémoire sur les tremblements de terre ressentis en Savoie,* 1851. — *Recensement des aliénés existant en Savoie en 1850,* 1854. — *Tableau statistique des inscrits réformés pour goître en Savoie pendant six ans, de 1844 à 1849,* 1854. — *Notice historique sur quelques inondations qui ont eu lieu en Savoie,* 1859. — *Influence de la constitution géologique du sol sur la production du crétinisme,* 1855. — *Note relative à la mort du comte Humbert III,* 1861.

— *Chartes du diocèse de Maurienne et glossaire des mots de basse latinité plus ordinairement employés dans les chartes de la Savoie*, 1861. — *Notice biographique sur Philibert Simon*, 1862. *Mémoires pour servir à l'histoire ecclésiastique du diocèse de Chambéry*, 1865.

Les autres écrits de Mgr Billiet comme évêque peuvent se répartir en trois catégories : œuvres pastorales, lettres et mandements, œuvres liturgiques. Le nombre considérable des uns et des autres s'élève au chiffre total de cent cinquante-neuf, dont quinze œuvres pastorales, cent cinquante lettres et mandements, et sept œuvres liturgiques.

On trouve les titres de ces publications, comme ceux des travaux scientifiques que j'ai cités, dans le premier volume paru de la *Bibliographie savoisienne* de MM. V. Barbier et A. Perrin.

Après une vie si bien remplie, S. Em. Mgr Billiet mourut le 30 avril 1873, à l'âge de quatre-vingt-dix ans deux mois et deux jours, et fut sépulturé, le 6 mai suivant, dans le caveau au-dessous du chœur de la cathédrale et de la place même qu'il occupait pendant les offices divins. Ses funérailles revêtirent le caractère touchant et solennel qui répondait aux regrets des fidèles et à la haute situation du défunt. Dès l'aube du mardi 6 mai, le son lugubre des cloches de toutes les églises de la ville avertissait les habitants de la douloureuse cérémonie. Le ciel lui-même, comme s'il eût voulu témoigner de son deuil, s'était recouvert de nuages épais.

Vers les neuf heures du matin, la levée du corps fut faite à l'archevêché et la dépouille mortelle du vénéré prélat fut déposée sur le char funèbre qui devait la porter dans les principales rues de la ville. La marche du cortège fut ouverte par un escadron de cavalerie et un bataillon d'infanterie, tandis que la compagnie des sapeurs-pompiers et autre détachement de soldats de la ligne formaient la haie. Venaient ensuite les différents corps qui composaient le défilé : la fanfare des pompiers, les pensionnaires de l'hospice de la Charité et de Sainte-Hélène, les internes du Lycée, les élèves de toutes les écoles de Chambéry, les élèves du pensionnat de la Motte-Servolex, les filles de Sainte-Marthe, toutes les confréries d'hommes et de femmes des quatre paroisses de la ville, les pénitents-noirs, les orphelines et les filles de la Providence, les Sœurs des hôpitaux, les Sœurs de Saint-Joseph, les Sœurs gardes-malades, les Dames de charité, les enfants et Dames de Marie, les Frères de la Sainte-Famille et les Frères des écoles chrétiennes, les RR. PP. Capucins, les RR. PP. d'Hautecombe, les enfants de chœur, les élèves du grand séminaire, les prêtres du diocèse de Chambéry et des diocèses voisins, le chapitre métropolitain, enfin les évêques accourus à la cérémonie. Ceux-ci, au nombre de sept, étaient Mgrs Charles-François Turinaz, évêque préconisé de Tarentaise, Gros, évêque démissionnaire de ce siège, Magnin, évêque d'Annecy, Vibert, évêque de Maurienne, Paulinier, évêque de Grenoble, Mermillod, vicaire apostolique de Genève, le cardinal Mathieu, archevêque de Besançon. L'archevêque de Lyon et l'évêque de Belley, retenus par la maladie, s'étaient fait représenter chacun par une délégation de membres de leur chapitre.

Immédiatement après les vénérables prélats qui viennent d'être nommés, s'avançait, conduit par quatre chevaux caparaçonnés de noir, le char funèbre qui portait le corps du pontife défunt et que suivaient les membres de la famille et les gens de la maison du prélat. MM. Dupasquier, premier président de la Cour d'appel de Chambéry, le général commandant la place de Grenoble, De Tracy, préfet de la Savoie, et le général de division Mollard, tenaient les coins du poële. Le chapeau de cardinal, la calotte rouge et les décorations du défunt étaient portés par un de ses fidèles serviteurs et par des séminaristes.

La dernière partie du cortège n'était pas moins remarquable par la foule et les notabilités de tout ordre qui la composaient. Parmi celles-ci, on distinguait particulièrement la Cour d'appel en robes rouges, les tribunaux de première instance et de commerce, le général commandant la subdivision avec un nombreux état-major, le marquis Costa de Beauregard, député à l'Assemblée nationale, le secrétaire général et les conseillers de préfecture, le colonel d'état-major du général Bourbaki, gouverneur de Lyon, le colonel d'état-major Borson, le recteur d'Académie et le corps universitaire de Chambéry, le président et les membres du Conseil général du département, le consul général et les employés du consulat d'Italie, les adjoints et une députation du Conseil de ville, le commandant des sapeurs-pompiers, le président et les membres de l'Académie des sciences, belles-lettres et art de Savoie. Un troisième bataillon d'infanterie fermait la marche.

En même temps que défilait dans cet ordre l'imposante procession, des salves répétées d'artillerie répondaient au son des cloches des églises de la ville ; les marches funèbres des musiques du 97e régiment de ligne et des sapeurs-pompiers alternaient avec le chant lugubre du *Miserere* par les prêtres. Les rues de la ville suivies par le cortège furent la rue de la Métropole, la place Saint-Léger, la rue des Portiques, la place Octogone, la rue Favre, la place du Palais-de-Justice, les Boulevards, la rue du Théâtre, la rue Croix-d'Or et la place Saint-Léger.

Après ce parcours, qui fut achevé vers les dix heures

et demie, commencèrent au milieu du plus profond recueillement les cérémonies religieuses dans la cathédrale. Son Eminence Mgr le cardinal-archevêque de Besançon célébra le saint sacrifice de la messe et prononça ensuite un discours où il commenta avec éloquence les paroles du livre des Rois : *Pater mi, pater mi, currus Israël et auriga ejus*, en les appliquant au pontife défunt. L'absoute fut donnée, suivant les règles de la liturgie, par ce même prélat, et par les quatre autres évêques, Mgr Paulinier, Mgr Vibert, Mgr Magnin et Mgr Gros.

Comme on l'a vu pour ses prédécesseurs, des services solennels furent célébrés pour le repos de l'âme de Son Eminence, au milieu d'un grand concours de fidèles, dans toutes les églises de son diocèse. Le 10 juin suivant, eut lieu, à la cathédrale, la cérémonie funèbre du trentième jour, Mgr Mermillod, vicaire apostolique de Genève, qu'un respect profond et une affection filiale liait au vénéré défunt depuis de longues années, prononça l'oraison funèbre avec la hauteur d'idées et de sentiments religieux dont il avait le secret.

Aujourd'hui, le chapeau cardinalice de S. Em. Mgr Billiet s'aperçoit au-dessous du crucifix appendu au mur terminal de l'abside de la cathédrale, et demeure comme le mémorial parlant de ce que fut l'illustre pontife et de ce qu'il fit pour le bien de ses ouailles. Assurément, l'esquisse brève et rapide qu'on vient de lire de sa vie, de ses travaux et de son caractère, est loin d'être complète et de représenter, telle qu'il conviendrait, cette grande et belle figure. Mais à ceux qui, nombreux encore, ont connu le véritable prélat, il n'y a rien à apprendre ; ils se souviennent du bonheur d'avoir vécu en un temps où prêtres et fidèles se sentaient sûrement guidés et profondément aimés par un pontife aussi juste qu'éclairé, aussi dévoué que pieux. Pour ceux, moins fortunés, qui sont venus après, ils trouveront dans le concert d'éloges et de regrets qu'ils entendent encore aujourd'hui, une connaissance meilleure que celle que je pourrais leur donner par mes paroles, du grand évêque que le diocèse de Chambéry pleure et dont la Savoie s'honore [1].

[1] Il a été publié plusieurs notices biographiques sur S. Em. Mgr le cardinal Billiet : *Mons. Alessio Billiet, in ateneo religioso*, par L. BIGINETTI, Turin, 1869. — *Son Eminence le cardinal Billiet, archevêque de Chambéry*, Paris, impr. Balitoret, 1873. — *Eloge de S. Em. le cardinal Billiet, archevêque de Chambéry*, discours de réception à l'Académie de Savoie, par M. Fr. DESCOSTES. — *Le cardinal Billiet, Revue Savoisienne*, Annecy, 27 mai 1873.

Monseigneur Pierre-Anastase Pichenot

Armes : *D'azur à trois épis d'or soutenu par un croissant d'argent en pointe et à deux raisins au naturel cantonnés en chef.*

Devise : *Confirmat, lœtificat.*

Monseigneur Pierre-Anastase Pichenot, originaire de la Bourgogne, naquit à Nuits-sous-Ravière, département de l'Yonne, le 27 octobre 1816. Il était le quatorzième enfant de Claude Pichenot et de Catherine Varet, propriétaires aisés de ce pays, au foyer desquels s'étaient conservées, avec l'héritage paternel, les traditions chrétiennes.

Après avoir reçu de bonne heure les premiers éléments du latin de son curé, il alla achever ses études classiques au petit séminaire d'Auxerre, puis entra au grand séminaire de Sens, et enfin se rendit au séminaire de Saint-Sulpice, à Paris, pour terminer ses études théologiques.

Ordonné prêtre au mois de juin 1840, il fut aussitôt nommé vicaire à la cathédrale de Sens. Trois ans plus tard, il fut choisi pour la charge d'aumônier du lycée de cette même ville, qu'il conserva pendant cinq autres années. Depuis, successivement curé de Saint-Pierre de Sens en 1848, curé de la cathédrale en 1853, M. Pichenot montra partout des aptitudes remarquables pour la direction des âmes et l'exercice du ministère pastoral. Il fonda et dirigea plusieurs œuvres paroissiales qui sont encore aujourd'hui très florissantes. En 1863, il fut nommé vicaire général par Mgr Mellon-Joly, archevêque de Sens. C'est en cette qualité qu'il organisa l'œuvre admirable de l'*Adoration perpétuelle* du Saint-Sacrement.

En 1870, après avoir refusé successivement les sièges épiscopaux d'Oran et de Nantes, il accepta l'évêché de Tarbes que lui faisait offrir l'empereur Napoléon III. Préconisé le 27 juin 1870, il fut sacré le 21 août suivant dans la cathédrale de Sens.

Le vénérable prélat n'administra que durant trois ans ce premier diocèse ; au mois de juin 1873, il fut transféré, par décret du gouvernement, au siège de Chambéry, devenu vacant par la mort de S. Em. le cardinal Billiet.

Préconisé à Rome, le 23 juillet 1873, Mgr Pichenot fit son entrée en Savoie, le 23 septembre suivant. Il gouverna son nouveau diocèse pendant sept ans, durant lesquels il le visita trois fois tout entier. De plus, il convoqua un synode diocésain pour la révision des

Constitutions du diocèse, et établit l'œuvre de l'*Adoration perpétuelle*.

Ecrivain, de même qu'orateur suivant la manière pleine d'onction de saint François de Sales, il publia plusieurs ouvrages remarquables par l'élégance du style et par la piété dont ils sont empreints. Je citerai, entre autres : *L'Evangile de l'Eucharistie.* — *Les Psaumes du Dimanche.* — *Les Paraboles.* — *Le Pater.* — *Les Collectes.* — *L'éducation maternelle.*

Fidèle au devoir de sa charge d'instruire le peuple, le vénérable prélat montait lui-même fréquemment en chaire dans sa cathédrale aux grandes fêtes, et presque toujours dans les églises de campagne au cours de ses visites pastorales. Ici et là, il faisait entendre, tantôt sur un point de doctrine, de piété ou de morale, tantôt sur un autre, des discours que chacun écoutait avec avidité et gardait ensuite religieusement dans son cœur. Son air grave et digne dans toutes les circonstances, mais surtout dans les cérémonies du culte, derrière lequel on distinguait une grande douceur et une extrême bonté, laissait en même temps chez les populations une impression profonde et durable. Je ne rappellerai pas qu'à un amour sincère pour tout le clergé il joignait une connaissance personnelle de chacun de ses membres, une attention constante à honorer les vieillards, de même qu'une sollicitude scrupuleuse à ne placer dans les hautes situations que les plus expérimentés et les plus méritants. D'un caractère ferme quand il s'agissait de défendre les intérêts de l'Eglise, autant que conciliant dans ses rapports sociaux, on l'a vu surtout protester hautement et sans peur contre certaines mesures antireligieuses du pouvoir civil, défendre particulièrement les droits de l'enfance et ne jamais manquer de témoigner de sa vive sympathie aux écoles chrétiennes de sa ville archiépiscopale, en présidant lui-même les distributions de prix et les comités. Par tout cet ensemble de science, de piété, de dignité, de vigilance aux intérêts de la foi et de dévouement au bien des âmes qui lui étaient confiées, il continua dignement la chaîne ininterrompue des illustres et saints évêques qui l'avaient précédé sur le siège de Chambéry.

Mgr Pichenot mourut le 5 octobre 1880, et son corps fut inhumé solennellement, le 9 du même mois, dans le caveau des évêques, au-dessous du chœur de la cathédrale. La cérémonie, aussi imposante par le nombre et la qualité des assistants que touchante par les sentiments de regret qu'elle excitait, fut présidée par S. E. le cardinal Bernardou, archevêque de Sens, entouré de Mgrs Rosset, évêque de Maurienne, Turinaz, évêque de Tarentaise, Isoard, évêque d'Annecy.

Mgr François de Sales-Albert LEUILLIEUX

Armes : *D'azur à la Religion voilée d'argent, accostée de deux brebis debout affrontées du second ; le tout supporté par un coupeau de sable.*
Devise : *In fide et lenitate.*

Monseigneur François de Sales-Albert Leuillieux naquit à Saint-Omer (Pas-de-Calais), le 17 décembre 1823. Il fut nommé évêque de Carcassonne par décret du 16 décembre 1872, préconisé à Rome le 2 mars 1873, sacré à Boulogne-sur-Mer le 11 juin suivant, transféré à l'archevêché de Chambéry par décret du 13 janvier 1881, préconisé dans le consistoire du 13 mai de la même année. Il fit son entrée solennelle dans sa ville archiépiscopale, le 16 juillet 1881. Frappé de cécité depuis plus d'un an et miné depuis longtemps par une maladie cruelle, le vénérable prélat est mort, lorsque les lignes qui précèdent allaient être livrées à l'impression, au retour d'une tournée pastorale dans les archiprêtrés de Montmélian et de Coise, le 11 mai 1893, jour de la fête de l'Ascension, à l'âge de soixante-neuf ans quatre mois et vingt-cinq jours. Sa sépulture a eu lieu le mardi suivant, à neuf heures du matin, avec le cérémonial employé pour ses prédécesseurs. En outre de presque tous les prêtres du diocèse, d'une foule considérable de fidèles et des représentants de l'armée et de tous les corps constitués de Chambéry, étaient présents en cette douloureuse circonstance, Mgrs Rosset, évêque de Maurienne, Isoard, évêque d'Annecy, Belmont, évêque de Clermont-Ferrand. Mgr Rosset présidait la cérémonie.

Déjà, le 12 mai au matin, le chapitre métropolitain avait, par une circulaire adressée au clergé, recommandé dans toutes les églises et chapelles du diocèse un service funèbre pour le pontife défunt, et, en même temps, avait nommé pour vicaires capitulaires, le siège vacant, MM. Marc Burdin, François Ramaz et François Quay-Thevenon, précédemment vicaires généraux.

De son côté, le *Courrier des Alpes*, journal de la Savoie, dans son numéro du 13 mai 1893, publiait sur le vénérable prélat l'article nécrologique suivant :

« L'archidiocèse de Chambéry est en deuil de son premier pasteur. S. G. Mgr François de Sales-Albert Leuillieux est décédé hier jeudi, fête de l'Ascension, à six heures du soir.

« Depuis plusieurs jours, les progrès de la maladie qui consumait les forces du vénéré prélat, sans abattre son énergique volonté, ne laissaient aucune espérance. Le

6 mai, Monseigneur était rentré à Chambéry après avoir accompli une tournée pastorale dans l'archiprêtré de Montmélian. Soutenu par le sentiment religieux du devoir, puisant dans sa foi et dans sa charité un secours surnaturel, il voulait accomplir jusqu'aux dernières limites les obligations de sa charge. L'âme faisait violence à la nature et domptait les souffrances du corps. Elle n'a pas défailli un seul instant.

« Brisé de fatigue, épuisé par les douleurs, Mgr Leuillieux voulait recommencer la semaine dernière le cours des confirmations dans les paroisses où il était attendu. La décision formelle de son médecin et les instances respectueuses de MM. les vicaires généraux le retinrent. En quelques jours, sa santé, atteinte depuis longtemps, déclina rapidement. Mardi matin, le vénéré malade reçut pieusement les derniers sacrements de l'Eglise. Il avait gardé la pleine possession de son intelligence. Les personnes admises en sa présence le trouvaient assis dans son fauteuil, le visage calme et bienveillant. Le lendemain, Monseigneur s'alita. Il s'entretint encore d'une voix faible avec plusieurs prêtres et fidèles qui venaient lui demander sa bénédiction. Des membres de sa famille étaient accourus auprès de lui. Il écouta avec joie et gratitude la lecture du télégramme témoignant de la sollicitude du Souverain Pontife.

« Jeudi, fête de l'Ascension, ses forces décrurent encore. Il ne perdit pas, néanmoins, la lucidité de son esprit. Dans l'après-midi, la fin paraissait proche. Les prières des agonisants commençaient vers six heures du soir; Monseigneur rendit doucement le dernier soupir. Se trouvaient à ce moment auprès de lui ses deux frères, sa sœur, son beau-frère, son confesseur, le R. P. provincial des Capucins, M. l'abbé Bovet, chancelier, et le personnel de l'Archevêché.

« Le soir même, le corps, revêtu des ornements pontificaux, a été exposé sur un lit de parade, dans un salon transformé en chapelle ardente. Des prêtres et des religieuses veillent et prient alentour. C'est un défilé continuel de fidèles de la ville qui viennent contempler une dernière fois les traits de leur regretté pasteur.

« Nous ne pouvons, dans ces notes cursives, retracer la carrière de S. G. Mgr Leuillieux, ni redire ses mérites. Nous consignons seulement ici quelques renseignements succincts sur sa vie religieuse.

« Mgr François de Sales-Albert Leuillieux naquit à Saint-Omer, le 17 décembre 1823. Après avoir accompli ses études classiques au petit séminaire d'Arras, il alla faire ses études sacerdotales à Saint-Sulpice. Son cours ecclésiastique achevé, il fut ordonné prêtre en 1848 et fut nommé vicaire à Saint-Nicolas de Boulogne, et plus tard devint curé. Il a laissé dans cette ville le souvenir de son zèle et de sa charité. Une belle église gothique dédiée à Saint-François de Sales, des écoles, des œuvres ouvrières témoignent de sa générosité inépuisable. Son attitude, pendant le terrible choléra de 1849, lui mérita l'admiration de ses paroissiens. Après avoir été chanoine et vicaire général honoraire d'Arras, il devint évêque de Carcassonne par décret du 16 décembre 1872, en remplacement de Mgr de la Bouillerie, nommé coadjuteur de Bordeaux. Il fut préconisé le 21 mars 1873 et sacré à Boulogne le 11 juin suivant.

« Un décret du 13 janvier 1881 l'appela au siège archiépiscopal de Chambéry. Il fut préconisé dans le Consistoire secret du 18 mai. Mgr Leuillieux se trouvait à cette date à Rome. Il reçut le Pallium dans la chapelle de S. E. le cardinal Caterini. La réputation de sa vertu le précédait ici. Il s'était fait aimer et estimer partout où il avait passé, notamment à Boulogne. Dès le début de sa carrière ecclésiastique, il était hautement apprécié de Mgr Parisis, évêque d'Arras.

« C'est le samedi 16 juillet que S. G. Mgr Leuillieux fit son entrée solennelle dans sa ville épiscopale. »

Je laisse aussi moi-même à d'autres plumes mieux renseignées et plus habiles que la mienne le soin de raconter sa vie au milieu de nous.

Le même journal, dans son numéro du 17 mai, relatait également la cérémonie des funérailles du prélat, en ces termes :

« Notre ville et le diocèse de Chambéry tout entier ont fait hier à notre regretté archevêque d'imposantes funérailles. Les prêtres étaient accourus des paroisses les plus éloignées pour entourer le cercueil du pasteur qui les avait dirigés pendant douze ans. Quant à la population chambérienne, elle s'est associée au deuil de l'Eglise avec un empressement religieux, dont ceux-là seuls ont pu être surpris qui ne connaissent pas la profondeur et la sincérité de sa foi.

« A neuf heures précises, la levée du corps a été faite au palais archiépiscopal, où MM. les vicaires généraux et les membres de la famille de Mgr Leuillieux recevaient les invités. Le convoi s'est mis en marche selon l'ordre fixé d'avance.

« En tête venaient les vieillards de la Charité, suivis par les enfants de la salle d'asile, dirigée par les Sœurs, et de l'école libre du Verney. S'avançaient ensuite : le personnel de l'hospice Sainte-Hélène ; les confréries des paroisses de Maché, Lémenc et Notre-Dame ; les sourdes-muettes de la maison du Sacré-Cœur ; les enfants des orphelinats Costa de Beauregard, au Bocage et aux Marches ; les jeunes filles de la Providence ; les élèves des Sœurs de Saint-Joseph, pensionnaires et externes ; les Dames de Marie ; les confréries de la cathédrale ; les Sœurs garde-malades ; celles de l'Hôtel-Dieu et de la Charité ; la communauté des Sœurs de Saint-Joseph ; les élèves de l'Externat de Saint-François de Sales, établissement qui fut l'objet de la constante sollicitude et reste comme un témoignage de l'inépuisable libéralité du prélat défunt ; les Frères des Ordres enseignants ; les Pères Capucins, plusieurs religieux de l'abbaye d'Hautecombe, le prieur de la Trappe de Tamié.

« Derrière la fanfare de l'Orphelinat du Bocage, jouant des morceaux funèbres, marchaient : la Maîtrise métropolitaine, précédée du suisse de la cathédrale, les élèves du séminaire, une nombreuse phalange de prêtres diocésains (environ 300), les bénéficiers et les chanoines revêtus des insignes de leur dignité.

« Nosseigneurs les évêques précédaient le char funèbre. Auprès de S. G. Mgr Belmont, évêque de Clermont-Ferrand, on voyait M. le chanoine Méresse, de Grenoble, délégué de Mgr Fava ; MM. les chanoines Péronnier et Frison, délégués de Mgr Bouvier et du diocèse de Tarentaise. L'épiscopat de la Savoie était représenté par Mgr Isoard, d'Annecy, et Mgr Rosset, de Saint-Jean de Maurienne.

« Le cercueil, drapé de violet et surmonté des ornements pontificaux, était traîné par quatre chevaux caparaçonnés de deuil. Les cordons du poêle étaient tenus par le baron Berge, gouverneur de Lyon ; le premier président de la Cour d'appel ; le général Bérenger, commandant la 28e division ; M. le marquis d'Oncieu de la Bâtie ; M. Chiron, adjoint au maire de Chambéry, et le secrétaire général de la préfecture.

« Un domestique portait sur un coussin la croix et l'anneau du vénéré défunt. Le deuil était conduit par MM. Burdin, Ramaz et Quay-Thevenon, vicaires généraux ; par M. l'abbé Bovet, secrétaire particulier et chancelier de l'archevêché ; par MM. Léon et Ernest Leuillieux ; par M. Henin ; par M. Vincent Leuillieux ; frères, beau-frère et neveu de Mgr Leuillieux ; par Mme la générale Gagneur de Patornay ; par M. l'abbé

Mocq, curé de Saint-François de Sales de Boulogne ; par les professeurs de l'Externat.

« On remarquait ensuite M. le général de division Borson ; M. le général Bruneau, commandant la brigade de Chambéry ; M. le baron Carutti, consul d'Italie ; des membres de la Cour d'appel et du Tribunal civil en robes ; l'état-major de la division ; M. Zeller, recteur de l'Académie, et les professeurs de l'Université avec leurs insignes ; le personnel de l'administation des forêts en uniforme, les diverses administrations civiles, les officiers des corps de la garnison, infanterie et cavalerie ; les fabriciens ; M⁰ Rosset, bâtonnier de l'Ordre des avocats, accompagné d'un grand nombre de membres du barreau ; MM. Descostes et Favier, conseillers municipaux ; les membres de la Société Saint-François de Sales, les conférences de Saint-Vincent de Paul, les notabilités catholiques, enfin des représentants de toutes les classes de la population.

« Hormis deux ou trois exceptions, tous les magasins étaient fermés sur le passage du cortège. La foule massée dans les rues avait une attitude pleine de dignité et rendait à la dépouille mortelle du défunt les hommages religieux qui lui étaient dus.

« Le convoi, ayant parcouru la rue Métropole, la place Saint-Léger, la rue de Boigne, la rue Favre, la place du Palais-de-Justice, la ligne des Boulevards et la rue Croix-d'Or, est arrivé vers 10 heures 1/4, à la cathédrale. La façade de l'église était voilée de noir ; des tentures de deuil entouraient la nef centrale et retombaient le long des piliers. Le cercueil fut posé sur un catalfaque placé devant le chœur sous un dais funèbre. La foule se pressait dans l'immense vaisseau et refluait au fond des chapelles les plus reculées.

« S. G. Mgr l'évêque de Maurienne a célébré la messe, pendant laquelle la Maîtrise s'est fait entendre. L'office a été terminé par les cinq absoutes données dans l'ordre suivant : par Mgr Isoard ; Mgr Belmont ; M. le chanoine Dunand, prévôt du Chapitre de Chambéry ; par M. le chanoine Péronnier, délégué de Mgr de Tarentaise ; par Mgr Rosset.

« Jusqu'à 4 heures 1/2, la dépouille mortelle de Mgr l'Archevêque est demeurée dans l'église où les fidèles se succédaient sans interruption. A l'heure fixée pour l'inhumation, le clergé a procédé à la levée du corps, qui a été porté processionnellement dans la nef de droite, au bas de la paroi du chœur, et de là dans le caveau réservé aux prélats du diocèse. »

Évêques originaires du diocèse de Chambéry.

Monseigneur André-Marie de Maistre

Armes : *D'azur à trois soucis, d'or, 2 et 1*, qui est de Maistre.

Monseigneur André-Marie de Maistre, né à Chambéry le 14 juin 1757, était le septième des quatorze enfants du comte François-Xavier de Maistre, président du sénat de Savoie.

Après avoir fait à Avignon ses études de philosophie

et de théologie, il prit ses grades à l'Université de Turin, et fut bientôt nommé chanoine de Superga. Mgr de Montfalcon du Cengle, qui en était le président, remarqua bientôt ses talents distingués et son mérite précoce ; et, lorsque ce prélat fut nommé, en 1784, à l'archevêché de Tarentaise, il pourvut l'abbé de Maistre, qui n'avait alors que vingt-sept ans, du décanat du chapitre métropolitain, le nomma son official et son grand vicaire, et se fit précéder par lui à Moûtiers. Après la mort de Mgr de Montfalcon, le Chapitre confia à son doyen l'administration de son diocèse. Dans ces jours de persécution, nos prêtres, sans asile, et combattant pour la foi, ne pouvaient offrir d'autre avantage à ceux qu'ils plaçaient à la tête de leurs rangs dispersés, que de les rapprocher un peu plus de la palme du martyre. Ces dangers n'effrayèrent pas M. de Maistre ; il continua à diriger les travaux de ses coopérateurs, tantôt caché dans les rochers les plus reculés des Alpes de Tarentaise, tantôt poursuivi de retraite en retraite, contraint de fuir vers une terre plus hospitalière et de traverser les glaciers de l'Allée-Blanche et les neiges de la Gallice, dans les saisons où ces régions sauvages n'avaient jamais reçu l'empreinte du pas de l'homme.

Cette communauté de périls lui avait fortement attaché ses compagnons d'exil. Il n'en était pas un qui n'eut tout sacrifié pour le sauver ou pour le suivre.

Mgr de Mérinville, en prenant le gouvernement du diocèse de Chambéry, en 1802, chargea l'abbé de Maistre des fonctions d'official et lui donna le titre de grand vicaire ; il fut aussi nommé doyen du chapitre et conserva la direction des affaires de Tarentaise, qui lui laissèrent néanmoins assez de loisir pour se livrer aux travaux de la prédication. Le talent remarquable qu'il développa dans cette carrière, le fit bientôt connaître à l'étranger, et il fut souvent appelé à Lyon où il prêcha plusieurs carêmes, ainsi qu'à Grenoble et à Bordeaux.

Dans le courant de décembre 1817, M. de Maistre fut désigné par le roi pour occuper le siège d'Aoste vacant ; il fut ensuite préconisé par le pape le 16 mars 1818. Cette nomination, qui avait comblé les vœux du clergé et des habitants de ce diocèse, se trouva bientôt sans effet. Quelques jours seulement avant de recevoir la consécration épiscopale, le nouveau prélat mourut presque subitement, à Turin, le 18 juillet 1818, entre les bras de son frère Joseph et de son ami le comte de Lodi. Les regrets sur sa perte prématurée furent unanimes dans toutes les classes de la société, surtout à Chambéry. On se rappelait avec une profonde émotion son grand talent oratoire, son amitié et sa candeur dans ses relations avec le monde, sa courageuse sincérité dans les conseils, sa charité pour les pauvres et les affligés, en un mot tout ce qu'il y avait en lui de grand et d'élevé comme homme et comme prêtre[1].

On trouve les circonstances suivantes de sa vie, de 1792 à 1799, mentionnées dans le carnet de notes de son frère Joseph de Maistre.

1792. Le doyen quitta Moûtiers avec les comtes de Maistre le 24 septembre, passa le Petit-Saint-Bernard le 25, et arriva à Aoste le 26.

Même année, 3 novembre. — Le doyen quitta la cité pour rentrer en Tarentaise.

1793, 27 mai. — Le doyen était à Turin, où le comte Joseph lui écrit.

1797, 7 mai. — « Aujourd'hui dimanche, j'ai dîné chez le traiteur avec mes trois frères, le doyen de Tarentaise, le major au régiment de Savoie (Nicolas), et le capitaine au régiment de la marine (Xavier) ; celui-ci part demain pour l'armée d'Italie. »

[1] Voir le *Journal de Savoie,* n° vendredi du 31 juillet 1818.

26 mai. — « Départ de mon frère le doyen de Tarentaise pour son diocèse. »

19 juin. — « J'ai appris que mon frère le doyen de Tarentaise a été reçu à Moûtiers à bras ouvert et qu'on lui a donné un dîner de soixante couverts. »

8 décembre. — Le doyen arriva à la cité d'Aoste, revenant de Tarentaise.

1798, 17 mars. — Le doyen était encore à la cité d'Aoste.

1799, 21 juillet. — Le doyen, qui était à Venise auprès de son frère Joseph, partit pour Turin [1].

---

[1] Détails dus à l'obligeance de M. Charles de Buttet, petit-neveu de Mgr de Maistre.

Mgr Jean-Baptiste AUBRIOT DE LA PALME

Armes : *Parlantes ; d'argent à deux palmes de sinople en sautoir, surmontées d'une couronne de laurier du second ; au chef d'azur chargé d'un heaume d'argent taré de front et doublé de gueules.*

Monseigneur Jean-Baptiste Aubriot de la Palme naquit à la Motte, près de Chambéry, le 25 novembre 1752, de M. Jean-Baptiste Aubriot de la Palme et D^{lle} Josephte Borel, sa femme. Sa famille était, dit-on, originaire de Gap. Après avoir fait ses premières études à Chambéry, il alla les continuer à la Faculté de théologie de Turin, où il fut successivement admis aux premiers grades et à celui de docteur de cette Faculté. Pendant ce temps, les ordres mineurs lui avaient été conférés par Mgr de Rosa, archevêque de Turin. Il fut admis au diaconat le 25 mars 1776, et ensuite au sacerdoce, par Mgr Laurent de Saint-Agnès, archevêque de Tarentaise.

Lors de l'établissement du premier évêché de Chambéry, érigé par bulle du pape Pie VI du 17 août 1779, il fut nommé chanoine de la cathédrale de Chambéry, le 19 mars 1780, et prit possession en cette qualité, le 5 avril suivant.

A cette époque, Mgr Michel Conseil, premier évêque de Chambéry, connaissant ses lumières et sa haute piété, le mit à la tête de son séminaire, dont il fut le supérieur jusqu'au moment de la Révolution. Le même prélat lui avait conféré, le 5 juillet 1880, le titre de viceofficial, pour seconder M. Alex dans ses fonctions.

Après l'invasion de la Savoie par l'armée française, lorsque le serment de la constitution dite civile du clergé fut prescrit aux ecclésiastiques, il ne pouvait y avoir d'incertitude sur le parti que prendrait M. de la Palme et sur l'exemple qu'il allait donner aux élèves du sanctuaire formés sous sa pieuse direction. Il partit pour Turin avant le 8 février 1793.

Aussitôt qu'il put rentrer en Savoie, au péril même de ses jours, il vint s'y dévouer aux fonctions du ministère, au travers des dangers de tout genre qui, pendant ces jours de terreur et de persécution, menaçaient à chaque instant les courageux missionnaires occupés à conserver le flambeau de la foi au milieu des ruines des autels. M. de la Palme exerça, dès le commencement de 1797, les fonctions de vicaire général du diocèse de Chambéry jusqu'à l'époque du Concordat de 1801. Il fut nommé chanoine dans le nouveau chapitre de la cathédrale de Chambéry, institué en 1802 ; mais il ne prit dès lors aucune part à l'administration du diocèse jusqu'en 1818, où il fut nommé official, le 24 janvier de cette année, par Mgr de Solle [1].

Pendant cet intervalle de temps, M. de la Palme s'était occupé tour à tour de l'établissement de deux institutions importantes que la ville de Chambéry doit à son zèle pour le bien de la religion et pour celui de la société, savoir l'Association du Saint-Dévouement et l'école des Frères de la Doctrine chrétienne.

Très anciennement et à diverses époques, il s'était formé parmi les fidèles de pieuses associations dont les membres se dévouaient d'une manière spéciale au service du divin Sauveur, ou à celui de sa Sainte Mère.

En 1801, le projet d'une nouvelle congrégation de ce genre, analogue à celles qui avaient existé ailleurs et dans d'autres temps, mais qui en différait néanmoins, à certains égards, fut conçu à Chambéry. Le pape Pie VII, sur la fin de son séjour à Paris, ayant pris connaissance des règles de cette association, l'approuva d'abord par ses éloges. Recommandée ensuite par lettres de Mgr l'évêque de Chambéry, du 1ᵉʳ septembre 1805, elle fut approuvée canoniquement et érigée par décret du cardinal Caprara, légat *à latere* du Saint-Siège, du 12 du même mois, pour être établie à Chambéry comme chef-lieu de l'Association, et son érection fut consommée par décret de Mgr l'évêque de Chambéry, du 1ᵉʳ janvier 1807, qui lui assigna pour son oratoire l'ancienne église de Sainte-Marie-Egyptienne de cette ville. Lorsque le local des Incurables eut été affecté à l'établissement de la caserne de cavalerie, cet oratoire fut transféré dans

---

[1] Voir *Mémoires pour servir à l'histoire du diocèse de Chambéry*, par S. Em. Mgr le cardinal BILLIET, où se trouvent relatés les principaux actes administratifs et apostoliques de M. de la Palme pendant la Révolution.

l'une des chapelles de l'église métropolitaine. Le zèle du pieux fondateur fut secondé et imité dès le principe par des personnes du premier rang, et l'association compta bientôt des membres dans toutes les classes, et parmi les plus distingués de la Société.

L'autre institution, dont on n'a pas besoin de signaler les avantages inappréciables, fut l'établissement de l'école des Frères de la Doctrine chrétienne de Chambéry. Il fit un appel à la généreuse piété d'un certain nombre de personnes aisées qui, par une souscription volontaire, s'engagèrent à fournir annuellement une somme librement déterminée, pour assurer les dépenses nécessaires à cette institution. L'école fut ouverte le 16 janvier 1811. Sa Majesté le roi Victor-Emmanuel l'approuva le 18 novembre 1817, en l'autorisant à recevoir des novices et à acquérir des immeubles par les voies légales en vigueur.

Mgr de Maistre, nommé évêque d'Aoste le 15 décembre 1817, ayant succombé à une maladie de quelques jours au moment de recevoir la consécration épiscopale, M. de la Palme fut désigné par le roi Victor-Emmanuel Ier à lui succéder. Préconisé par le pape le 29 mars 1819, il fut consacré le 11 juillet à Turin, et fit son entrée, le 18 du même mois, dans sa ville épiscopale, après s'être fait précéder d'une lettre à son diocèse pleine d'onction touchante et d'un caractère vraiment apostolique.

Néanmoins, Mgr de la Palme n'administra que trois ans son église. Après ce temps, il donna sa démission et se retira à Chambéry, dans une chambre du séminaire, qui porte encore son nom. Toujours laborieux, il continua dans sa retraite à se livrer à des travaux particuliers ; il publia dès lors quelques nouveaux écrits.

Mgr de la Palme avait entrepris à ses frais la construction d'une nouvelle chapelle du Calvaire, sur le roc de Lémenc ; il laissa en mourant les dispositions nécessaires pour son achèvement.

Sa santé, affaiblie par l'âge et le travail, dépérissait depuis quelque temps. Une affection de poitrine, qui s'était développée depuis près de six mois, était arrivée à sa dernière période au commencement de février, et, le 7 de ce mois 1826, il rendit son âme à Dieu.

Ses obsèques eurent lieu le lendemain avec toute la solennité due au vertueux pontife. A son convoi assistèrent les pauvres de l'hospice de la Charité, les élèves des Frères de la Doctrine chrétienne, les confréries de la paroisse de Notre-Dame, les élèves du petit séminaire de Saint-Louis-du-Mont, ceux du grand séminaire de Chambéry, les RR. PP. Capucins, un nombreux clergé et le Chapitre de la métropole. Le cercueil était porté par quatre jeunes ecclésiastiques, et quatre chanoines tenaient les coins du poêle. Les Dames de l'Association du Saint-Dévouement suivaient le cercueil.

Les ouvrages publiés par Mgr de la Palme sont : *Les principes de la doctrine catholique justifiés par eux-mêmes, ou exposition simple et suivie de la doctrine catholique*, sans date. — *Le Saint-Dévouement ou les dévoués de Jésus et de Marie, instruction à l'usage des associés et des personnes qui aspirent à le devenir, utile à tous les chrétiens*, 1808. — *Le bon Catéchiste ou Manuel des moyens préparatoires et pratiques dont un catéchiste a besoin pour exercer dignement ses fonctions*, 1819. — *Les principes de l'instruction chrétienne, ou catéchisme contenant les vérités, les pratiques religieuses communément enseignées aux fidèles*, 1820. — *De spirituali Romani Pontificis ex cathedra et in conciliis auctoritate, dissertatio seminariorum alumnis atque magistris elaborata*, 1824. — *De spirituali Romani Pontificis auctoritate ex cathedra et in conciliis, dis-*

sertatio seminariorum alumnis breviata, 1824. — Ces deux derniers ouvrages sont suivis d'un appendice sur la doctrine théologique de saint Alphonse de Liguori. — *Réflexions sur la sainteté et la doctrine du Bienheureux Liguori,* 1824. — *Instruction et prières pour le jubilé de l'année sainte 1826* [1].

[1] Extrait du *Journal de Savoie,* n° du 10 mars 1826.

Monseigneur Jean-François-Marcellin TURINAZ

Armes : *D'argent à la croix de gueles accolée d'un cep de vigne à deux raisins au naturel et terrassée de sinople ; au chef d'azur.*

Devise : *Mihi vivit Christus est.*

Monseigneur Jean-François-Marcellin Turinaz naquit au Châtelard, en Bauges, le 6 avril 1786. Après avoir été incorporé pendant quelque temps dans l'armée impériale du Rhin, il rentra en Savoie et continua ses études théologiques. Ordonné prêtre en 1810, il fut aussitôt nommé professeur au séminaire de Chambéry ;

puis, il devint successivement supérieur de ce même établissement en 1825, vicaire général de Mgr Bigex la même année, vicaire capitulaire à la mort de ce prélat, et vicaire général de Mgr Martinet, en 1827. Lorsque Mgr Rochaix, évêque de Tarentaise, fut décédé, Sa Majesté le roi Charles-Albert, qui connaissait les vertus et la haute sagesse de M. Turinaz, le désigna pour occuper le siège vacant. Le nouvel évêque fut préconisé à Rome, le 12 février 1838, par le pape, et sacré à Chambéry le 6 mai suivant, par son métropolitain Mgr Martinet. Son entrée solennelle dans sa ville épiscopale eut lieu le 24 du même mois de mai, jour de la fête de l'Ascension.

Mgr Turinaz passa ensuite vingt-huit ans à la tête de son diocèse, pratiquant constamment, avec le zèle d'un véritable apôtre pour le bien de ses ouailles, toutes les vertus recommandées par Notre Seigneur Jésus-Christ, dont il avait pris dans sa devise l'engagement plus strict encore d'imiter la vie. Le dévouement à l'Eglise, la bonté et la charité pour les pauvres étaient surtout les vertus qui le distinguaient. Se dépouillant chaque jour en faveur des déshérités de la fortune de tout ce qu'il pouvait posséder, il est mort lui-même presque dénué des biens de ce monde, en laissant à peine de quoi suffire aux frais de sa sépulture, mais en restant riche des bénédictions de Dieu et des hommes qu'il avait servis. En témoignage de sa haute admiration, le roi Charles-Albert n'avait pas tardé à lui conférer aussi la distinction de commandeur dans l'Ordre national des Saints Maurice et Lazare.

Cependant, épuisé par les fatigues de son long épiscopat, il donna sa démission, en 1866, et fut nommé le 12 avril 1867, chanoine du chapitre de Saint-Denis. Il avait quitté Moûtiers le 20 septembre précédent, et s'était retiré à Saint-Genix d'Aoste, chez chez son frère Théophile Turinaz, ancien commandant des Gardes du Corps du roi de Sardaigne. Après trois ans passés dans ce nouveau séjour, il y rendit sa belle âme à Dieu, le 28 octobre 1869. Saint-Genix lui fit des obsèques dignes de sa foi et des vertus d'un tel pontife. Suivant le vœu exprimé par ce saint évêque, sa dépouille mortelle fut tout aussitôt transportée à Moûtiers, pour y reposer au milieu de ceux qu'il avait dirigés avec tant de sollicitude dans les voies du salut pendant de si longues années, et dont il n'avait cessé de se souvenir avec affection. A son passage à Chambéry et à Albertville, il lui fut rendu des honneurs aussi touchants que mérités. A Moûtiers, son successeur, Mgr Gros, entouré d'un nombreux clergé, des autorités civiles et de toute la population, vint en grande pompe le recevoir à l'entrée de la ville. Enfin, le mardi 3 novembre, le vénérable pontife fut sépulturé solennellement dans la cathédrale, près de ses prédécesseurs.

Monseigneur François-Marie VIBERT

Armes : *Écartelé: aux 1ᵉʳ et 4ᵉ d'argent à la fasce de gueules chargée de trois coquilles d'or; aux 2ᵉ et 3ᵉ de gueules à la colombe s'essorant d'argent.*

Monseigneur François-Marie Vibert, né à Yenne, le 14 août 1800, fut ordonné prêtre, le 18 septembre 1824. Après avoir rempli les fonctions de secrétaire de Mgr Bigex, de chanoine et de vicaire général sous Mgr Martinet, il fut sacré évêque de Maurienne, le 25 mars 1841, à Rome.

Après trente-cinq ans d'épiscopat en cette province ecclésiastique de Savoie, miné par la maladie qui rendait difficile l'accomplissement de sa charge, il quitta, en juin 1876, son siège et se retira chez lui, à Yenne, où il mourut le 31 octobre suivant. Docteur en théologie et en droit canon, doué en même temps des plus belles qualités de l'esprit et du cœur, il s'était acquis une juste renommée auprès de ses contemporains. Le clergé appréciait surtout sa science étendue et profonde. De leur côté, le roi de Sardaigne et l'empereur Napoléon III l'avaient nommé, l'un commandeur de l'ordre des Saints Maurice et Lazare, et l'autre officier de la Légion d'honneur.

Monseigneur Jean-Benoît Truffet

Armes : *Inconnues.*

Monseigneur Jean-Benoît Truffet naquit à Rumilly, le 29 octobre 1812. Ordonné prêtre le 19 juillet 1835, il fut aussitôt nommé professeur de rhétorique au petit séminaire du Pout-de-Beauvoisin, d'où il partit pour les missions étrangères, en octobre 1845. Préconisé évêque de Gallipolis *in partibus infidelium* et vicaire apostolique des Deux-Guinées, il fut sacré à Notre-Dame des Victoires de Paris, le 25 janvier 1847. Son arrivée à Dakar, chef-lieu de la mission qu'il avait à diriger, eut lieu le 7 mai 1847, trois semaines après s'être embarqué à Bordeaux. Il mourut le 23 novembre suivant, victime de l'insalubrité atmosphérique, dans cette même ville de Dakar. Ses nombreux élèves au petit séminaire du Pont-de-Beauvoisin, comme le clergé du diocèse de Chambéry, ont gardé le souvenir de sa piété communicative, de sa grande activité et de sa vive intelligence. Plusieurs écrits littéraires qu'il avait publiés avant son départ pour l'Afrique, lui avaient valu d'être nommé membre correspondant de l'Académie des sciences, belles-lettres et arts de Savoie.

Mgr Félix-Antoine-Philibert DUPANLOUP

Armes : *D'azur à la croix haussée d'or, soutenue par une burelle du même et brochant sur une bannerole en redorte d'argent avec la devise : Ave, spes unica de sable.*

Monseigneur Félix-Antoine-Philibert Dupanloup naquit à Saint-Félix le 3 janvier 1802. Ordonné prêtre, à Paris, par Mgr de Quélen, le 18 décembre 1825, il fut ensuite nommé vicaire à la Madeleine, vers la fin de 1826 ; aumônier de Mme la dauphine, sœur de Louis XVI, et catéchiste du duc de Bordeaux et des princes d'Orléans, en 1828 ; de nouveau vicaire à la Madeleine en 1833; chanoine honoraire et directeur préfet des études au petit séminaire de Saint-Nicolas du Chardonnet, le 21 août 1834; premier vicaire à Saint-Roch, en 1836; supérieur du petit séminaire de Saint-Nicolas du Chardonnet, le 29 septembre 1837; professeur d'éloquence à la Sorbonne et vicaire général de Mgr Affre, en 1841; chanoine titulaire, en 1845; évêque d'Orléans par décret du gouvernement, en avril 1849, et par bulle du pape, le 29 septembre suivant; membre de l'Académie française, le 18 mai 1854; député du Loiret à l'Assemblée nationale, le 8 février 1871; sénateur inamovible, en 1875. Mgr Dupanloup est mort au château la Combe, à Lancey (Isère), le 11 octobre 1878. Peu de personnages ecclésiastiques ont acquis une aussi grande célébrité et joué un rôle aussi considérable dans les affaires religieuses, politiques et littéraires de leur temps. Le nombre de ses écrits et de ses discours est aussi étendu que la valeur en est remarquable. Plusieurs auteurs, parmi lesquels je mentionnerai particulièrement Mgr Lagrange, son ancien vicaire général, actuellement évêque de Chartres, ont publié des biographies de cet illustre prélat[1]. Je citerai ici seulement le récit touchant de ses derniers moments par un de ses pieux amis, M. Etienne Récamier, mort lui-même dernièrement dans le pèlerinage français à Jérusalem.

Mgr Dupanloup s'était fait depuis longtemps une règle de s'arracher chaque année de ses travaux et de se rendre à l'abbaye d'Ensielden pour s'y livrer exclusivement pendant huit jours, dans le silence, à la prière et à la méditation des choses divines.

« Malgré les inquiétudes que donnaient à ses amis des crises de suffocation qu'il avait éprouvées, dit notre nar-

---

[1] Voir aussi HENRY DE RIANCEY, *Monseigneur Dupanloup, évêque d'Orléans*.

rateur, il résolut, par un effort de volonté, d'aller cette fois encore accomplir une semblable retraite.

« Il considérait cette pratique de la retraite comme le complément de la vie sacerdotale.

« Il fit cette retraite de huit jours comme le plus humble des retraitants, sous la direction d'un bénédictin, le P. Claude, qu'il connaissait depuis quarante-cinq ans. Il s'entretint souvent avec un religieux, son ancien élève de la chapelle Saint-Mesmin, le P. Allart.

« Le 25 septembre, il avait quitté la maison de Saint-Mesmin, et était venu prendre quelque repos à La Combe, pour se préparer à retourner à Orléans, et, si sa santé le lui permettait, à entreprendre le voyage de Rome.

« Mais, dès son retour, ses amis eurent les plus tristes pressentiments, et un médecin dévoué qu'ils firent venir, le docteur Michaut, confirma leurs inquiétudes.

« Le lundi 30, il ne put dire la messe et se fit porter dans un fauteuil pour assister au saint sacrifice, célébré par M. l'abbé Chapon, du diocèse d'Orléans.

« Les jours suivants, il y eut un peu de mieux, il put se promener avec M. du Boys et sa famille, dans une belle allée couverte qui prolonge la terrasse du château, et d'où l'on voit le pic de Chonne-Chaude et la gorge du Sappey. Il parla de l'ouvrage qui occupait ses journées, le traité de l'*Education des Filles*, ouvrage prêt à paraître et dont il devait léguer l'achèvement à M. l'abbé Lagrange.

« Il rappela avec attendrissement les souvenirs de plus de quarante ans que ces lieux lui représentaient, les amis disparus, les conversions obtenues par la grâce de Dieu, l'abjuration de protestants qui avait eu lieu, il y a quelques années, dans la petite chapelle.

« Aujourd'hui, dit-il à ses amis, « je n'aime plus que
« le silence, » et, comme un de ses interlocuteurs lui

parlait d'une œuvre à commencer, il répondit : « — Mon
« enfant, je ne suis pas pour longtemps en ce monde. »

« Il parla longtemps de Rome, où il devait aller au
mois de novembre ; renoncer à ce projet fut son suprême
sacrifice.

« Le samedi 5 octobre, il fit avec une piété touchante
le baptême du petit-fils de M. du Boys, dont il est le
parrain.

« Le dimanche 6, il y eut une nouvelle et pénible crise
d'étouffement ; il ne put dire la messe.

« Le lundi et le mardi, il communia à la messe de
M. l'abbé Chapon ; la marche lui demandait de pénibles
efforts.

« Le 8 et le 9, la conversation avait une élévation et
une suavité plus grande encore que de coutume. Appuyé
sur sa table de travail, il cherchait, malgré des crises
fréquentes, à feuilleter son manuscrit sur l'*Éducation*
et à dépouiller son courrier ; il dicta plusieurs lettres.
On lui lut, dans le *Correspondant*, l'article du duc de
Broglie intitulé : *Le secret du Roi* ; il interrompit cette
lecture par des remarques pleines de finesse.

« Le vendredi 11, il fit encore son oraison dans l'*Esprit de Saint Vincent de Paul*, livre qu'il affectionnait
et dont presque toutes les pages sont annotées par lui.
Malgré tous les efforts de l'abbé Chapon, qui l'engageait
à se reposer, il poussa jusqu'à la fin des *Complies* la
récitation de son bréviaire, et quand il l'eut terminée, il
dit avec satisfaction : « Je suis parvenu encore aujour-
« d'hui à me mettre en règle ! » Après avoir lu une
lettre de Rome, il s'écria, en parlant de Léon XIII :
« Ah ! quelle grâce pour l'Eglise, que ce Pape ! »

« Il ordonna qu'on fit entrer dans sa chambre le petit
Joseph du Boys, charmant enfant de cinq ans et demi,
dont il aimait les promptes saillies et l'intelligence précoce.

« On put porter son fauteuil au salon et terminer la lecture commencée la veille. A cinq heures, on le rapporta dans sa chambre. M¹¹ᵉ du Boys y plaça un grand crucifix, qui avait appartenu à M. l'abbé Hastels, ancien vicaire général d'Orléans ; il s'écria : « Ah ! que vous « me faites plaisir ! » Il demanda à M. Chapon de lui donner la Sainte Communion le lendemain matin, prévoyant qu'il ne pourrait pas dire sa messe.

« M. du Boys lui fit une lecture de M. Sainte-Beuve sur le comte de Maistre ; il remarqua que ce travail était empreint d'une certaine impartialité, mais que l'élévation, la hauteur des vues n'étaient qu'artificielles ; il opposa l'éloquence inspirée de M. de Maistre à l'esprit sceptique de Sainte-Beuve. Il recommanda à son interlocuteur la lecture des *Considérations sur la France*.

« Il a donné jusqu'à sa dernière minute, on peut le dire, l'exemple de cet amour de la règle qui était le principe fondamental de sa direction.

« J'ai recueilli tous ces détails de la bouche des membres de cette respectable famille qui a entouré de soins si religieux les derniers moments de notre grand évêque. M. Albert du Boys a vu affluer immédiatement de toutes parts les témoignages de regret et de sympathie. Les premiers et les plus touchants ont été ceux des paysans des villages voisins.

« J'ai vu défiler devant le lit où reposait le saint évêque de longues bandes d'enfants et de jeunes gens, récitant les prières des morts et cherchant à faire toucher à quelque partie de son vêtement sacerdotal leurs chapelets ou leurs livres.

« Une histoire touchante, qui m'a été racontée par l'un d'eux, explique les sentiments des habitants de la contrée pour l'évêque qu'ils rencontraient tous les ans dans leurs montagnes.

« Il y a quelques années, M. l'évêque d'Orléans, déjà

avait été, à une heure de la Combe, visiter le curé du petit village de Sainte-Agnès ; le curé était absent ; dans le jardin solitaire, l'évêque se promenait en récitant son bréviaire ; près de lui, un enfant gardait l'âne qui l'avait amené. Le jour commençait à tomber. Une jeune fille en larmes vint à la porte de la cure, disant que sa mère était mourante et demandait à se confesser. Elle témoigna sa douleur de ne pas trouver de prêtre. « — Mais « moi, mon enfant, dit l'évêque, moi aussi je suis prê- « tre, et je vais aller consoler votre mère. »

« Il fallut deux heures de marche, dans la montagne, pour permettre à Mgr Dupanloup d'accomplir le devoir du saint ministère. Un orage terrible le surprit, il revint tard à la Combe, s'excusant avec une touchante simplicité de l'inquiétude qu'il avait causée à ses amis.

« Ne connait-on pas à ces traits, que l'on pourrait multiplier, le disciple du saint archevêque de Cambrai. »

Le corps du vénérable prélat fut apporté à Orléans. Ses funérailles dans cette ville, présidées par S. E. Mgr Guibert, archevêque de Paris, auquel s'étaient joints plus de vingt autres archevêques et évêques, eurent lieu le 23 octobre, au milieu d'un concours immense de hauts personnages et de gens de toutes les classes de la société. En même temps, les honneurs militaires furent rendus à l'évêque sénateur, au chevalier de la Légion d'honneur et à l'académicien.

Monseigneur François GROS

Armes : *D'azur à l'ancre et à la croix latine en sautoir d'argent ; au chef de gueules au cœur d'or accompagné de deux billiettes du second.*

Monseigneur François Gros, né à Saint-Offenge-Dessous, le 28 février 1801, fut ordonné prêtre le 23 décembre 1826, et nommé ensuite successivement directeur du grand séminaire de Chambéry le 26 du même mois, professeur de troisième et de quatrième à Rumilly, le 1er novembre 1827, vicaire à Aix le 10 septembre 1828, curé de Trévignin le 20 avril 1830, curé de Cognin le 1er avril 1832, curé de Saint-Genix le 17 mai 1839, curé d'Aix le 16 avril 1842, chanoine et vicaire général le 6 novembre 1850, chevalier de la Légion d'honneur le 29 août 1860, doyen du Chapitre le 26 mars 1863. Élu évêque de Tarentaise le 23 septembre 1866, et préconisé le 21 mars 1867, il fut consacré dans la cathédrale de Chambéry par S. Em. le cardinal Billiet, le 1er mai suivant. Ayant donné sa démission en 1872, il fut nommé chanoine de Saint-Denis le 21 octobre de cette même année, se retira à Chambéry, et mourut en cette ville le 8 décembre 1883.

Dans la consécration du vénérable prélat, S. Em. le cardinal Billiet fut assisté de Mgr Vibert, évêque de Maurienne, et de Mgr Mermillod, évêque d'Hébron, vicaire apostolique de Genève. Mgr Jean-François-Marcellin Turinaz, évêque démissionnaire de Tarentaise, occupait la première stalle du chœur de la cathédrale. Après la cérémonie, Mgr Mermillod prononça un éloquent discours sur ce sujet intéressant à tous les titres et surtout par son à-propos : *Qu'est-ce qu'un évêque ?*

Monseigneur Charles-François TURINAZ

Armes : *D'or au cœur sommé d'une flamme de gueules et fascé d'une redorte doublement entortillée d'épines de sable qui est de Jésus ; au chef d'argent à la croix latine accolée d'un cep de vigne, avec canton d'azur à l'M surmontée d'une couronne d'argent.*

Cri de ralliement : *Sursum corda.*

Devise : *Misericordia et veritas, justitia et pax.*

Monseigneur Charles-François Turinaz, né à Chambéry le 3 février 1838, fut ordonné prêtre le 20 septembre 1862, après avoir reçu à Rome les grades de docteur en théologie et en droit canon. Il fut ensuite appelé à remplir successivement les fonctions de vicaire à Notre-Dame de Chambéry le 23 octobre 1862, de secrétaire de l'archevêque le 6 novembre suivant, de professeur de théologie dogmatique au grand séminaire le 15 octobre 1863, de professeur de théologie morale le 13 avril 1867. Après la démission de Mgr Gros, le gouvernement le nomma au siège de Tarentaise, par décret du 15 janvier 1873. Le nouveau prélat se rendit à Rome pour sa préconisation, qui eut lieu vers la mi-mars de cette même année. Une lettre publiée, le 21 de ce même mois, par le *Courrier des Alpes*, de Chambéry, rapporte les détails touchants de l'entrevue qu'il eut, à cette occasion, avec le pape Pie IX.

La consécration de Mgr Turinaz fut faite dans l'église métropolitaine de Chambéry, le 11 juin suivant, pendant la vacance du siège de cette ville, par Mgr Gros, son prédécesseur, assisté de Mgr Vibert, évêque de Maurienne, et de Mgr Magnin, évêque d'Annecy, auxquels étaient venus se joindre Mgr Mermillod, vicaire apostolique de Genève, et Mgr Paulinier, évêque de Grenoble. Comme on l'a vu pour Mgr Gros, Mgr Mermillod prononça, en cette circonstance, un discours sur le caractère de l'épiscopat catholique.

Dans le compte rendu que les journaux de l'époque publièrent de cette cérémonie, on lit cette juste appréciation des qualités et des mérites du vénéré pontife :

« M. Charles-François Turinaz est né à Chambéry, où sa famille était venue passer plusieurs hivers. Sa première éducation s'est faite en grande partie à Saint-Genix, sous les regards et avec la pieuse vigilance d'une bonne mère. Elève au collège du Pont-de-Beauvoisin, il y remporta des succès et s'y fit toujours remarquer par la vivacité de sa foi et sa constante application à l'étude. Le collège de Moûtiers le reçut comme élève de philosophie; son oncle et prédécesseur, Mgr Jean-François-

Marcellin Turinaz, évêque de Tarentaise, était heureux de le sentir près de lui et encourageait ses bonnes dispositions pour la science et la vertu.

« Jeune étudiant, il s'était fait agréger aux conférences de Saint-Vincent de Paul, et en remplissait la charge avec une louable assiduité. Il aimait à raviver ce souvenir de sa jeunesse studieuse, et les membres des conférences de Chambéry n'ont pas oublié avec quel bonheur et quelle verve il rappelait cet incident de sa vie d'étudiant. Après trois années de théologie au grand séminaire de Chambéry, il fut envoyé à Rome au séminaire français pour y achever ses études. Il y passa trois années d'une vie exceptionnellement laborieuse, emportant avec lui, après de brillants examens, les titres de docteur en théologie et en droit canonique. Le séjour de Rome lui procura de nobles et grandes amitiés ; nous n'en citerons qu'une. Le cardinal Villecourt, de regrettée mémoire, avait honoré le jeune théologien de son estime, de sa confiance et de son affection, et il lui a conservé jusqu'à la mort les mêmes sentiments.

« Vicaire à Notre-Dame de Chambéry d'abord, secrétaire particulier de Mgr Billiet pendant une année, il fut nommé successivement professeur de théologie dogmatique et de théologie morale au grand séminaire. Ses élèves eurent bientôt apprécié l'élévation de son intelligence, la fermeté et l'énergie de son caractère, la bonté de son cœur.

« L'activité du jeune professeur ne se bornait pas toutefois aux pénibles labeurs de l'enseignement et à l'importante formation des élèves du sanctuaire ; tous les instants que lui laissaient ses nombreuses occupations du grand séminaire, il les consacrait avec un infatigable dévouement à la prédication, à l'exercice d'un ministère fructueux et béni, à des œuvres particulières de zèle.

« Les tristes événements de 1870 lui fournirent la douloureuse occasion de prodiguer dans les ambulances son activité, son zèle et son dévouement pour nos soldats blessés. Ces bons soldats aimaient la vivacité de son caractère, les industries de sa charité, les tendresses de son cœur. Evêque nommé, c'est encore à la retraite préparatoire à l'accomplissement du devoir pascal, qu'il a consacré parmi nous les derniers efforts de sa charité[1]. »

Aujourd'hui, le vénérable prélat occupe le siège de Nancy depuis 1882, et s'y est conquis, par toutes les qualités qui distinguent sa haute intelligence et son cœur charitable, non seulement l'amour et la vénération de ses diocésains, mais aussi une des places les plus élevées dans le rang de l'épiscopat français.

[1] Voir le *Courrier des Alpes* du samedi 14 juin 1873.

Monseigneur Michel ROSSET

Armes: *D'azur à l'archange saint Michel foulant aux pieds et frappant d'une pique le dragon d'argent.*
Devise: *Veritatem facientes in charitate.*

Monseigneur Michel Rosset naquit au Betonet le 24 août 1830. Ordonné prêtre le 17 mai 1856, il fut ensuite nommé successivement professeur d'humanités à Rumilly le 15 octobre 1856, professeur de philosophie au grand séminaire de Chambéry le 15 octobre 1858, professeur de théologie dogmatique le 13 avril 1867. Préconisé évêque *in partibus infidelium* de Parium, avec l'administration apostolique du diocèse de Maurienne, il fut sacré le 24 août 1876, dans la cathédrale de Chambéry, par Mgr l'archevêque Pichenot, assisté de Mgrs Gros, ancien évêque de Tarentaise, Mermillod, vicaire apostolique de Genève, Magnin, évêque d'Annecy, et Charles-François Turinaz, nouvel évêque de Tarentaise, actuellement évêque de Nancy et de Toul. Après la mort de Mgr Vibert, arrivée la même année, il reçut le titre avec les droits d'évêque de Maurienne. Sa bonté, son austérité de mœurs, comme sa grande science théologique, lui ont conquis, dans son diocèse et dans l'Eglise, l'affection et l'estime du clergé, aussi bien que des fidèles. C'est en ces termes que la presse se fit l'écho de l'approbation universelle de sa nomination au siège de Maurienne :

« Le clergé et les fidèles de la Savoie viennent d'accueillir avec d'unanimes applaudissements la promotion de M. l'abbé Michel Rosset à la haute dignité d'évêque de Parium *in partibus infidelium* et d'administrateur apostolique du diocèse de Saint-Jean de Maurienne.

« M. Rosset est un enfant de la Savoie ; il a le caractère, le tempérament et les habitudes de son pays d'origine. Esprit droit et judicieux, volonté persévérante et énergique, caractère élevé et indépendant, vie laborieuse et austère, et, par-dessus tout, piété intelligente et pratique, telles sont, en quelques traits, les qualités qui caractérisent et distinguent le nouvel élu.

« Né au Betonet, dans le diocèse de Chambéry, de parents vertueux et profondément chrétiens, M. Rosset consacra à l'humble vie des champs les premières années de sa jeunesse ; remarqué parmi les enfants de son âge par le pasteur de sa paroisse natale, il en reçoit les premiers éléments de latinité et répond par des succès aux espérances qu'on avait fondées sur lui pour l'avenir. Elève au petit séminaire de Saint-Pierre d'Albigny, puis au grand séminaire de Chambéry, il est pour ses compagnons d'étude un sujet d'édification par sa piété, sa régularité et son application constante au travail.

« Ordonné prêtre en 1856, M. Rosset est d'abord nommé vicaire à Apremont ; mais bientôt après, on lui confia l'enseignement de la littérature et de l'histoire au petit séminaire de Rumilly. Il resta peu de temps dans l'exercice de ses fonctions ; Mgr Billiet avait jeté ses vues sur le jeune prêtre, et c'est là qu'il vint le prendre pour en faire un professeur de philosophie et un des directeurs de son grand séminaire. Après quelques années d'enseignement, M. Rosset peut affronter sans crainte les chances de la publicité et livrer à l'impression le fruit de ses labeurs, de ses patientes recherches et de ses études philosophiques. L'ouvrage de philosophie qu'il a composé est justement apprécié pour la solidité et l'orthodoxie de la doctrine ; il mérite à son auteur les plus hautes et les plus flatteuses approbations, plusieurs séminaires l'adoptent comme texte classique.

« Nommé successivement économe, professeur de dogme et directeur, puis enfin professeur de théologie morale dans le même établissement, M. Rosset se livre tout entier à ses importantes fonctions et surtout à l'étude approfondie de la théologie. Il corrigeait les dernières épreuves de son traité de la *Divine Eucharistie,* lorsque l'honneur et le fardeau de l'épiscopat sont venus s'imposer à lui et l'enlever, malgré ses répugnances, à ce qui était l'objet de ses plus chères affections, à sa modeste cellule, à ses livres et à sa classe. Le Saint-Siège et le gouvernement avaient reconnu, dans ce prêtre modeste, le vrai et solide mérite, l'homme capable, plus que tout autre, de conduire à bonne fin les difficiles et délicates affaires du diocèse de Maurienne.

« Notre Savoie est justement fière de voir de nouveau un de ses enfants élevé, par son seul mérite, au rang des princes de l'Eglise. Sans doute, le départ de Mgr Rosset cause un grand vide et une grande tristesse dans le clergé et surtout au grand séminaire de Chambéry, mais la pensée du bien qu'il est appelé à réaliser dans son épiscopat adoucit les regrets de la séparation.

« Ses confrères et ses amis, en le voyant s'éloigner d'eux, lui promettent de le soutenir toujours de leur affection et de leurs prières dans l'accomplissement des grands devoirs qui lui seront désormais imposés.

« Daigne le Seigneur réaliser nos vœux les plus ardents et accorder au nouveau pontife, pour de longues années, ses meilleures et plus abondantes bénédictions. »

Monseigneur Alfred DARDEL

Armes : *D'azur à deux flèches d'or en sautoir accolées d'un vol du même en cœur, surmontant le cœur de Notre-Dame des Sept Douleurs au naturel; à la champagne coupée de sinople et flottée d'argent, qui est d'une île; au chef de saint François d'Assise.*

Devise : *Impendam et super impendar.*

Monseigneur Alfred Dardel naquit à Aix-les-Bains, le 26 octobre 1825. Entré dans la famille des Capucins de Savoie, en 1845, sous le nom de Père Edmond, il fit profession le 28 octobre 1846, et fut ordonné prêtre le 25 mars 1849. La haute estime dont il jouissait auprès de ses frères en religion, l'appela souvent à remplir les fonctions de gardien dans quelques maisons de la province. Son talent distingué d'orateur chrétien en faisait surtout un missionnaire aimé et écouté des fidèles. Préconisé évêque de Zaïra *in partibus infidelium* et vicaire apostolique des îles Seychelles, le 31 décembre 1889, il mourut quelque temps après, à Port-Victoria, dans l'île de Mahé, avant d'avoir été consacré.

Monseigneur Alexandre BERLIOZ

Armes : *Coupé par une fasce d'or; au 1er d'azur à trois étoiles d'or surmontées de la colombe de Noé d'argent; au 2e de gueules à l'agneau pascal passant et soutenant du pied gauche antérieur une croix d'or au pennon d'argent.*
Devise : *Pauperes evangelizantur in dilectione et pace.*

Monseigneur Alexandre Berlioz est né à Serrières, le 12 décembre 1852. Entré dans la congrégation des Missions étrangères de Paris, il partit pour la mission de Hong-Kong le 16 décembre 1875, où il remplit d'abord l'office de sous-procureur jusqu'en 1879. Tranféré ensuite de cette province dans le Japon septentrional en 1879, il fut préconisé, le 31 décembre de cette année, vicaire apostolique d'Hakodaté, dans cette dernière région, avec le titre d'évêque de Calinda *in partibus infidelium.*

Monseigneur Laurent GUILLON

Armes : *D'azur à la croix de Savoie chargée du Sacré-Cœur de Jésus en abîme, cantonnée de trois étoiles d'or, 2 et 1.*

Monseigneur Laurent Guillon est né à Chindrieux, en 1854. Il fut ordonné prêtre au séminaire des Missions étrangères de Paris en 1878, et partit pour la mission de Mandchourie, le 19 avril 1877. Le 31 décembre 1889, il fut préconisé vicaire apostolique de cette province avec le titre d'évêque d'Euménie *in partibus infidelium.*

DIGNITAIRES ET OFFICIERS
DE L'ADMINISTRATION CENTRALE

Vicaires généraux.

Claude-François de Thiollaz. — François-Marie Bigex. — André-Marie de Maistre. — Jean-Gilbert Collet. — Pierre-Joseph Rey. — Alexis Billiet. — Antoine Martinet. — Pierre Gazel. — Jean-François-Marcellin Turinaz. — Antoine Rochaix. — François-Marie Vibert. — François-Joseph-Amédée Revel. — Maxime Girard. — Jean-Louis Turinaz. — Humbert-Benoît Pillet. — Jean-Marie Dépommier. — François-Marie Chamousset. — François Gros. — Pierre-Joseph-Éloi Descostes. — Damase Mercier. — Léon-Vincent Rosset. — Léon Vivien. — Joseph Guillet. — Jean-Claude Boissat. — Louis-Albert Siruguet. — Marc Burdin. — François Ramaz. — François Quay-Thevenon. — Louis Berthet. — *Émile le Camus*[1].

⁂

Officialités.

Diocésaine. André-Marie de Maistre. — Antoine Martinet. — Maurice-Barthélemi Pillet. — François-Joseph-Amédée Revel. — Alphonse Bigex. — Jacques-Marie Chevray. — Jean-Louis Turinaz. — Humbert-Benoît

---

[1] Étranger au diocèse.

Pillet. — Joseph-Marie Billiet. — Frédéric Millioz. — François-Antoine Gondran. — Pierre Tournier. — Honoré Chaffard. — Joseph-Marie Parchet. — Léon-Vincent Rosset. — Jean-Claude Boissat. — Pierre Vallet. — Michel Rosset. — Jean-Claude Farnier. — Amédée Tissot. — François Ramaz. — François Quay-Thevenon. — François Bovet.

MÉTROPOLITAINE. Jean-Baptiste Aubriot de la Palme. — Maxime Girard. — François-Joseph-Amédée-Revel. — François-Marie Vibert. — Jacques-Marie Chevray. — Jean-Louis Turinaz. — Humbert-Benoît Pillet. — Joseph-Marie Parchet. — Donat Ferroud. — Charles-François Turinaz. — Pierre Tournier. — Joseph Guillet. — François Ramaz. — Marc Burdin. — Hippolyte Petit. — François Quay-Thevenon. — François Bovet.

**

Chanceliers et secrétaires de l'évêché et archevêché.

Joseph-Sulpice Moinier. — Jean-François Vuarin. — Pierre-Joseph Rey. — François-Joseph-Amédée Revel. — François-Marie Vibert. — Jacques Chevray. — Alphonse Bigex. — Frédéric Millioz. — Humbert-Benoît Pillet. — Noël-Alexandre-Antonin-Thérèse-Lucie Morand de Saint-Sulpice. — Jean-Baptiste Berthier — Joseph-Marie Dunand. — Charles-François Turinaz. — Jules-Camille Mareschal. — Jean-Baptiste-Damase Dunoyer. — Joseph Millioz. — Louis-Gabriel-Joseph Varet. — Joseph-Maurice Ducis. — Gabriel Blais. — Amédée Tissot. — François Quay-Thevenon. — François Bovet.

Chapitre.

Le Chanoine Charles-Marc-Antoine ARMINJON

Chanoines titulaires. Claude-François de Thiollaz. — François-Marie Bigex. — André-Marie de Maistre. — Georges de Mouxy de Loche. — Jacques-François Dubouloz. — Jean-Baptiste Aubriot de la Palme. — Dominique Rogès. — Antoine Perret. — Jean-François Duc. — Antoine-Dominique Garellaz. — François Goybet. — Joseph Gargoux. — Humbert Rey. — Joseph Rey. — Joseph Moinier. — Pierre Gazel. — Antoine Rochaix. — Pierre Fortin. — Jean-Gilbert Collet. — Antoine Martinet. — Alexis Billiet. — François-Joseph-Amédée Revel. — Maxime Girard. — Jean-François-

20

Marcellin Turinaz. — Maurice-Barthélemi Pillet. — François-Marie Vibert. — Joseph Chuit. — Ennemond Rey. — Louis Rendu. — Jean-Baptiste Desgeorges. — Jacques-Marie Chevray. — Alphonse Bigex. — Thomas Collomb. — Frédéric Millioz. — Louis Dolin. — Jean-Marie Dépommier. — Jean-Louis Turinaz. — François Dubois. — Joseph-Marie Billiet. — Humbert-Benoît Pillet. — Aimé-Marie Fillion. — Joseph-Marie Parchet. — François Chamousset. — François Gros. — Pierre-Joseph-Eloi Descostes. — François-Marie Mermillod. — Donat Ferroud. — Joseph Perrolaz. — Noël-Alexandre-Antonin-Thérèse-Lucie Morand de Saint-Sulpice. — Jean-Claude Boissat. — Joseph-François Croisollet. — Joseph-Marie Dunand. — Jean-Etienne Plattet. — Pierre Charbonnier. — Jean-Baptiste Calloud. — Louis-Gabriel-Joseph Varet. — Jean-Claude Farnier. — Jules-Camille Mareschal. — Charles Tiollier. — François Gex — Athanase Rivoire.

CHANOINES D'HONNEUR. Mgr Félix-Antoine-Philibert Dupanloup. — *Mgr Gaspard Mermillod.* — François Gros. — Mgr Charles-François Turinaz. — Mgr Michel Rosset. — *Mgr Antoine Ricard.*

CHANOINES HONORAIRES. Alexandre Nicole de la Place. — André-Marie Montréal. — François-Marie Bazin du Chanay. — Claude-Marie-Louis de Regard de Vars. — Jean-Pierre Chevalier. — Jacques Garin. — André-Donat Gargoux. — Joseph-Marie de la Chambre. — Pierre Duport. — Jean-François Garnier. — Louis-Marie de Buttet. — François Morand. — Maurice-Barthélemi Pillet. — Pierre-Antoine Falcoz. — Jean-François-Marcellin Turinaz. — André Charvaz. — Alexandre Missilier. — Joseph Rey. — Jacques-Marie Chevray. — Jean Dépommier. — Alphonse Bigex. — Jean-Marie Dépommier. — Jean-Louis Turinaz. — François Dubois.

— Louis-François Ramel. — Joseph-Marie Billiet. — Humbert-Benoît Pillet. — François Chamousset. — Pierre Tournier. — François Mermillod. — Joseph-Marie Porchet. — Pierre-Joseph-Eloi Descostes. — Jean-Joseph Favre. — Dominique Mollinard. — Honoré Chaffard. — François-Antoine Gondran. — *Théodore Combalot*. — Joseph-François Croisollet. — Noël Morand.

Gaspard Mermillod. — Damase Mercier. — Jean-Louis Simond. — Léon-Vincent Rosset. — François-Marie Métral. — Pierre-Marie Chevalier. — *Jean-Baptiste-Théodore Boscredon*. — Joseph Dunand. — Pierre Vallet. — Jean-Baptiste Pajean. — Charles-Marc-Antoine Arminjon. — Joseph Guillet. — Jean-Etienne Plattet. — Adolphe-Camille Costa de Beauregard. — Benoît Bouvier. — Claude Goddard. — Michel Rosset. — Charles-François Turinaz. — Joseph Mareschal. — Jules-Camille Mareschal. — Louis Berthet. — Jean-François Dunand. — Jean-Baptiste d'Humilly de Chevilly. — Léon Vivien. — François-Lucien Pavy. — Charles Tiollier. — Pierre-François Georges. — Jean-Bruno Francoz. — François Trepier. — Albert-Louis Siruguet. — Michel Bise. — François Lacombe. — *Jean-Chrysostôme Diringer*. — Marc Burdin. — Pierre Philippe. — François Ramaz. — Hippolyte Petit. — François Quay-Thevenon. — Joseph Mailland. — François Exertier. — Amédée Tissot. — *Connelly*. — *Falcou*. — *Le Camus*[1].

---

[1] Les noms écrits en lettres italiques indiquent les membres du chapitre étrangers au diocèse.

Bénéficiers du premier ordre.

Dignité créée par indult apostolique du 5 janvier 1884.

Louis Bergeret. — Etienne-Marie Bogey. — Jean-Pierre Brachet. — Henri-Marie Cachoux. — Jean-Louis Cattin. — Louis Chabert. — Gaspard Domenget. — François Dumont. — Jean-François Ferroud. — Joseph Lemoine. — Claude Mollard. — Laurent Morand. — Jean Paget. — François Pajean. — Gaspard Perrier. — Benoît Perrin. — Antoine Rey. — Antoine-François Thouvard. — Pierre-Henri Vallet. — Anthelme Viboud. — Jacques Besson. — Joseph Mailland. — Jean Milliet. — Jacques Chavanel. — Jean-Baptiste Gavillet. — Alexandre Meignoz. — Anthelme Ramaz. — Augustin Blanc-Joli-Cœur. — Jean-Baptiste Bassat. — Pierre Raynaud. — Claude Martin. — Théophile Durochat. — Claude Berthier. — Jules Coudurier. — Anthelme Martin. — Basile-Léon Bouchage. — Pierre Vionnet. — Joseph Collonge. — François Chaisaz. — Benoît Chamousset. — Michel-Séraphin Perrier. — Michel Marin. — François-Léon Tissot.

PERSONNEL ECCLÉSIASTIQUE
DES DIVERS ÉTABLISSEMENTS GÉNÉRAUX

Directeurs et sous-directeurs de la Maîtrise.

Joseph Besson. — Joseph-Marie Faure Jonc. — Jean-Baptiste Floret. — André-Jacques Daudin. — Maurice Venat. — Benoît Chamousset. — François Rochat. — François Socquet. — François Dunoyer.

**

Grand séminaire.

Établi dans l'ancienne maison des Jésuites, puis des Cordeliers, ensuite de la restitution faite au diocèse, en 1803, par le gouvernement impérial.

SUPÉRIEURS. Benoît Guillet. — Jean-Gilbert Collet. — Alexis Billiet. — Jean-François-Marcellin Turinaz. — Jean-Marie Dépommier. — Pierre-Joseph Eloi Descostes. — Joseph Guillet. — Révérend Père Tissot, jésuite. — Louis Berthet.

PROFESSEURS ET ÉCONOMES. Alexis Billiet. — Antoine-Marie Revel. — Antoine Rochaix. — Jean-François-Marcellin Turinaz. — André Jourdain. — Jean-Louis Grillet. — Alexandre Missilier. — François Gros. — Jean-Louis Turinaz. — François Canet. — Jean-Marie Dépommier. — François-Marie Chamousset. — Honoré Chaffard. — Humbert-Benoît Pillet. — Pierre Tournier. — Pierre Vallet. — Georges-Marie Bogey. — Pierre-Joseph-Éloi Descostes. — Léon-Vincent Rosset. — Charles-Marc-Antoine Arminjon. — Michel Rosset. — François-Marie Mermillod.

Charles-François Turinaz. — Jules-Camille Mareschal. — Marc Burdin. — Jean-Baptiste-Damase Dunoyer. — Albert-Joseph-Marcellin Pillet. — Les Révérends Pères Jésuites Tissot, Peyssard, Viérin, Boyssou, Cornillac, Francia, de Chazournes. — François Ramaz. — Amédée Tissot. — Victor Bois. — Hippolyte Petit. — Augustin Blanc-Joli-Cœur. — Athanase Rivoire. — Alexandre Meignoz. — François Exertier. — Joseph Burlet. — Eugène Pilloud.

*
* *

Petit séminaire de Rumilly.

Établi, en 1808, dans l'ancien couvent des Oratoriens, puis transféré, vers 1853, dans le clos de l'ancien couvent de la Visitation.

SUPÉRIEURS. Thomas Collomb. — Jean Paris. — Pierre-François Angeloz. — Joseph-Marie Parchet. — François-Antoine Gondran. — R. P. Jean Descostes, jésuite. — Jean-Claude Boissat. — Jean-Bruno Francoz. — Joseph-François Croisollet. — Martin Roux. — François Dumont. — Antoine-Joseph Ducret. — Jean-Baptiste-Damase Dunoyer. — Michel-Séraphin Perrier.

PROFESSEURS. Noël Bouchardy. — Antoine-Marie Revel. — Joseph Chuit. — François Gros. — Claude Curtet. — Pierre-Joseph-Éloi Descostes. — Joseph Philippe. — Jean-Baptiste Calloud. — Antoine Rassat. — Maurice Brion. — Jean-Marie Girod. — Jean-Hipplyte Dupraz. — Jean-Marie Gavard. — Léon-Vincent Rosset. — Michel Bise. — Antoine Jeantin. — Jean-Baptiste d'Humilly de Chevilly. — Jean-Bruno Francoz. — Martin Roux. — Claude-François Chenal. —

Jean Fénestraze. — André-Théophile Durochat. — Alexis Tampion. — Jean-Pierre Riondy. — Charles Chavanel. — François Lansard.

Michel Rosset. — Gaspard Perrier. — Gaspard Riondy. — Georges Simonod. — François Vettier. — Jean Mandray. — François Dumont. — Claude-Paul Bottero. — Jacques Damaisin. — Pierre-Charles Socquet. — Hippolyte Petit. — Charles Voiron. — Claude Berthier. — Joseph-Fidèle Obry. — Jean-Claude Paget. — Jean-Claude Girardy. — Pierre Maillet. — Christin Favre. — Benoît Lacroix. — François-Marie Bontron. — Joseph Sondaz. — Joseph Mailland. Louis Viret. — Antoine Duisit. — Joseph-Arnaud-Marie Godet. — François Exertier. — Joseph-Auguste Martin. — Pierre-Joseph Guicherd. — Joseph-Marie Collonge. — Anthelme Husson. — Jacques Choulet. — Joseph Braissand. — Louis Brochet. — Etienne Dupassieux.

Eugène Thomassier. — Joseph Bernard. — Camille Petit. — Marcel Bouvier. — Antoine Ducruet. — Pierre Fétaz. — Athanase de Beaufort. — François Dérobert. — Jules de Beaufort. — Florentin Besson. — Joseph Pricaz. — Michel Paravy. — Louis Gonthier. — Claude Sadoux. — Maurice Pricaz. — Fabien Collomb. — Pierre Viret. — Jean-François Trepier. — Georges Denarié. — Jules Vergain. — Antoine Cartier. — Jean Philippe.

***

Petit séminaire de Saint-Pierre d'Albigny.

Etabli, en 1818, sur l'emplacement actuel.

SUPÉRIEURS. Jean-François Gex. — François-Marie Mermillod. — Jean-Claude Boissat. — Jean-Bruno Francoz. — François Gex. — Jean-Baptiste Gavillet.

Professeurs. Hyacinthe Alibert. — François-Marie Mermillod. — Jean-Baptiste Pajean. — Claude Falconnet. — Gaspard Bonnefoy. — Joseph Guillet. — Joseph Philippe. — Antoine Curtet. — Mathieu Gellon. — Pierre-Florentin Berthet. — Jean-Claude Farnier. — Joseph Collet. — Jean-Joseph Baulat. — Jean-Marie Biguet-Petit-Jean. — Jules Antoine Coudurier.

Jean-Pierre Dacquin. — Jean-Bruno Francoz. — Pierre Blanc. — Claude Mermet. — François Berlioz. — François Gex. — François-Marie Girardy. — Jean-François Mandray. — Claude Michaud. — Claude Berthier. — Jean-Pierre Beauchamp. — Joseph Viboud. — Jacques Damaisin. — Joseph Pétroux. — Anthelme Guicherd. — François-Eugène Buttin. — Joseph-Auguste Martin.

Jean-Baptiste Gavillet. — Joseph Janin. — Maurice Ducis. — Félix Bressand. — Donat Villoud. — Joseph Sondaz. — François-Jean Ailloud. — Sylvestre Guy. — Alexandre Meignoz. — Jean-François Bernard. — Jean-Pierre Perrier. — Antoine Brise. — François Pichon. — Philibert Meinier. — Amédée Tissot. — Jean-Marie Mailland. — François Tallon. — Célestin Déplante. — François Duisit. — Louis Clert-Thomas. — Michel Marin. — Maurice Gonthier. — François Richard. — Charles Coutaz-Muret. — Nicolas Favre.

François Bouvier. — Charles Martenon. — Antoine Curtet. — François Gotteland. — Louis Bergeret-Janet. — Pierre Ferroud. — Vincent Revillet. — Jean-Marie Exertier. — Joseph-Marie Mugnier. — Jean-Marie Gros. — Eugène Bocquet. — Victorin Gellon. — Eugène Perrier. — Alphonse Gay-Lancermin. — Jean-Baptiste Garnier. — François Richard. — François Bois. — Claude Michaud. — François Sondaz. — Louis-Marie Mouchet. — Victorin Gellon. — Pierre Mailland-Rosset. — Joseph Marin.

Petit séminaire du Pont-de-Beauvoisin.

Etabli, en 1820, dans la maison Crousaz, sur le bord oriental du Guiers, puis, vers 1830, sur l'emplacement actuel.

SUPÉRIEURS. Louis-François Ramel. — Antoine Blanchin. — Claude Curtet. — Joseph-François Croisollet. — Jean-Baptiste Bally. — Louis Berthet. — Marie-François Bésin. — Michel Marin.

PROFESSEURS. Joseph André. — Jean-Claude Suarez. — Pierre Pétigny. — Jean-Baptiste Bally. — Antoine Sevez. — Maurice Détraz. — Nicolas Palluel. — Claude Miège. — Alexandre Carret. — Jean-Benoît Truffet. — Nicolas Bailly. — Jules-Antoine Coudurier. — Joseph-Antoine Ducret. — Pierre Vallet. — Michel Bise. — Jean-Marie Biguet-Petit-Jean. — Jean Millet. — Anthelme Renaud-Goud. — Constant Berthet. — Jacques Défoury. — Jean-Pierre Beauchamp. — François Collomb. — Laurent Morand. — Marie Cottin. — Benoît Perrin. — François Triquet. — Henri Monachon. — Louis Berthet. — François Ramaz. — Pierre-Marie-François Canet. — Antoine Rive. — Maurice Venat. — Noël-Joseph Chevron. — Claude Gavillet. — Joseph-Maurice Ducis. — Auguste Chirpaz. — Joseph Abry. — François-Léon Tissot. — Joseph Sondaz. — Marie-François Bésin. — Claude-Antoine Ferrand. — Jean Paget. Charles-Henri-Hippolyte Sylvoz. — Antoine-Marie Jouty. — Alexandre Meignoz. — Michel-Séraphin Perrier. — Anthelme Husson. — François Pichon. — Maurice Clert-Renaud. — Charles Vuillerot. — François Riguet. — Marie Rassat. — Emile Duret. — Hyacinthe Jouty. — Pierre Pichon. — Auguste Grumel. — Philippe Favre. — Joseph Capitan. — Pierre-Marie Charles. — Aimé Bonne. — Joseph Sadoux. — Louis Lacroix. — Alphonse Perrier. — Antoine Besson.

Ancien petit séminaire de Saint-Louis-du-Mont.

Etabli, en 1809, dans l'ancienne maison de campagne des Jésuites; supprimé en 1848.

SUPÉRIEURS. Louis Gendre. — François-Claude Dubois. — Antoine-François Gondran.

PROFESSEURS. François-Joseph Dunoyer. — François-Marie Métral-Madret. — Jules Mathey. — Alexandre Valloire. — Gaspard Bonnefoy. — Joseph Besson. — Jean-Baptiste Floret. — Pavin Déphanis. — Joseph-Marie Guillot. — François Lacombe. — Joseph Guillet. — Jean-Joseph Baulat. — Jean Goddard. — Jean-Baptiste d'Humilly de Chevilly [1].

***

Externat de Saint-François de Sales.

Créé, en 1876, dans la maison dite la Maîtrise de la cathédrale; transféré, en 1884, dans l'ancien clos Longue, à Nezin.

SUPÉRIEURS. Pierre Charbonnier. — Michel-Séraphin Perrier. — François Gex. — Jean-Baptiste-Damase Dunoyer. — Louis Brochet. — François Exertier.

PROFESSEURS. Michel-Séraphin Perrier. — François Rochat. — François Socquet. Joseph Gex. — Philibert Jouty. — Clément Chamousset. — François Perrotin. — Fernand de Pierrefeu. — Jules Bernard. — Louis Brochet. — Anthelme Moiroud. — Ulysse Bouvet. — Joseph Burlet. — André Carle. — François Bernard. — Joseph Jacquier. — Bruno Laverne. — Eugène Pétellat

---

[1] Je ferai remarquer que cette liste des professeurs est incomplète; il m'a été impossible de découvrir d'autres noms.

— Claudius Sadoux. — Louis Jail-Termier. — Jules de Beaufort. — Jean Mailland. — François Clert-Renaud. — Jean-Baptiste Boissard. — Jean-Baptiste Terpand. — Eugène Revel. — François-Hippolyte Lapierre. — Antoine Bernard. — Nicolas Rosset. — Pierre-Noël Bellemin.

**
* **

Collège royal, collège national et lycée de Chambéry.

Le Lycée qui avait été établi à Chambéry, après la Révolution, prit, dans l'année 1816, le nom de collège royal. Celui-ci avait ses classes dans l'ancien couvent de la Visitation, et dura jusqu'en 1823, à l'arrivée des Jésuites. En 1848, la suppression des maisons de la Compagnie dans les États sardes amena encore un changement dans la direction et le personnel enseignant de cet établissement, qui reçut alors la dénomination de collège national. Enfin, après l'annexion de la Savoie à la France, en 1860, celui-ci à son tour, fut remplacé par le lycée actuel.

ECCLÉSIASTIQUES QUI ONT REMPLI LES FONCTIONS DE SUPÉRIEURS, DE PROFESSEURS OU D'AUMÔNIERS DANS L'ANCIEN COLLÈGE ROYAL, DANS LE COLLÈGE NATIONAL ET DANS LE LYCÉE ACTUEL. Pierre Gazel. — Alexandre Missilier. — Jean-Marie Dépommier. — Joseph Chuit. — Louis Rendu. — François-Joseph Burguer. — Antoine-Marie Revel. — Pierre-François Suarez. — François-Claude Dubois. - Jean-Joseph Favre. — Pierre Tournier. — Joseph-Marie Parchet. — Antoine-François Gondran. — Louis Delaquis. — Jean-Claude Farnier. — Joseph-Antoine Ducret. — Pierre-André Chanet. — Jean-Claude Boutron. — Philibert Jouty. — François-Marie Mermillod. — Pierre Thiévenaz. — Henri Cachoud. — Jean-Baptiste d'Humilly de Chevilly. — Joseph-Maurice Ducis. — Jean-Claude Tissot. — François-Léon Tissot.

Sénat et Cour d'appel.

D'après son règlement, l'ancien sénat de Savoie avait un aumônier chargé de dire à la noble Compagnie une messe à certain jour de la semaine. Cet usage a été conservé ensuite par les Cours d'appel qui se sont succédé en 1848 et en 1860, jusqu'en ces dernières années où il a été, sinon supprimé, du moins considérablement restreint.

Aumôniers les plus récents. Donat Ferroud. — Joseph Mareschal. — Charles Tiollier. — Jean-Bruno Francoz. — Benoît Chamousset.

Sainte-Chapelle.

Dans l'ancien château des ducs de Savoie ; rétablie comme chapelle publique, en 1803.

Aumôniers. Alexandre-Nicole de la Place. — Sylvestre-Juvénal Fiorito. — Jean-Joseph Favre. — Claude-François Lacombe.

Couvent de la Visitation.

Rétabli, en 1806, dans l'ancienne maison de Pingon, actuellement maison Angleys ; transféré, en 1808, dans l'ancien couvent des Feuillants de Lémenc.

Aumôniers. François-Marie Bigex. — Humbert Rey. — André Jourdain. — Maurice-Barthélemi Pillet. — Louis-François Ramel. — Benoît Loridon. — Noël Morand. — Pierre-Joseph-Eloi Descostes. — Anthelme Louis. — Benoît Bouvier. — Joseph Collonge.

Couvent des Carmélites.

Rétabli, en 1824, dans l'ancienne maison des Carmes, aujourd'hui la Mendicité, au faubourg Montmélian; transféré, en 1831, dans l'établissement actuel, à Lémenc.

Supérieurs. Antoine Rochaix. — Jean-François-Marcellin Turinaz. — Humbert-Benoît Pillet. — François Gros. — Jean-Marie Dépommier. — Damase Mercier. — Joseph Guillet. — Louis-Gabriel-Joseph Varet.

Couvent du Sacré-Cœur de Chambéry.

Établi d'abord, en 1818, dans l'ancien couvent de Sainte-Claire hors ville, aujourd'hui Hôpital militaire ; puis transféré provisoirement, en 1819, dans le château de Montgex ; enfin fixé, en 1820, dans l'ancienne maison de Lescheraine, au faubourg Maché, où il se trouve maintenant.

Aumôniers. Jean-François-Marcelin Turinaz. — Joseph Favre. — François-Claude Dubois. — Claude Goddard.

Refuge du Bon-Pasteur de Chambéry.

D'abord établi, en 1838, dans la maison Dolin, plus tard Raymond, à Nezin ; ensuite continué, en 1839, dans la maison et le clos dits Haute-Bise, au sommet de la rampe des Carmélites, à Lémenc ; enfin transféré, en 1843, dans la maison et le clos Dupuy, à l'Angleterre, où il se trouve actuellement.

ADMINISTRATEURS. Les trois vicaires généraux de Mgr l'Archevêque et les quatre curés de la ville.

AUMÔNIERS. Les RR. PP. Capucins. — Jean-Pierre Dacquin. — Le R. P. Rothenflue, jésuite. — Jacques-Marie Chevray. — François-Marie Mermillod. — Joseph-François Croisollet. — Pierre-Marie Vionnet.

*
* *

Maison des Religieuses Sacramentines de Chambéry.

Établie, en 1886, dans l'ancien clos Savoiroux, au faubourg Nezin.

AUMÔNIERS. François Gex. — Les professeurs de l'Externat de Saint-François de Sales.

*
* *

Établissement des Frères des Écoles chrétiennes de Chambéry.

Fondé, en 1810, par le chanoine Jean-Baptiste Aubriot de la Palme, avec le concours de personnes charitables ; installé d'abord, au mois de novembre de cette même année, dans l'ancienne maison des Antonins, aujourd'hui disparue ; puis transféré, en 1846, dans la maison actuelle du Verney.

AUMÔNIERS. Jean-Baptiste Aubriot de la Palme. — André-Marie de Maistre. — Antoine Martinet. — Antoine Rochaix. — Joseph-Amédée Revel. — Humbert Pillet. — Georges-Marie Bogey. — Adam-Barthélemi-Christian Vanni. — Dominique Pâquet. — Michel Rosset. — Joseph-Antoine Ducret. — Claude-François Chenal. — Adam-Barthélemi-Chistian Vanni. — Joseph Burlet.

Couvent des Religieuses de Saint-Joseph de Chambéry.

Établi, en 1812, dans la maison où se trouve aujourd'hui le presbytère de Saint-François de Sales ; transféré, en 1816, dans leur maison actuelle, rue d'Italie.

AUMÔNIERS. Joseph Chuit. — Antoine-Cyrille Cusin. — Claude Jacquemet. — Pierre Charbonnier. — Michel Bise. — Gaspard Riondy. — Etienne-Marie Bogey. — Jean-Bruno Francoz. — Basile-Léon Bouchage.

Couvent des Religieuses Gardes-Malades.

Établi, en 1872, à Nezin, sur le quai de la Leysse.

AUMÔNIER. Michel Bise, curé de Notre-Dame.

Providence et Orphelinat de filles.

Rétablis, en 1845, dans la maison dite actuellement Tardy, au faubourg Reclus, au-dessus du pont du chemin de fer ; transférés en 1856, dans l'ancien clos des Carmes, au faubourg Montmélian.

Aumôniers. Damase Mercier. — Henri Monachon.

Hospices civils.

Fondés en 1370 ; situés entre la rivière de la Leysse et le boulevard de la Colonne de Boigne.

Aumôniers de l'Hôtel-Dieu. Louis Falconnet. — Pierre-François Angeloz. — Louis-Joseph Clavel. — Martin Joly. — Jean-François Dompmartin. — Joseph Mailland.

Aumôniers de la Charité. Claude-François Rannaud. — Alexis-Xavier Gresset. — Ennemond Rey. — Gaspard Bonnefoy. — Louis-François Menoud. — François-Marie Métral-Madret. — Claude-François Chenal. — Georges Simonod.

Pensionnat de filles de Saint-Ambroise de Chambéry.

Établi, en 1876, dans l'ancien clos Burdin, à Nezin.

Aumôniers. François Béranger. — Gaspard Riondy, curé de Lémenc. — François Dumont, id. — André-Théophile Durochat, id.

Refuge de Saint-Benoît.

Fondé, en 1830, par le général comte Benoît de Boigne, dans l'ancien couvent des Augustins, au faubourg Montmélian.

Aumôniers. Les Révérends Pères Capucins.

La Mendicité ou Refuge de Sainte-Hélène.

Fondé, en 1830, par le même général comte Benoît de Boigne, dans l'ancien couvent des Carmes.

AUMÔNIERS. Les Révérends Pères Capucins.

**

Les Prisons.

Situées à l'ouest du Marché-Couvert actuel, dans une dépendance de l'ancien couvent de Saint-Dominique.

AUMÔNIERS. Jean-Baptiste Floret. — Maurice Brion. — François Trepier. — Joseph-Maurice Ducis. — Jean-Claude Tissot. — Hippolyte Petit.

**

Hôpital militaire.

Établi, en 1816, dans l'ancien couvent des Annonciades, aujourd'hui des RR. PP. Capucins, au faubourg Montmélian ; transféré, en 1818, dans l'ancien couvent de Sainte-Claire hors ville, où il se trouve actuellement.

AUMÔNIERS. Jusqu'en 1860, les aumôniers des régiments sardes ; depuis l'annexion de la Savoie à la France : Noël Morand. — François Trepier. — Auguste Lacombe.

**

Orphelinat de garçons de Chambéry.

Créé, en 1868, par M. le chanoine Adolphe-Camille Costa de Beauregard, au Bocage.

DIRECTEUR-AUMÔNIER. Adolphe-Camille Costa de Beauregard.

Aumôniers auxiliaires. Claude Chenal. — Jean Beauregard. — Eugène-Jean-Baptiste-Louis-Marie Domenget. — Alphonse Blanchin. — François-Marie Carle. — Jean-Marie Bouvier.

*
* *

Lycée de filles de Chambéry.

Créé, en 1892, par la municipalité.

Aumôniers. Eugène Deschaux.

*
* *

Couvent des Augustines du Pont-de-Beauvoisin.

Etabli en 1825, dans l'ancienne maison des Augustins, surplombant le lit du Guiers, à l'ouest de l'église paroissiale ; transféré, en 1862, dans le clos contigu à celui du petit séminaire.

Aumôniers. Jean-Baptiste Bailly. — Antoine Rive. — Charles Vuillerot. — Joseph Romanet.

*
* *

Etablissement de Sourds-Muets de Cognin.

Créé, en 1848, dans la maison de l'ancien petit séminaire de Saint-Louis du Mont ; transféré, vers 1856, à Cognin, au lieu dit Corinthe.

Directeurs et Aumôniers. Noël-Alexandre-Antonin-Thérèse-Lucie Morand de Saint-Sulpice. — Edouard Rieffel. — Philibert Jouty. — Jean-Louis Saint-Germain. — Eugène Deschaux. — Jacques Rossi.

Asile des aliénés de Bassens.

Créé, en 1830, par M. le général comte Benoît de Boigne, dans la maison de l'ancienne abbaye cistercienne du Beton ; transféré, en 1854 à Bassens, sur la route du chef-lieu de cette commune à Chambéry.

AUMÔNIERS. Jean-François Dunand. — Joseph Millioz. — François-Léon Tissot. — François Tissot.

* * *

Pensionnat des Frères des Écoles chrétiennes de la Motte-Servolex.

Créé, en 1846, au chef-lieu de cette commune, près de l'église paroissiale.

AUMÔNIERS. Georges-Marie Bogey. — Claude Angelier. — Anthelme Viboud. — Charles Gras (du diocèse de Nice). — François Chaisaz.

* * *

Fabrique Guinet, du Pont-de-Beauvoisin.

Établie vers 1874, sur la route de Chambéry.

AUMÔNIERS. Claude-Antoine Ferrand, aumônier titulaire. — François Riguet, aumônier auxiliaire.

* * *

Chapelle de Saint-Anthelme à Chignin.

Bâtie et fondée par les Chartreux, en 1876 ; consacrée et inaugurée le 26 juin 1877, par Mgr Pichenot, archevêque de Chambéry.

AUMÔNIER. Pierre Quenard.

Congrégation des Missionnaires diocésains de Myans.

Établie d'abord dans l'ancienne abbaye cistercienne de Tamié en 1839, puis reprise à Myans en 1842, enfin renouvelée, en 1860, à Myans.

SUPÉRIEURS. *Durant la première période :* Le R. P. Loewenbruck, ancien rosminien. — *Durant la seconde période :* Claude-Michel Calloud. — *Durant la troisième période :* Le R. P. Jean-François Bougeon, jésuite. — Le R. P. Peyssard, id. — Le R. P. Joseph Delévaux, id. — Pierre Maillet.

MEMBRES DE LA CONGRÉGATION. *Durant la première période :* Jean-François Dompmartin. — Jean-Baptiste Carle. — Jean-François Mansoz. — Pierre-Antoine Rochas.

Durant la seconde période : Jacques Chavanel. — Antoine Rassat. — Henri-Marie Cachoux.

Durant la troisième période. Les Révérends Pères Jésuites : Géroudet, des Gets. — Jean-Marie Raffin, de Chambéry. — Perrier, de Taninges. — Adolphe Delévaux, de Magland. — Claude Dumollard, de Challes. — De Coucy de Serraval. — Joseph Commod, d'Ayas (vallée d'Aoste). — Blanc, de la vallée de Bardonnèche. — Rathière. — Claude Dumas, de Cognin. — Astier, de l'Ardèche. — Guigo, du comté de Nice. — Etienne Chargebœuf, d'Auvergne. - Roy, du Doubs. — Rabatel, de l'Isère. — Barret. — Blein, du diocèse de Gap.

Les prêtres séculiers : RR. PP. Pierre Maillet — Jean-Pierre Perrier. — François Tallon. — François-Marie Blanchin. — Claude-Antoine Sadoux. — François Burgat. — Joseph Berlioz. — Charles-André Gex. — Victor Collet. — Vincent Revillet. — Joseph-Gabriel Gex. — Adolphe Vaudion. — Louis Bogey. — Téophile Gonthier. — Joseph Mosset.

Couvent des Capucins de Chambéry.

Rétabli, en 1818, dans l'ancien couvent des Annonciades, au faubourg Montmélian.

Le R. P. Eugène GRUFFAT

Gardiens. RR. PP. Généreux, de la Roche. — Athanase, de Saint-Julien (Genevois). — Zosime, de Thonon. — Victor, des Houches (Faucigny). — Séraphin, de Belley. — Ambroise, d'Ugines. — Gabriel, d'Onnion. — Victorin, de Chambéry. — Anselme, de Vinziers. — Joseph-Célestin, de la Rivière-Enverse (Faucigny). — Emmanuel, de Beaumont. — Edmond, d'Aix-les-Bains. — Casimir, de Peisey. — Bérard, de Chindrieux. — Marc, de Faverges. - Camille, de la Murette. — Marie-

Louis, de Nangy. — Clément, de Saint-Pierre de Bressieu (Isère).

*
* *

Couvent des Capucins d'Yenne.

Rétabli, en 1823, dans leur ancien couvent.

Gardiens. RR. PP. Eugène, de Rumilly. — Bienvenu, de Châtillon. — Justin, de Saint-Baldoph. — Victorin, de Chambéry. — Constantin, de Viuz-Faverges. — François, de Reyvroz. — Charles-Félix, de Villafranca. — Gabriel, d'Onnion. — Vincent, de la Roche. Archange, d'Albiez-le-Vieux. — Sylvain, de Vinzier. — Ruffin, de Gênes. — Joseph-Marie, de Chambéry. — Désiré, de Chambéry. — Emmanuel, de Beaumont. — Paul, de Montmin. — Edouard, de Châtillon (Aoste). — Camille, de la Murette. — Clément, de Saint-Pierre de Bressieu. - Pierre-Baptiste, de Bonvillard.

*
* *

Abbaye Cistercienne d'Hautecombe.

Rétablie, en 1826, avec des religieux de l'ancienne Observance de saint Bernard ; continuée, en 1864, par des religieux de l'Observance de Sénanque. Cependant, il n'y a pas eu d'abbés titulaires proprement dits de la maison, bien que cinq des prieurs aient été revêtus de la dignité abbatiale.

Prieurs. *Durant la première période :* DD. Placide Desmarets (abbé). — Archange Arcasio (id.) — Emile Comino (id.) — Hilarion Ronco — Jean de la Croix Lacroix. — Claude Curtet (abbé). — Charles Gotteland (abbé commandataire, sans avoir jamais reçu les pouvoirs canoniques). — Camille Bouvier. — Félix Prassonne (abbé). — Pierre Bovagnet.

Durant la seconde période : DD. Marie-Archange Dumont. — Marie-Athanase Martin. — Marie-Célestin Gillet. — Marie-Maur Figues. — Marie-Symphorien Gaillemin.

Couvent de la trappe de Tamié.

Établi, en 1861, dans la maison de l'ancienne abbaye cistercienne de cette localité, par des religieux de la primitive Observance de Rancé, venus de la Trappe de la Grâce-de-Dieu (Jura).

PRIEURS. DD. Malachie (Nicolas Renauldt, d'Azelles, Aude). — Théodore (Jules-Émile Sitoulet, de Vielverge, Jura). — Éphrem (Louis Signol, de Saint-Just en Chevalet, Loire). — Polycarpe (Jean-Marie Jaricot, de Lyon). — Thomas d'Acquin (Claude Berthet, de Gannat, Allier). — Fortunat (Léon Maréchal, de Brancon-Salins, Jura).

DEUXIÈME PARTIE

PERSONNEL ECCLÉSIASTIQUE DES PAROISSES DU DIOCÈSE DE CHAMBÉRY

Ville de Chambéry.

CHAMBÉRY (*CAMBERIUM*). Altitude au-dessus du niveau de la mer (sol de la Cathédrale) : 262 mètres.

Étendue territoriale : 1,005 hectares 94 centiares. Étendue des terrains cultivés et habités : 928 hectares.

Population en 1804 : 10,300 habitants ; en 1822 : 11,236 hab. ; en 1837 : 14,899 hab.

Population en 1881. Chambéry (ville) : 14,259 habitants — Banlieu : Beauvoir, 63 hab. — La Boisse, 93 hab. — Piochet, 16 hab. — La Cassine, 92 hab. — Côte-Rousse, 14 hab. — La Croix-Rouge, 241 hab. — Joppet et la Martinière, 73 hab. — Mérande, 56 hab. — Les Monts, 26 hab. — Angleterre, 57 hab. — Le Biolay, 52 hab. — La Boisse, 16 hab. — Les Vieux-Capucins, 85 hab. — Le Chanay, 53 hab. — Les Charmettes, 128 hab. — La Favorite, 51 hab. — Montgex, 80 hab. — La Moutarde et Champ-de-Mars, 57 hab. — La Revériaz, 97 hab.

Population totale de la commune de Chambéry en 1891 : 20,916 habitants.

Depuis 1803, Chambéry, au lieu des trois paroisses, Saint-Léger, Lémenc et Maché, qu'il contenait au dernier siècle, renferme, dès le commencement du siècle actuel, quatre paroisses, Saint-François de Sales, Notre-Dame, Lémenc et Maché.

SAINT-FRANÇOIS DE SALES
Siège de l'archiprêtré.

Patron : *Saint-François de Sales.*

La paroisse de Saint-François de Sales de Chambéry remplace l'ancienne paroisse de Saint-Léger et a la Cathédrale pour église. Ses limites furent ainsi fixées à son érection, le 4 août 1803, par Mgr des Moustiers de Mérinville : La paroisse de Saint-François de Sales comprendra, dans son enceinte, la rue Jean-Jacques *(rue Croix-d'Or)*, le faubourg du même nom *(faubourg Montmélian)* et ses dépendances jusqu'aux confins de la commune de Barberaz, les Charmettes et le territoire jusqu'aux limites de Jacob-Bellecombette et de Maché, le Château national et ses dépendances ; descendra la nouvelle rampe *(aujourd'hui du portail Saint-Dominique)* projetée depuis les jardins du Château au nouveau faubourg de la Visitation *(actuellement rue du Lycée)*; et passant devant la maison de la veuve Masson, suivant la rue de la Trésorerie, elle ceindra la place d'Armes *(place Château)* et ses dépendances, la partie méridionale de la rue de la Fraternité *(rue Juiverie)*, embrassant toutes les Cabornes, revenant sous la Rue-Couverte jusqu'à l'allée ci-devant dite Saint-Sulpice *(disparue par la création de la rue des Portiques)*, dans la direction de la rue de la Paix *(rue basse du Boulevard)*, en continuant par ladite rue jusqu'au passage de la Meule *(entre les Hospices et la maison des Sœurs de Saint-Joseph)*.

« Sont comprises, dans cet arrondissement, toutes les places, rues et portions de rues existantes à droite de cette ligne ; elle prendra la direction de la rivière qui coule le long dudit passage de la Meule ; elle suivra celle du mur de division de l'ancien jardin des Augustins d'avec les jardins de l'hôpital de la Charité jusqu'à la rivière de la Leysse, et continuera dans le cours des limites de l'ancienne paroisse de Saint-Léger jusqu'aux confins de celle de Barberaz[1]. »

Population en 1891 : 9,784 habitants.

CURÉS. Antoine Rochaix. — Jacques Garin. — Joseph Rey. — Pierre-Antoine Falcoz. — Jean-Antoine Dépommier. — Pierre Tournier. — Jules-Camille Mareschal.

VICAIRES. Maurice-Barthélemi Pillet. — Pierre-Joseph Rey. — Louis-François Ramel. — Louis Falconnet. — Pierre-Marie Chevalier. — Joseph Pellissier. — Damase Mercier. — Donat Ferroud. — Antoine Blanchin. — Louis-Joseph Curtelin. — Gabriel-Marie de Bagard. —

---

[1] Archives de l'Archevêché de Chambéry, *Institutions des Paroisses*, vol. I.

Pierre Tournier. — Jean-Etienne Plattet. — Charles Tiollier. — Adam-Barthélemi-Christian Vanni. — Jean-Antoine Ferrand. — Claude-Marie Dépommier. — Léon-Vincent Rosset. — Claude Goddard. — Claude-François Lacombe. — Henri-Marie Cachoux. — Antoine Poguet. — Michel Bise. — Louis Berthet. — Joseph-Louis Curtelin. — François-Lucien Pavy. — Joseph Lemoine. — Henri Monachon. — Antoine-François Thouvard. — Etienne-Marie Bogey. — Eugène-Pierre-Marie de Rolland. — Joseph-Marie Millet. — Hippolyte Petit. — Albert-Joseph-Marcellin Pillet. — Pierre Quenard. — Anthelme Gerbelot. — Joseph Millioz. — Benoît Lacroix. — François Quay-Thevenon. — Léon-François Tissot. — Jacques Bernard. — Joseph Ballet. — Eugène Thomassier. — Auguste Lacombe. — Marcel Bouvier. — Alphonse Chabert. — André Carle. — Joseph Jacquier.

NOTRE-DAME

Siège de l'archiprêtré.

Patronne : *Notre-Dame de la Nativité.*

Cette paroisse fut formée d'une partie de chacune des trois qui existaient avant la Révolution. Il lui fut donné pour église celle des Jésuites, et postérieurement des Cordeliers, attenante à leur maison (*aujourd'hui grand séminaire*). Les limites furent aussi fixées de cette manière, le 4 août 1803, par Mgr des Moustiers de Mérinville : « La nouvelle paroisse de Notre-Dame comprendra dans sa ciconscription, en partant de l'allée dite Saint-Sulpice et passant sous la Rue-Couverte, la partie septentrionale de la rue de la Fraternité *(rue Juiverie)*, la suite de la même aile jusqu'à l'entrée du faubourg Maché inclusivement ; cette ligne se dirigera par la nouvelle rue de la Visitation *(rue du Lycée),* dont elle embrassera l'aile droite ; elle passera ensuite sur l'aile gauche et suivra le long des murs du Verney, partie du midi, le chemin en face de la maison Dupuy jusqu'à la rivière de l'Albane ; tout le territoire enclavé dans cette rivière et celle de la Leysse qu'elle remontera jusqu'au mur de division de l'ancien jardin des Augustins ; de là elle reviendra par le chemin de la Meule *(entre les Hospices et la maison des Sœurs de Saint-Joseph),* et la rue de la Paix *(rue basse du Boulevard),* la susdite allée de Saint-Sulpice prise pour point de départ [1]. »

Population en 1891 : 5,995 habitants.

CURÉS. Pierre Fortin. — Jean-Antoine Dépommier. — Damase Mercier. — Claude-Alphonse Ponet. — Pierre Bassat. — Grégoire Carret. — Michel Bise.

VICAIRES. Jean-Antoine Dépommier. — Jacques Trabichet. — Jean-Hippolyte Dupraz. — Louis-Joseph Clavel. — Jean-Claude Boissat. — Pierre-François Georges. — Louis-Antoine-Léon Vernaz. — Grégoire Carret. — Joseph-Antoine Miguet. — Jean-Baptiste Carret. — Gaspard-Marie-Louis Domenget. — André-Théophile Durochat. — Charles-François Turinaz. — Charles-François Duchêne. — Joseph Mailland. — Albert-Joseph-Marcellin Pillet. — Pierre-François Tournier. — Victor-François Deprimoz. — François Chaisaz. — Joseph Millioz. — Pierre-Marie Vionnet. — Sylvestre Guy. — Eugène-Jean-Baptiste-Louis-Marie Domenget. — Joseph-Auguste-Martin-François Lovet. — François Rochat. — Julien Journet. — Augustin Déprimoz. — Eugène Deschaux.

---

[1] Archives de l'Archevêché de Chambéry, *Institution des Paroisses,* vol. I.

LÉMENC *(LEMENCUM)*

Archiprêtré de Notre-Dame de Chambéry.

Patron : *Saint Pierre, apôtre.*

Lémenc, dont l'église était autrefois desservie par des religieux Bénédictins, est la plus ancienne paroisse de Chambéry.

Population en 1891 : 1,857 habitants.

Curés. Joseph-Victor de Cyrace. — Victor Bouvier. — Claude-François Lacombe. — Gaspard Riondy. — François Dumont. — André-Théophile Durochat.

Vicaires. François Charrot. — Jean-François Mansoz. — Claude Miège. — Jean-Pierre Dacquin. — Pierre Thiévenaz. — Lucien-Victor Métraux. — Athanase Rivoire. — François Collomb. — Jean Mailland. — François Villermet.

*
* *

MACHÉ *(MACHIACUM)*

Siège de l'archiprêtré.

Patron : *Saint Pierre, apôtre.*

Population en 1891 : 3,280 habitants.

Curés. Jean-François Fichet. — Antoine Martinet. — Joseph Favre. — Jean-Claude Farnier. — Laurent Morand.

Vicaires. Damase Mercier. — Benoît Malinjoud. — François Finas. — Jean-François Girod. — Dominique Paquet. — François Vachaud. — Pierre-François Cessens. — Claude Dumollard. — Pierre Charbonnier. — Charles Charrot. — Claude Angelier. — Pierre-André Chanet. — Jean-Baptiste Carret. — Léon Petit. — Ferdinand Farnier. — Alexis-Henri Monachon. — Jean-

Claude Tissot. — Antoine Chapelle. — Anthelme Jean-Maurice Comoz. — Antoine Duisit. — Joseph Bernard. — Jean-Baptiste Durand. — Joseph Capitan.

*

ECCLÉSIASTIQUES ORIGINAIRES DE CHAMBÉRY. Thérèse-François Panisset. — Georges Léger. — Noël Plattet. — Jean-Claude Bourgeois. — Michel Fleury. — Pierre Actué. — Joseph Gagnière. — Albert-Eugène Cantin. — Jean-Claude Piochet de Salins. — Pierre Perret. — Jean-Pierre Chevalier. — Antoine Guy. — Jean-Baptiste Chaffarod. — Balthazard Beaudet. — Jacques Demolin. — Charles Berthier. — Jean-Humbert Brun. — Antoine Quillet. — Guillaume Pierron. — Jean-Marie Amphoux. — Claude Armand. — Pierre Fortin. — André-Marie de Maistre. — Antoine Dacquin. — Antoine Mansoz. — Benoît Guillet. — André-Donat Gargouz. Jacques Simien. — Etienne Reverdy. — Claude Rey. — Jean-Baptiste Marguery. — Jean-Baptiste Desgeorges. — Pierre Laurent. — Joseph-Concors Rey. — Claude Pallucet. — Jean-Baptiste Bouvier. — Jean-Antoine-Marie Dupuy. — François Dupraz. — Jean-Claude Noël. — François Morand. — Laurent Ract. — Maurice-Barthélemi Pillet. — Robert Chapperon. — Hyacinthe Monet. — Martin Joly. — Louis-Marie Guillot. — Victor Bouvier. — Bernard-Denis Durand. — Ennemond Rey. — Pierre-Élisabeth Poulin. — Antoine Richard. — Pierre-Marie Ouvrier. — Jean-Claude Pierron. — Prudent Perrier. — Balthazard Armand. — Benoît Laracine. — Jean-Louis Burdet. — Aimé-Marie Meyffret. — Pierre-Philippe. — Joseph Ponnet. — Jean-Marie Grimonet. — François Bonniot. — Joseph Louis. — François-Marie Chamousset. — Joseph Mareschal. — François Louis.

— Pierre Bassat.— Claude Paquet. — Charles Tiollier.
— Jean Poncet. — Maurice Tardy.

Pierre Vallet.— Dominique Paquet.— Maurice Brion.
— Hippolyte Frandin. — Adam-Barthélemi-Christian
Vanni. — Nicolas Bailly. — Léon-Vincent Rosset. —
Marc Burdin. — Joseph Dijoud. — Jean-Étienne Guilland. — Charles-Marc-Antoine Arminjon. — Jean-Gabriel de Bagard. — Jean-Baptiste Bassat. — Michel
Godard. — Jean-Claude Tissot. — François Bouchet.—
Joseph Bouchet. — Paul Bouchet. — Antoine dit Francisque Bouchet. — Paul Gelot. — André Bois. — Louis
Bouvier.— Marie-Étienne Tournier.— Charles-François
Turinaz. — Maurice Venat. — Joseph Viboud. — Noël
Morand. — Claude-Paul Bottero. — Jules-Camille Mareschal. — Adolphe-Camille Costa de Beauregard. —
Maurice-Laurent Mareschal. — François Baboulaz.—
Charles Voiron. — Benoît Chamousset. — Hippolyte
Godard. — François-Joseph-Alexandre Bovet. — Jean-Baptiste Bailly. — Jean Beauregard. — François Quenard. — François Riguet. — Nicolas Favre. — Charles.
Martenon. — Jules de Beaufort. — Jacques Rossi. —
Athanase de Beaufort. — Adolphe-François Bouchage.
— Joseph Burlet. — Jean-Marie Sadoux. — Antoine
Travers. — Jean-Marie-Albert Crollet. — Louis Jail-Termier. — Claudius Sadoux. — Auguste Grumel. —
Jean-Baptiste Terpand. — Joseph Villoud. — Alexis
Faga. — Eugène-Joseph Revel. — Paul Perreau. —
Louis Perreau. — Claude Million.

Paroisses rurales.

AIGUEBELETTE *(AQUABELLETTA)*

Canton du Pont-de-Beauvoisin, archiprêtré du Pont-de-Beauvoisin.

Patron : *Saint André, apôtre.*

Cette ancienne paroisse fut réunie, en 1803, à celle de Lépin, et rétablie en 1835.

Altitude au-dessus du niveau de la mer : 305 mètres[1].

Étendue territoriale : 806 hectares 80 ares. Étendue des lieux cultivés et habités : 177 hectares 80 ares.

Population en 1804 : 333 habitants ; en 1822 : 420 hab.; en 1837 : 400 hab.

Population totale en 1881 : 316 habitants. Population des différents lieux habités : Le chef-lieu, 44 hab. — Le Platon, 26 hab. — Malacôte, 27 hab. — Les Barins, 10 hab. — Le Noyau, 23 hab. — Les Allemands, 16 hab. — Les Combets, 13 hab — Les Gustins, 34 hab. — La Combe, 13 hab. — Boyer, 6 hab. — Le Combet, 34 hab. — Le Port, 27 hab. — Les Prés, 45 hab.

Population en 1891 : 285 habitants.

Curés. Pierre Chatagnat. — Benoît Quenard. — François Richard. — Pierre Bovagnet. — Lucien Chabert. — François Bellemin.

AILLON-LE-VIEUX *(ALLIO VETUS)*

Canton du Châtelard, archiprêtré de Lescheraine.

Patron : *Saint Donat.*

---

[1] Généralement, l'altitude indiquée pour les différentes paroisses se rapporte à l'église paroissiale.

Aillon ne faisait autrefois qu'une seule paroisse. En 1803, il fut divisé en deux paroisses, l'une sous le nom d'Aillon-le-Vieux, l'autre sous le nom d'Aillon-le-Jeune, tout en continuant à former une seule commune jusqu'en 1862.

Altitude d'Aillon-le-Vieux : 899 mètres.

Étendue territoriale : 1,746 hectares. Étendue des terrains cultivés et habités : 389 hectares.

Population totale de la commune d'Aillon en 1804 : 2,035 habitants ; en 1822 : 1,880 hab. ; en 1837 : 1,894 hab.

Population exclusive de la paroisse d'Aillon-le-Vieux en 1804 : 1,095 habitants ; en 1822 : 1,001 hab. ; en 1837 : 989 hab.

Population totale en 1881 : 649 habitants. Population des différents lieux habités : Le Cimetière (chef-lieu), 122 hab. — Les Chainays, 45 hab. — Le Cimeteret, 64 hab. — Les Rivollins, 75 hab. — La Vy, 48 hab. — La Combe, 48 hab. — La Crochère, 73 hab. — La Bottière, 70 hab. — Grange-Neuve, 24 hab. — Les Combes, 15 hab. — Pré-Pavy, 16 hab. — Leyat, 25 hab.

Population en 1891 : 635 habitants.

Curés. Pierre-François Mugnier. — Philibert Bouclier. — Charles Bastard. — Jean-Marie Merlinge. — Noël Clerc. — Simon Puget. — Joseph Pellissier. — Claude-Michel Calloud. — Maurice Armand. — François Boisson. — Étienne Dupassieux. — Claude Viret.

Vicaires. Jean-Jacques Marchand. — Joseph-Marie Bouvier. — Joseph-Auguste Curtet. — Claude Martin. — François Bugnard. — Joseph Ramus. — Jules Charvet. — Georges Riondy. — François Barbarin. — Joseph Guicherd.

Ecclésiastiques originaires d'Aillon-le-Vieux. Antoine Blanchin. — Claude Petit-Levet. — Louis Nicoud-Pollet. — Joseph Nicoud. — François Trepier. —

Joseph-Antoine Miguet. — Joseph-François Nicoud. — Antoine Petit-Barat. — François Tallon. — Jean-Baptiste Miguet. — Joseph Miguet.

*
* *

AILLON-LE-JEUNE *(ALLIO JUNIOR)*
Canton du Châtelard, archiprêtré de Lescheraine.

Patron : *Notre-Dame de l'Assomption.*

Altitude au-dessus du niveau de la mer : 888 mètres.

Étendue territoriale : 3,379 hectares. Étendue des terrains cultivés et habités : 646 hectares.

Population en 1804 : 940 habitants ; en 1822 : 879 hab.; en 1837 : 905 hab.

Population totale en 1881 : 698 habitants. Population des différents lieux habités : Montpellat (chef-lieu), 219 hab. — Rocquerans, 38 hab. — Mas-Dessous, 82 hab. — Crêt-Vibert, 39 hab. — La Curiaz, 30 hab. — Le Penon, 62 hab. — Penloup, 69 hab. — Saint-Blaise, 27 hab. — La Correrie, 32 hab. — Les Ginets, 38 hab. — Les Folliets, 24 hab. — Le Muret, 13 hab. — Le Couvent, 11 hab. — Saint-Antoine, 11 hab. — Sainte-Anne, 3 hab.

Population en 1891 : 734 habitants.

Curés. Jacques Laperrière. — Claude-François Durieu. — François Rosset. — François-Marie Emin. — Jean Milliet. — Jean-François Gény. — Pierre-Marie Dumoulin.

Ecclésiastiques originaires d'Aillon-le-Jeune. Marie-Joseph Raynaud. — Jean-Joseph Baulat. — Jean-Baptiste Garnier. — Jean-François Trepier.

*
* *

AIX-LES-BAINS (*AQUÆ ALLOBROGUM*)

Chef-lieu de canton, siège de l'archiprêtré.

Patronne : *Notre-Dame de l'Assomption.*

En 1803, il fut réuni à cette paroisse l'ancienne paroisse de Saint-Sigismond.

Altitude au-dessus du niveau de la mer : 255 mètres.

Étendue territoriale : 1,507 hectares 68 ares. Étendue des terrains cultivés et habités : 916 hectares 68 ares.

Population en 1804 : 1,596 habitants ; en 1822 : 2,813 hab. ; en 1837 : 3,200 hab.

Population totale en 1881 : 4,587 habitants. Population des différents lieux habités : La ville d'Aix, 2,892 hab. — Marlioz, 169 hab. — Le Biollay, 99 hab. — Goncelin-Chevaline, 107 hab. — Chante-Merle, 82 hab. — Les Simons, 47 hab. — Les Garins, 25 hab. — Les Massonnats, 57 hab. — Saint-Simon, 294 hab. — La Fin, 202 hab. — Le Rondeau, 47 hab. — Le Pont-Rouge 76 hab. — Mémar, 58 hab. — Puer, 163 hab. — Choudy, 113 hab. — Cornin, 97 hab. — Maisons isolées, 59 hab.

Population en 1891 : 5,580 habitants.

Curés. Étienne-Marie Réville. — Thomas Collomb. — Jean-Vincent Ollier. — Jean-Joseph Favre. — François Gros. — Joseph Guillet. — François-Lucien Pavy. Alexandre Meignoz.

Vicaires. Claude Beaud. — Maurice-Barthélemi Pillet. — Marie-Aimé Fillion. — Pierre-Joseph-Eloi Descostes. — Jean-Claude Collomb. — Jean-Louis Burdet. — Victor Fasy. — François Gros. — Pierre-François Dépommier. — Pierre Bassat. — Jean-Baptiste Floret. — Claude-Alphonse Ponet. — François-Antoine Reynaud. — Claude-François Lacombe. — Louis Besson. — Antoine Paquet. — Hyacinthe Lacombe. — François-Lucien Pavy. — Athanase Rivoire. — Gaspard Riondy.

— Charles-Marc-Antoine Arminjon. — Jean-Claude Bergin. — François Chaisaz. — Joseph-Maurice Ducis. — Eugène-Louis Gandy. — Anthelme Comoz. — Jean-Claude Gaime. — Benoît Lacroix. — Alexandre Meignoz. — Henri-Hippolyte Sylvoz. — Amédée Tissot. — Jacques Bernard. — Claude-Auguste Renaud-Goud. — Joseph Gex. — Louis Durand. — Jean-Baptiste Bailly. — Jacques Rossi. — Gabriel Blais. — Charles Roulet. — Hyacinthe Jouty. — Joseph Gavend. — Victorin Gellon.

ECCLÉSIASTIQUES ORIGINAIRES D'AIX-LES-BAINS. François Rey. — Charles Domenget. — Jacques Domenget. — Marc-Antoine Dégaillon. — Charles-Etienne Dégaillon. — Georges-Marie Bogey. — Laurent Ailloud. — Gaspard-Marie-Louis Domenget. — Alfred Dardel. — Jean-Baptiste Bertier. — Etienne-Marie Bogey. — Eugène-Jean-Baptiste-Marie Domenget.

**

ALBENS *(VICUS ALBINENSIS)*

Chef-lieu de canton, siège de l'archiprêtré.

Patron : *Saint Alban.*

En 1803, il fut réuni à cette paroisse l'ancienne paroisse d'Ansigny, qui a continué d'être commune jusqu'à ce jour.

Altitude au-dessus du niveau de la mer : 338 mètres.

Étendue territoriale d'Albens : 1,298 hectares 2 ares. Étendue des lieux cultivés et habités : 1,003 hectares 3 ares. Étendue territoriale d'Ansigny : 140 hectares 63 ares.

Population d'Albens en 1804 : 1,120 habitants ; en 1822 : 1,697 hab. ; en 1837 : 1,926 hab. Population d'Ansigny en 1804 : 79 habitants ; en 1822 : 99 hab. ; en 1837 : 125 hab.

Population totale de la paroisse en 1881 : 1,813 habitants. Population des différents lieux habités : Le chef-lieu, 317 hab. — La ville, 22 hab. — La Godette et Dottières, 30 hab. — Braille, 108 hab. — Mazet, 59 hab. — Pégy, 93 hab. — Les Bois, 53 hab. — Les Nattes, 11 hab. — Futenex, 90 hab. — Les Crouteaux, 37 hab. — Dressy, 104 hab. — Les Buttets, 11 hab. — Les Crochets, 16 hab. — La Campanne, 5 hab. — Les Montairins, 13 hab. — L'Abbaye, 23 hab. — Collonges, 63 hab. — Le Molard, 22 hab. — Lépau, 86 hab. — Les Granges, 27 hab. — Les Combes, 29 h. — La Rippe, 13 hab. — Les Rippes, 31 hab. — Pouilly, 138 hab. — La Tour, 40 hab. — Le Canton, 25 hab. — Vers-Deisse, 19 hab. — Orlier, 76 hab. — Marlines, 118 hab. — Ansigny, 134 hab.

Population en 1891 : 1,848 habitants.

Curés. Jean-François Miffon. — Jean-Vincent Ollier. — Benoît Miguet. — Guillaume Cubit. — François-Lucien Pavy. — Joseph Lemoine. — Victor-François Déprimoz.

Vicaires. François Ranguis. — Joseph Gouvernon. — Anthelme Ramaz. — Antoine Bocquin. — Jean-François Bouvier. — Nicolas Palluel. — Louis Besson. — Jean-François Mandray. — Jean-Baptiste Blanc. — François Durochat. — Pierre-François Tournier. — Pierre-Charles Socquet. — Joseph Pellissier. — Pierre Quenard. — Anthelme Guicherd. — Benoît Chamousset. — Pierre-Louis Pajean. — Augustin Déprimoz. — Jean-Louis Saint-Germain. — Florentin Besson.

Ecclésiastiques originaires d'Albens. Jean-François Miffon. — Pierre Chabert. — François Canet. — Jean-Claude Boissat. — Pierre-Marie-François. — Canet Louis François. — Joseph Million. — Albert-Joseph-Marcellin Pillet. — Claude Pennet. — François Millioz. — Lucien Canet.

APREMONT *(ASPERMONS)*

Canton de Montmélian, archiprêtré de Saint-François de Sales de Chambéry.

Patron : *Saint Pierre, apôtre.*

Altitude au-dessus du niveau de la mer : 382 mètres.

Étendue territoriale : 1,696 hectares 10 ares. Étendue des terrains habités et cultivés : 458 hectares 14 ares.

Population en 1804 : 500 habitants ; en 1822 : 795 hab. ; en 1837 : 1,024 hab.

Population totale en 1881 : 817 habitants. Population des divers lieux habités : Le chef-lieu, 89 hab. — Les Charbonniers, 39 hab. — Le Gaz, 130 hab. — Le Levert, 97 hab. — Le Crozet, 38 hab. — Pierre-Grosse, 52 hab. — Le Villard, 46 hab. — Le Peney, 62 hab. — Marie-Branche, 61 hab. — La Chat, 109 hab. — Maisons isolées, 85 hab.

Population en 1891 : 806 habitants.

Curés. Jean-Joseph Rey. — Louis Gendre. — Ignace Desvignes. — Jean-François Dompmartin. — Lucien-Victor Métraux. — François Duisit.

Vicaires. Michel Rosset. — Joseph Maige.

Ecclésiastiques originaires d'Apremont. Pierre Charbonnier. — Joseph-François Brun. — François Foray.

ARBIN *(ALBINUM)*

Canton de Montmélian, archiprêtré de Montmélian.

Patron : *Saint Nicolas.*

Cette paroisse, quoique instituée le 4 août 1803, fut desservie par le curé de Montmélian jusqu'en 1807.

Altitude au-dessus du niveau de la mer : 297 mètres.

Étendue territoriale : 178 hectares 40 ares. Étendue des terrains habités et cultivés : 103 hectares 7 ares.

Population en 1804 : 517 habitants ; en 1822 : 566 hab. ; en 1837 : 628 hab.

Population totale en 1881 : 519 habitants. Population des différents lieux habités : Le chef-lieu, 504 hab. — Mérande, 4 hab. — Les Crêts, 11 hab.

Population en 1891 : 485 habitants.

Curés. Jean-Jacques Philippe. — Germain Ducruet. — Jacques Passy. — Pierre-François Angeloz. — Joseph Mareschal. — Pierre Vallet. — Jean-Baptiste-Damase Dunoyer. — Rose-Clément Vionnet. — Antoine-Eugène-Frédéric Berthet.

Ecclésiastiques originaires d'Arbin. Hyacinthe Alibert. — Jean-Pierre Dacquin.

*
* *

ARITH *(ARICUM)*

Canton du Châtelard, archiprêtré de Lescheraine.

Patron : *Saint Laurent.*

Altitude au-dessus du niveau de la mer : 713 mètres.

Étendue territoriale : 1,794 hectares 47 ares. Étendue des terrains cultivés et habités : 768 hectares 12 ares.

Population en 1804 : 1,000 habitants ; en 1822 : 1,120 hab. ; en 1837 : 1,205 hab.

Population totale en 1881 : 818 habitants. Population des différents lieux habités : Le chef-lieu, 313 hab. — Bourchigny, 207 hab. — Montagny, 276 hab. — Les Pocaliers, 8 hab. — Montorset, 9 hab. — Moulin-Rouge, 3 hab.

Population en 1891 : 797 habitants.

Curés. Jean-Louis Quoex. — Philibert Bouclier. — Maurice Détraz. — Louis Besson. — Jean-Baptiste Carret. — Jean-Claude Alverniat. — Célestin Déplante.

Vicaires. François Richard. — Jacques Jacquard. — Fabien Bollard. — Jean-Marie Girod. — Jean-Marie Gonthier. — Jean-Claude Farnier. — Charles Tissot. — Jean-Joseph Jeantin. — Joseph Dijoud. — Joseph Magnin. — Jean-François Chaffard. — Jean-Baptiste Besson.

Ecclésiastiques originaires d'Arith. François Cathiard. — Philippe-Félix Dumont. — Pierre Francoz. — Claude Francoz. — Étienne Cathiard. — Claude Morand. — Anselme Morand. — Louis-Marie Mouchet.

***

ARVILLARD *(ALTUM VILLARIUM)*

Canton de la Rochette, archiprêtré de la Rochette.

Patronne : *Notre-Dame de la Conception.*

Altitude au-dessus du niveau de la mer : 460 mètres.

Étendue territoriale : 2,851 hectares 74 ares. Étendue des terrains cultivés et habités : 462 hectares 80 ares.

Population en 1804 : 925 habitants ; en 1822 : 1,412 hab. ; en 1837 : 1,424 hab.

Population totale en 1881 : 1,101 habitants. — Population des différents lieux habités : Place Saint-Roch, 137 hab. — Sous-le-Château, 212 hab. — La Chavanne, 158 hab. — La Terre-Sainte, 183 hab. — La Chat, 141 hab. — Le Molliet, 114 hab. — Le Molard-Quinson, 77 hab. — Les Moulins, 25 hab. — Montpesard, 36 hab. — Les Varendes, 18 hab. — Saint-Hugon, 20 hab.

Population en 1891 : 1,061 habitants.

Curés. Jacques Pithon. — Pierre Prunier. — Jean-Marie Picollet. — Jean-Pierre Retournaz. — Jacques Trabichet. — Antoine Poguet. —.Antoine-François Thouvard. — Pierre-Henri Vallet. — Sylvestre Guy.

Vicaires. Antoine Guicherd. — Jean-François Mansoz. — Marie-Victor Noiton. — Jean-Claude Bontron. — Antoine Poguet. — Claude Mermet. — François-Lucien Pavy. — Jean-Pierre Hugonnier. — Antoine Bruyère. — Joseph Bouchet. — Joseph-François Bernard. — Joseph-André Perrot. — Philibert Coudurier. — Pierre Cottarel. — Maurice Gonthier. — François Clerc. — Antoine Viret. — Claude Mollard.

Ecclésiastiques originaires d'Arvillard. Amédée Champiot. — Jean-Claude Excoffier. — Joseph Mollaret. — Joseph Yvrard.

*
* *

AVRESSIEUX ou LAY-AVRESSIEUX
(AVRESSIACUM)

Canton de Saint-Genix, archiprêtré de Saint-Genix.

Patron : *Saint Laurent, martyr.*

Altitude au-dessus du niveau de la mer : 297 mètres.

Étendue territoriale : 785 hectares 77 ares. Étendue des terrains cultivés et habités : 477 hectares 77 ares.

Population en 1804 : 615 habitants ; en 1822 : 693 hab. en 1837 : 800 hab.

Population totale en 1881 : 654 habitants. Population des différents lieux habités : Le chef-lieu, 52 hab. — La Salle, 5 hab. — La Brigotière, 19 hab. — Chamard, 25 hab. — Bimaud, 32 hab. — Les Vignes, 214 hab. — Turret, 6 hab. — Montfleury, 10 hab. — La Vavre, 64 hab. — Le Moulin, 65 hab. — Niveau, 74 hab. — Malloz, 57 hab.

Population en 1891 : 671 habitants.

Curés. Christophe Terrasson. — Georges Gay. — Joseph-François Anthoine. — Anthelme Louis. — Pierre Pétigny. — Nicolas Palluel. — Athanase Rivoire. — Joseph-Louis Curtelin. — Louis Duret.

Vicaires. Nicolas Bailly. — François-Alphonse Mugnier. — Louis Pellet.

Ecclésiastique originaire d'Avressieux. Pavin Déphanis.

*
* *

AYN *(ALLIANUM)*

Canton du Pont-de-Beauvoisin, archiprêtré de Novalaise.

Patron : *Saint Laurent, martyr.*

Altitude au-dessus du niveau de la mer : 551 mètres.

Étendue territoriale : 715 hectares 75 ares. Étendue des terrains cultivés et habités : 639 hectares 78 ares.

Population en 1804 : 891 habitants ; en 1822 : 826 hab. ; en 1837 : 830 hab.

Population totale en 1881 : 614 habitants. Population des différents lieux habités : Le chef-lieu, 75 hab. — Vétonne, 129 hab. — Forchex, 78 hab. — Franquet, 43 hab. — Bard, 33 hab. — Cuillerie, 43 hab. — Deschamps, 33 hab. — Les Côtes, 36 hab. — Le Molard, 18 hab. — Bertrand, 32 hab. — Bouvans, 35 hab. — Laquaz, 18 hab. — Bertoux, 7 hab. — Guillot, 22 hab. — Montigon, 4 hab. — Montbel, 8 hab.

Population en 1891 : 622 habitants.

Curés. Antoine Quillet. — Michel Joly. — François Durochat.

Vicaires. Charles Voiron. — François Lovet. — Joseph-Marie Arnaud-Godet.

Ecclésiastiques originaires d'Ayn. Antoine Bertrand. — Nicolas Bellemin. — Jean Bellemin. — Jacques Cathelin. — Noël-André Bellemin.

**

LA BALME *(BALMA)*
Canton d'Yenne, archiprêtré d'Yenne.

Patron : *Saint Maurice, martyr.*

Altitude au-dessus du niveau de la mer : 208 mètres.

Étendue territoriale : 1,701 hectares 26 ares. Étendue des terrains cultivés et habités : 556 hectares 55 ares.

Population en 1804 : 493 habitants ; en 1822 : 540 hab. ; en 1837 : 560 hab.

Population totale en 1881 : 510 habitants. Population des différents lieux habités : Les Cadets, 86 hab. — La Charrière, 51 hab. — La Combe, 41 hab. — Le Port, 41 hab. — Les Marmonts, 40 hab. — Les Donzelles, 12 hab. — Port-Millet, 12 hab. — Les Berthets, 3 hab. — Les Châtelains, 58 hab. — Les Rubatiers, 58 hab. — Les Reys, 27 hab. — L'Étang, 27 hab. — Les Garottes, 26 hab. — L'Ile, 11 hab. — Les Peillets, 8 hab. — Renollet, 4 hab. — Les Clos, 5 hab.

Population en 1891 : 501 habitants.

Curés. Etienne Bossy. — Jacques-Antoine Suatton. — Jean-François Perissoud. — Antoine Dullin. — Jean-Claude Pierron. — Jean-Louis Burdet. — Pierre Décarre. — Claude Bouchardy. — Anthelme-Jean-Maurice Comoz. — Maurice Gonthier.

Ecclésiastique originaire de la Balme. François Godet.

**

BARBERAZ *(BARBERACUM)*

Canton sud de Chambéry, archiprêtré de Saint-François de Sales de Chambéry.

Patron : *Saint Didier*.

Altitude au-dessus du niveau de la mer : 312 mètres.

Étendue territoriale : 388 hectares 89 ares. Étendue des terrains cultivés et habités : 140 hectares 26 ares.

Population en 1804 : 447 habitants ; en 1822 : 565 hab. en 1837 : 564 hab.

Population totale en 1881 : 588 habitants. Population des différents lieux habités : Le chef-lieu, 37 hab. — Le Vernier, 32 hab. — Sous-l'Eglise, 101 hab. — La Madeleine, 157 hab. — Buissonrond, 5 hab. — Les Gottelands, 83 hab. — Bas-Chanaz, 55 hab. — Haut-Chanaz, 58 hab. — Maisons isolées, 60 hab.

Population en 1891 : 607 habitants.

Curés. Jean-Philibert Dufour. — Jean Abry. — François Belleville. — Pierre-Victor Jargot.

Vicaires. François Cassot. — Antoine Clerc. — Jean-François Pricaz.

Ecclésiastiques originaires de Barberaz. François Gotteland. — Noël-Joseph Chevron. — André Carle. — Charles Chevron. — Gaspard Meunier.

BARBY *(BALBIACUM)*

Canton sud de Chambéry, archiprêtré de Notre-Dame.

Patron : *Saint Jean l'Évangéliste*.

En 1803, cette paroisse, en outre des villages des Puy et de Chassard, comprit pendant quelque temps le village de Molestine sur Trivier.

Altitude : 315 mètres.

Étendue territoriale : 249 hectares 26 ares. Étendue des terrains cultivés et habités : 140 hectares 26 ares.

Population en 1804 : 224 habitants ; en 1822 : 219 hab. ; en 1837 : 247 hab.

Population totale en 1881 : 244 habitants. Population des différents lieux habités : Le chef-lieu, 203 hab. — La Bâtie, 23 hab. — Le Prédet, 5 hab. — Maison Voiron, 5 hab. — Maison Dupraz, 7 hab.

Population en 1891 : 260 habitants.

Curés. Albert-Eugène Gantin. — Jean-Pierre Pernet. — Joseph Gouvernon. — Claude-Michel Calloud. — Claude Levet. — Jean-Claude Tissot.

Vicaires. Antoine Vivet. — Jean-Claude Tissot.

Ecclésiastique originaire de Barby. Jules-Marie Lambert.

*
* *

BASSENS *(BACINUM)*

Canton nord de Chambéry, archiprêtré de Notre-Dame.

Patron : *Saint Barthélemi.*

Altitude : 310 mètres.

Étendue territoriale : 314 hectares 47 ares. Etendue des terrains cultivés et habités : 116 hectares 83 ares.

Population en 1804 : 302 habitants ; en 1822 : 435 hab. ; en 1837 : 400 hab.

Population totale en 1881, y compris le personnel de service et les malades de l'hospice des aliénés : 1,030 habitants. Population des différents lieux habités : Le chef-lieu, 34 hab. — La Steppaz, 47 hab. — La Croix, 38 hab. — Le Lambert, 19 hab. — Le Plat, 4 hab. — Le Chapitre, 10 hab. — La Rivière, 4 hab. — Le Molard, 34 hab. — Le Mont, 44 hab. — Saint-Louis du Mont,

8 hab. — Les Cochettes, 6 hab. — Les Crépines, 14 hab. — La cité Basine, 16 hab. — Mérande, 15 hab. — Dralis, 18 hab. — Gourat, 20 hab. — La Martirette, 8 hab. — La Martinière, 5 hab. — L'Etateppe, 7 hab. — Pré-sous-Prin, 7 hab. — Bolliet, 8 hab. — Longefan, 9 hab. — Hospice des aliénés, 655 hab., dont 69 personnes de service et 586 malades.

Population en 1891, non compris l'hospice des aliénés : 330 habitants.

Curés. Jean-Claude Noël. — Louis Dolin. — Louis Gendre. — Jules Mathey. — Benoît Quenard. — Joseph Viboud. — Octave Morel. — Anthelme-Jean-Maurice Comoz.

Ecclésiastiques originaires de Bassens. Louis Gallet. — Joseph Sadoux.

***

LA BAUCHE *(BALEA)*

Canton des Échelles, archiprêtré des Échelles.

Patron : *Notre-Dame de l'Assomption.*

Altitude : 549 mètres.

Étendue territoriale : 656 hectares 10 ares. Étendue des terrains cultivés et habités : 429 hectares 71 ares.

Population en 1804 : 580 habitants ; en 1822 : 685 hab. ; en 1837 : 693 hab.

Population totale en 1881 : 470 habitants. Population des différents lieux habités : Le chef-lieu, 15 hab. — Pessonnière, 12 hab. — Peysson, 4 hab. — Bugnon, 8 hab. — Miribel, 28 hab. — Malandrée, 14 hab. — Beaucharron, 10 hab. — La Curiaz, 6 hab. — Le Closet, 5 hab. — Le Jacquet, 26 hab. — Le Charmet, 18 hab. — La Bauche, 39 hab. — La Vendée, 9 hab. — En-Loup,

11 hab. — La Culatte, 4 hab. — Le Châtelat, 21 hab. — Le Gran-Bois, 25 hab. — Les Platières, 10 hab. — Les Chevrons, 6 hab. — Sur-le-Château, 17 hab. — Collandière, 4 hab. — La Grand'Maison, 14 hab. — Nugues, 13 hab. — Pellosière, 15 hab. — Les Moulins, 14 hab. — La Source, 5 hab. — Le Château, 22 hab. — Mollion, 20 hab. — Guillerme, 10 hab. — Michelieu, 12 hab. — Les Thévenons, 22 hab. — Bande, 10 hab.

Population en 1891 : 452 habitants.

Curés. André Isnard. — Pierre Gay. — Jean-Pierre Brachet. — Jean-Louis Cattin. — Maurice Bois. — Louis Pache.

Ecclésiastique originaire de la Bauche. Claude Mollion.

BELLECOMBE *(BELLA COMBA)*
Canton du Châtelard, archiprêtré de Lescheraine.

Patron : *Saint Maurice, martyr.*

Altitude : 841 mètres.

Étendue territoriale : 2,340 hectares 43 ares. Étendue des terrains cultivés et habités : 1,558 hectares 50 ares.

Population en 1804 : 920 habitants ; en 1822 : 1,079 hab. ; en 1837 : 1,215 hab.

Population totale en 1881 : 907 habitants. Population des différents lieux habités : Le chef-lieu, 138 hab. — Glapigny, 138 hab. — Les Villards, 158 hab. — Le Mont, 146 hab. — Broissy, 88 hab. — Entrèves, 61 hab. — Les Blancs, 43 hab. — Les Taballets, 47 hab. — Les Salles, 27 hab. — Côte-Chaude, 24 hab. — Maisons isolées, 37 hab.

Population en 1891 : 945 habitants.

CURÉS. François Mugnier. — Jean-Marie Binvignat. — Simon Puget. — François Blanc. — Antoine Sevez. Antoine Clerc. — Jean-François Ferroud. — Claude Martin. — François Babonlaz.

VICAIRES. Nicolas Ferroud-Plattet. — Jean-Pilibert Paris. — Claude Paquet. — Jean-François Chalut. — Simon Puget. — François-Marie Emin. — Pierre Décarre. — Fabien Bollard. — François Richard. — Antoine Bocquin. — Anthelme Ramaz. — Jean Goddard. — Jean Malinjoud. — Pierre-André Chanet. — François Boujeon, jésuite. — Joseph Pellissier. — Jean-Pierre Brachet. — François Dumont. — François Ramaz. — Claude Mermet. — Antoine Rey. — François Chaisaz. — Antoine Petit-Barat. — François Boisson. — Désiré-Marie Bois. — Maurice Bois. — François Dumolard. — Adolphe-Nicolas David.

ECCLÉSIASTIQUES ORIGINAIRES DE BELLECOMBE. Jean-François David. — François Mugnier. — Maurice David. Jean-Pierre David. — Jean-François Mugnier. — Donat Cubit. — Joseph Cubit. — Guillaume Cubit. — Donat-François Cubit. — Jean Baptiste Gonthier. — Jean-François Mansoz. — Maurice Brunier. — Jean-François Bouvier. — Victor-Emmanuel Blanchin. — François Bouvier. — François-Alphonse Mugnier. — Jean-Marie-Alphonse Mansoz. — Joseph-Marie Cubit. — François-Marie Blanchin. — Frédéric Canet. — Alphonse Blanchin. — Maurice Gonthier. — Jean-François Pricaz. — Jean-Marie Roulet. — Joseph Pricaz. — Eugène Bocquet. — Joseph-Marie Mugnier. — Louis Gonthier — Louis Lachenal. — Théophile Gonthier. — Joseph Gonthier. — François Blanchin. — Joseph Lachenal.

*
* *

BELMONT (*BELLUS MONS*)

Canton du Pont-de-Beauvoisin, archiprêtré du Pont-de-Beauvoisin.

Patron : *Notre-Dame de l'Assomption.*

En 1803, il fut réuni à cette paroisse l'ancienne paroisse de Tramonet.

Altitude : 265 mètres.

Étendue territoriale : 540 hectares 47 ares. Étendue des terrains cultivés et habités : 447 hectares 47 ares.

Population en 1804 : 420 habitants ; en 1822 : 466 hab. ; en 1837 : 524 hab.

Population totale en 1881 : 473 habitants. Population des différents lieux habités : Beauregard, 47 hab. — La Belle-Étoile, 16 hab. — La Grand'Maison, 21 hab. — La Clavetière, 28 hab. — Le Bajat, 14 hab. — Jubassiaux, 10 hab. — Le Blanchard, 23 hab. — Le Croibier, 19 hab. — Les Chaudannes, La Morte et Champuly, 69 hab. — Le Pevet et Le Plan, 42 hab. — Tramonet, Les Toniets et Combavéron, 123 hab.

Population en 1891 : 484 habitants.

Curés. François Gaimoz. — Antoine-Cyrille Cusin. — François-Antoine Raynaud. — Alexis Tampion. — Maurice Clerc-Renaud.

Vicaires. Nicolas Bailly. — Alexis Tampion. — Jean Mailland. — Jean Milliet. — Pierre Quenard. — Eugène-Louis Gandy. — Joseph Pétroux. — Pierre-Marie Vionnet. — Joseph-François Brun.

Ecclésiastiques originaires de Belmont. Pierre Rive. — Joseph Magnin. — Antoine Rive. — André Garavel. — Joseph-Auguste Martin. — Paul-Auguste Blanc-Joli-Cœur. — Jean-Baptiste Garavel. — Pierre Guillot.

BETONET *(BITUMEN)*

Canton de Chamoux, archiprêtré de Coise.

Patron : *Saint Clair, abbé*.

Cette paroisse appelée aussi Beton-Betonet de l'ancienne abbaye du Beton et de ses dépendances qu'elle comprend.

Altitude : 291 mètres.

Étendue territoriale : 335 hectares 4 ares. Étendue des terrains cultivés et habités : 198 hectares 25 ares.

Population en 1804 : 327 habitants; en 1822 : 397 hab.; en 1837 : 405 hab.

Population totale en 1881 : 409 habitants. Population des différents lieux habités : L'Église, 43 hab. — La Mairie, 180 hab. — Ponturin, 40 hab. — L'Abbaye, 33 hab. — Montessuit, 21 hab. — Beton, 20 hab. — Orchevical, 21 hab. — Villard-Aimon, 14 hab. — Chantemerle, 11 hab. — La Bouverie, 9 hab. — Pombelon, 9 hab. — Les Illières, 8 hab.

Population en 1891 : 342 habitants.

Curés. Pierre Bataillet. — Jean-Claude Roux. — Jean-Baptiste Carle. — Anthelme Ramaz. — Jean-François Dompmartin. — Ignace Desvignes. — Claude Angelier. — François Buttin.

Vicaires. Jean-François Gellon. — Pierre-Antoine Rochas. — Pierre Charbonnier.

Ecclésiastiques originaires du Betonet. Joseph Bajat. — Michel Rosset. — Claude Berthier. — Victorin Bouvier.

*
* *

BILLIÈME *(BILLIEMA)*

Canton d'Yenne, archiprêtré de Saint-Jean de Chevelu.

Patron : *Saint Pierre-aux-Liens.*

Altitude : 417 mètres.

Étendue territoriale : 701 hectares. Étendue des terrains cultivés et habités : 389 hectares.

Population en 1804 : 299 habitants ; en 1822 : 347 hab. ; en 1837 : 399 hab.

Population totale en 1881 : 377 habitants. Population des différents lieux habités : Le chef-lieu, 75 hab. — Le Gerbet, 55 hab. — Le Château, 36 hab. — La Combe, 106 hab. — Les Jacquins, 105 hab.

Population en 1891 : 400 habitants.

Curés. Claude Rive. — François-Joseph Dubois. — Jean-Jules Fuery. — Jean-Vincent Ollier. — Jean-François Ferroud. — Jean-Baptiste Besson. — François Duisit. — Joseph-Auguste Curtet.

Ecclésiastiques originaires de Billième. Pierre Tournier. — Pierre-François Tournier.

LA BIOLLE *(BETULA)*

Canton d'Albens, archiprêtré d'Albens.

Patron : *Notre-Dame de l'Assomption.*

Altitude : 390 mètres.

Étendue territoriale : 1,245 hectares 63 ares. Etendue des terrains cultivés et habités : 874 hectares 89 ares.

Population en 1804 : 1,021 habitants ; en 1822 : 1,481 hab. ; en 1837 : 1,615 hab.

Population totale en 1881 : 1,385 habitants. Population des différents lieux habités : Le chef-lieu, 276 hab. — Savigny, 182 hab. — Lorme, 123 hab. — Rousson, 42 hab. — Croissy, 67 hab. — Le Château et les Plagnes, 72 hab. — Villette, 155 hab. — Les Blanchards, 37 hab. — Les Combes, 34 hab. - Le Parc, 115 hab. — Montfalcon, 56 hab. — La Mollière, 24 hab. — Les Villards, 60 hab. — Carency, 142 hab.

Population en 1891 : 1,349 habitants.

Curés. Pierre Lambersend. — Charles-Emmanuel Marchand. — Antoine Blanchin. — François Bonne. — Jean-Claude Bontron. — Joseph Pognet.

Vicaires. Maurice Brion. — Claude Dumollard. — Benoît Miguet. — Jean-Claude Bontron. — Joseph-François Ruinon. — Alexis Tampion. — François-Alphonse Mugnier. — Pierre Viret. — Jean-Claude Bouchardy. — Charles Ferroud. — Joseph Passieux. — François Tissot. — Pierre-Albert Reynaud. — Auguste Lacombe. — Alphonse Blanchin. — Philippe Genoud. — Jules-Louis Bernard. — Florentin Jeantin.

Ecclésiastiques originaires de la Biolle. Jacques Bernard. — Flavien Picollet. — Joseph-Marcellin-Constant Picollet. — François Dumollard. — Joseph Bernard. — Joseph Bernard. — François Bernard. — Jacques Bernard. — Julien-Marie Simon.

*
* *

BISSY *(BISSIACUM)*

Canton de la Motte-Servolex, archiprêtré de la Motte-Servolex.

Patron : *Saint Valentin.*

Altitude : 263 mètres.

Étendue territoriale : 589 hectares 60 ares. Étendue des terrains cultivés et habités : 400 hectares 60 ares.

Population en 1804 : 657 habitants ; en 1822 : 883 hab. ; en 1837 : 925 hab.

Population totale en 1881 : 797 habitants. Population des différents lieux habités : La Croix, 186 hab. — Chamoux, 92 hab. — Chalot, 73 hab. — Chiron, 122 hab. — La Charrière-Neuve, 116 hab. — Foray, 57 hab. — Maisons éparses, 151 hab.

Population en 1891 : 815 habitants.

Curés. Claude Curtet. — Claude-François Beaud. — Maurice Tardy. — Anthelme Viboud. — Étienne-Marie Bogey. — Joseph Millioz.

Vicaires. Jean-Pierre Hugonnier. — Jean-Baptiste Bassat. — Joseph Magnin. — Jacques Damaisin.

Ecclésiastique originaire de Bissy. Charles Roulet.

*
* *

BLOYE (*BLOVIACUM*)

Canton de Rumilly, archiprêtré de Rumilly.

Patron : *Saint Maurice, martyr.*

Altitude : 366 mètres.

Étendue territoriale : 436 hectares 8 ares. Étendue des terrains cultivés et habités : 348 hectares 91 ares.

Population en 1804 : 263 habitants ; en 1822 : 397 hab. ; en 1837 : 505 hab.

Population totale en 1881 : 476 habitants. Population des divers lieux habités : Le chef-lieu, 42 hab. — Le Croset, 32 hab. — Broissand, 46 hab. — Cavoret, 41 hab. — Ballentran, 47 hab. — Petit-Salagine, 84 hab. — Grand-

Salagine, 45 hab. — La Garde-de-Dieu, 18 hab. — Bois (maisons éparses), 81 hab. — Greppes (id), 40 hab.

Population en 1891 : 520 habitants.

Curés. Claude-Louis Magnin. — Claude-François Perret. — Jean-François Gex. — Laurent Ract. — Victor Blanc. — Jacques Trabichet. — Victor-Jean-François Déprimoz. — Maurice Venat.

Vicaires. François-Alphonse Mugnier. — Pierre-Victor Jargot.

Ecclésiastiques originaires de Bloye. Noël Gay. — François Richard.

* * *

LE BOURGET *(BURGETUM MALTACENÆ)*
Canton de la Motte-Servolex, archiprêtré de la Motte-Servolex.

Patron : *Saint Laurent, martyr*.

En 1803, il fut réuni à cette paroisse l'ancienne paroisse de Bourdeau, qui est restée commune jusqu'à ce our.

Altitude : 232 mètres.

Étendue territoriale, les deux communes comprises : 3,949 hectares 7 ares. Étendue des terrains cultivés et habités : 956 hectares 20 ares.

Population en 1804 : 1,650 habitants ; en 1822 : 1,815 hab. ; en 1837 : 1,935 hab. [1]

---

[1] Dans ces chiffres, chaque commune est représentée : Étendue générale : Le Bourget, 3,043 hectares 80 ares ; Bourdeau : 905 hectares 27 ares. Étendue des terrains cultivés : Le Bourget : 893 hectares 50 ares ; Bourdeau : 62 hectares 70 ares. — Population du Bourget en 1804 : 1,500 habitants ; en 1822 : 1,657 hab. ; en 1837 : 1,860 hab. Population de Bourdeau en 1804 : 150 habitants ; en 1822 : 158 hab. ; en 1837 : 175 hab.

Population totale du Bourget en 1881 : 1,548 habitants. Population des différents lieux habités : Le Bourg, 559 hab. — Les Varons, 20 hab. — Le Petit-Caton, 64 hab. — Le Grand-Caton, 85 hab. — Bredy, 15 hab. — Raffourd, 117 hab. — Les Ciseaux, 56 hab. — Matassine, 60 hab. — Timonières, 50 hab. — Les Garrachons, 46 hab. — Les Bertholets, 12 hab. — La Serraz, 166 hab. — Les Journaux, 80 hab. — Saint-Alban, 120 hab. — La Plaisse, 83 hab. — Maisons isolées, 15 hab.

Population totale de Bourdeau en 1881 : 245 habitants. Population des différents lieux habités : Bourdeau, 91 hab. — Les Bégets, 154 hab.

Population des deux communes réunies en 1891 : 1,744 habitants.

Curés. François Rey. — Jacques Dufour. — Jacques Dupont. — Pierre-Charles Tiollier. — Claude Jacquemet. — Flavien Picollet.

Vicaires. Maurice Dépommier. — Martin Joly. — Victor Bouvier. — Jacques Dufour. — Joseph Bellemin. — Claude Paquet. — Maurice Tardy. — Anthelme Martin. — Jean Morat. — Nicolas Bailly. — Pierre Blanc. — Eugène-Pierre-Marie de Rolland. — Edouard-Joseph Turinaz. — Jean-Claude Alverniat. — Anthelme-Jean-Maurice Comoz. — Donat Villoud. — Michel Marin. — Antoine Aymonier-Davat. — Antoine Tissot. — Jean-François Dumollard. — Philippe Genoud. — François Barbarin.

Ecclésiastiques originaires du Bourget. Benoît Neyret. — Joseph Mollard. — Joseph Garnier. — Louis Richard. — Antoine Sevez. — Jean-Claude Roux. — Damase Micalod. — Joseph Ballet. — François Ginet.

LA BRIDOIRE *(BRIDORIA)*
Canton du Pont-de-Beauvoisin, archiprêtré
du Pont-de-Beauvoisin.

Patron : *Saint Pierre, apôtre.*

Altitude : 251 mètres.

Étendue territoriale : 615 hectares 68 ares. Étendue des terrains cultivés et habités : 375 hectares 68 ares.

Population en 1804 : 600 habitants ; en 1822 : 687 hab. ; en 1837 : 773 hab.

Population totale en 1881 : 935 habitants. Population des différents lieux habités : Le chef-lieu, 341 hab. — Le Got, 54 hab. — Rochassieux, 145 hab. — Renaud, 37 hab. — Gunin, 68 hab. — La Buissière, 81 hab. — Les Roches, 54 hab. — Les Grand'Côtes, 50 hab. — La Nâvre, 26 hab. — Le Bert, 35 hab. — Le Crêt, 48 hab.

Curés. Laurent Dubost. — François Belleville. — Pierre Charbonnier. — Claude Jacquemet — Jean-Baptiste Cusin. — Jacques Choulet.

Vicaire. Camille Petit.

Ecclésiastiques originaires de la Bridoire. Claude Beget. — Anthelme Jeantin. — Joseph Bellemin. — Antoine Guicherd. — Claude Angelier. — Jean-Joseph Jeantin. — Anthelme Renaud-Goud. — Jean-Claude Alverniat. — Anthelme Gerbelot. — Anthelme-François Guicherd. — Pierre-Joseph Guicherd. — François Gerbellot-Barillon.

CESSENS *(CESSENUM)*
Canton d'Albens, archiprêtré d'Albens.

Patron : *Saint Laurent, martyr.*

En 1803, cette paroisse fut augmentée du village de Dressy, distrait de la paroisse d'Albens.

Altitude : 702 mètres.

Étendue territoriale : 1,279 hectares 78 ares. Étendue des terrains cultivés et habités : 733 hectares 23 ares.

Population en 1804 : 526 habitants; en 1822 : 615 hab.; en 1837 : 765 hab.

Population totale en 1881 : 681 habitants. Population des différents lieux habités : Le chef-lieu, comprenant le Faubourg, La Charrière et la Tour, 204 hab. — Piollat, 61 hab. — Brus, 61 hab. — Dominiant, 51 hab. — Grange, 52 hab. — Toine, 37 hab. — Coppy, 28 hab. — Provard, 34 hab. — Chenefy, 14 hab. — Chenay, 17 hab. — Monant, 14 hab. — Bizarra, 16 hab. - Feux, 14 hab. — Grangerie, 8 hab. — Chez-Dufour, 5 hab. — Maisons éparses, 65 hab.

Population en 1891 : 667 habitants.

Curés. François-Joseph Antoine. — François Gaudier. — Pierre Chatagnat. — Jean Malinjoud. — Mathieu Gellon. — Jean-François Gény. — Charles Jacquelin. —

Ecclésiastiques originaires de Cessens. Pierre Artique. — Jean-Claude Collomb. — Jean-Claude Bontron. — Gaspard Bontron. — François Gaspard.

CHAINAZ *(CHENASSIUM)*

Canton d'Alby (Haute-Savoie), archiprêtré du Montcel.

Patron : *Notre-Dame de la Visitation.*

Cette paroisse est aussi appelée Chainaz-les-Frasses des deux communes ou mas qui la composent et qui étaient distincts en 1803.

Altitude : 661 mètres.

Étendue territoriale de Chainaz : 347 hectares 78 ares.

Étendue des terrains cultivés et habités : 298 hectares 99 ares.

Étendue territoriale des Frasses : 178 hectares 64 ares. Étendue des terrains cultivés et habités : 149 hectares 67 ares.

Population de Chainaz en 1804 : 235 habitants. Population des Frasses en la même année : 140 habitants.

Population totale de la paroisse en 1822 : 415 habitants ; en 1837 : 494 hab.

Population en 1881 : 464 habitants. Population des divers lieux habités : Le chef-lieu, 107 hab. — Les Frasses, 138 hab. — Luermoz, 67 hab. — Ravières, 50 hab. — Golairon, 40 hab. — Mornand, 12 hab. — Gorey, 23 hab. — Les Monts, 15 hab. — Les Côtes, 5 hab. — Grécy, 6 hab.

Population en 1891 : 504 habitants.

Curés. Jean Francoz. — Guillaume Chabert. — Jean-François Brand. — Jean-Claude Chabert. — Joseph Louis. — Jean-Pierre Dunand.

Ecclésiastiques originaires de Chainaz. Guillaume Chabert. — Étienne Dupassieux.

CHALLES-LES-EAUX
Canton sud de Chambéry, archiprêtré de Saint-François de Sales.

Patron : *Saint Vincent, martyr.*

Cette paroisse a porté autrefois successivement les noms de Grand-Barberaz *(Barberacum majus)* et de Trivier *(Trivium),* de l'un ou de l'autre de ces deux villages. Elle n'a pris les noms, d'abord de Challes, ensuite de Challes-les-Eaux, que depuis une vingtaine d'années, de la localité de Challes où se trouvent une source d'eau minérale et un établissement de bains. En 1803, deux de ces villages, Molestrine et Grand-Barberaz, furent adjoints temporairement le premier à Barby et le second à Saint-Jeoire. Elle fut rétablie en 1817.

Altitude : 305 mètres.

Étendue territoriale : 567 hectares 27 ares. Étendue des terrains cultivés et habités : 327 hectares 65 ares.

Population en 1804 : 449 habitants ; en 1822 : 533 hab. ; en 1837 : 620 hab.

Population totale en 1881 : 602 habitants. Population des différents lieux habités : Grand-Barberaz, 455 hab. — Chaffat, 10 hab. — Le Puits, 32 hab. — Les Borraques, 32 hab. — Trivier, 19 hab. - Maisons éparses, 44 hab.

Population en 1891 : 588 habitants.

Curés. Laurent Ract. — Philibert Fazy. — François-Marie Milliet. — Joseph Mareschal. — Jean-Louis Pajean. — Pierre Thiévenaz.

Ecclésiastiques originaires de Challes-les-Eaux. Claude Dumollard. — François Dumollard. — François Duisit. — Pierre Dumollard. — Jean-François Dumollard.

CHAMPAGNEUX *(CAMPANIACUM)*

Canton de Saint-Genix, archiprêtré de Saint-Genix.

Patron : *Notre-Dame de l'Assomption.*

Altitude : 279 mètres.

Étendue territoriale : 1,035 hectares 12 ares. Étendue des terrains cultivés et habités : 620 hectares 12 ares.

Population en 1804 : 642 habitants ; en 1822 : 680 hab. ; en 1837 : 780 hab.

Population en 1881 : 679 habitants. Population des

différents lieux habités : Leschaux, 164 hab. — La Saunière, 78 hab. — La Mairie, 139 hab. — L'Église, 158 hab. — La Duisse, 100 hab. — Les Iles, 40 hab.

Population en 1891 : 670 habitants.

Curés. Joseph-Marie Gentil. — Joseph-Marie de Gantellet. — Melchior Andrevon. — Pierre Dunand. — François Louis. — Hilaire Petit. — Pierre-Marie David. — Jean-Claude Pétrier. — Eugène Gandy. — Jean-Marie Rassat.

Vicaire. Jean Paget.

Ecclésiastique originaire de Champagneux. Antoine Juilland.

*
* *

CHANAZ (CANASSIUM)

Canton de Ruffieux, archiprêtré de Chindrieux.

Patrons : *Sainte Apollonie et saint Pierre, apôtre.*

En 1803, il fut adjoint momentanément à cette paroisse la paroisse de Vions, d'où elle porta quelque temps le nom de Chanaz-Vions.

Altitude : 235 mètres.

Étendue territoriale : 744 hectares 58 ares. Étendue des terrains cultivés et habités : 418 hectares.

Population en 1804 : 585 habitants ; en 1822 : 644 hab. ; en 1837 : 757 hab.

Population totale en 1881 : 696 habitants. Population des différents lieux habités : Le chef-lieu, 348 hab. — Landart, 89 hab. — Praille, 68 hab. — Sindon, 47 hab. — Couloir, 43 hab. — Portout, 30 hab. — Flandre, 26 hab. — Les Combes, 12 hab. — Bûle, 7 hab.

Population en 1891 : 693 habitants.

Curés. François Viviand. — Martin Joly. — Jean-François Girod. — Jean-Marie Girod. — Joseph-François Ruinon. — Anthelme-Michel Charvet. — Marin Chalandard.

*
* *

LA CHAPELLE-BLANCHE (*CAPELLA ALBA*)
Canton de la Rochette, archiprêtré de la Rochette.

Patronne : *Notre-Dame de l'Assomption.*

En 1803, il fut adjoint momentanément à cette paroisse la paroisse de Villaroux.

Altitude : 494 mètres.

Étendue territoriale : 411 hectares 16 ares. Étendue des terrains cultivés et habités : 309 hectares 54 ares.

Population en 1804 : 396 habitants ; en 1822 : 577 hab. ; en 1837 : 563 hab.

Population totale en 1881 : 548 habitants. Population des différents lieux habités : Le chef-lieu, 251 hab. — Le Villaret, 89 hab. — Mont-Cenis, 97 hab. — Le Thouvard, 57 hab. — Villard-Martin. — Beauregard, 8 hab. — Combe-Forêt, 6 hab. — La Chanelle, 5 hab. — Les Millières, 7 hab. — Mont-Raillan, 3 hab. — Taraglion, 13 hab.

Population en 1891 : 540 habitants.

Curés. Guillaume Porte. — Michel Charvet. — Pierre Blanchin. — Antoine Curtet. — François Lovet.

Ecclésiastiques originaires de la Chapelle-Blanche. Guillaume Porte. — Jean Charvet. — François Drevet. — Antoine-François Thouvard. — Pierre-Charles Socquet. — Louis Durand. — Charles Neyret. — Philippe-François Rochat. — François Socquet. — Jean-Baptiste Durand. — Pierre-Augustin Daret.

CHATEAUNEUF *(CASTRUM NOVUM)*

Canton de Chamoux, archiprêtré de Coise.

Patron : *Invention de saint Étienne, 1er martyr*.

Altitude : 386 mètres.

Étendue territoriale : 708 hectares 63 ares. Étendue des lieux cultivés et habités : 601 hectares 33 ares.

Population en 1804 : 850 habitants; en 1822 : 1,048 hab. ; en 1837 : 1,070 hab.

Population totale en 1881 : 838 habitants. Population des différents lieux habités : Châteauneuf, 147 hab. — Maltaverne, 189 hab. — Freydières, 131 hab. — Tardevel, 59 hab. — Tavaux, 76 hab. — Poncins, 83 hab. — Boissons, 74 hab. — Villaret, 33 hab. — Boidard, 23 hab. — Molard, 21 hab. — Déroux, 20 hab. — Coulouvron, 22 hab. — Les Pepins, 20 hab.

Population en 1891 : 874 habitants.

Curés. Pierre-Antoine Falcoz. — Alexandre Missilier. — Jean-Baptiste Roche. — Jacques-Joseph Grasset. — Donat Ferroud. — Pierre Tournier. — François Durbet. — Benjamin Démaison. — François Blanc. — Grégoire Carret. — Fabien Thomasset. — Denis-Félix Bressand.

Vicaires. Jean-Pierre Riondy. — Alexis Tampion. — Nicolas Favre.

Ecclésiastiques originaires de Châteauneuf. François Charrot. — Charles Charrot.

LE CHATELARD *(CASTELLARIUM)*

Canton du Châtelard, siège de l'archiprêtré.

Patron : *Saint Jean-Baptiste*.

Altitude : 762 mètres.

Étendue territoriale : 1,794 hectares 57 ares. Étendue des terrains cultivés et habités : 768 hectares 12 ares.

Population en 1804 : 1,000 habitants ; en 1822 : 1,120 hab. ; en 1837 : 1,205 hab.

Population totale en 1881 : 800 habitants. Population des différents lieux habités : Le Bourg, 340 hab. — Les Granges, 80 hab. — Plan-de-Chère, 17 hab. — Montlardier, 95 hab. — Attilly, 24 hab. — Villaret-Rouge, 62 hab. — La Lavanche, 18 hab. — Le Mont-Jules, 72 hab. — Les Garins, 33 hab. — Leyat, 5 hab. — Les Fressoz, 12 hab. — Le Martinet, 10 hab. — Ranfrian, 18 hab. — Les Combes, 7 hab. — Le Champey, 3 hab. — La Verrière, 4 hab.

Population en 1891 : 861 habitants.

Curés. Jean-Louis Dejon. — Jacques Brand. — Pierre Mermier. — Jean-Baptiste Cathiard. — Jean-François Mansoz. — Louis-Marie Chabert. — Pierre-Albert Reynaud.

Vicaires. Jean-François Brand. — Jean-Marie Merlinge. — Antoine Croset. — Bernard-Marie Lathuile. — Joseph Michaud. — Joseph Louis. — François Berenger. — Pierre Chatagnat. — Jean-Antoine Ferrand. — Pierre-Marie Bétemps. — François Pajean. — Pierre Blanc. — Antoine-François Thouvard. — Jean-Marie-Alphonse Mansoz. — François-Marie Bontron. — Joseph Pétroux. — Benoît Chamousset. — Marie-Étienne Tournier. — Jean Bellemin. — Auguste Martin. — Joseph Miguet.

Ecclésiastiques originaires du Chatelard. Joseph Despine. — Joseph Jacquiot. — Jean-François-Marcellin Turinaz. — Jean-Louis Turinaz. — Édouard-Joseph Turinaz.

*
* *

LA CHAVANNE (CABANNA)

Canton de Montmélian, archiprêtré de Montmélian.

Patron : *Saint Michel, archange*.

Cette paroisse fut unie temporairement, en 1803, à celle de Montmélian ; elle fut rétablie en 1846.

Altitude : 339 mètres.

Étendue territoriale : 275 hectares 10 ares. Étendue des terrains cultivés et habités : 206 hectares 60 ares.

Population en 1804 : 321 habitants ; en 1822 : 374 hab. ; en 1837 : 450 hab.

Population totale en 1881 : 374 habitants. Population des différents lieux habités : Le chef-lieu, 267 hab. — Molard-Genevrier, 18 hab. — La Petite-Renarde, 19 hab. — Porthier, 29 hab. — Maisons isolées, 41 hab.

Population en 1891 : 380 habitants.

Curés. Joseph Gex. -- Jean-Louis Pajean. — Alexis-Henri Monachon. — Eugène-Louis Gandy. — Donat Villoud.

CHIGNIN (CINNINÆ)

Canton de Montmélian, archiprêtré de Montmélian.

Patron : *Saint Pierre, apôtre*.

Altitude : 375 mètres.

Étendue territoriale : 824 hectares 2 ares. Étendue des terrains cultivés et habités : 480 hectares 34 ares.

Population en 1804 : 883 habitants ; en 1822 : 998 hab. ; en 1837 : 1,057 hab.

Population totale en 1881 : 890 habitants. Population des différents lieux habités : Le chef-lieu (église), 8 hab. — Thorméry, 297 hab. — Chignin, 207 hab. — Viviers,

150 hab. — Mont-Tevin, 134 hab. — Le Villard, 46 hab. — La Gare, 44 hab. — Les Tours, 4 hab.

Population en 1891 : 802 habitants.

Curés. Louis-François Menoud. — Jean-François Gex. — Jean-Claude Boissat. — Charles Tiollier. — Adam-Barthélemi-Christian Vanni. — Claude-Martin Roux. — Claude Gavillet.

Vicaire. André Guillet.

Ecclésiastiques originaires de Chignin. Pierre Pételaz. — Benoît Quenard. — Anthelme Viboud-Verdun. — Anthelme Viboud. — Pierre Quenard. — Claude Mollard. — Charles Quenard. — Claude Mollard. — Pierre Excoffon. — Antoine Cartier. — Jean-Baptiste Quenard. — Jean-Claude Quenard.

CHINDRIEUX (*CHINDRIACUM*)

Canton de Ruffieux, siège de l'archiprêtré.

Patron : *Saint Laurent, martyr*.

Altitude : 236 mètres.

Étendue territoriale : 1,870 hectares 83 ares. Étendue des terrains cultivés et habités : 615 hectares.

Population en 1804 : 1,128 habitants ; en 1822 : 1,285 hab. ; en 1837 : 1,244 hab.

Population totale en 1881 : 1,263 habitants. Population des différents lieux habités : Le chef-lieu, 192 hab. — Châtillon, 165 hab. — Vars, 158 hab. — La Chat, 126 hab. — Groisin, 107 hab. — Chandieux, 95 hab. — Vieuz, 84 hab. — Expilly, 79 hab. — Chevignan, 63 hab. — Praz, 53 hab. — La Tour, 53 hab. — Le Château, 42 hab. — Rigolet, 26 hab. — Portoux, 20 hab.

Population en 1891 : 1,222 habitants.

Curés. Pierre Prunier. — Jean-Antoine Dépommier. — Jean-Joseph Favre. — Pierre Bassat. — Jean-Bruno Francoz. — Antoine Poguet. — Antoine-François Thouvard. — Étienne Bogey.

Vicaires. Jean-Claude Suarez. — Pavin Déphanis. — Maurice Détraz. — Jean-Marie Girod. — Jean-Marie Veuillet. — Jean-Joseph Jeantin. — Jean-François Ferroud. — Lucien-Victor Métraux. — François Richard-Cugnet. — Gaspard-Marie-Louis Domenget. — Joseph-Marie Dunand. — Jean-Pierre Brachet. — Claude Mermet. — Jacques Bernard. — Anthelme-Michel Charvet. — François Lovet. — Jean-Claude Pétrier. — Antoine Tissot. — Antoine Aymonier. — Damot. — Hilaire Descôtes. — Jean Lombard. — Clément Rey. — François Bellemin — Alfred Falquet. — Georges Riondy. — François Barbarin. — Jean-Baptiste Chavasse.

Ecclésiastiques originaires de Chindrieux. Charles Burdet. — Joseph Cathelin. — François Berenger. — Antoine-Marie Goddard. — Jean Goddard. — Claude Goddard. — Victor-Jean-François Déprimoz. — Marie-Hippolyte Petit. — Marie-François Bontron. — Laurent Guillon. — Augustin Déprimoz. — Antoine Ducruet. — Eugène Pilloud.

*
* *

CLÉRY (*CLERIACUM*)

Canton de Grésy-sur-Isère, archiprêtré de Verrens.

Patron : *Saint Jean-Baptiste.*

Cette paroisse a compris Frontenex jusqu'en 1865, où cette dernière localité a été érigée elle-même en paroisse et en commune.

Altitude : 627 mètres.

Étendue territoriale : 1,090 hectares. Étendue des terrains cultivés et habités : 573 hectares 15 ares.

Population de Cléry et de Frontenex en 1804 : 796 habitants ; en 1822 : 958 hab. ; en 1837 : 1,175 hab.

Population exclusive de Cléry en 1881 : 599 habitants. Population des différents lieux habités : Le chef-lieu, 181 hab. — Clermont, 242 hab. — Villaret-Mavin, 60 hab. — Roseaux, 47 hab. — Mollets, 18 hab. — Alibon, 20 hab. — Villard, 18 hab. — Touvière, 13 hab.

Population en 1891 : 524 habitants.

Curés. Jean-Pierre Rey. — Jean-Louis Pinget. — Joseph Cubit. — Guillaume Cubit. — Claude Travers.— François Bruyère. — Auguste Martin.

Vicaire. Barthélemi Perrier.

Ecclésiastiques originaires de Cléry. Nicolas Palluel. — Jean-Marie Biguet-Petit-Jean. — Louis Bergeret-Janet. — Louis Bergeret Janet.

*   *

COGNIN (*COGNINUM*)

Canton de la Motte-Servolex, archiprêtré de Maché.

Patron : *Saint Pierre, apôtre.*

En 1803, il fut adjoint temporairement à cette paroisse celle de Saint-Cassien.

Altitude : 285 mètres.

Étendue territoriale : 451 hectares 78 ares. Étendue des terrains cultivés et habités : 336 hectares 10 ares.

Population en 1804 : 651 habitants ; en 1822 : 812 hab. ; en 1837 ; 1,107 hab.

Population totale en 1881 : 1,066 habitants. Population des différents lieux habités : Le Bourg, 462 hab. — La Forêt, 177 hab. — Pont-Saint-Charles, 88 hab. — Les

Molasses, 83 hab. — Chalot, 51 hab. — Chiron, 62 hab.
— Foray, 15 hab. — Pont-d'Hières, 30 hab. — Villeneuve, 46 hab. — La Violette, 26 hab. — Forezan, 26 hab.

Population en 1891 : 1,218 habitants.

Curés. Christophe d'Orengiani d'Alexandry.— François Miffon. — François Gros. — Victor Fasy. — Michel Bise. — Eugène-Pierre-Marie de Rolland. — Marie-Hippolyte Petit. — Benoît Lacroix.

Vicaires. Émile-Paul Dunand. — Antoine Tissot. — Jean-Louis Saint-Germain. — Eugène Déchaux.

Ecclèsiastiques originaires de Cognin. François Blanc. — Claude Dumas. — François Curtet. — François Bollon.— Auguste Perrotin.

COISE (*COESIA*)

Canton de Chamoux, siège de l'archiprêtré.

Patron : *Saint Pierre, apôtre.*

En 1803, il fut adjoint temporairement à cette paroisse celle de Villard'Héry. Comme commune, Coise comprend en même temps la paroisse de Saint-Jean Puygauthier.

Altitude : 285 mètres.

Étendue territoriale des deux paroisses de Coise et de Saint-Jean Puygauthier : 1,090 hectares 1 are. Étendue des lieux cultivés et habités : 407 hectares 98 ares.

Population des deux mêmes paroisses en 1804 : 1,162 habitants ; en 1822 : 1,476 hab. ; en 1837 : 1,979 hab.

Population totale en 1881 : 1,336 habitants. Population des différents lieux habités : Coise, 366 hab. — Puis, 209 hab. — Villaret, 119 hab. — Rubaud, 149 hab. — Les Frasses, 134 hab. — Longemale, 60 hab. — Bachat, 49 hab. — Plan, 22 hab. — Villard, 35 hab. — Baraques, 19 hab. — Moulin, 11 hab. — Les Iles, 14 hab. — Mollut, 19 hab. — La Maisonnette, 7 hab. — Monnet, 78 hab. — Maisons éparses, 45 hab.

Population de la paroisse de Coise en 1891 : 1,262 habitants.

Curés. François Drevet. — Pierre-Antoine Rogès. — Hyacinthe Alibert. — Hyacinthe Lacombe. — François Lansard. — Jean-François Pajean.

Vicaires. Jean-François Dunand. — Joseph Million. — Pierre Bassat. — Joseph-Marie Ducrez. — Joseph Guillet. — Laurent Berthet. — Antoine Sevez. — Pierre-Florentin Berthet. — Joseph-François Ruinon. — Grégoire Carret. — Hyacinthe Lacombe. — Charles-Pierre Terrier. — Antoine Gentil. — Charles Coutaz-Muret. — Maurice Bois. — Jean-Baptiste Bailly. — Eugène Thomassier. — Jean-Baptiste Durand. — Charles Gros. — Joseph Pricaz. — Joseph Mestrallet.

Ecclésiastiques originaires de Coise. Jean-François Gellon. — Mathieu Gellon. — François Vuillerme. — Victorin Gellon. — François Gellon.

LA COMPOTE (*COMPOSTA*)

Canton du Châtelard, archiprêtré du Châtelard.

Patronne : *Sainte Catherine, martyre.*

Altitude : 715 mètres.

Étendue territoriale : 705 hectares 25 ares. Étendue des lieux cultivés et habités : 475 hectares 25 ares.

Population en 1804 : 400 habitants ; en 1822 : 522 hab. ; en 1837 : 537 hab.

Population totale en 1881 : 529 habitants. Population

des différents lieux habités : Le chef-lieu, 518 hab. — Tartelles, 5 hab. — Saint-Claude, 6 hab.

Population en 1891 : 548 habitants.

Curés. Jean-Claude Roch. — Pierre-François Mugnier. — Noël Clerc. — Joseph-Marie Bouvier. — Antoine Blanchin. — Antoine Rassat. — Jean-Joseph Baulat.

Ecclésiastiques originaires de la Compôte. Alexandre Ferroud dit la Fortune. — François Ferroud, frère du précédent. — Donat Ferroud. — Hilaire Petit. — Pierre François Ferroud. — Honoré Chaffard. — Grégoire Carret. — Jean-François Ferroud. — Jean-Baptiste Carret. — Léon Petit. — Jean-François Chaffard. — Pierre-Marie Dumoulin. — Charles Ferroud. — Camille Petit. — Valentin Perrier.

*
* *

CORBEL (*CORBELLUM*)

Canton des Échelles, archiprêtré des Échelles.

Patron : *Saint Jean-Baptiste.*

Altitude : 836 mètres.

Étendue territoriale : 1,050 hectares 67 ares. Étendue des lieux habités : 303 hectares 67 ares.

Population en 1804 : 555 habitants ; en 1822 : 466 hab. ; en 1837 : 419 hab.

Population totale en 1881 : 387 habitants. Population des différents lieux habités : Le chef-lieu, 34 hab. — Les Égaux, 51 hab. — Les Guillermins, 40 hab. — Les Gauds, 24 hab. — Les Perrucons, 62 hab. — Les Fiolins, 33 hab. — La Rousse, 14 hab. — Les Cuchets, 27 hab. — Les Amblards, 17 hab. — Les Combes, 8 hab. — Les Roses, 15 hab. — Les Cruz, 62 hab.

Population en 1891 : 375 habitants.

Curés. Louis Domenjoud. — Charles Bastard. — François Morel. — Pierre Donzel. — Joseph Jeantet. — Jean-Antoine Montmayeur. — Valentin Dunoyer. — Pierre Rive. — Joseph Durand. — Pierre-Antoine Rochas. — Joseph Gex. — Benoît Quenard. — Donat Paget. François Richard. — Jean-Jacques Perrin. — Henri-Marie Cachoux. — Pierre Thiévenaz. — Jean-Baptiste Billion. — Joseph Brellaz. — Henri Bovagnet. — Joseph Bouchet. — François Quay-Thevenon. — Joseph-François Brun. — Jean-Marie Couty. — Antoine Petit-Barat.

*
* *

CRUET (*CROSUM*)

Canton de Saint-Pierre d'Albigny, archiprêtré de Montmélian.

Patron : *Saint Laurent, martyr*.

Altitude : 374 mètres.

Étendue territoriale : 991 hectares 97 ares. Étendue des lieux cultivés et habités : 487 hectares 22 ares.

Population en 1804 : 1,016 habitants; en 1822 : 1,120 hab.; en 1837 : 1,180 hab.

Population totale en 1881 : 1,029 habitants. Population des différents lieux habités : Le chef-lieu (St-Laurent), 234 hab. — La Chapelle, 424 hab. — La Barraterie, 101 hab. — Le Madoux, 104 hab. — La Côte, 17 hab. — Les Tannes, 18 hab. — La Ravoire, 18 hab. — La Gare, 28 hab. — La Carrière, 8 hab. — La Rive, 12 hab. — Cruet-Dessous, 44 hab. — Verdun, 14 hab. — Chaffard, 7 hab.

Population en 1891 : 1,026 habitants.

Curés. Claude Lallier. — François Canet. — Jules Mathey. — Joseph Sage. — Anthelme Viboud-Verdun. — Antoine Sevez. — Joseph Cubit. — Joseph Mailland. — Pierre Quenard. — Alexis-Henri Monachon.

Vicaires. Jacques Chavanel. — Claude Dumollard.— Jean Malinjoud. — Antoine Sevez. — François Charrot. — Claude-François Chenal. — André-Théophile Durochat. — Joseph Passieux. — Joseph-Marie Millet. — Claude-François Bruyère. — Joseph Brellaz. — Joseph Buttin. — Octave Morel. — Jacques Damaisin. — Nicolas Bellemin. — Henri Perret. — Eugène-Jean-Baptiste-Marie Domenget. — Jean-Marie Berthollier. — Toussain Chauten. — Louis Gonthier. — Jean-Marie Collomb.

Ecclésiastiques originaires de Cruet. Octave Morel. — Pierre Pichon. — Joseph Jacquier.

CURIENNE (*CORVENNA*)

Canton nord de Chambéry, archiprêtré de Thoiry.

Patron : *Saint Maurice, martyr.*

Altitude : 702 mètres.

Étendue territoriale : 825 hectares. Étendue des terrains cultivés et habités : 187 hectares 45 ares.

Population en 1804 : 471 habitants ; en 1822 : 631 hab. ; en 1837 : 631 hab.

Population totale en 1881 : 573 habitants. Population des différents lieux habités : Le chef-lieu (Le Molard), 132 hab. — Le Vacher, 84 hab. — Le Vernay, 65 hab. — Le Fornet, 55 hab. — Labas, 32 hab. — Montmerlet, 76 hab. — Montgellaz, 70 hab. — Maisons éparses, 58 hab.

Population en 1881 : 585 habitants.

Curés. Pierre Actué. — Joseph Estivin. — Balthazard Boysson. — Jean-François Gotteland. — Jean-François

Brand. — François Belleville. — Jean Gonnellaz. — Jean Goddard. — Jean-Baptiste Bassat. — Victor Bois.

Ecclésiastique originaire de Curienne. Joseph Capitan.

*
* *

CUSY (*CUSIACUM*)

Canton d'Alby (Haute-Savoie), archiprêtré du Montcel.

Patron : *Saint Christophe.*

Altitude 557 mètres.

Étendue territoriale : 1,743 hectares 1 are. Étendue des terrains cultivés et habités : 1,013 hectares 11 ares.

Population en 1804 : 1,017 habitants ; en 1822 : 1,137 hab. ; en 1837 : 1,258 hab.

Population totale en 1881 : 1,098 habitants. Population des différents lieux habités : La Palud, 43 hab. — La Tropaz, 198 hab. — Les Crêts, 81 hab. — Balivaz, 83 hab. — Meurat, 26 hab. — Vautrey, 71 hab. — Pilliard, 47 hab. — Fésigny, 27 hab. — Les Reys, 69 hab. — La Chat, 159 hab. — Les Chrisollets, 17 hab. — Pételaz, 43 hab. — Les Bogeys, 64 hab. — Les Mièges, 56 hab. — Chavonnes, 57 hab. - Massettes, 28 hab. — Perrières, 19 hab.

Population en 1891 : 1,235 habitants.

Curés. Jean-Pierre Pernet. — François Delétraz. — Benoît Chamousset. — Charles-François Duchêne.

Vicaires. Jean-Marie Berthet. — Claude Mollion. — Pierre-François Ferroud. — Claude Ducruet. — Louis Besson. — Jean Malinjoud. — Nicolas Bailly. — Léon Petit. — Jean-Baptiste Blanc. — Joseph Buttin. — Pierre-Charles Socquet. — Christin Favre. — Donat Villoud. — Antoine Petit-Barat. — Joseph-François Brun. — Antoine Brise. — Auguste Blanc-Joli-Cœur. — Lucien Mossire. — François Curtet. — Joseph Miguet. — Félix Buffle. — Jules Charpine.

Ecclésiastiques originaires de Cusy. Charles Brunier. — Jean-François Brunier. — Jean-Claude Chabert. — Louis-Marie Chabert. — Lucien Chabert. — Alphonse Chabert.

*
* *

LES DÉSERTS (*DESERTA*)

Canton nord de Chambéry, archiprêtré de Thoiry.

Patron : *Saint Michel, archange.*

Altitude : 923 mètres.

Étendue territoriale : 3,389 hectares 61 ares. Étendue des terrains cultivés et habités : 1,000 hectares.

Population en 1804 : 1,047 habitants ; en 1822 : 1,350 hab. ; en 1837 : 1,484 hab.

Population totale en 1881 : 1,294 habitants. Population des différents lieux habités : Le chef-lieu (La Combe), 198 hab. — Les Charmettes, 9 hab. — Le Favre, 160 hab. — Pleurachat, 91 hab. — La Lésine, 73 hab. — La Ville, 156 hab. — Le Gérard, 104 hab. — Les Droux, 54 hab. — Plainpalais, 151 hab. — Les Bouvards, 71 hab. — Les Mermets, 140 hab.

Population en 1891 : 1,328 hab.

Curés. Jean Angelot. — Jean-Pierre Deroux. — Joseph-Marie Pasquier. — Anselme Gay. — Jean-François Georges. — Joseph Sage. — François Granger. — Pierre Vallet. — Jean-Claude Bontron. — Claude Mollard. — André Garavel.

Vicaires. Pierre-François Cessens. — Pierre Petellaz. — Antoine Sevez. — Jean-Joseph Baulat. — Pierre-

Joseph David. — François Berlioz. — Laurent Morand. — Pierre-Victor Jargot. — Claude-Paul Bottero. — Antoine Petit-Barat. — Joseph-Marcellin-Constant Picollet. — Antoine Rey. — Joseph Poguet. — Joseph Pétroux. — Joseph-Auguste Curtet. — François Vellet. — Julien Journet. — François Chanvillard. — Joseph Bernard.— Joseph Blanchin.

*
* *

DOMESSIN (*DOMESSINUM*)
Canton du Pont-de-Beauvoisin, archiprêtré du Pont-de-Beauvoisin.

Patron : *Saint Roch, confesseur.*

Altitude : 343 mètres.

Étendue territoriale : 997 hectares 72 ares. Étendue des terrains cultivés et habités : 915 hectares 72 ares.

Population en 1804 : 1,129 habitants; en 1822 : 1,300 hab. ; en 1837 : 1,350 hab.

Population totale en 1881 : 1,339 habitants. Population des différents lieux habités : Le Revillet, 213 hab. — Le Vincent, 20 hab. — La Rubatière, 17 hab. — Le Chanet, 20 hab. — L'Ancienne Église, 32 hab. — Le Bonnard, 64 hab. — Le Blanc, 4 hab. — La Poya, 14 hab. — Le Genin, 61 hab. — Le Nugues, 32 hab. — Le Magnin, 85 hab. — Le Chanterel, 58 hab. — Les Allérats, 47 hab. — Le Boudrier, 28 hab. — Le Bouvier, 18 hab. — Les Grandvignes, 18 hab. — Le Français, 50 hab. — Le Chapelut, 59 hab. — Le Falque, 42 hab. — Le Gallien, 47 hab. — Le Buis, 42 hab. — Le Millet, 43 hab. — La Lintonnière, 21 hab. — Le Gubin, 90 hab. — Le Guillot, 133 hab. — Le Fouillu, 26 hab. — Les Charmettes, 8 hab.

Population en 1891 : 1,340 habitants.

Curés. Joseph-Sulpice Favat. — Joseph-Marie Dépommier. — Benoît Laracine. — Marie Cottin.

Vicaires. Joseph-François Ruinon. — Antoine-Cyrille Cu-in. — Claude Chabert. — Michel Dronchat. — Nicolas Palluel. — Pierre-Marie Canet. — François Triquet. — Claude Bouchardy. — Pierre Viret. — Maurice-Laurent Mareschal. — François-Antoine Perroud. — Joseph Rosset. — Claude Viret. — Alphonse Chabert. — François Carle.

Ecclésiastiques originaires de Domessin. Pierre-Alexis Blain. — Louis François. — Louis-François Duret. — Antoine Brise. — François-Joseph Bellemin. — Joseph-Antoine Berthollier.

DOUCY (*DONCIACUM*)

Canton du Châtelard, archiprêtré du Châtelard.

Patron : *Saint Antoine, ermite.*

Altitude : 958 mètres.
Étendue territoriale : 1,204 hectares 64 ares. Étendue des terrains cultivés et habités : 1,011 hectares.
Population en 1804 : 440 habitants ; en 1822 : 518 hab. ; en 1837 : 516 hab.
Population totale en 1881 : 513 habitants. Population des différents lieux habités : Le chef-lieu (La Chapelle), 145 hab. — Doucy-Dessous, 243 hab. — Le Bois, 113 hab. — Les Magnoux, 12 hab.
Population en 1891 : 476 habitants.

Curés. François Janin. — Donat Nicoud. — Pierre-Marie Crozet. — Jacques-François Jacquard. — Jean-Baptiste Gardet. — Antoine Gentil. — Louis-François Duret. — Antoine Petit-Barat. — Jean-Claude Gaime.

— Jean-Marie Berthollier. — Jean Lombard. — François Collomb.

Ecclésiastiques originaires de Doucy. Jean-François Millioz. — François Rosset. — Jean-Marie Gonthier. — Jacques-François Gonthier. — Édouard Rosset.

***

DRUMETTAZ-CLARAFOND (*CLARUS FONS*)

Canton d'Aix-les-Bains, archiprêtré d'Aix-les-Bains.

Patron : *Saint Maurice, martyr.*

Altitude : 473 mètres.

Étendue territoriale : 1,083 hectares 76 ares. Étendue des terrains cultivés et habités : 735 hectares 39 ares.

Population en 1804 : 560 habitants ; en 1822 : 866 hab. ; en 1837 : 1,149 hab.

Population totale en 1881 : 933 habitants. Population des différents lieux habités : Bardat, 19 hab. — Drumettaz, 37 hab. — Fresenet, 158 hab. — Clarafond, 209 hab. — Serarges, 108 hab. — Maisons éparses, 68 hab.

Population en 1891 : 893 habitants.

Curés. Jean-François Girod. — Jean Besson. — Jacques Besson. — Louis Besson.

Vicaires. Jacques Besson. — Louis Besson. — Jérôme Bergin.

Ecclésiastiques originaires de Drumettaz-Clarafond. Joseph Chipre. — Louis Dolin. — Étienne Durand. — Antoine Poguet, l'oncle. — Antoine Poguet, le neveu. — Joseph Poguet. — François Gonnet. — François Quay-Thevenon. — François Quay-Thevenon. — François Pichon. — Antoine Pichon. — Pierre Pollet. — François Curtet. — Jacques Martinet.

DULIN (*DULINUM*)

Canton du Pont-de-Beauvoisin, archiprêtré de Novalaise.

Patron : *Saint Jean-Baptiste.*

En 1803, il fut adjoint temporairement à cette paroisse celle de Saint-Alban de Montbel.

Altitude : 524 mètres.

Étendue territoriale : 529 hectares 27 ares. Étendue des terrains cultivés et habités : 378 hectares 39 ares.

Population en 1804 : 555 habitants ; en 1822 : 610 hab. ; en 1837 : 620 hab.

Population totale en 1881 : 472 habitants. Population des différents lieux habités : Le chef-lieu, 111 hab. — Vergenercle, 103 hab. — Le Guicherd, 71 hab. — Le Château, 48 hab. — Le Frandin, 31 hab. — Le Gabriau, 23 hab. — Le Bois, 19 hab. — Le Tilleret, 18 hab. — Le Codet, 14 hab. — Le Potin, 19 hab. — La Roue, 15 hab.

Population en 1891 : 482 habitants.

Curés. Joseph Bajat. — Jean-François Perey. — Benoît Laracine. — Jean-François Perey. — Jean-Joseph Jeantin. — Jean-Claude Gaime. — Louis Viret.

Vicaires. Pierre Blanchin. — Joseph Buttin. — Pierre-Marie Dumoulin.

Ecclésiastiques originaires de Dulin. François Guicherd. — Antoine Gentil. — Charles Coutaz-Muret. — François Collomb. — Victor Bois. — Antoine Dépernex. — Noël-Pierre Bellemin.

LES ÉCHELLES (*SCALÆ*)

Chef-lieu de canton, siège de l'archiprêtré.

Patronne : *Notre-Dame de l'Annonciation.*

En 1803, il fut adjoint temporairement à cette paroisse celle de Saint-Christophe de la Grotte.

Altitude : 386 mètres.

Étendue territoriale : 465 hectares 95 ares. Etendue des terrains cultivés et habités : 332 hectares 95 ares.

Population en 1804 : 1,245 habitants ; en 1822 : 1,146 hab. ; en 1837 : 1,276 hab., y compris Saint-Christophe de la Grotte.

Population totale de la seule paroisse des Échelles en 1881 : 759 habitants. Population des différents lieux habités : Le Bourg, 563 hab. — Le Cottay, 36 hab. — Le Maillet, 46 hab. — L'Ancienne-Poste, 21 hab. — La Croix de la Roche, 33 hab. — Les Provenchères, 17 hab. — Le Tartarin, 43 hab.

Population en 1891 : 765 habitants.

Curés. Pierre-François Sarde de la Forest. — Étienne Praz. — Joseph André. — Charles Tiollier. — Jean-Louis Cattin.

Vicaires. Jacques Simien. — Victor Blanc. — Pavin Déphanis. — Antoine-Cyrille Cusin. — Pierre Charbonnier. — François Charrot. — Jean-Joseph Jeantin. — Pierre-François Ferroud. — Jean-Marie Biguet-Petit-Jean. — Hippolyte Frandin. — Jean-François Ferroud. — Ferdinand Farnier. — Jean-Baptiste Cusin. — Pierre-Albert Reynaud. — Émile-Paul Dunand. — Joseph-André Perrot. — Victor Bois. — François Collomb. — Jules-Louis Bernard. — Pierre Pichon. — Antoine-Marie Ginet.

Ecclésiastiques originaires des Échelles. Claude Curtet. — Joseph-Marie Faure-Jouc. — François-Antoine Gondran. — Joseph-François Pellet. — Claude-Alphonse Ponet. — Claude-François Lacombe. — Charles Tissot. — Hyacinthe Lacombe. — Augustin de Rolland. — Eugène-Pierre-Marie de Rolland. — Toussain Chauten. — Auguste Lacombe. — Jean-Baptiste Chavasse.

*
**

ÉCOLE *(SCHOLA)*

Canton du Châtelard, archiprêtré du Châtelard.

Patron : *Saint Maurice, martyr.*

Altitude : 730 mètres.

Étendue territoriale : 2,856 hectares 91 ares. Étendue des terrains cultivés et habités : 1,973 hectares 86 ares.

Population en 1804 : 620 habitants ; en 1822 : 921 hab. ; en 1837 : 1,044 hab.

Population totale en 1881 : 873 habitants. Population des différents lieux habités : Le chef-lieu, 551 hab. — Le Villard, 155 hab. — Grataloup, 51 hab. — Creux-du-Mont, 12 hab. — Les Jarsins, 16 hab. — Les Arolles, 14 hab. — La Poulaille, 3 hab. — La Saulce, 17 hab. — La Chapelle-de-Bellevaux, 54 hab.

Population en 1891 : 839 habitants.

Curés. Balthazard Boysson. — Aimé Fillion. — Gaspard-Marie-Louis Domenget. — Laurent Morand. — Claude Bouchardy. — Lucien Chabert.

Vicaires. Jean-François Mugnier. — Pierre Pétellaz. — Claude Ducruet. — Jean-Claude Bontron. — Fabien Thomasset. — Gaspard Perrier. — Antoine Bertrand. — Louis Duret. — Frédéric Canet. — François Clerc. — Jean Berthet. — François-Marie Carle. — Joseph-Florentin Fétaz.

Ecclésiastiques originaires d'École. Balthazard Boysson. — Nicolas Ferroud-Plattet. — Melchior Andrevon. — Pierre-Louis Boysson. — Pierre-Joseph David. — Jean-Antoine Ferrand. — Claude-Antoine Ferrand. — Adolphe-Nicolas David. — Nicolas Rosset. — Jules Vergain.

ENTREMONT-LE-VIEUX *(BEATA MARIA INTERMONTIUM)*

Canton des Échelles, archiprêtré de St-François de Sales.

Patronne : *Notre-Dame de l'Assomption.*

Altitude : 837 mètres.

Étendue territoriale : 3,150 hectares 47 ares. Étendue des terrains cultivés et habités : 945 hectares 70 ares.

Population en 1804 : 1,210 habitants ; en 1822 : 1,775 hab. ; en 1837 : 2,010 hab.

Population totale en 1881 : 1,567 habitants. Population des différents lieux habités : Le chef-lieu (Épernay), 203 hab. — Le Désert, 219 hab. — La Coche, 103 hab. — Tencovas, 95 hab. — Le Grand-Carroz, 94 hab. — La Grennery, 91 hab. — La Plagne, 68 hab. — Les Gandys, 82 hab. — Les Girouds, 56 hab. — Les Bruns, 59 hab.— Les Minets, 44 hab. — Les Pins, 77 hab. — Les Rigaux, 63 hab. — La Teppaz, 39 hab. — Les Martenons, 59 hab. — Les Bessons, 47 hab. — Les Perrets, 26 hab. — Les Brancaz, 40 hab. — Plan-Martin, 26 hab. — Les Pomels, 29 hab. — Les Derbetemps, 19 hab. — Les Combaz, 18 hab. — Les Curiallets, 10 hab.

Population en 1891 : 1,535 habitants.

Curés. Joseph Bollard. — Charles Bastard. — Prudent Perrier. — Joseph-Marie Puthon. — Joseph Ponnet. — Pierre Donzel. — Jacques Bovagnet. — Anthelme Guicherd.

Vicaires. Anthelme Jeantin. — Joseph-Marie Faure-Jonc. — François Bollard. — Joseph Nicoud. — Claude Chabert. — Jacques-François Gonthier. — Donat Paget. — François Pajean. — Jean-Baptiste Gardet. — Antoine Gentil. — François Durochat. — Louis-Marie

Chabert. — Henri-Pierre Bovagnet. — Anthelme-François Guicherd. — Louis Clerc. — Antoine Duisit. — François Bellemin. — Jules Charvet. — Vincent Revillet. — Pierre Viret. — Antoine Travers. — Louis Bogey. — Antoine-Marie Ginet. — François Bontron.

Ecclésiastiques originaires d'Entremont-le-Vieux. Pierre Thiévenaz. — Clément Rey. — Florentin Besson. — Jules Rigaud-Morin.

*
* *

ENTREMONT-LE-JEUNE, dit aussi SAINT-PIERRE D'ENTREMONT
(SANCTUS PETRUS INTERMONTIUM)

Canton des Échelles, archiprêtré des Échelles.

Patron : *Saint Pierre, apôtre*.

Altitude : 733 mètres.

Étendue territoriale : 1,810 hectares 63 ares. Étendue des terrains cultivés et habités : 738 hectares 63 ares.

Population en 1804 : 600 habitants ; en 1822 : 844 hab. ; en 1837 : 904 hab.

Population en 1881 : 885 habitants. Population des différents lieux habités : Le Bourg, 159 hab. — Frautte, 142 hab. — Courrier, 87 hab. — Saint-Mesme-le-Bas, 119 hab. — Saint-Mesme-le-Haut, 104 hab. — Varvat, 13 hab. — Grattier, 42 hab. — Bandet, 46 hab. — Vincent, 38 hab. — Claret, 71 hab. — Tardy, 20 hab. — Le Ciseau, 6 hab. — La Roche, 10 hab. — Le Molliat, 9 hab. — Verneret, 13 hab. — Perrachet, 6 hab.

Population en 1891 : 858 habitants.

Curés. Pierre-André Eyssautier. — Nicolas Palluel. — Pierre-Marie Dumoulin. — Anthelme-François Guicherd. — Joseph-Auguste Curtet. — François Vellet.

Ecclésiastiques originaires d'Entremont-le-Jeune.
Jacques Claret. — Pierre Fétaz. — Joseph-Florentin Fétaz.

* *
*

ÉPERSY *(EPERSIACUM)*
Canton d'Albens, archiprêtré d'Albens.

Patron : *Saint Maurice, martyr.*

En 1803, cette paroisse fut unie à celle de Mognard jusqu'en 1830, où elle fut elle-même rétablie dans son ancien état.

Altitude : 472 mètres.

Étendue territoriale : 299 hectares 13 ares. Étendue des terrains cultivés et habités : 201 hectares 3 ares.

Population en 1804 : 267 habitants ; en 1822 : 315 hab. ; en 1837 : 360 hab.

Population totale en 1881 : 358 habitants. Population des différents lieux habités : Le chef-lieu, 213 hab. — Les Dagands, 43 hab. — Les Bois, 32 hab. — La Verdasse, 8 hab. — La Cavaz, 25 hab. — Primat, 14 hab. — La Picarde, 8 hab. — Les Drillois, 5 hab.

Population en 1891 : 335 habitants.

Curés. Antoine Blanchin. — François Canet. — Jean-Marie Veuillet. — Anselme Morand. — Jean Milliet. — François Tissot. — Marie-Joseph Tournier.

Ecclésiastiques originaires d'Épersy. Hippolyte Besson. — Pierre-Antoine Besson. — Jean-Pierre Besson, jésuite. — Joseph Besson. — Jean Besson. — Jacques Besson. — Louis Besson. — Louis Besson. — Jean-Baptiste Besson. — Pierre-Antoine Besson — Joseph-Marie Collomb. — Jean-Marie Collomb.

ÉTABLE *(STABULA)*

Canton de la Rochette, archiprêtré de la Rochette.

Patron : *Saint Laurent, martyr.*

En 1803, il fut réuni à cette paroisse l'ancienne paroisse de Verneil. L'une et l'autre ont continué à former deux communes distinctes.

Altitude d'Étable : 603 mètres.

Étendue territoriale d'Étable : 261 hectares 8 ares. Étendue des terrains cultivés et habités : 168 hectares.

Étendue territoriale de Verneil : 653 hectares 30 ares. Étendue des terrains cultivés et habités : 459 hectares 30 ares.

Population d'Étable en 1804 : 307 habitants ; en 1822 : 372 hab. ; en 1837 : 489 hab.

Population de Verneil en 1804 : 345 habitants ; en 1822 : 466 hab. ; en 1837 : 470 hab.

Population totale d'Etable en 1881 : 468 habitants. Population des différents lieux habités : Le chef-lieu, 228 hab. — Grappont, 16 hab. — Foyau, 28 hab. — Sur-le-Saut, 18 hab. — Le Villaret, 138 hab. — Les Granges, 26 hab. — Dijoud, 14 hab.

Population totale de Verneil en 1881 : 353 habitants. Population des différents lieux habités : Le Bernard, 26 hab. — Minge, 43 hab. — Jeannin, 30 hab. — Picolet, 168 hab. — Le Château, 84 hab. — La Fouse, 2 hab.

Population des deux paroisses réunies en 1891 : 874 habitants.

Curés. Dominique-Antoine-Claude Molinard. — François Folliet. — Michel Bise. — Joseph Pellissier. — François Braissand.

Vicaires. Pierre-Joseph David. — Jean-Marie Veuillet. — Philibert Folliet. — Emile-Paul Dunand. — Joseph Bernard. — François Chanvillard. — Jean-Baptiste Durand.

Ecclésiastique originaire d'Étable. Jean-Pierre Charpin.

*
* *

FRANCIN *(FRANCINUM)*

Canton de Montmélian, archiprêtré de Montmélian.

Patrons : *Saint Blaise, confesseur, pontife, et saint Antoine, ermite.*

Altitude : 292 mètres.
Étendue territoriale : 657 hectares 32 ares. Étendue des terrains cultivés et habités : 470 hectares 21 ares.
Population en 1804 : 736 habitants ; en 1822 : 758 hab. ; en 1837 : 965 hab.
Population totale en 1881 : 690 habitants. Population des différents lieux habités : Le chef-lieu, 154 hab. — Charrière, 227 hab. — Duret, 49 hab. — Carron, 63 hab. — Le Plan, 56 hab. — Le Plan-d'en-Bas, 7 hab. — Cornavin, 26 hab. — Beauregard, 21 hab. — Morêtel, 16 hab. — Boisset, 11 hab. — Canton, 35 hab. — Gringallet, 9 hab. Léchaud, 16 hab.
Population en 1891 : 673 habitants.

Curés. Germain Ducruet. — Jean-François Gay. — Jean-Antoine Ferrand. — Jean-Marie Biguet-Petit-Jean. — Eugène-Jean-Baptiste-Louis-Marie Domenget.

Ecclésiastique originaire de Francin. Jean-Baptiste Bénistrand.

FRÉTERIVE *(FRACTA RIPA)*

Canton de Saint-Pierre d'Albigny, archiprêtré de Saint-Pierre d'Albigny.

Altitude : 311 mètres.

Étendue territoriale : 1,069 hectares 66 ares. Étendue des terrains cultivés et habités : 409 hectares 40 ares.

Population en 1804 : 679 habitants ; en 1822 : 862 hab. ; en 1837 : 856 hab.

Population totale en 1881 : 908 habitants. Population des différents lieux habités : L'Église, 75 hab. — La Tronche, 141 hab. — Le Four, 20 hab. — Barlettaz, 19 hab. — Servaz, 26 hab. — Le Carroz, 34 hab. — Fiardière-Deçà, 79 hab. — Fiardière-Delà, 67 hab. — Les Moulins, 162 hab. — Cave-Dessus, 7 hab. — La Montagne, 25 hab. — La Maserie, 58 hab. — Le Villard, 195 hab.

Population en 1891 : 881 habitants.

Curés. Pavin Berthollier. — Joseph-Marie Dépommier. — Louis François. — Jean-Baptiste Floret. — Donat-François Cubit. — Joseph-Marie Cubit.

Vicaire. Jean-Joseph Jeantin.

FRONTENEX

Canton de Grésy-sur-Isère, archiprêtré de Verrens.

Patronne : *Notre-Dame de la Nativité.*

Cette paroisse, démembrée de Cléry, a été érigée en 1865.

Altitude : 316 mètres.

Étendue territoriale : 171 hectares. Etendue des terrains cultivés et habités : 149 hectares.

Population totale en 1881 : 362 habitants. Population des différents lieux habités : Le chef-lieu, 133 hab. — La Croix, 88 hab. — Neuf, 54 hab. — Les Mièges, 38 hab. Les Reys, 24 hab. — La Chargnaz, 10 hab. — La Gare, 6 hab. — Le Pont, 9 hab.

Population en 1891 : 430 habitants.

Curés. Joseph Magnin. — Jacques Damaisin. — Joseph-Marie Martin. — Séraphin-Michel Perrier. — Joseph Bernard.

Ecclésiastiques originaires de Frontenex. Jean-Pierre Beauchamp. — François Beauchamp.

*
* *

GERBAIX *(HERBESIUM)*

Canton de Saint-Genix, archiprêtré de Novalaise.

Patron : *Saint Georges, martyr.*

En 1803, il fut uni à cette paroisse l'ancienne paroisse de Marcieux. L'une et l'autre sont restées deux communes distinctes.

Altitude : 570 mètres.

Étendue territoriale de Gerbaix : 683 hectares 26 ares. Étendue des terrains cultivés et habités : 559 hectares 39 ares.

Étendue territoriale de Marcieux : 471 hectares 55 ares. Étendue des terrains cultivés et habités : 300 hectares 10 ares.

Population de Gerbaix en 1804 : 447 habitants ; en 1822 : 534 hab. ; en 1837 : 595 hab.

Population de Marcieux en 1804 : 161 habitants ; en 1822 : 159 hab. ; en 1837 : 152 hab.

Population totale de Gerbaix en 1881 : 416 habitants.

Population des différents lieux habités : Les Déserts, 21 hab. — Jaloux, 15 hab. — Mûres, 41 hab. — Guigardet, 36 hab. — Heney, 52 hab. — Lalle, 45 hab. — Lorieux, 11 hab. — Les Brets, 26 hab. — Montonnière, 22 hab. — Angozard, 46 hab. — Viviers, 70 hab. — Les Granges, 6 hab. — Prodomey, 9 hab. — Les Perrets, 10 hab. — Les Thomas, 6 hab.

Population totale de Marcieux en 1881 : 173 habitants. Population des différents lieux habités : L'Église, 28 hab. — La Mairie, 19 hab. — La Bête, 32 hab. — Les Gallays, 20 hab. — Les Perrets, 17 hab. — Maunaud, 35 hab. — Les Portiers, 9 hab. — Les Capitans, 13 hab.

Population des deux communes réunies, en 1891 : 600 habitants.

Curés. Anthelme-François Gallay. — Jacques Simien. — François Béranger. — Louis François. — Pierre Viret.

Vicaire. Joseph Poguet.

Ecclésiastiques originaires de Gerbaix-Marcieux. Anthelme-François Gallay (Marcieux). — Anthelme-Joseph Perret (Marcieux). — François Perret. — Jacques Damaisin.

GRESIN *(GRISINUM)*

Canton de Saint-Genix, archiprêtré de Saint-Genix.

Patronne : *Notre-Dame de l'Assomption.*

Altitude : 394 mètres.

Étendue territoriale : 487 hectares 90 ares. Étendue des terrains habités : 367 hectares 90 ares.

Population en 1804 : 472 habitants ; en 1822 : 500 hab. ; en 1837 : 510 hab.

Population totale en 1881 : 495 habitants. Population

des différents lieux habités : Le chef-lieu, 167 hab. — Le Pin, 125 hab. — La Varnassière, 33 hab. — Sous-la-Roche, 30 hab. — Malbuisson, 45 hab. — La Duisse, 23 hab. — Les Molasses, 72 hab.

Population en 1891 : 506 habitants.

Curés. André-Donat Gargoux. — François-Marie Violland. — Jean-Marie Merlinge. — Benoît Bouvier. — Claude Chabert. — Charles Ferroud.

Ecclésiastiques originaires de Gresin. Laurent Dubost. — François-Antoine Perroud.

*
* *

GRÉSY-SUR-AIX *(GRESIACUM)*

Canton d'Aix-les-Bains, archiprêtré d'Aix-les-Bains.

Patron : *Saint Jean-Baptiste.*

Altitude : 340 mètres.

Étendue territoriale : 1,224 hectares 73 ares. Étendue des lieux cultivés et habités : 801 hectares 73 ares.

Population en 1804 : 1,084 habitants ; en 1822 : 1,112 hab. ; en 1837 : 1,450 hab.

Population totale en 1881 : 1,356 habitants. Population des différents lieux habités : Le chef-lieu, 41 hab. — Bogey, 89 hab. — Ganet, 44 hab. — Maguet, 36 hab. — Mentaz, 89 hab. — Fillard, 51 hab. — Choseaux, 78 hab. — Fougère, 67 hab. — Logent, 71 hab. — Sous-la-Tour, 89 hab. — Gare, 57 hab. — Antoger, 193 hab. — Coudurier, 49 hab. — Fontany, 57 hab. — Mellet, 42 hab. — Droise, 106 hab. — Ailloud, 90 hab. — Arbussin, 104 hab.

Population en 1891 : 1,435 habitants.

Curés. Hippolyte Besson. — Joseph Perrollaz. — Joseph-Marie Parchet. — Jean-François Brand. — Anthelme Ramaz. — Pierre Dumollard.

Vicaires. Jean-François Dompmartin. — Pierre Blanchin. — Pierre-Élisabeth Poulin. — Joseph Nicoud. — Joseph Pajean. — Anselme Morand. — Joseph Lemoine. — Antoine Gentil. — Gaspard Riondy. — Octave Morel. — Joseph Perrier. — Joseph-Marcellin-Constant Picollet. — Jean-Pierre Dunand. — François Braissand. — Jean-François Ailloud. — Eugène Déchaux. — Jean Poguet. — Jean-Marie Bellemin. — Félix Buffle.

Ecclésiastiques originaires de Grésy-sur-Aix. Louis-Joseph Curtelin. — Joseph-Louis Curtelin. — Charles-Jules Besson. — Jacques Choulet. — Marie-Félix Choulet. — Jean Brellaz. — François Deloche. — Louis Bogey. — François Guichet.

* *
*

GRÉSY-SUR-ISÈRE *(GRESIACUM AD ISARAM)*

Siège du canton, archiprêtré de Verrens.

Patron : *Saint Pierre-aux-Liens*.

Altitude : 353 mètres.
Étendue territoriale : 890 hectares 18 ares. Etendue des terrains cultivés et habités : 537 hectares 65 ares.
Population en 1804 : 1,176 habitants ; en 1822 : 1,358 hab. ; en 1837 : 1,605 hab.
Population totale en 1881 : 1,275 habitants. Population des différents lieux habités : Le chef-lieu, avec tous les quartiers et rues qui le composent, 1,035 hab. — Les Fontaines, 240 hab.
Population en 1891 : 1,045 habitants.

Curés. Martin-François Pissard. — Louis-Joseph Roch. — Benoît Pillet. — Benoît Perrin. — Jules Coudurier.

Vicaires. Barthélemi Perrier. — Jules Mathey. —

Benoît Pillet. — Hilaire Petit. — Charles Chamousset. — Jacques Vallet.— Benoît Quenard.— Joseph Hyvroud. — Nicolas Palluel. — Jean-Marie Veuillet. — François Bouvier. — Joseph Buttin. — François-Alphonse Mugnier. — Claude Gavillet. — Claude Mollard. — Marie-Étienne-Joseph Tournier. — Antoine-Eugène-Frédéric Bertet. — Jean-Pierre Dunand. — Lucien Chabert. — Claudius Sadoux. — Joseph Bernard. — François Rochat. — Jules-Louis Bernard. — François Collomb. — Pierre Pichon.

Ecclésiastiques originaires de Grésy-sur-Isère. Victorin Armand. — Jacques Sylvoz. — Maurice Armand. — Claude Vionnet. — Lucien-Victor Métraux. — Pierre-Marie Vionnet. — Rose-Clément Vionnet. — Joseph Maige. — Henri-Hippolyte Sylvoz.

**

HAUTEVILLE *(ALTA VILLA)*
Canton de Chamoux, archiprêtré de Coise.

Patronne : *Sainte Marie-Madeleine.*

Altitude : 434 mètres.

Étendue territoriale : 247 hectares 41 ares. Étendue des terrains cultivés et habités : 109 hectares 75 ares.

Population en 1804 : 352 habitants ; en 1822 : 404 hab. ; en 1837 : 464 hab.

Population totale en 1881 : 400 habitants. Population des différents lieux habités : Le chef-lieu, 67 hab. — Perret, 55 hab. — Racts, 46 hab. — Villarlamar-d'en-Haut, 44 hab. — Villarlamar-d'en-Bas, 23 hab. — Pepins, 49 hab. — Masset, 28 hab. — Coisin, 22 hab. — La Côte-d'en-Bas, 18 hab. — Verniers, 13 hab. — Le Château, 11 hab. — La Teppe, 6 hab. — Maisons isolées, 18 hab.

Population en 1891 : 378 habitants.

Curés. Jean-Michel Darve. — Joseph Ravoire. — Joseph-Marie Dépommier. — Joseph-Marcellin-Constant Picollet. — Sylvestre Guy. — Joseph Bouvet.

Ecclésiastiques originaires d'Hauteville. Pierre Brunier. — Alexandre Mamy.

*
* *

HÉRY-SUR-ALBY *(HERIACUM)*

Canton d'Alby (Haute-Savoie), archiprêtré du Montcel.

Patronne : *Notre-Dame de la Nativité*.

Altitude : 587 mètres.

Étendue territoriale : 687 hectares 83 ares. Étendue des terrains cultivés et habités : 460 hectares 75 ares.

Population en 1804 : 452 habitants ; en 1822 : 674 hab. ; en 1837 : 802 hab.

Population totale en 1881 : 736 habitants. Population des différents lieux habités : Héry, 276. — Liody, 109 hab. — La Voitraz, 15 hab. — Voisin, 13 hab. — Les Monts, 51 hab. — Roqueraz, 78 hab. — Le Mas, 44 hab. — Molenaz, 42 hab. — Les Combes, 48 hab. — La Peisse, 22 hab. — Les Gaimes, 38 hab.

Population en 1891 : 777 habitants.

Curés. Joseph Viollet. — Julien-Joseph Tissot. — Anselme Morand. — Jean-Marie Couty.

Vicaires. Jean-Pierre Dacquin. — Julien-Joseph Tissot. — Stéphane Cubit. — Charles Coutaz-Muret.

Ecclésiastiques originaires d'Héry-sur-Alby. François Gaimoz. — Joseph-Marie Gaime.

*
* *

JACOB-BELLECOMBETTE *(SANCTUS MAURITIUS DE JACOB)*

Canton sud de Chambéry, archiprêtré de Maché.

Patron : *Saint Maurice, martyr.*

Altitude : 314 mètres.

Étendue territoriale : 248 hectares 24 ares. Etendue des terrains cultivés et habités : 187 hectares 45 ares.

Population en 1804 : 390 habitants ; en 1822 : 342 hab. ; en 1827 : 360 hab.

Population totale en 1881 : 348 habitants. Population des différents lieux habités : Le chef-lieu, 96 hab.— Bellecombette, 166 hab. — Le Chanay, 24 hab. — La Peisse, 24 hab. — Le Terré, 28 hab.

Curés. Joseph Paris. — Robert-Marcel Bouvier. — Joseph Paris. — Balthazard Armand. — Pierre-François Georges. — Jean-Baptiste Besson.

Vicaire. Gabriel Blais.

Ecclésiastiques originaires de Jacob-Bellecombette. Anthelme Martin. — Jean-Marie Martin. — Joseph-Marie Martin. — Gaspard-Marie-Anthelme Martin. — François Richard. — Jean-Marie Martin.

JARSY *(JARSIACUM)*

Canton du Châtelard, archiprêtré du Châtelard.

Patron : *Saint André, apôtre.*

Altitude : 831 mètres.

Étendue territoriale : 3,237 hectares 50 ares. Étendue des terrains cultivés et habités : 2,208 hectares 67 ares.

Population en 1804 : 870 habitants ; en 1822 : 1,118 hab. ; en 1837 : 1,151 hab.

Révérend Maurice BRUNIER

Population totale en 1881 : 899 habitants. Population des différents lieux habités : Le chef-lieu, 339 hab. — Belleville, 71 hab. — Sur-Roche, 43 hab. — Précherel, 125 hab. — Vérêtres, 87 hab. — Tréroche, 43 hab. — Carlet, 90 hab. — Rière-Bellevaux, 54 hab. — Maisons éparses, 47 hab.

Population en 1891 : 861 habitants.

Curés. Marc Genoux. — Joseph-Marie Pasquier. — Gaspard Bonnefoy. — Pierre-Marie Ouvrier. — Jacques Chavanel. — Maurice Brunier.

Vicaires. Jean-Baptiste Gonthier. — André-Jacques Daudin. — Joseph-François Pellet. — Claude Ducruet. — Philibert Folliet. — Gaspard Bontron. — Jean-Marie Rassat. — Louis Duret. — Joseph Pricaz.

Ecclésiastiques originaires de Jarsy. André Petit. — François Janin. — Joseph Durand, l'oncle. — Blaise Clerc. — Joseph Durand, le neveu. — Antoine Clerc.

JONGIEUX *(JUNGIACUM)*

Canton d'Yenne, archiprêtré de Saint-Jean de Chevelu.

Patron : *Saint Maurice.*

Dès 1803 jusqu'en 1831, cette paroisse fut desservie par le curé de Billième.

Altitude : 380 mètres.

Étendue territoriale : 610 hectares 93 ares. Étendue des terrains cultivés et habités : 340 hectares.

Population en 1804 : 293 habitants ; en 1822 : 430 hab. ; en 1837 : 440 hab.

Population totale en 1881 : 492 habitants. Population des différents lieux habités : Le chef-lieu, 182 hab. — Aimavigne, 114 hab. — Barcontian, 98 hab. — Verney, 98 hab.

Population en 1891 : 402 habitants.

Curés. Prudent Perrier. — Louis François. — Pierre-François Ferroud. — Jean-Marie Veuillet. — Benoît Chamousset. — Claude-Auguste Renaud-Goud.

Vicaires. Jacques-François Gonthier. — Jean Malinjoud.

LAYSSAUD *(LESSIACUM)*

Canton de Montmélian, archiprêtré de Montmélian.

Patron : *Saint François de Sales.*

Dès 1803 à 1834, cette paroisse fut adjointe à celle des Molettes, tout en formant l'une et l'autre deux communes distinctes.

Altitude : 290 mètres.

Étendue territoriale : 615 hectares 85 ares. Étendue des terrains habités et cultivés : 376 hectares 20 ares.

Population en 1804 : 374 habitants; en 1822 : 457 hab. ; en 1837 : 557 hab.

Population totale en 1881 : 473 habitants. Population des divers lieux habités : Le chef-lieu, 394 hab. — La Tuilerie, 3 hab. — Coise, 27 hab. — Le Ruisseau, 6 hab. — Sonnaz, 12 hab. — La Ronzière, 5 hab. — Mont-Bertrand, 8 hab. — Le Clos, 7 hab. — Beauregard, 11 hab.

Population en 1891 : 435 habitants.

Curés. Antoine Gotteland. — Claude Gavillet. — Émile Dunand. — Clément Chamousset.

LÉPIN *(PINUS)*

Canton du Pont-de-Beauvoisin, archiprêtré du Pont-de-Beauvoisin.

Patronne : *La Très Sainte Trinité.*

En 1803, il fut adjoint temporairement à cette paroisse celle d'Aiguebelette, l'une et l'autre continuant à être des communes distinctes.

Altitude : 307 mètres.

Étendue territoriale : 759 hectares 27 ares. Étendue des terrains cultivés et habités : 329 hectares 25 ares.

Population en 1804 : 395 habitants ; en 1822 : 378 hab.; en 1837 : 400 hab.

Population totale en 1881 : 448 habitants. Population des différents lieux habités : Le chef-lieu, 114 hab.

— Le Puits, 135 hab. — Le Rossignolet, 9 hab. — La Chabaudière, 51 hab. — La Plaine, 18 hab. — Bastian, 14 hab. — Les Pinets, 20 hab. — Le Château, 36 hab. —Bernardieu, 13 hab. — Riondet, 14 hab. — Micoux, 24 hab.

Population en 1891 : 311 habitants.

Curés. François-Marie Violland. — Jacques Anthonioz. — Jean-Claude Blanchet. — Jean-Louis Burdet.— Fabien Dijoud. — Pierre Poncet. — Claude Miège. — François Braissand. — Joseph-François Ruinon. — Joseph Chevron.

LESCHERAINE (*ESCHERENA*)

Canton du Châtelard, siège de l'archiprêtré.

Patron : *Saint Maurice, martyr.*

Altitude : 649 mètres.

Étendue territoriale : 827 hectares 53 ares. Étendue des terrains cultivés et habités : 502 hectares 25 ares.

Population en 1804 : 512 habitants ; en 1822 : 647 hab. ; en 1837 : 700 hab.

Population totale en 1881 : 659 habitants. Population des différents lieux habités : Le chef-lieu, 212 hab. — Le Pont, 54 hab. — Les Ponciers, 43 hab. — Saint-Martin, 138 hab. — Lovat, 55 hab. — Rossillon, 24 hab. Le Croset, 74 hab. — Maisons éparses, 56 hab.

Population en 1891 : 660 habitants.

Curés. François Plantard. — Jean-Marie Gurcel. — Jean-Joseph Delerce. — Jean-Baptiste Gonthier. — Fabien Thomasset. — Pierre-François Ferroud. — Marie-Joseph Arnaud-Godet.

Ecclésiastiques originaires de Lescheraine. Joseph Joly. — Claude-François Durieu. — Laurent Morand. — Victor Guerraz.

*
* *

LOISIEUX *(LUSIACUM)*
Canton d'Yenne, archiprêtré d'Yenne.

Patron : *Saint Nizier, martyr*.

En 1803, il fut adjoint temporairement à cette paroisse la Chapelle de Saint-Martin du Villard, tout en restant l'une et l'autre des communes distinctes.

Altitude : 549 mètres.

Étendue territoriale : 1,041 hectares 2 ares. Étendue des terrains cultivés et habités : 301 hectares 2 ares.

Population en 1804 : 509 habitants ; en 1822 : 609 hab. ; en 1837 : 568 hab.

Population totale en 1881 : 527 habitants. Population des différents lieux habités : Le chef-lieu, 25 hab. — Les Rombains, 26 hab. — Les Rubattiers, 28 hab. — Les Cottarels, 62 hab. — Le Murger, 28 hab. — La Croix, 76 hab. — Les Carmelines, 15 hab. — Bressieux, 59 hab. — Les Vuillons, 25 hab. — Labully, 13. — Les Rochs, 24 hab. — Les Paris, 52 hab. — Les Gringots, 14 hab. — Les Magnins, 23 hab. — Touchefert, 38 hab. — Les Pageots, 19 hab.

Population en 1891 : 502 habitants.

CURÉS. Anthelme-Joseph Perret. — Hyacinthe Monet. — Antoine Jeantin. — Pierre-Henri Vallet. — Charles Voiron. — André Garavel. — Clément Rey. — Claude Martin.

ECCLÉSIASTIQUES ORIGINAIRES DE LOISIEUX. Pierre Cottarel. — Louis-François Garioud.

***

LORNAY *(LORNESIUM)*

Canton de Rumilly, archiprêtré de Rumilly.

Patron : *Saint Maurice, martyr.*

Altitude : 323 mètres.

Étendue territoriale : 966 hectares 14 ares. Étendue des terrains habités et cultivés : 399 hectares 15 ares.

Population en 1804 : 396 habitants ; en 1822 : 431 hab. ; en 1837 : 471 hab.

Population totale en 1881 : 456 habitants. Population des différents lieux habités : Le Couër, 69 hab. — Le Crêt, 48 hab. — La Montagne, 16 hab. — Hauteret, 69 hab. — La Bâthie, 12 hab. — La Damaz, 15 hab. — La Fin, 25 hab. — La Biche, 13 hab. — Sondaz, 11 hab. — Le Cemez, 17 hab. — Pontillet, 15 hab. — Les Champs, 19 hab. — Verlay, 29 hab. — La Curial, 8 hab. — La Bâle, 5 hab. — Le chef-lieu, 85 hab.

Population en 1891 : 430 habitants.

Curés. Joseph Joly. — Thomas Collomb. — Noël Bouchardy. — Jacques-Antoine Ranguis. — Benoît Malinjoud. — Philibert Folliet. — Jacques Choulet. — Hilaire-Joseph-Marie Descôtes.

Vicaire. Philibert Folliet.

Ecclésiastiques originaires de Lornay. Pierre-François Cessens. — Joseph Ramus.

***

LUCEY *(LUCIACUM)*

Canton d'Yenne, archiprêtré de Saint-Jean de Chevelu.

Patron : *Saint Étienne, martyr.*

Altitude : 235 mètres.

Étendue territoriale : 567 hectares 33 ares. Étendue des lieux cultivés et habités : 220 hectares.

Population en 1804 : 340 habitants ; en 1822 : 534 hab.; en 1837 : 605 hab.

Population totale en 1881 : 429 habitants. Population des différents lieux habités : Le chef-lieu, 146 hab. — Les Manets, 38 hab. — Les Buthods, 30 hab. — Crémont, 55 hab. — Montagnin, 79 hab. — Vétrier, 41 hab. — Vraisin, 40 hab.

Population en 1891 : 429 habitants.

Curés. Louis Dupasquier. — François Micalod. — Louis-Marie Guillot. — Jean-François Dunand. — Pierre Rive. — Joseph Girardy. — François-Marie Girardy. — Gabriel Blais.

Vicaire. Gaspard Riondy.

***

LES MARCHES *(MARCHIÆ)*

Canton de Montmélian, archiprêtré de Montmélian.

Patron : *Saint Maurice, martyr.*

Altitude : 314 mètres.

Étendue territoriale : 1,822 hectares 43 ares. Étendue des terrains cultivés et habités : 1,526 hectares 18 ares.

Population en 1804 : 900 habitants ; en 1822 : 1,308 hab. ; en 1837 : 1,171 hab.

Population totale en 1881 : 1,081 habitants. Population des différents lieux habités : Le Bourg, 390 hab. — Les Granges, 71 hab. — La Placette, 47 hab. — Les Bovets, 45 hab. — Vochez et Bellegarde, 32 hab. — Leloge, 44 hab. — Mûre, 90 hab. — L'Aubage et Champ-Long, 90 hab. — Les Abîmes, 120 hab. — Saint-André et La Chat, 152 hab.

Population en 1891 : 1,131 habitants.

Curés. Joseph Pollet. — Pierre Soubeiran. — Robert Chapperon. — Claude Vionnet. — Claude Bottero. — Gaspard-Marie-Anthelme Martin.

Vicaires. François Guigo. — Charles Boisson. — Joseph Magnin. — François Bouvier. — François-Eugène Buttin. — Basile-Léon Bouchage. — Pierre-Marie Vionnet. — Rose-Clément Vionnet. — François Pricaz. — Eugène Perrier.

Ecclésiastiques originaires des Marches. François Casset. — Eugène-Louis Gandy.

*
* *

MARIGNY *(MARINIACUM)*

Canton de Rumilly, archiprêtré de Rumilly.

Patron : *Saint Benoît, abbé.*

En 1803, il fut joint à cette paroisse l'ancienne commune de Saint-Marcel.

Altitude : 404 mètres.

Étendue territoriale de Marigny : 433 hectares 68 ares. Étendue des terrains cultivés et habités : 372 hectares 95 ares. Étendue territoriale de Saint-Marcel : 301 hectares 25 ares. Etendue des terrains cultivés et habités : 288 hectares 10 ares.

Population de Marigny en 1804 : 356 habitants. Population de Saint-Marcel en la même année : 80 habitants.

Population totale de Marigny-Saint-Marcel en 1822 : 551 habitants ; en 1837 : 608 hab.

Population en 1881 : 589 habitants. Population des divers lieux habités : Le chef-lieu, 11 hab. — Les Échottiers, 46 hab. — Marigny-le-Vieux, 56 hab. — Vaudry, 86 hab. — Vons, 124 hab. — Les Rottes, 16 hab. — Saint-

Marcel, 91 hab. — Davat-les-Marais, 45 hab. — Vidal, 7 hab. — Calloud, 5 hab. — Bellair, 11 hab. — La Grélaz, 41 hab. — Gratteloup, 9 hab. — Hauterive, 8 hab. — Les Cochets, 33 hab.

Population en 1891 : 578 habitants.

Curés. Jean Lansard. — Claude Jacquemet. — Jean-Joseph Delerce. — André-Jacques Daudin. — Henri-Pierre Bovagnet.

Vicaires. Jean-Marie Tellier. — Jean-Claude Boissat. — Jacques Chavanel. — Joseph-Marcellin-Constant Picollet. — Emile-Paul Dunand. — Gaspard-Marie-Anthelme Martin.

Ecclésiastiques originaires de Marigny. François Vallier. — François Vettier. — Charles Chavanel. — Claude-François Bruyère. — Jean-Claude Gaime. — Jean-Marie Rassat. — Jean Bruyère. — Joseph Cochet. — Joseph Janin.

MASSINGY (*MASSINGIACUM*)

Canton de Rumilly, archiprêtré de Rumilly.

Patronne : *Notre-Dame de la Nativité*.

En 1803, il fut uni à cette paroisse le village des Germains, distrait de Moye.

Altitude : 537 mètres.

Étendue territoriale : 1,170 hectares 31 ares. Étendue des terrains cultivés et habités : 805 hectares 87 ares.

Population en 1804 : 720 habitants ; en 1822 : 911 hab. ; en 1837 : 1,041 hab.

Population totale en 1881 : 1,019 habitants. Population des différents lieux habités : Le chef-lieu, 100 hab. - Perret-Dessous, 62 hab. — Perret-Dessus, 105 hab. —

Les Griots, 40 hab. — Séranche, 70 hab. — Château de Charansonnex, 49 hab. — Charansonnex, 71 hab. — Combachenex, 97 hab. — Géroud, 25 hab. — Reculex, 60 hab. — Reynex, 31 hab. — Chênelet, 16 hab. — Pringy, 107 hab. — Marigny, 164 hab. — Ligny-le-Grand, 67 hab. Ligny-le-Petit, 33 hab. — Derrière-le-Molard, 22 hab.
Population en 1891 : 1,048 habitants.

Curés. François Baud. — Pierre Rassat. — Pierre-Joseph-Éloi Descostes. — Jean-Hippolyte Dupraz. — Jacques Chavanel. — Pierre-Joseph Guicherd.

Vicaires. Claude Falconnet. — Fabien Dijoud. — Alexandre Carret. — Antoine-Marie Goddard. — Joseph Pajean. — Jean-François Bouvier. — Michel Bise. — Jean-Marie Gavard. — Antoine Jeantin. — Joseph Magnin. — Pierre Blanc. — François Collomb. — Joseph-Marie Cubit. — Marie-Étienne-Joseph Tournier. — Jean-Claude Girardy. — Noël-Antoine Gay. — Louis Durand. — François Rochat. — Louis Pache. — Jean-Louis Saint-Germain. — Jean Poguet. — Hyacinthe Jouty. — François Chanvillard.

Ecclésiastiques originaires de Massingy. Charles-François Duchêne. — François Ramaz. — Félix-Marie Janin. — Noël-Marie Emonet. — Victor Collet. — Philippe Genoud. — Jean Tillet.

MÉRY *(MERIUM)*

Canton d'Aix-les-Bains, archiprêtré d'Aix-les-Bains.

Patron : *Saint Jean-Baptiste.*

Altitude : 358 mètres.

Étendue territoriale : 885 hectares 48 ares. Étendue des terrains cultivés et habités : 480 hectares 63 ares.

Population en 1804 : 579 habitants ; en 1822 : 787 hab. ; en 1837 : 897 hab.

Population totale en 1881 : 677 habitants. Population différents lieux habités : Le chef-lieu, 383 hab. — Le Fournet, 123 hab. — Jacquier, 74 hab. — Revers, 31 hab. La Chat, 27 hab. — Romand, 13 hab. — Maison-Blanche, 9 hab. — La Crosaz, 6 hab. — Montagny, 8 hab. — Laissard, 3 hab.

Population en 1891 : 607 habitants.

Curés. Georges Léger. — Jean-Marie Carron. — Jacques Portier. — Pierre-François Dépommier. — Joseph Michaud. — Claude Dumollard. — Adam-Barthélemi-Christian Vanni. — Jean-Baptiste Floret. — François Bontron.

Vicaire. Clément Rey.

*
* *

MEYRIEUX (*MERIACUM*)
Canton d'Yenne, archiprêtré d'Yenne.

Patronne : *Notre-Dame de l'Assomption*.

En 1803, il fut uni à cette paroisse l'ancienne paroisse ou ancienne chapellenie de Trouet, d'où elle est appelée aujourd'hui Meyrieux-Trouet.

Altitude : 544 mètres.

Étendue territoriale : 1,091 hectares 34 ares. Étendue des terrains cultivés et habités : 368 hectares.

Population en 1804 : 419 habitants ; en 1822 : 467 hab. ; en 1837 : 537 hab.

Population totale en 1881 : 471 habitants. — Population des différents lieux habités : Le chef-lieu, 50 hab. — Risollet, 83 hab. — Villaret, 41 hab. — Trouet, 100 hab. — Cremaire, 31 hab. — Methenod, 87 hab. — L'Épinette, 15 hab. — Les Ferrailles, 7 hab. — Le Favre, 13 hab. — Le Fraisier, 9 hab. — Le Buisson, 9 hab. — Monard, 7 hab. — Cerisier, 5 hab. — Vycharmène, 4 hab. — Charmène, 2 hab. — Davanet, 2 hab. — Pisseloup, 3 hab. — Sonfroid, 3 hab.

Population en 1891 : 444 habitants.

Curés. Jean-Pierre Neyroud. — Gabriel Jeandet. — Jean-Baptiste Rubin. — Joseph Cathelin. — Jean-Joseph Jeantin. — François Berlioz.

Vicaire. Jean-Baptiste Bénistrand.

Ecclésiastiques originaires de Meyrieux-Trouet. Joseph Dantin. — Joseph Vaisselet. — Pierre Rubaud.

*
* *

MOGNARD (*MONARIUM*)
Canton d'Albens, archiprêtré d'Albens.

Patron : *Saint Pierre, apôtre.*

En 1803, il fut adjoint temporairement à cette paroisse celles d'Épersy et de Saint-Ours. Les unes et les autres demeurèrent communes distinctes.

Altitude : 448 mètres.

Étendue territoriale de Mognard exclusivement : 394 hectares 91 ares. Etendue des terrains cultivés et habités : 345 hectares 85 ares.

Population en 1804 : 293 habitants ; en 1822 : 351 hab. ; en 1837 : 398 hab.

Population totale en 1881 : 476 habitants. Population des différents lieux habités : Le chef-lieu, 148 hab. — Le Verney, 68 hab. — Maclens, 42 hab. — Le Sauvage, 15 hab. — La Ravoire, 15 hab. — Le Châtenay, 16 hab. — Les Rippes, 16 hab. — Combe-Dessus, 47 hab. — Combe-Dessous, 65 hab. — Droise, 44 hab.

Population en 1891 : 409 habitants.

CURÉS. Pierre Chabert. — Jean-Nicolas Roch. — François-Lucien Pavy. — François Lansard. — Jean-Claude Paget. — Philippe Genoud.

ECCLÉSIASTIQUES ORIGINAIRES DE MOGNARD. Charles Michaud. — Jean-Marie Couty. — Maurice Clerc-Renaud. — Claude Gros. — Charles Gros. — François-Claude Clerc-Renaud. — Jean-Marie Gros.

*
* *

LES MOLETTES *(MOLETTÆ)*

Canton de Montmélian, archiprêtré de Montmélian.

Patron : *Saint Maurice, martyr.*

En 1803, il fut adjoint temporairement à cette paroisse celle de Layssaud.

Altitude : 297 mètres.

Étendue territoriale : 558 hectares 35 ares. Étendue des terrains cultivés et habités : 308 hectares 70 ares.

Population en 1804 : 432 habitants ; en 1822 : 438 hab. ; en 1837 : 610 hab.

Population totale en 1881 : 522 habitants. Population des différents lieux habités : Le chef-lieu (église), 16 hab. — Les Granges, 113 hab. — La Ville, 116 hab. — Haute-Bise, 18 hab. — La Peysse, 40 hab. — Bourbières, 88 hab. — L'Allée, 28 hab. — Villarbet, 80 hab. — Molard-du-Lac, 23 hab.

Population en 1891 : 508 habitants.

CURÉS. François Drevet. — Claude Pallucet. — Alexandre Mamy. — Jules Mathey. — Joseph Philippe. — Joseph Michaud. — Joseph-Antoine Ducret. — Claude Berthier. — Claude Bouchardy.

VICAIRE. Jean-Baptiste Bénistrand.

ECCLÉSIASTIQUE ORIGINAIRE DES MOLETTES. Jean-Gabriel de Bagard.

MONTAGNOLE *(MONTANIOLA)*

Canton sud de Chambéry, archiprêtré de Maché.

Patron : *Saint André, apôtre.*

Altitude : 555 mètres.

Étendue territoriale : 1,082 hectares 34 ares. Étendue des terrains cultivés et habités : 319 hectares.

Population en 1804 : 518 habitants; en 1822 : 675 hab.; en 1837 : 720 hab.

Population totale en 1881 : 734 habitants. Population des différents lieux habités : Le chef-lieu, 46 hab. — Pierre-Grosse, 117 hab. — Les Meugniers, 93 hab. — Le Césolet, 90 hab. — Les Bocquets, 65 hab. — Maistre, 38 hab. — Le Mapas, 34 hab. — Le Petit-Pays, 20 hab. — Les Évêques, 29 hab. — Le Borné, 17 hab. — Les Guillermins, 40 hab. — Guinguettaz, 31 hab. — Le Grand-Platon, 36 hab. — Le Puisat, 48 hab. — Lovettaz, 30 hab.

Population en 1891 : 702 habitants.

CURÉS. Claude Armand. — François Granger. — Claude Levet. — Claude-Michel Calloud. — Ferdinand Farnier. — Joseph Poguet. — Pierre-Louis Pajean.

MONTAILLEUR *(MONTALIOSUM)*

Canton de Grésy-sur-Isère,
archiprêtré de Saint-Pierre d'Albigny.

Patron : *Saint Maurice, martyr.*

Altitude : 421 mètres.

Étendue territoriale : 1,335 hectares 65 ares. Étendue des terrains cultivés et habités : 823 hectares 98 ares.

Population en 1804 : 873 habitants ; en 1822 : 915 hab. ; en 1837 : 1,009 hab.

Population totale en 1881 : 928 habitants. Population des différents lieux habités : Le chef-lieu, 90 hab. — Montailloret, 273 hab. — Le Villard, 98 hab. — La Chagne-Dessous, 100 hab. — La Chagne-Dessus, 58 hab. — Fournieux, 88 hab. — L'Épigny, 31 hab. — La Côte, 31 hab. — Le Château, 70 hab. — Plan-Villard, 38 hab — Le Mont, 20 hab. — La Tour, 13 hab. — Le Crest, 7 hab. — L'Étang, 6 hab. — La Gorge, 5 hab.

Population en 1891 : 937 habitants.

Curés. François Dupraz. — Jacques Laperrière. — Jean-Baptiste Chaffarod. — Auguste-Claude Richard. — Claude Mollion. — Jules Coudurier. — Joseph Bouchet.

Vicaires. Jean-Baptiste Carle. — Louis Berthet. — Jean-Baptiste Besson. — Joseph Brellaz. — Jean-François Gény.

Ecclésiastiques originaires de Montailleur. Jean-Philibert Dufour. — Jean-Pierre Hugonnier.

LE MONTCEL *(MONCELLUS)*

Canton d'Aix-les-Bains, siège de l'archiprêtré.

Patron : *Saint Georges, martyr.*

Altitude : 601 mètres.

Étendue territoriale : 1,460 hectares 12 ares. Étendue des terrains cultivés et habités : 618 hectares 7 ares.

Population en 1804 : 579 habitants ; en 1822 : 916 hab. ; en 1837 : 993 hab.

Population totale en 1881 : 913 habitants. Population des différents lieux habités : Le chef-lieu, 77 hab. — Les Jacquignons, 9 hab. — Les Chamoux, 16 hab. — La

Chat, 111 hab. — La Neuve, 25 hab. — Les Légers, 52 hab. — Les Ritauds, 47 hab. — Le Molard, 32 hab. — Les Mermoz, 38 hab. — Les Granges, 13 hab. — Les Blancs, 80 hab. — Les Collombs, 55 hab. — La Maime, 36 hab. — La Chapelle, 104 hab. — Les Décampoux, 17 hab. — Les Favrins, 48 hab. — Les Coutins, 24 hab. — Le Marterey, 24 hab. — Le Château, 11. — La Verdasse, 9 hab. — Le Blanc, 5 hab.

Curés. Jean-François Jond. — Jacques Dufour. — François Dumont. — Claude Mollard.

Vicaires. Jean-François Gény. — Antoine Rey. — Jean-Claude Pétrier. — Jean-Claude Gaime. — Joseph-Auguste Curtet. — Antoine Brise. — François Pricaz. — Jean-Baptiste Durand. — François Villermet. — Antoine Juilland. — Joseph Maige. — Louis Pellet. — Victor Bouvier.

Ecclésiastiques originaires du Montcel. — François Bugnard. — Michel Marin.

LE MONT-DU-CHAT *(MONS CATI)*

Canton de la Motte-Servolex, archiprêtré de Saint-Jean de Chevelu.

Patron : *Saint-Antoine, abbé.*

Cette paroisse est appelée, à proprement parler, Chapelle du Mont-du-Chat. En 1803, il lui fut adjoint temporairement la paroisse d'Ontex.

Altitude : 621 mètres.

Étendue territoriale : ,1430 hectares 60 ares. Étendue des terrains cultivés et habités : 154 hectares 60 ares.

Population en 1804 : 338 habitants ; en 1822 : 251 hab. ; en 1837 : 350 hab.

Population totale en 1881 : 265 habitants. Population des différents lieux habités : La Chapelle, 53 hab. — Grand-Villard, 62 hab. — Petit-Villard, 35 hab. — Gratteloup, 63 hab. — Communal, 52 hab.

Population en 1891 : 253 habitants.

Curés. Charles Montgellaz. — Michel Gros. — Jean-Nicolas Roch. — Jean-Marie Grimonet. — Barthélemi Perrier. — Claude-François Bruyère. — Jean-Louis Cattin. — Marie-Joseph Arnaud-Godet. — Joseph Rosset.

*
* *

MONTMÉLIAN *(MONS EMILIANUS)*

Chef-lieu de canton, siège de l'archiprêtré.

Patronne : *Notre-Dame de l'Assomption.*

En 1803, il fut uni temporairement à cette paroisse celle de la Chavanne ainsi que celle d'Arbin, tout en restant les unes et les autres communes distinctes.

Altitude : 283 mètres.

Étendue territoriale : 582 hectares 2 ares. Étendue des terrains cultivés et habités : 296 hectares 20 ares.

Population en 1804 : 1,155 habitants; en 1822 : 1,200 hab. ; en 1837 : 1,219 hab.

Population totale en 1881 : 1,264 habitants. (Le bourg est l'unique centre de population.)

Curés. Ennemond Rey. — Damase Mercier. — Jacques-Joseph Grosset. — Pierre Tournier. — Jean-Baptiste Pajean. — Pierre Charbonnier. — Marc Burdin. — Antoine-François Thouvard. — Denix-Félix Bressand.

Vicaires. François Drevet. — François Crochon. — Hyacinthe Alibert. — François Gellon. — Charles-Amédée Bois. — Antoine Richard. — Jacques Trabichet. —

Jean-Louis Turinaz. — Joseph Gonnellaz. — Benoît Loridon.— Pierre-François Cessens.— Charles Charrot. — Georges-Marie Bogey. — Anthelme Ramaz. — Jean-Baptiste Gardet. — Claude Travers. — Étienne-Marie Bogey. — Albert-Joseph-Marcellin Pillet. — Anthelme Guicherd. — Joseph-Benoît-Marie Loridon. — François Dunoyer. — Auguste Lacombe. — Louis Renaud-Goud. — Jean-Baptiste-Miguet. — Claude Gros.

Ecclésiastiques originaires de Montmélian. Alexandre Nicole de la Place. — Joseph-Victor des Frasses.— Antoine Richard. — François Crochon. — Jean-Baptiste Floret. — François Vachaud. — Jean-Marie Gavard. — Jean-Baptiste Villard. — Joseph Pétroux. — Joseph-François Bernard.— Lucien Bernard.—Daniel Villard. — Alexandre Meignoz. — Jean-Baptiste Berthier.

LA MOTTE-EN-BAUGES *(MOTTA BOVICIARUM)*
Canton du Châtelard, archiprêtré du Châtelard.

Patron : *Saint Victor, martyr.*

Altitude : 720 mètres.

Étendue territoriale : 950 hectares 27 ares. Étendue des terrains cultivés et habités : 520 hectares.

Population en 1804 : 610 habitants ; en 1822 : 831 hab. ; en 1837 : 877 hab.

Population en 1881 : 607 habitants. Population des différents lieux habités : Le chef-lieu, 88 hab. — Le Rocher, 178 hab. — La Crêtaz, 8 hab. — Les Brunods, 35 hab. — Les Frénods, 37 hab. — Le Molard, 30 hab. — Les Dalphins, 15 hab. — La Frénière, 58 hab. — Le Noiray, 135 hab. — Le Plateau, 12 hab. — Les Blaches, 11 hab.

Population en 1891 : 599 habitants.

Curés. Philibert Roux. — Gaspard Amblet. — Jean-François Gay. — Jean-Baptiste Pajean. — Joseph Ponnet. — Benoît Viret. — Pierre-Albert Reynaud. — Jean-Baptiste Bailly.

*
* *

LA MOTTE-SERVOLEX *(MOTTA)*

Chef-lieu de canton, siège de l'archiprêtré.

Patron : *Saint Jean-Baptiste.*

Cette paroisse, appelée anciennement la Motte-Monfort, de la chapelle rurale de Montfort, située sur les confins de Saint-Sulpice, a pris le nom de Motte-Servolex de l'ancienne paroisse de Servolex qui lui fut unie en 1803. Comme commune, la Motte-Servolex comprend en même temps la paroisse du Trembley.

Altitude : 262 mètres.

Étendue territoriale : 3,043 hectares 80 ares. Étendue des terrains cultivés et habités : 893 hectares 50 ares.

Population réunie de la Motte-Servolex et du Trembley en 1804 : 2,500 habitants ; en 1822 : 3,033 hab. ; en 1837 : 3,400 hab.

Population totale de la Motte-Servolex en 1881 : 2,771 habitants. Population des différents lieux habités : Le chef-lieu, 499 hab. — Le Cheminet, 296 hab. — Le Pont, 47 hab. — Les Moulins, 56 hab. — Laye, 49 hab. — Pingon, 87 hab. — Ronjoux, 31 hab. — La Cattonnière, 73 hab. — Villard-Marin, 127 hab. — Villard-Peron, 204 hab. — Villette, 59 hab. — La Tessonnière, 153 hab. — Le Villard, 189 hab. — Montaugier, 97 hab. — Curtine, 27 hab. — La Salle, 24 hab. — Barby, 78 hab. — Barbizet, 211 hab. — Le Noiray, 157 hab. — Servolex, 307 hab.

Population totale du Trembley en 1881 : 557 habitants. Population des différents lieux habités : Le Trembley, 389 hab. — Montarlet, 168 hab.

Population de la Motte-Servolex en 1891 : 2,580 habitants. Population du Trembley en 1891 : 481 habitants.

Curés. François-Marie Dunoyer. — François Belleville. — Jean-Étienne Plattet — Athanase Rivoire. — Pierre-Henri Vallet.

Vicaires. François Million. — Laurent Ract. — Joseph Chuit. — Joseph Favre. — Jean-François Gay. — Bernard Durand. — Jean Besson. — Jean-Claude Pierron. — Pierre Pétigny. — Joseph André. — Jean-Vincent Ollier. — Jacques Besson. — Benoît Miguet. — Valentin Noiton. — Joseph Sage. — Jean-Pierre David. — François Vachaud. — Guillaume Cubit. — Pierre Blanc. — Marie-Victor Noiton. — Pierre Rive. — François Charrot. — Claude Levet. — Pierre Vallet. — Claude Chabert. — Joseph Ponnet. — Antoine Sevez. — François Richard-Cugnet. — Anthelme Viboud. — Pierre Blanc. — Jean Goddard. — François Pajean. — François Collomb. — Jean Mailland. — Antoine-François Thouvard. — Joseph-Marie Millet. — Charles Boisson. — Claude Gavillet. — Claude-Paul Bottero. — Joseph-Marie Martin. — Félix Janin. — François-Marie Blanchin. — Antoine-Eugène-Frédéric Bertet. — Antoine Guicherd. — François Bugnard. — Julien Journet. — Christin-Louis Favre. — Jean-Baptiste Miguet. — Joseph Gavend. — Vincent Revillet.

Ecclésiastiques originaires de la Motte-Servolex. Jean-Baptiste Aubriot de la Palme. — Pierre-François Sarde de la Forest. — Louis-François Menoud. — Jean Morat. — Louis Pellet. — Claude Morat. — Jean Mouchet.

MOTZ *(MOTULA)*

Canton de Ruffieux, archiprêtré de Chindrieux.

Patron : *Notre-Dame de l'Assomption.*
Altitude : 426 mètres.
Étendue territoriale : 815 hectares 16 ares. Étendue des lieux cultivés et habités : 224 hectares 16 ares.
Population en 1804 : 709 habitants ; en 1822 : 738 hab. ; en 1837 : 843 hab.
Population totale en 1881 : 642 habitants. Population des différents lieux habités : Le chef-lieu, 270 hab. — Châteaufort, 180 hab. — Blinty, 77 hab. — Le Nant, 76 hab. — Reynaud, 28 hab. — Les Iles, 11 hab.
Population en 1891 : 658 habitants.
Curés. Maurice David. — François-Marie Suchard. — Joseph Michaud. — Joseph Gonnellaz. — Joseph Brellaz. — Joseph-Auguste Curtet. — Anthelme Husson.
Ecclésiastiques originaires de Motz. Claude Jacquemet. — Jacques Thévenet. — Jean-Baptiste Cottin. — Claude Jacquemet. — Marie Cottin. — François-Marie Girardy.

MOUXY *(MUSSIACUM)*

Canton d'Aix-les-Bains, archiprêtré d'Aix-les-Bains.

Patron : *Saint Jacques le Majeur, apôtre.*
Cette paroisse fut, en 1803, desservie temporairement par le curé de Drumettaz-Clarafond.
Altitude : 364 mètres.

Étendue territoriale : 620 hectares 62 ares. Étendue des terrains cultivés et habités : 317 hectares 6 ares.

Population en 1804 : 267 habitants ; en 1822 : 520 hab. ; en 1837 : 549 hab.

Population totale en 1881 : 563 habitants. Population des différents lieux habités : Les Raynauds, 54 hab. — Le Crêt, 73 hab. — Les Blancs-Ballons, 162 hab. — Les Chaffardons, 39 hab. — Le Faubourg, 23 hab. — Les Moutens, 64 hab. — Le Biollay, 27 hab. — Maisons éparses, 121 hab.

Population en 1891 : 575 habitants.

Curés. Jean-Baptiste Rioutard. — Georges Léger. — Joseph Jacquiot. — François Desplantes. — François Cornillac.— Antoine-Marie Goddard.— Gaspard Riondy — Léon Petit.

Vicaire. Marie-Nicolas Châtel.

Ecclésiastiques originaires de Mouxy. Maurice Détraz. — François Exertier. — François Bugnard. — Jérôme Exertier. — Jacques Bugnard. — Eugène-Philibert Coudurier. — Louis Perrusset.

MOYE (*MOVIACUM*)

Canton de Rumilly, archiprêtré de Rumilly.

Patronne : *Notre-Dame de l'Annonciation.*

Altitude : 472 mètres.

Étendue territoriale : 2,261 hectares 95 ares. Étendue des terrains cultivés et habités : 1,401 hectares 15 ares.

Population en 1804 : 1,010 habitants ; en 1822 : 1,267 hab. ; en 1837 : 1,333 hab.

Population totale en 1881 : 1,373 habitants. Population des différents lieux habités : Le chef-lieu, 15 hab. —

— 421 —

Pressy, 83 hab. — Liennet, 43 hab.— La Palud, 18 hab. La Baula, 11 hab. — Le Molard, 33 hab. — Le Foug, 10 hab. — Chantemerle, 32 hab. — Poisu, 144 hab. — La Rate, 9 hab. — Mont-Clergeon, 13 hab. — Bellecombe, 21 hab. — Bessine, 77 hab. — La Bruyère, 39 hab. — Le Villard, 84 hab. — Sallongy, 40 hab. — Saint-Ours, 44 hab. — Tounin, 25 hab. — Marcellex, 58 hab. — Lanriot, 15 hab. — Béchard, 17 hab. — Terrinaz, 108 hab. — Provins, 8 hab. — La Dioz, 11 hab. — Le Surget, 69 hab. — Bernardel, 7 hab. — Magny, 66 hab. — Borcherins, 29 hab. — Assou, 15 hab. — Prachillet, 23 hab. — Semblengy, 25 hab. — Vessy, 28 hab. — Beauséjour et le Barbier, 23 hab. — Mivellard, 85 hab. — Bise, Borni, l'Adroit, 45 hab.

Population en 1891 : 1,369 habitants.

Curés. François-Marie Godet. — Claude-Louis Magnin. — César Guillot. — Victor-François Déprimoz. — Célestin Déplante.

Vicaires. François Bourse. — César Guillot. — Antoine-Marie Goddard. — Joseph Pajean. — Jean-Joseph Jeantin. — Charles Tissot. — Jean Mailland. — François Dumont. — Charles Voiron. — Jean-Claude Alverniat. — François-Marie Bontron. — Charles Neyret. — Étienne Dupassieux. — François Duvernay. — Joseph Ramus. — Édouard Rosset.

Ecclésiastiques originaires de Moye. François Rey. — Cyprien Desgeorges. — Martin-Jean-Antoine Viret. — Claude Favre. — Noël Bouchardy. — Jacques Chavanel. — François Folliet. — Jacques Raymond. — Claude Tissot. — Philibert Folliet. — François Dumont. — François Triquet. — Pierre Viret. — Claude Bouchardy. — Benoît Viret. — Christin Favre. — Louis Viret. — François Bois. — Claude Viret. — Désiré-Marie Bois. — Simon-Jean Favre. — Christin-Louis

Favre. — Maurice Bois. — Jean-François Bernard. — Hippolyte Falconnet. — Pierre Viret. — François Bouchardy. — Philippe Favre.

MYANS (*BEATA MARIA DE MIANIS*)
Canton de Montmélian, archiprêtré de Saint-François de Sales de Chambéry.

Patronne : *Notre-Dame de la Nativité*.

Cette paroisse a fait partie de la commune des Marches jusqu'en ces dernières années. Elle fut instituée, en 1803, sous le nom de Chacusard, qu'elle a ensuite quitté pour prendre celui de Myans.

Altitude : 331 mètres.

Étendue territoriale : 333 hectares Étendue des terrains cultivés et habités : 301 hectares.

Population en 1804 : 297 habitants ; en 1822, 329 hab.; en 1837, 400 hab.

Population totale en 1881 : 310 habitants. Population des différents lieux habités : Myans, 125 hab. — Chacusard, 185 hab.

Population en 1891 : 447 habitants.

Curés. Pierre-Joseph Jolivet. — Joseph Pollet. — Pierre Rive. — Noël Clerc. — Louis Gendre. — Jean-Baptiste Pajean. — Le R. P. Loewembruch, et les autres missionnaires diocésains. — Claude-Michel Calloud. — Dominique Pâquet. — Le R. P Peyssard et les autres Jésuites missionnaires. — Le R. P. Blein, id. — Le R. P. Pierre Maillet, prêtre séculier, et les autres missionnaires diocésains.

Vicaires séculiers. Joseph Brellaz. - Victor-Pierre Jargot. — Jean-Pierre Hugonnier. — Antoine-François Thouvard.

NANCES (*NANCESIUM*)
Canton du Pont-de-Beauvoisin, archiprêtré
de Novalaise.

Patron : *Saint Pierre, apôtre.*

Dès 1803 à 1858, cette paroisse est restée adjointe à celle de Novalaise, tout en continuant à former une commune distincte.

Altitude : 369 mètres.

Étendue territoriale : 1,057 hectares 94 ares. Étendue des terrains cultivés et habités : 565 hectares 44 ares.

Population en 1804 : 388 habitants ; en 1822 : 414 hab. ; en 1837 : 411 hab.

Population totale en 1881 : 276 habitants. Population des différents lieux habités : Le chef-lieu, 18 hab. — Les Gigots, 27 hab. — Les Laguanis, 42 hab. — La Côte, 38 hab. — Sous-le-Château, 24 hab. — Sous-Nances, 65 hab. — Les Gollets, 40 hab. — Maisons éparses, 22 hab.

Population en 1891 : 260 habitants.

Curés. François Gellon. — André-Théophile Durochat. — Octave Morel. — Joseph-Marie Cubit. — Félix-Marie Janin. — Pierre-Joseph Guicherd. — François Rochat.

Ecclésiastiques originaires de Nances. François Bernardy. — François Bellemin. — Jean-Marie Bellemin. — Joseph Bernardy-Lilas. — Jules Charpine.

NOVALAISE (*NOVALICIÆ ALLOBROGUM*)

Canton de Saint-Genix, siège de l'archiprêtré.

Patron : *Saint Jean-Baptiste.*

En 1803, il fut adjoint à cette paroisse celle de Nances, qui lui resta ainsi unie jusqu'en 1858.

Altitude 431 mètres.

Étendue territoriale : 1,625 hectares 94 ares. Étendue des terrains cultivés et habités : 1,327 hectares 59 ares.

Population en 1804 : 1,991 habitants ; en 1822 : 1,817 hab. ; en 1837 : 1,913 hab.

Population totale en 1881 : 1,447 habitants. Population des différents lieux habités : Le Bourg, 305 hab. — Le Goulet, 27 hab. — Albens, 15 hab. — Le Giffard, 47 hab. — Le Richard, 25 hab. — L'Épinette, 10 hab. — Les Fauges, 18 hab. — Les Guillets, 28 hab. — Le Blanchet, 31 hab. — La Rossière, 52 hab. — Pétigneux, 34 hab. — Les Perrets, 19 hab. — Le Ninon, 14 hab. — Les Champs, 58 hab. — La Barthinière, 11 hab. — Monthieux, 68 hab. — Le Colomb, 77 hab. — La Biétry, 34 hab. — Les Bottières, 71 hab. — Les Gois, 55 hab. — Le Menoud, 31 hab. — La Crêtaz, 77 hab. — Le Berlioz, 53 hab. — Le Sabbatel, 36 hab. — Le Geanjou, 52 hab. — Le Neyret, 25 hab. — Le Saint-Bonnet, 29 hab. — Le Terreau, 25 hab.

Population en 1891 : 1,435 habitants.

Curés. Anne-Marie Dérupt. — Joseph-François Marquet. — Jean-Louis Burdet. — Jean-Baptiste Gonthier. — Gaspard Bontron. — Jean-Pierre Brachet.

Vicaires. Thomas Jourdain. — Jean Abry. — François-Joseph Dubois. — Ignace Desvignes. — Joseph-Marie Puthon. — Joseph Michaud. — Joseph Louis. — Pierre Blanchin. — Pierre-François Cessens. — Laureut Berthet. — Hilaire Petit. — Mathieu Gellon. — Pierre-François Ferroud. — Victor-Emmanuel Blanchin. — Jean-Baptiste Carret. — Claude Travers. — Jean Pierre Brachet. — Stéphane Cubit. — Pierre Dumollard. — André Garavel. — Joseph Maige. — Pierre Pollet. — Louis Renaud-Goud. — Joseph Cochet.

Ecclésiastiques originaires de Novalaise. Pavin Berthollier. — Jean-Blaise Berthollier. — François Duverney. — Alphonse Gay-Lancermin. — Pierre-Marie Charles.

LE NOYER (*MARIA DE NUCE*)

Canton du Châtelard, archiprêtré de Lescheraine.

Patronne : *Notre-Dame de l'Assomption.*

Altitude : 827 mètres.

Étendue territoriale : 1,245 hectares 15 ares. Étendue des terrains cultivés et habités : 578 hectares 15 ares.

Population en 1804 : 703 habitants ; en 1822 : 900 hab. ; en 1837 : 1,020 hab.

Population totale en 1881 : 671 habitants. Population des différents lieux habités : Le chef-lieu (Le Cimetière), 109 hab. — Les Crêts, 133 hab. — La Ville, 80 hab. — Le Chêne, 36 hab. — Le Mont, 37 hab. — Le Buisson, 72 hab. — Le Noyer, 26 hab. — Le Périer, 97 hab. — Le Cholet, 65 hab. — Les Chavannes, 17 hab.

Population en 1891 : 643 habitants.

Curés. Pierre Francoz. — Pierre Cart. — François Rey. — Jean-François Dompmartin. — François Bollard. — Victor-Emmanuel Blanchin. — Joseph-François Ruinon. — Alexis Tampion. — Antoine Rey. — François Gex.

Ecclésiastiques originaires du Noyer. Joseph Tasset. — Urbain Desgranges. — Joseph Estivin.

ONCIN (*ONCINUM*)

Canton des Échelles, archiprêtré des Échelles.

Patron : *Saint Martin, évêque.*

Cette paroisse comprend, dès 1803, la chapelle rurale d'Attignat et porte, au civil, le nom d'Attignat-Oncin, comme ne formant aussi qu'une seule commune.

Altitude : 590 mètres.

Étendue territoriale : 3,097 hectares 88 ares. Étendue des terrains cultivés et habités : 2,579 hectares 88 ares.

Population en 1804 : 1,425 habitants ; en 1822 : 1,350 hab. ; en 1837 : 1,520 hab.

Population totale en 1881 : 951 habitants. Population des différents lieux habités : La Charrière (chef-lieu, église), 11 hab. — Le Fond-Oncin, 35 hab. — Chabaudière, 11 hab. — Perrin, 35 hab. — Magnin, 8 hab. — Morand, 10 hab. — Les Chapelles, 56 hab. — Burlatière, 7 hab. — Béranger, 19 hab. — Banier, 23 hab. — La Rilière, 28 hab. — La Genaz, 87 hab. — Le Côtillon, 16 hab. — Verchère, 22 hab. — La Paluette, 15 hab. — Le Village, 48 hab. — Le Moulin, 9 hab. — Le Chaboud, 19 hab. — Le Gruaz, 29 hab. — Le Coudurier, 35 hab. — L'Arenier, 8 hab. — Dumolard, 14 hab. — Bohême, 11 hab. — Le Champ, 12 hab. — Le Fond-des-Champs, 9 hab. — Plan-Rosset, 1 hab. — Attignat, 63 hab. — Gerbezet, 37 hab. — Le Molard, 11 hab. — Les Plattières, 5 hab. — Moratiaux, 43 hab. — Le Plot, 3 hab. — Fauchère, 11 hab. — Cottardière, 17 hab. — Picard, 21 hab. — Le Clos, 8 hab.

Population en 1891 : 925 habitants.

Curés. Antoine Forestier. — Jean-François Jond. — Adam-Barthélemi-Christian Vanni. — Jean-Vincent Ollier. — Jean Malinjoud. — Pierre-Victor Jargot. — Pierre Cottarel.

Vicaires. Jean-François Ferroud. — Jean-Marie Veuillet. — Jacques-François Gonthier. — Alexis Tampion.

Ecclésiastiques originaires d'Oncin. Jacques Bovagnet. — Pierre Bovagnet. — Jacques Vallet. — Pierre Vallet. — Pierre-Henri Vallet. — Henri-Pierre Bovagnet. — Antoine Jeantin. — Claude-Anthelme Vallet.

ONTEX *(ONTESIUM)*

Canton d'Yenne, archiprêtré de Saint-Jean de Chevelu.

Patron : *Saint Pierre, apôtre.*

En 1803, cette paroisse fut adjointe temporairement à celle du Mont-du-Chat, tout en restant l'une et l'autre deux communes distinctes. Elle ne fut rétablie effectivement qu'en 1805.

Altitude : 716 mètres.

Étendue territoriale : 455 hectares 95 ares. Étendue des lieux cultivés et habités : 125 hectares 95 ares.

Population en 1804 : 224 habitants ; en 1822 : 148 hab. ; en 1837 : 200 hab.

Population totale en 1881 : 190 habitants. Population des différents lieux habités : Le chef-lieu, 128 hab. — Billon, 30 hab. — Grumeau, 19 hab. — Le Mont, 13 hab.

Population en 1891 : 180 habitants.

Curés. Claude Francoz. — Martin Joly. — Jean-Antoine Montmayeur. — Jean-Louis Bouvier. — Jean-Joseph Delerce. — Victor Blanc. — Pierre Pétellaz. —

Joseph-Auguste Curtet. — Marin Chalandard. — François Pricaz.

Ecclésiastique originaire d'Ontex. Georges-Marie Mollard.

***

PLANAISE (*PLANITIA*)
Canton de Montmélian, archiprêtré de Coise.

Patron : *Saint Xiste, martyr*.

En 1803, cette paroisse fut adjointe temporairement à celle de Saint-Pierre de Soucy, et lui resta ainsi unie jusqu'en 1836, tout en formant une commune distincte.

Altitude : 311 mètres.

Étendue territoriale : 416 hectares 22 ares. Étendue des terrains cultivés et habités : 212 hectares 65 ares.

Population en 1804 : 304 habitants ; en 1822 : 410 hab. ; en 1837 : 500 hab.

Population totale en 1881 : 528 habitants. Population des différents lieux habités : Le chef-lieu, 309 hab. — Verrens, 61 hab. — La Sagne, 27 hab. — Le Turchet, 13 hab. — La Bêtaz, 12 hab. — La Curiaz, 5 hab. — Le Puisay, 88 hab. — Chantebille, 13 hab.

Population en 1891 : 491 habitants.

Curés. Louis François. — Jean-Claude Roux. — Alphonse Ponet. — Donat Cubit. — Jean-Baptiste Gardet. — Flavien Picollet. — Louis Viret. — Christin-Louis Favre.

Vicaire. Donat-François Cubit.

***

PLANCHERINE *(PLANCHERINA)*

Canton de Grésy-sur-Isère, archiprêtré de Verrens.

Patron : *Saint Christophe, martyr.*

En 1803, cette paroisse fut adjointe temporairement à celle de Chevron, tout en formant une commune distincte.

Altitude : 588 mètres.

Étendue territoriale : 683 hectares 3 ares. Étendue des lieux cultivés et habités : 341 hectares 12 ares.

Population en 1804 : 352 habitants; en 1822 : 320 hab. ; en 1837 : 340 hab.

Population totale en 1881 : 304 habitants. Population des différents lieux habités : Le chef-lieu, 114 hab. — Les Piffets, 36 hab. — La Tour, 8 hab. — Le Sartot, 3 hab. — Les Desglises, 14 hab. — Les Tourniers, 10 hab. — Les Martins, 21 hab. — Les Rochiaz, 16 hab. — Sous-le-Col, 39 hab. — Tamié, 43 hab.

Population en 1891 : 294 habitants.

Curés. Urbain Ract. — Joseph-Marie Pasquier. — Jean-Claude Suarez. — Joseph Collet. — Antoine Bertrand. — Charles Coutaz-Muret. — François Neyret.

PONT-DE-BEAUVOISIN *(PONS DE BELLO VICINO)*

Chef-lieu de canton, siège de l'archiprêtré.

Patronne : *Notre-Dame de l'Assomption.*

Altitude : 254 mètres.

Étendue territoriale : 186 hectares 62 ares. Étendue des terrains cultivés et habités : 158 hectares 62 ares.

Population en 1804 : 1,200 habitants; en 1822 : 1,453 hab. ; en 1837 : 1,595 hab.

— 430 —

Population totale en 1881 : 1,506 habitants. Population des différents lieux habités : Le Pont (ville), 1,265 hab. — Le Croibier, 40 hab. — Le Château, 6 hab. — Les Rivaux, 17 hab. — L'Écurée, 159 hab. — La Baronnie, 19 hab.

Population en 1891 : 1,583 hab.

Curés. Pierre-Alexis Blain. — Louis-François Ramel. — Donat Ferroud. — Jean-Louis Burdet. — Maurice Tardy. — Antoine Poguet. — Gaspard-Marie-Louis Domenget.

Vicaires. Jean-François Perey. — Georges Gay. — Pierre Gay. — Anthelme Louis. — Joseph Mareschal. — François Charrot. — Pierre-François Ferroud. — Alexis Tampion. — Pierre-Henri Vallet. — Joseph Poguet. — François-Jean Ailloud. — Christin-Louis Favre. — François Perrotin. — Florentin Besson. — François Gotteland.

Ecclésiastiques originaires du Pont-de-Beauvoisin. André Joseph Pravaz. — Jean Perrin. — Guillaume Pellissier. — Étienne-Paul Praz. — Melchior Perret. — Pierre Pétigny. — Victor Blanc. — Anthelme Louis. — Anthelme-Cyrille Cusin, l'aîné. — Jean-Baptiste Cusin, le cadet. — Pierre-Joseph Royer. — Antoine Durand. — Pierre-André Chanet. — Jean Milliet. — Jean-Baptiste Blanc. — André-Théophile Durochat. — Athanase Rivoire. — Victor-Pierre Jargot. — Benoît Perrin. — François Durochat. — Joseph Milliet. — Joseph-André Perrot. — Antoine Chapelle. — Benoît Lacroix. — Claude-Auguste Renaud-Goud. — Gabriel Blais. — Clément Chamousset. — Eugène Déchaux. — Vincent Revillet. — Antoine Bernerd.

*
* *

PRESLE *(PRATELLÆ)*

Canton de la Rochette, archiprêtré de la Rochette.

Patron : *Saint Vincent, martyr.*

Altitude : 472 mètres.

Étendue territoriale : 1,287 hectares 10 ares. Étendue des terrains cultivés et habités : 948 hectares 10 ares.

Population en 1804 : 1,084 habitants ; en 1822 : 1,055 hab.; en 1837 : 1,102 hab.

Population totale en 1881 : 974 habitants. Population des différents lieux habités : Léa, 205 hab. — Vernay-Durand, 31 hab. — Pierre-Grosse, 25 hab. — Preslette, 65 hab. — Charpénet, 21 hab. — Mont-Rosset, 103 hab. — Pense-Durieu, 58 hab. — Chapellet, 43 hab. — Montessuit, 50 hab. — Molard-Jay, 33 hab. — Calvin, 17 hab. — Pierre-Moussue, 11 hab. — Les Côtes, 69 hab. — Le Molard, 59 hab. — Les Plagnes, 58 hab. — Les Blancs, 30 hab. — Luzerne, 37 hab. — Molard-Ciseau, 19 hab. — Maisons éparses, 40 hab.

Population en 1891 : 929 habitants.

Curés. Denis Chapellet. — Jean-Claude Excoffier. — Alexis Crinel. — Benjamin Desmaisons. — Jean-Antoine Ferrand. — Henri-Marie Cachoux. — Pierre Blanc. — Jean Paget. — Félix-Marie Janin. — Jean-Louis Tissot.

Vicaire. Charles Boisson.

***

PUGNY *(PUNIACUM)*

Canton d'Aix-les-Bains, archiprêtré d'Aix-les-Bains.

Patron : *Saint Maurice, martyr.*

Cette paroisse comprend l'ancienne chapelle rurale de

Chatenod, d'où elle est aussi appelée Pugny-Chatenod. Dès 1803 à 1819, elle fut unie à la paroisse de Trévignin, tout en restant commune distincte.

Altitude : 552 mètres.

Étendue territoriale : 536 hectares 34 ares. Étendue des terrains cultivés et habités : 370 hectares 98 ares.

Population en 1804 : 192 habitants ; en 1822 : 333 hab. ; en 1837 : 406 hab.

Population totale en 1881 : 409 habitants. Population des différents lieux habités : Le chef-lieu, 104 hab. — Les Exertiers, 36 hab. — Les Rossets, 17 hab. — La Côte et les Barrals, 41 hab. – Chatenod, 26 hab. — Les Barthelins, 33 hab. — Les Cendres, 24 hab. — Les Hôtes, 40 hab. – Maisons isolées, 88 hab.

Population en 1891 : 380 habitants.

Curés. Jean-François Jond. — Jean-Célestin Chavin. — Jacques Domenget. — Joseph Bellemin. — Anthelme Guicherd. — François Ailloud.

Ecclésiastiques originaires de Pugny. Pierre Monet. — Jean Mailland-Rosset. — Jean-Marie Exertier. — Jean Mailland-Rosset. — Pierre Mailland-Rosset.

**

PUYGROS *(PODIUM GROSSUM)*

Canton nord de Chambéry, archiprêtré de Thoiry.

Patron : *Saint Étienne, martyr.*

Altitude : 757 mètres.

Étendue territoriale : 1,055 hectares 99 ares. Étendue des terrains cultivés et habités : 529 hectares 32 ares.

Population en 1804 : 650 habitants ; en 1822 : 700 hab. ; en 1837 : 741 hab.

Population totale en 1881 : 776 habitants. Population

des différents lieux habités : Le chef-lieu, 82 hab. — Arvey, 260 hab. — Le Bois, 75 hab. — Marle, 130 hab. — Le Verger, 12 hab. — Le Chêne, 75 hab. — La Truette, 20 hab. — Fenestraux, 169 hab. — Lépine, 13 hab.

Population en 1891 : 753 habitants.

Curés. Marie-Joseph Raynaud. — Jean-Baptiste Rubin. — Maurice Chenal. — Joseph Pollet. — Benjamin Desmaisons. — Joseph Gouvernon. — Claude-Michel Calloud. — Marie-Victor Noiton. — Mathieu Gellon. — Claude Michaud. — Claude-Paul Bottero. — Claude Martin. — Camille Petit.

Ecclésiastiques originaires de Puygros. Charles Mongellaz. — François-Marie Dépierre. — Félix Tardy.

LA RAVOIRE *(RAVORIA)*

Canton sud de Chambéry, archiprêtré de Saint-François de Sales.

Patron : *Saint Étienne, martyr.*

Altitude : 305 mètres.

Étendue territoriale : 661 hectares 60 ares. Etendue des terrains cultivés et habités : 568 hectares 57 ares.

Population en 1804 : 645 habitants ; en 1822 : 803 hab. ; en 1837 : 783 hab.

Population totale en 1881 : 753 habitants. Population des différents lieux habités : Le chef-lieu, 63 hab. — Boige, 92 hab. — Nequidex, 35 hab. — La Villette, 126 hab. — La Peisse, 130 hab. — Le Molard, 138 hab. — La Trousse, 78 hab. — Leysse, 91 hab.

Population en 1891 : 756 habitants.

Curés. François Labottière. — Laurent Berthet. — Gaspard Riondy. — Joseph Viboud.

Vicaire. Maurice-Laurent Mareschal.

Ecclésiastiques originaires de la Ravoire. Antoine Gotteland. — Jean-Antoine Gotteland. — François Pétraz. — Sylvestre Guy. — Charles-François Jacquelin. — François-Jean Ailloud. — Michel-Séraphin Perrier. — Joseph-Pierre-Daniel Marin.

*
* *

ROCHEFORT (*RUPES FORTIS*)

Canton de Saint-Genix, archiprêtré de Saint-Genix.

Patron : *Saint Blaise, évêque et martyr.*

Altitude : 418 mètres.

Étendue territoriale : 555 hectares 10 ares. Étendue des terrains cultivés et habités : 358 hectares 10 ares.

Population en 1804 : 470 habitants ; en 1822 : 390 hab. ; en 1837 : 495 hab.

Population totale en 1881 : 442 habitants. Population des différents lieux habités : Le chef-lieu, 9 hab. — Sous-la-Roche, 14 hab. — La Berle, 22 hab. — Le Suard, 30 hab. — Les Abbes, 14 hab. — Le Vivier, 56 hab. — Le Ratier, 42 hab. - La Faverge, 49 hab. — La Périère, 24 hab. — La Massette, 43 hab. — Hurisse, 25 hab. — Les Envers, 28 hab. — Plévieux, 37 hab. — Les Bertiers, 29 hab.

Population en 1891 : 410 habitants.

Curés. Jean Perrin. — François Bonne. — Claude Ducruet. — Henri-Pierre Bovagnet. — Marie-Étienne-Joseph Tournier. — Pierre Cottarel. — François Vial.

Ecclésiastique originaire de Rochefort. Joseph-François Ruinon.

*
* *

LA ROCHETTE *(RUPECULA)*

Chef-lieu de canton, siège de l'archiprêtré.

Patron : *Saint Jean-Baptiste.*

En 1803, il fut uni à cette paroisse les trois paroisses de la Croix, de Rotherens et de Détrier, tout en restant les unes et les autres autant de communes distinctes.

Altitude : 341 mètres.

Étendue territoriale de la Rochette : 453 hectares 69 ares. Étendue des terrains cultivés et habités : 384 hectares 89 ares.

Étendue territoriale de la Croix : 312 hectares 58 ares. Étendue des terrains cultivés et habités : 154 hectares 78 ares.

Étendue territoriale de Rotherens : 180 hectares 18 ares. Étendue des terrains cultivés et habités : 78 hectares 18 ares.

Étendue territoriale de Détrier : 223 hectares 63 ares. Étendue des terrains cultivés et habités : 168 hectares.

Population de la Rochette en 1804 : 855 habitants ; en 1822 : 1,108 hab. ; en 1837 : 1,107 hab.

Population totale en 1881 : 1,218 habitants. Population des différents lieux habités : Le Bourg, 787 hab. — La Madeleine, 51 hab. — La Croisette, 44 hab. — La Grange-du-Four, 45 hab. — La Violette, 31 hab. — Saint-Maurice, 91 hab. — Mont-Bertrand, 47 hab. - Le Mont, 13 hab. — Les Martins, 16 hab. — Les Perriers, 18 hab. — Les Chavannes, 9 hab. — Gros-Leys, 5 hab. — Saint-Clair, 13 hab. — La Seytaz, 9 hab. — Le Château, 10 hab.

Population de la Croix en 1804 : 142 habitants ; en 1822 : 256 hab. ; en 1837 : 289 hab.

Population en 1881 : 302 habitants. Population des différents lieux habités : La Croix, 220 hab. — Mont-

Albout, 43 hab. — Les Morards, 10 hab. — Les Pierres, 6 hab. — Grolu, 6 hab.

Population de Rotherens en 1804 : 193 habitants ; en 1822 : 282 hab. ; en 1837 : 282 hab.

Population totale en 1881 : 247 habitants. Population des différents lieux habités : Rotherens, 202 hab. — Grange-Bellat, 25 hab. — Côte-Rolland, 9 hab. — Prés-Communaux, 9 hab. — Couturier, 2 hab.

Population de Détrier en 1804 : 219 habitants; en 1822 : 259 hab. ; en 1837 : 287 hab.

Population totale en 1891 : 228 habitants. Population des différents lieux habités : Détrier, 92 hab. — Les Granges, 106 hab. — La Plaine, 14 hab. — Les Ribollets, 9 hab. — Cob-Vron, 7 hab.

Population de la paroisse comprenant les quatre communes, en 1891 : 2,035 habitants.

Curés. Antoine Rochaix. — Victor-Amédée Guille. — Alexis Crinel. — Alexandre Valloire. — Grégoire Carret. — Henri-Marie Cachoux.

Vicaires. Antoine Traversaz. — Alexandre Valloire. — Claude-Michel Calloud. — Benjamin Desmaisons. — Pierre Poncet. — Anthelme Viboud-Verdun. — Charles Chamousset. — Jean-Joseph Jeantin. — Hyacinthe Lacombe. — Jean-Marie Gavard. — Charles Duchêne. — Victor Bouvier. — Benoît Perrin. — Claude Dumas. — Joseph-Marie Martin. — François Boisson. — Joseph Bernard. — François Vial. — Jérôme Exertier.

Ecclésiastiques originaires de la Rochette. Claude-Antoine Monet. — Jean-Marie Picollet. — Jacques Pithon. — Denis-Félix Bressand. — Antoine-Eugène-Frédéric Bertet. — Émile-Paul Dunand.

*
* *

RUFFIEUX *(RUFFIACUM)*

Chef-lieu de canton, archiprêtré de Chindrieux.

Patron : *Saint Germain, évêque.*

Altitude : 296 mètres.

Étendue territoriale : 1,248 hectares 1 are. Étendue des terrains cultivés et habités : 518 hectares.

Population en 1804 : 1,048 habitants ; en 1822 : 933 hab. ; en 1837 : 992 hab.

Population totale en 1881 : 984 habitants. Population des différents lieux habités : Le chef-lieu, 195 hab. — Montagnet, 161 hab. — Saumont, 62 hab. — La Chat, 67 hab. — Collonges, 66 hab. — Putigny, 97 hab. — Pirophe, 29 hab. — Chaussepaille, 49 hab. — Crosan, 54 hab. — La Loëx, 81 hab. — Rojux, 45 hab. — Mont-Clergeon, 30 hab. — Chessines, 22 hab.

Population en 1891 : 959 habitants.

Curés. François Goddet. — Thomas Collomb. — Marie-Aimé Fillion. — Louis-Joseph Curtelin. — Antoine Sevez. — Nicolas Bailly. — André-Théophile Durochat. — Félix-Marie Janin.

Vicaires. Jean-Claude Pétrier. — François Richard. — Jules Charvet. — Jean-Baptiste Berthier. — Joseph Cochet. — Eugène-Joseph Revel. — Pierre Pichon. — Pierre Viret.

Ecclésiastiques originaires de Ruffieux. Germain Ducruet. — Claude Ducruet. — Marin Chalandard. — Joseph-Fidèle Abry. — Julien Journet.

*
* *

RUMILLY *(RUMILLIACUM)*

Chef-lieu de canton, siège de l'archiprêtré.

Patronne : *Sainte Agathe, vierge, martyre.*

En 1803, il fut uni à cette paroisse les maisons des Hutins, du Mont, du faubourg Saint-Joseph, ainsi que les maisons à gauche de la grand'route jusqu'au pont Gaudin, les unes et les autres distraites de la paroisse de Sales.

Altitude : 335 mètres.

Étendue territoriale : 1,688 hectares 87 ares. Étendue des terrains cultivés et habités : 1,295 hectares 6 ares.

Population en 1804 : 3,046 habitants; en 1822 : 3,895 hab.; en 1837 : 4,418 hab.

Population totale en 1881 : 3,981 habitants. Population des différents lieux habités : La Ville, 2,958 hab. — Scachère, 21 hab. — Les Granges, 36 hab. — Robesson, 8 hab. — Savoiroux, 38 hab. — Les Praliats, 41 hab. — Gevrier, 46 hab. — Les Perrus, 14 hab. — Martenex, 124 hab. — Balvé, 77 hab. — Les Perrouses, 44 hab. — Dadon, 19 hab. — La Fuly, 71 hab. — Le Bron, 19 hab. Le Gallay, 47 hab. — Ècle, 139 hab. — Célaz, 81 hab. — Les Gays, 44 hab. — Chavanne, 63 hab. — Brasy, 41 hab. — Le Bouchet, 91 hab. — Broise, 76 hab.

Population en 1891 : 4,104 habitants.

Curés. Jean-Pierre Besson. — Jean-Louis Simond. — Jules-Camille Mareschal. — Gaspard Perrier.

Vicaires. Thomas Collomb. — Jean-François Gex. — Robert Chapperon. — François Rey. — Joseph Gouvernon — Joseph Besson. — Pierre Philippe. — François-Joseph Finas. — Jean-François Girod. — François Granger. — Philippe Dumont. — François Bérenger. — Pierre Blanc. — François Blanc. — Pierre-François

Georges. — Jean-Joseph Jeantin. — Maurice Brunier.— Anthelme Viboud-Verdun. — Pierre Vallet. — Anselme Morand. — Ferdinand Farnier. — Joseph Magnin. — Laurent Morand. — Louis-Marie Chabert. — Claude Berthier. — Jean-Claude Tissot. — Basile-Léon Bouchage. — Charles-François Jacquelin. — Damase Micalod.— Hilaire-Joseph-Marie Descôtes.— Athanase de Beaufort. — François Perrotin. — Claude Gros.

Ecclésiastiques originaires de Rumilly. Jean Abry. Joseph-Benoît Magnin. — Denis Janin. — Claude-François Charpine. — Georges-Antoine Dufour. — Charles-Maurice Rubellin. — Joseph Rey. — Antoine Gringet. — Claude-François Perret. — Claude-Louis Magnin. - Jean-Pierre Noiton. — Albert-Eugène Noiton. — Joseph Viollet. — Pierre-Louis Rassat. — Jean-Louis Bouvier. — Joseph Carlin. — Eugène Rognard. — Pierre-Marie Viollet. — Jean Paris. — Thomas Collomb. — Ignace Desplantes. — Antoine Gruffat. — Joseph Favre. — François Desplantes. — Noël Clerc. — Valentin Dunoyer. — Claude Falconnet. — Joseph Jeantet. — Benoît Malinjoud. — François Belleville. — Joseph Chapelle. — Claude-Michel Calloud. — Joseph Gouvernon. — Pierre-Joseph-Éloi Descostes. — Valentin Noiton. — Noël Morand. — Pierre Chatagnat. — Joseph Ducruet. — Joseph-François Croisollet. — Marie-Victor Noiton. — Fabien Dijoud. - Jean-Baptiste Calloud. — Anthelme Ramaz.— Jean-Marie Girod. — Jean-Benoît Truffet. — Jean Malinjoud. — Fabien Thomasset. — Jean-Baptiste d'Humilly de Chevilly. — Michel Bise. — Joseph-Antoine Ducret. — Jean-Baptiste Comoz. — Augustin Rassat. — Claude-François Chenal. — Jean Rassat. — Joseph Brellaz. — Jean-François Gény. — Joseph Rognard. — Jean-François Mandray. — Hyacinthe Chenal. — Jean-Pierre Brachet. — François Collomb. — Georges Simonod. — François-Eugène Buttin. — Jean-

Baptiste-Damase Dunoyer. — Jean-Claude Pétrier. — Joseph Janin. — Marie-François Bésin. — Joseph Sondaz. — Pierre-Albert Reynaud. — François Dunoyer. — Joseph-Marie Collonge. — Marie-Célestin Déplante. — Joseph Brellaz. — Jean-Marie Pétrier. — Joseph Mestrallet. — François Dérobert. — Eugène Pételat. — François-Joseph Sondaz.

***

SAINT-ALBAN *(SANCTUS ALBANUS)*
Canton nord de Chambéry, archiprêtré de Notre-Dame de Chambéry.

Patron : *Saint Alban, martyr*.

En 1803, il fut distrait une partie de cette paroisse du côté de Verel-Pragondran, et réuni à cette paroisse le village de Leysse démembré de Saint-Jean d'Arvey.

Altitude : 291 mètres.

Étendue territoriale : 816 hectares 20 ares. Étendue des terrains cultivés et habités : 298 hectares.

Population en 1804 : 1,012 habitants ; en 1822 : 1,392 hab. ; en 1837 : 1,278 hab.

Population totale en 1881 : 1,264 habitants. Population des différents lieux habités : Le chef-lieu, 132 hab. — Le Tilleray, 21 hab. — Les Rippes, 8 hab. — Les Chavannes, 11 hab. — La Grand-Clusaz, 65 hab. — La Petite-Clusaz, 75 hab. — Combe-Delay, 6 hab. — Razerel, 28 hab. — Chesses, 176 hab. — Villeneuve, 37 hab. — Monterminod, 99 hab. — Le Villaret, 71 hab. — Le Petit-Leysse, 101 hab. — La Guillotière, 166 hab. — Leysse, 268 hab.

Population en 1891 : 1,239 habitants.

Curés. Jean-Michel Rolland. — Jean-Claude Collomb. — Jean-Baptiste Dupraz. — Claude-Alphonse

Ponet. — Michel Bise. — Pierre Charbonnier. — Gaspard Perrier. — Claude Michaud.

Vicaires. Joseph-François Anthoine. — Jean-François Mansoz. — Claude Vionnet. — Antoine Jeantin. — Aimé-Marie Meffret. — Jean-Baptiste Bassat. — Joseph Magnin. — Jean-Baptiste Blanc. — Victor-Jean-François Déprimoz. — Jean-Baptiste Damase Dunoyer. — Jean-Louis Cattin. — Marin Chalandard. — Maurice Bois. — Pierre Cottarel. — François Neyret. — Jean Lombard. — Jean-Baptiste Garnier. — Lucien Mossire. — Pierre-Marie Charles.

Ecclésiastiques originaires de Saint-Alban. Benoît Girod. — Louis Pache. — Amédée Tissot. — Antoine Vivet. — François Perrotin. — François Lapierre. — Joseph-Nicolas Voiron.

SAINT-ALBAN DE MONTBEL *(SANCTUS ALBANUS MONTEBELLO)*

Canton du Pont-de-Beauvoisin, archiprêtré de Novalaise.

Patron : *Saint Alban, martyr.*

En 1803, cette paroisse fut adjointe temporairement à celle de Dullin. Elle fut rétablie en 1837.

Altitude : 318 mètres.

Étendue territoriale : 584 hectares 9 ares. Étendue des terrains cultivés et habités : 292 hectares 42 ares.

Population en 1804 : 233 habitants ; en 1822 : 241 hab. ; en 1837 : 246 hab.

Population totale en 1881 : 242 habitants. Population des différents lieux habités : Le chef-lieu, 24 hab. — Guiguet, 24 hab. — Ganivet, 18 hab. — Gué-des-Planches, 41 hab. — Le Perron, 14 hab. — Le Calamant, 11 hab. — Le Collomb, 26 hab. — Saint-Alban, 23 hab. — Le Molard, 12 hab. — Sujet, 24 hab. — Tallu, 14 hab. — Bouvans, 35 hab. — Drevettière, 8 hab.

Population en 1891 : 234 habitants.

Curés. Anthelme Louis. — Jean-Claude Chabert. — Jean-Jacques Perrin. — Jean-Vincent Ollier. — Jean-Baptiste Blanc. — Antoine Duisit. — André Perrot.

Ecclésiastiques originaires de Saint-Alban de Montbel. Anthelme Guicherd. — Pierre-Antoine Guicherd. — Joseph Guicherd.

*
* *

SAINT-BALDOPH (*SANCTUS BALDUPHUS*)

Canton sud de Chambéry, archiprêtré de Saint-François de Sales.

Patron : *Saint Baldoph*.

Altitude : 358 mètres.

Étendue territoriale : 618 hectares 1 are. Etendue des terrains cultivés et habités : 325 hectares 65 ares.

Population en 1804 : 600 habitants ; en 1822 : 932 hab.; en 1857 : 1,015 hab.

Population totale en 1881 : 816 habitants. Population des différents lieux habités : Le Molard, 127 hab — Le Nant, 144 hab. — Roussan, 40 hab. — Musselin, 180 hab. — Ronjoux, 132 hab. — Montagne, 193 hab.

Population en 1891 : 788 habitants.

Curés. François Plantard. — Jean-Pierre Pernet. — Joseph Mollard. — Pierre-Louis Rassat. — Joseph Ducruet. — Jean-Étienne Plattet. — Joseph Guillet. — Anthelme Martin. — Anthelme Gerbelot.

Vicaires. Octave Morel. — Joseph-Marie Martin. —

Philippe Genoud. — Antoine Travers. — Pierre Viret.
— Victor Bouvier. — Victorin Bouvier.

Ecclésiastiques originaires de Saint-Baldoph.
Marcel Bouvier. — Charles Gotteland. — Michel Joly.
— François Gotteland. — Marcel Bouvier. — Claude Bret.

*
* *

SAINT-BERON *(SANCTUS BENIGNUS)*

Canton du Pont-de-Beauvoisin, archiprêtré
du Pont-de-Beauvoisin.

Patron : *Saint Bénigne.*

Altitude : 324 mètres.

Étendue territoriale : 848 hectares 14 ares. Étendue des terrains cultivés et habités : 755 hectares 14 ares.

Population en 1804 : 800 habitants ; en 1822 : 1,075 hab. ; en 1837 : 1,110 hab.

Population totale en 1881 : 1,039 habitants. Population des différents lieux habités : Le chef-lieu, 101 hab. — Le Grand-Cévoz, 39 hab. — Le Raclet, 97 hab. — Le Ravey, 27 hab. — Le Bernerd, 57 hab. — La Pichatière, 19 hab. — Loridon, 23 hab. — Le Neyton, 39 hab. — Les Bonnés, 46 hab. — Le Piraud, 31 hab. — Le Guiers, 16 hab. — Les Roses, 32 hab. — Le Bajat et les Roches, 57 hab. — Le Nigon et le Petit-Cévoz, 37 hab. — Le Favre, 38 hab. — Le Mornet, 67 hab. — Le Mignon et la Matraz, 56 hab. — Les Micoules et le Gravend, 25. hab. — Le Boissard, 36 hab. — Le Croibier, 62 hab. — Le Grand-Bois, 134 hab.

Population en 1891 : 920 habitants.

Curés. Étienne Barbarin. — Joseph-Marie Dépommier. — Bernard-Denis Durand. — François Ramaz. — Anthelme Guicherd. — Louis Brochet.

Vicaires. Paul-Louis Bergeret-Janet. — Jean-Claude Pétrier.

Ecclésiastiques originaires de Saint-Beron. Étienne Barbarin. — Jacques Tognon. — Jean-Jacques Perrin. — Jean-Baptiste Billion. — Antoine Jeantin. — Joseph Pellissier. — Daniel Goddon. — Émile Duret. — Jean-Louis Renaud-Goud. — François Barbarin. — Bruno Laverne. — Florentin Jeantin. — Jean-Claude Barbarin. — Jean-Baptiste Boissard. — Louis-Eugène Lacroix.

*
* *

SAINT-CASSIEN *(SANCTUS CASSIANUS)*
Canton sud de Chambéry, archiprêtré de Maché.

Patron : *Saint Cassien, évêque.*

De 1803 à 1804, cette paroisse fut desservie par le curé de Cognin. — Elle est appelée dans le civil, par corruption et à tort, Saint-Cassin.

Altitude : 489 mètres.

Étendue territoriale : 1,565 hectares 25 ares. Étendue des terrains cultivés et habités : 504 hectares 25 ares.

Population en 1804 : 307 habitants ; en 1822 : 530 hab. ; en 1837 : 603 hab.

Population totale en 1881 : 890 habitants. Population des différents lieux habités : Le chef-lieu, 33 hab. — Bonnet, 18 hab. — Reisse, 25 hab. — Grignon, 26 hab. Dubonnet, 25 hab. — Couvent, 16 hab. — Labiaz, 19 hab. — Désertaz, 22 hab. — La Combe, 99 hab. — Combe-Fontaine, 24 hab. — Les Alberges, 45 hab. — Le Platon, 29 hab. — Pont-Saint-Charles, 22 hab. — Thiol-

---

[1] Le chiffre élevé de 249 habitants pour la Cascade provient des ouvriers travaillant alors au percement de l'Épine.

lière, 22 hab. — Roche-Fougère, 33 hab. — Le Martinet, 85 hab. — La Cascade, 249 hab.¹ — Maisons éparses, 98 hab.

Population en 1891 : 576 habitants.

Curés. Claude-Antoine Monet. - Pierre-Alexis Courtat. — Jean-Charles Henriet. — Laurent Dimier. — Joseph Estivin. — Barthélemi Perrier. — Jean Besson. — François-Joseph Finas. — Pierre-François Émery. — Benoît Loridon. — Jean-Blaise Berthollier. — Joseph Nicoud. — Louis-Marie Chabert. — Basile-Léon Bouchage. — Joseph-Auguste Martin.

Vicaires. Jacques Besson. — Joseph-Marie Cubit.

Ecclésiastiques originaires de Saint-Cassien. François Maréchal. | Michel Paravy. — Pierre-Marie Maréchal. — Joseph Cadoux. — Benoît Pillet.

SAINT-CHRISTOPHE DE LA GROTTE *(SANCTUS CHRISTOPHORUS A CRYPTULA)*

Canton des Échelles, archiprêtré des Échelles.

Patron : *Saint Christophe, martyr.*

En 1803, cette paroisse fut adjointe temporairement à celle des Échelles. Elle fut rétablie en 1815.

Altitude : 440 mètres.

Étendue territoriale : 1,077 hectares 85 ares. Étendue des terrains cultivés et habités : 949 hectares 85 ares.

Population en 1804 : 729 habitants ; en 1822 : 656 hab. ; en 1837 : 900 hab.

Population totale en 1881 : 510 habitants. Population des différents lieux habités : La Grotte, 68 hab. — Le Villard, 76 hab. — Bande, 137 hab. — Gerbaix, 94 hab. — Les Andrés, 48 hab. — Le Pont-Saint-Martin, 40 hab. — Le Bathier, 36 hab. — La Sauge, 11 hab.

Population en 1891 : 512 habitants.

Curés. Jean-Henri Balenci. — François-Marie Rey. — Joseph André. — Pierre-Antoine Rochas. — Pierre Thiévenaz. — François Pichon. — Marcel Bouvier.

Ecclésiastiques originaires de Saint-Christophe de la Grotte. François Bonne. — François Bonne. — Aimé Bonne.

*
* *

SAINT-FÉLIX *(SANCTUS FELIX IN ALBANASIO)*

Canton d'Alby (Haute-Savoie), archiprêtré de Rumilly.

Patron : *Saint Félix, martyr.*

Altitude : 385 mètres.

Étendue territoriale : 660 hectares 5 ares. Etendue des terrains cultivés et habités : 546 hectares 10 ares.

Population en 1804 : 486 habitants ; en 1822 : 702 hab. ; en 1837 : 889 hab.

Population totale en 1881 : 907 habitants. Population des différents lieux habités : Le chef-lieu, 244 hab. — Le Pont, 45 hab. — Les Brouillets, 57 hab. — Chamosset, 120 hab. — Mercy, 92 hab. — Pattuy, 71 hab. — La Couvière, 67 hab. — Malagny, 46 hab. — La Sauffaz, 44 hab. — Moiroux, 37 hab. — Elbène, 20 hab. — Les Arantons, 17 hab. — La Chapelle, 15 hab. — Gratteloup, 19 hab. — La Gagère, 13 hab.

Population en 1891 : 920 habitants.

Curés. Jean-François Coppier. — Jean-François Gex. — Louis Falconnet. — Ambroise Martin. — Jean-François Fenolland. — Gervais Cornillac. — Fabien Dijoud. — Jean-François Gény.

Vicaires. Jules Coudurier. — Antoine Guicherd. — André Gex.

Ecclésiastiques originaires de Saint-Félix. Joseph-Humbert Baud. — Pierre Décarre. — Antoine-Félix-Philibert Dupanloup. — Claude Châtel. — Claude Mermet. — Philibert Jouty. — Claude Travers. — François Lansard. — Charles-Marie Reinier. — Alphonse Châtel. — Antoine-Marie Jouty. — Lucien Mossire.

**

SAINT-FRANC *(SANCTUS FRANCUS)*

Canton des Échelles, archiprêtré des Échelles.

Patron : *Saint Franc.*

Altitude : 679 mètres.

Étendue territoriale : 694 hectares 17 ares. Étendue des terrains cultivés et habités : 299 hectares 75 ares.

Population en 1804 : 620 habitants ; en 1822 : 454 hab. ; en 1837 : 566 hab.

Population totale en 1881 : 340 habitants. Population des différents lieux habités : L'Eglise, 12 hab. — La Montée, 5 hab. — Michallet, 10 hab. — Gravet, 10 hab. — Gazon, 4 hab. — Mollareton, 3 hab. — Côte-Fine, 9 hab. — L'Adret, 15 hab. — Morge, 21 hab. — La Berthe, 13 hab. — Trouillet, 15 hab. — Vivier, 2 hab. — Commun, 9 hab. — Thévenon, 21 hab. — Mulet, 10 hab. — Tréput, 12 hab. — Zantes, 22 hab. — La Combe, 5 hab. — Le Château, 13 hab. — Tartavel, 23 hab. — La Culatte, 4 hab. — Cutelard, 6 hab. — Les Mollasses, 20 hab. — Champrond, 23 hab. — Chailles, 30 hab. — L'Arenier, 6 hab. — Curtille, 16 hab. — La Régie, 1 hab.

Population en 1891 : 332 habitants.

Curés. Bernard Borrand. — Ignace Desvignes. — Pierre Philippe. — Jean-Baptiste Calloud. — André-Jacques Daudin. — Pierre-Joseph David. — Jean-Pierre

Brachet. — Jean-Marie-Alphonse Mansoz. — Charles Ferroud. — Louis Pache. — Joseph Ramus.

Ecclésiastiques originaires de Saint Franc. Anthelme-Michel Charvet. — Auguste Chirpaz. — Jules Charvet.

***

SAINT-FRANÇOIS DE SALES *(SANCTUS FRANCISCUS SALESIUS)*

Canton du Châtelard, archiprêtré de Lescheraine.

Patron : *Saint François de Sales, évêque.*

Altitude : 815 mètres.

Étendue territoriale : 1,481 hectars 3 ares. Étendue des lieux cultivés et habités : 383 hectars 3 ares.

Population en 1804 : 606 habitants ; en 1822 : 845 hab. ; en 1837 : 1,015 hab.

Population totale en 1881 : 715 habitants. Population des différents lieux habités : Le chef-lieu (Charmillon), 96 hab. — Le Champ, 196 hab. — Le Mouchet, 55 hab. — La Magne, 360 hab. — Le Benet, 8 hab.

Population en 1891 : 704 habitants.

Curés. Jean Vachet. — Gabriel Jandet. — Jean-Jacques Perrin. — Antoine Bocquin. — Claude Mollard. — Joseph Pétroux. — Joseph Bernard. — François Dumollard.

***

SAINT-GENIX *(SANCTUS GENESIUS)*

Chef-lieu de canton, siège de l'archiprêtré.

Patron : *Saint Genis, martyr.*

Altitude : 231 mètres.

Étendue territoriale : 1,156 hectares 48 ares. Étendue des terrains cultivés et habités : 670 hectares 48 ares.

Population en 1804 : 1,550 habitants ; en 1822 : 2,000 hab. ; en 1837 : 1,900 hab.

Population totale en 1881 : 1,833 habitants. Population des différents lieux habités : Le Bourg, 845 hab. — Bachelin. — 368 hab. — Urice, 303 hab. — Jourdain, 135 hab. — Truison, 182 hab.

Population en 1891 : 1,858 habitants.

Curés. Joseph Bozon. — Jean-Benoît Blanc. — Jean-Joseph Delachinal. — Claude Rive. — François Gros. — Jean-Étienne Plattet. — Anthelme Louis. — Louis-Joseph Curtelin. — Joseph Mailland. — Jean Paget.

Vicaires. François Dubois. — Benoît Laracine. — François Belleville. — Joseph Ponnet. — Benoît Bouvier. — Claude Jacquemet. — Laurent Berthet. — Claude Goddard. — Jean-Claude Bontron. — Joseph-Antoine Miguet. — Lucien-Victor Métraux. — Gaspard-Louis-Marie Domenget. — Joseph Lemoine. — Joseph-Louis Curtelin. — François Duisit. — François Quay-Thevenon. — Pierre Dumollard. — Maurice Gonthier. — François Vial. — François Dumollard.

Ecclésiastiques originaires de Saint-Genix. Christophe Terrasson. — François Micalod. — Didier Pellissier. — Joseph Pellissier. - Pierre Dunand. — Jean-François Dunand. — François Mercier. — Alexis Tampion. — Charles Vuillerot.

*
* *

SAINT-GERMAIN *(SANCTUS GERMANUS)*
Canton d'Albens, archiprêtré d'Albens.

Patron : *Saint Germain.*

Altitude : 497 mètres.

Étendue territoriale : 719 hectares 90 ares. Étendue des terrains habités : 495 hectares 11 ares.

Population en 1804 : 505 habitants ; en 1822 : 712 hab. ; en 1837 : 819 hab.

Population totale en 1881 : 689 habitants. Population des différents lieux habités : Marcens, 144 hab. — Lessy, 88 hab. — Chambotte, 91 hab. — Verdet, 55 hab. — Mont-Durand-Dessus, 94 hab. — Laval-Dessous, 53 hab. — Laval-Dessus, 56 hab. — Saillère, 18 hab. — La Roche, 24 hab.

Population en 1891 : 699 habitants.

Curés. Pierre-François Émery. — Georges Gay. — Jean-Marie Girod. — Joseph-Marcellin-Constant Picollet.

Vicaires. Gaspard Riondy. — Joseph Passieux. — François-Alphonse Mugnier. — Jean-Baptiste Blanc. — Jean-Marie Berthollier.

Ecclésiastiques originaires de Saint-Germain. François Braissand. — Jacques Monnet. — Joseph Bernard. — Louis Clerc. — Joseph Rosset. — Joseph Braissand.

SAINT-GIROD *(SANCTUS GERALDUS)*
Canton d'Albens, archiprêtré d'Albens.

Patron : *Saint Géraud d'Aurillac.*

Altitude : 348 mètres.

Étendue territoriale : 608 hectares 91 ares. Etendue des terrains cultivés et habités : 469 hectares 2 ares.

Population en 1804 : 404 habitants ; en 1822 : 493 hab. ; en 1837 : 634 hab.

Population totale en 1881 : 507 habitants. Population des différents lieux habités : La Villette, 125 hab. — Les Darmands, 80 hab. — Le Chamberaz, 95 hab. — La Vieille-Église, 39 hab. — Les Bois, 81 hab. — Le Château, 19 hab. — Saint-Lazare, 11 hab. — Marcellaz, 57 hab.

Population en 1891 : 520 habitants.

Curés. Claude Chardon. — Jean-François Fenolland. — Claude Francoz. — Alexis Authy. — Jean-Marie Fichet. — Pierre Quenard. — Anthelme Gerbelot. — Jean-Claude Paget.

Ecclésiastiques originaires de Saint-Girod. François-Lucien Pavy. — Joseph Berlioz.

*
* *

SAINT-INNOCENT *(PARŒCIA SANCTORUM INNOCENTIUM)*

Canton d'Aix-les-Bains, archiprêtré d'Aix-les-Bains.

Patron : *Saint Maurice, martyr.*

En 1803, il fut uni à cette paroisse l'ancienne paroisse de Brison, d'où elle est aussi appelée aujourd'hui Brison-Saint-Innocent.

Altitude : 245 mètres.

Étendue territoriale : 1,786 hectares 14 ares. Étendue des terrains cultivés et habités : 317 hectares 60 ares.

Population en 1804 : 429 habitants ; en 1822 : 777 hab. ; en 1837 : 856 hab.

Population totale en 1881 : 920 habitants. Population des différents lieux habités : Saint-Innocent, 419 hab. — Grésine, 364 hab. — Brison, 137 hab.

Population en 1891 : 895 habitants.

Curés. Joseph Jacquiot. — Jean-Charles Henriet. —

Jean-François Bocquet. — Gaspard-Marie-Louis Domenget. — Hyacinthe Lacombe.

Vicaires. Joseph-Louis Curtelin. — Pierre-Victor Jargot. — Eugène-Louis Gandy. — Lucien Bernard. — Henri-Hippolyte Sylvoz. — François Baboulaz. — François Pricaz. — Charles Gros.

Ecclésiastiques originaires de Saint-Innocent. Martin Coudurier (de Brison). — Michel-Ernest Dronchat. — Joseph Buttin. — Jean-Philippe.

*
* *

SAINT-JEAN D'ARVEY (SANCTUS JOANNES AB ARVESIO)

Canton nord de Chambéry, archiprêtré de Thoiry.

Patrons : *Saint Jean-Baptiste.*

Altitude : 570 mètres.

Étendue territoriale : 1,243 hectares 64 ares. Étendue des terrains cultivés et habités : 334 hectares 64 ares.

Population en 1804 : 874 habitants ; en 1822 : 919 hab. ; en 1837 : 930 hab.

Population totale en 1881 : 988 habitants. Population des différents lieux habités : Le chef-lieu, 185 hab. — Puisat, 75 hab. — Les Thermes, 52 hab. — Le Plamaz, 49 hab. — Villard-d'en-Bas, 114 hab. — Villard-d'en-Haut, 59 hab. — Montagny, 132 hab. — Saint-Nicole et la Crouette, 93 hab. — La Corbière, 13 hab. — Lancenay, 36 hab. — Lovettaz, 149 hab. — Nivolet et Labérie, 31 hab.

Population en 1891 : 1,022 habitants.

Curés. François Cornillac. — Thomas Jourdain. — Pierre-Marie Chevalier. — Joseph Lemoine. — Noël-Joseph Chevron. — Joseph Pétroux. — Jean Favre.

VICAIRES. Philibert Jouty. — Joseph Buttin. — François-Alphonse Mugnier.

***

SAINT-JEAN DE CHEVELU (*SANCTUS JOANNES DE CHEVELUTO*)

Canton d'Yenne, siège de l'archiprêtré.

Patron : *Saint Jean-Baptiste.*

Altitude : 319 mètres.

Étendue territoriale : 1,226 hectares 40 ares. Étendue des lieux cultivés et habités : 1,047 hectares 40 ares.

Population en 1804 : 675 habitants ; en 1822 : 743 hab. ; en 1837 : 880 hab.

Population totale en 1881 : 866 habitants. Population des différents lieux habités : Chevelu, 193 hab. — Haut-Chevelu, 104 hab. — Vernatel, 75 hab. — Les Forêts, 43 hab. — Fromentière, 10 hab. — Saint-Jean, 74 hab. — Les Pingeons, 54 hab. — Monthoux, 131 hab. — Champrond, 73 hab. — La Platière, 23 hab. — Saumont, 31 hab. — Maisons éparses, 55 hab.

Population en 1891 : 796 habitants.

CURÉS. Louis Richard. — Jean Abry. — Jean-François Marquet. — Michel Gros. — Jean-Claude Pierron. — Charles Boisson. — Jean Milliet. — Jean-Baptiste Bassat.

VICAIRE. François Barbarin.

ECCLÉSIASTIQUES ORIGINAIRES DE SAINT-JEAN DE CHEVELU. Joseph Michaud. — Joseph Million. — Claude Michaud. — Claude-Guillaume Michaud. — Jean-Aimé Plattier.

SAINT-JEAN DE COUZ *(SANCTUS JOANNES A CAUDO)*

Canton des Échelles, archiprêtré de Maché.

Patron : *Saint Jean-Baptiste.*

En 1803, cette paroisse fut adjointe temporairement à celle de Saint-Thibaud de Couz. Bientôt après, elle fut pourvue d'un curé.

Altitude : 644 mètres.

Étendue territoriale : 791 hectares 54 ares. Etendue des terrains cultivés et habités : 234 hectares 54 ares.

Population en 1804 : 310 habitants ; en 1822 : 433 hab. ; en 1837 : 433 hab.

Population totale en 1881 : 306 habitants. Population des différents lieux habités : Le chef-lieu, 94 hab. — La Côte-Barrier, 115 hab. — Les Replats, 66 hab. — Les Héritiers, 15 hab. — Le Cheval-Blanc, 8 hab. — Maisons éparses, 8 hab.

Population en 1891 : 306 habitants.

Curés. Pierre-Charles Goubet. — Joseph Gagnière. — Charles Bastard. — Donat Cubit. — Claude Chenal. — Joseph Cubit. — Pierre-Antoine Rochas. — Antoine-Marie Goddard. — Joseph Gex. — François Gellon. — Anthelme Viboud-Verdun. — Jean Morat. — Jean-Marie Rassat. — Joseph Buttin. — Octave Morel. — Benoît-Joseph Loridon. — Jean Favre. — Toussain Chauten.

Ecclésiastique originaire de Saint-Jean de Couz. Joseph Millioz.

SAINT-JEAN DE LA PORTE *(SANCTUS JOANNES A PORTA)*

Canton de Saint-Pierre d'Albigny, archiprêtré de Saint-Pierre d'Albigny.

Patron : *Saint Jean-Baptiste.*

Altitude : 292 mètres.

Étendue territoriale : 1,652 hectares 45 ares. Étendue des terrains cultivés et habités : 643 hectares 40 ares.

Population en 1804 : 800 habitants ; en 1822 : 1,005 hab. ; en 1837 : 1,130 hab.

Population totale en 1881 : 1,079 habitants. Population des différents lieux habités : Le chef-lieu, 424 hab. Carnavet, 35 hab. — Bourg-Evescal, 197 hab. — Mont-Lambert, 138 hab. — Combefolle, 126 hab. — Féal, 85 hab. — Allier, 34 hab. — Saint-Philippe, 22 hab. — La Ravoire, 10 hab. — Le Triaz, 8 hab.

Population en 1891 : 1,059 habitants.

Curés. Melchior Andrevon. — François Janin. — Didier-Joseph Pellissier. — Claude-Michel Calloud. — François Blanc. — Pierre Blanc. — Antoine-Marie Jouty.

Vicaires. Henri Monachon. — Jean-Baptiste Besson. — Jean-Baptiste Blanc. — Claude Michaud. — Benoît Viret. — Gaspard-Marie-Anthelme Martin. — Émile-Paul Dunand. — Marin Chalandard. — Benoît-Joseph Loridon. — Gabriel Blais. — Jean-Marie Bellemin. — Jean Lombard. — Joseph Cochet. — Jean-Baptiste Berthier. — Joseph-Antoine Berthollier.

Ecclésiastiques originaires de Saint-Jean de la Porte. Benoît Miguet. — Jacques Défoury. — Philibert Meynier.

SAINT-JEAN PUYGAUTHIER
(PODIUM GALTERII)

Canton de Chamoux, archiprêtré de Coise.

Patron : *Saint Jean-Baptiste.*

Cette paroisse fait partie de la commune de Coise. En 1803, elle fut adjointe temporairement à la paroisse de ce nom.

Altitude : 306 mètres.

Population en 1891 : 227 habitants.

Curés. Jean-Baptiste Battardin. — Jean-Antoine Marcellin. — Marie-Victor Noiton. — Joseph Passieux. — Lucien Mossire.

Vicaire. Donat Ferroud.

SAINT-JEOIRE (SANCTUS GEORGIUS)

Canton sud de Chambéry, archiprêtré de Saint-François de Sales.

Patron : *Saint Georges, martyr.*

En 1803, il fut uni temporairement à cette paroisse le village de Grand-Barberaz, formant aujourd'hui une partie de la paroisse de Challes-les-Eaux.

Altitude : 353 mètres.

Étendue territoriale : 547 hectares 51 ares. Étendue des terrains cultivés et habités : 388 hectares 36 ares.

Population en 1804 : 450 habitants ; en 1822 : 565 hab. ; en 1837 : 622 hab.

Population totale en 1881 : 601 habitants. Population des différents lieux habités : Le Bourg, 142 hab. — Le Puiset, 158 hab. — La Chat, 87 hab. — La Boisserette, 97 hab. — Le Prieuré, 40 hab. — Les Favraz, 45 hab. — Maisons isolées, 32 hab.

Population en 1891 : 593 habitants.

Curés. Jean-Baptiste Bouvier. — Claude Richard-Cugnet. — Jacques Damaisin. — Joseph Pétroux.

Ecclésiastiques originaires de Saint-Jeoire. Joseph Curtet. — Louis Monachon. — Henri Monachon. — Alexis-Henri Monachon.

SAINT-MARTIN DU VILLARD *(SANCTUS MARTINUS A VILLARIO)*

Canton d'Yenne, archiprêtré d'Yenne.

Patron : *Saint Martin, évêque.*

En 1803, cette paroisse fut déclarée unie à celle de Loisieux. Néanmoins elle ne tarda pas à être pourvue d'un curé.

Altitude : 483 mètres.

Étendue territoriale : 275 hectares 68 ares. Étendue des terrains habités et cultivés : 2,005 hectares 68 ares.

Population en 1804 : 215 habitants ; en 1822 : 247 hab. ; en 1837 : 316 hab.

Population totale en 1881 : 232 habitants. Population des différents lieux habités : Le chef-lieu, 7 hab. — Colon, 75 hab. — Myssieux, 56 hab. — Le Château, 16 hab. — Magniers, 15 hab. — Verdan, 45 hab. — Cornet, 13 hab. — Les Frandières, 5 hab.

Population en 1891 : 230 habitants.

Curés. Félix Trepier. — Laurent Ract. — Hyacinthe Monet. — François Daude. — Jean Besson. — François

Burguer. — Laurent Berthet. — Pierre-François Dépommier. — François Collomb. — François Durochat. — François-Marie Bontron. — Jean Brun.

Ecclésiastique originaire de Saint-Martin du Villard. Joseph Blanchin.

**

SAINT-MAURICE DE ROTHERENS *(SANCTUS MAURITIUS A ROTERENO)*

Canton de Saint-Genix, archiprêtré de Saint-Genix.

Patron : *Saint Maurice, martyr.*

Altitude : 641 mètres.

Étendue territoriale : 790 hectares 80 ares. Étendue des terrains cultivés et habités : 464 hectares 80 ares.

Population en 1804 : 437 habitants ; en 1822 : 450 hab. ; en 1837 : 482 hab.

Population totale en 1881 : 407 habitants. Population des différents lieux habités : Le chef-lieu (Beyssin), 97 hab. — Rocheron, 49 hab. — Grenon, 41 hab. — Molard, 48 hab. — Bornet, 48. — Borgey, 51 hab. — Les Rives, 56 hab. — La Cure, 17 hab.

Population en 1891 : 360 habitants.

Curés. Denis-Maurice-Mathieu Robert. — Jean-Joseph Delachinal. — Christophe Terrasson. — Bernard-Denis Durand. — Pierre Pétigny. — Charles Charrot. — François Bugnard.

Ecclésiastiques originaires de Saint-Maurice de Rotherens. Joseph Gonnellaz. — Joseph Masset. — Joseph Fraix. — François Labully.

**

SAINT-OFFENGE-DESSOUS *(SANCTA EUPHEMIA INFERIOR)*

Canton d'Aix-les-Bains, archiprêtré du Montcel.

Patronne : *Notre-Dame de la Nativité*.

Dès 1803 à 1804, il fut adjoint à cette paroisse celle de Saint-Offenge-Dessus.

Altitude : 598 mètres.

Étendue territoriale : 796 hectares 59 ares. Étendue des terrains cultivés et habités : 516 hectares 59 ares.

Population en 1804 : 557 habitants ; en 1822 : 672 hab. ; en 1837 : 760 hab.

Population en 1881 : 644 habitants. Population des différents lieux habités : Le chef-lieu, 43 hab. — La Pleisse, 127 hab. — Crouzet, 106 hab. — Farnier, 43 hab. — Nantet, 60 hab. — Guers, 32 hab. — Rocheray, 65 hab. — Toquet, 28 hab. — Bonnevoz, 2 hab. — Huguet, 92 hab. — Suavet, 27 hab.

Population en 1891 : 695 habitants.

Curés. Jean-François Brunier. — Maurice Chenal. — Jean-François Percy. — Joseph Michaud. — Joseph-Marie Ducrez. — Claude-Paul Bottero. — Benoît Viret.

Ecclésiastiques originaires de Saint-Offenge-Dessous. François Gros. — Jean-Claude Farnier. — Jean-Bruno Francoz. — Marie-Ferdinand Farnier. — Antoine-Marie Ginet.

SAINT-OFFENGE-DESSUS *(SANCTA EUPHEMIA SUPERIOR)*

Canton d'Aix-les-Bains, archiprêtré du Montcel.

Patrons : *Saint Pierre et saint Paul, apôtres*.

En 1803, cette paroisse fut adjointe temporairement à celle de Saint-Offenge-Dessous. Elle ne fut rétablie qu'en 1837.

Altitude : 634 mètres.

Étendue territoriale : 774 hectares 91 ares. Étendue des terrains cultivés et habités : 662 hectares 59 ares.

Population en 1804 : 311 habitants ; en 1822 : 385 hab.; en 1837 : 485 hab.

Population totale en 1881 : 393 habitants. Population des différents lieux habités : Le chef-lieu, 145 hab. — Les Chanvillards, 145 hab. — Les Carnets, 44 hab. — Les Suavets, 44 hab. — Les Favrins, 41 hab. — Les Gonnards, 30 hab. — Les Combes, 28 hab. — Les Vautiers, 16 hab. — Le Grand-Pré, 13 hab. — Champ-Clos, 12 hab. — La Serve, 6 hab. — Les Montgellaz, 4 hab.

Population en 1891 : 395 habitants.

Curés. Philippe Dumont. — Joseph-François Pellet. — François Vachaud. — François Richard. — Paul-Louis Bergeret-Janet. — Antoine Petit-Barat. — Julien Journet.

Vicaires. Paul-Louis Bergeret-Janet. — François Clerc.

Ecclésiastiques originaires de Saint-Offenge-Dessus. Jean-Marie Rassat. — François Chanvillard.

*
* *

SAINT-OMBRE (*CAMBERIUM VETUS*)

Canton de la Motte-Servolex, archiprêtré de la Motte-Servolex.

Patronne : *Notre-Dame de l'Assomption.*

La circonscription formée par cette paroisse porte, dans les actes civils, le nom de Chambéry-le-Vieux.

Altitude : 289 mètres.

Étendue territoriale : 525 hectares 20 ares. Étendue des terrains habités et cultivés : 435 hectares 20 ares.

Population en 1804 : 537 habitants ; en 1822 : 678 hab. ; en 1837 : 737 hab.

Population totale en 1881 : 654 habitants. Population des divers lieux habités : Le chef-lieu, 263 hab. — Puttigny, 112 hab. — Morrat, 100 hab. — Le Bois, 81 hab. — Le Carre, 98 hab.

Population en 1891 : 612 habitants.

Curés. Charles Michaud. — François Frandin. — Jacques Trabichet. — Jean-Joseph Delerce. — Jean-François Mansoz. — Alphonse Ponet. — Pierre-Florentin Berthet. — Marc Burdin. — Marie-Ferdinand Farnier.

SAINT-OURS *(SANCTUS URSUS)*

Canton d'Albens, archiprêtré du Montcel.

Patron : *Saint Ours, martyr*.

En 1803, cette paroisse fut adjointe temporairement à celle de Mognard. Elle fut rétablie en 1828.

Altitude : 567 mètres.

Étendue territoriale : 438 hectares 25 ares. Étendue des terrains cultivés et habités : 392 hectares 65 ares.

Population en 1804 : 364 habitants ; en 1822 : 445 hab. ; en 1837 : 490 hab.

Population totale en 1881 : 546 habitants. Population des différents lieux habités : Le chef-lieu, 133 hab. — Bassat, 146 hab. — La Forêt, 98 hab. — Remollard, 41 hab. — Écluse, 44 hab. — Vuigerel, 84 hab.

Population en 1891 : 510 habitants.

Curés. Joseph Gouvernon. — Joseph Ponnet. — Joseph-Marie Puthon. — Joseph Pajean. — Joseph-Antoine Miguet. — Joseph Buttin.

Ecclésiastiques originaires de Saint-Ours. Jean Lombard. — Joseph Bouvier. — Jean Guers.

* *

SAINT-PAUL *(SANCTUS PAULUS)*
Canton d'Yenne, archiprêtré d'Yenne.

Patron : *Saint Paul, apôtre (Conversion de)*.

Altitude : 417 mètres.

Étendue territoriale : 1,311 hectares 80 ares. Étendue des terrains cultivés et habités : 792 hectares 80 ares.

Population en 1804 : 708 habitants; en 1822 : 635 hab.; en 1837 : 720 hab.

Population totale en 1881 : 681 habitants. Population des différents lieux habités : Le chef-lieu, 39 hab. — Les Vaisselets, 30 hab. — Les Michauds, 30 hab. — La Tarrozière, 51 hab. — Le Molard, 41 hab. — Loizain, 9 hab. — Le Martinet, 8 hab. — Les Rozels, 35 hab. — La Vaurdaz, 15 hab. — Lutrin, 56 hab. — Le Haut-Lutrin, 68 hab. — L'Arenier, 19 hab. — Le Vellat, 41 hab. — Les Vincents, 52. — Santagnoux et Rubod, 22 hab. — Bouteiller et Challières, 52. — Les Moirouds, 60 hab. — Maisons isolées, 53 hab.

Population en 1891 : 629 habitants.

Curés. François Guicherd. — François Crochon. — Laurent Marcoz. — Jean-Jacques Perrin. — Joseph Curtet. — Antoine Gentil. — Jean-Claude Alverniat. — François Perroud.

Vicaire. François Chaisaz.

Ecclésiastique originaire de Saint-Paul. Anthelme Moiroud.

SAINT-PIERRE D'ALBIGNY *(SANCTUS PETRUS AB ALBINIACO)*

Chef-lieu de canton, siège de l'archiprêtré.

Patron : *Saint Pierre, apôtre.*

En 1803, il fut réuni à cette paroisse l'ancienne paroisse de Miolans.

Altitude : 397 mètres.

Étendue territoriale : 2,019 hectares 43 ares. Etendue des terrains cultivés et habités : 1,201 hectares 80 ares.

Population en 1804 : 2,714 habitants ; en 1822 : 3,406 hab. ; en 1837 : 3,503 hab.

Population totale en 1881 : 3,027 habitants. Population des différents lieux habités : Le Bourg, 735 hab. — Le Mas, 104 hab. — Favasset, 21 hab. — La Montaz, 63 hab. — Le Péchet, 106 hab. — Les Allues, 245 hab. — Les Garniers, 155 hab. — Les Plantaz, 77 hab. — Les Coutins, 38 hab. — La Noiriat, 107 hab. — La Champagne, 84 hab. — Chevillard, 121 hab. — La Gare, 53 hab. — Albigny, 168 hab. — Pau, 264 hab. — Miolanet, 163 hab. — Le Bourget, 315 hab. — Miolans, 74 hab. — Mont-Benoît, 134 hab.

Population en 1891 : 3,003 habitants.

CURÉS. Claude-François-Sigismond Nolet. — François Fichet. — Joseph Pérollaz. — Pierre Bassat. — Jean-Bruno Francoz. — Anthelme Viboud. — Louis-Marie Chabert.

VICAIRES. Jacques Verjux. — Jean-François Brand. — Joseph-Marie Dépommier. — Jean-Louis Pinget. — Pierre-Marie Ouvrier. — Louis-Joseph Curtelin. — Joseph Bouvier. — Jean-François Dompmartin. — Michel

Joly. — Jean-Baptiste Gonthier. — Antoine-Marie Goddard. — Jacques Bovagnet. — Joseph-Marie Ducrez. — Antoine Rassat.— François Folliet. — Jean Mallinjoud. — Jean-Claude Bontron. — Victor-Emmanuel Blanchin. — Fabien Thomasset. — Lucien-Victor Métraux. — Anthelme Renaud-Goud. — Jean-Marie Biguet-Petit-Jean. — Jean-Baptiste Bassat. — Joseph Mailland. — Louis-François Duret. — Victor-Jean-François Déprimoz. — Marc Burdin. — Anthelme Gerbelot. — Pierre Maillet. — Charles-François Jacquelin. — François Lovet. — Gabriel Blais. — Jean Bellemin. — Clément Rey. — Claude Viret. — Jean Berthet. — Jean-Baptiste Garnier.

Ecclésiastiques originaires de Saint-Pierre d'Albigny. François Guillot. — Laurent-Joseph Mollot. — Pierre Buet. — Jean-François Gex. — Claude Curtet. — Barthélemi Perrier. — Jean-Baptiste Pajean. — Louis-Joseph Clavel. — François Granger. — André Guillet. — Jean-Claude Bergin. — Joseph Gex. — François Durbet. — Pierre Blanchin. — Joseph Guillet. — Laurent Berthet. — Frédéric Millioz. — Joseph Pajean. — Joseph Collet. — Pierre-Florentin Berthet. — Joseph Philippe. — Jules Coudurier. — François Gex. — Joseph Lemoine. — Jean-Louis Pajean. — François Pajean. — Joseph Passieux. — Gaspard Perrier. — Gaspard Riondy. — Jean-Pierre Riondy. — Charles-Pierre Terrier. — Joseph Perrier. — François Chaisaz. — Joseph Bouchet. — Henri Perret. — François Boisson. — François Gex. — Jean-Pierre Perrier. — Joseph-Marie Bouvet. — Paul Hyboux. — Pierre-Louis Pajean. — Jean-Louis Saint-Germain. — André Gex. — Georges-Marie Gex. — Jean-Baptiste Bouvier. — Jean Bouvet. — Joseph Gex. — Jean-Baptiste Pernet. — Georges Riondy. — André Gex. — Ulysse Bouvet. — Jérôme Bergin.

SAINT-PIERRE D'ALVEY *(SANCTUS PETRUS AB ARVESIO)*

Canton d'Yenne, archiprêtré de Novalaise.

Patron : *Saint Pierre, apôtre.*

Altitude : 590 mètres.

Étendue territoriale : 869 hectares 57 ares. Étendue des terrains cultivés et habités : 632 hectares 69 ares.

Population en 1804 : 545 habitants ; en 1822 : 506 hab. ; en 1837 : 610 hab.

Population totale en 1881 : 484 habitants. — Population des différents lieux habités : Le Collet, 62 hab. — Les Tardys, 29 hab. — Oncieux, 39 hab. — Carel, 139 hab. — Le Mas, 50 hab. — L'Église, 85 hab. — Revel, 41 hab.

Population en 1891 : 439 habitants.

Curés. François Daude. — Hilaire Petit. — Joseph-François Pellet. — Émile - Paul Dunand. — Jacques-François Gonthier. — Claude Dumaz. — Anthelme-Michel Charvet. — Étienne Dupassieux. — Charles Coutaz-Muret.

SAINT-PIERRE DE CURTILLE *(SANCTUS PETRUS DE CURTICELLA)*

Canton de Ruffieux, archiprêtré de Chindrieux.

Patron : *Saint Pierre, apôtre.*

Cette paroisse renferme dans son territoire l'abbaye d'Hautecombe et ses dépendances. Elle comprend, au civil, les deux communes distinctes de Curtille et de Conjux.

Altitude : 396 mètres.

Étendue territoriale de Curtille : 1,916 hectares 97 ares. Étendue des terrains cultivés et habités : 300 hectares.

Étendue territoriale de Conjux : 517 hectares 70 ares. Étendue des terrains cultivés et habités : 102 hectares.

Population de Curtille en 1804 : 365 habitants ; en 1822 : 500 hab.; en 1837 : 475 hab.

Population de Conjux en 1804 : 177 habitants; en 1822 : 200 hab. ; en 1837 : 215 hab.

Population totale de la paroisse de Saint-Pierre de Curtille en 1881 : 677 habitants. Population des différents lieux habités : Curtille, 72 hab. Le Molard, 67 hab. — La Côte, 37 hab. — Les Piolets, 24 hab. - L'Église, 13 hab. — Les Bertrands, 12 hab. — Maisons éparses, 21 hab. — Conjux, 102 hab. - Semelas, 70 hab. — Les Chattières, 37 hab.

Population en 1891 : 668 habitants.

Curés. Jean-François Vagneux. — Etienne Reverdy. — Pierre Francoz. — Jean-François Georges. — Joseph Durand. — Antoine Poguet. — Emile-Paul Dunand. — François Baboulaz.

Vicaires. Louis Pache. — Victor Guerraz.

Ecclésiastiques originaires de Saint-Pierre de Curtille. Jean-Marie Veuillet — Claude Martin. — Eugène Thomassier. — Bernard Luguet.

*
* *

SAINT-PIERRE DE GENEBROZ (*SANCTUS PETRUS A JUNIPERIS*)

Canton des Échelles, archiprêtré des Échelles.

Patron : *Saint Pierre, apôtre.*

Altitude : 466 mètres.

Étendue territoriale : 465 hectares 95 ares. Étendue des terrains cultivés et habités : 332 hectares 95 ares.

Population en 1804 : 530 habitants ; en 1822 : 597 hab. ; en 1837 : 584 hab.

Population totale en 1881 : 276 habitants. Population des différents lieux habités : Le chef-lieu, 69 hab. — Bas-de-Saint-Pierre, 8 hab. — Mennet, 9 hab. — Vanon, 7 hab. — La Mollière, 25 hab. — Bas-de-Bande, 35 hab. — Rellet, 46 hab. — Rajat, 23 hab. — Caillat, 10 hab. — Madelon, 14 hab. — Bande, 16 hab. — Maisons isolées, 14.

Population en 1891 : 291 habitants.

Curés. Jean-Joseph-Marc de Charmond. — Jean Abry. — Joseph Besson. — Louis-Marie Guillot. — Jean-Marie Gavard.

Vicaire. Jean-Baptiste Bassat.

Ecclésiastiques originaires de Saint-Pierre de Genebroz. Benoît Loridon. — Benoît-Joseph-Marie Loridon. — Auguste Martin.

SAINT-PIERRE DE SOUCY (*SANCTUS PETRUS DE SUCIACO*)

Canton de Montmélian, archiprêtré de Coise.

Patron : *Saint Pierre, apôtre.*

En 1803, il fut adjoint temporairement à cette paroisse celle de Planaise.

Altitude : 325 mètres.

Étendue territoriale : 877 hectares 38 ares. Étendue des lieux cultivés et habités : 427 hectares 38 ares.

Population en 1804 : 825 habitants ; en 1822 : 964 hab. ; en 1837 : 960 hab.

Population totale en 1881 : 810 habitants. Population des différents lieux habités : Bertrand, 68 hab. - Saint-Antoine, 33 hab. — Le Chanay, 42 hab. — Les Domenges, 159 hab. — Villarprin, 71 hab - La Montagne, 20 hab. — Mont-Raillan, 11 hab. — Soucy, 150 hab. — Pouille, 122 hab. — La Fontane, 77 hab. — Les Granges, 16 hab. — Les Marais, 19 hab. — Les Côtes, 2 hab. — Le Château-Blanc, 20 hab.

Population en 1891 : 766 habitants.

Curés. François Gellon. — François Drevet. — Jean-Baptiste Carle. — Stephane Cubit.

Vicaire. Jacques Damaisin.

Ecclésiastiques originaires de Saint-Pierre de Soucy. François-Joseph Finas. — Benoît Bouvier.

***

SAINT-SULPICE *(SANCTUS SULPITIUS)*

Canton de la Motte-Servolex, archiprêtré de Maché.

Patron : *Saint Sulpice, martyr.*

Altitude : 553 mètres.

Étendue territoriale : 836 hectares 14 ares. Étendue des terrains cultivés et habités : 347 hectares 87 ares.

Population en 1804 : 575 habitants ; en 1822 : 595 hab. ; en 1837 : 672 hab.

Population totale en 1881 : 503 habitants. Population des différents lieux habités : Le chef-lieu, 144 hab. — Les Yvrouds, 43 hab. — Les Tonys, 27 hab. - Les Michelons, 38 hab. — Les Martins, 43 hab. — Le Frénay, 40 hab. — Montfort, 66 hab. — Pravaut, 28 hab. — Begon, 21 hab. — Maisons éparses, 53 hab.

Population en 1891 : 511 habitants.

Curés. Guillaume Pierron. — Valentin Noiton. — Jean Morat. — Joseph Gex.

*
* *

SAINT-THIBAUD DE COUZ (*SANCTUS THEOBALDUS A CAUDO*)

Canton des Échelles, archiprêtré de Maché.

Patron : *Saint Thibaud, ermite*.

En 1803, il fut adjoint temporairement à cette paroisse celle de Saint-Jean de Couz, tout en restant l'une et l'autre communes distinctes.

Altitude : 510 mètres.

Étendue territoriale : 2,358 hectares 66 ares. Étendue des terrains cultivés et habités : 714 hectares.

Population en 1804 : 600 habitants ; en 1822 : 1,095 hab. ; en 1837 : 1,050 hab.

Population totale en 1881 : 903 habitants. Population des différents lieux habités : Le chef-lieu, 177 hab. — Les Verduns, 17 hab. — Les Patrons, 42 hab. La Croix, 24 hab. — Gros Louis-d'en-Haut, 17 hab. — Gros-Louis-d'en-Bas, 64 hab. — Les Martins, 10 hab. — La Poterie, 18 hab. — Les Durands, 17 hab. — Les Rats-Gris, 8 hab. — Les Favres, 27 hab. — Les Geancourts, 95 hab. — Les Simons, 45 hab. — Les Pollets, 55 hab. — Les Bordeilliers, 26 hab. — Les Poulmonts, 10 hab. — Les Guillermes, 11 hab. — Les Fourniers, 25 hab. — Hauteville, 55 hab. — La Praire, 91 hab.

Population en 1891 : 846 habitants.

CURÉS. François Mugnier. — Laurent Marcoz. — Donat Cubit. — Jean-Claude Farnier. — Gaspard Bontron. — Claude Dumas. — Joseph-André Perrot. — Antoine Duisit.

VICAIRES. Joseph Durand, le neveu. — Victor Bois.

SAINT-VITAL (*SANCTUS VITALIS*)

Canton de Grésy-sur-Isère, archiprêtré de Verrens.

Patron : *Saint Vital, martyr.*

Altitude : 342 mètres.

Étendue territoriale : 396 hectares 82 ares. Étendue des terrains cultivés et habités : 325 hectares 15 ares.

Population en 1804 : 403 habitants ; en 1822 : 497 hab. ; en 1837 : 556 hab.

Population totale en 1881 : 408 habitants. Population des différents lieux habités : Le chef-lieu, 136 hab. — Etraz-Dessus, 103 hab. — Les Chavannes, 117 hab. — Morratier, 40 hab. — Champloup, 12 hab.

Curés. Joseph Desrippes. — Jean-Louis Pinget. — Claude Angelier. — Jean-Marie-Alphonse Mansoz. — François Braissand.

Vicaires. Joseph Curtet. — Jean-Pierre Dunand. — Paul-Louis Bergeret-Janet.

Ecclésiastique originaire de Saint-Vital. Jacques-Émile Sibuet.

SAINTE-HÉLÈNE DU LAC (*SANCTA HELENA DE LACU*)

Canton de Montmélian, archiprêtré de Montmélian.

Patronne : *Sainte Hélène.*

Altitude : 261 mètres.

Étendue territoriale : 693 hectares 94 ares. Étendue des terrains cultivés et habités : 389 hectares 80 ares.

Population en 1804 : 681 habitants; en 1822 : 831 hab.; en 1837 : 832 hab.

Population totale en 1881 : 774 habitants. Population des différents lieux habités : Le chef-lieu, 187 hab. — Les Pognients, 173 hab. — Le Pichat, 131 hab. — La Romarde, 45 hab. — Le Touvet, 50 hab. — Le Bois, 38 hab. — Galoux, 26 hab. — Jacquin, 5 hab. — La Peisse, 14 hab. — Chantemerle, 11 hab. — Combilloles, 15 hab. — Grange-Maréchal, 16 hab. — Ragus, 4 hab. — Montmeillerat, 29 hab. — La Gare, 25 hab. — La Châtelle, 5 hab.

Population en 1891 : 730 habitants.

Curés. Antoine Richard. — Pierre-François Angeloz. — Antoine Blanchin. — François-Marie Rey. — Guillaume Cubit. — Joseph Cubit. — Henri-Marie Cachoux. — Jean-Baptiste Gardet. — Étienne Dupassieux.

Vicaire. Lucien Mossire.

Ecclésiastiques originaires de Sainte-Hélène du Lac. Antoine Bret. — Louis Berthet. — Pierre Blanc. — François Lovet. — Antoine Tissot.

*
* *

SAINTE-MARIE D'ALVEY (*SANCTA MARIA AB ARVESIO*)

Canton de Saint-Genix, archiprêtré de Saint-Genix.

Patronne : *Notre-Dame de l'Assomption*.

En 1803, cette paroisse fut unie à celle de Rochefort. Elle ne fut rétablie qu'en 1848.

Altitude : 445 mètres.

Étendue territoriale : 253 hectares 10 ares. Étendue des lieux cultivés et habités : 180 hectares 20 ares.

Population en 1804 : 210 habitants; en 1822 : 300 hab.; en 1837 : 316 hab.

Population totale en 1881 : 235 habitants. Population des différents lieux habités : Le chef-lieu, 21 hab. — Les Berthets, 25 hab. — Les Ribets, 22 hab. — La Blanchenière, 69 hab. — Chambelon, 18 hab. — Les Guichards, 16 hab. — La Mégère, 27 hab. — Les Plans, 10 hab. — Saint-Bonnet, 3 hab. — Truison, 24 hab.

Population en 1891 : 222 habitants.

Curés. Pierre-Florentin Berthet. — Jean-Marie Veuillet. — François Bouvier. — Augustin de Rolland.

Ecclésiastique originaire de Sainte-Marie d'Alvey. Thomas-Hilaire Descostes.

SAINTE-REINE *(SANCTA REGINA)*

Canton du Châtelard, archiprêtré du Châtelard.

Patrons : *Sainte Reine, vierge, et Saint Étienne, martyr*.

Cette paroisse avait, au moyen âge, pour patronne sainte Radegonde, reine de France, et portait ce nom.

Altitude : 828 mètres.

Étendue territoriale : 1,462 hectares 40 ares. Étendue des terrains cultivés et habités : 1,181 hectares 40 ares.

Population en 1804 : 470 habitants ; en 1822 : 578 hab. ; en 1837 : 600 hab.

Population totale en 1881 : 586 habitants. Population des différents lieux habités : Sainte-Reine, 19 hab. — Épernay, 250 hab. — Routhennes, 317 hab.

Population en 1891 : 564 habitants.

Curés. François Janin. — Joseph Durand, l'oncle. — Joseph Durand, le neveu. — Jean-Pierre Riondy. — Laurent Morand. — Pierre-Victor Jargot. — Stéphane Cubit. — Antoine Brise — Joseph Bernard.

ECCLÉSIASTIQUES ORIGINAIRES DE SAINTE-REINE. François Bollard. — Noël Bollard. — Bernard Borrand. — Raymond Bollard. — Aimé Bollard. — Joseph Bollard. — Fabien Bollard. — François Bollard. — Jean-Baptiste Carle. — François-Marie Carle. — Louis Bollardet.

**

SERRIÈRES *(SERRARIÆ)*

Canton de Ruffieux, archiprêtré de Chindrieux.

Patron : *Saint Maurice, martyr.*

Altitude : 244 mètres.

Étendue territoriale : 1,572 hectares 29 ares. Étendue des terrains cultivés et habités : 507 hectares.

Population en 1804 : 892 habitants ; en 1822 : 984 hab.; en 1837 : 1,101 hab.

Population totale en 1881 : 1,072 habitants. Population des différents lieux habités : Le chef-lieu, 232 hab. — Château de Rossignol, 12 hab. — Lapérouse et Marêtes, 36 hab. — Le Pré-du-Maure, 5 hab. — La Séchère, 5 hab. — La Chêtraz, 122 hab. — Les Mattes, 134 hab. — Versières, 35 hab. — Monton, 49 hab. — Venoise, 172 hab. — Clarafont, 31 hab. — Chevigny, 80 hab. — Vovray, 89 hab. — Careine, 28 hab. — Novelle, 35 hab. — Le Versin et Marolaz, 7 hab.

Population en 1891 : 1,025 habitants.

CURÉS. Joseph Puthod. — Martin Joly. — Philippe Dumont. — Pierre Blanc. — François Lansard.

VICAIRES. Jean-François Rey. — Claude-Auguste Renaud-Goud. — Antoine Brise. — Jean-Marie Couty. — Toussain Chauten. — Claude Gros. — Louis Lachenal. — Jacques Rossi. — Jules Vergain. — Jean Tillet.

ECCLÉSIASTIQUES ORIGINAIRES DE SERRIÈRES. Joseph

Girardy. — Antoine Bocquin. — Jean-Claude Girardy. — Louis-François Cagnon. — Alexandre Berlioz.

SONNAZ (*SONNACUM*)

Canton nord de Chambéry, archiprêtré de Notre-Dame de Chambéry.

Patron : *Saint Donat, évêque.*

Altitude : 324 mètres.

Étendue territoriale : 543 hectares 10 ares. Étendue des terrains cultivés et habités : 345 hectares 51 ares.

Population en 1804 : 580 habitants ; en 1822 : 875 hab. ; en 1837 : 850 hab.

Population totale en 1881 : 697 habitants. Population des différents lieux habités : Le chef-lieu, 119 hab. — Le Crêt, 57 hab. — Ragès, 236 hab. — Sonnaz-le-Bas, 51 hab. — Servenaz, 34 hab. — Le Pesset, 43 hab. — Montagny, 90 hab. — Les Fontaines, 54 hah. — Eau-Blanche (Filateu), 4 hab. — Les Perrouses, 9 hab.

Population en 1891 : 707 habitants.

Curés. Claude-François Rannaud. — Jean-Baptiste Marguery. — Joseph Besson. — Benoît Laracine. — Étienne Rey. — Jean Requet. — Jean-François Rey. — Claude Travers. — Claude Bruyère.

Vicaires. Jean-Louis Cattin. — Louis Clerc.

Ecclésiastiques originaires de Sonnaz. Donat Paget. — Jean Paget. — Jean Fenestraze. — Donat Villoud. — Jean-Claude Paget. — Jean-Louis Cattin. — Jean Paget.

LA TABLE (*TABULA*)

Canton de la Rochette, archiprêtré de la Rochette.

Patronne : *Notre-Dame de l'Assomption.*

Altitude : 835 mètres.

Étendue territoriale : 1,690 hectares 30 ares. Étendue des lieux cultivés et habités : 992 hectares 30 ares.

Population en 1804 : 1,117 habitants ; en 1822 : 1,275 hab. ; en 1837 : 1,272 hab.

Population totale en 1881 : 920 habitants. Population des différents lieux habités : Le chef-lieu, 145 hab. — La Provenchère, 77 hab. — Les Curtets, 61 hab. — Le Mas, 27 hab. — Les Vérollets, 34 hab. — Les Fugains, 46 hab. — Lonsmard, 23 hab. — Tognet, 27 hab. — Le Molard, 28 hab. — Defay, 48 hab. — Le Faug, 16 hab. — Les Martinets, 31 hab. — La Landaz, 60 hab. — Ripidon, 52 hab. — Les Boissards, 21 hab. — Les Portiers, 9 hab. — Les Fruitiers, 15 hab. — Le Villard, 39 hab. — Maisons éparses, 104 hab.

Population en 1891 : 938 habitants.

CURÉS. Noël Richard. — Pierre Blanc. — Pierre-Marie Bétemps. — Louis Durand.

VICAIRES. Joseph Curtet. — Claude Levet. — Claude Angelier. — Anselme Morand. — Joseph Pajean. — Antoine Bertrand. — Charles Duchêne. — Clément Rey. — Eugène Thomassier. — François Vellet. — Claude Gros. — Joseph Maige. — Jacques Bugnard. — Joseph Guicherd.

ECCLÉSIASTIQUES ORIGINAIRES DE LA TABLE. Marie Joseph Arnaud-Godet. — Denis Chapellet. — Laurent Dimier.

LA THUILE *(TULLIA)*

Canton de Saint-Pierre d'Albigny, archiprêtré de Thoiry.

Patron : *Saint Pierre, apôtre.*

Altitude : 892 mètres.

Étendue territoriale : 1,701 hectares 26 ares. Étendue des terrains cultivés et habités : 556 hectares 55 ares.

Population en 1804 : 891 habitants ; en 1822 : 987 hab. ; en 1837 : 1,036 hab.

Population totale en 1881 : 791 habitants. Population des différents lieux habités : Le chef-lieu, 90 hab. — Le Lac, 47 hab. — Le Mont, 32 hab. — Les Baux, 40 hab. — Les Barriers, 30 hab. — La Rougère, 123 hab. — Nequidex, 91 hab. — Morion, 82 hab. — La Guillère, 68 hab. — Montoux, 54 hab. — Entremont, 68 hab. — Les Poncets, 54 hab. — Pachoud, 12 hab.

Population en 1891 : 815 habitants.

Curés. Claude Béget. — Victor Bouvier. — Jean-Basile Rosaz. — François-Joseph Finas. — Donat Paget. — Joseph Janin. — Jean-Baptiste Bouvet.

*
* *

THOIRY *(TURIACUM)*

Canton nord de Chambéry, siège de l'archiprêtré.

Patronne : *Notre-Dame de la Conception.*

Altitude : 646 mètres.

Étendue territoriale : 1,648 hectares 57 ares. Étendue des terrains cultivés et habités : 1,495 hectares 21 ares.

Population en 1804 : 1,027 habitants ; en 1822 : 1,068 hab. ; en 1837 : 1,550 hab.

Population totale en 1881 : 1,251 habitants. Population

des différents lieux habités : Le chef-lieu, 258 hab. — Les Molards, 115 hab. — Les Chavonnettes, 309 hab. — Bonvillard, 38 hab. — Les Crêts, 17 hab. — Thormeiroz, 266 hab. — Les Chavannes, 59 hab. — La Fougère, 189 hab.

Population en 1891 : 1,230 hab.

Curés. Joseph-Concors Rey. — Pierre-Antoine Marcoz. — Jean Angeloz. — Pierre-François Angeloz. — Jean-Louis Burdet. — François Granger. — Claude Michaud. — Antoine Rey.

Vicaires. Jean Laymard. — François Granger. — Maurice Armand. — Antoine Curtet. — Pierre Poncet. — Mathieu Gellon. — Claude Travers. — Joseph-Marie Gaime. — Constant Berthet. — François Pajean. — François Collomb. — Claude Mermet. — Joseph-François Nicoud. — François Braissand. — Anthelme Renaud-Goud. — Joseph-Marie Cubit. — Joseph-Auguste Curtet. — François Gex. — Antoine Guicherd. — Charles Voiron. — Augustin Déprimoz. — Jean-Baptiste Bouvet. — Joseph Mestrallet. — François-Joseph Bellemin.

Ecclésiastiques originaires de Thoiry. Pierre Mongellaz. — Joseph Pollet. — Claude Chabert. — Sébastien Voiron.

TOURNON *(TURNO)*

Canton de Grésy-sur-Isère, archiprêtré de Verrens.

Patron : *Saint Trophime, martyr.*

A la réorganisation des paroisses en 1803, cette paroisse fut d'abord adjointe à celle de Verrens. Elle fut ensuite rétablie quelques années après.

Altitude : 410 mètres.

Étendue territoriale : 417 hectares 34 ares. Étendue des terrains cultivés et habités : 360 hectares 2 ares.

Population en 1804 : 300 habitants ; en 1822 : 310 hab. ; en 1837 : 384 hab.

Population totale en 1881 : 292 habitants. Population des différents lieux habités : Le chef-lieu, 183 hab. — Le Poyet, 10 hab. — Les Granges, 12 hab. — Les Marets, 5 hab. — Marteau, 14 hab. — Bornéry, 16 hab. — Grain-Greneau, 9 hab. — Côte-Carrier, 11 hab. — Villard-Rosset, 12 hab. — Les Ilettes, 15 hab. — Derrière-Busa, 5 hab.

Population en 1891 : 301 habitants.

Curés. Joseph Voutier. — Jean Pachon. — Anthelme Jeantin. — Joseph Curtet. — Jean-Baptiste Calloud. — Jean-Jacques Perrin. — Charles Tissot. — Henri Perret.

Ecclésiastiques originaires de Tournon. Victor-Marie Grosset. — François-Xavier Bouchet.

TRAIZE (*TRESIA*)

Canton d'Yenne, archiprêtré d'Yenne.

Patron : *Saint Maurice, martyr.*

Altitude : 441 mètres.

Étendue territoriale : 1,092 hectares 22 ares. Étendue des terrains cultivés et habités : 548 hectares.

Population en 1804 : 456 habitants ; en 1822 : 459 hab. ; en 1837 : 500 hab.

Population totale en 1881 : 391 habitants. Population des différents lieux habités : Le chef-lieu, 26 hab. — Charosse, 89 hab. — Les Berthets, 30 hab. — Les Malods, 56 hab. — Soivin, 38 hab. — Verlin, 30 hab. —

Cottin, 21 hab. — Les Bandiers, 8 hab. — Beyrin, 11 hab. — Bonnetière, 1 hab. — Bothozel, 5 hab. — Combe-Bérin, 11 hab. — La Chat, 9 hab. — La Martinière, 15 hab. — La Mure, 5 hab. — Losse, 3 hab. — Passeau, 7 hab. — Pesset, 8 hab. — Valinière, 8 hab. — Cornet, 10 hab.

Population en 1891 : 406 habitants.

Curés. Charles-Étienne Dégaillon. — Antoine Dullin. — Jean-Baptiste Carle. — Claude Jacquemet. — Joseph-François Ruinon. — Antoine Bret. — Gaspard-Marie-Anthelme Martin. — Antoine-Marie Jouty. — Antoine Guicherd.

Ecclésiastiques originaires de Traize. Hyacinthe Delabeye. — Antoine-Henri Berthet. — Gabriel Gache.

LE TREMBLEY (*TREMULIUM*)

Canton de la Motte-Servolex, archiprêtré de la Motte-Servolex.

Patronne : *Notre-Dame de la Purification.*

Cette paroisse fait partie de la commune de la Motte-Servolex. Elle ne fut établie qu'en 1837.

Altitude : 305 mètres.

Population totale en 1881 : 557 habitants. Population des différents lieux habités : Le Trembley, 389 hab. — Montarlet, 168 hab.

Population en 1891 : 481 habitants.

Curés. Pierre-Élisabeth Poulin. — Antoine Sevez. — Claude-Paul Bottero.

Ecclésiastiques originaires du Trembley. Louis Brochet. — Anthelme Richard.

TRESSERVE (*TRISELVA*)

Canton d'Aix-les-Bains, archiprêtré d'Aix-les-Bains.

Patronne : *Sainte Marie-Madeleine.*

Altitude : 317 mètres.

Étendue territoriale : 642 hectares 91 ares. Étendue des terrains cultivés et habités : 233 hectares 17 ares.

Population en 1804 : 383 habitants ; en 1822 : 550 hab. ; en 1837 : 615 hab.

Population totale en 1881 : 603 habitants. Population des différents lieux habités : Le chef-lieu, 308 hab. — Les Pétrels, 117 hab. — Les Liquines, 46 hab. — Les Cochets, 21 hab. — Maisons éparses, 111 hab.

Population en 1891 : 598 habitants.

Curés. François-Marie-Thérèse Panisset. — Melchior Andrevon. — Noël Morand. — Benoît Bouvier. — Claude-François Lacombe. — Léon Petit. — Jean-Pierre Beauchamp. — François Quay-Thevenon.

Vicaires. François-Antoine Raynaud. — François Pellet. — André-Jacques Daudin. — Claude-François Lacombe. — Philibert Coudurier.

Ecclésiastiques originaires de Tresserve. Louis-Marie de Buttet. — Henri-Marie Cachoux. — Ferdinand de Pierrefeu. — François Bugnard.

TRÉVIGNIN (*TREVINIUM*)

Canton d'Aix-les-Bains, archiprêtré d'Aix-les-Bains.

Patron : *Saint Laurent, martyr.*

En 1803, il fut adjoint temporairement à cette paroisse celle de Pugny-Chatenod, tout en restant l'une et l'autre des communes distinctes.

Altitude : 643 mètres.

Étendue territoriale : 1,648 hectares 57 ares. Étendue des terrains cultivés et habités : 1,495 hectares 21 ares.

Population en 1804 : 286 habitants ; en 1822 : 487 hab. ; en 1837 : 569 hab.

Population totale en 1881 : 414 habitants. Population des différents lieux habités : Trévignin, 75 hab. — Verlioz, 103 hab. — Nandrion, 69 hab. — Saint-Victor, 44 hab. — Les Clercs, 62 hab. — Les Roberts, 26 hab. — Les Pugeats, 22 hab. — Le Véniper, 13 hab.

Population en 1891 : 418 habitants.

Curés. Claude-Marie Duc. — Jean-Antoine-Marie Dupuy. — François Gros. — Victor Fasy. — Joseph Mareschal. — Fabien Dijoud. — Gervais Cornillac. — Jean-François Girod. — Pierre-Antoine Rochas. — Eugène Thomassier.

Vicaire. Jean-Baptiste Rochas.

Ecclésiastiques originaires de Trévignin. Joseph Mailland. — Jean-Marie Mailland. — François Clerc.

LA TRINITÉ *(PARŒCIA SANCTÆ TRINITATIS)*
Canton de la Rochette, archiprêtré de la Rochette.

Patron : *Saint Jean-Baptiste.*

En 1803, il fut adjoint temporairement à cette paroisse celle de Villard-Sallet, tout en restant l'une et l'autre des communes distinctes.

Altitude : 340 mètres.

Étendue territoriale : 490 hectares 6 ares. Étendue des terrains cultivés et habités : 321 hectares 68 ares.

Population en 1804 : 304 habitants ; en 1822 : 526 hab. ; en 1837 : 840 hab.

Population totale en 1881 : 708 habitants. Population des différents lieux habités : Le chef-lieu, 316 hab. — La Charrière, 156 hab. — La Cochette, 94 hab. — Le Fléchet, 73 hab. — Les Grassets, 41 hab. — Pont-Bellon, 22 hab. — La Cave, 6 hab.

Population en 1891 : 690 habitants.

Curés. Victor-Amédée Guille. — Jacques Brens. — Antoine Traversaz. — Louis-Antoine-Léon Vernaz. — Pierre Socquet.

Vicaire. Jean-Pierre Riondy.

Ecclésiastiques originaires de la Trinité. Pierre-Anthelme Mollingal. — Humbert-Benoît Pillet. — Jean-Baptiste Gardet.

VÉREL-MONTBEL (*VERELLUM A MONTEBELLO*)

Canton du Pont-de-Beauvoisin, archiprêtré du Pont-de-Beauvoisin.

Patron : *Saint Jean-Baptiste.*

Altitude : 368 mètres.

Étendue territoriale : 367 hectares 67 ares. Etendue des terrains cultivés et habités : 280 hectares 67 ares.

Population en 1804 : 446 habitants ; en 1822 : 451 hab. ; en 1837 : 506 hab.

Population totale en 1881 : 409 habitants. Population des différents lieux habités : Le chef-lieu, 71 hab. — Le Bajat, 86 hab. — Le Banchet, 57 hab. — L'Étang, 56 hab. — Le Revillet, 35 hab. — Le Piccard, 32 hab. — L'Ancienne-Église, 25 hab. — Le Guinet, 24 hab. — Le Niveau, 23 hab.

Population en 1891 : 381 habitants.

Curés. Pierre Duvillard. — Jean-Joseph Delachinal. — Claude Armand. — Benoît Laracine. — Joseph Louis. — François Blanc. — Joseph Chapelle. — François Vachaud. — Joseph-François Pellet. — Antoine Jeantin.

Ecclésiastique originaire de Verel-Montbel. Claude Miège.

*
* *

VÉREL-PRAGONDRAN (*VERELLUM A PRATO GUNTRAMMI*)

Canton nord de Chambéry, archiprêtré de Notre-Dame de Chambéry.

Patronne : *Notre-Dame de la Conception*.

En 1803, il fut uni à cette paroisse une partie de celle de Saint-Alban, attenante à ses confins.

Altitude : 567 mètres.

Étendue territoriale : 550 hectares 68 ares. Étendue des terrains cultivés et habités : 223 hectares 90 ares.

Population en 1804 : 150 habitants ; en 1822 : 341 hab. ; en 1837 : 356 hab.

Population totale en 1881 : 370 habitants. Population des différents lieux habités : Verel, 125 hab. — Les Crusettes, 12 hab. — Pragondran, 217 hab. — Mont-Bazin, 7 hab. — La Chat, 9 hab.

Population en 1891 : 354 habitants.

Curés. Louis-Joseph Boch. — Joseph Paris. — Charles Mongellaz. — Balthazard Armand. — Barthélemi Perrier. — Jean-Marie Grimonet. — Antoine Tissot.

*
* *

VERRENS *(VERRENUM)*

Canton de Grésy-sur-Isère, archiprêtré de Verrens.

Patron : *Saint Laurent, martyr.*

Altitude 494 mètres.

Étendue territoriale : 1,021 hectares 69 ares. Étendue des terrains cultivés et habités : 602 hectares 3 ares.

Population en 1804 : 621 habitants ; en 1822 : 731 hab. ; en 1837 : 803 hab.

Population totale en 1881 : 671 habitants. Population des différents lieux habités : Le chef-lieu, 86 hab. — Pradioux, 11 hab. — Montalivet, 19 hab. — Les Collets, 43 hab. — Les Féchoz, 30 hab. — Barillet, 13 hab. — Barrochim, 47 hab. — Les Rancaz, 42 hab. — Les Bergers, 22 hab. — Les Mojons, 25 hab. — Les Mollies, 15 hab. — Le Molard, 43 hab. — Samuaz, 59 hab. — La Croix, 9 hab. — Arvey, 112 hab. — Le Crêt, 35 hab. — Les Hoches, 60 hab.

Population en 1891 : 664 habitants.

Curés. Marcel Tognet. — Joseph-Marie Pasquier. — Jean-François Dompmartin. — Anthelme Ramaz. — François Béranger. — Paul-Louis Bergeret-Janet.

Vicaire. Jean-Pierre David.

Ecclésiastiques originaires de Verrens. Jacques-Antoine Bally. — Jean-Baptiste Bally. — Jean-Pierre Bally. — François Burgat. — Joseph-Marie Fraix. — Jean-Pierre Rey.

VERTHEMEX *(VERTEMESIUM)*

Canton d'Yenne, archiprêtré de Novalaise.

Patronne : *Notre-Dame de la Nativité.*

En 1803, cette paroisse fut adjointe temporairement à celle de Meyrieux-Trouet, et ne fut rétablie qu'en 1834.

Altitude : 642 mètres.

Étendue territoriale : 954 hectares 39 ares. Étendue des terrains cultivés et habités : 649 hectares 75 ares.

Population en 1804 : 444 habitants ; en 1822 : 518 hab. ; en 1837 : 578 hab.

Population totale en 1881 : 329 habitants. Population des différents lieux habités : Verthemex, 47 hab. — Vacheresse, 151 hab. — Maunaud, 21 hab. — L'Abbaye, 110 hab.

Population en 1891 : 350 hab.

Curés. François Richard. — Jean Mallinjoud. — Nicolas Bailly. — Pierre Blanchin. — Antoine Rey. — Jean-Claude Alverniat. — Donat Villoud. — François Clerc.

* *
*

VILLARD-D'HÉRY (*VILLARIUM ERUSIUM*)

Canton de Montmélian, archiprêtré de Coise.

Patron : *Saint Martin, évêque.*

Dans les premiers moments qui suivirent la réorganisation des paroisses, en 1803, cette paroisse fut desservie par le curé de Coise.

Altitude : 419 mètres.

Étendue territoriale : 500 hectares 30 ares. Étendue des terrains cultivés et habités : 217 hectares 90 ares.

Population en 1804 : 250 habitants ; en 1822 : 312 hab. ; en 1837 : 362 hab.

Population totale en 1881 : 339 habitants. Population des différents lieux habités : Le chef-lieu, 93 hab. — Villard-Siard-d'Aval, 119 hab. — Villard-Siard-d'Amont, 41 hab. — Maisons isolées, 86 hab.

Population en 1891 : 326 habitants.

Curés. Jean Paraz. — Catherin Armand. — François Gellon. — Antoine Richard. — Benoît Mallinjoud. — Dominique Paquet. — Claude Vionnet. — François Pajean. — Pierre Dumollard. — Louis Saint-Germain.

Ecclésiastiques originaires de Villard-d'Héry. Christophe d'Orengiani d'Alexandry. — Joseph Hyvrard.

* * *

VILLAROUX (*VILLARIUM RUFUM*)

Canton de Montmélian, archiprêtré de la Rochette.

Patron : *Saint Pierre, apôtre.*

En 1803, cette paroisse fut adjointe temporairement à celle de la Chapelle-Blanche. Elle ne fut rétablie réellement qu'en 1825.

Altitude : 562 mètres.

Étendue territoriale : 303 hectares. Etendue des terrains cultivés et habités : 132 hectares.

Population en 1804 : 180 habitants ; en 1822 : 277 hab. ; en 1837 : 302 hab.

Population totale en 1881 : 205 habitants. Population des différents lieux habités : Le chef-lieu, 140 hab. — La Bâtie, 36 hab. — Gagoud, 21 hab. — Mont-Raillan, 8 hab.

Population en 1891 : 183 habitants.

Curés. Jean Charvet. — Pierre Chapellaz. — Gaspard Amblet. — Claude Falconnet. — André Guillet. — Pierre-Marie Bétemps. — Joseph Menoud. — Jean-Baptiste Berthier.

Ecclésiastiques originaires de Villaroux. Isidore Curtet. — Antoine Curtet. — Claude Gavillet. — Jean-Baptiste Gavillet. — François Vial.

VILLARD-SALLET (*VILLARIUM SALETUM*)

Canton de la Rochette, archiprêtré de la Rochette.

Patron : *Saint Étienne, martyr*.

En 1803, cette paroisse fut adjointe à celle de la Trinité et ne fut rétablie réellement qu'en 1830.

Altitude : 301 mètres.

Étendue territoriale : 307 hectares 81 ares. Étendue des terrains cultivés et habités : 170 hectares.

Population en 1804 : 304 habitants ; en 1822 : 526 hab. ; en 1837 : 456 hab.

Population totale en 1881 : 459 habitants. Population des différents lieux habités : Louise-Dufour, 203 hab. — Molaret, 189 hab. — Vers-la-Cure, 10 hab. — Le Château, 13 hab. — Gelon, 8 hab. — Darmésin, 2 hab. — Sur-les-Vignes, 28 hab. — Tours-de-Montmayeur, 6 hab.

Population en 1891 : 437 habitants.

Curés. Catherin Arnaud. — François Gellon. — François Vachaud. — Joseph Louis. — Pierre Philippe. — Pierre Rive. — Benoît Perrin. — Pierre-Charles Socquet. — François Richard. — Damase Micalod.

Ecclésiastiques originaires de Villard-Sallet. Alfred Falquet. — Pierre Ferroud. — François Villermet.

VIMINES (*VIMINÆ*)

Canton de la Motte-Servolex, archiprêtré de Maché.

Patronne : *Notre-Dame de l'Assomption*.

Altitude : 544 mètres.

Étendue territoriale : 1,423 hectares 29 ares. Étendue des terrains cultivés et habités : 706 hectares 44 ares.

Population en 1804 : 1,095 habitants ; en 1822 : 1,400 hab. ; en 1837 : 1,697 hab.

Population totale en 1881 : 1,092 habitants. Population des différents lieux habités : Le chef-lieu (Le Molard-Dessus), 137 hab. — Le Molard-Dessous, 56 hab. — Les Barriers, 107 hab. — La Chat, 75 hab. — Les Buffles, 25 hab. — Lhodier, 65 hab. — Le Lard, 76 hab. — La Mollière, 30 hab. — La Fougère, 48 hab. — Le Grand-Village, 83 hab. — Les Fontaines, 34 hab. — Les Rousins, 38 hab. — Pierre-Rouge, 22 hab. — Les Quidoz, 49 hab. — Les Jacquettes, 12 hab. — Les Venats, 29 hab. — Les Sauges, 40 hab. — Le Creux, 28 hab. — Les Berlioz, 67 hab. — Maisons éparses, 61 hab.

Population en 1891 : 1,021 habitants.

Curés. Jean-Marie Amphoux. — Gabriel-Marie de Bagard. — Joseph Magnin. — Joseph-Benoît-Marie Loridon. — François Pichon.

Vicaires. Jean-Nicolas Roch. — François Bonne. — Joseph-Marie Grimonet. — Valentin Noiton. — Antoine Poguet. — François Gex. — Jean-Marie Gonthier. — Joseph Nicoud. — Jean Goddard. — Anthelme Renaud-Goud. — Jean-Marie Rassat. — François Durochat. — Pierre-Marie Dumoulin. — François-Alphonse Mugnier. — Louis Viret. — François Pétraz. — Antoine Chapelle. — Maurice-Laurent Mareschal. — Joseph Marie Collonge. — Joseph-André Perrot. — Joseph Bernard. — Jean Favre. — Joseph Gavend. — Toussain Chauten. — Jacques Bugnard.

Ecclésiastiques originaires de Vimines. Martin Roux. — François Berlioz. — Joseph-Auguste Curtet. — Eugène Perrier. — Georges Denarié Descôtes.

VIONS (MOLARIUM)

Canton de Ruffieux, archiprêtré de Chindrieux.

Patronne : *Notre-Dame de l'Assomption.*

En 1803, cette paroisse fut unie à celle de Chanaz, tout en restant l'une et l'autre des communes distinctes. Elle ne fut rétablie qu'en 1839. Les anciens édifices paroissiaux situés sur le Molard ont été remplacés, en 1884, par une église et un presbytère neufs bâtis dans la plaine, à proximité du chemin de fer.

Altitude : ancienne église, 317 mètres ; nouvelle église, 226 mètres.

Étendue territoriale : 488 hectares 20 ares. Étendue des terrains cultivés et habités : 247 hectares 20 ares.

Population en 1804 : 211 habitants ; en 1822 : 294 hab. ; en 1837 : 304 hab.

Population totale en 1881 : 378 habitants. Population des différents lieux habités : Boveyron, 81 hab. — La Muraille, 97 hab. — Le Molard-Dessus, 100 hab. — Les Guillands, 20 hab. — Le Panillon, 41 hab. — Les Granges, 39 hab.

Population en 1891 : 377 habitants.

Curés. Maurice Détraz. — Jean-Marie Gonthier. — Jean-Claude Paget. — Maurice Bois. — Louis Durand. — Auguste Martin. — Jean-Marie Bellemin.

LE VIVIER (VIVARIUM)

Canton d'Aix-les-Bains, archiprêtré de la Motte-Servolex.

Patron : *Saint Vincent, martyr.*

Altitude : 244 mètres.

Étendue territoriale : 497 hectares 35 ares. Étendue des terrains cultivés et habités : 391 hectares 49 ares.

Population en 1804 : 189 habitants ; en 1822 : 370 hab. ; en 1837 : 450 hab.

Population totale en 1881 : 482 habitants. Population des différents lieux habités : Le chef-lieu, 371 hab. — Terrenu, 43 hab. — Les Cochets, 23 hab. — La Maladière, 10 hab. — Maisons isolées, 36 hab.

Population en 1891 : 451 habitants.

Curés. Joseph Gagnière. — Marie-François Ramel. — Laurent Valliend. — Antoine Richard. — Pierre Poncet. — François-Alphonse Mugnier. — Jean-Marie Berthollier.

VOGLANS *(VOGLANUM)*

Canton d'Aix-les-Bains, archiprêtré de la Motte-Servolex.

Patron : *Saint Martin, évêque.*

Altitude : 253 mètres.

Étendue territoriale : 456 hectares 72 ares. Étendue des terrains cultivés et habités : 365 hectares 62 ares.

Population en 1804 : 336 habitants ; en 1822 : 662 hab. en 1837 : 720 hab.

Population totale en 1881 : 666 habitants. Population des différents lieux habités : Le chef-lieu, 385 hab. — Villarcher, 168 hab. — Bouvard, 113 hab.

Population en 1891 : 634 habitants.

Curés. Hyacinthe Hyvrard. — Étienne Reverdy. — Pierre Donzel. — Benoît Miguet. — Pierre Rive. — Pierre Philippe. — Pierre-Marie-François Canet. — Anthelme-Michel Charvet.

Ecclésiastiques originaires de Voglans. Jean-Claude Roissard. — Louis Girardin. — Félix Burtin. — Guillaume Vincent. — Louis Vincent.

*
* *

YENNE (EPAONA)
Chef-lieu de canton, siège de l'archiprêtré.

Patronne : *Notre-Dame de l'Assomption.*

Altitude : 220 mètres.

Étendue territoriale : 2,364 hectares. Étendue des terrains cultivés et habités : 1,684 hectares.

Population en 1804 : 2,747 habitants; en 1822 : 2,916 hab.; en 1837 : 3,354 hab.

Population totale en 1881 : 2,738 habitants. Population des différents lieux habités : Le Bourg, 1,242 hab. — Landrecin, 166 hab. — Les Bernards, 41 hab. — Les Soudans, 37 hab. — Le Haut-Somont, 112 hab. — Le Bas-Somont, 149 hab. — Ruffieux, 25 hab. — La Touvière, 13 hab. — Le Grand-Lagneux, 43 hab. — Lagneux, 61 hab. — Etain, 48 hab. — Ameysin, 167 hab. — Chambuet, 110 hab. — Les Palatins, 18 hab. — Les Vigeoz, 31 hab. — Les Ricauds, 27 hab. — Les Molliers, 29 hab. — Les Terroux, 30 hab. — Les Duchets, 19 hab. — Les Théoux, 28 hab. — Le Couleux, 75 hab. — Curtelot, 25 hab. — Chevru, 49 hab. — Maisons éparses, 182 hab.

Population en 1891 : 2,713 habitants.

Curés. Jean-Baptiste Desgeorges. — Marie-Aimé Fillion. — Jean-Baptiste Calloud. — Benoît Perrin. — Claude Berthier.

Vicaires. Jean-Louis Simond. — Laurent Ract. — Louis-Marie Guillot. — Pierre-François Angeloz. — Joseph Ducruet. — Joseph Girardy. — François Croisollet.

— Jean-Étienne Plattet. — François Durbet — Benoît Quenard. — Jean-Jacques Perrin. — Claude Miège. — Jean-Baptiste d'Humilly de Chevilly. — Jean-Claude Farnier. — Grégoire Carret. — Donat-François Cubit — Jean-François Bouvier. — Louis Berthet. — Gaspard Perrier. — Antoine Centil. — François Berlioz. — Flavien Picollet. — Pierre-François Tournier. — Claude Bouchardy. — Charles Ferroud. — Anthelme Gerbelot. — Joseph Janin. — Joseph-Marie Bouvet. — Jacques Bernard. — Gaspard-Marie-Anthelme Martin. — Frédéric Canet. — Hilaire Descôtes. — Jean-Marie Couty. — Jean Lombard. — Joseph Rosset. — Pierre Pichon. — Charles Gros. — Eugène Déchaux. — François Dumollard. — Étienne Bogey. — François Bernard. — Georges Riondy.

Ecclésiastiques originaires d'Yenne. François Goybet. — Gabriel Burdet. - Louis Dupasquier. — Antoine Dullin. — François-Antoine Raynaud. — Constant Berthet. - Joseph Marie Millet. — Charles-Joseph Reveyron. — François Vellet.

TROISIÈME PARTIE

Monseigneur François HAUTIN

Armes : *D'or à la croix potencée de gueules cantonnée de quatre croisettes du même ; au chef d'azur chargé des emblèmes franciscains qui sont : à dextre, le bras nu au naturel de Notre Seigneur Jésus-Christ ; à senestre, le bras vêtu de Saint François ; l'un et l'autre posés en sautoir, issants d'un nuage et surmontés d'une croix d'or.*

Devise : *Veritas in charitate.*

Pendant que la deuxième partie de cet ouvrage s'imprimait, Dieu s'est plu à abréger le veuvage de l'Église de Chambéry, causé par la mort de Mgr Leuillieux. Le 14 juin 1893, le Gouvernement nommait, et, le lendemain 15 juin, le Pape préconisait, pour succéder au vénérable archevêque défunt, Mgr François Hautin, évêque d'Évreux.

Le nouveau premier pasteur de notre diocèse est né à Paris, dans la paroisse de Saint-Merry, le 2 mai 1831. Après avoir fait avec un remarquable succès ses études classiques et théologiques à la maîtrise de l'Abbaye-aux-Bois, au petit-séminaire de Saint-Nicolas du Chardonnet et au grand-séminaire de Saint-Sulpice, il fut ordonné prêtre, avec dispense d'âge, le 23 décembre 1851. Ses brillantes qualités intellectuelles, comme la haute influence de ses vertus sacerdotales, ne tardèrent pas à être utilisées par ses supérieurs ecclésiastiques pour le plus grand bien de l'Église et des âmes. Il fut appelé, dans le cours des trente ans qui s'étendent de 1851 à 1880, à remplir successivement les charges importantes et délicates de directeur de la maîtrise de l'Abbaye-aux-Bois, de directeur de la maîtrise de Sainte-Clotilde, de curé de Bonneuil, de curé de Saint-Michel des Batignolles, de supérieur du petit-séminaire de Saint-Nicolas du Chardonnet, de chanoine de Notre-Dame de Paris, et de vicaire général du diocèse d'Orléans.

C'est dans ce dernier poste élevé que la sagesse du Souverain Pontife et du Gouvernement vint le chercher pour le porter sur le siège d'Évreux. Nommé par décret du 3 juin 1890, préconisé le 26 du même mois, sacré le 8 septembre suivant, il a dirigé ce diocèse un peu moins de trois ans. A l'occasion de sa translation à l'archevêché de Chambéry, un journal d'Évreux traduisait, en ces termes, les sentiments de regrets et d'affection que leur séparation du vénéré prélat a fait naître dans le cœur de ses anciennes ouailles.

« Cet événement met en deuil notre cher diocèse. Tout en nous soumettant, nous aussi, à la volonté du Chef de l'Église, organe de la volonté de Dieu, tout en applaudissant respectueusement à l'élévation si justifiée de notre Évêque bien-aimé, nous nous sentons profondément affligés de perdre, après trois années à peine, un prélat qui, par sa haute distinction, par son zèle infatigable, par sa grâce exquise et sa constante bienveillance, avait su conquérir si vite et si pleinement la confiance et l'affection de son clergé et de son peuple. »

En plaçant le nom et le portrait d'un tel pontife en tête de cette troisième partie, je ne fais moi-même qu'exprimer, avec leur vénération, le bonheur de ses nouveaux diocésains à se voir désormais dirigés par lui.

DICTIONNAIRE BIOGRAPHIQUE
DES
ECCLÉSIASTIQUES DU DIOCÈSE DE CHAMBÉRY[1]

A

ABRY Jean, né à Rumilly, le 14 novembre 1778 ; ordonné prêtre, le 14 août 1808 ; nommé vicaire à Novalaise, le 5 septembre 1808 ; curé de Saint-Jean de Chevelu, le 1er avril 1811 ; curé de Saint-Pierre de Genebroz, le 15 janvier 1814 ; curé de Barberaz, le 25 juin 1818 ; admis à la retraite, avec domicile à Barberaz, le 6 novembre 1852 ; mort, le 20 janvier 1862, à l'âge de 83 ans 2 mois 6 jours.

ABRY Joseph-Fidèle, né à Ruffieux, le 18 mars 1847 ; ordonné prêtre, le 2 avril 1870 ; nommé professeur à Rumilly, le 1er octobre 1869 ; professeur au Pont-de-Beauvoisin, le 1er octobre 1871 ; mort, le 3 janvier 1872, à l'âge de 24 ans 9 mois 15 jours.

ACTUÉ Pierre, né à Chambéry, le 25 avril 1740 ; ordonné prêtre, en 1763, était curé des Déserts en 1792, au moment où la Révolution surgit en Savoie. Le 10 août 1803, après la restauration du culte, il fut nommé curé

[1] On comprend toute la difficulté qu'il y avait de dresser ces états. J'ai tâché d'éviter le plus possible les lacunes et les erreurs. Je dois une reconnaissance particulière à M. l'abbé Lavanchy, curé de Saint-Jorioz, pour les détails qu'il m'a obligeamment fournis sur un grand nombre d'ecclésiastiques originaires de l'ancien diocèse de Genève.

de Curienne, et mourut dans cette paroisse le 18 février 1815.

AILLOUD Camille, né à Montmélian, le 1er juin 1866 ; ordonné prêtre, le 9 juin 1893.

AILLOUD François-Jean, né à Layssaud, le 17 mars 1848 ; ordonné prêtre, le 7 juillet 1872 ; nommé vicaire à Grésy-sur-Aix, le 21 juillet 1872 ; vicaire à Grésy-sur-Isère, le 6 mai 1876 ; vicaire au Pont-de-Beauvoisin, le 18 août 1878 ; curé de Pugny, le 16 octobre 1881.

AILLOUD Laurent, né à Aix-les-Bains, le 3 octobre 1807 ; entré dans la Compagnie de Jésus ; ordonné sous-diacre à Chambéry, le 18 mars 1848. Après avoir professé la grammaire au collège de cette ville et à Turin, il partit pour l'île Bourbon, où il fut recteur du collège des Jésuites. Il fut appliqué, en 1864, à la mission de Madagascar, et mourut, à Tananarive, le 5 septembre 1879. Le R. P. Ailloud a publié, dans cette ville, plusieurs ouvrages en malgache. Tels sont, entre autres : *Mois de Marie, 1866. — Grand Cantique, 1866. — Fêtes de la Sainte Vierge, 1867. — Vocabulaire français-malgache, 1868. — Grand Catéchisme, 1868. — Manuel de piété, 1868. — Mois du Sacré-Cœur, 1869. — Mois de saint Joseph, 1870. — Grammaire malgache-howa, 1872.*

ALIBERT Hyacinthe, né à Arbin, le 25 décembre 1793 ; ordonné prêtre, le 17 août 1818 ; nommé vicaire à Montmélian, le 25 août 1818 ; professeur de rhétorique et d'humanités au petit séminaire de Saint-Pierre d'Albigny, le 1er novembre 1821 ; curé à Coise, le 6 octobre 1832 ; archiprêtre, le 19 mai 1848 ; retiré chez lui, à Arbin, le 11 février 1860 ; mort, le 27 octobre 1866, à l'âge de 72 ans 10 mois.

ALVERNIAT Jean-Claude, né à la Bridoire, le 21 octobre 1840 ; ordonné prêtre, le 15 juin 1867 ; nommé au Bourget, le 7 juillet 1867; vicaire à Moye, le 1er juillet 1868; curé de Verthemex, le 18 décembre 1872; curé d'Arith, le 15 juin 1876; curé de Saint-Paul, le 16 novembre 1883; retraité, le 1er mars 1886.

AMBLET Gaspard, né à Annecy, le 16 février 1765; ordonné prêtre, en 1787; nommé vicaire dans une paroisse du diocèse de Genève dont je ne sais pas le nom, avant la Révolution; curé à Viuz-la-Chiésaz, le 6 octobre 1803; curé de la Motte en Bauges, en 1809; curé de Villaroux, le 15 août 1827; mort, en 1829.

AMPHOUX Jean-Marie, né à Chambéry, le 15 septembre 1755; ordonné prêtre, en 1784; curé du Vivier, en 1792; prêta le premier serment exigé des ecclésiastiques par la Révolution, se rétracta le 20 mai 1794 et émigra ensuite. Le 10 août 1803, après le Concordat, il fut nommé curé de Vimines, où il mourut, le 21 juin 1840.

ANDRÉ Joseph, né à Thônes, le 5 juillet 1798; ordonné prêtre, le 16 juin 1821; nommé directeur du petit séminaire du Pont-Beauvoisin et professeur d'humanités, le 1er juillet 1821; vicaire à la Motte-Servolex, le 1er novembre 1824; curé de la Grotte, le 5 septembre 1825; archiprêtre et curé des Échelles, le 20 mai 1829; mort, le 8 décembre 1862, à l'âge de 64 ans 5 mois 1 jour.

ANDREVON Melchior, né à École, le 6 janvier 1765; ordonné prêtre, en 1790; était vicaire à Arthaz en Faucigny, lorsque la Révolution éclata en Savoie. Il ne prêta aucun serment, et ne cessa, tant que dura la persécution, de remplir, malgré les plus pressants dangers, le saint ministère dans cette paroisse. Après le rétablissement du culte, il fut nommé successivement curé de Saint-Jean de la Porte, le 7 novembre 1805; curé de Champagneux, le 15 juillet 1811; curé de Tresserve, le

2 mars 1812. Il mourut dans cette dernière paroisse, le 27 février 1845.

ANGELIER Claude, né à la Bridoire, le 8 avril 1816 ; ordonné prêtre, le 21 mai 1842 ; nommé vicaire à la Table, le 17 juin 1842 ; vicaire à Maché, le 23 juin 1843 ; aumônier des Frères à la Motte-Servolex, le 25 mars 1848 ; curé du Betonet, le 20 juillet 1855 ; curé de Saint-Vital, le 23 février 1874 ; mort, le 22 avril 1876.

ANGELLOZ Nicoud-Jean, né au Grand-Bornand, le 21 novembre 1762 ; ordonné prêtre, en 1787 ; vicaire à Ugine, en 1792 ; missionnaire à Moye, pendant la Révolution ; nommé curé des Déserts, le 12 septembre 1803 ; curé de Thoiry, le 4 septembre 1814 ; mort, en 1823.

ANGELLOZ Pierre-François, né au Grand-Bornand, le 13 avril 1794 ; ordonné prêtre, le 18 décembre 1819 ; nommé professeur de rhétorique et d'humanités à Rumilly, le 1er novembre 1819 ; vicaire à Yenne, le 20 septembre 1821 ; curé de Sainte-Hélène des Millières, le 1er juillet 1822 ; curé de Thoiry, le 28 mars 1823 ; curé d'Arbin, le 15 mai 1837 ; aumônier de l'Hôtel-Dieu de Chambéry, le 1er juin 1842 ; retiré chez lui malade, le 8 mai 1850 ; mort, le 7 mars 1852, à l'âge de 57 ans 10 mois 24 jours.

ANTHOINE Joseph-François, né au Reposoir, le 12 juin 1806 ; ordonné prêtre, le 13 juin 1829 ; nommé vicaire à Saint-Alban, curé d'Avressieux, le 15 mai 1832.

ANTOINE François-Joseph, né à Morillon, le 25 mars 1741 ; ordonné prêtre, en 1764 ; chanoine de la collégiale de Notre-Dame d'Annecy, en 1792 ; prêta d'abord le 1er serment à la Révolution, puis le rétracta bientôt ; missionnaire à Dingy-Saint-Clair et à la Balme-de-Thuy, durant la persécution ; nommé curé de Cessens, le 30 août 1803 ; mort le 21 janvier 1823.

ARMAND Maurice, né à Grésy-sur-Isère, le 15 juillet 1806 ; ordonné prêtre, le 21 décembre 1833 ; nommé vicaire à Thoiry, le 31 décembre 1833 ; curé d'Aillon-le-Vieux, le 1er mai 1838 ; archiprêtre, le 14 juin 1862 ; décédé le 4 juillet 1878, à quatre heures et demie du matin.

ARMAND Victorin, né le 6 juillet 1756, à Grésy-sur-Isère ; ordonné prêtre, en 1785 ; ancien chartreux de Saint-Hugon ; résidant, depuis la Révolution, dans sa paroisse natale ; mort, le 14 mars 1824.

ARMINJON Charles-Marc-Antoine, né à Chambéry, le 15 octobre 1824 ; ordonné prêtre, le 2 juin 1849 ; entré chez les Jésuites, le 2 septembre 1842 ; sorti de la Société, pour cause de santé, le 26 août 1859 ; nommé vicaire à Aix, le 21 juin 1860 ; professeur d'écriture sainte et d'histoire ecclésiastique au grand séminaire, le 7 octobre 1861 ; chanoine honoraire, le 23 septembre 1864 ; mort, le 17 juin 1885.

M. Arminjon fut l'un des ecclésiastiques qui ont le plus illustré le diocèse de Chambéry dans le cours de ce siècle. La noblesse et la générosité de son âme, plus encore que la puissance de ses facultés intellectuelles, le rendaient souverainement sympathique et en faisaient, pour ainsi dire, un homme à part. Le *Courrier des Alpes* du 21 juin 1885, en rapportant la solennité de ses funérailles, l'a représenté, sous ce point de vue, en ces termes :

« M. l'abbé Arminjon était et restera une figure ; il se détachait sur le fond banal et monotone des vulgarités contemporaines avec le relief d'une physionomie fortement accusée, ayant son cachet bien personnel, ne ressemblant à aucune autre et réunissant en elle des traits qui d'ordinaire s'excluent : la bonté ne connaissant pas de limites et allant jusqu'à la faiblesse, caractère ne connaissant pas de faiblesse et se maintenant invariable au même degré d'énergie, intelligence vaste et profonde s'élevant jusqu'à de sublimes hauteurs et capable d'embrasser les plus vastes horizons, esprit fin et âme simple jusqu'à la candeur, cette naïveté de la vertu ; apôtre égaré au milieu d'une société imbue, plus qu'à toute autre époque, d'idées pratiques et de spéculations matérielles, marchant toujours la tête et le cœur en haut, sans regarder à côté, ne s'inquiétant que de sa mission, apprenant aux autres le chemin du ciel avec l'accent de conviction d'une foi sans nuage, et cheminant ici-bas, insouciant de lui-même, prodigue de ses forces, n'entrevoyant que le but, ne connaissant pas d'obstacle pour y parvenir et se jetant dans la mêlée comme un distrait dont les pieds touchent le sol alors que son esprit dévore les espaces de l'infini.

« Ceux qui l'ont approché pourront dire ce qu'il y avait d'attachant dans cette nature foncièrement bonne, aimant à se donner et à donner, généreuse jusqu'à l'excès, faisant la charité sous toutes les formes, sans recherche, sans calcul, par instinct et comme par distraction : âme toute droite, bienveillante à tous, incapable d'un ressentiment, s'ouvrant aux grands comme aux humbles avec la même franchise et la même ingénuité. »

M. le chanoine Arminjon était d'ailleurs un fin lettré et un orateur éminent. L'Académie des sciences, belles-lettres et arts de Savoie l'appela, à l'unanimité des suffrages, le 26 janvier 1865, à faire partie de ses membres effectifs résidants. Faisant de l'étude sa plus constante application, il lui donnait tout le temps qu'il ne mettait pas à communiquer aux autres ce qu'il avait appris. Toutefois, la chaire avait plus particulièrement pour lui des attraits. Pendant plus de trente-cinq ans, il a fait entendre sa voix éloquente dans presque toutes les grandes villes de France, et jusqu'en Algérie, en Suisse et en Italie. Sans compter maintes autres circonstances solennelles, il a prêché près de trente carêmes et plus de soixante-dix retraites ecclésiastiques. Un grand nombre de ses discours ont été publiés de son vivant ; les autres ont été légués, avec sa bibliothèque, à la congrégation des Missionnaires de Myans. Les principales de ses œuvres oratoires qui ont cours maintenant dans le public se trouvent réunies en trois volumes sous les titres des pensées-mères qui les ont inspirées : *Le Règne de Dieu. — La fin du monde présent et les mystères de la vie future. — Panégyriques et discours choisis.* Les éditions multipliées qui ont été faites en peu de temps de ces divers recueils, témoignent de leur valeur et de leur à propos. J'ai dit ailleurs les grandes et rares qualités qui distinguent l'éloquence de ces belles compositions [1].

ARNAUD Balthazard, né à Chambéry, le 3 mai 1797 ; ordonné prêtre, le 16 juin 1821 ; nommé curé de Verel-Pragondran, le 22 mars 1825 ; de Jacob, le 1er novembre 1837 ; retiré, en 1844 ; mort, le 23 mars 1871.

ARNAUD Catherin, né à Saint-Jean d'Arve, le 18 août 1752 ; ordonné prêtre, en 1776 ; nommé curé de Villard-Sallet, le 21 mars 1807 ; curé de Villard-d'Héry, le 18 août 1810 ; mort, le 17 juin 1824.

ARNAUD Claude, né à Chambéry, le 17 janvier 1756 ; ordonné prêtre, en 1782 ; prêta le premier serment à l'origine de la Révolution, le rétracta ensuite et émigra en 1795. Revenu en Savoie, dans l'année 1797, il fut saisi et condamné à la déportation, en 1799. Après le rétablissement du culte, il fut nommé curé de Montagnole, le 20 août 1803 ; curé du Petit-Barberaz, le 1er décembre 1817 ; et mourut, le 10 septembre 1843.

[1] Voir *Mémoires de l'Académie des sciences, belles-lettres et arts de Savoie,* IIIe série, tome XI, p. LXIII et suiv.

ARNAUD-GODET Marie-Joseph, né à la Table, le 9 avril 1848 ; ordonné prêtre, le 18 juillet 1875 ; nommé vicaire à Ayn, le 1er août 1875 ; curé du Mont-du-Chat, le 15 avril 1878 ; curé de Lescheraine, le 1er mars 1884 ; archiprêtre, le 2 mai 1893.

ARTIQUE Pierre, né à Cessens, les registres de l'évêché d'Annecy disent à Brentonne, le 4 mai 1748 ; ordonné prêtre, le 13 juin 1778 ; vicaire à Sciez, en 1792 ; émigra à la Révolution ; nommé curé de Sciez, en septembre 1803 ; mort, en 1819.

AUBRIOT DE LA PALME (Mgr Jean-Baptiste-Marie). Voir la 1re partie de cet ouvrage, page 111.

AUTHY Alexis, né à la Villeneuve au diocèse de Besançon, le 24 mars 1758 ; ordonné prêtre, en 1725 ; religieux de l'Ordre de Saint-François, à Paris ; nommé, *rite dimissus,* curé de Saint-Girod, le 18 juin 1821 ; mort, le 28 mars 1822.

AYMONIER-DAMOT Antoine, né à Aix-les-Bains, le 5 janvier 1852 ; ordonné prêtre, le 10 juin 1876 ; nommé vicaire au Bourget, le 12 août de la même année ; à Ruffieux, en 1877 ; mort à Aix-les-Bains, chez ses parents, le 26 juin 1881.

B

BABOULAZ François, né à Chambéry, le 3 février 1844 ; ordonné prêtre, le 15 juin 1878 ; entré dans la congrégation des missionnaires diocésains de Myans, le 1er août 1878 ; nommé vicaire à Saint-Innocent, le 1er avril 1879 ; curé de Saint-Pierre de Curtille, le 1er décembre 1887 ; curé de Bellecombe, le 9 mai 1893.

BAGARD (Jean-Gabriel de), né aux Mollettes, le 8

janvier 1801; ordonné prêtre, en 1825; nommé de vicaire à Saint-François de Sales de Chambéry curé de Vimines, le 25 janvier 1832; mort, en 1868.

BAILLY Jean-Baptiste, né à Chambéry, le 2 mars 1854; ordonné prêtre, le 15 juin 1878; nommé vicaire à Coise, le 1er janvier 1879; vicaire à Montmélian, le 19 octobre 1881; vicaire à Aix-les-Bains, le 14 septembre 1884; curé de la Motte en Bauges, le 25 juin 1888.

BAILLY Nicolas, né à Chambéry, le 13 octobre 1816; ordonné prêtre, le 1er juin 1844; nommé vicaire-régent à Avressieux, le 5 août 1844; préfet d'études au petit séminaire du Pont-de-Beauvoisin, le 10 octobre 1845; vicaire à Cusy, le 20 octobre 1847; vicaire à Belmont, le 15 décembre 1848; vicaire au Bourget, le 20 janvier 1853; curé de Verthemex, le 15 septembre 1858; curé de Ruffieux, le 6 juin 1863; mort, le 22 août 1868, à l'âge de 51 ans 10 mois 9 jours.

BAJAT Joseph, né au Beton, le 18 juillet 1738; ordonné prêtre, en 1765; nommé curé de Dulin, le 10 août 1803; mort, le 14 novembre 1814.

BALENCI Jean-Henri, né à Florence (Toscane), le 15 juillet 1764; ordonné prêtre, le 17 mai 1788; aumônier de régiment français sous l'Empire; nommé curé de Saint-Christophe de la Grotte, le 3 février 1815; mort, le 27 avril 1825.

BALLET Joseph, né au Bourget, le 18 juillet 1853; ordonné prêtre, le 7 juin 1879; nommé vicaire à Saint-François de Sales de Chambéry, en 1881; incorporé, *rite dimissus,* au diocèse de Fribourg (Suisse), en 1885.

BALLY Jacques-Antoine, né à Verrens, le 1er août 1777; ordonné prêtre, le 17 mai 1811; nommé curé de Saint-Thomas des Esserts, le 1er octobre 1822.

BALLY Jean-Baptiste, né à Verrens, le 26 novembre

1804 ; ordonné prêtre, le 19 septembre 1828 ; nommé professeur de 3ᵉ et 4ᵉ au petit séminaire du Pont-de-Beauvoisin, le 1ᵉʳ novembre 1828 ; supérieur du même établissement, en 1858 ; admis à la retraite, le 1ᵉʳ février 1861 ; mort au Pont-de-Beauvoisin, le 18 août 1862, à l'âge de 57 ans 4 mois 22 jours.

BALLY Jean-Pierre, né à Verrens, en 1831 ; autorisé à entrer dans la congrégation des Missions étrangères, par lettres du 30 novembre 1853 ; parti pour la mission de Pondichéry, le 21 septembre 1855 ; mort à Pondichéry, le 9 mars 1883.

BARBARIN François, né à Saint-Beron, le 10 mars 1857 ; ordonné prêtre, le 7 juin 1884 ; nommé vicaire à Saint-Jean de Chevelu, la même année ; vicaire à Aillon-le-Vieux, le 15 octobre 1887 ; vicaire à Chindrieux, le 20 septembre 1890 ; vicaire au Bourget-du-Lac, le 6 octobre 1892.

BARBARIN Étienne, né à Saint-Beron, le 13 septembre 1751 ; ordonné prêtre, en 1774 ; nommé curé de Saint-Beron, le 10 août 1803 ; mort, le 8 avril 1824.

BARBARIN Jean-Claude, né à Saint-Beron, le 5 juin 1862 ; autorisé à entrer en religion à la Grande-Chartreuse.

BASSAT Jean-Baptiste, né à Chambéry, le 6 octobre 1331 ; ordonné prêtre, le 8 mars 1856 ; nommé vicaire à Bissy, le 14 avril 1856 ; vicaire à Saint-Pierre de Genebroz, le 30 mai 1857 ; vicaire à Saint-Alban, le 15 octobre 1858 ; vicaire à Saint-Pierre d'Albigny, le 9 mai 1860 ; curé de Curienne, le 27 février 1867 ; archiprêtre et curé de Saint-Jean de Chevelu, le 16 octobre 1887.

BASSAT Pierre, né à Chambéry, le 16 avril 1808 ; ordonné prêtre, le 24 juillet 1831 ; nommé vicaire à Coise, le 2 août 1831 ; vicaire à Aix, le 10 mai 1832 ; curé de Chindrieux, le 20 juin 1837 ; archiprêtre de l'archiprêtré de Ruffieux, le 10 novembre 1846 ; archiprêtre et curé de Saint-Pierre d'Albigny, le 1er juillet 1858 ; curé de Notre-Dame de Chambéry, le 9 juin 1868 ; mort, le 11 juillet 1869, à l'âge de 61 ans 2 mois 25 jours.

BASTARD Charles, né à Conflans, le 2 décembre 1767 ; ordonné prêtre, en 1787 ; nommé curé de Tignes, le 10 septembre 1810 ; curé de Corbel, le 20 mars 1814 ; curé d'Aillon-le-Vieux, le 1er août 1816 ; curé de Saint-Jean de Couz, le 1er mars 1820.

BATTAILLET Pierre, né le 19 août 1761 ; ordonné prêtre, en 1785 ; nommé curé du Beton-Betonet, le 25 août 1803 ; mort, le 14 avril 1836.

BATTARDIN Jean-Baptiste, né à Saint-Jean Puygauthier, le 3 février 1751 ; ordonné prêtre, en 1774 ; nommé curé de Saint-Jean Puygauthier, le 10 août 1803 ; mort, le 27 juin 1824.

BAUD Claude, né aux Gets, le 19 avril 1775 ; ordonné prêtre, en 1803 ; nommé de vicaire à Aix curé de Bissy, en octobre 1806 ; mort le 25 décembre 1841.

BAUD François, né aux Gets, le 26 septembre 1753 ; ordonné prêtre, en 1777 ; curé de Bloye, en 1792 ; émigra pendant la Révolution ; fut nommé curé de Massingy, le 10 août 1803, et mourut dans cette paroisse.

BAUD Joseph-Humbert, né à Saint-Félix, le 20 août 1754 ; ordonné prêtre, en 1779 ; religieux capucin, en 1792 ; nommé curé du Villard de Beaufort, le 31 octobre 1803 ; puis curé de Tournon ; mort, le 19 février 1829.

BAUD Louis, né à Novalaise, le 23 novembre 1866 ; ordonné prêtre, le 9 juin 1893.

BAULAT Jean-Joseph, né à Aillon-le-Jeuné, le 15 août 1815 ; ordonné prêtre, le 5 juin 1841 ; nommé vicaire aux Déserts, le 1er juillet 1841 ; professeur de 3e et

4° au petit séminaire de Saint-Louis-du-Mont, le 1er octobre 1841 ; professeur de 3e et 4e au petit séminaire de Saint-Pierre d'Albigny, le 1er novembre 1847 ; curé de la Compôte, le 15 juillet 1855.

BAZIN DU CHANAY François-Marie, docteur en théologie, recteur de la Sainte-Chapelle de Chambéry, nommé, en 1780, chanoine du chapitre de la cathédrale par Mgr Conseil, premier évêque de cette ville, refusa de prêter le serment civique imposé au clergé par la Révolution, et émigra en Piémont. Après le concordat de 1801, il fut nommé chanoine honoraire du nouveau chapitre par Mgr des Moustiers de Mérinville.

BEAUCHAMP François, frère du suivant, incorporé au diocèse de Grenoble ; actuellement curé dans une des paroisses du canton d'Allevard (Isère).

BEAUCHAMP Jean-Pierre, né à Saint-Vital, le 6 avril 1830, bien que porté comme originaire de Frontenex où ses parents ont eu ensuite leur domicile ; ordonné prêtre, le 28 mars 1857 ; nommé professeur au petit séminaire du Pont-de-Beauvoisin, le 15 octobre 1856 ; professeur au petit séminaire de Saint-Pierre d'Albigny, le 1er octobre 1860 ; curé de Tresserve, le 23 décembre 1868 ; mort, le 23 mai 1890.

BEAUDET Balthazard, né à Chambéry, le 7 juillet 1749 ; ordonné prêtre, en 1772 ; retiré dans sa ville natale, après la Révolution ; mort, le 27 janvier 1808.

BEAUFORT (Athanase de), né à Chambéry, en 1856 ; ordonné prêtre, le 3 juin 1882 ; nommé professeur au collège de Rumilly, la même année ; vicaire à Rumilly, le 7 juillet 1888.

BEAUFORT (Jules de), né à Chambéry, le 9 novembre 1860 ; ordonné prêtre, le 20 décembre 1884 ; nommé professeur au collège de Rumilly, en 1883 ; professeur à l'Externat de Saint-François de Chambéry, en 1887.

BÉGET Claude, né au Bourget-du-Lac, le 10 janvier 1753 ; ordonné prêtre, en 1777 ; curé de la Thuile sur Montmélian, en 1792 ; nommé curé de la même paroisse, le 10 août 1803 ; mort, le 11 décembre 1817.

BELLEMIN François, né à Nances, le 14 mars 1851 ; ordonné prêtre, le 15 juin 1878 ; nommé vicaire à Entremont-le-Vieux, le 1er juillet 1878 ; vicaire à Chindrieux, le 20 septembre 1881 ; vicaire au Montcel, le 15 octobre 1885 ; curé d'Aiguebelette, le 1er février 1889.

BELLEMIN François-Joseph, né à Domessin, le 16 février 1865 ; ordonné prêtre, le 23 mai 1891 ; nommé vicaire à Thoiry, le 1er décembre 1891.

BELLEMIN Jean, né à Ayn, le 16 juin 1849 ; ordonné prêtre, le 18 juillet 1875 ; nommé vicaire au Châtelard, le 1er août 1875 ; vicaire à Saint-Pierre d'Albigny, le 22 septembre 1880 ; mort, le 11 août 1881.

BELLEMIN Jean-Marie, né à Nances, le 3 mars 1854 ; ordonné prêtre, le 15 juin 1878 ; nommé vicaire à Bessans (Maurienne), en 1878 ; vicaire à Saint-Jean de la Porte, le 1er novembre 1879 ; vicaire à Grésy-sur-Isère, en 1881 ; professeur à l'étranger, en 1883 ; vicaire à Grésy-sur-Aix, le 12 avril 1888 ; curé de Vions, en 1892.

BELLEMIN Joseph, né à la Bridoire, le 19 février 1798 ; ordonné prêtre, le 23 septembre 1826 ; nommé vicaire au Bourget, le 10 octobre 1826 ; curé de Pugny, le 22 décembre 1829 ; mort, le 22 avril 1872, à l'âge de 74 ans.

BELLEMIN Nicolas, né à Ayn, le 12 avril 1842 ; ordonné prêtre, le 19 décembre 1868 ; nommé vicaire à Cruet, le 23 décembre 1868 ; retiré, malade, le 10 juin

1869 ; mort, le 19 août 1869, à l'âge de 27 ans 4 mois 7 jours.

BELLEMIN Noël-André, né à Ayn, en 1856; ordonné prêtre, le 18 juillet 1881 ; professeur à Paris depuis la même année.

BELLEMIN Noël-Pierre, né à Dulin, le 11 avril 1866 ; ordonné prêtre, le 11 juin 1892 ; nommé professeur à l'Externat de Saint-François de Sales de Chambéry, la même année.

BELLEVILLE François, né à Rumilly, le 7 mai 1799; ordonné prêtre, le 1er juin 1822 ; nommé vicaire à Saint-Genix, le 15 juin 1822 ; curé de Curienne, en octobre 1827 ; curé de la Bridoire, le 1er février 1831 ; curé de la Motte-Servolex, le 20 juin 1842 ; archiprêtre, le 24 janvier 1850 ; curé de Barberaz, le 8 novembre 1852 ; vice-archiprêtre, le 8 avril 1859 ; retiré à Chambéry, le 1er juin 1882 ; mort, le 19 décembre 1890.

BÉNISTRAND Jean-Baptiste, né à Francin, le 15 août 1817 ; ordonné prêtre, le 1er juin 1844 ; nommé vicaire aux Molettes, le 19 août 1844 ; vicaire à Meyrieux, le 1er octobre 1845 ; autorisé à entrer chez les Missionnaires de Saint-François de Sales d'Annecy, le 20 septembre 1847 ; parti pour les missions de Vizagapatam, dans l'Inde, le 18 juin 1848.

BÉRENGER François, né à Chindrieux, le 2 juin 1808 ; ordonné prêtre, le 18 juillet 1830; nommé vicaire au Châtelard, le 1er août 1830 ; vicaire à Rumilly, le 15 mars 1832 ; curé de Verthemex, le 22 septembre 1833 ; curé de Gerbaix, le 1er avril 1836 ; curé de Verrens, le 1er août 1858 ; vice-archiprêtre, le 31 juillet 1867 ; archiprêtre de Verrens, en 1875 ; retiré à Chambéry, le 1er novembre 1878 ; mort, le 8 novembre 1881.

BERGERET-JANET Louis, né à Cléry, le 14 septembre 1858; ordonné prêtre, le 23 décembre 1882; professeur à Paris, dès 1883.

BERGERET-JANET Paul-Louis, né à Cléry, le 18 mai 1838 ; ordonné prêtre, à Rome, pour le diocèse de Pernamboux, le 26 mai 1866 ; nommé vicaire à Saint-Vital, le 25 juillet 1866 ; vicaire à la Biolle, le 26 juillet 1867 ; vicaire à Saint-Beron, le 8 janvier 1868 ; vicaire à Saint-Offenge-Dessus, le 3 octobre 1871 ; curé de Saint-Offenge-Dessus, le 12 février 1872 ; archiprêtre et curé de Verrens, le 1er novembre 1878.

BERGIN Jean-Claude, né à Saint-Pierre d'Albigny, le 20 mai 1805 ; ordonné prêtre, le 24 mai 1834 ; indisposé et retiré chez Mme la marquise de Lescheraine, dès son ordination à la prêtrise ; nommé vicaire à Aix-les-Bains, le 1er février 1863 ; retiré à Saint-Pierre d'Albigny, le 12 septembre 1871 ; mort, le 13 août 1879.

BERGIN Jérôme, né à Saint-Pierre d'Albigny, le 22 août 1864 ; ordonné prêtre, le 15 juin 1889 ; nommé vicaire à Drumettaz-Clarafond, le 2 juillet de la même année.

BERLIOZ (Mgr Alexandre). Voir la 1re partie de cet ouvrage, page 142.

BERLIOZ François, né à Vimines, le 28 janvier 1831 ; ordonné prêtre, le 2 juin 1855 ; nommé vicaire aux Déserts, le 18 juin 1855 ; professeur au petit séminaire de Saint-Pierre d'Albigny, le 15 décembre 1855 ; précepteur chez M. le comte Melzi, à Milan, le 15 juin 1858 ; vicaire à Yenne, le 4 octobre 1860 ; curé de Meyrieux, le 7 septembre 1864.

BERLIOZ Jean-Marie, né à Vimines, autorisé à entrer chez les religieux de l'Assomption, à Clermont-Ferrand, par lettres testimoniales du 7 janvier 1882.

BERLIOZ Joseph, né à Saint-Girod, le 25 décembre

1856 ; ordonné prêtre, le 17 décembre 1880 ; entré dans la congrégation de smissionnaires diocésains de Myans, la même année.

BERNARD François, né à la Biolle, le 6 mars 1860 ; ordonné prêtre, le 7 juin 1884 ; nommé professeur à l'Externat de Saint-François de Chambéry, la même année ; professeur au collège de Rumilly, en 1887 ; vicaire à Yenne, le 28 août 1890.

BERNARD Jacques, né à la Biolle, le 7 juin 1834 ; ordonné prêtre, le 25 mai 1861 ; nommé vicaire à Chindrieux, le 18 juin 1861 ; vicaire à Albens, installé le 18 août 1866 ; mort, le 4 octobre 1866, à l'âge de 32 ans 3 mois 27 jours.

BERNARD Jacques, né à la Biolle, le 3 octobre 1852 ; ordonné prêtre, le 10 juin 1876 ; nommé vicaire à Yenne, le 1er juillet 1876 ; vicaire à Aix-les-Bains, le 1er novembre 1878 ; vicaire à Saint-François de Sales de Chambéry, en 1881 ; entré dans la Compagnie de Jésus, en 1885.

BERNARD Jean-François, né à Moye, le 3 juin 1856 ; ordonné prêtre, le 22 mai 1880 ; nommé professeur au petit séminaire de Saint-Pierre d'Albigny, en 1881.

BERNARD Joseph, né à Saint-Germain, le 29 janvier 1846 ; ordonné prêtre, le 18 juillet 1875 ; nommé vicaire à Vimines, le 1er août 1875 ; vicaire à Grésy-sur-Isère, le 1er juillet 1877 ; vicaire à la Rochette, le 1er août 1878 ; curé de Saint-François de Sales en Bauges, le 12 décembre 1883 ; curé de Frontenex, le 15 octobre 1888.

BERNARD Joseph, né à la Biolle, le 10 juillet 1854 ; ordonné prêtre, le 7 juin 1879 ; nommé professeur à Rumilly, en 1879 ; vicaire à Étable, le 1er mai 1884 ; vicaire à Maché, en février 1885 ; de nouveau vicaire à Étable, le 20 juin 1885 ; vicaire aux Déserts, le 17 octobre 1886 ; curé de Sainte-Reine, en 1890.

BERNARD Joseph-François, né à Montmélian, le 5 octobre 1844 ; ordonné prêtre, le 11 juin 1870 ; nommé vicaire à Arvillard, le 2 juillet 1870 ; professeur à Saint-Pierre d'Albigny, le 18 octobre 1870 ; précepteur à l'étranger, depuis 1875.

BERNARD Jules-Louis, né à Montpellier, le 26 janvier 1856 ; ordonné prêtre, *rite dimissus*, le 18 juillet 1881 ; nommé professeur à l'Externat de Saint-François de Chambéry, la même année ; vicaire à Grésy-sur-Isère, le 12 septembre 1884 ; vicaire aux Échelles, le 15 juillet 1887 ; vicaire à la Biolle, le 14 janvier 1889 ; entré dans la Compagnie de Jésus, le 22 janvier 1891.

BERNARD Lucien, né à Montmélian, le 7 décembre 1848 ; ordonné prêtre, le 22 mai 1875 ; nommé vicaire à Saint-Innocent, le 27 mai 1875 ; parti pour Haïti, le 1er novembre 1878 ; mort à Haïti, en 1883.

BERNARDY François, né à Nances, en 1848 ; ordonné prêtre, le 25 mars 1873 ; précepteur à Belley.

BERNARDY-LILAZ Joseph, né à Nances, le 28 mars 1855 ; ordonné prêtre, le 23 mars 1879 ; nommé vicaire à Saint-Alban de Montbel, la même année ; retiré chez ses parents, en 1886 ; mort, le 29 juillet 1887.

BERNERD Antoine, né au Pont-de-Beauvoisin, le 7 mars 1864 ; ordonné prêtre, le 26 mai 1888 ; étudiant à Paris, en 1889 ; nommé surveillant à l'Externat de Saint-François de Chambéry, en 1890 ; professeur au même établissement, en 1891.

BERTET Antoine-Eugène-Frédéric, né à la Rochette, le 25 février 1845 ; ordonné prêtre, le 29 mars 1873 ; nommé vicaire à Grésy-sur-Isère, le 9 avril 1873 ; précepteur à Soissons, en 1874 ; vicaire à la Motte-Servolex, le 15 novembre 1877 ; curé d'Arbin, le 30 mars 1883.

BERTHET Antoine-Henri, né à Traize, en 1851 ; entré dans la congrégation des Missions étrangères ; parti pour la mission du Tong-Kin occidental, le 30 décembre 1875.

BERTHET Constant, né à Yenne, le 28 juin 1830 ; ordonné prêtre, le 10 juin 1854 ; nommé vicaire à Thoiry, le 7 juillet 1854 ; professeur de rhétorique au petit séminaire du Pont-de-Beauvoisin, le 3 novembre 1854 ; économe et directeur du même établissement, le 1er août 1858 ; mort au Pont-de-Beauvoisin, noyé dans le Guiers, en prenant un bain, le 5 août 1858, à l'âge de 28 ans 1 mois 7 jours.

BERTHET Jean, né à Entremont-le-Vieux, le 19 novembre 1854 ; ordonné prêtre, le 3 juin 1882 ; nommé vicaire à École, le 24 juin 1882 ; vicaire à Saint-Pierre d'Albigny, le 20 juillet 1888.

BERTHET Jean-Marie, né à Megève, le 14 février 1764 ; ordonné prêtre, en 1787 ; chantre de l'église de Megève, en 1792 ; émigra au commencement de la Révolution, puis rentra à Megève, en 1795, et y demeura tant que dura la persécution. Après que la paix fut rendue à l'Église, il fut nommé curé de Cusy, le 24 mai 1805 ; curé d'Hermance, le 7 juin 1813.

BERTHET Laurent, né à Saint-Pierre d'Albigny, le 11 juillet 1809 ; ordonné prêtre, le 2 mars 1833 ; nommé vicaire à Novalaise, le 8 mars 1833 ; vicaire à Saint-Genix, le 8 mars 1836 ; vicaire à Coise, le 30 octobre 1836 ; curé de Saint-Martin du Villard, le 8 décembre 1837 ; curé de la Ravoire, le 20 août 1840 ; retiré à Chambéry, le 1er octobre 1871 ; mort, le 16 mai 1885.

BERTHET Louis, né à Sainte-Hélène du Lac, le 24 novembre 1824 ; ordonné prêtre, le 25 mai 1850 ; nommé vicaire à Montailleur, le 1er juillet 1850 ; vicaire à Yenne, le 10 juin 1851 ; vicaire à Saint-François de Sales de

Chambéry, le 7 mars 1853; supérieur du petit séminaire du Pont-de-Beauvoisin, le 1er février 1861 ; chanoine honoraire, le 26 octobre 1872; supérieur du grand séminaire de Chambéry, en 1881.

BERTHET Pierre-Florentin, né à Saint-Pierre d'Albigny, le 22 juin 1813 ; ordonné prêtre, le 21 septembre 1839 ; nommé vicaire à Coise, la même année ; professeur au petit séminaire de Saint-Pierre d'Albigny, le 1er octobre 1841 ; précepteur chez M. le comte de Chambost, le 1er octobre 1845 ; curé de Sainte-Marie d'Alvey, le 29 février 1848 ; curé de Saint-Ombre, le 24 juillet 1858 ; décédé à Saint-Ombre, le jeudi 27 mars 1873, à l'âge de 59 ans 2 mois et 25 jours.

BERTHIER Charles, né à Chambéry, le 26 février 1750; ordonné prêtre, en 1774; religieux cistercien; résidant à Aix, après la Révolution ; mort, le 19 mai 1823.

BERTHIER Claude, né au Betonet, le 31 juillet 1834 ; ordonné prêtre, le 18 décembre 1858 ; nommé professeur de grammaire au petit séminaire de Saint-Pierre d'Albigny, le 1er juin 1859 ; retiré pour cause de maladie, le 21 janvier 1865 ; nommé vicaire à Rumilly, le 25 octobre 1865 ; professeur au collège de la même ville, le 28 février 1868 ; curé des Molettes, le 1er octobre 1875 ; archiprêtre et curé d'Yenne, le 20 décembre 1888.

BERTHIER Jean-Baptiste, né à Montmélian, le 22 juillet 1855 ; ordonné prêtre le 18 juillet 1881 ; nommé vicaire à Entremont-le-Vieux, le 21 septembre de la même année ; vicaire à Ruffieux, le 1er octobre 1882 ; vicaire à Saint-Jean de la Porte, le 14 janvier 1889 ; curé de Villaroux, le 6 octobre 1892.

BERTHOLLIER Jean-Blaise, né à Novalaise, le 16 septembre 1794 ; ordonné prêtre, le 17 juin 1821 ; placé d'abord dans le diocèse de Belley ; nommé ensuite curé de Saint-Cassien, le 14 mai 1839 ; retiré à Chambéry, le 1ᵉʳ octobre 1844 ; mort en cette ville, le 19 décembre 1875.

BERTHOLLIER Jean-Marie, né à Novalaise, le 6 octobre 1850 ; ordonné prêtre, le 23 décembre 1876 ; nommé vicaire à Saint-Germain, le 19 février 1877 ; vicaire à Cruet, le 1ᵉʳ septembre 1883 ; curé de Doucy, le 2 avril 1886 ; curé du Vivier, le 1ᵉʳ avril 1891.

BERTHOLLIER Joseph-Antoine, né à Domessin, le 16 août 1866 ; ordonné prêtre, le 11 juin 1892 ; nommé vicaire à Saint-Jean de la Porte, le 6 octobre 1892.

BERTHOLLIER Pavin, né à Novalaise, le 16 février 1755 ; ordonné prêtre, en 1779 ; ancien curé de Fréterive ; retiré à Chambéry, en 1847, âgé de 92 ans ; mort, le 2 décembre 1849, âgé de 94 ans 9 mois 16 jours.

BERTIER Jean-Baptiste, né à Aix-les-Bains, le 17 février 1829 ; ordonné prêtre à Paris, le 21 mai 1853 ; nommé vicaire à Lémenc, le 10 juillet 1853 ; secrétaire de l'archevêque, le 4 novembre 1853 ; vice-promoteur de l'officialité diocésaine, le 8 août 1857 ; mort de la petite vérole, le 22 décembre 1857, à l'âge de 28 ans 10 mois 5 jours.

BERTRAND Antoine, né à Ayn, le 24 février 1821 ; ordonné prêtre, le 17 juin 1848 ; vicaire à École, le 18 mars 1853 ; curé de Plancherine, le 15 novembre 1861 ; retiré chez les Capucins de Conflans, le 31 décembre 1883.

BÉSIN Marie-François, né à Rumilly, le 25 février 1846 ; ordonné prêtre, le 16 juillet 1871 ; nommé professeur au petit séminaire du Pont-de-Beauvoisin, le 18 octobre 1871 ; supérieur du même établissement, en 1881 ; mort, le 26 mai 1888.

BESSON Florentin, né à Entremont-le-Vieux, le 3 juin 1856 ; ordonné prêtre, le 7 juin 1884 ; nommé professeur au collège de Rumilly, la même année ; vicaire au Pont-de-Beauvoisin, le 24 octobre 1888 ; vicaire à Albens, le 8 septembre 1892.

BESSON Hippolyte, né à Épersy, le 3 août 1757 ; ordonné prêtre, en 1781 ; vicaire à Grésy-sur-Aix, en 1792 ; émigra à la Révolution et rentra en 1796. Après le rétablissement du culte, il fut nommé curé de Grésy-sur-Aix, le 10 août 1803 ; et mourut, le 25 mars 1818.

BESSON Jacques, né à Épersy, le 24 août 1803 ; ordonné prêtre, le 5 août 1827 ; nommé vicaire à la Motte-Servolex, le 22 août 1827 ; vicaire à Saint-Cassien, le 5 juillet 1828 ; vicaire de son frère curé de Drumettaz-Clarafond, le 3 avril 1830 ; curé lui-même de Drumettaz-Clarafond, le 8 novembre 1846 ; mort, le 8 février 1889.

BESSON Jean, né à Épersy, le 5 septembre 1796 ; ordonné prêtre, le 30 juillet 1820 ; nommé vicaire à la Motte-Servolex, le 1er septembre 1820 ; curé de Saint-Martin du Villard, le 5 septembre 1821 ; curé de Saint-Cassien, le 10 septembre 1822 ; curé de Drumettaz-Clarafond, le 3 avril 1830 ; démissionnaire pour cause de maladie, le 8 novembre 1846 ; décédé, le 8 février 1847, à l'âge de 50 ans 5 mois 3 jours.

BESSON Jean-Baptiste, né à Épersy, le 15 août 1825 ; ordonné prêtre, le 14 juin 1851 ; nommé vicaire à Montailleur, le 23 juin 1851 ; retiré chez lui pour cause de maladie, le 1er novembre 1853 ; vicaire à Arith, le 30 juillet 1855 ; curé de Billième, le 18 novembre 1862 ; vice-archiprêtre, le 16 novembre 1869 ; curé de Jacob, le 15 août 1879 ; vice-archiprêtre de l'archiprêtré de Maché, en mai 1892.

BESSON Joseph, né à Épersy, le 8 février 1793 ; ordonné prêtre, le 28 juillet 1816 ; nommé vicaire à Faverges, le 25 septembre 1816 ; vicaire à Rumilly, le 1er avril 1819 ; curé de Saint-Pierre de Genebroz, le 1er octobre 1819 ; curé de Sonnaz, le 20 septembre 1824 ; professeur de rhétorique et d'humanités au petit séminaire de Saint-Louis du Mont, le 1er novembre 1827 ; directeur des enfants de chœur, le 1er novembre 1828 ; retiré chez lui à Grésy-sur-Aix, au mois d'avril 1843 ; mort, le 1er septembre 1850, à l'âge de 57 ans 6 mois 23 jours.

BESSON Louis, né à Épersy, le 21 juillet 1813 ; ordonné prêtre, le 5 juin 1841 ; vicaire à Cusy, le 23 juin 1841 ; vicaire à Aix-les-Bains, le 24 novembre 1845 ; curé d'Arith, le 2 février 1855 ; archiprêtre, le 4 juillet 1857 ; mort, le 26 février 1862, à l'âge de 48 ans 7 mois 5 jours.

BESSON Louis, né à Épersy, le 11 novembre 1821 ; ordonné prêtre, le 25 mai 1850 ; nommé vicaire à Albens, le 27 juin 1850 ; vicaire à Drumettaz-Clarafond, le 14 janvier 1853 ; curé de la même paroisse, le 3 mars 1889.

BESSON Pierre-Antoine, né à Épersy, le 28 novembre 1760 ; ordonné prêtre, en 1786 ; était vicaire à Viry en 1792. Émigré à la Révolution, il rentra de bonne heure et se montra intrépide missionnaire à Viry et dans les environs. Après le concordat de 1801, il fut nommé curé d'Avusy en Genevois, le 20 août 1803 ; et mourut dans cette paroisse, en laissant une réputation de saint.

BESSON Pierre-Antoine, né à Épersy, en 1868 ; ordonné prêtre le 17 décembre 1892 : nommé surveillant au petit séminaire du Pont-de-Beauvoisin, en octobre de la même année.

BÉTEMPS Pierre-Marie, né à Manigod, le 20 janvier 1815 ; ordonné prêtre, le 20 septembre 1839 ; nommé vicaire au Châtelard, le 10 octobre 1839 ; curé de Villaroux, le 18 février 1851 ; curé de la Table, le 20 septembre 1855 ; mort, le 11 novembre 1888.

BIGEX Alphonse, né à la Balme-de-Thuy en Genevois, le 24 janvier 1804 ; ordonné prêtre, le 20 juillet 1828 ; docteur en théologie de la Faculté de Turin ; nommé chanoine de la métropole de Chambéry et aumônier de son oncle Mgr l'archevêque Bigex ; mort, le 31 août 1834.

BIGEX (Mgr François-Marie). Voir la première partie de cet ouvrage, pages 56 et suivantes.

BIGUET-PETIT-JEAN Jean-Marie, né à Cléry, le 8 juin 1817 ; ordonné prêtre, le 19 décembre 1846 ; nommé vicaire aux Échelles, le 1er janvier 1847 ; professeur de la classe de français au petit séminaire de Saint-Pierre d'Albigny, le 1er novembre 1847 ; professeur de 5e et 6e au petit séminaire du Pont-de-Beauvoisin, le 11 janvier 1849 ; précepteur chez M. de Franclieu (Isère), le 15 octobre 1852 ; vicaire à Saint-Pierre d'Albigny, le 1er août 1858 ; curé de Francin, le 11 mai 1861 ; mort, le 27 décembre 1886.

BILLIET (S. E. Mgr le cardinal Alexis). Voir la première partie de cet ouvrage, pages 79 et suivantes.

BILLIET Joseph-Marie, né aux Chapelles (Tarentaise), en 1811 ; ordonné à Rome, en 1834 ; nommé chanoine de Maurienne, en 1835 ; chanoine de Chambéry, en 1843 ; chevalier des saints Maurice et Lazare, en 1849 ; pro-vicaire général, en 1850 ; décédé et inhumé aux Chapelles, sa paroisse natale, vers 1855.

BILLION Jean-Baptiste, né à Saint-Beron, le 24 décembre 1812 ; ordonné prêtre à Versailles, le 24 août 1845 ; nommé curé de Chatillonville, le 1er septembre 1845 ; curé de Goinières, le 20 juin 1847 ; curé de Mesnil-Saint-Denis, le 5 septembre 1852 ; curé de Corbel, le 20 novembre 1861 ; reparti pour le diocèse de Versailles, le 27 décembre 1863.

BINVIGNAT Jean-Marie, né aux Clefs en Genevois, le 2 juin 1764 ; ordonné prêtre, en 1794 ; nommé curé de Bellecombe en Bauges, le 20 mars 1805 ; mort dans cette paroisse, le 26 décembre 1828.

BISE Michel, né à Rumilly, le 31 janvier 1820 ; ordonné prêtre, le 21 décembre 1844 ; nommé vicaire à Massingy, le 20 juin 1845 ; professeur de grammaire au collège de Rumilly, le 1er novembre 1845 ; professeur de rhétorique au petit séminaire du Pont-de-Beauvoisin, le 4 novembre 1848 ; vicaire à Saint-François de Sales de Chambéry, le 8 février 1853 ; curé d'Étable, le 28 mai 1859 ; curé de Saint-Alban, le 1er janvier 1863 ; aumônier des Sœurs de Saint-Joseph, à Chambéry, le 1er janvier 1866 ; curé de Cognin, le 3 novembre 1868 ; archiprêtre et curé de Notre-Dame de Chambéry, le 16 octobre 1869.

BLAIN Pierre-Alexis, né à Domessin, le 27 juillet 1756 ; ordonné prêtre, en 1780 ; nommé curé du Pont-de-Beauvoisin, le 10 août 1803 ; mort, le 18 avril 1820.

BLAIS Gabriel, né au Pont-de-Beauvoisin, le 25 décembre 1854 ; ordonné prêtre, le 8 juin 1879 ; nommé vicaire à Jacob-Bellecombette, le 15 juin 1879 ; vicaire à Saint-Jean de la Porte, le 1er août 1879 ; secrétaire de Mgr l'archevêque Pichenot, le 1er novembre 1879 ; vicaire à Saint-Pierre d'Albigny, le 23 octobre 1880 ; vicaire à Aix-les-Bains, le 20 juillet 1888 ; curé de Lucey, le 1er janvier 1890.

BLANC François, né à Cognin, le 10 juin 1801 ; ordonné prêtre, le 6 mars 1830 ; nommé vicaire à Rumilly, le 19 mars 1830 ; retiré malade chez lui, le 20 mars 1832 ; nommé curé de Trivier, le 1er juillet 1834 ; curé de Bellecombe, le 24 novembre 1841 ; curé de Châteauneuf, le 15 mai 1848 ; vice-archiprêtre, le 18 décembre 1848 ; curé de Saint-Jean de la Porte, le 10 novembre 1855 ; mort, le 26 septembre 1879.

BLANC Jean-Baptiste, né au Pont-de-Beauvoisin, le 10 décembre 1824 ; ordonné prêtre, le 10 juin 1854 ; nommé vicaire à Saint-Jean de la Porte, le 6 juillet 1854 ; vicaire à Cusy, le 15 janvier 1856 ; vicaire à Saint-Germain, le 20 août 1860 ; vicaire à Albens, le 3 février 1863 ; curé de Saint-Alban de Montbel, le 17 août 1864 ; retiré dans sa paroisse natale pour cause de maladie, le 14 février 1885 ; mort, le 24 juillet 1886.

BLANC Jean-Benoît, né à Annecy, le 3 mars 1772 ; ordonné prêtre, en 1795 ; nommé curé de Saint-Genix, en 1805 ; mort, le 16 février 1816.

BLANC Pierre, né à Bardonnêche (Piémont), le 8 juillet 1803 ; ordonné prêtre, le 6 juin 1832 ; nommé vicaire à la Motte-Servolex, le 20 juin 1832 ; vicaire à Rumilly, le 1er novembre 1833 ; curé de la Table, le 10 novembre 1838 ; curé de Serrières, le 15 septembre 1855 ; retraité le 31 mars 1881 ; mort, le 30 avril 1883.

BLANC Pierre, né à Sainte-Hélène du Lac, le 27 mai 1824 ; ordonné prêtre, le 25 mai 1850 ; nommé vicaire à la Motte-Servolex, le 23 juillet 1850 ; professeur au petit séminaire de Saint-Pierre d'Albigny, le 4 novembre 1852 ; vicaire au Châtelard, le 17 octobre 1853 ; vicaire à Massingy, le 14 juillet 1855 ; vicaire au Bourget-du-Lac, le 15 octobre 1858 ; curé de Puygros, le 12 août 1862 ; curé de Presle, le 21 mars 1868 ; curé de Saint-Jean de la Porte, le 1er novembre 1875 ; mort, le 17 août 1887.

BLANC Victor, né au Pont-de-Beauvoisin, le 16 août 1802 ; ordonné prêtre, le 14 mai 1829 ; nommé vicaire aux Échelles, le 26 mars 1829 ; curé d'Ontex, le 16 juillet 1832 ; curé de Bloye, le 8 mai 1841 ; mort, le 22 octobre 1858, à l'âge de 56 ans 2 mois 6 jours.

BLANC-JOLI-CŒUR Augustin, né à Belmont, le 12 février 1852 ; ordonné prêtre, le 26 mai 1877 ; nommé vicaire à Cusy, le 5 juin 1877 ; professeur de physique au grand séminaire de Chambéry, le 15 octobre 1881.

BLANCHIN Alphonse, né à Bellecombe, le 4 février 1860 ; ordonné prêtre, le 7 juin 1884 ; nommé vicaire à la Biolle, la même année ; aumônier-adjoint de l'Orphelinat de garçons du Bocage, à Chambéry, en 1886 ; aumônier de l'Orphelinat de filles, aux Marches, en 1891.

BLANCHIN Antoine, né à Aillon-le-Vieux, le 19 mai 1799 ; ordonné prêtre, le 15 mars 1823 ; nommé de vicaire à Saint-François de Chambéry supérieur du petit séminaire du Pont-de-Beauvoisin, en 1827 ; curé d'Épersy, le 24 septembre 1830 ; curé de Sainte-Hélène du Lac, en août 1837 ; curé de la Biolle, en 1844 ; curé de la Compôte, en 1846, où il mourut, le 6 avril de la même année.

BLANCHIN François, né à Bellecombe, le 27 septembre 1874 ; autorisé à faire partie de la congrégation des Oblats de Marie, à Notre-Dame de l'Osier, par lettres du 14 novembre 1891.

BLANCHIN François-Marie, né à Bellecombe, le 28 juin 1850 ; ordonné prêtre, le 18 juillet 1875 ; nommé vicaire à la Motte-Servolex, le 1er août 1875 ; entré dans la congrégation des Missionnaires diocésains de Myans, le 1er août 1877.

BLANCHIN Joseph, né à Saint-Martin du Villard, le 11 octobre 1864 ; ordonné prêtre, le 20 juillet 1890 ; nommé vicaire aux Déserts, le 28 août 1890.

BLANCHIN Pierre, né à Saint-Pierre d'Albigny, le 8 janvier 1806 ; ordonné prêtre, le 19 septembre 1829 ; nommé vicaire à Novalaise, le 15 octobre 1829 ; vicaire à Grésy-sur-Aix, le 1er juillet 1831 ; curé de la Chapelle-Blanche, le 28 juin 1833 ; entré chez les cisterciens d'Hautecombe, le 15 octobre 1847 ; devenu profès, le 15 novembre 1848 ; sécularisé, le 2 mai 1859 ; parti pour résider à Turin, le 1ᵉʳ novembre 1859 ; nommé vicaire à Dulin, le 6 octobre 1861 ; curé de Verthemex, le 6 juin 1863 ; curé d'Épersy, le 1ᵉʳ juillet 1869 ; curé de Bassens, le 20 mars 1874 ; retiré à Chambéry, le 1ᵉʳ août 1879 ; mort en cette ville, le 7 avril 1884.

BLANCHIN Victor-Emmanuel, né à Bellecombe, le 24 août 1816 ; ordonné prêtre, le 10 juin 1843 ; nommé vicaire à Novalaise, le 8 juillet 1843 ; vicaire à Saint-Pierre d'Albigny, le 1ᵉʳ septembre 1849 ; curé du Noyer, le 20 mars 1857 ; mort, le 23 février 1860, à l'âge de 43 ans 5 mois 29 jours.

BOCH Louis-Joseph, né à Annecy, le 3 mai 1762 ; ordonné prêtre, en 1785 ; nommé curé de Verel-Pragondran, en 1803 ; curé de Grésy-sur-Isère, en 1809 ; mort, le 1ᵉʳ décembre 1839.

BOCQUET Eugène, né à Bellecombe, le 4 février 1858 ; ordonné prêtre, le 7 juin 1884 ; nommé surveillant au petit séminaire de Saint-Pierre d'Albigny, la même année ; professeur de grammaire dans le même établissement, en 1885.

BOCQUET Jean-François, né à Vaux en Genevois, le 9 avril 1781 ; ordonné prêtre, le 23 décembre 1809 ; nommé vicaire à Doussard, le 5 janvier 1810 ; curé de Saint-Innocent, le 20 mai 1813 ; mort, le 1ᵉʳ décembre 1867, à l'âge de 85 ans 7 mois 22 jours.

BOCQUIN Antoine, né à Serrières, le 20 août 1808 ; ordonné prêtre, le 11 mars 1837 ; nommé vicaire à Bellecombe, le 15 mars 1837 ; vicaire à Albens, le 5 mars 1841 ; curé de Saint-François de Sales en Bauges, le 13 juin 1845 ; vice-archiprêtre, le 30 juin 1862 ; mort, le 2 décembre 1870, à l'âge de 61 ans 3 mois 12 jours.

BOGEY Étienne-Marie, né à Aix-les-Bains, le 1ᵉʳ octobre 1839 ; ordonné prêtre, le 21 mai 1864 ; nommé vicaire à Montmélian, le 16 juin 1864; vicaire à Saint-François de Sales de Chambéry, le 21 mars 1868; aumônier des Sœurs de Saint-Joseph de Chambéry, le 1ᵉʳ octobre 1871; curé de Bissy, le 1ᵉʳ mars 1875; archiprêtre et curé de Chindrieux, le 8 mars 1882.

BOGEY Georges-Marie, né à Aix-les-Bains, le 24 juin 1818; ordonné prêtre, le 10 juin 1843; nommé vicaire à Montmélian, le 8 juillet 1843; aumônier du pensionnat des Frères de la Motte-Servolex, le 15 juin 1846; professeur de philosophie au grand séminaire de Chambéry, le 23 mars 1848; précepteur des princes de Savoie, le 22 octobre 1852; mort d'accident à Montcalier, le 9 juillet 1859.

BOGEY Louis, né à Grésy-sur-Aix, le 2 avril 1864; ordonné prêtre, le 26 mai 1888; nommé vicaire à Entremont-le-Vieux, le 25 octobre de la même année; entré dans la congrégation des Missionnaires diocésains de Myans, le 28 août 1890.

BOIS André, né à Chambéry, autorisé à entrer dans la congrégation des missionnaires du Saint-Esprit, par lettres du 8 août 1845.

BOIS Charles-Amédée, né à Saint-André de Maurienne, le 8 août 1797; ordonné prêtre, le 16 juin 1821; nommé de vicaire à Montmélian curé de Chamoux, le 1ᵉʳ octobre 1825.

BOIS Désiré-Marie, né à Moye, le 19 septembre 1847; ordonné prêtre, le 16 mars 1872; nommé vicaire à Bellecombe, le 19 avril 1872; retiré pour cause de maladie, le 30 septembre 1879; mort chez son frère curé de la Bauche, en mai 1884.

BOIS François, frère du précédent, né à Moye, en 1846; entré dans la congrégation des Missions étrangères; parti pour la mission du Su-Tchuen occidental, le 3 août 1869 ; mort à Son-Kin-Ouan, le 29 mars 1885.

BOIS Maurice, frère des deux précédents, né à Moye, le 15 janvier 1851 ; ordonné prêtre, le 26 mai 1877 ; nommé vicaire à Saint-Alban, le 27 août 1877 ; vicaire à Coise, le 1er octobre 1878 ; vicaire à Bellecombe, le 1er janvier 1879 ; curé de Vions, le 1er avril 1881 ; curé de la Bauche, le 1er avril 1883 ; mort à l'Hôtel Dieu de Chambéry, le 20 octobre 1892.

BOIS Victor, né à Dulin, le 24 juin 1855 ; ordonné prêtre à Saint-Jean de Latran (Rome), le 20 avril 1878 ; docteur en théologie ; nommé vicaire à Saint-Thibaud de Couz, en octobre 1879 ; vicaire aux Échelles, en 1880 ; professeur de philosophie au grand séminaire de Chambéry, le 15 octobre 1881 ; curé de Curienne, le 2 octobre 1887.

BOISSARD Jean-Baptiste, né à Saint-Beron, le 16 février 1863 ; ordonné prêtre, le 26 mai 1888 ; nommé professeur à l'Externat de Saint-François de Chambéry, la même année ; précepteur à Riom (Auvergne), en 1889 ; mort en cette ville, le 26 décembre de la même année.

BOISSAT Jean-Claude, né à Albens, le 29 novembre 1809 ; ordonné prêtre, le 21 décembre 1833 ; nommé vicaire à Marigny, le 23 décembre 1833 ; vicaire à Notre-Dame de Chambéry, le 1er avril 1836 ; curé de Chignin, le 10 octobre 1839 ; secrétaire de Monseigneur l'Archevêque, le 1er juillet 1842 ; précepteur chez M. le marquis Costa de Beauregard, le 25 septembre 1845 ; supérieur du petit séminaire de Saint-Pierre d'Albigny, le 14 septembre 1850 ; supérieur du collège de Rumilly, le 1er septembre 1852 ; chanoine honoraire, le 25 juillet 1853 ; chancelier de l'Archevêché, le 10 septembre 1856 ; vice-promoteur de l'officialité métropolitaine, le 5 août 1859 ;

chanoine titulaire, le 1er juin 1860 ; promoteur de l'officialité métropolitaine, le 8 juillet 1862 ; vicaire général honoraire, le 1er novembre 1877 ; vicaire général titulaire, le 26 mai 1878 ; retiré après la mort deMgr Pichenot, le 5 octobre 1880 ; revenu chanoine titulaire, en 1882 ; mort, le 20 juillet 1889.

BOISSON Charles, né à Chambéry, le 24 août 1828 ; ordonné prêtre, à Paris, le 21 mai 1853 ; nommé vicaire aux Marches, le 15 juillet 1853 ; nommé vicaire à Presle, le 10 janvier 1855 ; vicaire à Vimines, le 1er août 1860 ; vicaire à la Motte-Servolex, le 15 août 1861 ; curé de Saint-Jean de Chevelu, le 17 avril 1866 ; mort, le 12 mai 1869, à l'âge de 40 ans 8 mois 18 jours.

BOISSON François, né à Saint-Pierre d'Albigny, le 8 septembre 1843 ; ordonné prêtre, le 11 juin 1870 ; nommé vicaire à Bellecombe, le 1er juillet 1870 ; vicaire à la Rochette, le 15 avril 1872 ; curé d'Aillon-le-Vieux, le 1er août 1878 ; mort, le 17 octobre 1886.

BOLLARD Aimé, né à Sainte-Reine, le 18 décembre 1743 ; ordonné prêtre, en 1767 ; curé de Dingy-Saint-Clair, en 1792 ; émigra devant la persécution, et rentra dans sa paroisse, le 1er août 1796. Après le concordat, il fut réintégré curé de Dingy-Saint-Clair, le 14 août 1803, et y mourut, en 1828, âgé de 85 ans.

BOLLARD François, né à Sainte-Reine, le 27 novembre 1805 ; ordonné prêtre, le 24 juillet 1831 ; nommé vicaire à Entremont-le-Vieux, le 24 septembre 1831 ; curé du Noyer, le 1er octobre 1836 ; archiprêtre, le 25 février 1856 ; mort, le 10 février 1857, à l'âge de 51 ans 8 mois 13 jours.

BOLLARD Noël, né à Sainte-Reine, le 25 décembre 1748 ; ordonné prêtre, en 1776 ; frère d'Aimé Bollard ; fut son vicaire à Dingy-Saint-Clair, avant la Révolution ; après le rétablissement du culte, fut nommé curé de

Bluffy, en 1817 ; se retira bientôt après chez son frère à Dingy-Saint-Clair, et y mourut, en 1820, âgé de 72 ans.

BOLLARD Raymond, né à Sainte-Reine, le 21 août 1747 ; ordonné prêtre, en 1776 ; nommé vicaire à Menthon en 1792 ; émigra devant la Révolution ; nommé curé de la Thuile en Genevois, le 10 août 1803 ; mort à Annecy, le 3 avril 1817, et inhumé à la Thuile.

BOLLARD-BERTIN Fabien, né à Sainte-Reine, le 20 janvier 1805 ; de vicaire à Arith devenu chartreux ; mort, le 13 mars 1843.

BOLLARDET Louis, né à Sainte-Reine, vers 1853 ; entré chez les Frères des Écoles chrétiennes ; a été ordonné prêtre à Annecy et remplit actuellement la fonction de professeur à l'Externat de Saint-Bernard, en cette ville.

BONNE Aimé, né à Saint-Christophe de la Grotte, le 7 avril 1865 ; ordonné prêtre, le 15 juin 1889 ; nommé surveillant au petit séminaire du Pont-de-Beauvoisin, la même année ; professeur de grammaire au même établissement, en 1891.

BONNE François, né à Saint-Christophe de la Grotte, le 1er janvier 1797 ; ordonné prêtre, le 18 septembre 1824 ; nommé vicaire à Vimines, le 5 février 1825 ; vicaire à Moye, le 25 août 1826 ; curé de Rochefort, le 28 octobre 1828 ; curé de la Biolle, le 12 mars 1846 ; vice-archiprêtre, le 8 décembre 1854 ; mort, le 3 mai 1874, à l'âge de 77 ans 4 mois 2 jours.

BONNE François, né à Saint-Christophe de la Grotte, en 1849 ; entré dans la congrégation des missions étrangères ; autorisé à y recevoir la tonsure, le 16 août 1877 ; parti pour la mission du Japon méridional, le 26 novembre 1879 ; actuellement supérieur du grand séminaire de Nangasaki.

BONNEFOY Gaspard, né à Saint-Jean de Belleville, le 3 novembre 1793 ; ordonné prêtre, le 7 mars 1818 ; nommé vicaire à Moye, le 25 août 1826 ; vicaire à Beaufort, le 10 mars 1818 ; vicaire à Bozel, le 7 septembre 1818 ; curé de Longefoy, le 22 avril 1819, jusqu'en mai 1823 ; préfet d'étude chez les Jésuites, le 19 novembre 1823 ; professeur de rhéthorique et d'humanités au petit séminaire de Saint-Louis du Mont, le 1er novembre 1824 ; missionnaire diocésain, le 1er novembre 1825 ; aumônier de la Charité, le 1er septembre 1826 ; professeur de 3e et 4e à Saint-Louis du Mont, le 1er novembre 1828 ; professeur de 3e et 4e au petit séminaire de Saint-Pierre d'Albigny, le 1er novembre 1830 ; curé de Jarsy, le 7 septembre 1832 ; retraité et retiré à la Motte-Servolex, le 15 avril 1845 ; mort, le 10 janvier 1851, à l'âge de 57 ans 2 mois 7 jours.

BONNIOT François, né à Chambéry, le 15 décembre 1802 ; ordonné prêtre à Paris ; missionnaire à la Nouvelle-Orléans ; retiré à Montpellier, en 1851 ; retiré à Chambéry, en 1860 ; mort dans l'ancien petit séminaire de Saint-Louis du Mont, le 5 décembre 1870, à l'âge de 67 ans 11 mois 20 jours.

BONTRON François, né à Cessens, le 29 février 1864 ; ordonné prêtre, le 15 juin 1889 ; nommé surveillant au petit séminaire du Pont-de-Beauvoisin, la même année ; vicaire à Entremont-le-Vieux, en octobre 1891.

BONTRON François-Marie, né à Chindrieux, le 22 août 1845 ; ordonné prêtre, le 11 juin 1870 ; nommé vicaire au Châtelard, le 8 juillet 1870 ; professeur de grammaire à Rumilly, le 18 octobre 1871 ; vicaire à Moye, le 6 octobre 1873 ; curé de Saint-Martin du Villard, le 15 avril 1878 ; curé de Méry, le 16 novembre 1883.

BONTRON Gaspard, né à Cessens, le 23 février 1823 ;

ordonné prêtre, le 8 avril 1848 ; nommé vicaire à Jarsy, le 19 avril 1848 ; vicaire à Yenne, le 27 novembre 1850 ; curé de Saint-Thibaud de Couz, le 17 septembre 1860 ; vice-archiprêtre, le 27 novembre 1869 ; archiprêtre et curé de Novalaise, le 1er avril 1872 ; mort, le 8 mars 1878.

BONTRON Jean-Claude, né à Cessens, le 14 mars 1814 ; ordonné prêtre, le 5 juin 1841 ; nommé vicaire à École, le 15 juillet 1841 ; vicaire à Arvillard, le 17 juin 1842 ; vicaire à Saint-Genix, le 5 avril 1845 ; vicaire à la Biolle, le 15 décembre 1845 ; vicaire à Saint-Pierre d'Albigny, le 1er avril 1848 ; directeur spirituel au collège national de Chambéry, le 10 août 1849 ; curé des Déserts, le 28 juillet 1856 ; vice-archiprêtre, le 4 octobre 1871 ; curé de la Biolle, le 10 septembre 1874 ; mort, le 30 avril 1884.

BOLLON François-Joseph, né à Cognin, vers 1863 ; ordonné prêtre, *rite dimissus,* à Alger, en 1888 ; nommé vicaire à Tizi-Ouzon, la même année ; vicaire à Saint-Augustin d'Alger, en 1890 ; curé de Saoula en 1891.

BORRAND Bernard, né à Sainte-Reine, le 20 août 1746 ; ordonné prêtre, en 1775 ; curé de Saint-Franc, avant la Révolution de 1792 ; prêta le premier serment schismatique ; se rétracta bientôt publiquement en présence de sa paroisse et émigra. Après la restauration du culte, il fut réintégré curé de St-Franc, le 10 août 1803, et mourut, le 4 février 1816.

BOTTERO Claude-Paul, né à Chambéry, le 28 octobre 1839 ; ordonné prêtre, le 10 juin 1865 ; nommé vicaire aux Déserts, le 22 juillet 1865 ; vicaire à la Motte-Servolex, le 1er mai 1866 ; curé de Puygros, en juillet 1872 ; curé de Saint-Offenge-Dessous, le 1er janvier 1879 ; curé des Marches, le 12 janvier 1881 ; curé du Trembley, le 19 mai 1885.

BOTTERO Hugues-Madelain, né à Chambéry, en 1837 ; entré dans la congrégation des Missions étrangères ; parti pour la mission de Pondichéry, le 16 avril 1860, où il se trouve actuellement.

BOSSY Étienne, né à Belley, le 14 mars 1764 ; ordonné prêtre, en 1788 ; nommé curé de la Balme, le 10 août 1803.

BOUCHAGE Adolphe-François, né à Chambéry, le 9 mars 1855 ; entré dans la congrégation du Très-Saint-Rédempteur ; devenu profès de la congrégation, le 24 septembre 1876 ; ordonné prêtre à l'abbaye de Saint-Maurice en Valais, par Mgr Étienne Bagnoud, le 16 mars 1879 ; actuellement de résidence à Contamine-sur-Arve.

BOUCHAGE Basile-Léon, frère du précédent, né à Albertville, le 25 décembre 1844 ; ordonné prêtre, le 6 juin 1868 ; nommé vicaire aux Marches, le 1er juillet 1868 ; vicaire à Rumilly, le 1er janvier 1870 ; curé de Saint-Cassien, le 21 mai 1878 ; aumônier du pensionnat de filles de Saint-Joseph, à Chambéry, le 31 août 1882.

BOUCHARDY Claude, né à Moye, le 27 novembre 1835 ; ordonné prêtre, le 25 mai 1861 ; nommé vicaire à Domessin, le 27 juin 1861 ; vicaire à la Biolle, le 22 octobre 1865 ; vicaire à Yenne, le 19 juillet 1867 ; curé de la Balme, le 14 septembre 1870 ; curé d'École, le 1er mai 1877 ; curé des Molettes, le 14 janvier 1889.

BOUCHARDY François, né à Moye, le 4 janvier 1860 ; ordonné prêtre, le 4 juin 1887 ; envoyé professeur à Moulins, la même année ; nommé ensuite vicaire dans ce même diocèse.

BOUCHARDY Noël, né le 24 juin 1757 ; ordonné prêtre, en 1782 ; professeur au collège de Rumilly, avant la Révolution ; nommé de nouveau professeur dans le même établissement, après la Révolution ; curé de Lornay, le 24 mai 1811 ; mort, le 2 septembre 1827.

BOUCHET Antoine, dit Francisque, né à Chambéry, en 1827 ; entré dans la Compagnie de Jésus ; ordonné sous-diacre, le 18 mars 1848.

BOUCHET François, né à Chambéry, en 1818 ; entré dans la Compagnie de Jésus.

BOUCHET François-Xavier, né à Tournon, le 20 juin 1793 ; ordonné prêtre, le 17 août 1818 ; nommé curé de Grand-Cœur, le 15 octobre 1820.

BOUCHET Joseph, né à Chambéry, en 1820 ; entré dans la Compagnie de Jésus.

BOUCHET Joseph, né à Saint-Pierre d'Albigny, le 13 avril 1841 ; ordonné prêtre, le 6 juin 1868 ; vicaire au Pont-de-Beauvoisin, le 2 juillet 1870 ; curé de Corbel, le 1er mai 1871 ; retiré chez les missionnaires d'Ars, le 13 avril 1876 ; nommé aumônier du château de la Serraz, en 1877 ; curé de Montailleur, le 15 avril 1878.

BOUCHET Paul, frère des Jésuites Antoine, François et Joseph Bouchet, né à Chambéry, en 1825 ; entré lui-même dans la Compagnie de Jésus.

BOUCLIER Philibert, né à Saint-Pierre de Rumilly, le 27 août 1772 ; ordonné prêtre, en 1806 ; nommé de vicaire à Ballaison curé d'Aillon-le-Vieux, le 20 juillet 1812 ; curé d'Arith, le 20 décembre 1813 ; mort, en 1845.

BOUGEON Jean-François, né à Féterne en Chablais, le 1er août 1804 ; entré dans la Compagnie de Jésus, le 29 novembre 1832 ; employé provisoirement comme vicaire à Bellecombe, en 1848, après la suppression des Jésuites dans les États sardes ; nommé curé de la paroisse et supérieur des missionnaires diocésains de Myans, en 1877 ; retiré dans la Maison des Jésuites, à Villefranche (Rhône), en 1889.

BOURGEOIS Jean-Claude, né à Chambéry, le 24 mai 1737 ; ordonné prêtre, en 1763 ; résidant à Chambéry, après la Révolution ; mort, le 6 février 1818.

BOUVET Jean-Baptiste, né à Saint-Pierre d'Albigny, le 10 mars 1855 ; ordonné prêtre, le 15 juin 1878 ; nommé vicaire de Notre-Dame de Bellecombe, diocèse d'Annecy, le 15 juillet 1878 ; vicaire à Challes-les-Eaux, en 1881 ; vicaire à Thoiry, le 1er août 1884 ; curé de la Thuile, le 15 décembre 1888.

BOUVET Joseph-Marie, né à Saint-Pierre d'Albigny, le 31 octobre 1849 ; ordonné prêtre, le 12 juillet 1874 ; nommé vicaire à Yenne, le 6 août 1875 ; curé d'Hauteville, le 17 décembre 1881.

BOUVET Ulysse, né à Saint-Pierre d'Albigny, le 17 juillet 1860 ; ordonné prêtre, le 20 décembre 1884 ; nommé professeur à l'Externat de Saint-François de Chambéry, la même année ; entré dans la Compagnie de Jésus, en 1886.

BOUVIER Benoît, né à Saint-Pierre de Genebroz, le 31 octobre 1807 ; ordonné prêtre, le 19 mars 1831 ; nommé vicaire à Saint-Genix, le 24 mars 1831 ; curé de Grésin, le 15 septembre 1835 ; curé de Tresserve, le 20 juillet 1847 ; aumônier de la Visitation, à Chambéry, le 17 novembre 1852 ; chanoine honoraire, le 19 novembre 1869 ; mort, le 8 février 1885.

BOUVIER François, né à Bellecombe, le 14 septembre 1829 ; ordonné prêtre, le 23 décembre 1854 ; nommé vicaire à Grésy-sur-Isère, le 20 janvier 1855 ; vicaire aux Marches, le 20 décembre 1856 ; retiré chez lui, pour cause de maladie, le 20 mai 1861 ; nommé curé de Sainte-Marie d'Alvey, le 25 août 1862 ; mort, le 1er mars 1870, à l'âge de 40 ans 2 mois 8 jours.

BOUVIER François, né aux Marches, le 18 janvier 1856 ; ordonné prêtre, le 12 mars 1881 ; nommé professeur de grammaire au petit séminaire de Saint-Pierre d'Albigny, la même année ; autorisé à partir comme précepteur à l'étranger, en 1888 ; retiré dans sa famille pour cause de maladie, en 1890 ; mort, le 26 mars 1892.

BOUVIER Jean-Baptiste, né à Chambéry, le 16 janvier 1767 ; ordonné prêtre, en 1791 ; religieux dominicain, en 1792 ; refusa de prêter le serment exigé des ecclésiastiques par les révolutionnaires, et fut condamné à la déportation. Après le rétablissement du culte, il fut nommé curé de Saint-Jeoire, le 10 août 1803, et mourut, le 23 novembre 1833.

BOUVIER Jean-François, né à Bellecombe, le 25 mars 1816 ; ordonné prêtre, le 5 juin 1841 ; nommé vicaire à Massingy, le 23 juin 1843 ; vicaire à Albens, le 20 juin 1845 ; vicaire à Grésy-sur-Isère, le 27 août 1847 ; vicaire à Yenne, le 1er avril 1848 ; retiré pour cause de maladie, le 7 juin 1851 ; mort à l'Hôtel-Dieu de Chambéry, le 25 avril 1852, à l'âge de 36 ans.

BOUVIER Jean-Louis, né à Rumilly, le 8 septembre 1763 ; ordonné prêtre, le 13 août 1809 ; nommé de vicaire à Ugine curé de la Bâtie, le 30 août 1812 ; curé d'Ontex, le 13 décembre 1825.

BOUVIER Joseph-Marie, né à Bogève en Faucigny, le 2 janvier 1785 ; ordonné prêtre, le 16 juin 1821 ; nommé vicaire à Aillon-le-Vieux, la même année ; puis vicaire à Saint-Pierre d'Albigny ; curé à la Compôte, en janvier 1825 ; mort dans cette paroisse, en 1845.

BOUVIER Joseph-Marie, né à Saint-Ours, le 27 juillet 1867 ; ordonné prêtre, le 23 mai 1891 ; nommé aumônier-adjoint à l'Orphelinat de garçons du Bocage, à Chambéry, la même année.

BOUVIER Louis, né à Chambéry, autorisé à entrer dans la congrégation des Maristes, par lettres du 17 avril 1849.

BOUVIER Marcel, né à Saint-Baldoph, le 16 janvier

1739 ; ordonné prêtre, en 1763 ; curé de Cruet, en 1792, lorsque survint la Révolution ; adhéra au schisme et y persista jusqu'après le concordat, où il fit sa rétractation entre les mains de l'autorité ecclésiastique. Celle-ci le nomma curé de Jacob-Bellecombette, en 1810. Il mourut, le 25 février 1823.

BOUVIER Marcel, né à Saint-Baldoph, le 17 janvier 1856 ; nommé surveillant au collège de Rumilly, le 1er octobre 1879 ; ordonné prêtre, le 13 mars 1880 ; continué professeur au collège de Rumilly, la même année ; nommé vicaire à Saint-François de Sales de Chambéry, en 1885 ; curé de Saint-Christophe de la Grotte, le 10 mars 1892.

BOUVIER Victor, né à Chambéry, le 24 juillet 1791 ; ordonné prêtre, le 21 décembre 1816 ; nommé vicaire au Bourget, le 23 décembre 1816 ; vicaire à Chevron, le 10 février 1818 ; aumônier du régiment de Savoie, le 1er juin 1818 ; curé de la Thuile, le 25 octobre 1820 ; curé de Lémenc, le 24 avril 1826 ; mort, le 5 août 1860.

BOUVIER Victor, né à la Rochette, le 9 février 1861 ; ordonné prêtre, le 15 juin 1889 ; nommé vicaire à Saint-Baldoph, le 25 août de la même année ; vicaire au Montcel, en novembre 1892.

BOUVIER Victorin, né au Betonet, le 26 décembre 1865 ; ordonné prêtre, le 11 juin 1892 ; nommé vicaire à Saint-Baldoph, en novembre de la même année.

BOVAGNET Henri-Pierre, né à Oncin, le 13 février 1839 ; ordonné prêtre, le 30 mai 1863 ; nommé vicaire à Entremont-le-Vieux, le 13 juin 1863 ; curé de Corbel, le 12 juin 1867 ; curé de Rochefort, le 27 avril 1871 ; curé de Marigny, le 1er mai 1875.

BOVAGNET Jacques, né à Oncin, le 20 novembre 1805 ; ordonné prêtre, le 22 février 1834 ; nommé vicaire à Saint-Pierre d'Albigny, le 1ᵉʳ mars 1834 ; curé d'Entremont-le-Vieux, le 9 août 1838 ; mort, le 30 novembre 1877, âgé de 72 ans.

BOVAGNET Pierre, né à Oncin, le 29 avril 1811 ; entré chez les Cisterciens d'Hautecombe, le 19 septembre 1833 ; devenu profès, le 1ᵉʳ mai 1835 ; ordonné prêtre, le 17 décembre 1836 ; sécularisé, dans les premiers mois de 1864 ; nommé curé d'Aiguebelette, le 5 mai de la même année ; mort en cette paroisse, le 24 avril 1876.

BOVET François-Joseph-Alexandre, né à Chambéry, le 3 août 1853 ; ordonné prêtre, le 26 mai 1877 ; envoyé comme précepteur chez M. le comte Raoul Costa, la même année ; autorisé ensuite à remplir les mêmes fonctions dans plusieurs autres grandes familles de Savoie et de France ; nommé chancelier de l'archevêché de Chambéry, en 1891.

BOYSSON Balthazard, né à École, le 20 décembre 1755 ; ordonné prêtre, en 1781 ; refusa de prêter le serment schismatique exigé par la Révolution ; émigra d'abord, revint ensuite dans sa paroisse natale et y remplit l'office de missionnaire, au mépris des plus grands dangers. Le 10 août 1803, il fut nommé curé d'École ; puis, le 8 novembre 1816, curé de Curienne. Sa mort eut lieu, le 17 octobre 1817.

BOYSSON Pierre-Louis, neveu du précédent, né à École, le 19 décembre 1787 ; ordonné prêtre, le 10 août 1810 ; fut d'abord nommé vicaire à Annecy. De là il se rendit à Paris, où il remplit successivement les fonctions d'aumônier de la duchesse d'Angoulême et celles de curé de Saint-Philippe du Roule, jusqu'à sa mort, qui arriva vers 1844.

BOZON Joseph, né à Manigod, le 17 novembre 1750 ; ordonné prêtre, en 1776 ; vicaire à Rumilly, en 1792 ; émigra à Turin, en 1793, où il devint précepteur des princes royaux. Après la Révolution, il fut nommé curé de Saint-Genix, le 24 janvier 1804, et mourut, le 17 mai 1808.

BRACHET Jean-Pierre, né à Rumilly, le 13 août 1830 ; ordonné prêtre, le 17 mai 1856 ; nommé vicaire à Bellecombe, le 14 juin 1856 ; vicaire à Chindrieux, le 10 janvier 1858 ; vicaire à Novalaise, le 25 juillet 1859 ; curé de Saint-Franc, le 17 octobre 1865 ; curé de la Bauche, le 28 novembre 1869 ; curé et archiprêtre de Novalaise, le 15 avril 1878.

BRAISSAND François, né à Saint-Germain, le 30 août 1838 ; ordonné prêtre, le 8 juillet 1866 ; nommé vicaire à Thoiry, le 4 août 1866 ; vicaire à Grésy-sur-Aix, le 30 juillet 1869 ; curé de Lépin, le 7 juin 1872 ; curé de Mognard, le 1er avril 1873 ; curé d'Étable, le 21 janvier 1881 ; curé de Saint-Vital, en mai 1893.

BRAISSAND Joseph, né à Saint-Germain, le 8 juin 1851 ; ordonné prêtre, le 10 juin 1876 ; nommé professeur de grammaire au collège de Rumilly, la même année.

BRAND Jean-François, né à Groisy en Genevois, le 21 août 1789 ; ordonné prêtre, le 1er août 1812 ; nommé vicaire au Châtelard, le 20 août 1812 ; retiré chez ses parents pour cause de maladie, le 1er septembre 1813 ; vicaire à Saint-Pierre d'Albigny, le 1er février 1814 ; curé de Chainaz, le 18 mai 1816 ; curé de Curienne, le 10 février 1819 ; curé de Grésy-sur-Aix, le 1er octobre 1827 ; mort, le 15 février 1856, âgé de 66 ans 5 mois 24 jours.

BRELLAZ Jean, né à Grésy-sur-Aix, autorisé par lettres testimoniales, en 1877, à entrer chez les Pères Somasques de Chambéry.

BRELLAZ Joseph, né à Rumilly, le 28 novembre 1827 ; ordonné prêtre, le 17 décembre 1853 ; nommé vicaire à Montailleur, le 5 janvier 1854 ; vicaire à Myans, le 26 mars 1856 ; retiré pour cause de maladie, le 20 août 1858 ; vicaire à Montailleur, le 1er avril 1863 ; vicaire à Cruet, le 15 août 1863 ; curé de Corbel, le 1er octobre 1863 ; curé de Motz, le 1er juin 1867 ; mort, le 28 juillet 1884.

BRELLAZ Joseph, neveu du précédent, né à Rumilly, le 12 février 1855 ; ordonné prêtre, le 7 juin 1879 ; autorisé à remplir les fonctions de précepteur à l'étranger, la même année.

BRESSAND Denis-Félix, né à la Rochette, le 30 avril 1845 ; ordonné prêtre, le 16 juillet 1871 ; nommé professeur à Saint-Pierre d'Albigny, le 18 octobre 1871 ; curé de Châteauneuf, le 30 décembre 1880 ; archiprêtre et curé de Montmélian, le 3 juin 1893.

BRET Antoine, né à Sainte-Hélène du Lac, le 2 avril 1822 ; ordonné prêtre à Versailles, le 23 décembre 1848 ; nommé curé de Saint-Cyr en Arthies, le 1er avril 1849 ; curé de Traize, le 21 juillet 1860 ; retiré à Traize, le 1er novembre 1878 ; mort, le 3 mars 1888.

BRET Claude, né à Saint-Baldoph, le 22 mars 1875 ; autorisé à entrer dans la congrégation des Missionnaires de la Salette, par lettres testimoniales du 4 août 1892.

BRION Maurice, né à Chambéry, le 8 septembre 1813 ; ordonné prêtre, le 11 mars 1837 ; nommé vicaire à la Biolle, le 20 mars 1837 ; professeur au collège de Rumilly, le 1er novembre 1838 ; directeur des Enfants de chœur, le 15 octobre 1845 ; aumônier des Prisons de Chambéry, le 27 juin 1846 ; mort, le 2 novembre 1871, à l'âge de 58 ans 1 mois 24 jours.

BRISE Antoine, né à Domessin, le 10 mai 1847 ; ordonné prêtre, le 20 septembre 1873 ; nommé vicaire à Cusy, le 6 octobre 1873 ; vicaire à Serrières, le 1er août

1875 ; vicaire au Montcel, le 1ᵉʳ juillet 1876 ; curé de Sainte-Reine, le 1ᵉʳ octobre 1880 ; mort en cette paroisse, le 25 mai 1890.

BROCHET Louis, né au Trembley, le 18 avril 1849 ; ordonné prêtre, le 19 décembre 1875 ; nommé vicaire à Aix, le 1ᵉʳ janvier 1876 ; professeur à Rumilly, en 1877 ; professeur à l'Externat de Saint-François de Chambéry, en 1887 ; curé de Saint-Beron, le 6 juin 1889.

BRUN Jean-Humbert, né à Chambéry, le 6 février 1754 ; ordonné prêtre, en 1777 ; résidant, après la Révolution, dans sa ville natale ; mort, le 13 mars 1833.

BRUN Jean-François, né à Apremont, le 2 mai 1843 ; ordonné prêtre, le 11 juin 1870 ; nommé vicaire à Belmont, le 1ᵉʳ juillet 1870 ; vicaire à Cusy, le 10 juin 1872 ; vicaire à Saint-Alban, le 1ᵉʳ juillet 1873 ; curé de Corbel, le 13 novembre 1876 ; curé de Saint-Martin du Villard, le 15 novembre 1883.

BRUNIER Charles, né à Cusy, le 15 mai 1753 ; ordonné prêtre, en 1777 ; curé de Ballaison, en 1792 ; émigra à Lausanne, en 1793, après avoir été détenu pendant quelques mois dans les prisons de Thonon ; après la Révolution, réintégré dans sa paroisse, le 20 août 1803 ; mort, en 1808.

BRUNIER Jean-François, né à Cusy, le 6 janvier 1766 ; ordonné prêtre, en 1789 ; pendant la Révolution, missionnaire à Saint-Offenge ; nommé curé de cette paroisse, le 18 août 1803 ; mort, le 19 avril 1837.

BRUNIER Maurice, né à Bellecombe, le 6 février 1814 ; ordonné prêtre, le 21 septembre 1839 ; nommé vicaire à Rumilly, le 5 octobre 1839 ; curé de Jarsy, le 25 avril 1853 ; vice-archiprêtre, le 19 septembre 1871.

BRUYÈRE Claude-François, né à Marigny, le 10 août 1835 ; ordonné prêtre, le 14 juin 1862 ; nommé vicaire à

Cruet, le 24 août 1862 ; vicaire à Arvillard, le 2 juillet 1863 ; curé du Mont-du-Chat, le 24 août 1867 ; curé de Cléry, le 1er septembre 1875 ; curé de Sonnaz, le 6 août 1892.

BRUYÈRE Jean, né à Marigny, en 1852 ; entré dans la congrégation des Missions étrangères ; parti pour la mission de la Cochinchine occidentale, le 30 novembre 1876.

BUET Pierre, né à Saint-Pierre d'Albigny, le 10 août 1772 ; ordonné prêtre, en 1797 ; religieux feuillant ; mort, le 14 décembre 1815.

BUFFLE Félix-Marie, né à Vimines, le 28 avril 1861 ; ordonné prêtre, le 4 juin 1887 ; nommé vicaire à Cusy, le 16 décembre 1888 ; à Grésy-sur-Aix, le 6 octobre 1892.

BUGNARD François, né à Mouxy, le 1er février 1852 ; ordonné prêtre, le 8 juin 1879 ; nommé vicaire à Aillon-le-Vieux, le 1er juillet 1879 ; vicaire à la Motte-Servolex, le 20 novembre 1885 ; curé de Saint-Maurice de Rotherens, le 18 mars 1889.

BUGNARD François, né à Tresserve, le 2 juin 1863 ; autorisé à entrer dans l'Ordre de Saint-Jean de Dieu, par lettres du 15 mars 1880.

BUGNARD Jacques, né à Mouxy, le 26 juin 1861 ; ordonné prêtre, le 4 juin 1887 ; nommé surveillant au collège de Rumilly, la même année ; vicaire à la Table, le 25 août 1889 ; vicaire à Vimines, le 1er février 1892.

BURDET Charles-François, né à Chindrieux, le 28 décembre 1740 ; ordonné prêtre, en 1767 ; ancien procureur de la Grande-Chartreuse ; résidant à Yenne après la Révolution.

BURDET Gabriel, né à Yenne, le 10 mars 1748 ; ordonné prêtre, en 1773 ; ancien chartreux ; résidant à Yenne, après la Révolution.

BURDET Jean-Louis, né à Chambéry, le 31 décembre 1799 ; ordonné prêtre, le 29 septembre 1822 ; nommé vicaire à Saint-Beron, le 5 octobre 1822 ; vicaire à Aix, le 15 février 1824 ; curé de la Balme, le 18 octobre 1828 ; curé de Lépin, le 6 juin 1829 ; curé de Thoiry, le 2 juin 1837 ; vice-archiprêtre, le 25 janvier 1847 ; archiprêtre et curé de Novalaise, le 24 septembre 1850 ; archiprêtre et curé du Pont-de-Beauvoisin, le 7 novembre 1855 ; démissionnaire, le 27 août 1867 ; mort, au Pont-de-Beauvoisin, le 8 mai 1870, à l'âge de 70 ans 4 mois 8 jours.

BURDIN François, né à Montagnole ; autorisé à entrer dans la congrégation des Missionnaires de la Salette, par lettres testimoniales du mois de mars 1891.

BURDIN Marc, né à Chambéry, le 25 avril 1824 ; ordonné prêtre, le 25 décembre 1866 ; nommé vicaire à Saint-Pierre d'Albigny, le 20 mai 1867 ; retiré chez lui pour cause de maladie, le 10 octobre 1869 ; économe du grand séminaire de Chambéry, le 20 juillet 1874 ; curé de Saint-Ombre, le 9 avril 1875 ; archiprêtre et curé de Montmélian, le 15 avril 1876 ; vicaire général et chanoine honoraire, le 1er décembre 1881 ; vicaire capitulaire, le siège vacant, le 12 mai 1893.

BURGAT François, né à Verrens-Arvey, le 4 mai 1856 ; ordonné prêtre, le 22 mai 1880 ; entré dans la congrégation des Missionnaires diocésains de Myans, la même année.

BURGUER François-Joseph, né à Chêne, près Genève, le 29 janvier 1796 ; ordonné, le 27 mars 1819 ; nommé professeur au collège royal de Chambéry, la même année ; curé de Saint-Martin du Villard, le 7 juillet 1825 ; sorti du diocèse, le 14 novembre 1837.

BURLET Joseph, né à Chambéry, le 8 novembre 1858 ; ordonné prêtre, le 7 juin 1884 ; nommé professeur à l'Externat de Saint-François de Chambéry, la même année ; professeur de philosophie au grand séminaire de la même ville, en 1889.

BURTIN Félix, né à Voglans, le 13 mars 1864 ; autorisé à entrer dans l'Ordre de Saint-Jean de Dieu, par lettres du 15 mars 1880.

BUTTET DU BOURGET (Louis-Marie de), baptisé à Tresserve, le 17 juillet 1751 ; ordonné prêtre, en 1776 ; aumônier de la Visitation, en 1792 ; créé chanoine de la nouvelle cathédrale de Chambéry, par Mgr Conseil, en 1780 ; nommé chanoine honoraire par Mgr des Moustiers de Mérinville, après la Révolution, en 1803 ; résidant au Bourget-du-Lac, fief de sa baronnie ; mort, le 11 octobre 1824.

BUTTIN François-Eugène, né à Rumilly, le 11 avril 1841 ; ordonné prêtre, le 8 juillet 1866 ; nommé vicaire aux Marches, le 15 août 1866 ; professeur au petit séminaire de Saint-Pierre d'Albigny, le 15 juin 1868 ; curé de Betonet, le 10 mars 1874.

BUTTIN Joseph, né à Saint-Innocent, le 24 avril 1825 ; ordonné prêtre, le 18 décembre 1852 ; nommé vicaire à Saint-Jean d'Arvey, le 22 décembre 1852 ; vicaire à Grésy-sur-Isère, le 20 juillet 1857 ; vicaire à Cusy, le 10 septembre 1860 ; vicaire à Dulin, le 21 juin 1863 ; vicaire à Cruet, le 15 juin 1864 ; curé de Saint-Jean de Couz, le 1er octobre 1865 ; curé de Saint-Ours, le 1er avril 1875.

C

CACHOUX Henri-Marie, né à Tresserve, le 9 septembre 1820 ; ordonné prêtre, le 17 mai 1845 ; nommé missionnaire coadjuteur à Myans, le 1er juillet 1845 ; vicaire à Saint-François de Sales de Chambéry, le 10 novembre 1846 ; professeur de langue française à Sienne (Italie), le 21 février 1853 ; professeur de philosophie au collège national de Chambéry, le 15 octobre 1856 ; curé de Corbel, le 1ᵉʳ mai 1859 ; curé de Presle, le 20 juillet 1860 ; curé de Sainte-Hélène du Lac, le 22 mars 1868 ; archiprêtre et curé de la Rochette, le 31 août 1869.

CADOUX Joseph, né à Saint-Cassien ; autorisé à entrer dans la congrégation du Sacré-Cœur de Jésus, à Chezal-Benoît, par lettres testimoniales du 1ᵉʳ septembre 1891.

CAGNON Louis-François, né à Serrières, en 1850 ; entré dans la congrégation des Missions étrangères ; parti pour la mission de Cochinchine, le 1ᵉʳ juillet 1874 ; rentré actuellement en France pour cause de maladie.

CALLERY Joseph-Gaétan-Pierre-Maxime-Marie, né à Turin ; incorporé au diocèse de Chambéry, vers 1830 ; entré dans la congrégation des Missions étrangères ; parti pour la mission de Corée, le 15 mars 1835 ; résidant à la procure de Macao ; sorti de la Société, en 1842.

CALLOUD Claude-Michel, né à Rumilly, le 1ᵉʳ février 1802 ; ordonné prêtre, le 22 septembre 1827 ; nommé vicaire à la Rochette, le 1ᵉʳ octobre 1827 ; curé d'Aillon-le-Vieux, le 1ᵉʳ juillet 1830 ; curé de Puygros, le 1ᵉʳ mai 1838 ; curé de Myans et missionnaire, le 7 janvier 1842 ; curé de Saint-Jean de la Porte, le 5 décembre 1847 ; curé de Barby, le 5 novembre 1855 ; curé de Montagnole, le 15 décembre 1860 ; retiré à Rumilly, le 1ᵉʳ avril 1866 ; mort, le 5 juin 1876.

CALLOUD Jean-Baptiste, né à Rumilly, le 7 février 1810 ; ordonné prêtre, le 1ᵉʳ juin 1833 ; nommé professeur de grammaire à Rumilly, le 1ᵉʳ novembre 1832 ; curé de Saint-Franc, le 16 septembre 1838 ; curé de Tresserve, le 16 septembre 1845 ; archiprêtre et curé d'Yenne, le 11 juillet 1847 ; chanoine honoraire, en 1873 ; chanoine titulaire, le 23 février 1878 ; mort, en juin 1893.

CANET François, né à Albens, le 5 avril 1792 ; ordonné prêtre, le 16 août 1815 ; nommé de professeur au grand séminaire de Chambéry curé de Musiège, en Faucigny, le 15 août 1818 ; curé de Cruet, le 4 novembre 1821 ; curé d'Épersy, en août 1836 ; mort, le 1er décembre 1854.

CANET Frédéric, né à Bellecombe en Bauges, le 20 septembre 1850 ; ordonné prêtre, le 22 mai 1875 ; nommé vicaire à École, le 28 mai 1875 ; vicaire à Yenne, le 1er novembre 1878 ; retiré pour cause de maladie, le 10 avril 1879 ; mort, à Aix-les-Bains, le 12 septembre 1879.

CANET Lucien, né à Albens, le 12 septembre 1868 ; ordonné prêtre, le 9 juin 1893.

CANET Pierre-Marie-François, né à Albens, le 3 juin 1830 ; ordonné prêtre, le 23 décembre 1854 ; nommé vicaire à Domessin, le 25 janvier 1855 ; professeur de grammaire au petit séminaire du Pont-de-Beauvoisin, le 15 octobre 1858 ; curé de Voglans, le 1er juin 1871 ; économe du grand séminaire de Chambéry, le 9 avril 1888.

CANTIN Albert-Eugène, né à Chambéry, le 22 juin 1741 ; ordonné prêtre, en 1766 ; chanoine de la collégiale d'Aiguebelle, en 1792 ; nommé curé de Barby, le 3 octobre 1806 ; mort, le 26 novembre 1820.

CAPITAN Joseph, né à Curienne, le 28 avril 1861 ; ordonné prêtre, le 30 mai 1885 ; nommé professeur au petit séminaire du Pont-de-Beauvoisin, la même année ; vicaire à Maché, le 27 août 1890.

CARLE André, né à Barberaz, le 19 janvier 1860 ; ordonné prêtre, le 20 décembre 1874 ; nommé professeur à l'Externat de Saint-François de Chambéry ; vicaire à Saint-François de Sales de la même ville, en 1892.

CARLE François-Marie, né à Sainte-Reine, le 1ᵉʳ mars 1863 ; ordonné prêtre, le 4 juin 1887 ; nommé aumônier-adjoint à l'Orphelinat de garçons du Bocage, à Chambéry, la même année ; vicaire à École, le 20 juillet 1888 ; vicaire à Domessin, le 19 octobre 1889.

CARLE Jean-Baptiste, né à Sainte-Reine, le 22 janvier 1812 ; ordonné prêtre, le 20 décembre 1834 ; nommé vicaire au Bourget, le 22 décembre 1834 ; vicaire à Montailleur, le 24 mars 1835 ; vicaire au Betonet, le 10 mars 1836 ; curé du Betonet, le 1ᵉʳ juillet 1836 ; missionnaire diocésain, le 19 juillet 1839 ; curé de Traize, le 20 novembre 1841 ; curé de Saint-Pierre de Soucy, le 20 mars 1843 ; vice-archiprêtre, le 5 juin 1856 ; archiprêtre, le 5 février 1873 ; retiré à Saint-Pierre d'Albigny, le 30 septembre 1880 ; mort, le 1ᵉʳ mars 1884.

CARLIN Joseph, né à Rumilly, le 3 avril 1767 ; ordonné prêtre, en 1790 ; appartenait à la Sainte-Maison de Thonon, avant la Révolution. En 1793, il émigra à Turin, rentra de bonne heure dans le diocèse. Il fut nommé curé de Corsier, le 20 août 1803 ; ensuite curé d'Évian, en 1810. A la création du diocèse d'Annecy, en 1822, il fut nommé chanoine de la nouvelle cathédrale, et successivement chantre, archidiacre, official et grand vicaire. Il mourut, le 24 décembre 1841.

CARRET Alexandre, né à la Compôte, le 10 octobre 1811 ; ordonné prêtre, le 28 mai 1836 ; nommé vicaire à Massingy, le même jour ; professeur au Pont-de-Beauvoisin, en 1838 ; mort, le 23 août 1841.

CARRET Grégoire, né à la Compôte, le 27 octobre 1815 ; ordonné prêtre, le 5 juin 1841 ; nommé vicaire à Bissy, le 1ᵉʳ octobre 1841 ; vicaire à Coise, le 7 janvier 1842 ; vicaire à Yenne, le 10 décembre 1842 ; vicaire à Notre-Dame de Chambéry, le 18 décembre 1847 ; curé de Châteauneuf, le 10 novembre 1855 ; archiprêtre et curé de la Rochette, le 30 mai 1862 ; archiprêtre et curé de Notre-Dame de Chambéry, le 4 septembre 1869 ; décédé, le 14 septembre 1869, âgé de 53 ans 10 mois 17 jours.

CARRET Jean-Baptiste, frère du précédent, né à la Compôte, le 20 décembre 1822 ; ordonné prêtre, le 2 juin 1849 ; nommé vicaire à Novalaise, le 1er septembre 1849 ; vicaire à Maché, le 1er décembre 1850 ; vicaire à Notre-Dame de Chambéry, le 5 décembre 1855 ; curé d'Arith, le 14 avril 1862 ; mort d'une chute de voiture à la descente de Plainpalais, au dessus du Noyer, le 17 mai 1876.

CARRON Jean-Marie, né à Thonon, le 9 mars 1761 ; ordonné prêtre, en 1785 ; était bénéficier de la collégiale de Notre-Dame d'Annecy avant la Révolution. Ayant refusé toute compromission avec celle-ci, il émigra, en 1793. Après le rétablissement du culte, il fut nommé curé d'Annecy-le-Vieux, le 21 août 1803 ; curé de Valleiry, le 1er juin 1813 ; sa mort eut lieu, le 28 avril 1819.

CARTIER Antoine, né à Chignin, le 28 mars 1867 ; ordonné prêtre, le 23 mai 1891 ; nommé professeur au collège de Rumilly, la même année.

CASSET François, né aux Marches, le 1er décembre 1810 ; ordonné prêtre, le 9 juin 1838 ; nommé vicaire à Barberaz, le 1er août 1838 ; frappé de paralysie, au mois de juin 1841 ; mort, le 21 janvier 1848, âgé de 37 ans 1 mois 20 jours.

CATHELIN Jacques, né à Ayn, en 1854 ; ordonné prêtre, le 7 juin 1879 ; mort, en septembre de la même année.

CATHELIN Joseph, né à Chindrieux, le 21 juin 1777 ; ordonné prêtre, le 13 août 1809 ; nommé de vicaire à la Clusaz curé à Bellecombe (Tarentaise), le 10 septembre

1813 ; curé de Meyrieux, le 1er mars 1816 ; mort, le 4 mai 1847.

CATHIARD Étienne, né à Arith, le 23 septembre 1766 ; ordonné prêtre, en 1790 ; était vicaire à Féterne, en 1792. Il refusa d'adhérer aux exigences schismatiques de la Révolution, et émigra, en 1793. Après le rétablissement du culte, il fut nommé curé de Versoix, le 20 août 1806 ; curé de Cordon, en 1810. Il mourut, en 1839.

CATHIARD François, né à Arith, le 3 novembre 1743 ; était étudiant à Avignon, en 1764. Ordonné prêtre, en 1767, il occupait le poste de curé de Chanaz en Chautagne, en 1792. Il refusa d'acquiescer aux exigences schismatiques de la Révolution, émigra et revint bientôt comme missionnaire dans la contrée. Après le rétablissement du culte, il fut nommé curé de Nonglard, le 2 juin 1804, et ensuite curé de Bluffy.

CATHIARD Jean-Baptiste, né à Leschaux en Genevois, le 16 juillet 1786 ; ordonné prêtre, le 21 décembre 1816 ; nommé vicaire à Manigod, le 6 janvier 1817 ; curé d'Araches le 1er avril 1819 ; archiprêtre et curé du Châtelard, le 12 avril 1822 ; mort, le 26 juillet 1854, âgé de 68 ans 10 jours.

CATTIN Jean-Louis, né à Sonnaz, le 26 juillet 1843 ; ordonné prêtre, le 15 juin 1867 ; nommé vicaire à Saint-Alban, le 1er juillet 1867 ; vicaire à Sonnaz, en 1873 ; curé du Mont-du-Chat, le 1er septembre 1875 ; curé de la Bauche, le 15 avril 1878 ; archiprêtre et curé des Echelles, le 3 mars 1883.

CESSENS Pierre-François, né à Lornay, le 22 janvier 1807 ; ordonné prêtre, le 24 juillet 1831 ; nommé vicaire à Novalaise, le 24 juillet 1831 ; et successivement à Montmélian, aux Déserts, à Maché ; enfin excorporé et parti pour le Brésil, le 18 avril 1838.

CHABERT Alphonse, né à Cusy, le 15 juin 1859 ; ordonné prêtre, le 30 mai 1885 ; nommé vicaire à Domessin, le 1ᵉʳ novembre 1885 ; vicaire à Saint-François de Sales de Chambéry, en septembre 1889.

CHABERT Claude, né à Thoiry, le 24 novembre 1808 ; ordonné prêtre, le 10 mars 1838 ; nommé vicaire à Entremont-le-Vieux, le 15 mars 1838 ; vicaire à Domessin, le 28 juin 1838 ; vicaire à la Motte-Servolex, le 28 juin 1842 ; curé de Grésin, le 27 août 1847 ; mort, le 15 février 1886.

CHABERT Jean-Claude, né à Cusy, le 30 novembre 1790 ; ordonné prêtre, le 4 janvier 1818 ; nommé vicaire à Ugines, le 20 janvier 1818 ; curé de Chainaz, le 1ᵉʳ mars 1820 ; curé de Saint-Alban de Montbel, le 1ᵉʳ juillet 1839 ; mort, le 17 mars 1859, âgé de 68 ans 3 mois 17 jours.

CHABERT Guillaume, né à Chainaz, le 19 avril 1751 ; ordonné prêtre, en 1774 ; était vicaire, en 1792. Après la Révolution, il fut nommé curé de Lovagny, le 10 août 1803 ; curé d'Aviernoz, le 5 octobre 1814. Il mourut, le 31 mars 1816.

CHABERT Louis-Marie, né à Cusy, le 8 août 1837 ; ordonné prêtre, le 21 septembre 1861 ; nommé vicaire à Entremont-le-Vieux, le 30 octobre 1861 ; vicaire à Rumilly, le 24 juin 1862 ; curé de Saint-Cassien, le 27 décembre 1869 ; archiprêtre et curé du Châtelard, le 21 mai 1878 ; archiprêtre et curé de Saint-Pierre d'Albigny, le 17 mai 1888.

CHABERT Lucien, né à Cusy, le 15 octobre 1848 ; ordonné prêtre, le 10 juin 1876 ; nommé vicaire à Grésy-sur-Aix, le 1ᵉʳ juillet 1876 ; curé d'Aiguebelette, le 6 avril 1886 ; curé d'École, le 1ᵉʳ février 1889.

CHABERT Pierre, né à Albens, le 21 août 1758 ; ordonné prêtre, en 1785 ; était vicaire à Moye, en 1792.

Après la Révolution, il fut nommé curé de Mognard, le 24 mai 1803, et mourut, le 22 janvier 1830.

CHAFFARD Honoré, né à la Compôte, le 7 septembre 1813 ; ordonné prêtre, le 11 mars 1837 ; nommé professeur de philosophie au grand séminaire de Chambéry, le 15 mars 1837 ; professeur de théologie, le 1er novembre 1847 ; vice-official diocésain, le 25 novembre 1847 ; chanoine honoraire, le 4 novembre 1850 ; promoteur du diocèse, le 15 novembre 1850 ; retiré, le 10 avril 1862 ; mort, en pardonnant à ses ennemis, à Saint-Pierre de Soucy, le 19 janvier 1880.

CHAFFARD Jean-François, frère du précédent, né à la Compôte, le 10 décembre 1827 ; ordonné prêtre, le 21 mai 1853 ; nommé vicaire à Arith, le 20 juin 1853 ; mort, le 15 janvier 1855, âgé de 27 ans 7 mois 5 jours.

CHAFFAROD Jean-Baptiste, né à Chambéry, le 25 mai 1749 ; ordonné prêtre, en 1776 ; chartreux de Saint-Hugon, en 1792 ; nommé curé de Montailleur, en 1836.

CHAISAZ François, né à Saint-Pierre d'Albigny, le 17 mai 1839 ; ordonné prêtre, le 10 juin 1865 ; nommé vicaire à Saint-Paul, le 14 juillet 1865 ; vicaire à Bellecombe, le 11 novembre 1865 ; vicaire à Aix-les Bains, le 11 mai 1867 ; vicaire à Notre-Dame de Chambéry, le 27 novembre 1869 ; aumônier du Pensionnat des Frères de la Motte-Servolex, en 1871.

CHALANDARD Marin, né à Ruffieux, le 17 septembre 1844 ; ordonné prêtre, le 16 juillet 1871 ; nommé vicaire à Entremont-le-Vieux, le 23 septembre 1871 ; vicaire à Saint-Jean de la Porte, le 10 septembre 1874 ; vicaire à Saint-Alban, le 14 novembre 1876 ; curé d'Ontex, le 15 décembre 1877 ; curé de Chanaz, le 20 septembre 1888.

CHAMBRE (Joseph-Marie de la), né le 28 octobre

1754 ; ordonné prêtre, en 1799 ; nommé chanoine honoraire de la cathédrale de Chambéry, aumônier de la Charité, en 1803.

CHAMOUSSET Benoît, né à Chambéry, le 3 mars 1847 ; ordonné prêtre, le 16 mars 1872 ; nommé vicaire au Châtelard, le 20 avril 1872 ; vicaire à Albens, le 22 septembre 1872 ; sous-directeur à la Maîtrise, le 1er mai 1873 ; curé de Jongieux, le 1er février 1878 ; directeur de la Maîtrise, en 1884.

CHAMOUSSET Charles, né à Saint-Michel de Maurienne, le 20 novembre 1813 ; ordonné prêtre, le 11 mars 1837 ; nommé vicaire à Grésy-sur-Isère, le 1er avril 1837 ; vicaire à la Rochette, le 23 juin 1841 ; curé de Cusy, le 19 juin 1846 ; retiré pour cause de maladie, le 1er septembre 1865 ; mort à Saint-Jean de Dieu de Lyon, le 21 avril 1880.

CHAMOUSSET Clément, né au Pont-de-Beauvoisin, le 23 mars 1857 ; ordonné prêtre, le 18 juillet 1881 ; autorisé à remplir les fonctions de vicaire à Monaco ; nommé curé de Layssaud, le 6 octobre 1892.

CHAMOUSSET François-Marie, né à Chambéry, le 31 octobre 1808 ; ordonné prêtre, le 16 juin 1832 ; nommé professeur de physique et de mathématiques au grand séminaire de Chambéry, le 15 octobre 1832 ; chanoine honoraire, le 11 février 1843 ; membre de l'Académie des Sciences, Belles-Lettres et Arts de Savoie, le 8 mai 1840 ; chanoine titulaire, le 21 mai 1847 ; trésorier de l'administration du séminaire, le 6 août 1847 ; vicaire général, le 5 novembre 1850 ; chevalier de la Légion d'honneur, le 29 août 1860 ; retiré en 1873, après la mort de S. E. Mgr Billiet ; mort, à sa campagne de la Ravoire, le 23 mai 1882.

CHAMPIOT Amédée, né à Arvillard, le 2 juin 1740 ;

ordonné prêtre, en 1766 ; résidant à Saint-Sulpice de Maurienne, après la Révolution ; mort, en janvier 1812.

CHANET Pierre-André, né au Pont-de-Beauvoisin, le 14 avril 1820 ; ordonné prêtre, le 20 décembre 1845 ; nommé vicaire à Bellecombe, le 5 janvier 1846 ; vicaire à Maché, le 31 mars 1847 ; professeur de grammaire au collège national de Chambéry, le 25 novembre 1848 ; mort, en prenant un bain dans le lac du Bourget, le 28 juillet 1853, à l'âge de 32 ans 2 mois 14 jours.

CHANVILLARD François, né à Saint-Offenge-Dessus, le 22 février 1857 ; ordonné prêtre, le 19 mai 1883 ; nommé vicaire aux Déserts, le 6 juin suivant ; vicaire à Étable, le 17 octobre 1886 ; vicaire à Massingy, le 15 juin 1890.

CHAPELLAZ Pierre, né à Jarrier de Maurienne, le 11 novembre 1764 ; ordonné prêtre, en 1774 ; nommé curé d'Hurtières, le 21 décembre 1803 ; et successivement curé de Saint-Léger, d'Avrieux, enfin de Villaroux, le 1er octobre 1825.

CHAPELLE Antoine, né au Pont-de-Beauvoisin, le 13 septembre 1844 ; ordonné prêtre, le 11 juin 1870 ; nommé vicaire à Vimines, le 4 juillet 1870 ; vicaire à Maché, le 6 mai 1871 ; entré chez les Chartreux, en octobre 1873 ; agrégé depuis au diocèse de Grenoble, où il a desservi, comme curé, plusieurs paroisses.

CHAPELLE Joseph, né à Rumilly, le 19 juin 1799 ; ordonné prêtre, le 1er juin 1822 ; entré chez les Capucins de la province de Savoie et reçu profès à Châtillon, en 1818 ; sécularisé au mois de janvier 1840 ; nommé curé de Trivier, le 24 décembre 1841 ; mort, le 14 juin 1856, à l'âge de 66 ans 11 mois 25 jours.

CHAPELLET Denis, né à la Table, le 14 octobre 1746 ; ordonné prêtre, en 1771 ; nommé curé à Presle, le 10 août 1803 ; mort, le 15 août 1816.

CHAPPERON Robert, né à Chambéry, le 6 juillet 1787 ; ordonné prêtre, le 17 mai 1811 ; nommé vicaire à Rumilly, le 2 août 1811 ; curé des Marches, le 20 janvier 1815 ; vice-archiprêtre, le 12 février 1841 ; mort, le 15 juillet 1860, à 73 ans 19 jours.

CHARBONNIER Pierre, né à Apremont, le 15 juillet 1811 ; ordonné prêtre, le 14 mars 1835 ; nommé vicaire au Betonet, le 18 mars 1835 ; vicaire aux Échelles, le 15 mars 1836 ; vicaire à Maché, le 20 mars 1840 ; missionnaire diocésain, le 10 septembre 1840 ; curé de la Bridoire, le 23 juin 1842 ; aumônier des Sœurs de Saint-Joseph, le 18 mars 1859 ; curé de Saint-Alban, le 1er janvier 1866 ; archiprêtre-curé de Montmélian, le 20 février 1868 ; chanoine titulaire, le 15 avril 1876, et mort, en janvier 1893.

CHARDON Claude, né à Alby-sur-Cheran, le 20 avril 1726 ; ordonné prêtre, en 1754 ; était curé de Bonneguête, avant la Révolution. Après celle-ci, il fut nommé curé de Saint-Girod, le 10 août 1803, et mourut, le 28 mai 1808.

CHARLES Pierre-Marie, né à Novalaise, le 2 janvier 1862 ; ordonné prêtre, le 19 décembre 1885 ; nommé professeur au petit séminaire du Pont-de-Beauvoisin, la même année ; vicaire à Saint-Alban, le 6 octobre 1892.

CHARMOND (Jean-Joseph-Marie de), né à Saint-Antoine du Dauphiné, le 5 août 1736 ; ordonné prêtre, le 11 mars 1769 ; nommé curé de Saint-Pierre de Genebroz, le 10 août 1803.

CHARPIN Jean-Pierre, né à Étable, le 20 septembre 1862 ; ordonné prêtre, le 4 juin 1887 ; mort quelques mois après son ordination.

CHARPINE Claude-François, né à Rumilly, le 18 octobre 1736 ; ordonné prêtre, en 1760 ; était chanoine de la collégiale de Notre-Dame d'Annecy, avant 1792. Il émigra en 1793. Après la Révolution, il résida à Annecy, et mourut à l'hôpital de cette ville, le 23 août 1820, âgé de 84 ans.

CHARPINE Jules, né à Nances, le 21 mars 1866 ; ordonné prêtre, le 23 mai 1891 ; nommé surveillant au petit séminaire de Saint-Pierre d'Albigny, la même année ; vicaire à Cusy, le 6 octobre 1892.

CHARROT Charles, né à Châteauneuf, le 1er juillet 1814 ; ordonné prêtre, le 10 mars 1838 ; nommé vicaire à Montmélian, le 12 mars 1838 ; vicaire à Maché, le 26 mai 1842 ; curé de Saint-Maurice de Rotherens, le 11 octobre 1847 ; mort, le 2 mars 1889.

CHARROT François, né à Châteauneuf, le 27 juin 1807 ; ordonné prêtre, le 9 juin 1838 ; nommé vicaire à la Motte-Servolex, le 14 août 1838 ; vicaire à Lémenc, le 7 décembre 1838 ; vicaire au Pont-de-Beauvoisin, le 20 octobre 1839 ; retiré dans sa famille, malade, le 10 janvier 1840 ; nommé vicaire aux Échelles, le 25 juin 1840 ; entré chez les Jésuites, le 28 mai 1841 ; nommé vicaire à la Motte-Servolex, le 2 décembre 1842 ; vicaire à Cruet, le 4 février 1844 ; aumônier des Frères de la Sainte-Famille à Belley, le 6 avril 1849 ; vicaire à Cruet, le 23 juillet 1849 ; retiré chez lui, le 1er décembre 1849 ; nommé aumônier du Noviciat des Frères de l'École chrétienne à Chambéry, le 5 septembre 1853 ; retiré à Chambéry, en 1860 ; retiré à Châteauneuf, en 1866 ; retiré à Myans, en 1870.

CHARVET Anthelme-Michel, né à Saint-Franc, le 28 avril 1840 ; ordonné prêtre, le 8 juillet 1866 ; nommé vicaire à Chindrieux, le 18 août 1866 ; curé de Saint-Pierre d'Alvey, le 4 juillet 1872 ; curé de Chanaz, le 1er avril 1879 ; curé de Voglans, en 1888.

CHARVET Jean, né à la Chapelle-Blanche, le 22 décembre 1755 ; ordonné prêtre, en 1783 ; nommé curé de la Chapelle-Blanche, le 5 mars 1804, faisant en même temps l'office de curé de Villaroux ; mort, le 24 août 1825.

CHARVET Jules, né à Saint-Franc, le 6 avril 1854 ; ordonné prêtre, le 18 juillet 1881 ; nommé vicaire à Ruffieux, le 10 septembre 1881 ; vicaire à Entremont-le-Vieux, le 10 novembre 1884 ; retiré pour cause de maladie, en 1886.

CHATAGNAT Pierre, né à Rumilly, le 17 octobre 1806 ; ordonné prêtre, le 17 mars 1832 ; nommé vicaire au Châtelard, le 1ᵉʳ avril 1832 ; curé d'Aiguebelette, le 13 novembre 1835 ; curé de Cessens, le 14 décembre 1845 ; mort d'hydropisie, le 26 août 1858, à l'âge de 51 ans 10 mois 9 jours.

CHATEL Alphonse, né à Saint-Félix, le 27 août 1843 ; ordonné prêtre, le 29 juin 1869 ; nommé professeur au petit séminaire de Saint-Pierre d'Albigny, le 1ᵉʳ octobre 1869 ; mort à Saint-Félix, le 10 mai 1870, à 26 ans 8 mois 11 jours.

CHATEL Claude, né à Saint-Félix, vers 1824. Autorisé à entrer chez les Maristes par lettres du 7 décembre 1848 ; devenu prêtre, il a rempli constamment les plus hautes fonctions dans la congrégation, soit comme professeur, soit comme prédicateur.

CHATEL Marie-Nicolas, né à Cluses, le 4 mai 1806 ; ordonné prêtre, le 15 mars 1834 ; nommé vicaire de Mouxy, la même année ; mort, le 6 janvier 1841.

CHATELARD François-Marie, né au Praz de Megève, le 1ᵉʳ octobre 1787 ; ordonné prêtre, le 1ᵉʳ août 1812 ; nommé vicaire à Manigod, le 10 août 1812 ; vicaire à Aime, le 20 octobre 1813 ; curé d'Hauteluce, le 15 octobre 1816 ; prêtre auxiliaire dans le diocèse de Versailles, en 1820 ; retiré à Saint-Benoît de Chambéry, en 1866 ; mort, le 31 mars 1871, à l'âge de 83 ans 5 mois 29 jours.

CHAUTEN Toussain, né aux Échelles, en 1858 ; ordonné prêtre, le 19 mai 1883 ; autorisé à remplir la fonction de précepteur dans une famille particulière, la même année ; nommé vicaire à Serrières, le 29 janvier 1885 ; vicaire à Cruet, le 28 juillet 1886 ; vicaire à Vimines, le 25 août 1889 ; curé de Saint-Jean de Couz, le 1er février 1892.

CHAVANEL Charles, né à Marigny, le 27 juin 1827 ; ordonné prêtre, le 21 mai 1853 ; nommé professeur au petit séminaire de Rumilly, le 4 novembre 1855 ; aumônier de l'École normale, le 1er novembre 1867 ; retiré, le 1er mars 1878 ; nommé surveillant au collège de Rumilly, en avril 1879 ; retiré de nouveau, en septembre 1879.

CHAVANEL Jacques, né à Moye, le 6 septembre 1806 ; ordonné prêtre, le 14 mars 1835 ; nommé vicaire à Cruet, le 20 mars 1835 ; vicaire à Marigny, le 1er août 1838 ; missionnaire à Myans, le 1er septembre 1842 ; curé de Jarsy, le 15 avril 1845 ; curé de Massingy, le 5 avril 1853 ; mort, le 1er avril 1888.

CHAVASSE Jean-Baptiste, né aux Échelles, le 18 septembre 1865 ; ordonné prêtre, le 11 juin 1892 ; nommé vicaire à Chindrieux, le 6 octobre 1892.

CHAVIN Jean-Célestin, né aux Rousses (Franche-Comté), le 14 avril 1792 ; ordonné prêtre, le 22 mars 1817 ; nommé curé de Pugny, le 1er juillet 1819.

CHENAL Claude-François, né à Rumilly, le 1er septembre 1825 ; ordonné prêtre, le 22 décembre 1849 ; nommé vicaire à Cruet, le 24 décembre 1849 ; professeur de grammaire à Rumilly, le 1er mars 1851 ; professeur de rhétorique au même établissement, le 15 octobre 1856 ; précepteur chez M. le marquis Costa de Beauregard, le 5 janvier 1858 ; aumônier des Frères des écoles chrétiennes, le 1er mai 1864 ; aumônier de la Charité, le 20 août 1869 ;

retiré pour cause de maladie, le 18 mai 1870 ; aumônier-adjoint à l'Orphelinat de garçons du Bocage, à Chambéry, en 1870 ; mort, le 13 mai 1885.

CHENAL Hyacinthe, né à Rumilly ; autorisé à entrer dans la congrégation du Saint-Esprit, par lettres du 4 février 1849.

CHENAL Maurice, né à Annecy-le-Vieux, le 12 mars 1764 ; ordonné prêtre, en 1790 ; était vicaire de Passy, en 1792. Arrêté dans les environs de Mûres, à la fin de 1794 ou au commencement de 1795, il confessa noblement sa foi et fut conduit dans les prisons de Chambéry. Après la Révolution, il fut nommé successivement curé de Saint-Offenge, le 7 septembre 1804 ; curé de Vanzy, le 2 avril 1814 ; curé de Saint-Jean de Couz, le 1er octobre 1823 ; en outre, curé d'Aviernoz et de Puygros. Il fut excorporé du diocèse de Chambéry, le 7 septembre 1825.

CHEVALIER Jean-Pierre, né à Chambéry, le 18 juillet 1745 ; ordonné prêtre, en 1768 ; professeur de théologie au collège royal de Chambéry, censeur royal, vice-réformateur et visiteur des collèges en Savoie, avant la Révolution ; refusa tout serment et émigra. Après l'arrivée de Mgr des Moustiers de Mérinville à Chambéry, il fut nommé chanoine titulaire de la cathédrale de Chambéry, en 1803. Sa mort eut lieu, le 28 mars 1817.

CHEVALIER Pierre-Marie, né à Chaumont, le 18 juin 1790 ; ordonné prêtre, le 17 décembre 1814 ; nommé vicaire à Cluses, le 10 janvier 1815 ; vicaire à Genève, le 5 janvier 1816 ; professeur de 3e au petit séminaire de Saint-Louis du Mont, le 1er juin 1816 ; vicaire à Saint-François de Sales de Chambéry, le 1er octobre 1816 ; curé et archiprêtre de Saint-Jean d'Arvey, le 14 octobre 1820 ; retiré, le 18 octobre 1861 ; chanoine honoraire, le 26 juillet

1862; mort, à Saint-Jean d'Arvey, le 28 janvier 1863, à l'âge de 72 ans 7 mois 10 jours.

CHEVRAY Jacques, né à la Côte-d'Aime (Tarentaise), le 9 avril 1795; ordonné prêtre, le 5 juin 1819; nommé vicaire-régent à Saint-Jean de Belleville, le 20 juin 1819; vicaire à Aime, le 20 avril 1820; curé de Naves-Fontaines, le 10 octobre 1821; supérieur du petit séminaire et préfet du collège de Conflans, le 1er octobre 1823; secrétaire de Mgr Bigex, le 7 septembre 1825; chancelier de l'évêque de Tarentaise, le 27 octobre 1826; chanoine honoraire de Moûtiers, le 3 février 1827; chancelier de l'archevêque de Chambéry, le 21 avril 1828; chanoine honoraire de Chambéry, le 24 juin 1828; chanoine titulaire, le 1er avril 1829; promoteur de l'officialité diocésaine, le 21 avril 1833; promoteur métropolitain, le 7 juillet 1840; doyen du Chapitre, le 16 mai 1850; chevalier de l'Ordre des SS. Maurice et Lazare, en 1857; official diocésain, le 17 mai 1858; archidiacre du Chapitre, en mai 1854; prévôt, le 16 décembre 1859; mort à Paris, le 23 mai 1860, à l'âge de 65 ans 1 mois 14 jours.

CHEVRON Noël-Joseph, né à Barberaz, le 8 mars 1834; ordonné prêtre, le 20 septembre 1862; nommé professeur au petit séminaire du Pont-de-Beauvoisin, le 3 novembre 1862; curé de Saint-Jean d'Arvey, le 1er septembre 1871; curé de Lépin, le 16 novembre 1883.

CHEVRON Charles, né à Barberaz, le 5 septembre 1865; ordonné prêtre, le 23 mai 1891; nommé surveillant au petit séminaire du Pont-de-Beauvoisin, la même année; professeur au même établissement, en 1892.

CHIPRE Joseph, né à Clarafond, le 9 octobre 1784; ordonné prêtre, le 17 mai 1811; nommé curé de Vanzy, le 20 avril 1816.

CHIRPAZ Auguste-François, né à Saint-Franc, le 8

mars 1840 ; ordonné prêtre, le 6 juin 1868 ; nommé professeur au petit séminaire du Pont-de-Beauvoisin, le 1er octobre 1868 ; retiré pour cause de maladie, le 25 avril 1870 ; mort, le 19 novembre 1870, à l'âge de 30 ans 8 mois 11 jours.

CHOULET Jacques, né à Grésy-sur-Aix, le 8 février 1847 ; ordonné prêtre, le 12 juillet 1874 ; nommé professeur à Rumilly, en octobre 1874 ; curé de Lornay, le 13 avril 1887 ; curé de la Bridoire, le 25 juin 1888.

CHOULET Marie-Félix, né à Grésy-sur-Aix, en 1848 ; entré dans la congrégation des Missions étrangères ; autorisé à recevoir les ordres mineurs au séminaire de la congrégation, par lettres testimoniales du 29 août 1878 ; parti pour la mission de Mandchourie, le 1er septembre 1880.

CHUIT Joseph, né à Morzine, le 1er octobre 1785 ; ordonné prêtre, le 19 octobre 1809 ; nommé professeur d'humanités et de rhétorique au collège de Rumilly, le 2 janvier 1809 ; vicaire à la Motte-Servolex, le 15 octobre 1813 ; professeur de rhétorique au collège royal de Chambéry, le 3 mai 1816 jusqu'en 1826 ; chanoine titulaire de la Métropole, le 26 mars 1826 ; membre effectif de la Société royale académique de Savoie, le 1er avril 1826 ; aumônier des Sœurs de Saint-Joseph, le 9 septembre 1828 jusqu'en 1845 ; doyen du Chapitre, le 11 mai 1847 ; archidiacre du Chapitre, le 16 mai 1850 ; mort, le 4 mai 1854, âgé de 68 ans 7 mois 3 jours.

CLARET Jacques, né à Saint-Pierre d'Entremont ; autorisé à entrer en religion à la Chartreuse de Mougères, par lettres du 7 octobre 1874.

CLAVEL Louis-Joseph, né à Saint-Pierre d'Albigny, le 25 mai 1803 ; ordonné prêtre, le 6 mars 1826 ; nommé vicaire à Notre-Dame de Chambéry, le 10 mars 1826 ; malade et retiré chez lui, le 15 février 1833 ; nommé aumônier de l'Hôtel-Dieu de Chambéry, le 10 mai 1850 ; mort, le 4 novembre 1850, âgé de 47 ans 5 mois 9 jours.

CLERC Antoine, né à Jarsy, le 27 mai 1812 ; ordonné prêtre, le 5 juin 1841 ; nommé vicaire à Barberaz, le 23 juin 1841 ; curé de Saint-Ours, le 28 octobre 1852 ; curé de Bellecombe, le 12 juillet 1857 ; mort, le 24 octobre 1862, à l'âge de 50 ans 4 mois 27 jours.

CLERC Jacques-François, né à Trévignin, le 6 janvier 1849 ; ordonné prêtre, le 26 mai 1877 ; nommé vicaire à Saint-Offenge-Dessous, le 20 juillet 1877 ; vicaire à École, le 28 octobre 1878 ; vicaire à Arvillard, le 15 juin 1882 ; curé de Verthemex, le 9 décembre 1887.

CLERC Louis, né à Saint-Germain, en 1849 ; ordonné prêtre, le 12 juillet 1874 ; nommé vicaire à Entremont-le-Vieux, le 10 septembre 1874 ; vicaire à Sonnaz, le 1er octobre 1875 ; mort, le 25 décembre 1875.

CLERC Noël, né à Rumilly, le 4 mars 1796 ; ordonné prêtre, le 5 juin 1819 ; nommé curé d'Aillon-le-Vieux, le 18 décembre 1821 ; curé de la Compôte, le 1er septembre 1822 ; curé de Myans, le 1er octobre 1825 ; mort, le 28 avril 1830.

CLERC-RENAUD François-Claude, né à Mognard, le 10 janvier 1861 ; ordonné prêtre, le 19 juin 1886 ; autorisé à remplir la fonction de précepteur à l'étranger ; nommé professeur à l'Externat de Saint-François de Chambéry, en 1888.

CLERC-RENAUD Maurice, né à Mognard, en 1850 ; ordonné prêtre, le 18 juillet 1875 ; nommé professeur au petit séminaire du Pont-de-Beauvoisin, le 1er octobre 1875 ; curé de Belmont, le 13 octobre 1890.

COCHET Joseph, né à Marigny, le 3 décembre 1857 ; ordonné prêtre, le 30 mai 1885 ; nommé vicaire à Saint-Jean de la Porte, le 24 octobre de la même année ; vicaire à Ruffieux, le 14 janvier 1889; vicaire à Novalaise, le 26 septembre 1890.

COLLET Joseph, né à Saint-Pierre d'Albigny, le 22 février 1811; ordonné prêtre, le 5 juin 1841; nommé professeur au petit séminaire de Saint-Pierre d'Albigny, le 10 juin 1841; curé de Plancherine, le 1er avril 1856; mort, le 30 septembre 1861, âgé de 50 ans 7 mois 8 jours.

COLLET Victor, né à Massingy, en 1856; ordonné prêtre, le 3 juin 1882; entré dans la congrégation des Missionnaires de Myans, la même année.

COLLOMB Fabien, né à Rumilly, le 8 octobre 1865; ordonné prêtre, le 11 juin 1889; nommé professeur au collège de Rumilly, la même année.

COLLOMB François, né à Rumilly, le 31 octobre 1831; ordonné prêtre, le 22 décembre 1855; nommé vicaire à Thoiry, le 5 janvier 1856; nommé professeur de grammaire au petit séminaire du Pont-de-Beauvoisin, le 15 octobre 1856; vicaire à Lémenc, le 1er août 1857; vicaire à la Motte-Servolex, le 17 août 1859; entré à la Grande-Chartreuse, le 18 novembre 1859; nommé vicaire à Thoiry, le 10 novembre 1860; vicaire à Massingy, le 9 décembre 1861; curé de Saint-Martin du Villard, le 1er mai 1863; mort, le 24 mars 1869, à l'âge de 37 ans 4 mois 23 jours.

COLLOMB François, né à Dulin, le 13 avril 1853; ordonné prêtre, le 18 juillet 1881; nommé vicaire aux Échelles, le 20 octobre de la même année; vicaire à Grésy-sur-Isère, le 15 juillet 1887; curé de Doucy, le 6 octobre 1892.

COLLOMB Jean-Claude, né à Cessens, le 17 novembre 1797; ordonné prêtre, le 30 juillet 1820; nommé vicaire à Aix-les-Bains, le 28 octobre 1820; curé de Serrières, le 28 août 1826; curé de Saint-Alban, le 16 mai

1832 ; mort d'apoplexie à Chambéry, le 9 mars 1853, à l'âge de 55 ans 3 mois 22 jours.

COLLOMB Jean-Marie, né à Épersy, le 12 mai 1866 ; ordonné prêtre, le 23 mai 1891 ; nommé vicaire à Cruet, en novembre de la même année ; vicaire à Bellecombe, le 7 juillet 1893.

COLLOMB Thomas, né à Rumilly, le 28 décembre 1769 ; ordonné prêtre à Turin, par Mgr Paget, le 27 septembre 1793 ; refusa de prêter le serment exigé des ecclésiastiques par les révolutionnaires, émigra d'abord, puis rentra comme missionnaire à Rumilly, en 1797. Arrêté quelque temps après, emprisonné à l'archevêché de Chambéry, il s'évada en passant par une fenêtre et par dessus les murs de clôture du jardin. Après le rétablissement du culte, il fut nommé vicaire à Rumilly, en 1803 ; supérieur du petit séminaire de Rumilly, en 1808 ; curé de Lornay, le 21 septembre 1809 ; curé de Ruffieux, en mai 1811 ; archiprêtre-curé d'Aix-les-Bains, le 1er novembre 1818 ; chanoine titulaire de la Métropole, le 24 août 1835 ; décédé, le 1er mars 1847. Par son testament clos du 4 juin 1841, il légua 2,000 francs au Chapitre pour un service annuel ; 1,200 francs au supérieur du petit séminaire de Rumilly pour une messe hebdomadaire ; il institua ledit petit séminaire son héritier en la personne de l'archevêque.

COLLONGE Joseph-Marie, né à Rumilly, le 16 avril 1848 ; ordonné prêtre, le 7 juillet 1872 ; nommé vicaire à Vimines, le 30 août 1872 ; professeur de grammaire au collège de Rumilly, le 9 septembre 1873 ; aumônier de l'École normale de Rumilly, le 1er septembre 1879 ; aumônier de la Visitation de Chambéry, en 1885.

COMBAZ Jean-Claude, né à Saint-Beron, en 1856 ; entré dans la congrégation des Missions étrangères ;

parti pour la mission du Japon méridional, le 10 décembre 1880 ; professeur au grand séminaire de Nangasaki.

COMOZ Anthelme-Jean-Maurice, né à Boussy (Haute-Savoie), le 4 février 1845 ; ordonné prêtre, le 6 juin 1868 ; nommé vicaire au Bourget-du-Lac, le 4 juillet 1868 ; vicaire à Aix-les-Bains, le 18 septembre 1871 ; vicaire à Maché, le 6 octobre 1873 ; curé de la Balme, le 1ᵉʳ juin 1877 ; curé de Bassens, le 24 août 1888.

COPPIER Jean-François, né à la Chapelle d'Abondance, le 23 janvier 1737 ; ordonné prêtre, en 1762 ; était curé de Saint-Félix, avant la Révolution. Émigré en 1793, il rentra dans cette paroisse en 1797. Au rétablissement du culte, il y fut de nouveau nommé curé, le 10 août 1803, et y mourut, le 3 mai 1812.

CORNILLAC François, né à Mieussy, le 7 mars 1763 ; ordonné prêtre, en 1788 ; nommé curé de Saint-Jean d'Arvey, le 12 septembre 1803 ; curé de Mouxy, le 15 octobre 1820 ; retraité en 1841 ; mort, le 28 juillet 1839.

CORNILLAC Gervais, né à Mieussy, le 8 octobre 1790 ; ordonné prêtre, le 30 juillet 1820 ; nommé vicaire à Onnion, le 10 août 1820 ; curé de Saint-Félix, le 2 juillet 1822 ; curé de Trévignin, le 23 février 1848 ; retraité, le 23 janvier 1851 ; mort, le 14 juin 1871, à l'âge de 80 ans 8 mois 6 jours.

COSTA DE BEAUREGARD Adolphe-Camille-Jean-Marie, né à Chambéry, le 17 février 1841 ; ordonné prêtre, à Rome, le 26 mai 1866 ; aumônier-directeur de l'Orphelinat de garçons du Bocage, à Chambéry, créé et fondé par lui, en 1867 ; nommé chanoine honoraire la même année.

COTTAREL Pierre, né à Loisieux, le 25 juin 1849 ; ordonné prêtre, le 18 juillet 1875 ; nommé vicaire à Arvillard, 1ᵉʳ août 1875 ; vicaire à Saint-Alban, le 1ᵉʳ novembre 1879 ; curé de Rochefort, le 15 mars 1884 ; curé d'Oncin, en novembre 1891.

COTTIN Jean-Baptiste, né à Motz, le 5 novembre 1764 ; ordonné prêtre, en 1791 ; était vicaire à Groisy en Bornes, en 1792. Ayant refusé de prêter le serment civique à la Révolution, il émigra en 1793, rentra en 1795, et exerça le saint ministère en qualité de missionnaire dans les Bornes. Après le rétablissement du culte, il fut d'abord nommé curé de Versoix, puis curé de Cernex, où il mourut, le 14 octobre 1807.

COTTIN Marie, né à Motz, le 8 avril 1830 ; ordonné prêtre, le 20 décembre 1856 ; nommé professeur au petit séminaire du Pont-de-Beauvoisin, le 1ᵉʳ novembre 1856 ; vicaire au Pont-de-Beauvoisin, le 16 janvier 1870 ; curé de Domessin, le 23 mars 1871 ; mort, le 26 mai 1893.

COUDURIER Jules-Antoine, né à Saint-Pierre d'Albigny, le 13 avril 1820 ; ordonné prêtre, le 6 juin 1846 ; nommé vicaire à Saint-Félix, le 23 juillet 1846 ; professeur de grammaire au petit séminaire du Pont-de-Beauvoisin, le 1ᵉʳ novembre 1847 ; professeur de la classe de français au petit séminaire de Saint-Pierre d'Albigny, le 11 janvier 1849 ; professeur de grammaire latine, le 10 avril 1856 ; curé de Montailleur, le 9 juillet 1853 ; curé de Grésy-sur-Isère, le 15 avril 1878.

COUDURIER Martin, né à Brison, le 28 mars 1746 ; ordonné prêtre, en 1772 ; appartenait à la Sainte-Maison de Thonon, avant la Révolution. Après celle-ci, il fut nommé curé de Scionzier en Faucigny, le 23 août 1803, et mourut, en 1830.

COUDURIER Philibert, né à Tresserve, le 29 janvier 1844 ; ordonné prêtre, le 20 septembre 1873 ; nommé vicaire à Arvillard, le 6 octobre 1873 ; entré chez les

Frères de Saint-Jean de-Dieu, le 1ᵉʳ août 1875 ; parti pour Haïti la même année.

COUDURIER Philibert-Eugène, né à Mouxy ; autorisé à entrer dans l'Ordre de Saint-Jean de Dieu, à Lyon, par lettres testimoniales du 20 mars 1882.

COURTOT Pierre-Alexis, né le 2 août 1757 ; ordonné prêtre, en 1781 ; nommé curé de Saint-Cassien, le 1ᵉʳ décembre 1809.

COUTAZ-MURET Charles, né à Dulin, le 19 avril 1848 ; ordonné prêtre, le 10 juin 1876 ; nommé vicaire à Coise, le 1ᵉʳ août 1876 ; vicaire à Saint-Alban, le 1ᵉʳ octobre 1878 ; professeur au petit séminaire de Saint-Pierre d'Albigny, le 1ᵉʳ novembre 1879 ; vicaire à Héry-sur-Alby, le 22 septembre 1880 ; vicaire à Saint-Jean d'Arvey, en 1882 ; curé de Plancherine, le 1ᵉʳ janvier 1884 ; curé de Saint-Pierre d'Alvey, le 21 novembre 1886.

COUTY Jean-Marie, né à Mognard, le 6 juin 1849 ; ordonné prêtre, le 10 juin 1846 ; nommé vicaire à Serrières, le 1ᵉʳ juillet 1876 ; vicaire à Yenne, le 17 décembre 1881 ; curé de Corbel, le 1ᵉʳ avril 1883 ; curé d'Héry-sur-Alby, le 19 juillet 1890.

CRINEL Alexis, né à Fontcouverte (Maurienne), le 17 septembre 1793 ; ordonné prêtre, le 31 mars 1816 ; nommé curé de la Roche-Cevins, le 15 avril 1818 ; curé de Presle, le 20 septembre 1825.

CROCHON François, né à Montmélian, le 29 janvier 1786 ; ordonné prêtre, le 25 mars 1811 ; nommé de vicaire à Montmélian curé de Saint-Paul-sur-Yenne, le 1ᵉʳ février 1815 ; mort, le 24 mai 1845.

CROISOLLET Joseph-François, né à Rumilly, le 28 juillet 1806 ; ordonné prêtre, le 6 mars 1830 ; nommé vicaire à Yenne, le 12 mars 1830 ; professeur de rhétorique et d'humanités au petit séminaire du Pont-de-

Beauvoisin, le 1er novembre 1830; supérieur du même établissement, le 1er novembre 1833; chanoine honoraire, le 25 juillet 1853; supérieur du collège de Rumilly, le 1er août 1858; chanoine titulaire, le 4 mai 1863; mort, le 9 octobre 1883.

CROLLET Jean-Marie-Albert, né à Chambéry, le 1er juin 1859; autorisé à entrer dans l'Ordre des Frères-Prêcheurs d'Amiens, par lettres du 18 mai 1880.

CROSET Antoine, né à Annecy, le 20 juin 1790; ordonné prêtre, le 4 janvier 1818; nommé vicaire au Châtelard, où il est resté de 1818 à 1819; excorporé à la suite de la création du nouveau diocèse d'Annecy, le 19 mai 1822.

CROZET Pierre-Marie, né à Thorens, le 28 août 1776; ordonné prêtre, en 1807; nommé de vicaire à Chézery curé de Doucy, le 25 août 1813; mort en cette paroisse, le 7 juin 1837.

CUBIT Donat, né à Bellecombe, le 19 décembre 1795; ordonné prêtre, le 27 mars 1819; nommé vicaire à Saint-Thibaud de Couz, le 30 mars 1819; curé de Saint-Jean de Couz, le 19 juillet 1821; curé de Saint-Thibaud, le 6 février 1826; curé de Planaise, le 30 septembre 1854; retiré à Bellecombe, le 1er mars 1862; décédé en cette paroisse, le 20 janvier 1865, à l'âge de 69 ans 1 mois 1 jour.

CUBIT Donat-François, frère du précédent, né à Bellecombe, le 2 octobre 1813; ordonné prêtre, le 19 juillet 1 40; nommé vicaire à Planaise, le 1er août 1840; vicaire au Pont-de-Beauvoisin, le 25 octobre 1840; vicaire à Yenne, le 20 février 1845; retiré pour cause de maladie, le 1er août 1850; nommé curé de Fréterive, le 17 mars 1854; décédé, le 23 avril 1880.

CUBIT Guillaume, frère des précédents, né à Bellecombe, le 13 mai 1807; ordonné prêtre, en juin 1833;

nommé vicaire à la Motte-Servolex, le 10 juin 1833 ; curé de Sainte-Hélène du Lac, le 15 octobre 1839 ; curé de Cléry, le 1ᵉʳ juillet 1846 ; vice-archiprêtre, le 2 novembre 1846 ; archiprêtre et curé d'Albens, le 29 avril 1864 ; mort, le 16 mai 1867, à l'âge de 60 ans 3 jours.

CUBIT Joseph, frère des précédents, né à Bellecombe, le 26 janvier 1804 ; ordonné prêtre, le 31 mai 1828 ; nommé curé de Sainte-Hélène du Lac, le 1ᵉʳ juillet 1846 ; curé de Cruet, le 15 février 1868 ; mort, le 21 décembre 1872, à l'âge de 68 ans 10 mois 25 jours.

CUBIT Joseph-Marie, neveu des précédents, né à Bellecombe, le 23 mai 1837 ; ordonné prêtre, le 21 mai 1864 ; nommé vicaire à Thoiry, le 27 juin 1864 ; vicaire à Massingy, le 4 août 1866 ; vicaire à Saint-Cassien, le 19 novembre 1869 ; curé de Nances, le 1ᵉʳ janvier 1870 ; curé de Fréterive, le 15 mai 1880.

CUBIT Stéphane-Jean-Marie, frère du précédent, né à Bellecombe, le 4 mai 1841 ; ordonné prêtre, le 10 juin 1865 ; nommé vicaire à Héry-sur-Alby, le 20 juin 1865 ; vicaire à Novalaise, le 1ᵉʳ octobre 1865 ; curé de Sainte-Reine, le 1ᵉʳ mai 1872 ; curé de Saint-Pierre de Soucy, le 1ᵉʳ octobre 1880.

CURTET François, né à Drumettaz-Clarafond, le 22 juillet 1864 ; autorisé à entrer dans l'ordre de Saint-Jean de Dieu, par lettres du 15 mars 1880.

CURTELIN Louis-Joseph, né à Grésy-sur-Aix, le 22 janvier 1800 ; ordonné prêtre, le 18 juillet 1823 ; nommé vicaire à Saint-Pierre d'Albigny, le 1ᵉʳ août 1823 ; vicaire à Saint-François de Sales de Chambéry, le 10 septembre 1825 ; curé de Ruffieux, le 10 mai 1829 ; vice-archiprêtre, le 12 février 1841 ; archiprêtre et curé de Saint-Genix, le 4 juillet 1857 ; mort en cette paroisse, le 8 janvier 1876.

CURTELIN Joseph-Louis, né à Grésy-sur-Aix, le 9 juin 1829 ; ordonné prêtre, le 10 juin 1854 ; nommé vicaire à Saint-Innocent, le 5 juillet 1854 ; vicaire à Saint-François de Sales de Chambéry, le 3 janvier 1859 ; vicaire à Saint-Genix, le 30 janvier 1859 ; curé d'Avressieux, le 1er septembre 1871 ; mort en cette paroisse, le 26 décembre 1880.

CURTET Antoine, né à Villaroux, le 13 novembre 1812 ; ordonné prêtre, le 9 juin 1838 ; nommé vicaire à Thoiry, le 25 juin 1838 ; professeur au petit séminaire de Saint-Pierre d'Albigny, le 1er novembre 1839 ; curé de la Chapelle-Blanche, le 15 septembre 1847 ; vice-archiprêtre, le 13 novembre 1869 ; mort, en cette paroisse, le 3 novembre 1885.

CURTET Claude, né aux Échelles, le 14 avril 1752 ; ordonné prêtre, en 1776 ; nommé curé de Bissy, le 10 août 1803 ; mort, le 10 mai 1813.

CURTET Claude, né à Saint-Pierre d'Albigny, vers 1802 ; ordonné prêtre, le 22 septembre 1827 ; nommé économe du petit séminaire de Rumilly, la même année ; supérieur du petit séminaire du Pont-de-Beauvoisin, le 1er octobre 1830 ; entré chez les religieux cisterciens, à Hautecombe, en 1833.

CURTET Isidore, né à Villaroux, le 4 octobre 1780 ; mort, le 4 septembre 1837.

CURTET Jean-François, né à Cognin, le 13 juin 1855 ; ordonné prêtre, le 17 décembre 1881 ; nommé surveillant au petit séminaire de Saint-Pierre d'Albigny, la même année ; professeur de grammaire au même établissement, en 1882 ; vicaire à Cusy, le 21 septembre 1885 ; professeur au collège des Jésuites, à Avignon, le 1er avril 1886.

CURTET Joseph, né à Saint-Jeoire, le 17 septembre 1802 ; ordonné prêtre, le 18 juillet 1830 ; nommé vicaire à la Table, le 25 juillet 1830 ; vicaire à Saint-Vital, le 20 juillet 1832 ; curé de Tournon, le 31 décembre 1836 ; curé de Saint-Paul, le 8 novembre 1853 ; mort, le 21 octobre 1865, à l'âge de 63 ans 1 mois 4 jours.

CURTET Joseph-Auguste, né à Vimines, le 23 février 1839 ; ordonné prêtre, le 29 juin 1869 ; nommé vicaire à Thoiry, le 25 juillet 1869 ; vicaire au Montcel, le 6 octobre 1873 ; retiré par ordre du médecin, le 12 août 1874 ; nommé vicaire aux Déserts, le 1er janvier 1875 ; curé d'Ontex, le 5 avril 1875 ; curé de Saint-Pierre d'Entremont, le 15 décembre 1877 ; curé de Motz, le 23 août 1884 ; curé de Billième, le 20 octobre 1888.

CUSIN Antoine-Cyrille, né au Pont-de-Beauvoisin, le 21 mai 1811 ; ordonné prêtre, le 21 décembre 1833 ; nommé vicaire aux Échelles, le 28 décembre 1833 ; retiré chez lui pour cause de maladie, le 28 septembre 1835 ; nommé vicaire à Domessin, le 15 novembre 1837 ; curé de Belmont, le 1er mai 1838 ; aumônier des Sœurs de Saint-Joseph de Chambéry, le 20 octobre 1845 ; mort, le 21 janvier 1855, à l'âge de 43 ans 8 mois.

CUSIN Jean-Baptiste, frère du précédent, né au Pont-de-Beauvoisin, le 27 septembre 1824 ; ordonné prêtre, le 2 juin 1849 ; nommé vicaire aux Marches, le 11 août de la même année ; vicaire aux Échelles, le 10 juillet 1853 ; curé de la Bridoire, le 14 février 1863 ; vice-archiprêtre, le 21 septembre 1872 ; décédé, le 7 juin 1888.

D

DACQUIN Antoine, né à Chambéry, le 20 octobre 1757 ; ordonné prêtre, en 1782 ; nommé vicaire-régent à Serraval, en 1803 ; ensuite curé de Cohennoz ; mort, le 19 mai 1813.

DACQUIN Jean-Pierre, né à Arbin, le 15 janvier 1819 ; ordonné prêtre, le 10 juin 1843 ; nommé vicaire à Héry-sur-Alby, le 8 juillet 1843 ; vicaire à Lémenc et aumônier du Bon-Pasteur, le 21 octobre 1844 ; précepteur du fils de M. le comte de Maugny, le 18 juin 1848 ; professeur au petit séminaire de Saint-Pierre d'Albigny, le 1er novembre 1849 ; mort, le 2 juin 1851, à 32 ans 4 mois 17 jours.

DAMAISIN Jacques, né à Gerbaix, le 8 septembre 1833 ; autorisé à entrer dans la congrégation des Missionnaires du Saint-Esprit, à Paris, par lettres du 29 avril 1856 ; ordonné prêtre, à Paris, le 29 mai 1858 ; nommé vicaire à Bissy, le 1er août 1858 ; vicaire à Saint-Pierre de Soucy, le 5 décembre 1859 ; vicaire à Bissy, le 15 janvier 1860 ; professeur au petit séminaire de Saint-Pierre d'Albigny, le 20 octobre 1863 ; instituteur chez Mme la comtesse de Maistre, le 1er octobre 1866 ; vicaire à Cruet, le 1er août 1868 ; curé de Frontenex, le 14 novembre 1868 ; curé de Saint-Jeoire, le 1er octobre 1875 ; mort, le 30 novembre 1891.

DANTIN François-Joseph, né à Meyrieux, autorisé à entrer dans la congrégation des Missionnaires de la Salette, par lettres testimoniales de mars 1891.

DARDEL (Mgr Alfred). Voir la première partie de cet ouvrage, page 140.

DARET Pierre-Augustin, né à la Chapelle-Blanche, le 16 juin 1864 ; autorisé à entrer dans l'Ordre de Saint-Jean de Dieu, par lettres du 15 mars 1880.

DARVE Jean-Michel, né à Sainte-Marie de Cuines (Maurienne), le 15 avril 1758 ; ordonné prêtre, en 1781 ; nommé curé d'Hauteville, le 18 août 1809 ; mort, le 3 juin 1818.

DAUDE François, né à Saint-Flour (Auvergne), le 21 février 1766 ; ordonné prêtre, en 1792 ; nommé curé de Saint-Pierre d'Alvey, le 10 août 1803 ; curé de Saint-Martin du Villard, le 20 juin 1821 ; mort, le 14 juillet 1838.

DAUDIN André-Jacques, né à Genève, le 26 avril 1811 ; ordonné prêtre, le 17 décembre 1836 ; nommé vicaire à Jarsy, le 20 décembre 1836 ; vicaire à Tresserve, le 1ᵉʳ octobre 1838 ; vicaire à Bissy, le 15 juillet 1839 ; sous-directeur de la Maîtrise, le 5 juin 1840 ; curé de Saint-Franc, le 18 octobre 1845 ; curé de Marigny, le 22 février 1855 ; mort, le 1ᵉʳ avril 1875.

DAVID Adolphe-Nicolas, né à École, le 19 décembre 1860 ; ordonné prêtre, le 26 mai 1888 ; nommé vicaire à Bellecombe, le 20 octobre 1888 ; vicaire à Montmélian, le 7 juillet 1893.

DAVID Jean-François, né à Bellecombe, le 11 novembre 1730 ; ordonné prêtre, en 1754 ; était curé de Saint-Nicolas de Vérocè, en 1792. Après la Révolution, il fut réintégré curé de Saint-Nicolas de Véroce, en 1803, et mourut, le 2 novembre 1811.

DAVID Jean-Pierre, né à Bellecombe, le 4 mai 1806 ; ordonné prêtre, le 21 décembre 1833 ; nommé vicaire-régent à Verrens, puis à la Motte-Servolex ; mort, le 24 août 1836.

DAVID Maurice, né à Bellecombe, le 14 décembre 1758 ; ordonné prêtre, en 1783 ; était vicaire à Motz, en 1792. Après la Révolution, il fut nommé curé de cette paroisse, le 20 décembre 1803 ; mort, le 29 novembre 1824.

DAVID Pierre-Joseph, né à École, le 10 décembre 1811 ; ordonné prêtre, le 5 juin 1841 ; nommé vicaire à Étable, le 23 juin 1841 ; vicaire aux Déserts, le 5 août 1844 ; curé de Saint-Franc, le 5 mars 1855 ; curé de Champagneux, le 1ᵉʳ septembre 1865 ; mort, le 24 mai 1871, à l'âge de 59 ans 5 mois 14 jours.

DÉCARRE Pierre, né à Saint-Félix, le 3 novembre 1799 ; ordonné prêtre, le 5 août 1827 ; nommé vicaire à Bellecombe, le 20 août 1827 ; curé de la Balme, le 10 mai 1829, mort, le 7 août 1870, à l'âge de 70 ans 9 mois 4 jours.

DÉCHAUX Eugène, né au Pont-de-Beauvoisin, en 1857 ; ordonné prêtre, le 19 mai 1883 ; nommé vicaire à Grésin, la même année ; vicaire à Grésy-sur-Aix, le 6 avril 1886 ; vicaire à Cognin et aumônier des Sourds-Muets de Corinthe, le 1er juin 1887 ; vicaire à Yenne, le 7 octobre 1888 ; vicaire à Notre-Dame de Chambéry, le 26 février 1890, et aumônier du lycée de filles, en 1892.

DÉFOURY Jacques, né à Saint-Jean de la Porte, le 29 août 1829 ; nommé professeur au petit séminaire du Pont-de-Beauvoisin, le 1er novembre 1854 : ordonné prêtre, le 23 décembre 1854 ; parti pour les missions des Montagnes Rocheuses, le 1er octobre 1856.

DÉGAILLON Charles-Étienne, né à Aix, le 27 décembre 1764 ; ordonné prêtre, en 1788 ; religieux Cordelier, en 1792 ; nommé curé de Traize, le 17 novembre 1807 ; mort, en janvier 1827.

DÉGAILLON Marc-Antoine, né à Aix, le 25 avril 1751 ; religieux cistercien, en 1792 ; résidant à Aix, après la Révolution ; mort, le 15 juin 1827.

DEJON Jean-Louis, né à Thorens, le 7 novembre 1741 ; ordonné prêtre, en 1765 ; était curé de Chaumont, en 1792. Ayant émigré, en 1793, il rentra en 1795, fut arrêté dans son presbytère, le 21 octobre 1792, et conduit dans les prisons de Carouge, d'où il s'évada. Après la Révolution, il fut nommé curé du Châtelard, le 10 1803, et mourut, en cette paroisse, le 31 octobre 1815.

DELABEYE Hyacinthe, né à Traize le 4 juin 1753 ; résidant à Trévignin, après la Révolution.

DELERCE Jean-Joseph, né au Biot, le 18 septembre 1795 ; ordonné prêtre, le 1er juin 1822 ; nommé vicaire à Onnion, le 23 juin 1822 ; retiré chez ses parents pour cause de maladie, le 20 avril 1824 ; curé de Mongues-lès-Saint-Amour (diocèse de Besançon), le 16 octobre 1824 ; curé d'Ontex, le 1er août 1830 ; curé de Lescheraine, le 10 juillet 1832 ; curé de Saint-Ombre, le 25 septembre 1837 ; curé de Marigny, le 1er septembre 1842 ; mort, le 15 janvier 1854, à l'âge de 58 ans 3 mois 27 jours.

DELÉTRAZ Jean-François, né à Villaz, le 24 juin 1774 ; ordonné prêtre, en 1805 ; nommé vicaire à Ugine, le 22 décembre 1805 ; curé de Cusy, le 18 mars 1811 ; mort, le 24 mai 1846.

DELOCHE François, né à Grésy-sur-Aix ; autorisé par lettres testimoniales à entrer chez les Pères Somasques de Chambéry, en 1877.

DÉMAISON Benjamin, né à Lanslevillard, le 27 septembre 1879 ; ordonné prêtre, le 1er juin 1822 ; nommé vicaire à Valloire, le 17 juillet 1822 ; vicaire à la Rochette, le 23 décembre 1823 ; curé de Puygros, le 1er octobre 1826 ; curé de Presle, le 1er septembre 1830 ; archiprêtre et curé de Châteauneuf, le 17 septembre 1846 ; rentré dans le diocèse de Maurienne, le 19 mars 1848.

DÉMOLINE Jacques, né à Chambéry, le 6 mai 1749 ; ordonné prêtre, en 1772 ; résidant à Aix, après la Révotion ; mort, le 29 avril 1809.

DENARIÉ-DESCOSTES Georges, né à Vimines, le 17 janvier 1865 ; ordonné prêtre, le 20 juillet 1890 ; nommé professeur au collège de Rumilly, la même année.

DÉPERNEX Antoine, né à Dulin ; autorisé à prendre l'habit de religieux à la chartreuse de Montreuil, par lettres testimoniales du 17 septembre 1877.

DEPHANIS Pavin, né à Avressieux, le 7 novembre 1806 ; ordonné prêtre, le 21 avril 1832 ; nommé vicaire aux Échelles, le 20 juin 1832 ; missionnaire diocésain, à Tamié, le 15 octobre 1833 ; nommé vicaire à Chindrieux, le 25 mai 1834 ; professeur de grammaire au petit séminaire de Saint-Louis du Mont, le 1er mai 1837 ; novice jésuite, le 10 novembre 1840 ; nommé professeur de grammaire au petit séminaire de Saint-Louis du Mont, le 1er novembre 1843 ; précepteur chez M. le comte de Divonne, le 15 octobre 1845 ; mort, vers 1880.

DÉPIERRE François-Marie, né à Puygros. en 1855 ; autorisé à recevoir la tonsure au séminaire des Missions étrangères, le 16 août 1877 ; parti pour la mission de la Cochinchine occidentale, en 1879 ; nommé professeur au séminaire de Saïgon.

DÉPLANTE Marie-Célestin, né à Rumilly, en 1849 ; ordonné prêtre, le 12 juillet 1874 ; nommé professeur de grammaire au petit séminaire de Saint-Pierre d'Albigny, en octobre de la même année ; curé d'Arith, en 1884 ; curé de Moye, en juin 1893.

DÉPOMMIER Claude-Marie, né aux Clefs (Genevois), le 20 février 1815 ; ordonné prêtre, le 21 septembre 1839 ; nommé vicaire à Saint-François de Sales de Chambéry, le 2 octobre 1840 ; parti pour le séminaire des Missions étrangères, le 1er novembre 1844 ; arrivé dans l'Inde, le 8 septembre 1845 ; nommé professeur au séminaire de Pontdichéry, en 1858 ; vicaire apostolique du Coïmbatour, en 1865 ; mort à Negapatam (Maduré), le 8 septembre 1873 ; rapporté et inhumé dans la cathédrale de Coïmbatour.

DÉPOMMIER Jean-Antoine, né aux Clefs (Genevois), le 3 avril 1778 ; ordonné prêtre, le 24 avril 1802 ; nommé vicaire à Divonne, le 1er mai 1802 ; vicaire à Gex, le 10 septembre 1805 ; vicaire à Thonon, le 5 décembre

1806 ; vicaire à Notre-Dame de Chambéry, le 1ᵉʳ mars 1808 ; vicaire à Saint-François de Sales de la même ville, le 6 juillet 1808 ; curé de Chindrieux, le 15 mars 1812 ; archiprêtre et curé de Notre-Dame de Chambéry, le 1ᵉʳ juillet 1818 ; chanoine honoraire, le 24 juin 1828 ; archiprêtre et curé de Saint-François de Sales de Chambéry, le 1ᵉʳ juillet 1828 ; mort, le 25 avril 1858, à l'âge de 80 ans 22 jours, généralement regretté.

DÉPOMMIER Jean-Marie, né aux Clefs (Genevois), le 27 mars 1794 ; ordonné prêtre, le 3 août 1817 ; nommé professeur de 5ᵉ et 6ᵉ au collège de Conflans, le 1ᵉʳ novembre 1812 ; professeur de philosophie au même collège, le 1ᵉʳ novembre 1814 ; professeur de philosophie au collège royal de Chambéry, le 1ᵉʳ novembre 1816 ; membre de la Société royale académique de Savoie, le 9 avril 1826 ; professeur de théologie au grand séminaire de Chambéry, le 1ᵉʳ janvier 1827 ; chanoine honoraire, le 10 mai 1830 ; supérieur du grand séminaire, le 1ᵉʳ mai 1838 ; chanoine titulaire, le 17 juillet 1840 ; théologal, le 1ᵉʳ septembre 1843 ; vicaire général du diocèse, le 11 mai 1847 ; doyen du Chapitre, en mai 1854 ; archidiacre, le 16 décembre 1859 ; prévôt du Chapitre, le 1ᵉʳ juin 1860 ; mort, le 2 novembre 1862, à l'âge de 68 ans 7 mois 5 jours.

DÉPOMMIER Joseph-Marie, né à Serraval (Genevois), le 30 novembre 1792 ; ordonné prêtre, le 16 août 1815 ; nommé vicaire à Saint-Pierre d'Albigny, le 28 octobre 1815 ; curé de Domessin, le 14 avril 1818 ; curé de Saint-Beron, le 15 avril 1824 ; curé de Fréterive, le 30 novembre 1825 ; curé d'Hauteville, le 30 novembre 1839 ; archiprêtre, le 5 avril 1860 ; retraité, le 30 novembre 1872 ; mort à Hauteville, le 11 avril 1876.

DÉPOMMIER Maurice, né aux Clefs (Genevois), le 25 novembre 1789 ; ordonné prêtre, le 1ᵉʳ août 1812 ;

nommé vicaire au Bourget, la même année ; mort, en avril 1813.

DÉPOMMIER Pierre-François, né à Serraval (Genevois), le 15 février 1806 ; ordonné prêtre, le 5 juin 1830 ; nommé vicaire à Aix-les-Bains, le 6 juin 1830 ; curé de Méry, le 17 avril 1834 ; curé de Saint-Martin du Villard, le 16 août 1840 ; retraité, le 31 avril 1863 ; décédé, à Chambéry, le 1er novembre 1872, à l'âge de 66 ans 8 mois 16 jours.

DÉPRIMOZ Augustin, né à Chindrieux, le 8 septembre 1855 ; ordonné prêtre, le 18 juillet 1881 ; nommé vicaire à Thoiry, le 1er octobre de la même année ; vicaire à Albens, le 25 juillet 1884 ; vicaire à Notre-Dame de Chambéry, en 1888.

DÉPRIMOZ Victor-Jean-François, né à Chindrieux, le 7 juillet 1839 ; ordonné prêtre, le 21 mai 1864 ; nommé vicaire à Saint-Alban, le 23 juin 1864 ; vicaire à Saint-Pierre d'Albigny, le 21 mars 1866 ; vicaire à Notre-Dame de Chambéry, le 7 septembre 1868 ; curé de Bloye, le 15 janvier 1874 ; curé de Moye, le 1er juillet 1876 ; curé d'Albens, le 3 mai 1893.

DERIPPES Joseph, né à Faverges, le 26 février 1760 ; ordonné prêtre, en 1781 ; ancien curé de Saint-Vital ; retiré à Faverges ; mort, le 10 février 1850, âgé de 89 ans 11 mois 14 jours.

DÉROBERT François, né à Rumilly, en 1859 ; ordonné prêtre, le 19 mai 1883 ; nommé professeur au collège de Rumilly, la même année.

DERUPT Aimé-Marie-Marin, né à Cuzieu en Bugey, le 15 septembre 1762 ; ordonné prêtre, en 1787 ; nommé curé de Novalaise, le 10 août 1803 ; mort, le 22 décembre 1821.

DESCOTES Thomas-Hilaire, né à Sainte-Marie

d'Alvey, le 4 juin 1852 ; ordonné prêtre, le 26 mai 1877 ; nommé vicaire à Chindrieux, le 1ᵉʳ août 1877 ; vicaire à Yenne, le 10 avril 1879 ; vicaire à Rumilly, le 6 janvier 1882 ; curé de Lornay, le 7 juillet 1888.

DESCOSTES Pierre-Joseph-Éloi, né à Rumilly, le 1ᵉʳ avril 1804 ; ordonné prêtre, le 22 septembre 1827 ; nommé vicaire à Aix-les-Bains, le 15 novembre 1827 ; professeur de rhétorique et d'humanités au collège de Rumilly, le 1ᵉʳ novembre 1828 ; curé de Massingy, le 1ᵉʳ octobre 1840 ; aumônier des religieuses de la Visitation, le 1ᵉʳ avril 1845 ; chanoine honoraire de la Métropole, le 21 mai 1847 ; chanoine titulaire, le 22 septembre 1853 ; supérieur du grand séminaire, le 15 novembre 1862 ; décédé, le 17 octobre 1877.

DESGEORGE Jean-Baptiste, né à Chambéry, le 9 septembre 1763 ; ordonné prêtre, en 1784 ; vicaire aux Échelles, en 1792 ; ne prêta point de serment à la Révolution et émigra à Turin ; revint en Savoie, comme missionnaire, le 26 novembre 1794, et parvint, dans le cours des villages, à éviter son arrestation, en se déguisant en peigneur de chanvre sous le nom de *Dian Magnan*. En 1803, lors du rétablissement légal du culte dans le diocèse, il fut institué curé d'Yenne ; plus tard, il fut nommé chanoine titulaire de la cathédrale de Chambéry ; sa mort eut lieu, en cette ville, le 29 décembre 1841. C'était, dit Mgr Billiet dans ses *Mémoires pour servir à l'histoire ecclésiastique du diocèse de Chambéry*, « un homme de petite taille et de peu d'extérieur, mais instruit, pieux, prudent et fin. »

DESGEORGES Martin-Cyprien, né à Moye, le 21 décembre 1764 ; ordonné prêtre, en 1786 ; était vicaire à Marlens, en 1792. Émigré, en 1793, il rentra dans cette paroisse en 1796, après s'être fait poursuivre aux environs de Chambéry, en mai 1795. Après le rétablissement du culte, il fut nommé curé à Marlens, en 1803, et mourut, en 1825.

DESGRANGES Urbain, né au Noyer, le 27 novembre, vers 1859 ; ordonné prêtre, en 1784 ; vicaire de Cruseilles, en 1792 ; résidant au Noyer, après la Révolution ; mort à Lescheraine, vers 1835.

DESPINE Joseph, né au Châtelard, le 2 août 1734 ; ordonné prêtre, en 1759 ; avait été curé de Ruffieux et chanoine de la cathédrale de Genève, avant la Révolution. Lorsque celle-ci survint en Savoie, il émigra à Lausanne. Après la Révolution, il rentra à Annecy, et y mourut, le 17 mai 1816, à l'âge de 83 ans.

DESPLANTES François, né à Rumilly, le 20 mai 1791 ; ordonné prêtre, le 16 août 1815 ; nommé de vicaire à Annecy curé de Mouxy, le 15 septembre 1818 ; curé de Sales, le 8 juillet 1820 ; mort, le 12 décembre 1820.

DÉTRAZ Maurice, né à Mouxy, le 28 septembre 1810 ; ordonné prêtre, le 21 décembre 1833 ; nommé professeur de 5e et 6e au petit séminaire du Pont-de-Beauvoisin, le 22 décembre 1833 ; retiré chez lui, pour cause de maladie, le 24 janvier 1835 ; nommé vicaire à Chindrieux, le le 12 août 1837 ; curé de Vions, le 15 mai 1839 ; curé d'Arith, le 27 septembre 1845 ; mort, le 22 janvier 1855, à l'âge de 44 ans 3 mois 24 jours.

DESVIGNES Ignace, né à Rumilly, le 8 août 1789 ; ordonné prêtre, le 17 décembre 1814 ; nommé vicaire à Chevron, le 1er février 1815 ; vicaire à Novalaise, le 4 août 1815 ; curé de Saint-Franc, le 1er octobre 1816 ; curé d'Apremont, le 5 février 1830 ; curé du Betonet, le 25 septembre 1846 ; retiré à Chambéry, le 3 septembre 1850 ; mort, le 5 juin 1853, à l'âge de 63 ans 9 mois 27 jours.

DIJOUD Fabien, né à Rumilly, le 20 juillet 1808 ; ordonné prêtre le 24 juillet 1831 ; nommé vicaire à Massingy, le 10 août 1831 ; curé de Lépin, le 1ᵉʳ septembre 1837 ; curé de Trévignin, le 15 juin 1842 ; curé de Saint-Félix, le 23 février 1848 ; mort en cette paroisse, le 3 février 1881.

DIJOUD Joseph, né à Chambéry, le 25 avril 1822 ; ordonné prêtre, le 20 mars 1847 ; nommé vicaire à Arith, le 6 avril 1847 ; retiré pour cause de maladie, et mort à Bassens, en octobre 1879.

DIMIER Laurent, né à la Table, le 10 août 1759 ; ordonné prêtre, en 1784 ; nommé recteur à Ste-Hélène des Millières, le 10 août 1803 ; curé de Saint-Cassien, le 1ᵉʳ juillet 1812 ; curé de Saint-Pierre de Belleville (Tarentaise), le 19 janvier 1821.

DOLIN Louis, né à Clarafond, le 24 août 1787 ; ordonné prêtre, le 17 juin 1814 ; nommé vicaire à Conflans, le 7 septembre 1814 ; curé de Bassens, le 24 mars 1816 ; chanoine titulaire, le 18 mai 1838 ; décédé le 11 mars 1855, à l'âge de 67 ans 6 mois 17 jours.

DOMENGET Charles, né à Aix-les-Bains, le 22 août 1743 ; ordonné prêtre, en 1772 ; augustin régulier d'Aix, en 1792 ; résidant en cette ville, après la Révolution ; mort, le 12 avril 1809.

DOMENGET Eugène-Jean-Baptiste-Marie, né à Aix-les-Bains, le 18 novembre 1851 ; ordonné prêtre, le 19 décembre 1875 ; nommé vicaire à Cruet, le 1ᵉʳ janvier 1876 ; vicaire à Notre-Dame de Chambéry, le 1ᵉʳ septembre 1879 ; aumônier-adjoint de l'Orphelinat de garçons du Bocage, à Chambéry, en 1884 ; vicaire à Francin, en 1886 ; curé de cette paroisse, le 8 janvier 1887.

DOMENGET Gaspard-Marie-Louis, né à Aix-les-Bains, le 26 juin 1828 ; ordonné prêtre, le 14 juin 1851 ; nommé vicaire à Chindrieux, le 23 juin 1851 ; vicaire à Saint-Genix, le 21 mars 1856 ; vicaire à Notre-Dame de

Chambéry, le 30 juillet 1857 ; curé d'École, le 14 avril 1863 ; curé de Saint-Innocent, le 18 décembre 1867 ; archiprêtre et curé du Pont-de-Beauvoisin, le 27 mars 1876.

DOMENGET Jacques, né à Aix-les-Bains, le 27 avril 1750 ; ordonné prêtre, en 1774 ; chanoine d'Aix-les-Bains, en 1792 ; prêta les deux serments de la Révolution, et ne se rétracta qu'après le Concordat de 1801. Le 15 décembre 1820, il fut nommé curé de Pugny, et mourut en cette paroisse, le 28 avril 1829.

DOMENJOUD Louis, né à Sevrier (Genevois), le 21 mai 1768 ; chartreux de Saint-Hugon, en 1792 ; nommé curé de Corbel, le 29 décembre 1806.

DOMPMARTIN Jean-François, né à Annecy, le 22 juillet 1802 ; ordonné prêtre, le 28 mai 1825 ; nommé vicaire à Grésy-sur-Aix, le 5 juin 1825 ; vicaire à Saint-Pierre d'Albigny, le 25 août 1825 ; curé du Noyer, le 2 mai 1829 ; entré chez les Missionnaires diocésains, le 15 octobre 1836 ; nommé curé de Verrens, le 1er mai 1841 ; curé du Betonet, le 14 juillet 1844 ; curé d'Apremont, le 21 octobre 1846 ; aumônier de l'Hôtel-Dieu, le 4 mai 1860 ; retiré à Annecy, en 1882.

DONZEL Pierre, né à la Clusaz (Genevois), le 18 décembre 1789 ; ordonné prêtre, le 17 décembre 1814 ; nommé de vicaire à Megève curé de Corbel, le 15 août 1818 ; puis curé d'Entremont-le-Vieux ; enfin curé de Voglans, le 1er janvier 1830 ; mort, dans la même année.

DREVET François, né à la Chapelle-Blanche, le 9 juillet 1766 ; ordonné prêtre, en 1797 ; retiré chez lui pendant plusieurs années ; nommé par les vicaires capitulaires desservant des Molettes, en 1801 ; curé de Coise, en décembre 1803 ; vicaire à Montmélian, en juin 1804 ; vicaire à Aime, en mars 1806 ; curé des Chapelles, en

1809 ; curé de Saint-Pierre de Soucy, en novembre 1817 ; retiré chez lui à la Chapelle-Blanche, le 20 mars 1843 ; mort, le 24 mai 1855, à l'âge de 88 ans 10 mois 15 jours.

DRONCHAT Michel-Ernest, né à Saint-Innocent, le 29 septembre 1806 ; prononça ses vœux simples, chez les Jésuites de la province d'Allemagne, en 1829 ; ses vœux publics, en 1839 ; rentra en Savoie, en mars 1848 ; fut nommé vicaire à Domessin, le 17 avril 1848 ; rentra chez les Jésuites, le 10 mai 1850.

DUBOIS François-Claude, né à Meyrin (pays de Gex), le 22 avril 1792 ; ordonné prêtre, le 17 août 1818 ; nommé vicaire à Samoëns, le 15 septembre 1818 ; professeur de rhétorique et d'humanités et directeur spirituel au collège de Thonon, le 18 janvier 1819 ; professeur d'humanités au collège de Chambéry, le 1er novembre 1820 ; professeur de rhétorique et d'humanités et supérieur au petit séminaire de Saint-Louis du Mont, le 1er novembre 1825 ; chanoine honoraire de la Métropole, le 10 mai 1830 ; aumônier des Dames du Sacré-Cœur, le 1er septembre 1841 ; chanoine titulaire, le 9 janvier 1842 ; confesseur extraordinaire des Dames du Sacré-Cœur, le 1er octobre 1851 ; doyen du Chapitre, le 16 décembre 1859 ; archidiacre, le 1er juin 1860 ; prévôt du Chapitre, le 12 novembre 1862 ; mort, le 4 juin 1881.

DUBOIS François-Joseph, né à Saint-Michel de Maurienne, le 24 mars 1790 ; ordonné prêtre, le 17 décembre 1814 ; nommé successivement vicaire à Novalaise et à Saint-Genix ; curé de Billième, le 1er juillet 1818 ; mort, retiré à Saint-Michel, le 8 juin 1858.

DUBOST Laurent, né à Grésin, le 4 août 1753 ; ordonné prêtre, en 1777 ; nommé curé de la Bridoire, le 10 août 1803 ; mort, le 17 février 1831.

DUBOULOZ Jacques-François, né à Thonon, le 6 juillet 1746; ordonné prêtre, en 1771; professeur de théologie, préfet des études au collège d'Annecy et chanoine de la cathédrale de cette ville, en 1792; vicaire général de Mgr Paget, pendant la Révolution; nommé chanoine de la cathédrale et professeur au grand séminaire par Mgr des Moustiers de Mérinville, après le rétablissement du culte; mort, le 31 décembre 1824.

M. Dubouloz fut une des plus belles figures ecclésiastiques des temps difficiles qu'il traversa. Le *Journal de Savoie*, dans son numéro du vendredi, 4 février 1825, parle de lui, à l'occasion de sa mort, en ces termes :

« Jacques-François Dubouloz était né à Thonon, le 6 juillet 1846. Après avoir fait à Thonon et à Annecy ses études ecclésiastiques, il fut ordonné prêtre, en 1771. Ses talents et ses vertus le firent remarquer dès cette époque, et fixèrent l'attention de son évêque, Mgr Biord, juste appréciateur du mérite, qui voulut qu'il allât prendre ses grades en théologie à l'Université de Turin, pour aller ensuite à Rome puiser, au collège de la Sapience, une connaissance approfondie du droit canonique. M. Dubouloz justifia partout, par ses succès, les espérances qu'il avait fait concevoir de sa capacité, et, après avoir été gradué en théologie à Turin, et suivi à Rome, pendant deux ans, les cours de droit canonique à la Sapience, il revint à Annecy, où il fut bientôt nommé professeur de théologie, préfet du collège royal, et promu à un canonicat de la cathédrale.

« A l'époque fatale de la Révolution, M. Dubouloz, n'écoutant que son zèle, ne voulut point quitter le diocèse; il contribua, par une démarche hardie et adroitement concertée, à enlever tout appui au schisme en Savoie, où il avait commencé à s'établir. Bravant tous les dangers, quoiqu'il vit bien que sa tête avait été mise à prix, il ne cessa pas, pendant les plus orageuses périodes, de parcourir les provinces du Faucigny et du Chablais, en qualité de vicaire général, pour ranimer et concentrer la piété des fidèles, et surtout pour soutenir et diriger le zèle des missionnaires qui exposaient leur vie pour continuer à administrer les secours de la religion. Il fut enfin lui-même arrêté, en 1799, et déporté à l'île de Rhé, d'où il parvint à s'évader après quelques mois de détention. Il rentra en Savoie pour y reprendre ses fonctions avec un nouveau zèle. A l'époque du Concordat, Mgr de Mérinville nomma M. Dubouloz chanoine de la cathédrale de Chambéry, professeur d'écriture sainte et de théologie morale.

« En 1815, pendant les Cent-Jours, Mgr l'évêque étant absent de son diocèse et MM. les vicaires généraux s'étant, par motif de prudence, retirés sur la partie de la Savoie qui était déjà rentrée sous la domination du roi de Sardaigne, M. Dubouloz donna de nouvelles preuves de son zèle et de sa fermeté, en se refusant à tout ce que le préfet de cette époque et le général en chef exigeaient de lui, comme représentant l'évêque en sa qualité de plus ancien chanoine. Sa conscience lui défendant de se prévaloir d'une éventualité que son rang ne lui conférait pas, il ne voulut pas répondre aux lettres qui lui furent adressées à cet effet. L'arrêt virulent que prit alors le préfet contre M. Dubouloz, est le plus bel éloge de ce respectable ecclésiastique et du clergé, dont il signalait l'esprit d'opposition à l'empereur. « *Ne savez-vous pas que nous avons des baïonnettes pour vous y contraindre,* » lui dit un aide-de-camp du général. « *Eh bien ! nous, nous avons des prières,* » répondit M. Dubouloz.

« Une grande douceur, une charité toujours prête à excuser, une honnêteté et une politesse exquise, rendaient sa société infiniment agréable et sûre ; indulgent pour les autres, il ne fut sévère que pour lui-même.

D'une régularité constante, il était le modèle de ses confrères et le plus touchant exemple pour les jeunes élèves du séminaire, qui le vénéraient et s'estimaient heureux de lui prodiguer leurs soins. Il est mort, comme il avait vécu, en saint homme, le 31 décembre 1825, dans l'exercice même de la prière, qu'il avait toujours pratiquée avec tant de piété. »

DUC Claude-Marie, né à Samoëns, le 16 août 1758 ; ordonné prêtre, en 1781 ; nommé curé de Trévignin, en 1806 ; mort, le 7 mars 1823.

DUC Jean-François, né à Samoëns, le 21 février 1753 ; ordonné prêtre, en 1776 ; fut procureur fiscal épiscopal et promoteur du diocèse de Genève, avant la Révolution de 1792. En 1803, il fut nommé chanoine titulaire de la cathédrale de Chambéry, et mourut en cette ville, le 28 mai 1814.

DUCHÊNE Charles-François, né à Massingy, le 20 février 1826 ; ordonné prêtre, le 21 mai 1853 ; nommé vicaire à la Table, le 1er juillet 1853 ; vicaire à la Rochette, le 5 novembre 1858 ; vicaire à Notre-Dame de Chambéry, le 7 novembre 1862 ; curé de Cusy, le 1er septembre 1865.

DUCIS Joseph-Maurice, né à Beaufort, le 26 mars 1842 ; ordonné prêtre, le 19 décembre 1868 ; nommé professeur au petit séminaire de Saint-Pierre d'Albigny, le 27 décembre 1868 ; vicaire à Aix-les-Bains, le 27 novembre 1869 ; aumônier des Prisons de Chambéry et sous-directeur spirituel du Lycée de cette ville, le 1er octobre 1875 ; parti pour Montauban comme aumônier de religieuses, le 10 octobre 1877 ; nommé pro-secrétaire de Mgr l'archevêque, le 1er avril 1878 ; de nouveau aumônier des Prisons et sous-directeur spirituel du Lycée, la même année ; aumônier du Lycée, en 1882 ; retiré pour cause de maladie, en 1883.

DUCLOS Louis-Anthelme, né à Cluses (Faucigny), le 15 novembre 1744 ; ordonné prêtre, en 1771 ; était curé d'Arenthon, avant la Révolution. Après la cessation de la persécution, il résida à Chambéry, et y mourut, le 16 octobre 1809.

DUCRET Joseph-Antoine, né à Rumilly, le 22 décembre 1821 ; ordonné prêtre, à Saint-Sulpice, à Paris, le 6 juin 1846 ; nommé vicaire à la Rochette, le 1er août 1846 ; professeur de rhétorique et d'humanités au petit séminaire du Pont-de-Beauvoisin, le 1er novembre 1847 ; professeur de grammaire au collège national de Chambéry, le 15 novembre 1848 ; professeur de 6e au Lycée, en 1860 ; curé des Molettes, le 29 novembre 1864 ; supérieur du collège de Rumilly, le 1er octobre 1875 ; chanoine honoraire, le 1er novembre 1879 ; mort, le 6 août 1881.

DUCREZ Joseph-Marie, né à Onnion en Faucigny, le 1er novembre 1806 ; ordonné prêtre, le 22 juillet 1832 ; nommé vicaire à Coise, le 9 novembre 1832 ; vicaire à Saint-Pierre d'Albigny, le 4 août 1836 ; curé de Saint-Offenge-Dessous, le 13 août 1840 ; mort, le 14 novembre 1878.

DUCRUET Antoine, né à Chindrieux, le 31 janvier 1856 ; ordonné prêtre, le 18 juillet 1881 ; nommé professeur au collège de Rumilly, la même année.

DUCRUET Claude, né à Ruffieux, le 12 février 1808 ; ordonné prêtre, le 20 mai 1837 ; nommé vicaire à École, le 17 juin 1837 ; vicaire à Cusy, le 25 octobre 1840 ; vicaire à Jarsy, le 14 juillet 1841 ; curé de Rochefort, le 5 avril 1846 ; mort, le 4 avril 1871, à l'âge de 67 ans 1 mois 22 jours.

DUCRUET Germain, né à Ruffieux, le 17 septembre 1764 ; ordonné prêtre, en 1792 ; nommé curé d'Arbin, le 9 juillet 1807 ; mort, le 21 mars 1837.

DUCRUET Joseph, né à Rumilly, le 16 octobre 1807 ;

ordonné prêtre, le 12 juin 1824 ; nommé vicaire à Yenne ; puis curé de Saint-Baldoph.

DUFOUR George-Antoine, né à Rumilly, le 9 septembre 1742 ; ordonné prêtre, en 1767 ; religieux bénédictin, en 1792 ; résidant à Rumilly, après la Révolution.

DUFOUR Jacques, né au Villard-sur-Boëge, le 11 février 1797 ; ordonné prêtre, le 29 septembre 1822 ; nommé vicaire au Bourget-du-Lac, le 25 décembre 1822 ; curé du Montcel, le 6 décembre 1825 ; vice-archiprêtre, le 12 février 1841 ; archiprêtre, le 28 janvier 1858 ; retiré à Annecy, le 15 octobre 1875 ; mort dans cette ville, en 1880.

DUFOUR Jean-Philibert, né à Montailleur, le 13 octobre 1744 ; ordonné prêtre, en 1770 ; curé de Corbel, en 1792 ; prêta le premier serment à la Révolution, refusa celui d'Albitte, se rétracta de sa faute du premier moment et émigra. Rentré ensuite comme missionnaire, il fut arrêté, en 1799, et condamné à la déportation. Après le rétablissement du culte, il fut nommé curé de Barberaz, le 8 septembre 1804, et mourut, le 23 novembre 1807.

DULLIN Antoine, né à Yenne, le 7 novembre 1789 ; ordonné prêtre, le 28 juillet 1816 ; nommé de vicaire à Pallud curé de la Balme, le 1er décembre 1820 ; curé de Traize, le 15 janvier 1827 ; retiré à Yenne, le 15 novembre 1841 ; mort, le 28 novembre 1868.

DUISIT Antoine, né à Challes-les-Eaux, le 14 juin 1850 ; ordonné prêtre, le 18 juillet 1875 ; nommé vicaire à Entremont-le-Vieux, en 1875 ; vicaire à Maché, le 5 juin 1877 ; curé de Saint-Alban de Montbel, le 15 février 1885 ; curé de Saint-Thibaud de Couz, le 22 décembre 1888.

DUISIT François, né à Challes-les-Eaux, le 10 avril

1845 ; ordonné prêtre, le 16 juillet 1871 ; nommé vicaire à Saint-Genix, le 20 septembre 1871 ; professeur au petit séminaire de Saint-Pierre d'Albigny, le 10 septembre 1874 ; curé de Billième, le 1er octobre 1880 ; curé d'Apremont, le 20 octobre 1888.

DUMAS Claude, né à Cognin, le 10 décembre 1829 ; entré chez les Jésuites, en 1850 ; ordonné prêtre, le 21 septembre 1861 ; sorti de la Compagnie, en juillet 1868 ; nommé vicaire à la Rochette, le 9 août 1868 ; curé de Saint-Pierre d'Alvey, le 1er octobre 1869 ; curé de Saint-Thibaud de Couz, le 1er juillet 1872 ; mort, le 31 décembre 1880, âgé de 50 ans et 11 mois.

DUMOLLARD Claude, né à Trivier, le 14 novembre 1812 ; ordonné prêtre, le 10 mars 1838 ; nommé vicaire à Cruet, le 12 mars 1838 ; vicaire à la Biolle, le 18 octobre 1838 ; vicaire à Maché, le 13 octobre 1840 ; vicaire à la Motte-Servolex, le 28 octobre 1841 ; vicaire à Saint-Pierre d'Albigny, le 29 novembre 1842 ; curé de Méry, le 12 novembre 1846 ; professeur de grammaire au petit séminaire du Pont-de-Beauvoisin, le 4 novembre 1852 ; professeur de rhétorique et d'humanités, au même établissement, le 5 février 1853 ; entré dans la Société des Jésuites, le 1er novembre 1854.

DUMOLLARD François, frère du précédent ; prêtre dans le diocèse de Versailles ; mort à Challes-les-Eaux, vers 1888.

DUMOLLARD François, né à la Biolle, le 5 juin 1853 ; ordonné prêtre, le 15 juin 1878 ; nommé vicaire à Menthonnex (diocèse d'Annecy), le 15 juillet de la même année ; vicaire à Bellecombe, le 1er avril 1881 ; curé de Saint-François de Sales en Bauges, le 15 octobre 1888.

DUMOLLARD Jean-François, né à Challes-les-Eaux, le 1er août 1855 ; ordonné prêtre, le 18 juillet 1881 ; nommé vicaire au Bourget, le 9 août 1884 ; vicaire à

Yenne, le 14 janvier 1889 ; retiré dans sa famille pour cause de maladie, le 27 août 1890 ; nommé vicaire à Saint-Genix, en octobre 1891.

DUMOLLARD Pierre, né à Challes-les-Eaux, le 4 septembre 1847 ; ordonné prêtre, le 7 juillet 1872 ; nommé vicaire à Novalaise, le 10 août 1872 ; autorisé à remplir la fonction de précepteur à Cavaillon, le 20 février 1874 ; nommé vicaire à Saint-Genix, le 1er octobre 1875 ; curé de Villard-d'Héry, le 1er avril 1881 ; curé de Grésy-sur-Aix, le 16 août 1892.

DUMONT François, né à Moye, le 25 octobre 1832 ; ordonné prêtre, le 20 mars 1858 ; nommé vicaire à Bellecombe, le 19 avril 1858 ; professeur au collège de Rumilly, le 1er juillet 1859 ; supérieur du même établissement, en 1869 ; archiprêtre et curé du Montcel, le 25 octobre 1875 ; curé de Lémenc, le 16 mai 1885 ; mort à Rumilly, le 29 juillet 1889.

DUMONT Philippe, né à Arith, le 17 octobre 1805 ; ordonné prêtre, le 17 mars 1832 ; nommé vicaire à Rumilly, le 26 mars 1832 ; curé de Saint-Offenge-Dessus, le 27 juin 1837 ; curé de Serrières, le 12 décembre 1850 ; mort, le 1er août 1855, à l'âge de 49 ans 9 mois 14 jours.

DUMOULIN Pierre-Marie, né à la Compôte, le 19 octobre 1826 ; entré chez les religieux d'Hautecombe, sous le nom de dom Michel ; sécularisé, le 28 mai 1864 ; nommé vicaire à Dulin, le 25 mai 1864 ; vicaire à Vimines, le 20 août 1864 ; curé d'Entremont-le-Jeune, le 29 septembre 1864 ; curé d'Aillon-le-Jeune, le 20 juillet 1871.

DUNAND Émile-Paul, né à la Rochette, le 16 décembre 1848 ; ordonné prêtre, le 17 juillet 1872 ; nommé vicaire à Cognin, le 20 août 1872 ; vicaire à Marigny, le 2 février 1873 ; vicaire à Saint-Jean de la Porte, le 31 août 1873 ; vicaire aux Échelles, le 10 septembre 1874 ;

vicaire à Étable, en 1875 ; curé de Saint-Pierre d'Alvey, le 1er avril 1879 ; curé de Saint-Pierre de Curtille, le 1er octobre 1881 ; curé de Layssaud, le 20 novembre 1887 ; retiré, le 6 octobre 1892.

DUNAND Jean-François, né à Saint-Genix, le 22 mars 1799 ; ordonné prêtre, le 11 mars 1826 ; nommé vicaire à Coise, le 15 mars 1826 ; curé de Lucey, le 10 octobre 1829 ; aumônier de l'hospice du Beton, le 21 janvier 1832 ; chanoine honoraire, en 1873 ; mort, en octobre 1879.

DUNAND Jean-Pierre, né à Saint-Jeoire (Faucigny), le 26 mars 1841 ; ordonné prêtre, le 21 décembre 1867 ; nommé vicaire à Grésy-sur-Aix, le 15 janvier 1868 ; vicaire à Saint-Vital, le 26 juillet 1869 ; vicaire à Grésy-sur-Isère, le 10 avril 1874 ; curé de Chainaz, le 1er mars 1876.

DUNAND Joseph-Marie, né aux Chapelles, diocèse de Tarentaise, le 9 mars 1831 ; ordonné prêtre, le 17 mai 1856 ; nommé vicaire à Chindrieux, le 14 juin 1856 ; secrétaire de l'archevêque, le 5 janvier 1858 ; chancelier, le 5 novembre 1862 ; chanoine honoraire, le 12 novembre 1862 ; chanoine titulaire, le 28 novembre 1865 ; prévôt du Chapitre métropolitain, le 20 octobre 1884.

DUNAND Pierre, né à Saint-Genix, le 22 avril 1794 ; ordonné prêtre, le 20 décembre 1818 ; nommé curé de Champagneux, le 10 mai 1822.

DUNOYER François, né à Rumilly, le 4 septembre 1848 ; ordonné prêtre, le 18 juillet 1875 ; nommé vicaire à Montmélian, le 1er août 1875 ; directeur de la Maîtrise, le 15 octobre 1883 ; mort à Chambéry, le 25 janvier 1884.

DUNOYER François-Joseph, né à Samoëns, le 24 octobre 1793 ; ordonné prêtre, le 17 août 1818 ; nommé directeur du petit séminaire de Saint-Louis ; mort, en 1828.

DUNOYER François-Marie, né à Samoëns, le 28 octobre 1763; ordonné prêtre, en 1790; refusa toute compromission avec la Révolution, fut saisi et déporté à l'île de Rhé, en même temps que M. Jacques-François Dubouloz, dont il fut le plus intime ami. Il fut nommé curé de la Motte-Servolex, en 1807; et mourut, le 9 janvier 1842.

DUNOYER Jean-Baptiste-Damase, né à Rumilly, le 11 décembre 1841 ; ordonné prêtre, le 8 juillet 1866 ; nommé vicaire à Saint-Alban, le 1er août 1866 ; secrétaire de Mgr l'archevêque, le 5 mai 1867; professeur de philosophie au grand séminaire de Chambéry, le 24 janvier 1873 ; curé d'Arbin, le 22 août 1876 ; supérieur de l'Externat de Saint-François de Chambéry, le 14 octobre 1881 ; chanoine honoraire, en 1886; autorisé à remplir la fonction de précepteur à Marseille, en 1887 ; celle d'aumônier à Montceau-les-Mines, en 1892.

DUNOYER Valentin, né à Rumilly, le 21 mai 1797 ; ordonné prêtre, en avril 1821 ; nommé curé de Corbel, le 1er août 1821 ; devenu ensuite missionnaire.

DUPANLOUP (Mgr Félix-Antoine-Philibert). Voir la première partie de cet ouvrage, page 124.

DUPASSIEUX Étienne, né à Chainaz, le 27 août 1849 ; ordonné prêtre, le 23 décembre 1876 ; nommé professeur à Rumilly, le 1er janvier 1877; vicaire à Moye, le 27 août 1880 ; curé de Saint-Pierre d'Alvey, le 21 octobre 1881 ; curé d'Aillon-le-Vieux, le 12 novembre 1886 ; curé de Sainte-Hélène du Lac, le 14 novembre 1890.

DUPASQUIER Louis, né à Yenne, le 28 septembre 1754 ; ordonné prêtre, en 1779 ; nommé curé de Lucey, le 10 août 1803 ; mort, le 18 novembre 1813.

DUPONT Jacques, né à Entremont en Faucigny, le 6 septembre 1789 ; ordonné prêtre, le 6 mars 1814 ; vicaire au Bourget-du-Lac, le 22 janvier 1818 ; curé de Praz-de-Megève, le 25 juillet 1818 ; curé du Bourget-du-Lac, le 15 février 1819 ; mort, le 29 mai 1855, à l'âge de 65 ans 10 mois 23 jours.

DUPORT Pierre-Joseph, né, à Faverges, d'un père originaire de Termignon en Maurienne ; autorisé par Mgr Biord à recevoir les ordres à Avignon, où il allait faire ses études théologiques au collège Saint-Nicolas, le 14 septembre 1773 ; stipulant son titre clérical, le 15 janvier 1775 ; nommé chanoine honoraire du nouveau diocèse de Chambéry par Mgr des Moustiers de Mérinville, en 1803 ; mort, en 1829.

DUPRAZ François, né à Chambéry, le 7 mai 1752 ; ordonné prêtre, en 1775 ; curé de Saint-Jean d'Arvey, en 1792, depuis dix ans ; prêta le premier serment de la Révolution ; continua d'abord, malgré sa faute, d'exercer le saint ministère dans les paroisses voisines de Chambéry, puis se retira à Novare (Piémont), où il fit sa rétractation vers 1795. Après le rétablissement du culte, il fut nommé curé de Montailleur, le 20 septembre 1803, et mourut, en janvier 1817.

DUPRAZ Jean-Hippolyte, né à Challonge, le 10 octobre 1810 ; ordonné prêtre, le 22 février 1834 ; nommé vicaire à Notre-Dame de Chambéry, le 10 mars 1834 ; professeur de rhétorique et d'humanités au collège de Rumilly, le 8 septembre 1840 ; curé de Massingy, le 6 avril 1845 ; curé de Saint-Alban, le 26 mars 1853 ; mort, le 6 juin 1858, à 47 ans 7 mois 26 jours. Prédicateur distingué, il prêcha les retraites ecclésiastiques de Bordeaux, de Nancy, de Gap, de Digne et de Montpellier, en 1856.

DUPUY Jean-Antoine-Marie, né à Chambéry, le 16

février 1769 ; ordonné prêtre, en 1801 ; nommé curé de Val de Tignes (Tarentaise), le 13 septembre 1806 ; curé de Villaroger, le 15 octobre 1816 ; curé de Landry, le 1er juin 1823 ; enfin curé de Trévignin, où il mourut, le 2 avril 1830.

DURAND Antoine, né au Pont-de-Beauvoisin ; autorisé à recevoir, en Guinée, les ordres sacrés de Mgr Bénédict Truffet, par lettres du 10 mai 1745.

DURAND Bernard-Denis, né à Chambéry, le 25 août 1795 ; ordonné prêtre, le 27 mars 1819 ; nommé vicaire à la Motte-Servolex, le 5 avril 1819 ; curé de Saint-Maurice de Rotherens, le 5 juin 1822 ; curé de Saint-Beron, le 5 octobre 1825 ; mort à Saint-Beron, le 8 novembre 1873.

DURAND Jean-Baptiste, né la Chapelle-Blanche, le 25 janvier 1857 ; ordonné prêtre, le 18 juillet 1881 ; nommé vicaire au Montcel, le 21 septembre de la même année ; vicaire à Coise, le 18 juin 1882 ; vicaire à Maché, le 1er juillet 1885 ; retiré pour cause de maladie dans sa famille, le 1er juillet 1889 ; nommé vicaire à Étable, le 20 mai 1891 ; retiré de nouveau dans sa famille, en 1893.

DURAND Joseph, né à Jarsy, le 26 février 1766 ; ordonné prêtre, en 1790 ; vicaire à Saint-Paul sur Évian, en 1792 ; refusa de prêter serment à la Révolution ; émigra d'abord, puis rentra dans le diocèse comme missionnaire. Après le rétablissement du culte, il fut nommé curé de Sainte-Reine, le 29 novembre 1805, et mourut dans cette paroisse, en 1837.

DURAND Joseph, neveu du précédent, né à Jarsy, le 28 juin 1798 ; ordonné prêtre, le 16 juin 1821 ; nommé vicaire à Saint-Thibaud de Couz, le 17 juin 1821 ; curé de Corbel, en 1825 ; curé de Saint-Pierre de Curtille, en 1826 ; curé de Sainte-Reine, le 3 août 1837 ; mort, le 8 avril 1863, à l'âge de 64 ans 9 mois 22 jours.

DURAND Louis, né à la Chapelle-Blanche, le 13 mai 1847 ; ordonné prêtre, le 12 juillet 1874 ; nommé vicaire à Massingy, la même année ; vicaire à Saint-Pierre d'Albigny, le 1er août 1877 ; vicaire à Aix-les-Bains, le 23 octobre 1880 ; curé de Vions, le 15 septembre 1884 ; curé de la Table, le 3 décembre 1888.

DURBET François, né à Saint-Pierre d'Albigny, le 4 septembre 1807 ; ordonné prêtre, le 22 décembre 1832 ; nommé vicaire à Yenne, le 22 décembre 1833 ; mort, le 5 septembre 1846, archiprêtre et curé de Châteauneuf.

DURET Louis-François, né à Domessin, le 9 mars 1829 ; ordonné prêtre, le 17 mai 1856 ; nommé vicaire à Jarsy, le 14 juin 1856 ; aumônier des Frères de la Sainte-Famille, à Tamié, le 29 octobre 1859 ; vicaire à Ecole, le 17 novembre 1861 ; vicaire à Saint-Pierre d'Albigny, le 2 mai 1863 ; curé de Doucy, le 26 janvier 1866 ; curé de Champagneux, le 8 octobre 1871.

DURET Émile, né à Saint-Beron, le 2 octobre 1855 ; ordonné prêtre, le 18 juillet 1884 ; nommé professeur au petit séminaire du Pont-de-Beauvoisin, la même année.

DURIEU Claude-François, né à Lescheraine, le 17 octobre 1761 ; ordonné prêtre, en 1790 ; augustin de Saint-Pierre d'Albigny, en 1792 ; prêta le premier serment à la Révolution, mais se rétracta bientôt et émigra. Après le Concordat, il fut nommé curé de Saint-Georges d'Hurtières, le 13 août 1806 ; curé d'Aillon-le-Jeune, le 13 octobre 1810 ; curé de Lovagny, le 15 août 1819, et mourut, le 18 septembre 1823.

DUROCHAT André-Théophile, né au Pont-de-Beauvoisin, le 24 février 1827 ; ordonné prêtre, le 14 juin 1851 ; nommé vicaire à Cruet, le 25 juin 1851 ; professeur au collège de Rumilly, le 5 novembre 1851 ; précepteur chez M. de Montfalcon, à Carouge, le 10 mai 1852 ; vicaire à Genève, le 1er mars 1856 ; vicaire à Notre-

Dame de Chambéry, le 20 juin 1862; retiré pour cause de maladie, en 1862; nommé curé de Nances, le 1ᵉʳ août 1866; curé de Ruffieux, le 24 septembre 1868; curé de Lémenc, le 30 août 1889.

DUROCHAT François, né au Pont-de-Beauvoisin, le 13 septembre 1832; ordonné prêtre, le 6 juin 1857; nommé vicaire à Entremont-le-Vieux, le 20 juillet 1857; vicaire à Vimines, le 15 août 1861; vicaire à Albens, le 18 août 1864; vicaire à Ayn, le 27 août 1866; curé de Saint-Martin du Villard, le 10 mai 1889; curé d'Ayn, le 1ᵉʳ avril 1878.

DUVERNEY François, né à Novalaise, le 3 février 1857; ordonné prêtre, le 18 juillet 1881; nommé vicaire à Moye, le 23 octobre de la même année; autorisé à exercer le saint ministère à Monaco, en 1884; mort, le 13 décembre de la même année.

DUVILLARD Pierre, né à Artaz, le 4 août 1742; ordonné prêtre, en 1770; était curé de Valleiry, en 1792. Il donna d'abord de tristes gages à la Révolution, puis se rétracta. Après le rétablissement du culte, il fut nommé curé de Verel-de-Montbel, le 1ᵉʳ mai 1806, et mourut, le 5 septembre 1813.

E

ÉMERY Pierre-François, né à Crempigny, le 10 octobre 1771; capucin profès à Annecy, en 1788; émigré en Piémont, en mars 1793; ordonné prêtre, le 22 septembre 1794, à Verceil; employé comme confesseur dans les hôpitaux militaires de Milan, en 1799; rentré en Savoie, le 18 thermidor an IX; desservant à Ferney, près de Rive-de-Giers, en 1802; curé de Saint-Germain-sur-

Albens, le 1ᵉʳ août 1803 ; démissionnaire, le 1ᵉʳ octobre 1831 ; curé de Saint-Cassien, le 5 décembre 1832 ; retiré chez lui, en janvier 1835 ; mort, à Chambéry, le 5 octobre 1855, à l'âge de 84 ans 13 jours.

ÉMIN François-Marie, né à Saint-Ferréol, le 18 février 1799 ; ordonné prêtre, le 1ᵉʳ juin 1822 ; nommé vicaire à Bellecombe, le 1ᵉʳ septembre 1822 ; curé d'Aillon-le-Jeune, le 24 avril 1827 ; retraité, le 1ᵉʳ avril 1863 ; mort, le 2 juillet 1866, à l'âge de 67 ans 4 mois 14 jours.

ÉMONET Claude-François, né à Massingy ; autorisé à entrer dans l'ordre des Chartreux, par lettres testimoniales du 28 juin 1881.

ÉMONET Noël-Marie, né à Massingy, en 1849 ; entré dans la congrégation des Missions étrangères ; parti pour la mission de la Mandchourie, le 27 février 1875.

ESSAUTIER Pierre-André, né à Bauvaisec (Basses-Alpes), le 7 septembre 1754 ; ordonné prêtre, en 1780 ; nommé curé de Saint-Pierre d'Entremont, le 4 janvier 1804.

ESTIVIN Joseph, né au Noyer, le 8 juin 1785 ; ordonné prêtre le 25 mars 1811 ; nommé curé de Curienne, le 20 mars 1815 ; curé de Saint-Cassien, le 1ᵉʳ septembre 1816 ; ensuite professeur au petit séminaire de Saint-Louis du Mont ; mort, le 27 janvier 1822.

EXCOFFIER Jean-Claude, né à Arvillard, le 30 septembre 1752 ; ordonné prêtre, en 1779 ; religieux Josephiste de Lyon, en 1792 ; résidant d'abord à Arvillard, après la Révolution ; ensuite nommé curé de Presle, le 1ᵉʳ octobre 1816 ; mort, en 1829.

EXCOFFON Pierre, né à Chignin, en 1872 ; entré dans la congrégation des Missions étrangères ; parti pour la mission du Laos siamois, le 17 décembre 1886.

EXERTIER François, né à Mouxy, le 11 juin 1845 ;

ordonné prêtre le 29 mars 1873 ; nommé professeur de seconde, à Rumily, en avril 1873 ; professeur de philosophie au grand séminaire de Chambéry, en 1885 ; supérieur de l'Externat de Saint-François de cette ville, en 1889.

EXERTIER Jean-Marie, né à Pugny, le 14 août 1859 ; ordonné prêtre, le 7 juin 1884 ; nommé professeur au petit séminaire de Saint-Pierre d'Albigny, la même année ; vicaire à la Rochette, en 1888.

EXERTIER Jérôme, né à Mouxy, le 13 novembre 1859 ; ordonné prêtre, le 19 juin 1886 ; nommé vicaire à Chindrieux, la même année ; autorisé à remplir les fonctions de précepteur, à Lyon, en 1890.

F

FAGA Alexis, né à Chambéry ; autorisé à entrer dans la congrégation des Missions africaines de Lyon, par lettres démissoriales du 11 décembre 1883.

FALCONNET Claude, né à Rumilly, le 27 mai 1797 ; ordonné prêtre, le 23 décembre 1823 ; nommé professeur au collège d'Évian, le 1er janvier 1824 ; vicaire à Clermont, le 8 décembre 1824 ; professeur au petit séminaire de Saint-Pierre d'Albigny, le 1er novembre 1825 ; vicaire à Massingy, le 1er mars 1826 ; curé de Villaroux, le 23 mars 1829 ; professeur à Lyon, le 1er novembre 1837 ; rentré dans le diocèse, le 6 août 1848 ; retiré à la Biolle ; mort à Saint-Germain, le 21 septembre 1869, à l'âge de 72 ans 3 mois 26 jours.

FALCONNET Louis, né à Sevrier, le 10 juin 1790 ; ordonné prêtre, le 21 mars 1813 ; nommé de vicaire à

Chambéry curé de Saint-Félix, le 8 octobre 1816; aumônier de l'Hôtel-Dieu de Chambéry.

FALCOZ Pierre-Antoine, né à Saint-Sorlin d'Arve (Maurienne), le 30 novembre 1746; ordonné prêtre, en 1787; nommé curé de Châteauneuf, le 30 novembre 1803; curé de Saint-François de Sales de Chambéry, le 6 juillet 1818; mort, le 14 mai 1825.

FALQUET Alfred, né à Villard-Sallet, le 9 octobre 1851; ordonné prêtre, le 3 juin 1882; nommé vicaire à Saint-Jean de la Porte, le 22 du même mois; vicaire à Chindrieux, le 18 octobre 1885; autorisé à remplir la fonction de précepteur à Lyon, le 14 septembre 1887.

FARNIER Jean-Claude, né à Saint-Offenge-Dessous, le 11 janvier 1816; reçu docteur en théologie de la Faculté de Turin, le 5 mai 1841; ordonné prêtre, le 21 mai 1842; nommé vicaire à Arith, le 17 juin 1842; vicaire à Yenne, le 20 juin 1843; professeur de rhétorique et d'humanités au petit séminaire de Saint-Pierre d'Albigny, le 14 février 1845; professeur de grammaire au collège national de Chambéry, le 14 novembre 1848; vice-promoteur de l'officialité diocésaine, le 20 février 1851; entré chez les Maristes, à Lyon, le 3 novembre 1852; nommé curé de Saint-Thibaud de Couz, le 30 septembre 1854; archiprêtre et curé de Maché, le 8 septembre 1860; chevalier de la Légion d'honneur, le 30 septembre 1867; chanoine titulaire, le 21 mars 1877; mort, le 7 avril 1884.

FARNIER Marie-Ferdinand, né à Saint-Offenge-Dessous, le 4 décembre 1826; ordonné prêtre, le 14 juin 1851; nommé vicaire aux Échelles, le 29 juin 1851; vicaire à Rumilly, le 16 juin 1853; vicaire à Maché, le 1er octobre 1860; curé de Montagnole, le 1er avril 1866; curé de Saint-Ombre, le 15 avril 1876.

FAZY Philibert, né à Ville-en-Salaz (Faucigny), le

29 février 1796 ; ordonné prêtre, le 5 juin 1819 ; nommé curé de Challes, le 15 juillet 1820.

FAZY Victor, né à Bardonêche, le 8 octobre 1803 ; ordonné prêtre, le 20 septembre 1828 ; nommé vicaire à Aix-les-Bains, le 26 septembre 1828 ; curé de Trévignin, le 22 avril 1832 ; curé de Cognin, le 22 avril 1839 ; retraité, le 3 novembre 1868.

FAVAT Joseph-Sulpice, né à Saint-Jean d'Avellane (Isère), le 20 décembre 1755 ; ordonné prêtre, en 1774 ; nommé curé de Domessin, le 5 septembre 1804 ; mort, le 13 mars 1818.

FAVRE Christin, né à Moye, le 11 novembre 1840 ; ordonné prêtre, le 8 juillet 1866 ; nommé vicaire à Cusy, le 30 août 1866 ; professeur au collège de Rumilly, en 1867 ; autorisé à remplir la fonction de précepteur à l'étranger.

FAVRE Christin-Louis, né à Moye, le 20 décembre 1852 ; ordonné prêtre, le 15 juin 1858 ; nommé vicaire au Pont-de-Beauvoisin, le 1er août 1878 ; vicaire à la Motte-Servolex, le 5 octobre 1887 ; curé de Planaise, le 2 mars 1889.

FAVRE Claude, né à Moye, le 11 novembre 1773 ; ordonné prêtre, en 1805 ; nommé de professeur à Conflans curé de Saint-Alban d'Hurtières, le 15 octobre 1812 ; mort, en octobre 1837.

FAVRE François-Joseph, né à Saint-Jean d'Aulps, le 10 août 1792 ; ordonné prêtre, le 22 mars 1817 ; résidant à Chambéry.

FAVRE Jean, né à Moye, le 6 avril 1849 ; ordonné prêtre, le 26 mai 1877 ; nommé vicaire à Vimines, le 1er août 1877 ; curé de Saint-Jean de Couz, le 15 août 1886 ; curé de Saint-Jean d'Arvey, le 1er février 1892.

FAVRE Jean-Joseph, né à la Roche, le 11 mars 1789 ;

ordonné prêtre, le 1ᵉʳ août 1812 ; nommé vicaire à Carouge, le 5 août 1812 ; professeur de rhétorique et d'humanités à Carouge, le 1ᵉʳ novembre 1817 ; curé de Chindrieux, le 1ᵉʳ novembre 1820 ; archiprêtre et curé d'Aix-les-Bains, le 24 juin 1837 ; aumônier de la Ste-Chapelle de Chambéry, le 14 juin 1843 ; chanoine honoraire de la Métropole, le 27 janvier 1848 ; président du collège national de Chambéry, le 15 novembre 1848 ; remplacé au collège, le 1ᵉʳ novembre 1851 ; renommé aumônier de la Sainte-Chapelle de Chambéry, à cette même date ; mort, le 29 janvier 1874, âgé de 84 ans.

FAVRE Joseph, né à Rumilly, le 23 août 1790 ; ordonné prêtre, le 21 mars 1813 ; nommé vicaire aux Échelles, le 28 mars 1813 ; vicaire à Notre-Dame de Chambéry, le 4 janvier 1815 ; curé de Maché, le 30 octobre 1817 ; archiprêtre, le 1ᵉʳ janvier 1834 ; décédé, le 2 septembre 1860, à l'âge de 70 ans 9 jours.

FAVRE Nicolas, né à Chambéry, le 31 décembre 1855 ; ordonné prêtre, le 22 mai 1880 ; nommé professeur au petit séminaire de Saint-Pierre d'Albigny, la même année ; vicaire à Châteauneuf, en 1880 ; de nouveau professeur au petit séminaire de Saint-Pierre d'Albigny ; retiré dans sa famille pour cause de maladie, en 1888 ; nommé curé de Nances, le 7 juillet 1893.

FAVRE Philippe, né à Moye, le 13 décembre 1860 ; ordonné prêtre, le 30 mai 1885 ; nommé professeur au petit séminaire du Pont-de-Beauvoisin, la même année.

FAURE-JONC Joseph-Marie, né aux Échelles, le 27 mai 1802 ; ordonné prêtre, le 13 juin 1829 ; nommé d'abord vicaire à Entremont-le-Vieux, puis directeur de la Maîtrise de la cathédrale de Chambéry ; mort, le 16 juin 1842.

FÉCHOZ Pierre, né à Verrens ; entré dans la congrégation des Missions étrangères ; parti pour la mission du Su-Tchuen occidental, le 10 juillet 1859; rentré en France pour cause de maladie; a quitté la Société, en 1872.

FENESTRAZE Jean, né à Sonnaz, le 8 septembre 1827; ordonné prêtre, le 20 décembre 1851; nommé professeur de grammaire au collège de Rumilly, le 1er novembre 1851; professeur de philosophie au même établissement, le 15 octobre 1856; retiré pour cause de maladie, le 9 novembre 1869; mort, le 3 janvier 1873, à l'âge de 45 ans 3 mois 25 jours.

FENOLLAND Jean-François, né à la Roche, le 6 janvier 1790; ordonné prêtre, le 16 janvier 1814; nommé de vicaire à Saint-Gervais curé de Saint-Girod, le 25 avril 1815; curé de Saint-Félix, le 15 novembre 1820.

FERRAND Claude-Antoine, né à École, le 7 juin 1846; ordonné prêtre, le 16 juillet 1871; nommé professeur au Pont-de-Beauvoisin, le 18 octobre 1871.

FERRAND Jean-Antoine, oncle du précédent, né à École, le 18 septembre 1813; ordonné prêtre, le 20 mai 1837; nommé vicaire au Châtelard, le 25 mai 1837; vicaire à Saint-François de Sales de Chambéry, le 3 octobre 1839; curé de Presle, le 13 octobre 1846; curé de Francin, le 10 juillet 1860; mort, le 19 avril 1861, à l'âge de 47 ans 7 mois 1 jour.

FERROUD Alexandre, né à la Compôte, le 14 août 1787; ordonné prêtre, le 21 mars 1813; nommé de vicaire au Petit-Bornand curé de Neydens, le 8 septembre 1818; mort dans cette paroisse, il y a une vingtaine d'années.

FERROUD Charles, né à la Compôte, le 13 avril 1845; ordonné prêtre, le 29 juin 1869; nommé vicaire à la Biolle, le 21 juillet 1869; vicaire à Yenne, le 10 février 1870; curé de Saint-Franc, le 1er juin 1876; curé de Grésin, le 5 mars 1886.

FERROUD Donat, né à la Compôte, le 14 janvier 1800 ; ordonné prêtre, le 29 septembre 1822 ; nommé vicaire à Saint-Jean-Puygauthier, le 25 octobre 1822 ; vicaire à Saint-François de Sales de Chambéry, le 9 juillet 1823 ; curé et archiprêtre de Châteauneuf, le 28 juillet 1828 ; archiprêtre et curé du Pont-de-Beauvoisin, le 5 novembre 1832 ; chanoine de la Métropole, le 25 juillet 1855 ; promoteur de l'officialité métropolitaine, le 16 novembre 1862 ; mort, le 3 mai 1871, à l'âge de 71 ans 3 mois 19 jours.

FERROUD François, frère d'Alexandre, né à la Compôte, le 29 septembre 1789 ; ordonné prêtre, le 21 décembre 1816 ; nommé vicaire à Dingy-Saint-Clair en Genevois ; mort chez son frère, à Neydens, où il s'était retiré.

FERROUD Jean-François, né à la Compôte, le 6 février 1817 ; ordonné prêtre, le 21 mai 1842 ; nommé vicaire à Oncin, le 17 juin 1842 ; précepteur des enfants de M. le marquis de la Prunarède, le 1er décembre 1842 ; vicaire à Chindrieux, le 7 décembre 1844 ; vicaire à Montmélian, le 20 juillet 1846 ; vicaire aux Échelles, le 6 octobre 1849 ; retiré pour cause de maladie, le 26 juin 1851 ; nommé curé de Billième, le 28 octobre 1852 ; curé de Bellecombe, le 18 novembre 1862 ; vice-archiprêtre, le 19 septembre 1871 ; archiprêtre, en 1878 ; mort, le 24 juin 1888.

FERROUD Pierre-François, né à la Compôte, le 8 octobre 1812 ; ordonné prêtre, le 30 mars 1839 ; nommé vicaire à Cusy, le 4 avril 1839 ; vicaire à Novalaise, le 10 octobre 1840 ; vicaire aux Échelles, le 18 juillet 1843 ; vicaire au Pont-de-Beauvoisin, le 7 décembre 1844 ; curé de Verrens, le 27 mars 1856 ; curé de Jongieux, le 1er août 1858 ; curé de Lescheraine, le 11 juillet 1862 ; retiré à la Compôte, en 1886 ; mort, en cette paroisse, en 1893.

FERROUD Pierre, né à Villard-Sallet, le 2 août 1856; ordonné prêtre, le 3 juin 1882; nommé professeur au petit séminaire de Saint-Pierre d'Albigny, la même année; autorisé à remplir la fonction de précepteur à l'étranger, en 1885.

FERROUD-PLATTET Nicolas, né à École, le 28 juillet 1758; ordonné prêtre, en 1785; dominicain de Montmélian, en 1792; prêta le premier serment à la Révolution et se retira dans sa famille. Ayant refusé de prêter le serment impie d'Albitte, il fut condamné à la détention dans la prison de Sainte-Claire, à Chambéry. Après le rétablissement du culte, il fut nommé vicaire à Bellecombe en Bauges.

FÉTAZ Joseph-Florentin, né à Saint-Pierre d'Entremont, le 15 janvier 1864; ordonné prêtre, le 15 juin 1889; nommé vicaire à École, le 19 octobre de la même année.

FÉTAZ Pierre, né à Saint-Pierre d'Entremont, le 28 septembre 1855; ordonné prêtre, le 17 décembre 1881; nommé surveillant au collège de Rumilly, la même année; professeur au même établissement, l'année suivante.

FICHET Jean-François, né à Annecy, le 20 août 1760; ordonné prêtre, en 1784; était curé de Metz (près d'Annecy), en 1792. Ayant refusé toute compromission avec la Révolution, il fut, pendant la durée de celle-ci, un infatigable missionnaire dans sa paroisse et dans les environs. Après le Concordat de 1801, il fut nommé curé de Maché, le 1er octobre 1806; curé de Saint-Pierre d'Albigny, le 5 décembre 1812, et mourut, le 4 février 1826.

FICHET Jean-Marie, né à Serraval, le 15 mars 1795; ordonné prêtre, le 7 mars 1818; nommé vicaire à Combloux, le 15 mars 1818; vicaire à Viuz-en-Salaz, le 25 mai 1818; curé de Saint-Girod, le 28 juin 1822; retraité, le 2 octobre 1873.

FILLION Aimé, né à Manigod, le 2 août 1788; ordonné prêtre, le 1er août 1812; nommé vicaire à la Clusaz, le 15 août 1812; curé d'École, le 11 décembre 1816; vice-archiprêtre, le 12 février 1841; mort, le 14 mars 1863, à l'âge de 74 ans 7 mois 12 jours.

FILLION Aimé-Marie, né à Manigod, le 11 août 1786; ordonné prêtre, le 7 août 1810; nommé vicaire à Aix, le 15 juin 1810; archiprêtre et curé de Ruffieux, le 14 janvier 1819; archiprêtre et curé d'Yenne, le 1er mai 1829; chanoine titulaire, le 21 mai 1847; doyen du Chapitre, le 1er juin 1860; mort, le 5 février 1863, à l'âge de 76 ans 5 mois 24 jours.

FINAS François-Joseph, né à Saint-Pierre de Soucy, le 3 avril 1803; ordonné prêtre, le 11 mars 1826; nommé vicaire à Rumilly, le 15 mars 1826; vicaire à Maché, le 25 septembre 1829; curé de Saint-Cassien, le 20 août 1830; curé de la Thuile, le 31 octobre 1832; retraité, le 20 juillet 1851; mort, le 12 mai 1864, à l'âge de 61 ans 1 mois 9 jours.

FIORITO Sylvestre-Juvénal, né dans le diocèse de Fossano (Piémont); chapelain honoraire de S. M. le roi de Sardaigne et chapelain titulaire de la Sainte-Chapelle de Chambéry; mort, en 1842.

FLEURY Michel, né à Chambéry, le 10 juin 1739; ordonné prêtre, en 1763; résidant à Chambéry, après la Révolution; mort, en 1809.

FLORET Jean-Baptiste, né à Montmélian, le 16 septembre 1808; ordonné prêtre, le 24 mars 1834; nommé préfet d'étude au petit séminaire de Saint-Louis du Mont, le 24 décembre 1833; vicaire à Aix-les-Bains, le 1er juin 1834; vicaire à Maché, le 15 septembre 1839;

directeur de la Maîtrise et aumônier des Prisons, le 1ᵉʳ avril 1840; curé de Fréterive, le 1ᵉʳ février 1845; curé de Méry, le 17 mars 1854 ; mort, le 4 novembre 1883.

FOLLIET François, né à Moye, le 26 mars 1816; ordonné prêtre, le 19 septembre 1840 ; nommé vicaire à Saint-Pierre d'Albigny, le 2 octobre 1840; curé d'Étable, le 1ᵉʳ avril 1848; mort, le 10 mai 1859, à l'âge de 43 ans 1 mois 14 jours.

FOLLIET Philibert, né à Moye, le 10 novembre 1820 ; ordonné prêtre, le 18 mars 1846 ; nommé vicaire à Jarsy, le 10 juillet 1846 ; vicaire à Étable, le 7 avril 1848 ; vicaire à Lornay, le 30 mars 1860 ; curé de Lornay, le 25 août 1860 ; retiré à Rumilly, en 1883.

FORAY François, né à Apremont ; autorisé à entrer dans l'Ordre de Saint-Jean de Dieu, par lettres du 10 décembre 1879.

FORESTIER Antoine, né à Metz (près d'Annecy), le 28 septembre 1757 ; ordonné, en 1785 ; était bénéficier de la collégiale de Notre-Dame d'Annecy, avant la Révolution. Après celle-ci, il fut nommé curé d'Oncin-Attignat, et mourut, vers 1825.

FORTIN Pierre, né à Chambéry, le 23 février 1756 ; ordonné prêtre, en 1781 ; nommé curé de Notre-Dame de Chambéry, le 15 avril 1807 ; puis chanoine de la cathédrale de Chambéry ; mort, le 22 février 1839.

FRAIX Joseph, né à Saint-Maurice de Rotherens ; autorisé à faire partie de la congrégation des Missions étrangères, par lettres du 17 janvier 1891.

FRAIX Marie-Joseph, né à Verrens-Arvey, en 1868; entré dans la congrégation des Missions étrangères ; parti pour la mission du Tong-King occidental, le 15 avril 1891.

FRANÇOIS Louis, né à Domessin, le 9 janvier 1805;

ordonné prêtre, le 13 juin 1829 ; nommé vicaire à Notre-Dame de Chambéry, le 20 juin 1829 ; curé de Champagneux, le 19 mars 1836 ; curé de Fréterive, le 19 mars 1840 ; curé de Jongieux, le 1er janvier 1845 ; curé de Gerbaix, le 1er août 1858 ; retraité, le 1er avril 1871 ; décédé à Chambéry, rue du Collège, le 9 septembre 1880, à l'âge de 75 ans 8 mois.

FRANCOZ Jean-Claude, né à Arith, le 20 juin 1746 ; ordonné prêtre, en 1773 ; était chartreux d'Aillon, en 1792. Il prêta le premier serment à la Révolution, et se retira dans sa famille, qui habitait Saint-Offenge-Dessous. Après le rétablissement du culte, il fut nommé d'abord curé de Chainaz, le 10 août 1803 ; puis curé d'Ontex, le 19 novembre 1805 ; enfin curé de St-Girod. Il mourut, le 29 juillet 1818.

FRANCOZ Jean, né à Arith, le 27 février 1749 ; ordonné prêtre, en 1774 ; vicaire de Bellecombe, en 1792 ; refusa de prêter serment à la Révolution, et émigra. Revenu bientôt dans les Bauges comme missionnaire, il établit sa résidence principalement à Jarsy. Il fut saisi dans cette paroisse, en 1797, conduit à Chambéry, et condamné à la déportation. Après le rétablissement du culte, il fut nommé curé de Crempigny.

FRANCOZ Jean-Bruno, né à Saint-Offenge-Dessous, le 1er juin 1822 ; ordonné prêtre, le 29 mai 1847 ; nommé professeur de grammaire au collège de Rumilly, le 1er novembre 1847 ; professeur de rhétorique au petit séminaire de Saint-Pierre d'Albigny, le 1er novembre 1850 ; supérieur du même établissement, le 1er septembre 1852 ; supérieur au collège de Rumilly, le 1er septembre 1856 ; archiprêtre et curé de Chindrieux, le 1er juillet 1858 ; archiprêtre et curé de Saint-Pierre d'Albigny, le 10 juin 1868 ; aumônier des Sœurs de Saint-Joseph de Chambéry, le 1er mars 1875 ; chanoine honoraire, le 1er septembre 1877 ; curé de Barberaz, le 3 août 1882 ; retraité, le 1ᵉʳ août 1891.

FRANCOZ Pierre, né à Arith, le 25 septembre 1746 ; ordonné prêtre, en 1771 ; curé du Noyer, en 1792 ; refusa de prêter serment à la Révolution, et émigra en Val-d'Aoste, au mois de mars 1793. Après le rétablissement du culte, il fut réintégré dans sa paroisse du Noyer, le 10 août 1803 ; puis nommé curé de Saint-Pierre de Curtille, le 1ᵉʳ novembre 1813, et y mourut, le 14 avril 1821.

FRANCOZ Louis, né à Arith, le 3 septembre 1759 ; ordonné prêtre, en 1783 ; était, avant la Révolution, vicaire à Clermont, avec le titre de *vicaire en chef*, sous un curé nommé aussi Francoz, dont il était probablement le frère ou le neveu. Après le Concordat de 1801, il fut nommé curé de cette même paroisse de Clermont, le 20 août 1803, et y mourut, en 1831.

FRANDIN Hippolyte, né à Chambéry, le 27 mars 1811 ; entré chez les Jésuites de la province d'Allemagne, fit ses premiers vœux, en 1834, et ses vœux publics, en 1843. Il professa la rhétorique, en 1835 et 1836. Il fut expulsé, avec les autres Jésuites, du collège de Fribourg, en 1847, et fut nommé, par Mgr Billiet, vicaire aux Échelles, le 31 mars 1848. Il rentra dans la Compagnie de Jésus, le 6 octobre 1849.

FRASSES (Joseph-Victor des), né à Montmélian, en 1752 ; ordonné prêtre, en 1776 ; religieux capucin, en 1792 ; nommé curé de Lémenc, en 1803.

FUERY Jean-Jules, né à Genève, le 19 juillet 1779 ; ordonné prêtre, en 1803 ; nommé vicaire à Cruseilles, en 1803, puis vicaire à Bonneville ; curé de Billième, le 25 juillet 1816 ; curé de Magland, le 1ᵉʳ juillet 1818.

G

GACHE Gabriel, né à Traize, le 16 février 1865 ; ordonné prêtre, le 19 décembre 1891 ; autorisé à remplir la fonction de professeur à Saint-Étienne (Loire), la même année ; puis à remplir celle de vicaire dans le diocèse de Belley, en 1892.

GAGNIÈRE Joseph, né à Chambéry, le 14 août 1751 ; ordonné prêtre, en 1777 ; nommé curé du Vivier, le 16 décembre 1807 ; curé de Saint-Jean de Couz, le 24 janvier 1815 ; retiré ensuite à Chambéry ; mort, le 14 mai 1833.

GAIME Jean-Claude, né à Marigny, le 23 février 1848 ; ordonné prêtre, le 16 juillet 1871 ; nommé vicaire au Montcel, le 30 septembre 1871 ; vicaire à Aix-les-Bains, le 6 octobre 1873 ; curé de Doucy, le 1er novembre 1878 ; curé de Dulin, en 1886 ; mort, le 23 janvier 1889.

GAIME Joseph-Marie, né à Héry-sur-Alby, le 20 mars 1826 ; ordonné prêtre, le 21 décembre 1850 ; nommé vicaire à Thoiry, le 15 février 1851 ; retiré pour cause de maladie, le 7 juillet 1854 ; mort à Héry-sur-Alby, le 11 septembre 1856, à l'âge de 30 ans 5 mois 21 jours.

GALLAY Anthelme-François, né à Marcieux, le 23 novembre 1745 ; ordonné prêtre, en 1770 ; nommé curé de Gerbaix, le 10 août 1803 ; mort, en 1810.

GALLET Louis, né à Bassens, le 20 mars 1862 ; autorisé à entrer dans l'ordre de Saint-Jean de Dieu, par lettres testimoniales du 20 janvier 1880.

GANDY Eugène-Louis, né aux Marches, le 5 mars 1841 ; ordonné prêtre, le 15 juin 1867 ; nommé vicaire à Belmont, le 1er septembre 1867 ; vicaire à Aix-les-Bains, le 7 juillet 1868 ; précepteur chez M. d'Alexandry, le 6 octobre 1873 ; vicaire à Saint-Innocent, le 10 avril 1874 ; curé de la Chavanne, le 8 décembre 1874 ; curé de Champagneux, en 1887 ; retiré, en 1890.

GANTIN Albert-Eugène, nommé curé de Barby, en 1803.

GANTELLET D'ASNIÈRES Joseph-Marie, né à Saint-Eusèbe, le 14 août 1762 ; ordonné prêtre, en 1784 ; religieux cordelier, avant la Révolution ; prêta le serment d'Albitte, en 1794 ; résida d'abord à Saint-Félix, après le rétablissement du culte ; fut ensuite nommé vicaire à Saint-Jean de la Porte ; curé de Champagny, le 1er octobre 1811, et curé de Franclens, le 1er mai 1822 ; mourut retraité, en 1834.

GARAVEL André, né à Belmont, le 24 septembre 1847 ; ordonné prêtre, le 20 septembre 1873 ; nommé professeur au petit séminaire de Saint-Pierre d'Albigny, le 1er octobre 1873 ; vicaire à Novalaise, en février 1874 ; curé de Loisieux, le 11 février 1881 ; curé des Déserts, le 27 octobre 1885.

GARAVEL Jean-Baptiste, frère du précédent, né à Belmont, le 19 décembre 1852 ; ordonné prêtre, le 15 juin 1878 ; nommé précepteur, à Autun, le 1er juillet 1878 ; actuellement curé dans le diocèse de ce nom.

GARAVEL Joseph, né à la Grotte ; autorisé à entrer dans la congrégation des Missionnaires du Saint-Esprit, par lettres du 4 février 1849 ; attaché, le 12 juillet suivant, au diocèse d'Auckland, dans la Nouvelle-Zélande.

GARELLAZ Dominique-Antoine, né le 15 décembre 1731 ; curé de Maché, fut nommé chanoine de la cathédrale et promoteur de l'officialité du nouveau diocèse de Chambéry par Mgr Conseil, en 1780. Ayant refusé toute compromission avec la Révolution de 1792, il émigra à

Turin, et devint, en qualité de vicaire général, avec M. Aubriot de la Palme, le directeur du clergé et des fidèles pendant les dix années de persécution qui suivirent. Après le rétablissement du culte, il fut nommé chanoine titulaire de la cathédrale de Chambéry, en 1803, et mourut le 17 septembre 1812.

GARDET Jean-Baptiste, né à la Trinité, le 15 mars 1815 ; ordonné prêtre, le 20 décembre 1845 ; nommé vicaire à Entremont-le-Vieux, le 5 janvier 1846 ; vicaire à Montmélian, le 1er septembre 1849 ; curé de Doucy, le 5 novembre 1858 ; curé de Planaise, le 30 avril 1862 ; curé de Sainte-Hélène du Lac, le 17 septembre 1869 ; mort, le 29 octobre 1890.

GARGOUX Joseph, né à Chambéry, vers 1723 ; nommé chanoine titulaire, en 1803 ; mourut en 1806.

GARGOUZ André-Donat, né à Chambéry, le 25 mars 1759 ; ordonné prêtre, en 1782 ; religieux carme, en 1792 ; nommé curé de Grésin, le 10 août 1803, et plus tard chanoine honoraire.

GARIN Pierre-Jean-François, né le 30 janvier 1755 ; nommé curé de Saint-François de Sales de Chambéry et chanoine honoraire de la cathédrale, en 1803 ; mort, le 1er avril 1807, à l'âge de 52 ans 2 mois et 2 jours.

GARIOUD Louis-François, né à Loisieux, le 20 avril 1842 ; autorisé à entrer en religion à la chartreuse des Portes, par lettres du 25 novembre 1891.

GARNIER Jean-Baptiste, né à Aillon-le-Jeune, le 16 avril 1861 ; ordonné prêtre, le 19 juin 1886 ; nommé professeur au petit séminaire de Saint-Pierre d'Albigny, la même année ; vicaire à Saint-Alban, le 25 août 1889 ; vicaire à Saint-Pierre d'Albigny, le 24 novembre 1890.

GARNIER Joseph-Jean-François, né au Bourget, le 17 octobre 1741 ; ordonné prêtre, en 1764 ; religieux dominicain, en 1792 ; nommé chanoine honoraire de la cathédrale de Chambéry, en 1803; résidant à Annecy ; mort, en 1813.

GAUDIER François, né à Samoëns, le 29 novembre 1798; ordonné prêtre, le 1er juin 1822; nommé curé de Cessens, le 19 février 1823; mort, le 17 février 1846.

GAVARD Jean-Marie, né à Montmélian, le 3 avril 1820 ; ordonné prêtre, le 21 décembre 1844 ; après avoir passé une année à Paris, à Saint-Sulpice, nommé professeur de grammaire au collège de Rumilly, le 7 décembre 1844 ; vicaire à Massingy, le 4 novembre 1846 ; vicaire à la Rochette, le 24 octobre 1851 ; curé de Saint-Pierre de Genebroz, le 25 octobre 1858.

GAVEND Joseph, né à Belmont, le 17 juillet 1862 ; ordonné prêtre, le 19 juin 1886 ; nommé vicaire à Vimines, le 16 octobre de la même année ; vicaire à la Motte-Servolex, le 1er avril 1889 ; vicaire à Aix-les-Bains, le 9 décembre 1891.

GAVILLET Claude, né à Villaroux, le 1er mai 1837 ; ordonné prêtre, le 21 mai 1864 ; nommé vicaire à Grésy-sur-Isère, le 25 juin 1864 ; vicaire à la Motte-Servolex, le 1er juillet 1865 ; curé de Laissaud, le 1er janvier 1872 ; curé de Chignin, le 18 novembre 1887.

GAVILLET Jean-Baptiste, né à Villaroux, le 3 août 1843 ; ordonné prêtre, le 15 juin 1867 ; nommé professeur au petit séminaire de Saint-Pierre d'Albigny, le 14 août 1867 ; supérieur du même établissement, en 1883.

GAY Anselme, né au Biot, le 11 mars 1770 ; ordonné prêtre, en 1803 ; nommé vicaire à Taninges, en 1804 ; curé de Sainte-Foy (Tarentaise), le 15 août 1810 ; curé de Grand-Cœur, le 28 août 1816 ; curé des Déserts, le 21 janvier 1818 ; curé de la Motte-en-Bauges, le 2 janvier 1827.

GAY Georges, né à Annecy, le 10 juin 1791 ; ordonné prêtre, le 18 février 1815 ; nommé vicaire au Pont-de-Beauvoisin, le 11 mars 1815 ; curé d'Avressieux, le 1er janvier 1818 ; curé de Saint-Germain, le 29 mars 1832 ; mort, le 21 janvier 1863, âgé de 71 ans 7 mois 11 jours.

GAY Jean-François, né à Villy-le-Bouveret (Chablais), le 30 mai 1789 ; ordonné prêtre, le 21 mars 1813 ; nommé vicaire à la Motte-Servolex, le 25 mars 1813 ; curé de Francin, le 1er mai 1817 ; mort, le 5 juin 1860, à l'âge de 71 ans 5 jours.

GAY Noël-Antoine, né à Bloye, le 24 décembre 1844 ; ordonné prêtre, le 16 mars 1872 ; nommé vicaire à Massingy, le 17 avril 1872 ; autorisé à remplir la fonction de précepteur à Issoudun, en 1877 ; nommé aumônier de l'Orphelinat de filles, aux Marches, en 1885 ; retiré dans sa famille pour cause de maladie, en 1888.

GAY Pierre, né à Villy-le-Bouveret (Chablais), le 21 août 1790 ; ordonné prêtre, le 4 janvier 1818 ; nommé vicaire au Pont-de-Beauvoisin, le 19 janvier de la même année ; curé de la Bauche, le 6 avril 1819 ; retraité, le 28 novembre 1869 ; mort, le 1er novembre 1871, à l'âge de 81 ans 2 mois 10 jours.

GAY-LANCERMIN Alphonse, né à Novalaise, le 9 août 1860 ; ordonné prêtre, le 30 mai 1885 ; nommé surveillant au petit séminaire de Saint-Pierre d'Albigny, la même année ; professeur au même établissement, en 1886.

GAYMOZ François, né à Héry-sur-Alby, le 4 juin 1757 ; ordonné prêtre, en 1781 ; religieux capucin, en 1792 ; nommé curé de Belmont, le 5 octobre 1803 ; mort, le 7 octobre 1840.

GAZEL Pierre, né à Cruseilles, le 3 décembre 1753 ; ordonné prêtre, vers 1778 ; nommé professeur de théologie au grand séminaire de Chambéry, en 1803 ; puis chanoine honoraire et vicaire général ; mort, le 12 août 1825.

GELLON François, né à Coise, le 26 août 1759 ; ordonné prêtre, en 1783 ; nommé curé de Saint-Pierre de Soucy, le 10 août 1803 ; curé de Villard-d'Héry, le 19 août 1817 ; retiré ensuite à Montmélian, où il remplit en même temps les fonctions de vicaire ; mort, le 3 juillet 1836.

GELLON Jean-François, né à Coise, le 1er mai 1805 ; ordonné prêtre, le 20 juillet 1828 ; nommé vicaire au Betonet, le 5 août 1828 ; curé de Villard-Sallet, le 29 juillet 1830 ; curé de Villard-d'Héry, le 4 décembre 1836 ; retiré chez lui, le 16 août 1843 ; nommé curé de Saint-Jean de Couz, le 15 juin 1846 ; retiré à Puygros, le 16 septembre 1853 ; nommé curé de Nances, le 1er mai 1858 ; retiré à Saint-Genix, le 1er août 1866 ; mort, en cette paroisse, en 1881.

GELLON Mathieu, né à Coise, le 6 mai 1812 ; ordonné prêtre, le 22 décembre 1838 ; nommé vicaire à Novalaise, le 23 décembre 1838 ; professeur de grammaire au petit séminaire de Saint-Pierre d'Albigny, le 1er novembre 1840 ; vicaire à Thoiry, le 9 novembre 1842 ; curé de Puygros, le 11 mars 1850 ; curé de Cessens, le 27 juillet 1862 ; mort, le 4 juillet 1871, à l'âge de 59 ans 2 mois.

GELLON Victorin, né à Coise, le 8 octobre 1858 ; ordonné prêtre, le 30 mai 1885 ; nommé professeur au petit séminaire de Saint-Pierre d'Albigny, la même année ; vicaire à Aix-les-Bains, en avril 1892.

GELOT Paul, né à Chambéry ; autorisé à faire partie du clergé de la Nouvelle-Orléans, dans l'Amérique septentrionale, par lettres du 5 janvier 1851.

GENDRE Louis, né à Millaure, près de Bardonnèche, le 24 août 1776 ; ordonné prêtre, le 21 septembre 1801 ; nommé vicaire à Saint-André, le 20 octobre 1801 ; supérieur du petit séminaire de Saint-Louis du Mont, le 1er novembre 1809 ; curé d'Apremont, le 25 août 1810 ; curé de Myans, le 1er janvier 1830 ; curé de Bassens, le 5 juin 1838 ; retiré à Cognin, le 15 janvier 1843 ; mort, à Myans, le 9 janvier 1854, à l'âge de 77 ans 4 mois 15 jours.

GENOUX Philippe, né à Massingy, le 27 février 1857 ; ordonné prêtre, le 12 mars 1881 ; nommé vicaire à Saint-Baldoph, le 12 février 1882 ; vicaire à la Biolle, le 14 novembre 1886 ; vicaire au Bourget-du-Lac, le 14 janvier 1889 ; curé de Mognard, le 6 octobre 1892.

GENTIL Antoine, né à Dulin, le 9 juillet 1825 ; autorisé à entrer dans la congrégation des Missionnaires du Saint-Esprit de Paris, par lettres du 5 novembre 1845 ; ordonné prêtre, le 5 juin 1852 ; nommé vicaire à Entremont-le-Vieux, le 11 juin 1852 ; vicaire à Grésy-sur-Aix, le 1er août 1857 ; vicaire à Coise, le 1er juin 1858 ; vicaire à Yenne, le 1er août 1860 ; curé de Doucy, le 4 juin 1862 ; curé de Saint-Paul, le 25 janvier 1866 ; vice-archiprêtre, le 23 septembre 1871 ; curé de Jacob, le 1er août 1879 (non installé) ; retraité, le 15 novembre 1883.

GENTIL Joseph-Marie, né aux Contamines, le 26 octobre 1751 ; ordonné prêtre, en 1777 ; nommé curé de Champagneux, le 8 décembre 1806.

GÉNY Jean-François, né à Rumilly, le 10 août 1827 ; ordonné prêtre, le 8 mars 1856 ; nommé vicaire à Montailleur, le 1er avril 1856 ; vicaire à Aillon-le-Jeune, le 16 septembre 1857 ; vicaire au Montcel, le 1er avril 1863 ; curé d'Aillon-le-Jeune, le 24 août 1865 ; curé de Cessens, le 13 juillet 1871 ; curé de Saint-Félix, le 17 février 1881.

GEORGES Jean-François, né à Évian, le 22 août 1793 ; ordonné prêtre, le 27 mars 1819 ; nommé curé de Saint-Pierre de Curtille, le 1er juillet 1820 ; curé des Déserts, le 2 janvier 1827.

GEORGES Pierre-François, né à Montepulciano, le 10 juillet 1810 ; ordonné prêtre, le 20 mai 1837 ; nommé vicaire à Rumilly, le 21 juin 1837 ; vicaire à Notre-Dame de Chambéry, le 5 octobre 1839 ; curé de Jacob-Bellecombette, le 11 octobre 1844 ; chanoine honoraire, le 1er septembre 1877 ; mort, le 17 juillet 1879, à 6 heures du matin, dans sa 70e année.

GERBELOT Anthelme, né à la Bridoire, le 25 novembre 1843 ; ordonné prêtre, le 29 juin 1869 ; nommé vicaire à Saint-Pierre d'Albigny, le 10 octobre 1869 ; vicaire à Yenne, le 29 septembre 1870 ; vicaire à Saint-François de Chambéry, le 2 octobre 1871 ; curé de Saint-Girod, le 1er mars 1876 ; curé de Saint-Baldoph, le 8 septembre 1892.

GERBELOT-BARILLON François, né à la Bridoire ; ordonné prêtre, le 9 juin 1893.

GEX André, né à Saint-Pierre d'Albigny, le 4 novembre 1854 ; ordonné prêtre, le 8 juin 1879 ; nommé vicaire à Saint-Félix, le 1er juillet 1879 ; entré chez les missionnaires diocésains de Myans, la même année.

GEX André, né à Saint-Pierre d'Albigny, vers 1860 ; entré dans la congrégation des Missions africaines, de Lyon ; parti pour la mission du Haut-Niger.

GEX François, né à Saint-Pierre d'Albigny, le 21 mars 1821 ; ordonné prêtre, le 17 mai 1845 ; nommé professeur au petit séminaire de Saint-Pierre d'Albigny, le 20 mai 1845 ; professeur de rhétorique et d'humanités, le 15 décembre 1855 ; supérieur du même établissement, le 1er septembre 1856 ; chanoine honoraire, le 1er septembre 1877 ; chanoine titulaire, en 1883 ; mort à Chambéry, le 21 décembre 1890.

GEX François, né à Saint-Pierre d'Albigny, le 29 octobre 1846 ; ordonné prêtre, le 20 septembre 1873 ; nommé vicaire à Thoiry, le 6 octobre 1873 ; curé du Noyer, le 1er avril 1879.

GEX Jean-François, né à Saint-Pierre d'Albigny, le 1er décembre 1782 ; ordonné prêtre, le 13 août 1809 ; nommé de vicaire à Rumilly curé de Bloye, le 1er mars 1812 ; curé de Saint-Félix, le 15 janvier 1815 ; curé de Chignin, le 15 octobre 1822 ; mort, le 23 août 1839.

GEX Georges-Marie, né à Saint-Pierre d'Albigny, en 1854 ; entré dans la congrégation des Missions étrangères et autorisé à recevoir la tonsure au séminaire de cette congrégation, à Paris, par lettres du 29 août 1878 ; parti pour la mission de Hong-Kong, où il exerce l'office de sous-procureur, le 21 octobre 1881.

GEX Joseph, né à Saint-Pierre d'Albigny, le 16 novembre 1806 ; ordonné prêtre, le 17 mars 1832 ; nommé vicaire à Vimines, le 17 avril 1832 ; curé de Corbel, le 31 décembre 1836 ; curé de Saint-Jean de Couz, le 8 avril 1841 ; curé de la Chavanne, le 16 juin 1846 ; mort, le 2 janvier 1866, à l'âge de 59 ans 1 mois 16 jours.

GEX Joseph, né à Saint-Pierre d'Albigny, le 17 janvier 1856 ; nommé professeur à l'Externat d'études secondaires et directeur de la Maîtrise, le 23 septembre 1879 ; ordonné prêtre, le 10 mars 1880 ; nommé vicaire à Aix-les-Bains, le 18 octobre 1881 ; curé de Saint-Sulpice, le 22 avril 1892.

GILBERT-COLLET Jean, né à Fontcouverte (Maurienne), le 7 octobre 1755 ; ordonné prêtre, en 1778 ; nommé directeur du petit séminaire de Saint-Jean de Maurienne, en 1807 ; supérieur du grand séminaire de

Chambéry, en 1813 ; devenu ensuite chanoine et vicaire général ; mort, le 13 août 1822.

GINET Antoine-Marie, né à Saint-Offenge-Dessous, le 5 décembre 1864 ; ordonné prêtre, le 20 juillet 1890 ; nommé vicaire à Entremont-le-Vieux, le 28 août 1890 ; vicaire aux Échelles, en octobre 1892.

GINET François, né au Bourget-du-Lac, le 4 septembre 1867 ; ordonné prêtre, le 9 juin 1893.

. GIRARD Maxime, né à Beaufort, le 2 novembre 1766 ; ordonné prêtre, le 22 mars 1792 ; nommé vicaire à la Perrière, le 1er avril 1792 ; émigré en Piémont, le 1er mars 1793 ; rentré en août 1793 ; reparti en octobre 1793 ; revenu comme missionnaire du diocèse de Tarentaise, le 27 novembre 1794 ; arrêté à la Perrière, le 18 février 1799 ; détenu un mois en prison, à Chambéry, ensuite conduit à l'île de Rhé ; revenu, en mars 1800 ; faisant fonction de missionnaire à la Perrière, en avril 1800 ; nommé archiprêtre et curé de Conflans, le 29 septembre 1801 ; institué réformateur et visiteur des collèges de Savoie, avec résidence à Conflans, le 21 juin 1815 ; venu habiter Chambéry, le 2 janvier 1816 ; chapelain du roi, le 31 juillet 1816 ; nommé chanoine honoraire, le 2 novembre 1816 ; chanoine titulaire, le 4 août 1824 ; official métropolitain, en 1826 ; doyen du Chapitre, le 21 avril 1828 ; supérieur spirituel de la Visitation, le 9 mai 1828 ; archidiacre, le 3 janvier 1834 ; vicaire général (*sede vacante*), le 9 mai 1839 ; prévôt du Chapitre, le 16 juin 1840 ; vicaire général, le 7 juillet 1840 ; mort, le 11 mai 1850, en réputation d'une grande piété, à l'âge de 83 ans.

GIRARDIN Louis, né à Voglans ; autorisé à entrer dans la congrégation de Saint-Jean de Dieu, par lettres du 29 août 1878.

GIRARDY François-Marie, né à Motz, le 7 décembre 1830 ; ordonné prêtre, le 2 juin 1855 ; nommé professeur à Saint-Pierre d'Albigny, le 1er novembre 1855 ; vicaire à Lucey, le 10 septembre 1874 ; curé de Lucey, le 1er mars 1875 ; mort, le 4 décembre 1889.

GIRARDY Jean-Claude-Marie, né à Serrières, le 25 décembre 1845 ; ordonné prêtre, le 20 février 1869 ; nommé professeur de philosophie au collège de Rumilly, le 20 février 1869 ; vicaire à Massingy, le 31 octobre 1871 ; professeur de physique au collège de Rumilly, en 1872 ; supérieur du même établissement, en 1884 ; entré chez les religieux cisterciens d'Hautecombe, en 1888.

GIRARDY Joseph, né à Serrières, le 5 février 1802 ; ordonné prêtre, le 13 juin 1829 ; nommé vicaire à Yenne, le 20 juin 1829 ; curé de Lucey, le 21 avril 1832 ; archiprêtre, le 21 avril 1866 ; mort, en février 1875.

GIROD Benoît, né à Saint-Alban, le 28 juillet 1739 ; ordonné prêtre, en 1762 ; religieux dominicain, en 1792 ; résidant à Chambéry, après la Révolution ; mort, en 1809.

GIROD Jean-François, né à Thônes, le 11 juin 1764 ; ordonné prêtre, en 1788 ; nommé vicaire de Villard-sur-Thônes, en 1792 ; intrépide missionnaire pendant la Révolution ; fixé comme tel à Duingt, sur la fin de celle-ci ; nommé curé de Clarafond, le 18 janvier 1804 ; mort curé de Clarofond (Genevois), en octobre 1833.

GIROD Jean-François, né à Tanninges, le 15 juin 1800 ; ordonné prêtre, le 13 juin 1829 ; nommé vicaire à Rumilly, le 16 juin 1829 ; vicaire à Maché, le 5 novembre 1830 ; curé de Chanaz, le 15 juillet 1832 ; curé de Trévignin, le 20 janvier 1851 ; mort, le 5 mai 1861, à l'âge de 60 ans 10 mois 20 jours.

GIROD Jean-Marie, né à Rumilly, le 25 juillet 1811 ; ordonné prêtre, le 20 mai 1837 ; nommé vicaire à Chindrieux, le 1er juin 1837 ; vicaire à Arith, le 6 août 1837 ; professeur de grammaire au collège de Rumilly, le 3 novembre 1839 ; curé de Chanaz, le 8 février 1851 ; curé de Saint-Germain, le 24 février 1863 ; mort, le 19 juillet 1879.

GODDARD Antoine-Marie, né à Chindrieux, le 8 janvier 1809 ; ordonné prêtre, le 17 décembre 1831 ; nommé vicaire à Saint-Pierre d'Albigny, le 24 décembre 1831 ; vicaire à Moye, le 15 février 1835 ; vicaire à Massingy, le 20 octobre 1837 ; curé de Saint-Jean de Couz, le 20 juin 1838 ; curé de Mouxy, le 12 février 1841 ; mort, le 28 mai 1868, à l'âge de 59 ans 4 mois 24 jours.

GODDARD Claude, frère du précédent, né à Chindrieux, le 11 juin 1818 ; ordonné prêtre, le 10 juin 1843 ; nommé vicaire à Saint-Genix, le 8 juillet 1843 ; vicaire à Saint-François de Sales de Chambéry, le 5 avril 1845 ; aumônier des Dames du Sacré-Cœur, le 1er octobre 1851 ; chanoine honoraire, le 19 novembre 1869.

GODDARD Hippolyte, né à Chambéry, en 1849 ; ordonné prêtre, le 12 juillet 1874 ; retiré dans sa famille ; mort à Chambéry, le 22 septembre 1876.

GODDARD Jean, né à Chindrieux, le 10 juin 1817 ; ordonné prêtre, le 21 mai 1842 ; nommé vicaire à Bellecombe, le 17 juin 1842 ; professeur au petit séminaire de Saint-Louis du Mont, le 24 octobre 1843 ; vicaire à Vimines, le 27 octobre 1847 ; vicaire à la Motte-Servolex, le 8 janvier 1853 ; curé de Curienne, le 18 juillet 1859 ; retraité, le 25 décembre 1866 ; mort curé dans une paroisse du Beaujolais (diocèse de Lyon), vers 1885.

GODDARD Michel, né à Chambéry ; entré chez les Jésuites ; ordonné sous-diacre, le 18 mars 1848.

GODDET François, né à la Balme de Sillingy, le 2 avril 1759 ; ordonné prêtre, en 1783 ; vicaire à Thorens, en 1792 ; nommé curé de Ruffieux, le 10 novembre 1803 ; puis curé de Musiège ; mort, en 1832.

GODDON Daniel, né à Saint-Beron, le 11 juin 1847 ; ordonné prêtre, le 28 septembre 1873 ; mort, la même année.

GONDRAN François-Antoine, né aux Échelles, le 26 novembre 1808 ; ordonné prêtre, le 16 juin 1832 ; nommé professeur de grammaire au petit séminaire de Saint-Louis du Mont, le 1er octobre 1830 ; professeur de rhétorique et d'humanités au même établissement, le 1er novembre 1834 ; supérieur du même petit séminaire, le 15 août 1841 ; vice-promoteur de l'officialité, le 17 mai 1845 ; supérieur du collège de Rumilly, en 1847 ; professeur de rhétorique au collège national de Chambéry, le 20 novembre 1848 ; chanoine honoraire, le 5 novembre 1850 ; vice-official, le 20 février 1851 ; retraité à Chambéry, en 1873 ; mort, en 1881.

GONNELLAZ Joseph, né à Saint-Maurice de Rotherens, le 29 novembre 1802 ; ordonné prêtre, le 19 juillet 1828 ; nommé vicaire à Montmélian, le 12 août 1828 ; curé de Curienne, le 20 janvier 1831 ; curé de Motz, le 20 avril 1859 ; mort subitement, le 11 avril 1867, à l'âge de 64 ans 4 mois 12 jours.

GONNET François, né à Drumettaz-Clarafond ; ordonné prêtre par l'évêque d'Alexandrie, le 6 mai 1872.

GONTHIER Jacques-François, né à Doucy, le 19 mars 1810 ; ordonné prêtre, le 19 décembre 1840 ; nommé vicaire à Entremont-le-Vieux, le 8 janvier 1841 ; vicaire à Jongieux, le 24 décembre 1841 ; vicaire aux Déserts, le 23 mai 1842 ; vicaire à Oncin, le 5 août 1844 ; curé de Saint-Pierre d'Alvey, le 18 janvier 1851 ; mort, le 19 juillet 1869, à l'âge de 59 ans 4 mois.

GONTHIER Jean-Baptiste, né à Bellecombe, le 7 février 1806 ; ordonné prêtre, le 5 juin 1830 ; nommé vicaire à Saint-Pierre d'Albigny, le 8 juin 1830 ; vicaire à Jarsy, le 2 janvier 1832 ; curé de Lescheraine, le 15 septembre 1836 ; archiprêtre, le 1er octobre 1845 ; archiprêtre et curé de Novalaise, le 8 novembre 1855 ; mort, le 16 février 1872, à l'âge de 66 ans.

GONTHIER Jean-Marie, né à Doucy, le 12 octobre 1807 ; ordonné prêtre, le 20 mai 1837 ; nommé vicaire à Vimines, le 24 mai 1837 ; vicaire à Arith, le 30 novembre 1839 ; curé de Vions, le 6 octobre 1845 ; retiré, en octobre 1873 ; mort, à Saint-Pierre d'Albigny, le 25 août 1888.

GONTHIER Louis, né à Bellecombe, le 7 juillet 1861 ; ordonné prêtre, le 19 juin 1886 ; nommé professeur à Rumilly, la même année ; vicaire à Cruet, le 25 août 1889 ; aumônier des Frères des Écoles chrétiennes, à Rhodes (empire ottoman), le 1er novembre 1891.

GONTHIER Maurice, frère du précédent, né à Bellecombe, le 22 juin 1852 ; ordonné prêtre, le 15 juin 1878 ; nommé surveillant au petit séminaire de Saint-Pierre d'Albigny, le 10 octobre 1878 ; vicaire à Arvillard, le 10 novembre 1879 ; vicaire à Saint-Genix, le 1er avril 1881 ; curé de la Balme, le 24 octobre 1888 ; curé de Domessin, en juillet 1893.

GONTHIER Théophile, frère des deux précédents, né à Bellecombe, le 2 mars 1864 ; ordonné prêtre, le 20 juillet 1890 ; entré dans la congrégation des Missionnaires diocésains de Myans, la même année.

GOTTELAND Antoine, né à la Ravoire, le 9 février 1803 ; ordonné prêtre, le 5 juin 1830 ; nommé vicaire à la Rochette, le 8 juin 1830 ; curé de Laissaud, le 20 mai 1834 ; retraité, le 20 décembre 1871 ; mort à Chambéry, le 27 avril 1875.

GOTTELAND Charles, né à Saint-Baldoph, le 12 novembre 1796 ; entré chez les Capucins et ordonné prêtre chez eux, en 1818 ; passé chez les Cisterciens d'Hautecombe, en 1833 ; sécularisé, en 1863 ; mort, le 24 mai 1871, à l'âge de 74 ans 6 mois 12 jours.

GOTTELAND François, né au Petit-Barberaz, le 5 janvier 1767 ; ordonné prêtre, en 1790 ; résidant à Curienne, le 1er avril 1818 ; ensuite à Chambéry ; mort, le 2 août 1842.

GOTTELAND François, né à Saint-Baldoph, le 1er février 1855 ; ordonné prêtre, le 22 mai 1880 ; autorisé à remplir la fonction de professeur à Lyon, la même année ; nommé vicaire au Pont-de-Beauvoisin, le 8 septembre 1892.

GOTTELAND Jean-Antoine, né à la Ravoire, le 17 septembre 1812 ; ordonné prêtre, le 9 juin 1838 ; mort, le 28 septembre 1844.

GOUBET Pierre-Charles, né à la Mure (Isère), le 12 janvier 1754 ; ordonné prêtre, en 1778 ; nommé curé de Saint-Jean de Couz, le 10 août 1803 ; mort d'une chute de cheval, le 25 novembre 1814.

GOUVERNON Joseph, né à Rumilly, le 6 mars 1800 ; ordonné prêtre, le 12 juin 1824 ; nommé vicaire à Poisy, le 25 juin 1824 ; vicaire à Vulbens, le 10 mars 1825 ; vicaire à Rumilly, le 15 octobre 1825 ; vicaire à Albens, le 29 octobre 1825 ; curé de Saint-Ours, le 21 décembre 1828 ; curé de Puygros, le 22 octobre 1830 ; curé de Barby, le 20 avril 1838 ; retiré à Chambéry, le 20 octobre 1855 ; mort à Rumilly, le 6 août 1857, à l'âge de 57 ans 5 mois.

GOYBET François, né à Yenne, le 25 février 1748 ; ordonné prêtre, en 1771 ; avait été, avant la Révolution, curé de Traize, official du diocèse de Belley pour la partie de Savoie. Ayant refusé le serment civique exigé du clergé par les révolutionnaires, il émigra à Turin, en 1793. Après le rétablissement du culte, il fut nommé chanoine titulaire de la cathédrale de Chambéry, en 1803, et mourut honoré et respecté de tous, le 6 février 1818. Le 13 du même mois, le *Journal de Savoie* écrivait à l'occasion de la perte de cet homme de bien, l'article suivant :

« Le Chapitre de notre Métropole vient de faire une perte bien grande dans la personne de M. le chanoine Goybet, mort le 6 de ce mois. Cet homme aussi précieux que respectable n'avait que 69 ans, et son âge qui semblait laisser de doux garants à l'espoir d'une plus longue carrière, a doublé la douleur de la voir terminée. Cette perte en est une générale, et profondément sentie dans toutes les classes de la société, par tous les amis de la religion et de la vertu. Chacun d'eux regrette en M. Goybet un modèle, un père, un ami. Il faisait aimer le bien à ceux-là mêmes qui ignorent le bonheur de le pratiquer ; sa piété éclairée, la douceur angélique de son caractère prêtaient à l'exercice de la vertu un charme irrésistible ; jamais on ne le quitta sans le désir de devenir meilleur. Il chérissait les pauvres, et c'est dans l'affreuse misère qui, l'année précédente, a pesé sur nous, que M. Goybet a prouvé ce que peut la charité évangélique. Nous trouvons une sorte de consolation à en trahir le secret aujourd'hui ; plutôt, il n'eut pu le pardonner, car c'est bien de lui qu'on peut dire que sa main gauche ignorait ce que faisait la droite. Plein d'amour pour Dieu, son roi et ses compatriotes, tous ses jours leur furent consacrés ; l'espérance d'une intercession au ciel peut seule adoucir les regrets de ne plus le posséder sur la terre. M. Goybet averti depuis plusieurs mois de sa fin prochaine, s'en occupait avec joie et tranquillité ; il a reçu les sacrements de l'Église avec la foi qui avait animé toutes ses œuvres ; sa mort a été aussi douce que sa vie avait été pure : telle est celle du juste. Hélas ! une douleur particulière vient s'associer à celle de l'avoir perdu ; M. Goybet appartenait à cette génération qui s'éteint et ne se renouvelle plus ! L'éducation chrétienne seule peut faire de tels hommes. Fasse le Ciel qu'attristés par la perspective de ceux que nous préparent nos erreurs, nous revenions à de meilleurs principes ! La religion seule peut faire l'homme de bien : heureuses les familles qui ont à pleurer un chrétien ! »

GRANGER François, né à Saint-Pierre d'Albigny, le 3 juillet 1804 ; ordonné prêtre, le 19 décembre 1830 ; nommé vicaire à Rumilly, le 27 décembre 1830 ; vicaire à Thoiry, le 15 mars 1832 ; curé de Montagnole, le 4 juin 1834 ; curé des Déserts, le 21 février 1842 ; curé de Thoiry, le 25 octobre 1850 ; vice-archiprêtre, le 20 juillet 1852 ; archiprêtre, le 16 octobre 1861 ; retraité, le 23 août 1869 ; mort à Saint-Pierre d'Albigny, le 17 avril 1872, à l'âge de 67 ans 9 mois 14 jours.

GRAS Charles, originaire et prêtre du diocèse de Nice ; aumônier du pensionnat des Frères des Écoles chrétiennes, à la Motte-Servolex, en 1848.

GRESSET Alexis-Xavier, né à Pontarlier (Franche-Comté), en septembre 1758 ; nommé aumônier de la Charité de Chambéry, le 1er février 1821.

GRILLET Jean-Louis, né à la Roche, le 16 décembre 1756 ; ordonné prêtre, en 1779 ; ancien custode de la collégiale de la Roche, professeur de rhétorique et préfet des études au collège de Carouge, avant la Révolution ; émigra et resta en Italie, jusqu'en 1805 ; nommé professeur de philosophie à l'école secondaire de Chambéry, le 22 septembre 1807 ; auteur du *Dictionnaire du département du Mont-Blanc,* et de plusieurs autres ouvrages ; mort, à la Roche, en mars 1812.

GRIMONET Jean-Marie, né à Chambéry, le 22 septembre 1802 ; ordonné prêtre, le 23 septembre 1826 ; nommé vicaire à Vimines, le 8 octobre 1826 ; curé d'Ontex, le 5 octobre 1829 ; curé du Mont-du-Chat, le 15 mai 1830 ; curé de Verel-Pragondran, le 10 juillet 1852 ; mort, le 9 juin 1884.

GRINGET Antoine, né à Rumilly, le 10 août 1746 ; ordonné prêtre, en 1769 ; ancien religieux capucin sous le nom de Père Candide ; émigra au Val-d'Aoste, en 1793, où il se trouvait encore en 1799 ; nommé curé d'Aire-la-Ville, le 22 juillet 1805 ; mort, le 31 mars 1813.

GROS Charles, né à Mognard, le 13 avril 1859 ; ordonné prêtre, le 7 juin 1884 ; nommé vicaire de Coise, le 18 septembre 1885 ; vicaire à Yenne, le 15 juin 1887 ; vicaire à Saint-Innocent, le 8 octobre 1888.

GROS Claude, né à Mognard, le 24 août 1857 ; ordonné prêtre, le 7 juin 1884 ; nommé vicaire à la Table, la même année ; vicaire à Serrières, le 2 août 1886 ; vicaire à Montmélian, le 2 mars 1889 ; vicaire à Rumilly, le 7 juillet 1893.

GROS (Mgr François). Voir la première partie de cet ouvrage, page 130.

GROS Jean-Marie, né à Mognard, en 1862 ; ordonné prêtre, le 4 juin 1887 ; autorisé à remplir la fonction de professeur à Lyon, la même année.

GROS Michel, né à Chézery, le 24 août 1783 ; ordonné prêtre, le 1er août 1812 ; nommé de vicaire à Megève curé de Cholex, le 1er septembre 1814 ; curé du Mont-du-Chat, le 1er juillet 1819 ; curé de Saint-Jean de Chevelu, le 14 janvier 1822 ; mort, en 1828.

GROSSET Jacques-Joseph, né à St-Georges d'Hurtières (Maurienne), le 5 septembre 1792 ; ordonné prêtre, le 3 août 1817 ; nommé curé de Châteauneuf, le 1er janvier 1820 ; curé de Montmélian, le 1er juillet 1828.

GROSSET Victor-Marie, né à Tournon, le 2 octobre 1756 ; ordonné prêtre, en 1780 ; nommé curé de Macot (Tarentaise), le 10 août 1803 ; curé de Thénésol, le 21 avril 1815.

GRUFFAZ Antoine, né à Rumilly, le 17 mai 1784 ; ordonné prêtre, le 13 août 1809 ; Jésuite résidant en France.

GRUMEL Auguste, né à Chambéry, le 18 février 1863 ; ordonné prêtre, le 18 décembre 1886 ; nommé professeur au petit séminaire du Pont-de-Beauvoisin, dès l'année 1884.

GUERRAZ Jacques-Victor, né à Lescheraine, le 14 août 1851 ; ordonné prêtre, le 26 mai 1877 ; nommé vicaire à Entremont-le-Vieux, le 5 juin 1877 ; vicaire à Saint-Pierre de Curtille, le 15 juillet 1878 ; retiré à Tamié, en 1879 ; à Hautecombe, le 15 mai 1880 ; excorporé la même année et parti pour d'autres diocèses de France.

GUERS Jean, né à Saint-Ours, en 1874 ; autorisé à faire partie du clergé de Lyon, par lettres testimoniales du 10 août 1892.

GUICHERD Anthelme, né à Saint-Alban de Montbel, le 4 octobre 1840 ; ordonné prêtre, le 10 juin 1865 ; nommé professeur au petit séminaire de Saint-Pierre d'Albigny, le 18 octobre 1865 ; vicaire à Montmélian, le 24 avril 1868 ; vicaire à Albens, le 31 octobre 1870 ; curé de Pugny, le 1er septembre 1872 ; curé de Saint-Beron, le 16 octobre 1881 ; mort, le 4 avril 1889.

GUICHERD Anthelme-François, né à la Bridoire, le

23 janvier 1844 ; ordonné prêtre, le 15 juin 1867 ; nommé vicaire à Entremont-le-Vieux, le 31 août 1867 ; curé d'Entremont-le-Jeune, le 15 septembre 1871 ; curé d'Entremont-le-Vieux, le 7 décembre 1877.

GUICHERD Antoine, né à la Bridoire, le 2 juillet 1802 ; ordonné prêtre, le 17 décembre 1831 ; nommé vicaire à Arvillard, la même année ; mort, le 21 novembre 1832.

GUICHERD François, né à Dulin, le 5 octobre 1736 ; ordonné prêtre, en 1765 ; nommé curé de Saint-Paul-sur-Yenne, le 10 août 1803 ; mort, le 6 janvier 1816.

GUICHERD Joseph, né à Saint-Alban de Montbel, le 11 novembre 1866 ; ordonné prêtre, le 23 mai 1891 ; nommé vicaire à Aillon-le-Vieux, la même année ; vicaire à la Table, le 3 mars 1892.

GUICHERD Pierre-Antoine, né à Saint-Alban de Montbel, le 5 mars 1852 ; ordonné prêtre, le 26 mai 1877 ; nommé vicaire à Saint-Félix, le 5 juin 1877 ; vicaire à Thoiry, le 1er juillet 1879 ; vicaire à la Motte-Servolex, le 30 juin 1880 ; curé de Traize, le 1er octobre 1887.

GUICHERD Pierre-Joseph, né à la Bridoire, le 19 mars 1847 ; ordonné prêtre, le 20 septembre 1873 ; nommé professeur à Rumilly, en octobre 1873 ; curé de Nances, le 11 octobre 1882 ; curé de Massingy, le 4 mars 1888.

GUICHET François, né à Grésy-sur-Aix, le 3 juin 1864 ; ordonné prêtre, le 11 juin 1892 ; autorisé à remplir les fonctions de vicaire dans le diocèse de Belley, la même année.

GUIGO François, né le 29 septembre 1822 ; nommé vicaire aux Marches.

GUILLAND Jean-Étienne, né à Chambéry, le 11 août 1822 ; docteur en droit à l'Université de Turin, en juin 1844 ; nommé secrétaire de l'archevêque, le 1er septembre 1845 ; ordonné prêtre, le 29 mai 1847 ; tombé malade d'hémoptisie, le 20 juillet 1847 ; mort, le 30 juin 1848, au retour d'un voyage à Rome. Il avait, dit Mgr Billiet, la piété et la modestie d'un saint Louis de Gonzague.

GUILLE Victor-Amédée, né à Saint-Jean d'Arve (Maurienne), le 16 août 1759 ; ordonné prêtre, en 1783 ; nommé curé de la Trinité, le 10 août 1803 ; puis curé de la Rochette ; mort, le 7 mars 1818.

GUILLET André, né à Saint-Pierre d'Albigny, le 25 janvier 1805 ; ordonné prêtre, le 24 juillet 1831 ; nommé vicaire à Chignin, le 1er août 1831 ; curé de Villaroux, le 8 septembre 1837 ; curé du Betonet, le 3 septembre 1850 ; mort, le 26 juin 1855, à l'âge de 50 ans 5 mois 1 jour.

GUILLET Benoît, né à Chambéry, le 20 juin 1759 ; fit ses études classiques au collège de la Roche, sa philosophie et sa théologie au collège de Chambéry. Après avoir été ordonné prêtre, en 1782, il fut aussitôt nommé par Mgr Conseil professeur au nouveau grand séminaire établi la même année, au Bocage, dans la maison dite des Retraites et appartenant aux Jésuites. Naturellement, il refusa toute compromission avec les lois impies de la Révolution. Ayant émigré en 1793, à Turin, il revint en Savoie, en qualité de missionnaire, le 10 juillet 1795, et se livra avec ardeur, malgré les plus pressants dangers, à l'œuvre divine de maintenir la foi dans les âmes et de leur administrer les consolations de la religion. Mgr Billiet, dans ses *Mémoires pour servir à l'histoire ecclésiastique du diocèse de Chambéry*, parle ainsi de ce prêtre vaillant et de son action dans les rudes épreuves de la persécution :

« M. Guillet est l'une des gloires du clergé de Savoie ; toute sa vie il pratiqua les vertus chrétiennes et sacerdotales, le désintéressement, l'abnégation, l'humilité, la charité et le zèle, d'une manière héroïque. Il avait obtenu la permission de rentrer dans le diocèse, comme missionnaire, le 10 juillet 1795. Il en exerça les fonctions pendant près de trois ans. Il avait été adjoint à R^d Humbert Rey pour la direction des missions du diocèse ; après l'arrestation de M. Rey, il en fut chargé seul. Le samedi, 3 mars 1798, ayant besoin de se rendre à Chambéry pour une affaire pressante, il marcha une partie de la nuit, accompagné de deux habitants de Saint-Pierre d'Albigny. Le dimanche matin, 4 mars, au point du jour, au moment où il passait devant le château du Crest, paroisse d'Arbin, il se vit tout à coup entouré de plusieurs gendarmes qui se trouvaient là à la recherche d'un autre missionnaire, M. Borjon, du diocèse de Maurienne. Ayant avoué qu'il était prêtre, il fut arrêté et de suite conduit dans les prisons de Montmélian avec ses deux compagnons. Le lendemain, on le transféra à Chambéry ; il fut gravement maltraité pendant la route par ses conducteurs. On lui donnait des coups de pied et des coups de crosse de fusil, en proférant les plus grossiers blasphèmes. Son entrée à Chambéry fut un triomphe pour les Jacobins ; ils étaient fiers de tenir le chef des missionnaires. Après quelques jours de prison, il fut interrogé et condamné à la déportation. »

Après le Concordat de 1801, il fut rendu à la liberté et revint en Savoie. Mgr des Moustiers de Mérinville le nomma supérieur de son grand séminaire et chanoine de sa cathédrale, en 1803. Ce saint ecclésiastique mourut, dans ces fonctions, le 7 novembre 1812.

GUILLET Joseph, né à Saint-Pierre d'Albigny, le 1er janvier 1809 ; ordonné prêtre, le 21 avril 1832 ; nommé vicaire à Coise, le 1ᵉʳ mai 1832; professeur de grammaire au petit séminaire de Saint-Pierre d'Albigny, le 1ᵉʳ novembre 1832; professeur de rhétorique et d'humanités au petit séminaire de Saint-Louis du Mont, le 1ᵉʳ novembre 1841; curé de Saint-Baldoph, le 18 août 1842; vice-archiprêtre de l'archiprêtré de Saint-François de Sales de Chambéry, le 30 novembre 1846; archiprêtre et curé d'Aix, le 20 novembre 1850; chanoine honoraire, le 28 novembre 1865; supérieur du grand séminaire, le 1ᵉʳ juillet 1871; vicaire général honoraire, le 18 septembre 1873; vicaire général titulaire de Mgr Pichenot, agréé par décret du 18 juin 1875; vicaire capitulaire, le siège vacant, le 6 octobre 1880; vicaire général de Mgr Leuillieux, en juillet 1881; mort, le 4 février 1891.

GUILLON (Mgr Laurent). Voir la première partie de cet ouvrage.

GUILLOT César, né à Dulin, le 24 septembre 1801; ordonné prêtre, le 20 décembre 1828; nommé vicaire à Moye, le 10 janvier 1829; curé de Moye, le 1ᵉʳ mai 1833; vice-archiprêtre, le 21 septembre 1857; retiré à Rumilly, le 1ᵉʳ juillet 1876; mort en cette paroisse, le 7 mars 1892.

GUILLOT François, né à Saint-Pierre d'Albigny, le 8 mars 1756; ordonné prêtre, en 1776; religieux capucin, en 1792; résidant à Grésy-sur-Isère, après la Révolution.

GUILLOT Joseph-Marie, né à Samoëns, le 16 juillet 1785; ordonné prêtre, le 18 décembre 1819; nommé professeur de grammaire au collège royal de Chambéry, le 20 décembre 1819; resté professeur au même collège à l'arrivée des Jésuites, en 1823; transféré professeur au petit séminaire de Saint-Louis du Mont, le 1ᵉʳ novembre 1837; retraité au grand séminaire, le 1ᵉʳ septembre 1841; mort à Samoëns, le 5 février 1854, à l'âge de 68 ans 6 mois 19 jours.

GUILLOT Louis-Marie, né à Chambéry, le 30 novembre 1791 ; ordonné prêtre, le 16 août 1815; nommé vicaire à Chevron, le 1ᵉʳ octobre 1815 ; vicaire à Yenne, le 17 janvier 1818; curé de Lucey, le 1ᵉʳ janvier 1819 ; curé de Saint-Pierre de Genebroz, le 16 octobre 1825 ; mort, le 20 septembre 1858, à l'âge de 66 ans 9 mois 20 jours.

GUILLOT Pierre, né à Belmont, en 1853 ; entré dans la congrégation des Missions étrangères ; parti pour la mission de la Cochinchine septentrionale, le 30 novembre 1876.

GUY Antoine, né à Chambéry, le 17 novembre 1745 ; ordonné prêtre, en 1780 ; religieux chartreux de Saint-Hugon, en 1792 ; résidant à Saint-Pierre d'Albigny, après la Révolution.

GUY Sylvestre, né à la Ravoire, le 14 février 1842 ; ordonné prêtre, le 18 décembre 1869 ; nommé professeur au petit séminaire de Saint-Pierre d'Albigny, le 1ᵉʳ janvier 1870 ; vicaire à Notre-Dame de Chambéry, le 15 janvier 1874 ; curé d'Hauteville, le 15 août 1879 ; curé d'Arvillard, le 1ᵉʳ décembre 1881.

H

HAÏT, né aux Marches ; autorisé à entrer dans l'Ordre des Chartreux, par lettres testimoniales du 4 mars 1881.

HENRIET Jean-Claude, né à Chassagnes (diocèse de Besançon), le 2 avril 1772 ; ordonné prêtre, le 17 mai 1811 ; nommé curé de Saint-Cassien, le 2 octobre 1811 ; curé de Saint-Innocent, le 1ᵉʳ juillet 1812 ; rentré ensuite dans son diocèse d'origine.

HIBOUX Paul, né à Saint-Pierre d'Albigny, le 3 mars 1850; ordonné prêtre, le 15 juin 1878; nommé aumônier de l'asile des Sourds-et-Muets de Currières (Grande-Chartreuse), la même année.

HUGONNIER Jean-Pierre, né à Montailleur, le 25 juillet 1827; ordonné prêtre, le 18 décembre 1852; nommé vicaire à Bissy, la même année; vicaire à Arvillard, le 4 juin 1855; vicaire à Myans, le 4 janvier 1859; mort à Myans, le 6 novembre 1859, à l'âge de 32 ans 3 mois 11 jours.

HUMILLY DE CHEVILLY (Jean-Baptiste d'), né à Rumilly, le 8 septembre 1817; ordonné prêtre, le 21 mai 1842; nommé vicaire à Yenne, le 17 juin 1842; professeur de rhétorique et d'humanités au petit séminaire de Saint-Louis du Mont, le 1er novembre 1843; professeur de rhétorique et d'humanités au collège de Rumilly, le 8 juillet 1847; aumônier du collège national de Chambéry, le 1er octobre 1856; aumônier du Lycée, en 1860; chanoine honoraire, en 1873; retraité, en 1882.

HUSSON Anthelme, né à Chanaz, en 1849; ordonné prêtre, le 12 juillet 1874; nommé précepteur chez M. d'Arestan, le 1er août 1874; professeur à Rumilly, en octobre 1875; curé de Villard-Sallet, en 1886; curé de Motz, le 24 octobre 1888.

HYVRARD Joseph, né à Villard-d'Héry, le 16 août 1810; ordonné prêtre, le 5 juin 1841; nommé vicaire à Grésy-sur-Isère, le 12 juillet 1841; vicaire à Arvillard, le 30 mars 1846; mort, le 27 juin 1853, à l'âge de 42 ans 10 mois 11 jours.

I

ISNARD André, né à Saint-André-les-Embruns, le 18 février 1730; ordonné prêtre, en 1757; nommé curé de la Bauche, le 10 août 1803; mort, le 18 avril 1823.

J

JACCARD François, né à Mieussy, en 1799 ; incorporé au diocèse de Chambéry ; entré ensuite dans la congrégation des Missions étrangères ; parti pour la mission de Cochinchine, le 18 juillet 1823 ; étranglé pour la foi à Quang-Tri, le 1er septembre 1838.

JACQUARD Jacques, né à Mieussy, le 6 mars 1806 ; ordonné prêtre, le 19 mars 1831 ; nommé vicaire à Arith, le 20 mars 1831 ; curé de Doucy, le 28 juin 1837 ; mort, le 17 octobre 1858, à l'âge de 52 ans 7 mois 11 jours.

JACQUELIN Charles-François, né à la Ravoire, le 19 juin 1846 ; ordonné prêtre, le 7 juillet 1872 ; nommé vicaire à Saint-Pierre d'Albigny, le 20 juillet 1872 ; vicaire à Rumilly, le 1er août 1875 ; curé de Cessens, le 17 février 1881.

JACQUEMET Claude, né à Motz, le 1er juin 1730 ; ordonné prêtre, en 1761 ; résidant à Motz, après la Révolution ; mort, le 29 octobre 1816.

JACQUEMET Claude, né à Motz, le 10 juillet 1810 ; ordonné prêtre, le 27 décembre 1836 ; nommé vicaire à Saint-Genix, le 18 décembre 1836 ; curé de Traize, le 12 avril 1843 ; vice-archiprêtre, le 31 juillet 1847 ; curé de Marigny, le 8 février 1854 ; aumônier des Sœurs de Saint-Joseph, à Chambéry, le 31 janvier 1855 ; curé de la Bridoire, le 18 mars 1859 ; curé du Bourget-du-Lac, le 12 février 1863 ; vice-archiprêtre, le 29 juillet 1867 ; mort, le 25 août 1877.

JACQUIER Joseph, né à Cruet, le 4 juin 1861 ; ordonné prêtre, le 30 mai 1885 ; nommé professeur à l'Externat de Saint-François de Chambéry, la même année ; vicaire à Saint-François de cette ville, en mars 1893.

JACQUIOT Joseph, né au Châtelard, le 10 février 1739 ; ordonné prêtre, en 1766 ; refusa tout serment à la Révolution ; émigra d'abord, revint ensuite au Châtelard, où il eut souvent à courir des dangers pressants pour sa liberté. Après le rétablissement du culte, il fut nommé curé de Saint-Innocent, le 18 août 1803 ; curé de Mouxy, en 1812. Il mourut, en cette paroisse, le 2 avril 1814.

JAIL-TERMIER Louis, né à Chambéry, le 2 février 1860 ; ordonné prêtre, le 7 juin 1884 ; nommé professeur à l'Externat de Saint-François, à Chambéry, la même année.

JANIN Denis, né à Rumilly, le 14 juillet 1732 ; ordonné prêtre, en 1756 ; nommé curé de Vaux, le 10 août 1803 ; mort, le 9 février 1814.

JANIN Félix-Marie, né à Massingy, le 14 janvier 1848 ; ordonné prêtre, le 7 juillet 1872 ; nommé vicaire à la Motte-Servolex, le 30 juillet 1872 ; curé de Nances, le 25 mai 1880 ; curé de Presle, le 10 octobre 1882 ; curé de Ruffieux, le 16 octobre 1889.

JANIN François, né à Jarsy, le 15 avril 1761 ; ordonné prêtre, en 1789 ; refusa le serment exigé par les révolutionnaires ; émigra d'abord, et revint dans les Bauges, où il s'appliqua, malgré les plus pressants dangers pour sa liberté, à administrer les sacrements aux fidèles. Après la Révolution, il fut nommé curé de Doucy, le 10 août 1803 ; curé de Saint-Jean de la Porte, le 6 novembre 1810. Il mourut, le 9 juin 1821.

JANIN Joseph, né à Rumilly, le 14 janvier 1844 ; ordonné prêtre, le 6 juin 1868 ; nommé vicaire à Marigny, le 5 juillet 1868 ; profeseur au petit séminaire de Saint-Pierre d'Albigny, le 22 octobre 1868 ; vicaire à Yenne, le 12 octobre 1871 ; curé de la Thuile, le 1er mars 1875 ; retiré pour cause de maladie, le 14 janvier 1888.

JARGOT Pierre-Victor, né au Pont-de-Beauvoisin, le 28 juin 1830 ; ordonné prêtre, le 20 décembre 1856 ; nommé vicaire aux Déserts, le 20 janvier 1857 ; vicaire à Bloye, le 1er juillet 1858 ; vicaire à Saint-Innocent, le 5 janvier 1859 ; curé de Sainte-Reine, le 19 décembre 1867 ; curé d'Oncin, le 25 avril 1872 ; curé de Barberaz, le 25 septembre 1891.

JEANDET Gabriel, né à Megève, le 7 septembre 1782 ; ordonné prêtre, le 13 août 1809 ; nommé curé de Meyrieux, le 15 décembre 1812 ; curé de Saint-François de Sales en Bauges, le 1er octobre 1815 ; mort, le 16 décembre 1842.

JEANTET Joseph, né à Rumilly, le 11 mars 1794 ; ordonné prêtre, le 16 juin 1821 ; ancien curé de Corbel ; mort à Rumilly en retraite, le 29 novembre 1864, à l'âge de 70 ans 8 mois 20 jours.

JEANTIN Anthelme, né à la Bridoire, en novembre 1796 ; ordonné prêtre, en 1827 ; nommé de vicaire à Entremont curé de Tournon, le 22 décembre 1827.

JEANTIN Antoine, né à Saint-Beron, le 3 avril 1819 ; ordonné prêtre, le 20 décembre 1845 ; nommé vicaire à Massingy, le 10 janvier 1849 ; professeur de grammaire au collège de Rumilly, le 4 novembre 1846 ; vicaire à Saint-Alban, le 25 août 1847 ; vicaire à Oncin, le 20 janvier 1853 ; curé de Loisieux, le 25 octobre 1858 ; curé de Verel-de-Montbel, le 6 septembre 1869.

JEANTIN Florentin, né à Saint-Beron, le 9 mars 1866 ; ordonné prêtre, le 23 mai 1891 ; nommé vicaire à la Biolle, en juillet de la même année.

JEANTIN Jean-Joseph, né à la Bridoire, le 11 décembre 1811 ; ordonné prêtre, le 22 décembre 1838 ; nommé vicaire à Rumilly, le 24 décembre 1838 ; vicaire à la Rochette, le 9 mars 1841 ; vicaire aux Échelles, le

23 juin 1843 ; vicaire à Moye, le 22 novembre 1844 ; vicaire à Arith, le 8 septembre 1846 ; vicaire à Fréterive, le 29 janvier 1847 ; curé de Meyrieux, le 15 septembre 1847 ; curé de Dulin, le 19 août 1864 ; mort, le 27 mars 1886.

JOLIVET Pierre-Joseph, né à Boëge, le 3 mai 1748 ; ordonné prêtre, en 1772 ; religieux capucin, en 1792 ; nommé curé de Myans, le 10 août 1803 ; mort, le 13 mai 1815.

JOLY Joseph, né à Lescheraine, le 9 juin 1732 ; ordonné prêtre, en 1765 ; refusa toute compromission avec la Révolution ; émigra, et eut ses biens confisqués. Après le rétablissement du culte, il fut nommé curé de Lornay, le 9 novembre 1803, et mourut, en cette paroisse, le 21 octobre 1809.

JOLY Martin, né à Chambéry, le 25 janvier 1790 ; ordonné prêtre, le 19 juin 1814 ; nommé vicaire au Bourget-du-Lac, le 25 juillet 1814 ; curé d'Ontex, le 3 décembre 1816 ; curé de Chanaz, le 20 janvier 1818 ; curé de Serrières, le 22 juin 1832 ; aumônier de l'Hôtel-Dieu, le 25 novembre 1850 ; mort, le 16 avril 1860, à l'âge de 70 ans 2 mois 21 jours.

JOLY Michel, né à Saint-Baldoph, le 24 novembre 1797 ; ordonné prêtre, le 22 septembre 1828 ; nommé vicaire à Saint-Pierre d'Albigny, le 25 septembre 1828 ; curé d'Ayn, le 31 juillet 1832 ; vice-archiprêtre, le 30 août 1864 ; retraité à Novalaise, le 1er avril 1878 ; mort, en cette paroisse, le 15 avril 1878.

JOND Jean-François, né à Saint-Nicolas la Chapelle, le 24 février 1791 ; ordonné prêtre, le 3 août 1817 ; nommé vicaire à Hauteluce, le 18 août 1817 ; vicaire à Palud, le 10 septembre 1818 ; curé de Pugny, le 26 juin 1819 ; curé du Montcel, le 15 décembre 1820 ; curé d'Oncin, le 10 novembre 1825 ; mort, le 31 mars 1848, à l'âge de 57 ans 1 mois 6 jours.

JOURDAIN André, né à Notre-Dame du Villard (dépendant anciennement de la paroisse de Saint-André), en Maurienne, le 25 mai 1780 ; ordonné prêtre, vers 1806 ; nommé professeur au grand séminaire de Chambéry ; puis supérieur du séminaire de Saint-Jean de Maurienne ; institué vicaire général de Mgr Billiet, en 1825 ; consacré évêque d'Aoste, le 23 décembre 1832 ; mort, le 2 juin 1859.

JOURDAIN Thomas, né à Saint-André de Maurienne, le 22 octobre 1780 ; ordonné prêtre, en 1806 ; nommé successivement vicaire à Novalaise, curé de Saint-Jean d'Arvey, enfin curé de Saint-Michel de Maurienne, le 1er mars 1814 ; mort, le 11 octobre 1850.

JOURNET Julien, né à Ruffieux, le 17 avril 1853 ; ordonné prêtre, le 8 juin 1879 ; nommé vicaire aux Déserts, le 1er juillet 1879 ; vicaire à la Motte-Servolex, le 1er avril 1883 ; vicaire à Notre-Dame de Chambéry, en 1888 ; curé de Saint-Offenge-Dessus, le 23 février 1890.

JOUTY Antoine-Marie, né à Saint-Félix, le 31 mai 1849 ; ordonné prêtre, le 7 juillet 1872 ; nommé professeur au petit séminaire du Pont-de-Beauvoisin, la même année ; curé de Traize, le 1er juillet 1885 ; curé de Saint-Jean de la Porte, le 26 septembre 1887.

JOUTY Hyacinthe, neveu du précédent, né à Mûres (diocèse d'Annecy), le 15 janvier 1860 ; ordonné prêtre, le 19 mai 1883 ; nommé professeur au petit séminaire du Pont-de-Beauvoisin, la même année ; autorisé à remplir la fonction de précepteur à l'étranger, en 1887 ; nommé vicaire à Massingy, le 22 septembre 1888 ; vicaire à Aix-les-Bains, le 18 janvier 1890 ; autorisé de nouveau à remplir la fonction de précepteur hors du diocèse, le 8 déecmbre 1891.

JOUTY Philibert, né à Saint-Félix, le 4 mai 1825 ; ordonné prêtre, le 22 décembre 1849 ; nommé vicaire à Saint-Jean d'Arvey, le 24 décembre 1849 ; professeur au collège national de Chambéry, le 10 novembre 1852 ; précepteur chez M. le comte de Boigne, le 1er novembre 1866 ; directeur de l'asile des Sourds et Muets de Corinthe (Cognin), en 1875 ; directeur de l'Externat de Saint-François de Chambéry, en 1881 ; autorisé à remplir la fonction de précepteur à l'étranger, en 1882 ; retraité, en 1889.

JUILLAND Antoine, né à Champagneux, en 1858 ; ordonné prêtre, le 19 mai 1883 ; nommé surveillant au petit séminaire du Pont-de-Beauvoisin, la même année ; vicaire au Montcel, le 20 septembre 1884 ; autorisé à remplir la fonction de professeur à l'étranger, en 1885.

L

LABOTTIÈRE François, né à Serraval, le 15 janvier 1756 ; ordonné prêtre, en 1780 ; religieux carme déchaussé, à Chambéry ; d'abord aumônier des Carmélites établies à la maison actuelle de la Mendicité ; émigré en 1793, en Piémont ; à son retour en Savoie, il fut arrêté à Trivier, chez M. d'Oncieu, et déporté à l'île de Rhé ; de retour à Chambéry, en 1800, il fut nommé curé de la Ravoire, en 1803. Retraité, en 1832, à la Ravoire ; il mourut, le 22 mars 1852, à l'âge de 96 ans 2 mois 7 jours.

LABULLY François-Marie, né à Saint-Maurice de Rotherens, autorisé à entrer dans la congrégation des Missions étrangères, par lettres du 17 janvier 1891.

LACHENAL Louis, né à Bellecombe, le 29 avril

1864 ; ordonné prêtre, le 15 juin 1889 ; nommé vicaire à Serrières, le 12 juillet de la même année ; aumônier du juvénat des Capucins, à la Roche, en 1891 ; autorisé à remplir la fonction de précepteur en Belgique, en 1892.

LACOMBE Auguste, né aux Échelles, le 16 janvier 1858 ; ordonné prêtre, le 3 juin 1882 ; nommé vicaire à Montmélian, le 20 septembre 1884 ; vicaire à la Métropole, en 1885 ; aumônier de l'Hôpital-Militaire, en mars 1893.

LACOMBE Claude-François, né aux Échelles, le 15 février 1814 ; ordonné prêtre, le 30 mars 1839 ; nommé professeur de grammaire au petit séminaire de Saint-Louis du Mont, le 1er novembre 1837 ; vicaire à Aix-les-Bains, le 1er octobre 1841 ; vicaire à Tresserve, le 27 août 1842 ; vicaire à la Métropole, le 7 mars 1845 ; curé de Tresserve, le 31 décembre 1852 ; curé de Lémenc, le 20 août 1860 ; aumônier de la Sainte-Chapelle, le 18 février 1874 ; décédé, le 10 septembre 1892.

LACOMBE Hyacinthe, né aux Échelles, le 12 juin 1819 ; ordonné prêtre, le 21 décembre 1844 ; nommé vicaire à Coise, le 27 décembre 1844 ; vicaire à la Rochette, le 27 octobre 1847 ; vicaire à Aix-les-Bains, le 15 octobre 1851 ; curé de Coise, le 5 avril 1860 ; curé de Saint-Innocent, le 27 avril 1876.

LACONNAY (Hippolyte de), né à Moye, le 25 janvier 1858 ; ordonné prêtre, le 12 mars 1881 ; autorisé à remplir la fonction de précepteur à l'étranger, la même année ; autorisé à remplir le saint ministère à Monaco, en 1883 ; autorisé à remplir les fonctions d'aumônier de religieuses à Port-Maurice (rivière de Gênes), en 1887.

LACROIX Benoît, né au Pont-de-Beauvoisin, le 26 octobre 1845 ; ordonné prêtre, le 16 juillet 1871 ; nommé professeur à Rumilly, le 1er octobre 1871 ; vicaire à Aix-les-Bains, le 6 octobre 1873 ; vicaire à la Métropole, le 1ᵉʳ janvier 1875 ; curé de Cognin, le 16 octobre 1881.

LACROIX Louis-Eugène, né à Saint-Beron, le 30 décembre 1865 ; ordonné prêtre, le 11 juin 1892 ; nommé surveillant au petit séminaire du Pont-de-Beauvoisin, le 6 octobre de la même année.

LALLIER Claude, né à Ugine, le 12 juillet 1758 ; ordonné prêtre, en 1784 ; nommé curé de Cruet, le 10 août 1803 ; mort, le 10 juillet 1821.

LAMBERSEND Pierre, né à Manigod, le 18 mai 1745 ; ordonné prêtre, en 1770 ; nommé curé de la Biolle, le 10 août 1803 ; mort, le 24 juillet 1813.

LAMBERT Jules-Marie, né à Barby, le 14 février 1855 ; ordonné prêtre, le 22 mai 1880 ; nommé précepteur dans des maisons particulières, la même année ; autorisé à remplir les fonctions du saint ministère à Monaco, en 1887.

LANSARD François, né à Saint-Félix, le 15 janvier 1828 ; ordonné prêtre, le 22 décembre 1855 ; nommé professeur au collège de Rumilly, le 24 décembre 1855 ; nommé précepteur chez M. le comte de Maugny, le 15 octobre 1856 ; précepteur chez M. le comte de Biscaretti, à Turin, le 1ᵉʳ septembre 1857 ; curé de Mognard, le 1ᵉʳ juillet 1868 ; curé de Coise, le 30 avril 1876 ; curé de Serrières, le 1ᵉʳ avril 1881.

LAPERRIÈRE Jacques, né à Doussard, le 31 mars 1764 ; ordonné prêtre, en 1789 ; nommé curé d'Aillon-le-Jeune, le 24 septembre 1803 ; curé de Montailleur, le 30 juin 1811 ; mort, le 16 février 1836.

LAPIERRE François-Hippolyte, né à Saint-Alban, le 19 novembre 1864 ; ordonné prêtre, le 20 juillet 1890 ; nommé surveillant à l'Externat de Saint-François de

Chambéry, la même année ; professeur de grammaire au même établissement, en 1892.

LARACINE Benoît, né à Chambéry, le 21 novembre 1793 ; ordonné prêtre, le 7 mars 1818 ; nommé vicaire à Saint-Genix, le 15 mars 1818 ; curé de Sonnaz, le 30 juin 1820 ; curé de Dulin, le 5 juillet 1822 ; curé de Verel-de-Montbel, le 25 mai 1823 ; curé de Domessin, le 10 avril 1824 ; retraité, le 23 mars 1871 ; mort, le 10 février 1872, à l'âge de 78 ans 2 mois 19 jours.

LATHUILE Bernard-Marie, né à Thônes, le 22 septembre 1783 ; ordonné prêtre, le 28 juillet 1816 ; nommé vicaire au Châtelard, en 1820.

LAURENT Pierre, né à Chambéry, le 14 janvier 1765 ; ordonné prêtre, en 1787 ; ancien cordelier ; résidant à Chambéry, après la Révolution ; mort, en 1819.

LAVERNE Bruno, né à Saint-Beron, le 12 janvier 1860 ; ordonné prêtre, le 30 mai 1885 ; nommé professeur à l'Externat de Saint-François de Chambéry, la même année.

LAYNIARD Jean, né à Mont-Denis de Maurienne, le 10 août 1772 ; ordonné prêtre, en 1806 ; nommé de vicaire à Thoiry et à Saint-Jean de Maurienne curé de Montricher, le 1er octobre 1810 ; curé de Montendry, le 1er septembre 1816 ; mort, le 26 juillet 1819.

LÉGER Georges, né à Chambéry, le 13 février 1737 ; ordonné prêtre, en 1762 ; était curé de Grésy-sur-Isère, en 1792 ; prêta le premier serment à la Révolution, adhéra au schisme avec ardeur, et souscrivit même la formule impie d'Albitte. S'étant rétracté, en 1803, il fut nommé curé de Mouxy, le 26 octobre 1807, et mourut en cette paroisse, le 12 septembre 1818.

LEMOINE Joseph, né à Saint-Pierre d'Albigny, le 6 novembre 1822 ; ordonné prêtre, le 17 juin 1848 ; nommé vicaire à Grésy-sur-Aix, le 1ᵉʳ août 1848 ; vicaire à Saint-Genix, le 30 juillet 1857 ; vicaire à Saint-François de Sales de Chambéry, le 10 février 1859 ; curé de Saint-Jean d'Arvey, le 16 octobre 1861 ; vice-archiprêtre, le 29 avril 1861 ; archiprêtre, le 23 août 1869 ; archiprêtre et curé d'Albens, le 31 août 1871 ; curé concordataire, en septembre 1874, par le transfert du titre de la Biolle à Albens ; mort, en mars 1893.

LEVET Claude, né à Aillon-le-Vieux, le 17 septembre 1809 ; ordonné prêtre, le 15 mars 1834 ; nommé vicaire à la Table, le 18 mars 1834 ; vicaire à la Motte-Servolex, le 22 décembre 1838 ; curé de Montagnole, le 17 mai 1842 ; curé de Barby, le 15 décembre 1860 ; mort, le 16 juin 1886.

LOMBARD Jean, né à Saint-Ours, le 21 décembre 1852 ; ordonné prêtre, le 29 mars 1879 ; nommé vicaire à Chindrieux, le 1ᵉʳ avril 1879 ; vicaire à Saint-Jean de la Porte, le 5 janvier 1881 ; vicaire à Yenne, le 15 janvier 1882 ; vicaire à Saint-Alban, le 15 janvier 1887 ; curé de Doucy, en avril 1891 ; retiré, en septembre 1892.

LORIDON Benoît, né à Saint-Pierre de Genebroz, le 29 avril 1800 ; ordonné prêtre, le 26 février 1831 ; nommé vicaire à Montmélian, le 26 février 1831 ; curé de Saint-Cassien, en 1835 ; mort, le 25 mars 1839.

LORIDON Benoît-Marie-Joseph, né à Saint-Pierre de Genebroz, le 6 mars 1846 ; ordonné prêtre, le 29 mars 1873 ; nommé vicaire à Montmélian, le 5 avril 1873 ; autorisé à remplir la fonction de précepteur dans la famille d'Arestan, en 1875 ; occupant le même emploi chez M. de Chambost, le 1ᵉʳ octobre 1876 ; nommé vicaire à Saint-Jean de la Porte, le 15 octobre 1876 ; curé de Saint-Jean de Couz, le 1ᵉʳ août 1879 ; curé de Vimines, le 2 août 1886 ; retiré dans sa famille pour cause de maladie, en 1891 ; nommé curé de Saint-Pierre de Curtille, le 15 août 1893.

LOUIS Anthelme, né au Pont-de Beauvoisin, le 3 septembre 1808 ; ordonné prêtre, le 17 mars 1832 ; nommé vicaire au Pont-de-Beauvoisin, le 25 mars 1832 ; entré novice chez les religieux cisterciens d'Hautecombe, le 12 septembre 1833 ; nommé professeur de grammaire au petit séminaire de Saint-Louis du Mont, le 3 novembre 1834 ; curé de Saint-Alban de Montbel, le 23 décembre 1837 ; curé d'Avressieux, le 19 juin 1839 ; aumônier des religieuses de la Visitation de Chambéry, le 5 octobre 1847 ; archiprêtre et curé de Saint-Genix, le 17 novembre 1852 ; mort à Saint-Genix de la petite vérole, le 30 mai 1857, à l'âge de 48 ans 8 mois.

LOUIS François, né à Chambéry, le 4 août 1807 ; ordonné prêtre, le 19 mars 1831 ; nommé de vicaire à Albens curé de Planaise, le 1er novembre 1836 ; mort, le 17 mars 1841.

LOUIS Joseph, né à Chambéry, le 21 février 1802 ; ordonné prêtre, le 20 mai 1826 ; nommé vicaire à Novalaise, le 5 juin 1826 ; vicaire au Châtelard, le 12 juin 1828 ; curé de Verel de Montbel, le 14 octobre 1829 ; curé de Villard-Sallet, le 10 avril 1837 ; retiré chez ses parents, le 1er mars 1838 ; curé de Chainaz, le 5 août 1839 ; vice-archiprêtre, le 28 janvier 1858 ; retiré à Lornay, le 1er mars 1876 ; mort le 6 mai 1889.

LOVET François, né à Sainte-Hélène du Lac, le 9 mars 1846 ; ordonné prêtre, le 7 juillet 1872 ; nommé vicaire à Chindrieux, le 18 juillet 1872 ; vicaire à Ayn, le 12 décembre 1873 ; vicaire à Saint-Pierre d'Albigny, le 1er août 1875 ; entré au séminaire français de Rome, en octobre 1880 ; nommé vicaire à Notre-Dame de Chambéry, en 1882 ; curé de la Chapelle-Blanche, le 13 novembre 1885.

LUGUET Bernard, né à Saint-Pierre de Curtille, le 27 avril 1861; ordonné prêtre, le 30 mai 1885; entré chez les Oblats de Marie, à Notre-Dame de l'Osier, la même année.

M

MAGNIN Claude-Louis, né à Rumilly, le 2 mars 1753; ordonné prêtre, en 1779; vicaire à la Balme de Sillingy, en 1792; refusa tout serment à la Révolution; émigra, en 1793; revint, en 1795, et remplit l'office de missionnaire à Boussy et dans les environs; fut arrêté dans cette paroisse et déporté à l'île de Rhé; revint en 1801, et retourna à Boussy, où il continua d'exercer le ministère sacré. A la restauration du culte, il fut nommé successivement curé de Bloye, le 10 août 1803; curé de Moye, le 6 novembre 1810. Sa mort eut lieu en 1833.

MAGNIN Joseph, né à Belmont, le 28 juillet 1825; ordonné prêtre, le 14 juin 1851; nommé vicaire à Arith, le 10 juillet 1851; vicaire à Massingy, le 25 octobre 1851; vicaire aux Marches, le 14 juillet 1855; retiré malade, le 20 décembre 1856; vicaire à Bissy, le 30 mai 1857; vicaire à Saint-Alban, le 1er février 1858; vicaire à Rumilly, le 15 octobre 1858; curé de Frontenex, le 25 avril 1865; curé de Vimines, le 1er octobre 1868; mort, dans cette paroisse, le 8 juillet 1886.

MAGNIN Joseph-Benoît, né à Rumilly, le 19 juin 1725; ordonné prêtre, en 1760; nommé curé de Boussy, le 19 octobre 1803; mort, en 1810, à l'âge de 85 ans.

MAIGE Joseph, né à Grésy-sur-Isère, le 17 septembre 1855; ordonné prêtre, le 22 mai 1880; nommé vicaire à Novalaise, le 22 février 1881; vicaire à Apremont, en

1882 ; vicaire à la Table, le 28 août 1886 ; vicaire au Montcel, le 9 février 1889 ; retiré, pour cause de maladie, le 1ᵉʳ janvier 1890.

MAILLAND Jean, né à Pugny, le 17 mars 1833 ; ordonné prêtre, le 6 juin 1857 ; nommé vicaire à Moye, le 18 juillet 1857 ; professeur de la classe élémentaire au petit séminaire de Saint-Pierre d'Albigny ; retiré malade, le 1ᵉʳ janvier 1859 ; nommé vicaire à Belmont, le 8 août 1859 ; vicaire à Lémenc, le 1ᵉʳ juillet 1860 ; vicaire à la Motte-Servolex, le 25 septembre 1860 ; retiré de nouveau, pour cause de maladie, en juillet 1861 ; mort, le 9 mai 1862, à l'âge de 29 ans 1 mois 22 jours.

MAILLAND Jean-Marie, né à Trévignin, le 25 mai 1848 ; ordonné prêtre, le 25 mai 1874 ; nommé professeur au petit séminaire de Saint-Pierre d'Albigny, en octobre 1874 ; retiré, pour cause de maladie, en 1886 ; mort à Trévignin, le 18 juillet 1887.

MAILLAND Joseph, né à Trévignin, le 29 janvier 1837 ; ordonné prêtre, le 16 mars 1861 ; nommé vicaire à Saint-Pierre d'Albigny, le 28 mai 1861 ; vicaire à Notre-Dame de Chambéry, le 30 avril 1863 ; retiré malade, le 26 août 1867 ; nommé chapelain de Saint-Louis des Français, à Rome, en novembre 1867 ; professeur de rhétorique au collège de Rumilly, le 24 mars 1871 ; curé de Cruet, en 1871 ; archiprêtre et curé de Saint-Genix, le 15 février 1876 ; aumônier des Hospices de Chambéry, en 1882 ; chanoine honoraire, en 1890.

MAILLAND-ROSSET Jean, né à Pugny, le 9 avril 1864 ; ordonné prêtre, le 17 décembre 1887 ; nommé professeur à l'externat de Saint-François de Chambéry, la même année.

MAILLAND-ROSSET Pierre, né à Pugny, le 27 mars 1867 ; ordonné prêtre, le 20 juin 1892 ; nommé professeur au petit séminaire de Saint-Pierre d'Albigny, le 6 octobre 1892.

MAILLET Pierre, né à Vaux (diocèse d'Annecy), le 25 décembre 1845 ; ordonné prêtre, le 11 juin 1870 ; nommé professeur au collège de Rumilly, le 1er juillet 1870 ; vicaire à Saint-Pierre d'Albigny, le 1er octobre 1870 ; missionnaire diocésain de Myans, le 1er août 1877 ; supérieur de la congrégation des Missionnaires et curé de la paroisse de Myans, en 1889.

MAISTRE (de) André-Marie. Voir la première partie de cet ouvrage, page 107.

MALLINJOUD Benoît, né à Rumilly, le 11 décembre 1798 ; ordonné prêtre, le 11 mars 1826 ; nommé vicaire à Maché, le 20 mars 1826 ; curé de Villard-d'Héry, le 5 septembre 1829 ; curé de Lornay, le 15 décembre 1835 ; mort, le 16 août 1860, à l'âge de 61 ans 8 mois 5 jours.

MALLINJOUD Jean, né à Rumilly, le 12 août 1814 ; ordonné prêtre, le 19 juillet 1840 ; nommé vicaire à Bissy, le 3 août 1840 ; vicaire à Cruet, le 16 juillet 1841 ; vicaire à Jongieux, le 15 avril 1842 ; vicaire à Bellecombe, le 27 octobre 1843 ; vicaire à Cusy, le 28 novembre 1845 ; vicaire à Saint-Pierre d'Albigny, le 1er décembre 1846 ; curé de Verthemex, le 25 juillet 1851 ; curé de Cessens, le 15 septembre 1858 ; curé d'Oncin, le 13 juillet 1862 ; décédé, le 2 mars 1872, à l'âge de 57 ans 6 mois 20 jours.

MALLINJOUD Pierre, né à Cusy ; autorisé à faire partie du clergé du diocèse de Lyon, par lettres du 19 mars 1891.

MAMY Alexandre, né à Hauteville, le 3 juillet 1769 ; ordonné prêtre, en 1795 ; nommé curé de Jarrier, le 21 nivôse an XIII ; curé des Molettes, le 2 avril 1809 ; mort, le 21 mars 1829.

MANDRAY Jean-François, né à Rumilly, le 2 novembre 1828 ; ordonné prêtre, le 18 décembre 1852 ; nommé vicaire à Albens, le 16 janvier 1853 ; professeur au petit séminaire de Saint-Pierre d'Albigny, le 8 avril 1856 ; professeur de rhétorique au collège de Rumilly, le 15 octobre 1858 ; mort des suites d'une chute, le 11 janvier 1866, à l'âge de 37 ans 2 mois 9 jours.

MANSOZ Antoine, né à Chambéry, le 8 juillet 1759 ; ordonné prêtre, en 1782 ; résidant à Chambéry, en 1803.

MANSOZ Jean-François, né à Bellecombe, le 23 décembre 1809 ; ordonné prêtre, le 1er juin 1833 ; nommé vicaire à Arvillard, le 15 juin 1833 ; vicaire à Saint-Alban, le 25 septembre 1834 ; vicaire à Lémenc, le 10 mars 1838 ; entré chez les Missionnaires diocésains de Myans, le 1er novembre 1838 ; entré chez les Jésuites, le 26 juillet 1840 ; retiré chez lui, le 21 mars 1842 ; nommé curé de Saint-Ombre, le 3 septembre 1842 ; archiprêtre et curé du Châtelard, le 2 septembre 1854 ; décédé, le 28 mars 1878.

MANSOZ Jean-Marie-Alphonse, né à Bellecombe, le 9 mars 1835 ; ordonné prêtre, le 16 mars 1861 ; nommé vicaire au Châtelard, le 6 avril 1861 ; curé de Saint-Franc, le 10 décembre 1869 ; curé de Saint-Vital, le 15 mai 1876 ; retiré, en mai 1893 ; nommé curé de la Balme, en août de la même année.

MARCELLIN Jean-Antoine, né à Saint-Martin d'Arve, le 8 juillet 1783 ; ordonné prêtre, le 25 février 1812 ; nommé curé d'Ayton, le 1er septembre 1813 ; curé du Pontet, le 1er mai 1814 ; curé de Thyl, le 6 juillet de la même année ; curé de Montricher, le 15 juin 1822 ; curé de Saint-Jean-Puygauthier, le 1er août 1823.

MARCHAND Charles-Emmanuel, né à Annecy, le 16 décembre 1769 ; diacre à l'origine de la Révolution, fut ordonné prêtre à l'étranger, en 1793 ; nommé curé de Thorens, le 26 avril 1807 ; curé de la Biolle, le 15 octobre 1813 ; chanoine de la cathédrale d'Annecy par Mgr Rey, en 1841 ; mort, le 1er août 1842.

MARCHAND Jean-Jacques, né le 20 mai 1765 ; ordonné prêtre, en 1788 ; ancien chartreux résidant et faisant l'école à Aillon-le-Vieux, après la Révolution ; puis employé comme professeur au collège de Mélan (Faucigny) ; mort, en 1844.

MARCOZ Laurent, né à Moûtiers, le 5 juin 1794 ; ordonné prêtre, le 30 juillet 1820 ; nommé curé de Pralognan, le 22 juin 1822 ; curé de Saint-Thibaud de Couz, vers 1824.

MARCOZ Pierre-Antoine, né en Maurienne ; fut d'abord curé de Thoiry, pendant plusieurs années, de 1805 à 1814 ; puis, après le rétablissement du diocèse de Maurienne, chanoine de la cathédrale de Saint-Jean.

MARESCHAL François, né à Saint-Cassien ; autorisé à entrer dans le clergé d'Orléans, par lettres du 1er décembre 1851.

MARESCHAL Joseph, né à Chambéry, le 25 juillet 1807 ; ordonné prêtre, le 15 mars 1834 ; nommé vicaire au Pont-Beauvoisin, le 25 mars 1834 ; curé de Trévignin, le 25 mai 1839 ; curé de Trivier, le 1er juillet 1842 ; curé d'Arbin, le 7 juin 1856 ; retraité, le 4 juillet 1871 ; nommé aumônier de la Cour d'appel et chanoine honoraire de la Métropole de Chambéry, la même année ; mort en cette ville, le 26 janvier 1889.

MARESCHAL Jules-Camille, né à Chambéry, le 31 juillet 1840 ; docteur en théologie et en droit canon, après quatre ans d'études à Rome ; ordonné prêtre, le 19 septembre 1863 ; nommé secrétaire de l'archevêque, le 30 du même mois ; professeur de philosophie au grand séminaire de Chambéry, le 3 mai 1867 ; professeur de théologie au même établissement, le 20 janvier 1872 ; chanoine honoraire de la Métropole de Chambéry, le 17 octobre 1872 ; curé de Rumilly, le 20 août 1876 ; curé de Saint-François de Sales de Chambéry, en décembre 1877 ; installé, le 15 avril 1878.

MARESCHAL Maurice-Laurent, né à Chambéry, le 12 février 1847 ; ordonné prêtre, le 24 septembre 1870 ; nommé vicaire à la Ravoire, le 15 octobre 1870 ; vicaire à Vimines, le 6 mai 1871 ; vicaire à Domessin, le 4 novembre 1871 ; entré chez les religieux de la Grande-Chartreuse ; sorti pour cause de maladie, et nommé chapelain des religieuses carmélites de Chambéry, en 1885.

MARESCHAL Pierre-Marie, né à Saint-Cassien, le 16 juin 1862 ; ordonné prêtre, le 19 juin 1886 ; mort, dans sa famille, la même année.

MARGUERY Jean-Baptiste, né à Chambéry, le 7 novembre 1763 ; religieux capucin, en 1792 ; nommé curé de Sonnaz, le 24 janvier 1810.

MARIN Joseph-Pierre-Daniel, né à la Ravoire, le 7 février 1867 ; ordonné prêtre, le 11 juin 1892 ; nommé surveillant au petit séminaire de Saint-Pierre d'Albigny, le 6 octobre de la même année.

MARIN Michel, né au Montcel, le 9 février 1854 ; ordonné prêtre, le 26 mai 1877 ; nommé successivement vicaire au Bourget-du-Lac et professeur au petit séminaire de Saint-Pierre d'Albigny, la même année ; supérieur du petit séminaire du Pont-de-Beauvoisin, en 1888.

MARQUET Joseph-François, né à Saint-Nicolas de Véroce, le 2 novembre 1785 ; ordonné prêtre, le 23 décembre 1809 ; nommé vicaire à Viuz-en-Salaz, le 10 janvier 1810 ; curé de Peron (pays de Gex), le 24 juin 1813 ; curé de Saint-Jean de Chevelu, le 1er octobre 1814 ; archiprêtre et curé de Novalaise, le 4 janvier 1822 ; décédé, le 10 septembre 1850, à l'âge de 64 ans 10 mois 8 jours ; distingué par sa science, sa prudence et sa piété.

MARTENON Charles-Joseph, né à Chambéry, en 1855 ; ordonné prêtre, le 20 décembre 1879 ; nommé réglementaire au petit séminaire du Pont-de-Beauvoisin ; professeur au petit séminaire de Saint-Pierre d'Albigny, le 22 décembre 1880 ; autorisé à remplir la fonction de professeur, à Paris ; ensuite à faire partie du clergé de cette ville ; aujourd'hui vicaire à la Villette, près Paris.

MARTIN Ambroise, né à Évian, le 18 décembre 1791 ; ordonné prêtre, le 19 juin 1814 ; nommé de vicaire à la Roche curé de Saint-Félix, le 1er juillet 1818 ; curé de Megève, le 1er novembre 1820 ; mort dans cette paroisse, vers 1865, laissant un nom béni.

MARTIN Anthelme, né à Jacob-Bellecombette, le 3 avril 1814 ; ordonné prêtre, le 30 mars 1839 ; nommé vicaire au Bourget-du-Lac, le 8 avril 1839 ; retiré malade chez lui, le 20 septembre 1843 ; nommé précepteur chez Mme la marquise de la Serraz, le 25 mai 1844 ; curé de Saint-Baldoph, le 25 novembre 1850 ; retraité, le 1er août 1892.

MARTIN Auguste, né à Saint-Pierre de Genebroz, le 7 mai 1850 ; ordonné prêtre, le 15 juin 1878 ; nommé vicaire de Ballaison (diocèse d'Annecy), le 1er juillet 1878 ; vicaire au Châtelard, le 22 septembre 1880 ; curé de Vions, le 15 décembre 1888 ; curé de Cléry, en 1892.

MARTIN Claude, né à Saint-Pierre de Curtille, le 20 décembre 1842 ; ordonné prêtre, le 20 septembre 1873 ; nommé vicaire à Aillon-le-Vieux, le 6 octobre 1873 ; curé de Puygros, le 1er janvier 1879 ; curé de Bellecombe, le 20 juillet 1888 ; curé de Loisieux, en avril 1893.

MARTIN Gaspard-Marie-Anthelme, né à Jacob-Bellecombette, le 10 août 1848 ; ordonné prêtre, le 16 mars

1872 ; nommé vicaire à Saint-Jean de la Porte, le 14 avril 1872 ; vicaire à Marigny, le 24 août 1873 ; vicaire à Rumilly, le 1ᵉʳ mai 1875 ; vicaire à Yenne, le 1ᵉʳ novembre 1878 ; curé de Traize, le 1ᵉʳ novembre 1878 ; curé des Marches, le 15 juin 1885.

MARTIN Jean-Marie, né à Jacob-Bellecombette, le 17 décembre 1823 ; entré chez les Pères Maristes, en 1846 ; devint bientôt un des sujets les plus estimés dans la congrégation par sa capacité intellectuelle et par ses vertus. Mort en janvier 1876, à l'âge de 53 ans seulement, l'*Univers* fit, quelques jours après, son éloge en ces termes :

« Le R. P. Martin, supérieur de la maison des Pères Maristes de la rue Vaugirard, dont nous avons annoncé la mort, était né à Chambéry, le 17 décembre 1823. Tout enfant, il montrait les dispositions qui faisaient pressentir la vocation religieuse à laquelle il devait se donner de bonne heure ; aussi ne fût-on pas surpris de le voir, dès l'âge de 23 ans, entrer dans la Société de Marie, où bientôt on lui confia la direction d'un des collèges de la Société. Plus tard, il fut envoyé à Digne, pour y professer la théologie au grand séminaire, dont il devint le supérieur quelque temps après.

« En 1866, nous le retrouvons, comme supérieur, à la résidence de Toulon, où il resta en cette qualité jusqu'en 1872. C'est à cette époque qu'il fut appelé à la maison de Paris, qu'il a dirigée jusqu'à sa mort.

« En ces quelques dates, on peut enfermer la vie du R. P. Martin ; mais ce que le monde n'a pas su, parce qu'il était la modestie même, ce que seuls ont pu apprécier les amis qui l'ont vu de plus près, c'est le charme qu'il répandait autour de lui par la simplicité même, par les qualités d'un cœur qui se dévouait à tout et à tous entièrement ; enfin, par la fermeté d'un esprit qui, sans rien brusquer, se fut reproché comme une faute grave la moindre faiblesse à l'endroit de la vérité. Conseiller sûr autant que délicat, de quel secours n'a-t-il pas été à bien des infortunes qui semblaient défier toute consolation ? Les œuvres catholiques attiraient aussi bien et excitaient particulièrement son zèle.

« Au premier rang, il mettait l'œuvre catholique par excellence, celle qui vient au secours du Pape dépouillé, car l'amour de Rome et le combat pour les libertés de l'Église furent toujours les premiers objets de sa sollicitude et de ses travaux. Il nous a été donné d'en être le témoin dans cette œuvre des comités catholiques dont il avait compris toute l'importance et à laquelle il eût voulu pouvoir donner toute l'extension que réclame la défense des intérêts de l'Église. Il y travaillait du moins de toutes ses forces, ne manquait jamais à une séance du bureau de l'Œuvre et, en dehors même de ces réunions, aimant à conférer avec ses membres de toutes les questions qui stimulaient sa persévérante activité.

« C'est dans cet esprit qu'il approchait la fin d'une vie consacrée tout entière au service de l'Église et à la gloire de Dieu. Nous n'avons pas besoin de dire avec quelle résignation il accepta ses souffrances. Elles lui furent une occasion de montrer mieux encore à quel point son âme était libre de tout ce qui nous attache à la terre. Aussi n'eût-il point d'efforts à faire pour la quitter. Averti que la mort approchait, il voulut encore une fois s'unir à Notre Seigneur par la sainte communion ; puis il s'endormit dans la paix, laissant à ses frères, à ses amis, à tous ceux qui eurent la joie de le connaître, l'exemple et la mémoire d'un saint. »

MARTIN Jean-Marie, né à Jacob-Bellecombette, en 1861 ; entré dans la congrégation des Missions étrangères ; parti pour la mission du Tong-Kin occidental, le 5 novembre 1884.

MARTIN Joseph-Auguste, né à Belmont, le 2 juillet 1847 ; ordonné prêtre, le 20 septembre 1873 ; nommé professeur au collège de Rumilly, le 7 octobre 1873 ; vicaire à Notre-Dame de Chambéry, le 1er septembre 1879 ; curé de Saint-Cassien, le 1er septembre 1882.

MARTIN Joseph-Marie, né à Jacob-Bellecombette, le 13 avril 1846 ; ordonné prêtre, le 20 juin 1869 ; nommé vicaire à la Rochette, le 1er octobre 1869 ; vicaire à la Motte-Servolex, le 31 mars 1872 ; vicaire à Saint-Baldoph, le 6 avril 1875 ; curé de Frontenex, le 1er octobre 1875 ; retiré pour cause de maladie, le 30 septembre 1884.

MARTINET (Mgr Antoine). Voir la première partie de cet ouvrage, page 70.

MARTINET Jacques, né à Drumettaz-Clarafond, le 4 octobre 1866 ; ordonné prêtre, le 9 juin 1893.

MARULLIN Jean-Antoine, né à Saint-Martin d'Arc, le 8 juillet 1783 ; ordonné prêtre, le 25 février 1812 ; retiré à Montmélian, le 4 décembre 1849 ; mort à Sainte-Hélène du Lac, le 5 juin 1858, à l'âge de 74 ans 10 mois 27 jours.

MASSET Joseph, né à Saint-Maurice de Rotherens, le 29 janvier 1860 ; ordonné prêtre, le 4 juin 1887 ; nommé aumônier du scholasticat des Capucins, à la Roche (Haute-Savoie), la même année ; entré chez les Missionnaires diocésains de Myans, en 1891.

MATHEY Claude, né à Cluses, le 5 juillet 1799 ; ordonné prêtre, le 18 juillet 1823 ; nommé professeur au petit séminaire de Saint-Louis du Mont, le 1er novembre 1822 ; vicaire à Grésy-sur-Isère, le 1er octobre 1823 ; curé des Molettes, le 19 mars 1829 ; curé de Cruet, le 14 août 1832 ; curé de Bassens, le 15 janvier 1843 ; mort, le 4 juillet 1857, à l'âge de 57 ans 11 mois 29 jours.

MEFFRET Aimé-Marie, né à Chambéry, paroisse de Saint-François de Sales, le 22 septembre 1801 ; entré chez les Jésuites, le 17 septembre 1821 ; a prononcé ses vœux simples, le 10 octobre 1823 ; a été ordonné prêtre, à Fribourg, le 20 septembre 1834 ; a prononcé ses vœux publics, le 2 février 1837 ; a été dispensé de ses vœux, le 9 mars 1844 ; a été reçu dans la province de France, le 24 juin 1844 ; est rentré dans le diocèse de Chambéry et a été nommé vicaire à Saint-Alban, le 8 février 1847 ; est parti pour retourner chez les Jésuites, en mai 1847.

MEIGNOZ Alexandre, né à Montmélian, le 6 septembre 1848 ; ordonné prêtre, le 20 septembre 1873 ; nommé professeur de grammaire au petit séminaire du Pont-de-Beauvoisin, le 6 octobre 1873 ; vicaire à Aix-les-Bains, le 1er novembre 1878 ; parti pour étudier à Rome, en 1880 ; reçu docteur en théologie, en octobre 1882 ; nommé professeur au grand séminaire de Chambéry, en 1883 ; archiprêtre et curé d'Aix-les-Bains, le 15 juillet 1889.

MENOUD Joseph, né à la Motte-Servolex, le 24 février 1810 ; ordonné prêtre, le 18 décembre 1841 ; nommé vicaire à Saint-Pierre de Curtille, le 22 décembre 1841 ; vicaire à Jongieux, le 15 novembre 1843 ; vicaire à Vimines, le 31 décembre 1844 ; vicaire à Coise, le 27 octobre 1847 ; curé de Villaroux, le 12 décembre 1855 ; retiré à l'hospice de Saint-Benoît de Chambéry, le 21 septembre 1892.

MENOUD Louis-François, né à la Motte-Servolex, le 12 mars 1759 ; ordonné prêtre, en 1786 ; vicaire à Vimines, en 1792 ; prêta le premier serment à la Révolution ; se rétracta et émigra à Turin, dans le commencement d'octobre 1793. Après le rétablissement du culte, il fut nommé curé de Chignin, le 10 août 1803 ; ensuite aumônier de la Charité, et mourut, le 3 septembre 1826.

MERCIER Damase, né à la Tour, près de Saint-Jeoire en Faucigny, le 11 décembre 1794 ; ordonné prêtre, le 4 janvier 1818 ; nommé vicaire à Maché, le 10 janvier 1818 ; vicaire à Saint-François de Sales de Chambéry, le 20 mai 1820 ; archiprêtre et curé de Montmélian, le 25 juillet 1825 ; archiprêtre et curé de Notre-Dame de Chambéry, le 28 juin 1828 ; chanoine honoraire, le 16 juin 1861 ; vicaire général, le 7 novembre 1862 ; chevalier de la Légion d'honneur, le 9 août 1870 ; mort à Chambéry, le 30 mai 1875, à 3 heures du soir ; inhumé, le 5 mai, veille de l'Ascension. M. Mercier fut aussi, pendant sa carrière ecclésiastique, à Chambéry, administrateur de la Charité, supérieur de la Visitation, supérieur des Carmélites et supérieur des religieuses du Bon-Pasteur.

MERCIER François, né à Saint-Genix, le 19 avril 1813 ; ordonné prêtre, le 14 mars 1840 ; mort, le 6 mars 1845.

MERLINGE Jean-Marie, né à Sallanches, le 26 septembre 1790 ; ordonné prêtre, le 12 juin 1813 ; nommé de vicaire au Châtelard curé d'Aillon-le-Vieux, le 1er décembre 1816 ; curé de Saint-Germain en Semine, le 5 décembre 1821 ; curé de Grésin, le 11 août 1822 ; excorporé, le 1er septembre 1835.

MERMET Claude, né à Saint-Félix, le 11 août 1825 ; ordonné prêtre, le 21 mai 1853 ; nommé vicaire à Arvillard, le 20 juillet 1853 ; professeur au petit séminaire de Saint-Pierre d'Albigny, le 4 novembre 1853 ; vicaire à Thoiry, le 10 octobre 1857 ; retiré, le 1er décembre 1858 ; nommé vicaire à Chindrieux, le 25 juillet 1859 ; vicaire à Bellecombe, le 2 avril 1861 ; retiré de nouveau chez lui, le 15 avril 1863.

MERMILLOD François-Marie, né aux Villards-sur-Thônes, le 24 juillet 1797 ; ordonné prêtre, le 19 mars

1820; nommé vicaire à Saint-Pierre d'Albigny, le 25 mars 1820; supérieur du petit séminaire de St-Pierre d'Albigny, le 15 octobre 1822; chanoine honoraire de la Métropole, le 10 mars 1846; principal du collège royal de Chambéry, le 7 septembre 1850; chanoine titulaire, le 30 septembre 1854; démissionnaire des fonctions de principal du collège, le 1er octobre 1854; économe du grand séminaire, en 1862; doyen du Chapitre, le 25 novembre 1877; mort, le 12 février 1883.

MESTRALLET Joseph, né à Rumilly, le 10 mai 1858; ordonné prêtre, le 19 juin 1886; autorisé à remplir la fonction de professeur à l'étranger, la même année; nommé vicaire à Thoiry, le 15 décembre 1888; vicaire à Coise, le 28 novembre 1891.

MÉTRAL-MADRET François-Marie, né à Bonneville, le 16 décembre 1796; ordonné prêtre, le 23 mars 1822; nommé professeur d'humanités au petit séminaire de Saint-Louis du Mont, le 24 décembre 1821; économe du même établissement, le 1er novembre 1824; entré novice chez les Jésuites, le 1er octobre 1830; autorisé à remplir la fonction de précepteur chez M. de Blonay, le 5 janvier 1831; nommé aumônier de la Charité, le 1er juillet 1832; chanoine honoraire, le 26 juillet 1862; mort, le 1er mars 1880.

MÉTRAUX Lucien-Victor, né à Grésy-sur-Isère, le 10 décembre 1821; ordonné prêtre, le 18 mars 1846; nommé vicaire à Chindrieux, le 17 juillet 1846; vicaire à Lémenc, le 20 juin 1850; vicaire à Saint-Genix, le 15 juin 1853; vicaire à Saint-Pierre d'Albigny, le 21 mars 1856; curé d'Apremont, le 4 mai 1860; mort, le 2 octobre 1888.

MEUNIER Gaspard, né à Barberaz; autorisé à entrer dans la congrégation des Missionnaires de Notre-Dame du Sacré-Cœur, à Issoudun, par lettres de juin 1891.

MEYNIER Philibert, né à Saint-Jean de la Porte, en 1847 ; ordonné prêtre, le 7 juillet 1872 ; nommé professeur au petit séminaire de Saint-Pierre d'Albigny, en 1872 ; mort, le 21 juillet 1876.

MICALOD Damase, né au Bourget-du-Lac, le 11 décembre 1852 ; ordonné prêtre, le 15 juin 1878 ; nommé vicaire à Rumilly, le 1er novembre de la même année ; curé de Villard-Sallet, le 24 octobre 1888.

MICHAUD Charles, né à Mognard, le 9 novembre 1760 ; ordonné prêtre, en 1784 ; vicaire au Petit-Bornand, en 1792 ; fut nommé curé de Gruffy, en 1803 ; curé de Saint-Ombre, le 10 octobre 1804 ; curé de Sales sur Rumilly, le 1er novembre 1815 ; mort, le 7 juillet 1820.

MICHAUD Claude, né à Saint-Jean de Chevelu, le 2 février 1833 ; ordonné prêtre, le 20 mars 1858 ; nommé vicaire à Saint-Jean de la Porte, le 19 avril 1858 ; professeur au petit séminaire de Saint-Pierre d'Albigny, le 1er novembre 1858 ; curé de Puygros, le 14 juin 1868 ; curé de Thoiry, le 14 juillet 1872 ; archiprêtre, le 10 septembre 1874 ; curé de Saint-Alban, le 15 avril 1878.

MICHAUD Claude-Guillaume, neveu du précédent, né à Saint-Jean de Chevelu, le 12 mars 1862 ; ordonné prêtre, le 4 juin 1887 ; nommé professeur au petit séminaire de Saint-Pierre d'Albigny, la même année.

MICHAUD Joseph, oncle et grand-oncle des deux précédents, né à Saint-Jean de Chevelu, le 28 février 1797 ; ordonné prêtre, le 16 juin 1821 ; nommé vicaire au Châtelard, le 15 juillet 1821 ; vicaire à Novalaise, le 14 décembre 1822 ; curé de Saint-Offenge-Dessous, le 26 mars 1826 ; curé de Méry, le 8 août 1840 ; curé de Motz, le 6 novembre 1846 ; curé des Molettes, le 15 avril 1859 ; mort, le 20 novembre 1864, à l'âge de 67 ans 8 mois 20 jours.

MICOLOD François, né à Saint-Genix, le 16 août 1759 ; ordonné prêtre, en 1782 ; nommé curé de Lucey, le 1er décembre 1810 ; mort, le 20 novembre 1818.

MIÈGE Claude, né à Verel-de-Montbel, le 16 décembre 1811 ; ordonné prêtre, le 21 septembre 1839 ; nommé vicaire à Lémenc, le 1er novembre 1839 ; vicaire à Yenne, le 1er août 1840 ; professeur au petit séminaire du Pont-de-Beauvoisin, le 1er novembre 1841 ; curé de Lépin, le 20 décembre 1848 ; mort, le 21 février 1872, à l'âge de 60 ans 2 mois 5 jours.

MIFFON François, né à Annecy, le 17 septembre 1780 ; ordonné prêtre, le 10 août 1806 ; nommé de vicaire à la Motte-Servolex curé de Cognin, le 13 janvier 1812 ; mort, le 24 mars 1832.

MIFFON Jean-François, né à Annecy, le 23 octobre 1757 ; ordonné prêtre, en 1783 ; curé de Meytet, près Annecy, en 1792 ; refusa de prêter le serment à la Révolution ; émigra en mars 1793, revint ensuite comme missionnaire ; fut arrêté et déporté à l'île de Rhé. Après le rétablissement du culte, il fut nommé recteur d'Albens, le 30 août 1803 ; se retira à Annecy, en 1830 ; puis mourut, dans cette ville, le 1er février 1831, à l'âge de 72 ans.

MIGUET Benoît, né à Saint-Jean de la Porte, le 9 octobre 1801 ; ordonné prêtre, le 31 mai 1828 ; nommé vicaire à la Motte-Servolex, le 18 juin 1828 ; curé de Voglans, le 22 octobre 1839 ; curé d'Albens, le 14 mai 1838 ; archiprêtre, le 1er mars 1856 ; mort, le 28 mars 1864, à l'âge de 62 ans 4 mois 19 jours.

MIGUET Jean-Baptiste, né à Aillon-le-Vieux, le 17 décembre 1857 ; ordonné prêtre, le 3 juin 1882 ; nommé vicaire à Héry-sur-Alby, la même année ; vicaire à Montmélian, le 27 juillet 1886 ; vicaire à la Motte-Servolex, en 1889.

MIGUET Joseph, né à Aillon-le-Vieux, le 12 juin 1861 ; ordonné prêtre, le 19 juin 1886 ; nommé vicaire à Cusy, le 13 octobre 1886 ; vicaire au Châtelard, le 15 décembre 1888.

MIGUET Joseph-Antoine, oncle du précédent, né à Aillon-le-Vieux, le 6 juin 1815 ; ordonné prêtre, le 5 juin 1841 ; nommé vicaire à la Biolle, le 23 juin 1841 ; vicaire à Saint-Genix, le 27 décembre 1845 ; vicaire à Notre-Dame de Chambéry, le 10 juin 1853 ; curé de St-Ours, le 9 juillet 1857 ; mort, le 17 mars 1875.

MILLET Joseph-Marie, né à Yenne, le 7 mai 1830 ; ordonné prêtre, le 16 mars 1861 ; nommé vicaire à Cruet, le 17 avril 1861 ; vicaire à la Motte-Servolex, le 1re décembre 1861 ; vicaire à Saint-François de Sales de Chambéry, le 1er juillet 1865 ; missionnaire apostolique à Chatenay, le 4 septembre 1865 ; parti pour la Nouvelle Orléans, le 5 novembre 1867.

MILLIET François-Marie, né à Saint-Julien, le 12 mars 1770 ; ordonné prêtre, en 1793 ; ancien capucin ; nommé curé de Bossey, le 20 août 1803 ; curé de Taninge, en 1811 ou 1812 ; curé de Trivier, le 24 avril 1827 ; retraité, en 1842 ; mort, en 1844.

MILLIET Jean, né au Pont-de-Beauvoisin, le 1er juillet 1825 ; ordonné prêtre, le 22 décembre 1849 ; nommé professeur au petit séminaire du Pont-de-Beauvoisin, le 1er novembre 1849 ; autorisé à remplir la fonction de précepteur chez M. de Gasquet, à Toulon, le 1er novembre 1856 ; nommé vicaire à Belmont, le 5 juillet 1860 ; curé d'Aillon-le-Jeune, le 1er avril 1863 ; curé d'Épersy, le 22 août 1865 ; curé de Saint-Jean de Chevelu, le 28 mai 1869 ; mort en cette paroisse, le 27 août 1887.

MILLIET Joseph, né au Pont-de-Beauvoisin, le 15 septembre 1832 ; ordonné prêtre, le 19 décembre 1857 ; autorisé à remplir la fonction de précepteur dans une famille particulière, au département du Var, quelque temps après son ordination ; mort, dans cette famille, en 1893.

MILLION Claude, né à Chambéry, le 19 juillet 1868 ; ordonné prêtre, le 9 juin 1893.

MILLION Joseph, né à Saint-Jean de Chevelu, le 19 septembre 1803 ; ordonné prêtre, le 20 décembre 1828 ; nommé vicaire à Albens, le 20 décembre 1828 ; vicaire à Coise, le 6 mars 1830 ; entré dans la Compagnie de Jésus.

MILLIOZ François, né à Albens, le 9 janvier 1876 ; autorisé à entrer dans la congrégation des missionnaires du Sacré-Cœur de Jésus, à Chezal-Benoît.

MILLIOZ Frédéric, né à Saint-Pierre d'Albigny, le 18 janvier 1811 ; ordonné prêtre, le 14 mars 1835 ; nommé successivement secrétaire de Monseigneur l'archevêque, chanoine honoraire, aumônier du Bon-Pasteur de Chambéry ; mort, le 6 avril 1845.

MILLIOZ Jean-François, né à Doucy, le 21 octobre 1787 ; ordonné prêtre, le 12 août 1810 ; nommé de vicaire à Annecy curé de la Thuile, près Faverges, le 10 mai 1817.

MILLIOZ Joseph, né à Saint-Jean de Couz, le 4 septembre 1845 ; ordonné prêtre, le 16 juillet 1871 ; nommé vicaire à Notre-Dame de Chambéry, le 16 septembre 1871 ; secrétaire de l'archevêque, le 24 janvier 1873 ; vicaire à Saint-François de Sales de Chambéry, le 6 octobre 1873 ; aumônier de l'asile des aliénés, à Bassens, le 1er novembre 1879 ; curé de Bissy, le 14 mars 1882.

MISSILLIER Alexandre, né au Grand-Bornand, le 8 novembre 1732 ; ordonné prêtre, en 1756 ; prêta les deux serments à la Révolution ; fut nommé curé de

Châteauneuf, après le rétablissement du culte ; mourut, en 1816.

MISSILLIER Alexandre, né au Grand-Bornand, le 11 janvier 1791 ; ordonné prêtre, le 16 août 1815 ; nommé professeur au grand séminaire de Chambéry ; chanoine de la Métropole de cette ville, en 1834 ; mort, le 17 juin 1835, à l'âge de 44 ans, laissant un nom honoré pour sa science et ses vertus.

MOINIER Joseph-Sulpice, né à Aubenas (Ardèche), le 13 ou 30 juillet 1745 ; ordonné prêtre, en 1770 ; secrétaire de Mgr des Moustiers de Mérinville et chanoine de Dijon, en 1792. Après l'installation de Mgr des Moustiers de Mérinville à Chambéry, il fut rappelé comme secrétaire et chancelier de l'évêché ; nommé chanoine de la cathédrale de Chambéry, le 4 avril 1806, et mourut, le 31 mars 1828.

MOIROUD Anthelme, né à Saint-Paul sur Yenne, le 30 novembre 1857 ; ordonné prêtre, le 3 juin 1882 ; nommé professeur à l'Externat de Saint-François de Chambéry, la même année.

MOLLARET Joseph, né à Arvillard, le 20 février 1749 ; ordonné prêtre, en 1779 ; résidant à Arvillard, en 1803 ; mort, le 14 avril 1817.

MOLLARD Claude, né à Chignin, le 23 janvier 1838 ; ordonné prêtre, le 10 juin 1865 ; nommé vicaire à Grésy-sur-Isère, le 8 juillet 1865 ; curé de Saint-François de Sales en Bauges, le 4 mai 1871 ; curé des Déserts, le 1er octobre 1874 ; curé et archiprêtre du Montcel, le 1er octobre 1885.

MOLLARD Claude, né à Chignin, le 22 mai 1860 ; ordonné prêtre, le 4 juin 1887 ; nommé vicaire à Arvillard, le 9 décembre de la même année.

MOLLARD Georges-Marie, né à Ontex, en 1849 ;

entré dans la congrégation des Missions étrangères; parti pour la mission du Tong-Kin occidental, le 1er juillet 1874; rappelé comme directeur du séminaire de Paris, en 1885.

MOLLARD Joseph, né au Bourget-du-Lac, le 26 avril 1752; ordonné prêtre, en 1780; nommé curé de Thusy, le 30 août 1803; curé d'Allèves, le 20 septembre 1808; curé de Saint-Baldoph, le 15 mars 1809; curé de Poisy, le 20 août 1814; mort, en cette paroisse, en 1826.

MOLLINARD Dominique, né à Saint-Jean de Maurienne, le 20 mai 1768; ordonné prêtre, le 22 septembre 1792; nommé vicaire à Jarrier, le 15 octobre 1792; émigré, le 2 mars 1793; de retour à Jarrier, le 31 août 1793; émigré de nouveau, le 2 octobre 1793; vicaire à Bussolino, diocèse de Suse (Piémont), le 10 octobre de la même année; aumônier des 2e et 10e bataillons de grenadiers, le 3 mai 1794; chapelain-vicaire à Rivera, diocèse de Suse, en 1796; missionnaire à Chamoux, en 1801; curé d'Étable, le 10 août 1803; archiprêtre, le 14 avril 1818; chanoine honoraire de la Métropole de Chambéry, le 27 janvier 1848; retiré à Saint-Jean de Maurienne, le 1er avril 1848; mort, le 22 juin 1853, à l'âge de 85 ans 1 mois 2 jours.

MOLLINGAL Pierre-Anthelme, né à la Trinité, le 21 juin 1756; ordonné prêtre, en 1780; nommé curé de Bourgneuf, le 10 août 1803; mort, le 2 mars 1821.

MOLLION Claude, né à la Bauche, le 24 novembre 1806; ordonné prêtre, le 2 mars 1833; nommé vicaire à Cusy, le 9 mars 1833; curé de Montailleur, le 9 février 1839; mort, le 4 juillet 1863, à l'âge de 56 ans 6 mois 10 jours.

MOLLOT Laurent-Joseph, né à Saint-Pierre d'Albigny, le 10 août 1772; religieux feuillant, en 1792; ordonné prêtre, en 1797 ; mort à Saint-Pierre d'Albigny, le 26 août 1858, à l'âge de 85 ans 10 mois 16 jours.

MONACHON Alexis-Henri, né à Saint-Jeoire, le 19 juillet 1841 ; ordonné prêtre, le 10 juin 1865 ; nommé vicaire à Massingy, le 7 juillet 1865 ; vicaire à Maché, le 1er avril 1866 ; curé de la Chavanne, le 4 juillet 1871 ; aumônier militaire, le 10 décembre 1874 ; curé de Cruet, le 1er juillet 1877.

MONACHON Henri, né à Saint-Jeoire, le 8 juillet 1827 ; ordonné prêtre, le 19 février 1853 ; nommé vicaire à Saint-Jean de la Porte, le 1er mars 1853 ; professeur au petit séminaire du Pont-de-Beauvoisin, le 3 novembre 1853 ; autorisé à remplir la fonction de précepteur chez M. de Leusse, à Lyon, le 1er novembre 1856 ; nommé professeur de rhétorique et directeur du petit séminaire du Pont-de-Beauvoisin, le 15 octobre 1858 ; nommé vicaire à Saint-François de Sales de Chambéry, le 22 février 1861 ; aumônier des Orphelines de la même ville, le 1er janvier 1868 ; aumônier militaire, en 1870 ; chanoine honoraire de Tarentaise et de Nancy.

MONACHON Louis, frère des deux précédents, né à Saint-Jeoire, en 1825 ; entré et ordonné prêtre chez les Maristes ; a rempli les fonctions de professeur de théologie et de missionnaire dans cette congrégation ; actuellement de résidence dans la Maison-mère, à Belley.

MONET Claude-Antoine, né à la Rochette, le 10 août 1731 ; ordonné prêtre, en 1758 ; nommé curé de Saint-Cassien, le 31 mars 1804 ; mort, le 30 janvier 1817.

MONET Hyacinthe-Marie, né à Chambéry, le 18 juin 1789 ; ordonné prêtre, le 19 juin 1814 ; nommé vicaire à Vacheresse (Haute-Savoie), le 1er août 1814 ; vicaire aux Échelles, en 1815 ; curé de Saint-Martin du Villard, le 1er novembre 1816 ; curé de Loisieux, le 12 février

1821 ; retraité à Chambéry, le 5 novembre 1858 ; décédé, le 31 avril 1878.

MONET Pierre, né à Pugny, vers 1825 ; entré chez les Capucins sous le nom de Père Philippe ; ordonné sous-diacre, le 15 mars 1851 ; prêtre, le 28 septembre de la même année.

MONGELLAZ Charles, né à Puygros, le 2 janvier 1758 ; ordonné prêtre, en 1784 ; nommé curé du Mont-du-Chat, le 6 juillet 1806 ; curé de Verel-Pragondran, le 1er septembre 1816 ; mort, le 19 janvier 1821.

MONGELLAZ Pierre, né à Thoiry, le 21 mai 1741 ; ordonné prêtre, en 1765 ; résidant à Thoiry, après la Révolution ; mort, en juin 1817.

MONNET Jacques, né à Saint-Germain, le 23 janvier 1844 ; ordonné prêtre, le 13 mars 1869 ; autorisé à remplir la fonction de précepteur chez M. le comte de Musy, à Conches-les-Mines (Saône-et-Loire), le 15 mars 1869 ; nommé secrétaire de Mgr Turinaz, évêque de Tarentaise, en 1873.

MONTMAYEUR Jean-Antoine, né à Longefoy, le 20 mars 1788 ; ordonné prêtre, le 28 juillet 1816 ; nommé de vicaire au Pesey curé de la Gurraz, le 1er février 1819 ; curé de Corbel, le 15 mai 1821 ; curé d'Ontex, le 15 juin 1822.

MONTRÉAL André-Marie, neveu de Mgr Paget, évêque de Genève, né à Amancy, le 24 septembre 1764 ; ordonné prêtre, en 1793 ; nommé vicaire général de son oncle pendant la Révolution ; curé de Collonge-sous-Salève, le 30 octobre 1804 ; chanoine honoraire de la cathédrale de Chambéry, quelque temps après ; retraité et mort chez ses parents, à la Roche-sur-Foron.

MORAND Anselme, né à Arith, le 28 avril 1812 ; ordonné prêtre, le 10 juin 1843 ; nommé vicaire à la Table, le 8 juillet 1843 ; vicaire à Grésy-sur-Aix, le 29 août 1844 ; vicaire à Maché, le 3 juillet 1848 ; vicaire à Rumilly, le 25 novembre 1850 ; curé d'Épersy, le 20 avril 1858 ; curé d'Héry-sur-Alby, le 3 août 1865 ; retraité, à Arith, le 30 juin 1890 ; mort, le 7 novembre 1892, à l'âge de 80 ans.

MORAND Claude, arrière-grand-oncle de l'auteur de ce volume, né à Arith, le 13 février 1763 ; élève ecclésiastique au grand séminaire d'Annecy, en 1792 ; émigra, avec un passeport de la municipalité de Bellecombe, le 17 février 1793 ; fut ordonné prêtre, à Verceil (Piémont), par Mgr Charles Filippa de Martiniana, le 3 février 1799 ; rentra aussitôt en Savoie et exerça, en qualité de missionnaire, les fonctions du saint ministère à Mognard et dans les environs. Après le concordat de 1801, il fut nommé successivement de vicaire à Thairy (Genevois) curé de cette paroisse, le 29 juillet 1809 ; curé de Feigères, le 15 juin 1814, où il mourut, en 1825.

MORAND François, né à Chambéry vers 1788 ; ordonné prêtre, le 1er août 1812 ; nommé chanoine honoraire de la cathédrale de Chambéry ; mort, le 15 juillet 1815.

MORAND Laurent, né à Lescheraine, le 10 décembre 1830 ; ordonné prêtre, le 23 décembre 1855 ; nommé vicaire aux Déserts, le 31 décembre 1855 ; professeur de grammaire au petit séminaire du Pont-de-Beauvoisin, le 15 octobre 1856 ; professeur de rhétorique dans le même établissement, le 5 janvier 1858 ; vicaire à Rumilly, le 25 septembre 1860 ; curé de Sainte-Reine, le 14 octobre 1865 ; curé d'École, le 19 décembre 1867 ; curé et archiprêtre de Maché, le 1er mai 1877 ; membre correspondant de l'Académie des sciences, belles-lettres et arts de Savoie, le 31 mars 1881 ; membre effectif résidant de la même Société, le 13 juillet 1882 ; chevalier de l'Ordre des Saints Maurice et Lazare *motu proprio* de S. M. le roi d'Italie, Humbert Ier, le 1er janvier 1892.

MORAND Noël, né à Rumilly, le 4 avril 1805 ; ordonné prêtre, le 22 décembre 1832 ; nommé vicaire de Saint-François de Sales de Chambéry, le 24 décembre 1832 ; aumônier de la Visitation, le 10 mai 1835 ; curé de Tresserve, le 8 mars 1845 ; précepteur, à Paris, le 1er octobre 1845 ; prêtre habitué à la paroisse des Missions étrangères, le 22 avril 1851 ; précepteur chez M. le comte de Villeneuve, à Paris, le 15 août 1852 ; trésorier de l'administration du séminaire de Chambéry, le 15 septembre 1853 ; chanoine honoraire, le 30 septembre 1854 ; aumônier de l'Hôpital militaire, le 25 septembre 1860 ; retraité, le 1er juin 1875 ; mort, à Chambéry, le 6 mai 1878.

MORAND DE SAINT-SULPICE Noël-Alexandre-Antonin-Thérèse-Lucie, né à Saxonnex, canton de Genève, le 3 septembre 1817 ; élève du séminaire de Saint-Sulpice, à Paris, le 1er octobre 1845 ; ordonné prêtre par Mgr Affre, le 29 mai 1847 ; nommé secrétaire de l'archevêque de Chambéry, le 20 août 1847 ; chancelier et chanoine honoraire, le 25 septembre 1853 ; retiré chez lui, le 10 septembre 1856 ; chanoine titulaire, le 16 décembre 1859 ; mort, le 6 mars 1876, à 8 heures du soir.

MORAT Claude, né à la Motte-Servolex, le 7 février 1861 ; ordonné prêtre, le 17 décembre 1887 ; autorisé à remplir les fonctions de professeur dans les collèges des Jésuites, successivement à Lyon et à Marseille, dès la même année.

MORAT Jean, né à la Motte-Servolex, le 10 octobre 1819 ; ordonné prêtre, le 23 décembre 1843 ; nommé vicaire au Bourget-du-Lac, le 15 janvier 1844 ; vicaire à Saint-Alban, le 20 janvier 1853 ; curé de Saint-Jean de

Couz, le 15 décembre 1857 ; curé de Saint-Sulpice, le 1ᵉʳ juillet 1860 ; mort, le 1ᵉʳ avril 1892.

MOREL Octave, né à Cruet, le 26 février 1833 ; ordonné prêtre, le 2 juin 1860 ; nommé vicaire à Grésy-sur-Aix, le 15 juillet 1860 ; vicaire à Saint-Baldoph, le 17 juin 1863 ; retiré chez lui pour cause de maladie, en 1864 ; nommé vicaire à Cruet, le 10 octobre 1865 ; retiré de nouveau malade, le 7 décembre 1867 ; nommé curé de Nances, le 10 novembre 1868 ; retiré encore malade, en septembre 1869 ; nommé curé de Saint-Jean de Couz, le 4 avril 1875 ; curé de Bassens, le 1ᵉʳ août 1879 ; aumônier de l'Orphelinat de filles, aux Marches, en 1888 ; retraité, en 1891.

MOSSIRE Lucien, né à Saint-Félix, le 18 janvier 1857 ; ordonné prêtre, le 18 juillet 1881 ; nommé vicaire à Cusy, le 17 octobre de la même année ; vicaire à Sainte-Hélène du Lac, en 1885 ; vicaire à Saint Alban, le 14 novembre 1890 ; curé de Saint-Jean Puygauthier, en avril 1892.

MOUCHET Jean, né à la Motte-Servolex, le 25 mars 1872 ; autorisé à entrer dans la congrégation des Augustins de l'Assomption, par lettres testimoniales du 22 juillet 1891.

MOUCHET Joseph-Louis-Marie, né à Arith, le 5 avril 1865 ; ordonné prêtre, le 20 juillet 1890 ; nommé professeur au petit séminaire de Saint-Pierre d'Abigny, la même année.

MOUXY DE LOCHE (Georges-Gabriel de), né le 18 juillet 1759 ; nommé chanoine de la cathédrale de Chambéry, en 1803 ; mort, le 12 janvier 1829.

MUGNIER François, né à Bellecombe, le 21 novembre 1758 ; ordonné prêtre, en 1785 ; vicaire à Contamines, dès 1786 jusqu'en 1793 ; émigra à la Révolution, puis rentra comme missionnaire dans sa paroisse natale. Après le rétablissement du culte, il fut nommé curé de cette même paroisse, le 7 fructidor an x; nommé curé de Saint-Thibaud de Couz, le 14 mars 1805. Retiré à Chambéry, vers 1824, il mourut en cette ville, le 10 septembre 1827.

MUGNIER François-Alphonse, né à Bellecombe, le 27 septembre 1833; ordonné prêtre, le 6 juin 1857; nommé vicaire à Saint-Jean d'Arvey, le 24 juillet 1857; vicaire à Bloye, le 9 juin 1858; vicaire à la Biolle, le 1er juillet 1858; vicaire à Saint-Germain, le 29 novembre 1859; vicaire à Grésy-sur-Isère, le 20 septembre 1860; vicaire à Avressieux, le 22 octobre 1863; vicaire à Vimines, le 10 octobre 1864; curé du Vivier, le 2 juillet 1868; retiré pour cause de maladie, à Chambéry, le 1er avril 1891; mort en cette ville, le 1er octobre de la même année.

MUGNIER Jean-François, né à Bellecombe, le 11 juin 1811; ordonné prêtre, le 14 mars 1835; excorporé.

MUGNIER Joseph-Marie, né à Bellecombe, en 1859; ordonné prêtre, le 19 mai 1883; nommé professeur au petit séminaire de Saint-Pierre d'Albigny, la même année.

MUGNIER Pierre-François, né à Évires en Bornes, le 6 septembre 1739; ordonné prêtre, en 1769; était curé d'Aillon, en 1792. A la Révolution, il refusa de prêter le serment exigé des ecclésiastiques et émigra en Piémont. Rentré à Aillon, en 1796, il fut arrêté, en 1797, et délivré par ses paroissiens au col du Frêne. Peu de temps après, il se constitua lui-même prisonnier, pour ne pas prolonger les rigueurs dont les révolutionnaires frappaient sa paroisse. Relâché ensuite sur les instances d'un notable d'Aillon, il se retira en Suisse. Après le rétablissement du culte, il fut réintégré curé d'Aillon-le-

Vieux, le 10 août 1803 ; nommé curé de la Compôte, le 1ᵉʳ mai 1812. Il mourut, en cette paroisse, le 23 mai 1822.

N

NEYRET Charles-François, né à la Chapelle-Blanche, le 17 juin 1851 ; ordonné prêtre à Rome, le 22 décembre 1877 ; nommé vicaire à Moye, le 1ᵉʳ avril 1878 ; parti pour entrer chez les Pères Somasques, à Milan, le 5 septembre 1880 ; nommé vicaire à Saint-Alban, en mars 1884 ; curé de Plancherine, le 7 juin 1887.

NICOLE DE LA PLACE Alexandre, né à Montmélian, le 23 novembre 1746 ; ordonné prêtre, en 1771 ; chanoine trésorier du Chapitre nouvellement créé par Mgr Conseil, de 1780 à 1792 ; nommé chanoine honoraire de la cathédrale par Mgr des Moustiers de Mérinville, en 1803 ; aumônier de la Sainte-Chapelle, en 1816 ; mort, le 22 mai 1838.

NICOLLET Alphonse-Jean-Baptiste, né à Thonon, le 14 novembre 1832 ; ordonné prêtre à Chambéry, le 8 mars 1856 ; nommé vicaire au Pont-de-Beauvoisin, le 5 avril 1856 ; précepteur de Son Altesse Royale le prince Thomas, fils du duc de Gênes, le 1ᵉʳ mars 1858 ; retiré à Chambéry, le 15 juin 1867 ; mort, le 14 octobre 1868, à l'âge de 35 ans 11 mois.

NICOUD Claude-Donat, né à Aillon-le-Vieux, le 15 avril 1779 ; ordonné prêtre, en 1806 ; nommé de vicaire à Thônes et de curé de Doucy (Tarentaise), curé de Valmeinier (Maurienne), le 2 novembre 1812 ; puis, curé de Baune, dans la même province, où il est mort, vers 1854.

NICOUD Joseph, né à Aillon-le-Vieux, le 19 novembre 1811 ; ordonné prêtre, le 17 décembre 1836 ; nommé vicaire à Entremont-le-Vieux, le 20 décembre 1836 ; vicaire à Grésy-sur-Aix, le 18 novembre 1837 ; vicaire à Vimines, le 16 février 1840 ; curé de Saint-Cassien, le 25 octobre 1844 ; mort, le 14 décembre 1877, à l'âge de 58 ans 25 jours.

NICOUD Joseph-François, né à Aillon-le-Vieux, le 27 mai 1832 ; ordonné prêtre, le 28 mars 1857 ; nommé vicaire à Thoiry, le 14 avril 1857 ; professeur au petit séminaire de Saint-Pierre d'Albigny, le 15 octobre 1857 ; mort de la petite vérole, le 4 juin 1858, à l'âge de 26 ans 7 jours.

NOËL Jean-Claude, né à Chambéry, en 1753 ; ordonné prêtre, en 1777 ; nommé curé de Bassens, en 1803 ; mort, le 15 décembre 1815.

NOITON Albert-Eugène, né à Rumilly, le 22 août 1760 ; ordonné prêtre, en 1785 ; aumônier de Mgr Paget, évêque de Genève, en 1792 ; émigra avec lui en Piémont, où il ne cessa de le servir avec une piété filiale ; nommé curé de Boëge, le 20 août 1803 ; curé d'Arthaz, le 1er novembre 1822 ; enfin curé de Sales sur Rumilly, où il mourut, en 1828.

NOITON Jean-Pierre, frère du précédent, né à Rumilly, le 24 mars 1759 ; ordonné prêtre, en 1783 ; vicaire à Bons, en 1792 ; refusa de prêter serment à la Révolution, et se retira, en 1793, dans la Val d'Aoste, où il fut vicaire dans plusieurs paroisses jusqu'en 1801. Après le rétablissement du culte en France, il fut nommé curé de Menthonnex, le 20 août 1803 ; curé de Fessy, en 1809 ; sa mort eut lieu, le 27 janvier 1819.

NOITON Marie-Victor, né à Rumilly, le 25 mars 1810 ; ordonné prêtre, le 21 décembre 1833 ; nommé vicaire à la Motte-Servolex, le 25 décembre 1833 ; vicaire à Arvillard, le 8 novembre 1834 ; curé de Puygros, le 11 janvier 1842 ; retiré malade, le 4 mars 1850 ; curé de Saint-Jean Puygauthier, le 5 septembre 1850 ; mort, le 23 novembre 1860, à l'âge de 50 ans 7 mois 28 jours.

NOITON Valentin, né à Rumilly, le 6 septembre 1805 ; ordonné prêtre, le 19 septembre 1829 ; vicaire à la Motte-Servolex, le 4 novembre 1830 ; curé de Saint-Sulpice, le 1er janvier 1834 ; mort, le 11 juin 1860, à l'âge de 54 ans 9 mois 5 jours.

O

OLIVE Jean-François, né le 7 octobre 1747 ; ordonné prêtre, en 1773 ; curé de Marlens, en 1792 ; refusa de prêter le serment à la Révolution, et émigra en Piémont ; fut nommé curé de Vallières, le 10 août 1803 ; retraité ensuite à Rumilly ; mourut, le 26 mai 1834.

OLLIER Jean-Vincent, né à Valloire, le 25 mars 1801 ; ordonné prêtre, le 28 mai 1825 ; nommé vicaire à la Motte-Servolex, le 17 août 1825 ; curé d'Albens, le 17 mars 1830 ; archiprêtre et curé d'Aix-les-Bains, le 13 octobre 1835 ; curé de Billième, le 1er juillet 1837 ; curé d'Oncin, le 20 septembre 1852 ; curé de Saint-Alban de Monthel, le 30 juin 1862 ; mort, le 14 juillet 1864, à l'âge de 63 ans 3 mois 19 jours.

ORENGIANI D'ALEXANDRY Christophe, né à Villard-d'Héry, le 8 novembre 1732 ; ordonné prêtre, en 1758 ; prêta le premier serment à la Révolution ; refusa de souscrire à la formule d'Albitte ; fut saisi et retenu neuf mois en prison ; se rétracta de sa première faiblesse, le 5 juillet 1797. Après le rétablissement du culte, il fut nommé curé de Cognin, le 10 août 1803, et mourut, le 12 janvier 1812.

OUVRIER Pierre-Marie, né à Chambéry, le 12 novembre 1799 ; ordonné prêtre, le 1ᵉʳ juin 1822 ; nommé vicaire de Saint-Pierre d'Albigny ; curé de Jarsy, le 12 novembre 1827 ; mort, le 3 juillet 1832.

P

PACHE Louis, né à Saint-Alban, le 13 juillet 1849 ; ordonné, prêtre le 18 juillet 1875 ; nommé vicaire à Saint-Pierre de Curtille, le 1ᵉʳ août 1875 ; vicaire à Massingy, le 24 février 1878 ; curé de Saint-Franc, le 5 avril 1886 ; curé de la Bauche, en novembre 1892.

PACHON Jean, né à Paris, le 17 février 1743 ; ordonné prêtre, en septembre 1766 ; nommé curé de Tournon, le 30 avril 1814 ; mort, le 17 décembre 1821.

PAGET Donat, né à Sonnaz, le 7 août 1811 ; ordonné prêtre le 18 décembre 1841 ; nommé vicaire à Entremont-le-Vieux, le 27 décembre 1841 ; curé de Corbel, le 8 décembre 1845 ; curé de la Thuile, le 20 juillet 1851 ; mort à l'hospice de Chambéry, où il était depuis un mois, en février 1875.

PAGET Jean, frère du précédent, né à Sonnaz, le 13 octobre 1816 ; ordonné prêtre, le 21 mai 1842 ; nommé vicaire à Champagneux, le 17 juin 1842 ; missionnaire mariste, le 1ᵉʳ novembre 1842 ; parti pour la Nouvelle-Guinée, le 2 février 1845 ; arrivé à Sidney, le 1ᵉʳ septembre 1845 ; à l'île de Saint-Christoval, en mars 1846. Le 20 avril 1847, le Père Paget, et le Père Jacquet, du Faucigny, étant allés fonder un établissement sur la côte Est de Saint-Christoval, furent d'abord reçus avec des démonstrations de joie apparente, et bientôt après environnés, massacrés, dévorés par les anthropophages. Le Père Paget tomba percé d'un coup de lance dans la poitrine, et mourut à l'âge de 30 ans 6 mois 7 jours.

PAGET Jean, né à Sonnaz, le 27 juin 1847 ; ordonné prêtre, le 20 septembre 1873 ; nommé professeur au petit séminaire du Pont-de-Beauvoisin, le 6 octobre 1873 ; curé de Presle, le 15 novembre 1879 ; archiprêtre et curé de Saint-Genix, le 1er septembre 1882.

PAGET Jean-Claude, né à Sonnaz, le 6 juin 1843 ; ordonné prêtre le 6 juin 1868 ; nommé professeur au collège de Rumilly, le 1er octobre 1868 ; curé de Vions, le 15 octobre 1873 ; curé de Mognard, en 1881 ; curé de Saint-Girod, le 8 septembre 1892.

PAJEAN François, né à Saint-Pierre d'Albigny, le 29 décembre 1823 ; ordonné prêtre, le 2 juin 1849 ; nommé vicaire à Entremont-le-Vieux, le 1er septembre 1849 ; vicaire au Châtelard, le 1er avril 1852 ; vicaire à Thoiry, le 18 septembre 1854 ; vicaire à la Motte-Servolex, le 12 octobre 1855 ; curé de Villard-d'Héry, le 8 septembre 1860 ; archiprêtre et curé de Coise, le 1er avril 1881.

PAJEAN Jean-Baptiste, né à Saint-Pierre d'Albigny, le 11 juin 1802 ; ordonné prêtre, le 17 avril 1827 ; nommé professeur de troisième et quatrième à Saint-Pierre d'Albigny, le 1er novembre 1826 ; professeur de rhétorique et d'humanités au même établissement, le 15 octobre 1830 ; curé de la Motte en Bauges, en octobre 1834 ; curé de Myans, le 24 juin 1838 ; archiprêtre et curé de Montmélian, le 26 janvier 1839 ; chanoine honoraire, le 15 novembre 1862 ; décédé, le 5 janvier 1868, à l'âge de 65 ans 6 mois 24 jours.

PAJEAN Jean-Louis, né à Saint-Pierre-d'Albigny, le 30 janvier 1822 ; ordonné prêtre à Paris, au séminaire des Missions étrangères, le 6 juin 1846 ; missionnaire à Pondichéry et à Coïmbatour, dans l'Inde, pendant 18 ans ; nommé curé de la Chavanne, le 9 janvier 1866 ; curé de Trivier, le 4 juillet 1871 ; mort, le 23 juillet 1884.

PAJEAN Joseph, né à Saint-Pierre d'Albigny, le 8 janvier 1811 ; ordonné prêtre, le 21 septembre 1839 ; nommé vicaire à Moye, le 5 octobre 1839 ; vicaire à Massingy, le 19 octobre 1840 ; vicaire à Grésy-sur-Aix, le 3 juillet 1841 ; vicaire à la Table, le 14 septembre 1844 ; curé de Saint-Ours, le 20 juin 1848 ; mort, le 19 octobre 1852, à l'âge de 41 ans 9 mois 11 jours.

PAJEAN Pierre-Louis, né à Saint-Pierre d'Albigny, le 3 janvier 1850 ; ordonné prêtre le 29 mars 1873 ; nommé vicaire à Albens, le 1er mai 1873 ; curé de Montagnole, le 18 juillet 1884.

PALLUCET Claude, né à Chambéry, le 7 février 1764 ; ordonné prêtre, en 1789 ; nommé curé des Molettes, le 15 mars 1807 ; mort, le 2 mars 1809.

PALLUEL Nicolas, né à Cléry, le 5 janvier 1816 ; ordonné prêtre, le 18 décembre 1841 ; nommé professeur au petit séminaire du Pont-de-Beauvoisin, le 1er novembre 1841 ; vicaire à Grésy-sur-Isère, le 17 novembre 1845 ; vicaire à Albens, le 27 août 1847 ; vicaire à Domessin, le 26 juin 1850 ; curé d'Entremont-le-Jeune, le 16 septembre 1853 ; curé d'Avressieux, le 20 septembre 1864 ; mort d'apoplexie, le 31 janvier 1867, à l'âge de 51 ans 25 jours.

PANISSET Thérèse-François, né à Chambéry, le 2 juin 1729 ; curé de Saint-Pierre d'Albigny, en 1792 ; élu évêque schismatique par les électeurs du Mont-Blanc, le 17 février 1793 ; sacré, à Lyon, par l'archevêque constitutionnel Adrien Lamourette, assisté du citoyen Henri Raymond, évêque intrus de l'Isère, et du citoyen Louis Charrier de la Roche, évêque constitutionnel démissionnaire de la Loire-Inférieure, le 6 avril 1793 ; se rétracta, à Lausanne, en janvier 1796 ; fut nommé curé de Tresserve, en 1803 ; mourut le 22 février 1809.

PAQUET Claude, né à Chambéry, le 24 janvier 1805 ; ordonné prêtre, le 8 juin 1830 ; nommé vicaire au Bourget-du-Lac ; mort le 13 septembre 1833.

PAQUET Dominique, né à Chambéry, le 1er septembre 1812 ; ordonné prêtre, le 10 mars 1838 ; nommé vicaire à Maché, le 10 avril 1838 ; curé de Villard-d'Héry, le 25 juillet 1843 ; retiré chez lui pour cause de maladie, le 1er février 1847 ; nommé curé de Myans, le 20 décembre 1847 ; retraité à Chambéry, le 24 avril 1860 ; mort, en cette ville, le 18 septembre 1861, à l'âge de 49 ans 17 jours.

PAQUET Joseph, vicaire à Bellecombe, en 1806.

PARAVY Michel, né à Saint-Cassien, le 10 avril 1860 ; ordonné prêtre, le 30 mai 1885 ; nommé professeur au collège de Rumilly, la même année.

PARCHET Joseph-Marie, né à Sallanches, le 3 mars 1798 ; ordonné prêtre, le 11 avril 1821 ; nommé vicaire à Megève, le 20 avril 1821 ; professeur de rhétorique et d'humanités au petit séminaire de Saint-Pierre d'Albigny, le 1er novembre 1821 ; vicaire à Notre-Dame de Chambéry, le 15 novembre 1825 ; curé de Grésy-sur-Aix, le 26 mars 1826 ; supérieur du collège de Rumilly et professeur de philosophie au même établissement, le 1er novembre 1828 ; chanoine honoraire de la Métropole de Chambéry, le 10 mars 1846 ; chanoine titulaire, le 21 mai 1847 ; administrateur des bourses ecclésiastiques, le même jour ; malade et retiré chez lui, le 6 août 1847 ;

vice-promoteur de l'officialité diocésaine, le 24 novembre 1847 ; professeur de philosophie au collège national de Chambéry, le 1ᵉʳ novembre 1848 ; vice-promoteur métropolitain, le 15 septembre 1849 ; professeur retraité, le 27 janvier 1856; promoteur métropolitain, le 6 juin 1858 ; official métropolitain, le 15 novembre 1862 ; archidiacre le 12 novembre 1862 ; mort, à Grenoble, le 27 janvier 1878.

PARIS Jean, né à Sevrier, le 10 mars 1789 ; ordonné prêtre, le 21 mars 1813 ; nommé directeur du collège de Rumilly.

PARIS Jean-Philibert, né à Annecy, le 9 juin 1765 ; ordonné prêtre, en 1789 ; nommé vicaire à Frangy, avant la Révolution ; vicaire à Bellecombe en Bauges, en 1804 ; curé de Vulbens, le 28 janvier 1806 ; curé de Menthonnex, le 15 août 1817 ; mort, en 1846.

PARIS Joseph, né à Annecy, le 21 juillet 1749 ; ordonné prêtre, en 1772 ; nommé curé de Frangy, avant la Révolution ; précepteur, durant son émigration, dans plusieurs familles de Piémont ; réintégré curé de Frangy, le 20 août 1803 ; mort, en 1831.

PARIS Joseph, né à Rumilly, le 11 mai 1767 ; ordonné prêtre, en 1792 ; vicaire pendant quelques mois à Magland, avant la Révolution ; nommé curé de Jacob-Bellecombette, le 16 novembre 1807 ; curé de Verel-Pragondran, le 2 janvier 1810 ; de nouveau curé de Jacob-Bellecombette, le 1ᵉʳ mars 1816 ; mort, en 1842.

PASQUIER Joseph-Marie, né au Reposoir, le 12 mai 1789 ; ordonné prêtre, le 6 mars 1814 ; nommé de vicaire à Manigod curé des Déserts, le 8 mai 1817 ; curé de Jarsy, le 1ᵉʳ janvier 1818 ; curé de Plancherine, le 12 novembre 1827 ; puis curé de Verrens ; mort, le 20 juin 1843.

PASSIEUX Joseph, né à Saint-Pierre d'Albigny, le 21 décembre 1824 ; ordonné prêtre, le 5 juin 1852 ; nommé vicaire à Cruet, le 11 juin 1852 ; vicaire à Saint-Germain, le 13 octobre 1856 ; vicaire à la Biolle, le 29 novembre 1859 ; curé de Saint-Jean Puygauthier, le 24 décembre 1860 ; mort, le 28 décembre 1891.

PAVY François-Lucien, né à Saint-Girod, le 29 octobre 1829 ; ordonné prêtre, le 17 décembre 1853 ; nommé vicaire à Arvillard, le 10 janvier 1854 ; vicaire à Aix-les-Bains, le 8 mars 1855 ; vicaire de Saint-François de Sales de Chambéry, le 25 juin 1859 ; curé de Mognard, le 8 juin 1865 ; archiprêtre et curé d'Albens, le 1er juin 1867 ; archiprêtre et curé d'Aix-les-Bains, le 22 août 1871 ; chanoine honoraire, à la clôture du Jubilé, le premier dimanche d'Avent 1875 ; mort, le 6 janvier 1889.

PELLET Joseph-François, né aux Échelles, le 11 juillet 1810 ; ordonné prêtre, le 19 juillet 1835 ; régent aux Échelles, le 20 janvier 1834 ; vicaire à Jarsy, le 5 novembre 1838 ; vicaire à Tresserve, le 8 mars 1839 ; curé de Saint-Pierre d'Alvey, le 27 août 1842 ; curé de Saint-Offenge-Dessus, le 20 décembre 1850 ; curé de Verel-de-Montbel, le 3 janvier 1858 ; mort à Lyon, le 16 juillet 1869, à l'âge de 59 ans 5 jours.

PELLET Louis, né à la Motte-Servolex, le 29 mars 1864 ; ordonné prêtre, le 20 juillet 1890 ; nommé vicaire au Montcel, le 28 août 1890 ; vicaire à Avressieux, en novembre 1892.

PELLISSIER Didier-Joseph, né à Saint-Genix, le 22 mai 1793 ; ordonné prêtre, le 22 mars 1817 ; nommé vicaire à Saint-François de Sales de Chambéry, le 10 avril 1817 ; vicaire à Saint-Maurice d'Annecy, le 8 octobre 1818 ; curé de Saint-Jean de la Porte, le 15 août 1821 ; mort, le 26 novembre 1847, à l'âge de 54 ans 6 mois

4 jours. C'était l'un des curés les plus estimables du diocèse.

PELLISSIER Guillaume, né au Pont-de-Beauvoisin ; ancien Frère convers de la Chartreuse d'Aillon ; profès, en 1772 ; résidant à Oncin-Attignat, en 1803.

PELLISSIER Joseph, curé d'Aillon-le-Vieux, du 17 juin 1829 au 12 juillet 1830.

PELLISSIER Joseph, né à Saint-Beron, le 30 septembre 1824 ; ordonné prêtre, le 5 juin 1852 ; nommé vicaire à Bellecombe, le 11 juin 1852 ; vicaire à Albens, le 20 avril 1856 ; curé d'Étable, le 22 janvier 1863 ; archiprêtre, le 1er juillet 1878 ; mort, le 16 novembre 1880.

PENNET Claude, né à Albens, le 24 novembre 1857 ; ordonné prêtre, le 19 mai 1883 ; nommé vicaire à Yenne, le 15 mars 1884 ; entré chez les Chartreux, le 31 août 1885.

PEREY Jean-François, né à Thonon, en Chablais, le 14 juillet 1787 ; ordonné prêtre, le 22 décembre 1810 ; nommé vicaire au Pont-de-Beauvoisin, le 27 décembre 1810 ; curé de Dulin, le 1er mars 1815 ; curé de Saint-Offenge-Dessous, le 20 octobre 1822 ; de nouveau curé de Dulin, le 1er mai 1823 ; vice-archiprêtre, le 12 février 1841 ; mort, le 7 août 1864, à l'âge de 77 ans 23 jours.

PERNET Jean-Baptiste, né à Saint-Pierre d'Albigny, en 1859 ; entré dans la congrégation des Missions étrangères ; parti pour la mission du Kouang-Si, le 8 novembre 1882 ; appelé à souffrir la persécution, dès la première année de son apostolat, de la part des païens qui l'arrêtent, le maltraitent, le frappent et l'emprisonnent ; obligé de se retirer dans la maison de retraite des Missions étrangères à Hong-Kong, pendant la guerre franco-chinoise ; rentré ensuite dans sa mission du Kouang-Si ; mort, une année après, des suites de ses précédentes souffrances, le 9 mai 1887, à San-Li.

PERNET Jean-Pierre, né au Grand-Bornand, le 12 juin 1756 ; ordonné prêtre, en 1782 ; vicaire en sa paroisse natale, avant la Révolution ; émigra et revint comme missionnaire à Nancy sur Cluses ; fut nommé curé de Cusy, le 1er décembre 1807 ; curé de Saint-Baldoph, le 1er février 1814 ; curé de Musiège, le 15 novembre 1816 ; curé de Barby, le 1er février 1818 ; décéda, le 17 mars 1838.

PERREAU Louis, né à Chambéry, le 12 août 1841 ; docteur en droit civil ; ordonné prêtre, à Rome, le 18 avril 1869 ; mort, le 14 janvier 1870, à l'âge de 28 ans 4 mois 22 jours.

PERREAU Louis, né à Chambéry ; autorisé à recevoir les ordres sacrés au séminaire des Missions étrangères, par lettres du 11 août 1892.

PERREAU Paul, né à Chambéry ; autorisé à recevoir les ordres sacrés au séminaire des Missions étrangères, par lettres du 11 août 1892.

PERRET Anthelme-Joseph, né à Marcieux, le 3 septembre 1754 ; ordonné prêtre, en 1778 ; nommé curé de Loisieux, le 11 octobre 1805 ; mort, le 10 février 1821.

PERRET Antoine, né à Chambéry, vers 1736 ; précédemment chanoine titulaire de l'ancien diocèse de Chambéry ; prêta serment à la Révolution ; remplit pendant quelque temps les fonctions ecclésiastiques à Saint-Léger de Chambéry, avec le prêtre schismatique François-Louis Claus ; se rétracta, le 24 octobre 1796 ; fut nommé de nouveau chanoine titulaire par Mgr des Moustiers de Mérinville, en 1803 ; mourut, en 1807.

PERRET Claude-François, né à Rumilly, le 21 janvier 1751 ; ordonné prêtre, en 1776 ; curé de Ferrières sur Cuvaz, avant la Révolution ; fut nommé curé de Cuvaz, le 31 août 1803 ; curé de Bloye, le 15 février 1815 ; mourut, le 8 mai 1820.

PERRET François, né à Gerbaix ; autorisé à faire partie du clergé du diocèse de Versailles, par lettres du 24 février 1849.

PERRET Henri, né à Saint-Pierre d'Albigny, le 1er mai 1842 ; ordonné prêtre, le 29 juin 1869 ; nommé vicaire à Cruet, le 20 juillet 1869 ; curé de Tournon, le 1er janvier 1876.

PERRET Melchior, né au Pont-de-Beauvoisin, le 6 mai 1792 ; ordonné prêtre, le 7 mars 1818 ; nommé curé de Vallières, le 1er janvier 1821 ; mort en cette paroisse, vers 1853.

PERRIER Alphonse-Jean, né à Vimines, le 8 avril 1868 ; ordonné prêtre, le 11 juin 1892 ; nommé professeur au petit séminaire du Pont-de-Beauvoisin, le 6 octobre de la même année.

PERRIER Barthélemi, né à Saint-Pierre d'Albigny, le 15 août 1792 ; ordonné prêtre, le 17 août 1818 ; nommé vicaire à Queige, le 15 septembre 1818 ; vicaire à Cléry, le 10 août 1819 ; vicaire à Grésy-sur-Isère, le 1er mars 1820 ; curé de Saint-Cassien, le 5 juillet 1821 ; curé de Sainte-Hélène des Millières, le 10 novembre 1823 ; curé de Verel-Pragondran, le 20 décembre 1835 ; curé du Mont-du-Chat, le 5 juillet 1852 ; mort, le 22 juillet 1867, à l'âge de 74 ans 11 mois 7 jours.

PERRIER Eugène, né à Vimines, le 10 octobre 1861 ; ordonné prêtre, le 19 décembre 1885 ; nommé vicaire aux Marches, le 21 novembre 1887 ; mort, en 1893.

PERRIER Gaspard, né à Saint-Pierre d'Albigny, le 10 décembre 1825 ; ordonné prêtre, le 14 juin 1851, nommé vicaire à École, le 16 août 1851 ; vicaire à Yenne; le 18 mars 1853 ; professeur d'humanités au Pont-de-Beauvoisin, le 20 novembre 1856 ; professeur de rhétorique à Rumilly, le 1er novembre 1858 ; curé de Saint-

Alban, le 20 février 1858 ; curé et archiprêtre de Rumilly, le 11 avril 1878.

PERRIER Jean-Pierre, né à Saint-Pierre d'Albigny, le 28 février 1848 ; ordonné prêtre, le 16 juillet 1871 ; nommé professeur au petit séminaire de Saint-Pierre d'Albigny, le 15 octobre 1871 ; entré chez les Missionnaires diocésains de Myans, le 1er août 1877.

PERRIER Joseph, frère du précédent, né à Saint-Pierre d'Albigny, le 23 mars 1839 ; ordonné prêtre, le 30 mai 1863 ; nommé vicaire à Grésy-sur-Aix, le 21 juin 1863 ; parti pour les Missions étrangères, le 15 août 1866 ; missionnaire au Kansas, en mars 1870.

PERRIER Michel-Séraphin, né à la Ravoire, le 6 novembre 1850 ; ordonné prêtre, le 12 juillet 1874 ; nommé professeur au petit séminaire du Pont-de-Beauvoisin, en octobre 1874 ; directeur de l'Externat de la Maîtrise, en 1877 ; curé de Frontenex, le 1er novembre 1884 ; supérieur du collège de Rumilly, en 1888.

PERRIER Pierre, né à Chambéry, le 20 septembre 1744 ; résidant à Chambéry, après la Révolution ; mort, le 9 juin 1823.

PERRIER Prudent, né à Chambéry, le 4 mars 1791 ; ordonné prêtre, le 7 mars 1818 ; nommé curé d'Entremont-le-Vieux, le 1er mars 1820 ; curé de Jongieux, le 1er février 1831 ; décédé, le 17 novembre 1844.

PERRIER Valentin, né à la Compôte ; capucin sous le nom de Père Exupère ; ordonné sous-diacre, le 3 mars 1849 ; actuellement de résidence à la Roche.

PERRIN Benoît, né au Pont-de-Beauvoisin, le 21 décembre 1831 ; ordonné prêtre, le 6 juin 1857 ; nommé professeur de la classe élémentaire au petit séminaire du Pont-de-Beauvoisin, le 15 octobre 1857 ; vicaire à la Rochette, le 9 novembre 1862 ; curé de Villard-Sallet, le

24 juillet 1868 ; curé de Grésy-sur-Isère, le 1ᵉʳ mai 1871 ; démissionnaire, le 8 décembre 1877 ; curé d'Yenne, le 10 mars 1878 ; mort, le 1ᵉʳ septembre 1888.

PERRIN Jean, né au Pont-de-Beauvoisin, le 23 avril 1751 ; ordonné prêtre, en 1778 ; nommé curé de Rochefort, le 22 thermidor an xi ; décédé, le 14 décembre 1833.

PERRIN Jean-Jacques, né à Saint-Beron, le 17 août 1805 ; ordonné prêtre, le 19 juillet 1835 ; nommé vicaire à Yenne, le 24 juillet 1835 ; curé de Saint-François de Sales en Bauges, le 6 octobre 1842 ; curé de Saint-Paul, le 27 mai 1845 ; curé de Tournon, le 8 novembre 1853 ; curé de Corbel, le 5 août 1857 ; curé de Saint-Alban de Montbel, le 27 avril 1859 ; décédé, le 24 avril 1861, à l'âge de 56 ans 8 mois 7 jours.

PEROLLAZ Joseph, né à Magland, le 20 juin 1790 ; ordonné prêtre, le 21 mars 1813 ; nommé vicaire à Hermance, le 25 mars 1813 ; vicaire à Samoëns, le 1ᵉʳ octobre 1813 ; retiré malade chez lui, le 20 décembre 1814 ; nommé vicaire à Brens, le 10 octobre 1815 ; vicaire à Saint-Maurice d'Annecy, le 15 juillet 1817 ; curé de Grésy-sur-Aix, le 18 juin 1818 ; archiprêtre et curé de Saint-Pierre d'Albigny, le 14 mars 1826 ; chanoine titulaire, le 20 juin 1858 ; mort, le 23 septembre 1865, à l'âge de 75 ans 3 mois 3 jours.

PERROT Joseph-André, né au Pont-de-Beauvoisin, le 1ᵉʳ novembre 1844 ; ordonné prêtre, le 11 juin 1870 ; nommé vicaire à Arvillard, le 10 octobre 1870 ; vicaire à Vimines, le 9 septembre 1873 ; vicaire aux Échelles, le 1ᵉʳ août 1875 ; curé de Saint-Thibaud, le 1ᵉʳ janvier 1880 ; curé de Saint-Alban de Montbel, le 22 décembre 1888.

PERROTIN Auguste, né à Cognin, le 28 mars 1867 ; ordonné prêtre, le 9 juin 1893 ; nommé professeur à l'Externat de Saint-François de Chambéry, la même année.

PERROTIN François, frère du précédent, né à Saint-Alban, le 1ᵉʳ janvier 1857 ; ordonné prêtre, le 18 juillet 1881 ; nommé professeur à l'Externat de Saint-François de Chambéry, la même année ; vicaire au Pont-de-Beauvoisin, le 5 octobre 1887 ; vicaire à Rumilly, le 24 octobre 1888 ; curé d'Arith, en juillet 1893.

PERROUD François-Antoine, né à Grésin, le 7 janvier 1844 ; ordonné prêtre, le 9 mars 1873 ; nommé vicaire à Domessin, le 5 avril 1873 ; curé d'Aiguebelette, le 22 juin 1876 ; curé de Saint-Paul, le 22 mars 1886.

PERRUSSET Louis, né à Mouxy ; autorisé à faire partie des Missionnaires du collège des Oblats de Marie, à Rome, par lettres testimoniales du 14 février 1891.

PETELLAT Eugène, né à Rumilly, le 27 janvier 1860 ; ordonné prêtre, le 30 mai 1885 ; nommé professeur à l'Externat de Saint-François de Chambéry, la même année.

PETELLAZ Pierre, né à Chignin, le 27 juillet 1806 ; ordonné prêtre, le 19 juillet 1835 ; nommé vicaire à École, le 25 juillet 1835 ; vicaire aux Déserts, le 3 novembre 1836 ; curé d'Ontex, le 24 juin 1841 ; mort, le 4 avril 1875.

PÉTIGNY Pierre, né au Pont-de-Beauvoisin, le 30 octobre 1797 ; ordonné prêtre, le 16 juin 1821 ; nommé vicaire à Frangy, le 1ᵉʳ juillet 1821 ; vicaire à Notre-Dame des Millières, le 1ᵉʳ février 1822 ; vicaire à la Motte-Servolex, le 10 juin 1822 ; directeur du petit séminaire du Pont-de-Beauvoisin, le 1ᵉʳ novembre 1824 ; **curé de Saint-Maurice de Rotherens, le 28 septembre 1825** ; curé d'Avressieux, le 8 octobre 1847 ; vice-archiprêtre, le 30 mars 1846 ; mort, le 27 août 1864, à l'âge de 66 ans 9 mois 27 jours.

PETIT André, né à Jarsy, le 28 septembre 1735 ; ordonné prêtre, en 1758 ; résidant à Jarsy, en 1803 ; mort, le 4 janvier 1823.

PETIT Camille, né à la Compôte, le 6 janvier 1850 ; ordonné prêtre, le 15 juin 1878 ; autorisé à remplir les fonctions de prêtre auxiliaire au collège de Montgré, le 10 octobre 1878 ; nommé professeur à Rumilly, le 1er septembre 1879 ; aumônier du Juvénat des Capucins, à la Roche, la même année ; vicaire à la Bridoire, en 1886 ; curé de Puygros, le 20 juillet 1888.

PETIT Hilaire, né à la Compôte, le 25 mars 1807 ; ordonné prêtre, le 16 juin 1832 ; nommé vicaire à Grésy-sur-Isère, le 1er juillet 1832 ; vicaire à Saint-Genix, le 10 octobre 1836 ; vicaire à Novalaise, le 8 mars 1837 ; curé de Saint-Pierre d'Alvey, le 7 septembre 1838 ; curé de Champagneux, le 1er septembre 1842 ; mort, le 13 août 1865, d'une apoplexie foudroyante, à l'âge de 58 ans 4 mois 18 jours.

PETIT Léon, né à la Compôte, le 4 septembre 1824 ; ordonné prêtre, le 23 décembre 1848 ; nommé vicaire à Cusy, le 9 janvier 1849 ; vicaire à Maché, le 10 décembre 1855 ; curé de Tresserve, le 20 septembre 1860 ; curé de Mouxy, le 8 novembre 1868.

PETIT Marie-Hippolyte, né à Chindrieux, le 20 décembre 1839 ; ordonné prêtre, le 21 mai 1864 ; reçu docteur en théologie à Rome, en juillet 1866 ; nommé professeur au collège de Rumilly, le 18 octobre 1866 ; vicaire à Saint-François de Sales de Chambéry, le 1er juillet 1868 ; curé de Cognin, le 10 décembre 1874 ; professeur au grand séminaire, le 15 octobre 1881 ; ensuite chanoine honoraire de la métropole de Chambéry.

PETIT-BARAT Antoine, né à Aillon-le-Vieux, le 4 avril 1839 ; ordonné prêtre, le 8 juillet 1866 ; nommé vicaire aux Déserts, le 1er août 1866 ; vicaire à Bellecombe, le 11 mai 1867 ; vicaire à Cusy, le 11 novembre

1869 ; curé de Doucy, le 8 octobre 1871 ; curé de Saint-Offenge-Dessus, le 1er novembre 1878 ; curé de Corbel, le 15 août 1890.

PÉTRIER Jean, né à Rumilly ; entré dans la congrégation des Missions étrangères ; parti pour la mission du Su-Tchuen méridional, le 9 novembre 1881.

PÉTRIER Jean-Claude, né à Rumilly, le 16 septembre 1844 ; ordonné prêtre, le 6 juin 1868 ; nommé vicaire à Ruffieux, le 24 juin 1868 ; vicaire au Montcel, le 20 octobre 1868 ; vicaire à Saint-Beron, le 3 octobre 1871 ; vicaire à Chindrieux, le 1er décembre 1873 ; curé de Champagneux, le 24 janvier 1881 ; aumônier du Noviciat des Frères des Écoles chrétiennes de la Villette (la Ravoire), en 1887.

PÉTRAZ François, né à la Ravoire, le 3 novembre 1842 ; ordonné prêtre, le 13 mars 1869 ; nommé vicaire à Vimines, le 6 avril 1869 ; mort à la Ravoire, le 15 décembre 1869, à l'âge de 27 ans 1 mois 12 jours.

PÉTROUX Joseph, né à Montmélian, le 12 février 1842 ; ordonné prêtre, le 6 juin 1868 ; nommé vicaire à Belmont, le 6 juillet 1868 ; vicaire à Ayn, le 29 juillet 1869 ; vicaire au Châtelard, le 1er octobre 1871 ; vicaire aux Déserts, le 15 décembre 1871 ; curé de Saint-François de Sales, le 1er octobre 1874 ; curé de Saint-Jean d'Arvey, le 16 novembre 1883 ; curé de Saint-Jeoire, le 18 janvier 1892.

PEYSSARD Adrien-Claude, né à Chambéry, le 11 octobre 1804 ; entré chez les Jésuites, le 10 août 1823 ; nommé curé de Myans, le 30 septembre 1864 ; économe du grand séminaire, en 1866 ; trouvé mort dans son lit, le 7 janvier 1880.

PHILIPPE Jean, né à Saint-Innocent, le 16 juillet 1866 ; ordonné prêtre, le 21 juin 1892 ; nommé professeur au collège de Rumilly, le 6 octobre 1892.

PHILIPPE Joseph, né à Saint-Pierre d'Albigny, le 4 décembre 1804 ; ordonné prêtre, le 6 mars 1830 ; nommé professeur de 3e et 4e à Rumilly, le 10 mars 1830 ; professeur de rhétorique à Saint-Pierre d'Albigny, le 1er novembre 1832 ; curé des Molettes, le 20 mars 1845 ; mort, le 19 mars 1859, à l'âge de 54 ans 3 mois 15 jours.

PHILIPPE Pierre, né à Chambéry, le 22 février 1801 ; ordonné prêtre, le 20 mai 1826 ; nommé vicaire à Rumilly, le 26 mai 1826 ; curé de Saint-Franc, le 12 février 1830 ; curé de Villard-Sallet, le 10 août 1838 ; curé de Voglans, le 24 mars 1857 ; retraité à Chambéry, le 31 mai 1871.

PICOLLET Flavien, né à la Biolle, le 13 décembre 1836 ; ordonné prêtre, le 14 juin 1862 ; nommé vicaire à Yenne, le 6 juillet 1862 ; curé de Planaise, le 23 novembre 1869 ; curé du Bourget-du-Lac, le 1er septembre 1877.

PICOLLET Jean-Marie, né à la Rochette, le 2 janvier 1752 ; ordonné prêtre, en 1777 ; résidant d'abord à la Rochette, après la Révolution ; puis nommé curé d'Arvillard, le 2 septembre 1815 ; démissionnaire, le 1er janvier 1822.

PICOLLET Joseph-Marcellin-Constant, né à la Biolle, le 23 septembre 1839 ; ordonné prêtre, le 8 juillet 1866 ; nommé vicaire à Grésy-sur-Aix, le 15 août 1866 ; vicaire aux Déserts, le 1er octobre 1867 ; vicaire à Marigny, le 22 octobre 1868 ; curé d'Hauteville, le 29 janvier 1873 ; curé de Saint-Germain, le 1er août 1879.

PICHON Antoine, né à Drumettaz-Clarafond ; autorisé à entrer en religion à la Grande Chartreuse, par lettres du 1er décembre 1876.

PICHON François, né à Drumettaz-Clarafond, le 12 janvier 1849 ; ordonné prêtre, le 12 juillet 1874 ; nommé professeur au Pont-de-Beauvoisin, en octobre 1874 ; curé de Saint-Christophe de la Grotte, le 10 septembre 1884 ; curé de Vimines, le 10 mars 1892.

PICHON Pierre, né à Cruet, le 25 janvier 1860 ; ordonné prêtre, le 7 juin 1884 ; nommé vicaire à Yenne, le 1er septembre 1885 ; vicaire aux Échelles, le 14 janvier 1889 ; vicaire à Ruffieux, le 10 juillet 1891 ; vicaire à Grésy-sur-Isère, le 6 septembre 1892.

PIERREFEU (Fernand de), né à Tresserve, le 8 décembre 1857 ; ordonné prêtre, le 3 juin 1882 ; nommé professeur à l'Externat de Saint-François, à Chambéry, la même année ; autorisé à faire les fonctions du saint ministère, à Monaco, en 1884.

PIERRON Guillaume, né à Chambéry, le 19 novembre 1755 ; ordonné prêtre, le 25 mars 1780 ; nommé curé de Saint-Sulpice, le 10 août 1803 ; mort, le 20 janvier 1842.

PIERRON Jean-Claude, né à Chambéry, le 28 mai 1798 ; ordonné prêtre, le 1er juin 1822 ; nommé vicaire à la Motte-Servolex, le 15 juin 1822 ; curé de la Balme, le 1er mai 1827 ; curé de Saint-Jean de Chevelu, le 12 septembre 1828 ; archiprêtre, le 25 mai 1842 ; mort, le 5 avril 1866, à l'âge de 67 ans 10 mois 7 jours.

PILLET Albert-Joseph-Marcellin, né à Albens, le 1er septembre 1842 ; ordonné prêtre, le 23 septembre 1865 ; docteur en théologie et licencié en droit canon ; nommé vicaire à Notre-Dame, le 13 octobre 1865 ; vicaire à Saint-François de Sales de Chambéry, le 24 avril 1870 ; vicaire à Montmélian, le 31 octobre 1870 ; économe et professeur au séminaire, le 27 janvier 1873 ; professeur à l'Université catholique de Lille, le 1er novembre 1876.

PILLET Benoît, né à Saint-Cassien, le 18 juin 1803 ; ordonné prêtre, le 14 mars 1829 ; nommé vicaire à Grésy-sur-Isère, le 29 mars 1829 ; curé de Grésy-sur-Isère, le 28 mai 1831 ; vice-archiprêtre, le 9 octobre 1857 ; mort, le 15 mars 1871, à l'âge de 67 ans 8 mois 27 jours.

PILLET Humbert-Benoît, né à la Trinité, le 30 septembre 1812 ; entré à l'Académie de Superga, le 10 novembre 1833 ; docteur en théologie, à Turin, le 27 février 1834 ; ordonné prêtre, le 19 septembre 1835 ; nommé secrétaire de Mgr Martinet, le 10 novembre 1837 ; promoteur diocésain, le 17 mai 1838 ; professeur d'Écriture sainte au grand séminaire, le 1er mai 1839 ; chanoine honoraire, le 9 février 1843 ; official diocésain, le 10 février 1843 ; chanoine titulaire, le 6 mai 1845 ; vicaire général du diocèse, le 11 mai 1847 ; official métropolitain, le 25 mai 1847 ; précepteur des princes de Savoie, le 3 novembre 1850 ; mort à Grésy-sur-Aix, le 12 octobre 1852, à l'âge de 40 ans 12 jours. Prêtre aussi distingué par sa science que par ses vertus, il laissa, en mourant, de profonds regrets à la famille royale et à toute la Savoie.

PILLET Maurice-Barthélemi, né à Chambéry, le 22 septembre 1782 ; ordonné prêtre, le 22 mars 1806 ; nommé vicaire à Aix-les-Bains, le 1er avril 1806 ; vicaire à Saint-François de Sales de Chambéry, le 1er novembre 1806 ; aumônier du monastère de la Visitation de Chambéry, en 1812 ; chanoine honoraire, le 19 juillet 1817 ; promoteur diocésain, le 29 juillet 1824 ; chanoine titulaire, le 1er janvier 1825 ; official diocésain, en 1826, le 23 avril 1828, et le 9 mai 1839 ; doyen du Chapitre, le 16 juin 1840 ; official diocésain, le 5 juillet 1840 ; chanoine pénitencier, le 1er septembre 1843 ; archidiacre du Chapitre, le 11 mai 1847 ; prévôt du Chapitre, le 16 mai 1850 ; mort, le 10 décembre 1859, à l'âge de 77 ans 2 mois 18 jours.

PILLOUD Eugène, né à Chindrieux, le 28 octobre

1861 ; ordonné prêtre, le 19 juin 1886 ; reçu docteur en théologie à la Faculté catholique de Lyon, en 1889 ; nommé professeur au grand séminaire de Chambéry, la même année.

PINGET Jean-Louis, né à Bogève, le 23 janvier 1793 ; ordonné prêtre, le 17 août 1818 ; nommé vicaire à Saint-Pierre d'Albigny, le 25 août 1818 ; curé de Cléry, le 5 septembre 1823 ; curé de Saint-Vital, le 1er janvier 1837 ; archiprêtre, le 12 février 1841 ; mort, le 19 février 1874.

PIOCHET DE SALINS Jean-Claude, né à Chambéry, le 14 août 1739 ; ordonné prêtre, en 1762 ; religieux Antonin, en 1792 ; refusa le serment à la Révolution et émigra en Piémont ; résida à Chambéry, après le rétablissement du culte ; fut nommé aumônier du roi, en 1816 ; mourut, le 14 septembre 1819.

PISSARD Marin-François, né à Sallanches, le 7 mai 1756 ; ordonné prêtre, en 1779 ; docteur d'Avignon ; chanoine de la collégiale de Sallanches, en 1792 ; refusa toute compromission avec la Révolution ; émigré en Piémont en 1793, il rentra en 1796 et rendit de grands services à sa patrie pendant les dernières années de la persécution ; fut nommé curé de Grésy-sur-Isère, le 18 mars 1805 ; mourut, en août 1809.

PITHON Jacques, né à la Rochette, le 5 octobre 1756 ; ordonné prêtre, en 1779 ; nommé curé d'Arvillard, le 10 août 1803 ; mort, le 1er décembre 1811.

PLANTARD François, né le 21 juin 1761 ; ordonné prêtre, en 1784 ; nommé curé de Lescheraine, le 31 août 1803 ; curé de Saint-Baldoph, en mai 1809 ; chanoine de Nancy.

PLATTET Jean-Étienne, né à Genève, le 8 décembre 1807 ; ordonné prêtre, le 18 décembre 1830 ; nommé vicaire à Yenne, le 22 décembre 1830 ; vicaire à Saint-François de Sales de Chambéry, le 27 décembre 1832 ; curé de Saint-Baldoph, le 1er septembre 1837 ; archiprêtre et curé de Saint-Genix, le 17 août 1842 ; archiprêtre et curé de la Motte - Servolex, le 13 novembre 1852 ; chanoine honoraire, le 28 novembre 1865 ; chanoine titulaire, le 15 juillet 1871 ; mort subitement, le 5 février 1877.

PLATTET Noël, né à Chambéry, le 16 septembre 1737 ; ordonné prêtre, en 1765 ; résidant à Chambéry, après la Révolution ; mort, le 7 mai 1811.

PLATTIER Jean-Aimé, né à Saint-Jean de Chevelu, autorisé à entrer dans la congrégation des Missionnaires de la Salette, par lettres testimoniales de mars 1891.

POGUET Antoine, né à Drumettaz-Clarafond, le 17 avril 1802 ; ordonné prêtre, le 18 décembre 1830 ; nommé vicaire à Vimines, le 28 décembre 1830 ; curé de Saint-Pierre de Curtille, le 25 avril 1834 ; retiré à Montagnole chez son neveu, le 30 septembre 1881 ; mort, dans cette paroisse, en 1882.

POGUET Antoine, neveu du précédent, né à Drumettaz-Clarafond, le 18 octobre 1819 ; ordonné prêtre, le 21 décembre 1844 ; nommé vicaire à Arvillard, le 2 mai 1845 ; vicaire à Aix-les-Bains, le 30 mars 1846 ; vicaire à Saint-François de Sales de Chambéry, le 10 octobre 1851 ; curé d'Arvillard, le 2 décembre 1858 ; vice-archiprêtre, le 11 novembre 1867 ; archiprêtre et curé de Chindrieux, le 12 juin 1868 ; archiprêtre et curé du Pont-de-Beauvoisin, le 10 novembre 1873 ; mort, après une longue et douloureuse maladie, le 17 février 1876.

POGUET Jean, né à Drumettaz-Clarafond, en 1862 ; ordonné prêtre, le 19 décembre 1886 ; nommé vicaire à Grésy-sur-Aix, le 5 juin 1887 ; vicaire à Massingy, le 4 juin 1888 ; retiré pour cause de maladie, en 1891 ; mort à Saint-Jean de Dieu, à Lyon, le 1er août 1893.

POGUET Joseph, né à Drumettaz-Clarafond, le 18 février 1843 ; ordonné prêtre, le 29 juin 1869 ; nommé vicaire à Gerbaix, le 1er août 1869 ; vicaire aux Déserts, le 1er mars 1870 ; vicaire au Pont-de-Beauvoisin, le 10 juillet 1871 ; curé de Montagnole, en 1875 ; curé de la Biolle, le 19 février 1884.

POLLET Joseph, né à Thoiry, le 23 septembre 1764 ; ordonné prêtre, en 1788 ; régent au collège royal de Chambéry, en 1792 ; refusa le serment à la Révolution ; émigré à Turin, en 1793, il tenta de rentrer en Tarentaise comme missionnaire, le 29 novembre 1794 ; fut nommé curé des Marches, le 27 avril 1807 ; curé de Myans, en mars 1814 ; curé de Puygros, le 15 octobre 1823 ; mort, le 30 juin 1825.

POLLET Pierre, né à Drumettaz-Clarafond, le 26 avril 1854 ; ordonné prêtre, le 22 mai 1880 ; nommé vicaire à Novalaise, le 27 octobre 1881 ; vicaire à Héry-sur-Alby, en 1887 ; mort, le 7 juillet 1890.

PONCET Jean, né à Chambéry, le 15 octobre 1811 ; ordonné prêtre, le 24 mai 1834 ; nommé vicaire à la Rochette, le 5 juin 1834 ; vicaire à Thoiry, le 15 octobre 1839 ; curé de Lépin, le 16 juillet 1842 ; curé du Vivier, le 24 novembre 1848 ; mort, le 21 novembre 1867, à l'âge de 56 ans 1 mois 6 jours.

PONET Claude-Alphonse, né aux Échelles, le 21 juillet 1813 ; ordonné prêtre, le 20 mai 1837 ; nommé vicaire à Aix-les-Bains, le 24 juin 1837 ; curé de Planaise, le 2 avril 1846 ; curé de Saint-Ombre, le 7 septembre 1854 ; curé de Saint-Alban, le 13 juin 1858 ; archiprêtre et curé de Notre-Dame, le 18 décembre 1862 ; mort, le 25 avril 1868, à l'âge de 54 ans 9 mois 4 jours.

PONNET Joseph, né à Chambéry, le 12 octobre 1802 ; ordonné prêtre, le 20 septembre 1828 ; nommé vicaire à Saint-Genix, le 22 septembre 1828 ; curé de Saint-Ours, le 9 mars 1831 ; curé d'Entremont-le-Vieux, le 22 septembre 1831 ; curé de la Motte en Bauges, le 6 septembre 1838 ; vice-archiprêtre, le 7 septembre 1867 ; mort, retraité à Chambéry, le 1er septembre 1871, à l'âge de 68 ans 10 mois 19 jours.

PORTE Guillaume, né à la Chapelle-Blanche, le 4 décembre 1749 ; ordonné prêtre, en 1775 ; nommé curé de la Chapelle-Blanche, le 28 novembre 1804 ; mort, le 22 février 1833.

PORTIER Jacques, né à Viuz-Faverges, le 13 décembre 1765 ; minoré, le 22 septembre 1792 ; ordonné prêtre, en 1798 ; nommé de vicaire à Thorens curé de Feigères ; puis curé de Méry, le 5 juin 1814.

POULIN Pierre-Élisabeth, né à Chambéry, le 18 novembre 1793 ; ordonné prêtre, le 1er juin 1833 ; nommé vicaire à Grésy-sur-Aix, le 25 juin 1833 ; curé du Trembley, le 8 février 1837 ; mort, le 22 janvier 1868, à l'âge de 74 ans 2 mois 4 jours.

PRAVAZ André-Joseph, né au Pont-de-Beauvoisin, le 7 juillet 1731 ; ordonné prêtre, en 1762 ; ancien jésuite ; résidant au Pont-de-Beauvoisin, après la Révolution ; mort, le 26 février 1821.

PRAZ Étienne-Paul, né au Pont-de-Beauvoisin, le 26 septembre 1786 ; ordonné prêtre, le 19 octobre 1809 ; curé des Échelles, en 1815 ; retraité, en 1829 ; mort, à Domessin, le 16 mai 1858, à l'âge de 72 ans 7 mois 20 jours.

PRICAZ Jean-François, né à Bellecombe, le 13 avril 1851 ; ordonné prêtre, le 15 juin 1878 ; nommé vicaire à Barberaz, le 15 juillet 1878 ; vicaire au Montcel, le 15 octobre 1880 ; vicaire aux Marches, le 20 octobre 1881 ; vicaire à Saint-Innocent, le 1er décembre 1887 ; curé d'Ontex, le 7 octobre 1888.

PRICAZ Joseph, né à Bellecombe, le 4 avril 1858 ; ordonné prêtre, le 20 décembre 1884 ; nommé professeur au collège de Rumilly, la même année ; vicaire à Coise, le 15 juin 1887 ; vicaire à Jarsy, le 27 novembre 1891.

PRICAZ Maurice, né à Bellecombe, le 9 mars 1858 ; ordonné prêtre, le 19 juin 1886 ; nommé professeur au collège de Rumilly, la même année.

PRUNIER Pierre, né à Hauteville, le 23 juin 1757 ; ordonné, en 1784 ; nommé curé d'Arvillard, le 10 août 1803 ; curé de Chindrieux, le 1er janvier 1812 ; mort, le 16 juin 1815.

PUGET Simon, né à Feigères, le 25 février 1791 ; ordonné prêtre, le 17 août 1818 ; nommé curé d'Aillon-le-Vieux, le 1er septembre 1822 ; curé de Bellecombe, le 25 janvier 1829 ; mort, le 15 novembre 1841.

PUTHOD Charles-Eugène, né à Lucey, en 1854 ; entré dans la congrégation des Missions étrangères ; parti pour la mission du Japon méridional, le 26 novembre 1879 ; mort, à Nangasaki, le 18 décembre 1882.

PUTHOD François, ancien Capucin ; économe du grand séminaire de Chambéry, après la Révolution ; mort, le 2 octobre 1816.

PUTHOD Joseph, né à Annecy, le 10 décembre 1745 ; ordonné prêtre, en 1770 ; recteur de l'Hôpital d'Annecy, en 1792 ; prêta le premier serment à la Révolution, mais se rétracta bientôt honorablement ; fit le missionnaire à Annecy, pendant la persécution ; après le rétablissement du culte, fut nommé curé de Serrières, le 10 août 1803 ; décéda, le 12 août 1826.

PUTHON Joseph-Marie, né à Taninges, le 11 mai

1797 ; ordonné prêtre, le 30 juillet 1820 ; nommé vicaire à Novalaise, le 20 août 1820 ; curé d'Entremont-le-Vieux, le 2 novembre 1822 ; curé de Saint-Ours, le 14 septembre 1831 ; retiré chez lui, le 18 février 1848 ; nommé professeur au collège d'Albertville, le 4 novembre 1852 ; retraité, le 1er août 1860 ; mort, le 16 mars 1863, à l'âge de 65 ans 10 mois 5 jours.

Q

QUAY-THEVENON François, né à Drumettaz-Clarafond, le 12 janvier 1836 ; ordonné prêtre, le 29 juin 1869 ; parti pour le Brésil, diocèse de Saint-Paul, en juillet 1869 ; nommé vicaire au Montcel, le 12 août 1874 ; curé de Corbel, le 15 avril 1876 ; retourné au Brésil, le 13 novembre 1876 ; nommé curé de Tresserve, le 3 juin 1870.

QUAY-THEVENON François, né à Drumettaz-Clarafond, en 1849 ; ordonné prêtre le 12 juillet 1874 ; nommé vicaire à Saint-Genix, le 10 septembre 1874 ; vicaire à Saint-François de Sales de Chambéry, le 1er mars 1876 ; secrétaire de Mgr l'archevêque Leuillieux, le 1er juillet 1881 ; vicaire général du même archevêque, le 25 mars 1891 ; vicaire capitulaire, le siège vacant, le 12 mai 1893.

QUENARD Benoît, né à Chignin, le 28 octobre 1809 ; ordonné prêtre, le 19 juin 1835 ; nommé vicaire à Yenne, le 15 août 1835 ; vicaire à Grésy-sur-Isère, le 19 juin 1840 ; curé de Corbel, le 10 avril 1841 ; curé d'Aiguebelette, le 8 décembre 1845 ; curé de Bassens, le 25 juillet 1857 ; mort, le 11 août 1869, à l'âge de 59 ans 9 mois 13 jours.

QUENARD Charles, né à Chignin ; entré dans la congrégation des Missions étrangères ; parti pour la mission du Maïssour, le 23 octobre 1879 ; mort à Bangalore, le 15 novembre 1890, laissant la réputation d'un zélé et saint apôtre.

QUENARD François, né à Chambéry, en 1852 ; ordonné prêtre, en 1876 ; autorisé à remplir la fonction de précepteur à l'étranger, la même année.

QUENARD Jean-Baptiste, né à Chignin, le 10 février 1871 ; autorisé à faire partie du clergé de Versailles, par lettres du 23 octobre 1891.

QUENARD Jean-Claude, né à Chignin, le 11 janvier 1875 ; autorisé à entrer dans la congrégation des Pères Augustins de l'Assomption, par lettres du 3 août 1892.

QUENARD Pierre, né à Chignin, le 16 juillet 1838 ; ordonné prêtre, le 21 mars 1863 ; nommé vicaire à Belmont, le 1er avril 1863 ; vicaire à Albens, le 26 août 1867 ; vicaire à Saint-François de Sales de Chambéry, le 1er novembre 1870 ; curé de Saint-Girod, le 6 octobre 1873 ; curé de Cruet, le 1er mars 1876 ; aumônier de Saint-Anthelme de Chignin, le 1er juillet 1877.

QUILLET Antoine, né à Chambéry, le 8 janvier 1757 ; ordonné prêtre, en 1784 ; régent à Saint-Pierre d'Albigny, en 1792 ; prêta le premier serment à la Révolution ; émigra ensuite à Turin, et se rétracta le 30 avril 1794 ; fut nommé curé d'Ayn, le 10 août 1803, et mourut, le 15 juillet 1832.

QUOEX Jean-Louis, né à la Roche, le 21 novembre 1739 ; ordonné prêtre, en 1766 ; curé d'Arith, en 1792 ; refusa toute compromission avec la Révolution ; ne quitta point sa paroisse et y remplit l'office de missionnaire pendant toute la persécution. Après le rétablissement du culte, il fut réintégré curé d'Arith, le 10 août 1803, et mourut, le 30 novembre 1813.

R

RACT Laurent, né à Chambéry, le 10 janvier 1780 ; ordonné prêtre, le 15 février 1812 ; nommé vicaire à la Motte-Servolex, le 15 mars suivant ; vicaire à Yenne, le 14 septembre 1814 ; curé de Saint-Martin du Villard, le 10 janvier 1815 ; curé de Trivier, le 15 janvier 1817 ; curé de Bloye, le 2 novembre 1820 ; retiré à Myans, le 10 mars 1841 ; mort, à Bloye, le 29 mai 1853, à l'âge de 73 ans 4 mois 19 jours.

RACT Urbain, né à Plancherine, le 8 octobre 1756 ; ordonné prêtre, en 1786 ; nommé curé de Plancherine, le 10 août 1803 ; mort, le 16 octobre 1827.

RAMAZ Anthelme, né à Rumilly, le 6 juillet 1811 ; ordonné prêtre, le 19 mars 1836 ; vicaire à Bellecombe, le 5 mars 1841 ; vicaire à Montmélian, le 13 mai 1842 ; curé du Betonet, le 1er août 1843 ; curé de Verrens, le 25 juillet 1844 ; curé de Grésy-sur-Aix, le 21 mars 1856 ; mort, le 3 juillet 1892.

RAMAZ François, né à Massingy, le 20 septembre 1833 ; domicilié à Ansigny ; ordonné prêtre, le 18 juin 1859 ; nommé vicaire à Bellecombe, le 15 juillet 1859 ; professeur au petit séminaire du Pont-de-Beauvoisin, le 8 mars 1861 ; curé de Saint-Beron, le 1er décembre 1873 ; professeur de théologie au grand séminaire de Chambéry, le 16 octobre 1881 ; vicaire général du diocèse, le 16 décembre 1884 ; vicaire capitulaire, le siège vacant, le 12 mai 1893.

RAMEL Louis-François, né à Thonon, en 1789, ordonné prêtre, le 17 décembre 1813 ; nommé de vicaire à Saint-François de Sales de Chambéry curé du Pont-de-Beauvoisin, le 1ᵉʳ mai 1820 ; aumônier de la Visitation de Chambéry, le 5 novembre 1832 ; chanoine honoraire de la Métropole, la même année ; mort, le 24 novembre 1834.

RAMEL Marie-François, né à Thonon, le 8 novembre 1766 ; ordonné prêtre, en 1789 ; Capucin, sous le nom de Père Isidore, en 1792 ; nommé curé du Vivier ou Veyrier, le 4 août 1807 ; curé de Bossey, en 1819 ; mort, retiré, en 1841.

RAMUS Joseph, né à Lornay, le 22 mai 1856 ; ordonné prêtre, le 17 décembre 1881 ; nommé vicaire à Aillon-le-Vieux, le 3 novembre 1882 ; vicaire à Moye, le 9 novembre 1884 ; curé de la Bauche, en novembre 1892.

RANGUIS Jacques-Antoine, né à Annecy, le 7 avril 1798 ; ordonné prêtre, le 1ᵉʳ juin 1822 ; nommé de vicaire à Albens curé de Lornay, le 1ᵉʳ septembre 1827 ; mort, le 16 avril 1838.

RANNAUD Claude-François, né à Sixt, le 7 mai 1755 ; ordonné prêtre, en 1783 ; chanoine régulier et supérieur du prieuré de Peillonnex, en 1792 ; intrépide missionnaire, pendant la persécution ; arrêté à Peillonnex, prisonnier à Carouge et déporté à l'île de Rhé, en 1798 ; missionnaire à Chanaz, à son retour de la déportation ; nommé curé de Sonnaz, en 1803 ; aumônier de l'hospice de la Charité de Chambéry, en septembre 1818 ; curé de Fessy, le 1ᵉʳ mars 1819.

RASSAT Antoine, né à Gruffy, le 1ᵉʳ mai 1812 ; ordonné prêtre, le 9 juin 1838 ; nommé professeur au collège de Rumilly, le 1ᵉʳ mai 1838 ; vicaire à Saint-Pierre d'Albigny, le 22 août 1838 ; missionnaire à Myans, le 11 novembre 1842 ; curé de la Compôte, le 13 avril 1846 ; mort le 26 avril 1855, à l'âge de 42 ans 11 mois 25 jours.

RASSAT Augustin, né à Rumilly, en 1824 ; entré

dans la congrégation des Missions étrangères ; parti pour la mission de Malacca, le 21 juillet 1847 ; mort, à Pinang, le 23 août 1848.

RASSAT Jean-Louis, né à Rumilly, vers 1828 ; Capucin, sous le nom de Père Jean-Baptiste ; ordonné sous-diacre, le 15 mars 1851 ; prêtre, le 27 avril 1852.

RASSAT Jean-Marie, né à Marigny, le 17 juillet 1850 ; ordonné prêtre, le 15 juin 1878 ; nommé surveillant au petit séminaire du Pont-de-Beauvoisin, le 10 octobre 1878 ; professeur au même établissement, l'année suivante ; curé de Champagneux, le 1er janvier 1891.

RASSAT Jean-Marie, frère d'Antoine Rassat, né à Saint-Offenge-Dessus, le 11 janvier 1824 ; ordonné prêtre, le 14 juin 1851 ; nommé vicaire à Jarsy, le 1er juillet 1851 ; vicaire à Vimines, le 18 mars 1854 ; curé de Saint-Jean de Couz, le 22 juillet 1860 ; retiré, pour cause de maladie, le 1er octobre 1865 ; mort, à Saint-Offenge-Dessus, le 17 janvier 1866, à l'âge de 42 ans 6 jours.

RASSAT Pierre-Louis, né à Rumily, le 26 mars 1765 ; ordonné prêtre, en 1789 ; une des plus tristes figures sacerdotales de la Révolution ; prêtant tous les serments ; envoyé par les patriotes comme curé de Gruffy, mais bientôt chassé par les habitants de cette paroisse ; employé ensuite comme secrétaire de la municipalité ; accepté comme professeur au collége de Rumilly, après le Concordat de 1801 ; nommé curé de Saint-Badolph, le 1er février 1816 ; ensuite curé de Massingy ; mort, le 4 avril 1850.

RAVOIRE Joseph, né à Montgellafrey, le 25 octobre 1769 ; ordonné prêtre, en 1795 ; nommé curé d'Albiez-le-Vieux, le 4 avril 1807 ; curé de Saint-Georges-d'Hurtières, le 1er juin 1820 ; puis curé d'Hauteville ; mort, le 17 octobre 1839.

RAYMOND Jacques-Honoré-Marie, né à Chambéry,

le 12 juillet 1808 ; ordonné prêtre, le 21 décembre 1833 ; nommé vicaire à Saint-Alban, l'année suivante ; mort, le 27 avril 1839.

RAYNAUD Jacques, né à Moye ; autorisé à faire partie du clergé de Bourges, par lettres du 23 mars 1839.

REGARD DE VARS DE CLERMONT (Louis-Marie de), nommé par Mgr Conseil chanoine-archiviste du Chapitre de sa cathédrale, en 1780 ; rétabli par Mgr des Moustiers de Mérinville, chanoine honoraire, en 1803 ; mort, le 21 avril 1835, et sépulturé dans le caveau de la cathédrale.

REIGNIER Charles-Marie, né à Saint-Félix ; Capucin, sous le nom de Père Jean-François ; ordonné prêtre, le 22 décembre 1855.

RENAUD-GOUD Anthelme, né à la Bridoire, le 5 janvier 1825 ; ordonné prêtre, le 18 décembre 1852 ; nommé vicaire à Vimines, le 8 janvier 1853 ; professeur au petit séminaire du Pont-de-Beauvoisin, le 4 novembre 1853 ; vicaire à Thoiry, le 15 novembre 1856 ; vicaire à Saint-Pierre d'Albigny, le 19 mars 1857 ; parti pour le diocèse de Saint-Paul, au Brésil, le 10 juin 1858 ; mort, en 1885. Auteur d'un grand nombre d'ouvrages de piété, d'histoire ecclésiastique et de théologie, en français et en espagnol.

RENAUD-GOUD Claude-Auguste, neveu du précédent ; né au Pont-de-Beauvoisin, en 1851 ; ordonné prêtre, le 12 juillet 1874 ; nommé vicaire à Serrières, en 1874 ; vicaire à Cusy, le 1er août 1875 ; vicaire à Fribourg (Suisse), en 1878 ; vicaire à Aix-les-Bains, le 24 septembre 1880 ; curé de Jongieux, le 15 janvier 1885.

RENAUD-GOUD Jean-Louis-Marie, né à Saint-Beron, le 30 avril 1855 ; ordonné prêtre, le 3 juin 1882 ; nommé vicaire au Chevallon, la même année ; vicaire à Montmélian, en septembre 1885 ; vicaire à Novalaise, le 28 juillet 1886 ; retiré, pour cause de maladie, le 16 septembre 1890 ; mort dans sa famille, à Saint-Beron, le 1er mai 1891.

RENDU (Mgr Louis), né à Meyrin (pays de Gex), le 15 novembre 1789, ordonné prêtre, le 19 juin 1814 ; nommé professeur au collège royal de Chambéry, en 1816 ; chanoine de la cathédrale de Chambéry ; évêque d'Annecy, au printemps de 1843 ; mort, en 1859.

REQUET Jean, né à la Forclaz, le 31 juillet 1795 ; ordonné prêtre, le 16 juin 1821 ; nommé curé de Sonnaz, le 5 septembre 1822 ; mort, le 12 mai 1825.

RETORNAZ Jean-Pierre, né à Valloire, le 31 juillet 1795 ; ordonné prêtre, le 19 mars 1820 ; nommé curé d'Arvillard, le 1er janvier 1822 ; devenu ensuite Chartreux.

REVEL Antoine-Marie, né à Cluses, le 24 juin 1787 ; ordonné prêtre, le 7 avril 1810 ; nommé directeur du séminaire de Rumilly, puis de celui de Chambéry ; curé de Taninges, le 4 février 1820 ; chanoine honoraire de la cathédrale d'Annecy ; professeur au collège de Bonneville ; mort, en 1847.

REVEL Eugène-Joseph, né à Chambéry, le 13 juin 1867 ; ordonné prêtre, le 20 juillet 1890 ; nommé vicaire à Ruffieux, le 4 septembre de la même année ; chapelain de Saint-Louis des Français, à Rome, le 9 juillet 1891.

REVEL François-Joseph-Amédée, né à Cluses, le 19 janvier 1792 ; ordonné prêtre, le 17 décembre 1814 ; nommé vicaire à Saint-Pierre d'Albigny ; secrétaire de Mgr de Solles, le 14 août 1815 ; chanoine titulaire, le

2 février 1823; promoteur diocésain, le 24 avril 1828; doyen du chapitre, le 15 janvier 1829; promoteur métropolitain, le 21 avril 1833; vicaire général, le siège vacant, le 9 mai 1839; archidiacre du chapitre, le 16 juin 1840; vicaire général de Mgr Billiet, le 7 juillet 1840; chevalier de l'Ordre des SS. Maurice et Lazare, en juillet 1845; mort d'hydropisie, le 28 avril 1847, à l'âge de 55 ans. Par son testament, il a légué au Chapitre métropolitain une rente pour 60 messes basses par an; 2,000 francs à la fabrique, pour la chapelle de la Sainte Vierge; 1,000 francs à la chapelle du séminaire; 1,000 francs à l'administration du Bon-Pasteur; 2,000 francs pour la construction de la maison des Frères des Écoles chrétiennes; 1,000 francs pour 500 messes basses. Il a été trésorier des bourses ecclésiastiques depuis 1828 jusqu'à son décès; il avait pour la comptabilité un talent distingué.

REVERDY Étienne, né à Chambéry, le 16 décembre 1761; nommé curé de Saint-Pierre de Curtille, le 1er décembre 1809; curé de Voglans, le 27 février 1812; mort, le 20 novembre 1829.

REVEYRON Charles-Joseph, né à Yenne, le 22 février 1831; ordonné prêtre, le 20 décembre 1856; malade chez lui, dès lors; mort, le 3 août 1857, à l'âge de 26 ans 5 mois 11 jours.

RÉVILLE ou RECVILLE Étienne-Marie, né à Collonge (fort de l'Écluse), le 14 juillet 1734; ordonné prêtre, en 1757; fut le premier et principal personnage qui causa des soucis et des larmes à Mgr Paget, évêque de Genève, dans la partie française de son diocèse. Avant que la Savoie fut envahie, en 1792, Recville, qui, à son titre de curé de Chevry ajoutait celui d'aumônier de la Résidence de France, à Genève, et qui, avec une taille avantageuse, avait quelque talent, espéra un moment devenir évêque constitutionnel. Il prêta le premier serment et satisfit d'abord à toutes les exigences des révolutionnaires. Mais, devant le serment d'Albitte, il réfléchit et recula, au point de se faire écrouer dans les prisons de Nantua. La chronique ajoute que, dans sa certitude d'être nommé évêque du Mont-Blanc par l'assemblée des électeurs du département, il avait déjà en réserve sa soutane violette ; il n'obtint qu'une seule voix. Après le rétablissement du culte, il fut nommé curé d'Aix-les-Bains, le 21 plairial an xi ; sa mort eut lieu, le 29 novembre 1818.

REVILLET Vincent, né au Pont-de-Beauvoisin, le 28 novembre 1858 ; ordonné prêtre, le 23 décembre 1882 ; nommé vicaire à Entremont-le-Vieux, la même année ; missionnaire diocésain de Myans, le 6 août 1884 ; vicaire à la Motte-Servolex, le 10 décembre 1891.

REY Antoine, né à Verrens, le 17 mai 1838 ; ordonné prêtre, le 21 mai 1864 ; nommé vicaire à Bellecombe, le 23 juin 1864 ; vicaire au Montcel, le 31 août 1865 ; vicaire aux Déserts, le 17 octobre 1868 ; curé de Verthemex, le 10 novembre 1869 ; curé du Noyer, en décembre 1872 ; curé et archiprêtre de Thoiry, le 1er avril 1879.

REY Claude-Humbert, l'aîné, né à Chambéry, le 1er mars 1758 ; ordonné prêtre, en 1782 ; nommé par Mgr Conseil professeur du grand séminaire établi au Bocage, dans la maison dite des Retraites, appartenant aux Jésuites ; était curé de Francin, en 1792 ; émigra devant la Révolution, puis revint en Tarentaise en qualité de missionnaire, le 26 novembre 1794 ; fut arrêté à Francin, le 21 août 1795 ; écroué dans les prisons de Chambéry, il s'évada par les toits, vers le mois d'août ou de septembre 1796. Après le rétablissement du culte, il fut nommé chanoine de la cathédrale de Chambéry, et mourut, en 1814.

REY Clément, né à Entremont-le-Vieux, le 28 avril 1851 ; ordonné prêtre, le 10 juin 1876 ; nommé vicaire à la Table, le 1er juillet 1876 ; vicaire à Méry, le 1er juillet 1879 ; vicaire à Chindrieux, en 1880 ; vicaire à Saint-Pierre d'Albigny, le 18 septembre 1881 ; curé de Loisieux, le 24 octobre 1885 ; curé d'Étable, en avril 1893.

REY Ennemond, frère de Claude-Humbert Rey, né à Chambéry, le 9 juin 1766 ; ordonné prêtre, en 1789 ; directeur du grand séminaire de Chambéry, en 1792 ; émigra à Turin devant la Révolution ; revint en Savoie comme missionnaire, en 1794 ; reçut les pouvoirs d'absoudre les prêtres schismatiques qui se rétractaient ; fut nommé curé de Montmélian, le 10 août 1803 ; curé de Saint-François de Sales de Chambéry, en 1823 ; puis chanoine et aumônier de la Charité de Chambéry ; mourut, le 24 février 1837.

REY Étienne, né à Bellevaux (Chablais), le 16 mai 1782 ; ordonné prêtre, le 17 décembre 1808 ; nommé de vicaire à Thorens et à Combloux curé de Sonnaz, le 10 juillet 1820.

REY François, né à Moye, le 12 avril 1755 ; ordonné prêtre, en 1781 ; emprisonné au château de l'Ile, à Annecy, « pour soupçons de fonctions de prêtre, » le 11 avril 1793 ; nommé curé du Bourget-du-Lac, en 1803 ; mort, le 14 juin 1821.

REY François, né à Aix-les-Bains, le 31 décembre 1732 ; ordonné prêtre, en 1757 ; résidant à Saint-Innocent, après la Révolution ; mort, le 3 avril 1820.

REY François, né à Sevrier, le 9 avril 1792 ; ordonné prêtre, le 18 février 1815 ; nommé vicaire à Rumilly ; ensuite curé de Gruffy, le 10 août 1818 ; enfin curé de Marthod, où il est mort.

REY François-Marie, né aux Échelles, le 15 septembre 1787 ; ordonné prêtre, le 1er août 1812 ; nommé curé du Noyer, le 1er septembre 1817 ; puis curé de Saint-Christophe de la Grotte ; enfin curé de Sainte-Hélène du Lac, le 10 septembre 1839 ; mort, le 12 février 1840.

REY Jean-François, né à la Roche, le 19 mai 1801 ; ordonné prêtre, le 20 décembre 1823 ; nommé vicaire à Serrières, le 28 décembre 1823 ; vicaire à Aix-les-Bains, le 3 novembre 1826 ; curé de Sonnaz, le 5 novembre 1827 ; vice-archiprêtre, le 24 décembre 1862 ; mort, le 21 juillet 1875.

REY Jean-Joseph, né à Thônes, le 18 février 1765 ; ordonné prêtre, en 1792 ; nommé curé d'Apremont, le 21 juillet 1807 ; mort, en cette paroisse, le 18 août 1810.

REY Jean-Pierre, né à Verrens, le 10 mai 1758 ; ordonné prêtre, en 1784 ; nommé curé de Cléry, le 3 août 1803 ; mort, le 4 novembre 1825.

REY Joseph, né à Rumilly, le 1er janvier 1745 ; ordonné prêtre, en 1772 ; prébendé de Thoiry, en 1792 ; émigra d'abord devant la Révolution, et revint ensuite comme missionnaire ; fut nommé curé de Saint-François de Sales de Chambéry, le 16 avril 1807, et chanoine honoraire ; mourut, le 3 janvier 1809.

REY Joseph-Concors, frère de Rey Claude-Humbert et de Rey Ennemond ; né à Chambéry, le 29 septembre 1763 ; nommé curé de Thoiry, en 1803 ; mort, le 19 décembre 1805.

REY (Mgr Pierre-Joseph), né à Mégevette (Haut-Chablais), le 22 avril 1770 ; ordonné prêtre, à Fribourg (Suisse), par Mgr Lensbourg, le 23 avril 1793, après s'être enfui pour ne pas prêter le serment imposé aux ecclésiastiques par la Révolution ; de Suisse passa en Piémont, la même année ; revint comme missionnaire, en 1795, et séjourna constamment à Bellevaux pendant le reste de la persécution ; fut nommé vicaire à Saint-François de Sales de Chambéry, en 1803 ; secrétaire de Mgr l'évêque de Solles, en 1805 ; chanoine titulaire de la cathédrale, en 1812 ; vicaire général, en 1818 ; évêque de Pignerol, en 1824 ; préconisé à Rome, le 24 mai 1824 ; sacré à Chambéry par Mgr Bigex, assisté des évêques d'Annecy et d'Aoste, le 1er août suivant ; transféré au siège d'Annecy, en 1832 ; mort, le 31 janvier 1842, à 9 heures du matin.

REYNAUD François-Antoine, né à Yenne, le 21 février 1814 ; ordonné prêtre, le 11 mars 1837 ; nommé vicaire à Tresserve, le 26 mars 1837 ; vicaire à Aix-les-Bains, le 4 septembre 1838 ; curé de Belmont, le 29 octobre 1845 ; retiré à Yenne, pour cause de maladie, le 1er juin 1872 ; mort à Yenne, le jour de l'Ascension, 6 mai 1875.

REYNAUD Marie-Joseph, né à Aillon, le 2 novembre 1752 ; ordonné prêtre, en 1772 ; vicaire à Leschaux, en 1792 ; refusa de prêter serment à la Révolution ; fut nommé curé de Leschaux, en 1812 ; curé de Puygros, en 1815 ; mort, dans cette paroisse, le 8 avril 1831.

REYNAUD Pierre-Albert, né à Rumilly, le 2 janvier 1848 ; ordonné prêtre, le 20 septembre 1873 ; nommé vicaire aux Échelles, le 6 octobre 1873 ; vicaire à la Biolle, le 10 septembre 1874 ; curé de la Motte en Bauges, le 11 juillet 1881 ; curé et archiprêtre du Châtelard, le 26 juin 1888.

RICHARD Anthelme, né au Tremblay ; autorisé à entrer dans l'Ordre des Dominicains, par lettres testimoniales du 19 juillet 1880.

RICHARD Antoine, né à Montmélian, le 25 août 1759 ; ordonné prêtre, en 1793 ; ancien Dominicain ; nommé curé de Sainte-Hélène du Lac, le 18 août 1807 ; mort, le 13 avril 1837.

RICHARD Antoine, né à Chambéry, le 22 décembre 1796 ; ordonné prêtre, le 16 juin 1821 ; nommé vicaire à Montmélian, le 10 novembre 1821 ; retiré malade chez lui, en mars 1822 ; curé de Villard-d'Héry, le 3 novembre 1826 ; retiré de nouveau chez lui, le 1er octobre 1827 ; nommé curé du Vivier, le 10 décembre 1828 ; retraité pour cause d'infirmités, le 20 septembre 1848 ; mort, le 31 octobre 1852, à l'âge de 55 ans 10 mois 8 jours.

RICHARD François, né au Biot, le 29 septembre 1801 ; ordonné prêtre, le 18 juillet 1830 ; nommé vicaire à Arith, le 25 juillet 1830 ; vicaire à Bellecombe, le 30 octobre 1830 ; curé de Verthemex, le 15 juin 1836 ; curé de Corbel, le 1er août 1851 ; curé d'Aiguebelette, le 30 juillet 1857 ; curé de Saint-Offenge-Dessus, le 6 janvier 1864 ; mort, le 8 février 1872, à l'âge de 70 ans 4 mois 9 jours.

RICHARD François, né à Jacob-Bellecombette, le 21 janvier 1849 ; ordonné prêtre, le 20 septembre 1873 ; autorisé à remplir la fonction de précepteur chez M. de Gombert, en 1873 ; nommé vicaire à Ruffieux, le 1er janvier 1875 ; professeur au petit séminaire de Saint-Pierre d'Albigny, en 1877 ; curé de Villard-Sallet, le 15 juillet 1882 ; retiré, pour cause de maladie, en 1886 ; mort à Chambéry, le 21 septembre 1887.

RICHARD Louis, né au Bourget-du-Lac, le 18 janvier 1767 ; ordonné prêtre, en 1789 ; ancien Cordelier ; nommé curé de Saint-Jean de Chevelu, le 27 novembre 1805 ; mort, le 26 novembre 1809.

RICHARD Noël, né à Valloire (Maurienne), le 10 juin 1759 ; ordonné prêtre, en 1783 ; nommé curé de la Table, le 10 août 1803.

RICHARD-CUGNET Claude, né à Serraval, le 16 décembre 1803 ; ordonné prêtre, le 13 juin 1829 ; nommé vicaire à Saint-François de Sales de Chambéry, le 20 juin 1829 ; curé de Montailleur, le 5 mars 1836 ; curé de Saint-Jeoire, le 25 octobre 1838 ; retiré à Chambéry, le 15 octobre 1875 ; mort, en 1883.

RICHARD-CUGNET François, né à Serraval, le 17 septembre 1821 ; ordonné prêtre, le 29 mai 1847 ; nommé vicaire à la Motte-Servolex, le 27 août 1847 ; vicaire à Chindrieux, le 26 juin 1850 ; excorporé et reçu au diocèse d'Orléans, le 1er octobre 1850 ; à Paris, en 1852 ; parti pour l'Amérique, en 1855.

RIEFFEL Édouard, né au diocèse de Strasbourg ; nommé directeur de l'asile des Sourds-Muets de Corinthe, à Cognin, vers 1870 ; directeur de l'asile des Sourds-Muets tenu à Currières par les RR. PP. de la Grande-Chartreuse, en 1875.

RIGAUD-MORIN Jules, né à Entremont-le-Vieux, le 24 août 1868 ; ordonné prêtre, le 9 juin 1893 ; nommé vicaire à Cruet, en juillet de la même année.

RIGUET François, né à Chambéry, le 19 juillet 1852 ; ordonné prêtre, le 15 juin 1878 ; nommé professeur au petit séminaire du Pont-de-Beauvoisin, le 15 juillet 1878.

RIONDY Gaspard, né à Saint-Pierre d'Albigny, le 3 mai 1828 ; ordonné prêtre, le 5 juin 1852 ; nommé vicaire à Saint-Germain, le 11 juin 1852 ; professeur au collège de Rumilly, le 15 octobre 1856 ; vicaire à Lucey, le 19 novembre 1857 ; vicaire à Grésy-sur-Aix, le 11 juin 1858 ; vicaire à Aix-les-Bains, le 7 avril 1860 ; curé de Mouxy, le 3 janvier 1868 ; aumônier des Sœurs de Saint-Joseph, à Chambéry, le 8 novembre 1868 ; curé de la Ravoire, le 1er octobre 1871 ; curé de Lémenc, le 23 février 1874 ; mort, le 12 avril 1885.

RIONDY Jean-Pierre, né à Saint-Pierre d'Albigny,

le 19 novembre 1828 ; ordonné prêtre, le 19 février 1853 ; nommé vicaire à la Trinité, le 5 mars 1853 ; vicaire à Châteauneuf, le 10 mars 1853 ; professeur au collège de Rumilly, le 4 novembre 1853 ; curé de Sainte-Reine, le 15 avril 1863 ; retiré pour cause de maladie, le 14 octobre 1865 ; mort à la Teppe (Drôme), le 4 juin 1868, à l'âge de 39 ans 5 mois 15 jours.

RIONDY Georges, né à Saint-Pierre d'Albigny, le 21 février 1859 ; ordonné prêtre, le 19 mai 1883 ; nommé vicaire à Aillon-le-Vieux, le 28 mai 1885 ; vicaire à Chindrieux, le 15 septembre 1887 ; vicaire à Yenne, le 20 septembre 1890.

RIOUTTARD Jean-Baptiste, né à Annecy, le 11 février 1744 ; étudiant à Avignon, en 1761 ; ordonné prêtre, en 1768 ; curé de la Biolle, en 1792 ; fut nommé curé de Mouxy, le 1ᵉʳ septembre 1803 ; mourut, le 25 anvier 1812.

RIVE Antoine, né à Belmont, le 5 décembre 1837 ; ordonné prêtre, le 30 mai 1863 ; nommé professeur au petit séminaire du Pont-de-Beauvoisin, le 1ᵉʳ novembre 1862 ; aumônier des religieuses Augustines de la même ville, le 14 septembre 1871 ; mort, en 1893.

RIVE Claude, né à Yenne, le 15 juillet 1766 ; ordonné prêtre, en 1791 ; nommé curé de Billième, le 10 août 1803 ; curé de Saint-Genix, le 12 mars 1816 ; mort, à Lyon, en février 1837.

RIVE Pierre, né à Belmont, le 8 novembre 1794 ; ordonné prêtre, le 20 décembre 1818 ; nommé curé de Corbel, le 15 juin 1822 ; curé de Myans, le 1ᵉʳ août 1823 ; curé de Lucey, le 1ᵉʳ octobre 1825 ; mort, le 7 septembre 1829.

RIVE Pierre, né à Yenne, le 10 décembre 1809 ; ordonné prêtre, le 21 décembre 1833 ; nommé vicaire à la

Motte-Servolex, le 29 décembre 1833 ; curé de Voglans, le 22 avril 1838 ; curé de Villard-Sallet, le 24 mars 1857 ; retiré, le 24 juillet 1868 ; mort, à Yenne, le 20 février 1871, à l'âge de 61 ans 2 mois 10 jours.

RIVOIRE Athanase, né au Pont-de-Beauvoisin, le 6 janvier 1828 ; ordonné prêtre, le 21 mai 1853 ; nommé vicaire à Lémenc, le 4 novembre 1853 ; précepteur chez M. le comte Costa des Marches, le 15 octobre 1856 ; vicaire à Aix-les-Bains, le 15 octobre 1859 ; curé d'Avressieux, le 11 février 1867 ; archiprêtre et curé de la Motte-Servolex, le 11 septembre 1871 ; économe du grand séminaire de Chambéry, le 30 novembre 1881 ; chanoine titulaire de la Métropole, en 1883.

ROBERT Denis-Maurice-Mathieu, né à Saint-Jean de Maurienne, le 21 septembre 1768 ; ordonné prêtre, en 1806 ; nommé curé de Saint-Maurice de Rotherens, le 28 octobre 1807 ; curé de Jarrier, le 13 mai 1809 ; curé d'Albiez-le-Jeune, le 10 novembre 1815 ; puis curé de Villard-Léger.

ROCH Jean-Claude, né au Mont-Saxonnex, le 27 novembre 1736 ; ordonné prêtre, en 1761 ; curé de la Compôte, en 1792 ; refusa toute compromission avec la Révolution ; émigra en 1793, puis ne tarda pas à rentrer dans sa paroisse comme missionnaire ; après le rétablissement du culte, il fut réintégré curé de la Compôte, le 10 août 1803, et mourut, le 14 avril 1812.

ROCH Jean-Nicolas, né à Amancy, le 18 décembre 1790 ; ordonné prêtre, le 23 décembre 1820 ; nommé vicaire à Vimines, le 1er février 1821 ; curé du Mont-du-Chat, le 26 juillet 1823 ; curé de Mognard, le 22 février 1830 ; retiré chez lui, le 1er juin 1865 ; mort le 21 novembre 1871, à l'âge de 80 ans 11 mois 3 jours.

ROCHAIX (Mgr Antoine), né à Saint-Jean de Maurienne, le 17 juin 1762 ; ordonné prêtre, en 1786 ; desservant la paroisse de Saint-François de Sales de Chambéry, après l'apaisement de la Révolution ; nommé curé de la Rochette, en 1803 ; puis, professeur au grand séminaire, chanoine de la cathédrale ; supérieur des religieuses carmélites de Chambéry ; enfin sacré évêque de Tarentaise, à Turin, le 19 avril 1828 ; mort, le 19 novembre 1836.

ROCHAS Jean-Baptiste, né à Baulard (Piémont) ; ordonné prêtre, le 22 décembre 1878 ; nommé vicaire à Trévignin, le 1er janvier 1879 ; mort, en 1883.

ROCHAS Pierre-Antoine, oncle du précédent, né à Baulard, diocèse de Suse, le 9 juin 1807 ; ordonné prêtre, le 18 juillet 1830 ; nommé vicaire au Betonet, le 20 juillet 1830 ; curé de Corbel, le 25 novembre 1831 ; curé de Saint-Jean de Couz, le 2 décembre 1836 ; missionnaire à Myans, le 24 juin 1839 ; curé de Saint-Christophe de la Grotte, le 12 janvier 1840 ; curé de Trévignin, le 18 mai 1861 ; retraité à Chambéry, le 30 septembre 1889.

ROCHAT Philippe-François, né à la Chapelle-Blanche, le 5 septembre 1853 ; ordonné prêtre, le 26 mai 1877 ; nommé vicaire à Massingy, en août 1877 ; professeur à l'Externat de la Maîtrise, le 25 février 1878 ; vicaire à Grésy-sur-Isère, le 1er octobre 1883 ; vicaire à Notre-Dame de Chambéry, en 1884 ; curé de Nances, le 1er juin 1888 ; curé de Châteauneuf, en juin 1893.

ROCHE Jean-Baptiste, né à Villarambert, le 16 décembre 1778 ; ordonné prêtre, en 1805 ; nommé de vicaire à Termignon curé de Jarrier, le 10 février 1816 ; curé de Châteauneuf, le 26 juillet 1818 ; curé de Termignon, le 1er janvier 1821 ; mort, le 17 avril 1851.

ROGÈS Pierre-Antoine, né à Saint-Jean de Maurienne, le 18 novembre 1757 ; ordonné prêtre en 1781 ;

ancien Carme ; nommé curé de Coise, le 3 février 1804 ; mort, le 16 octobre 1838.

ROGÈS Dominique, chanoine, vicaire général et official du diocèse de Maurienne, avant 1792 ; nommé, en 1803, chanoine titulaire de la cathédrale de Chambéry.

ROGNARD Joseph, né à Rumilly ; Capucin ; ordonné sous-diacre, le 3 mars 1849.

ROISSARD Jean-Claude, né à Voglans, le 14 janvier 1740 ; ordonné prêtre, en 1765 ; ancien Bénédictin ; résidant à Chambéry, après la Révolution ; mort, en 1808.

ROLLAND (Augustin de), né aux Échelles, le 27 janvier 1836 ; entré chez les Oblats de Marie, le 1er octobre 1853 ; ordonné prêtre, à Marseille, le 30 janvier 1859 ; sécularisé, le 28 décembre 1869 ; nommé vicaire à Saint-François de Sales de Chambéry, le 7 janvier 1870 ; curé de Sainte-Marie d'Alvey, le 19 avril 1870.

ROLLAND (Eugène-Pierre-Marie de), né aux Échelles, le 6 octobre 1839 ; ordonné prêtre, le 26 octobre 1862 ; nommé vicaire au Bourget-du-Lac, le 8 novembre 1862 ; vicaire à Saint-François de Sales de Chambéry, le 1er octobre 1865 ; curé de Cognin, le 28 octobre 1869 ; mort, le 5 novembre 1874.

ROLLAND Jean-Michel, né à Thônes, le 9 octobre 1769 ; ordonné prêtre, en 1793 ; nommé curé de Saint-Alban, le 1er mars 1808 ; mort, le 28 juillet 1840.

ROMANET Philibert-Joseph, né à Yenne, le 7 janvier 1850 ; ordonné prêtre, le 18 juillet 1875 ; nommé professeur au petit séminaire du Pont-de-Beauvoisin, en 1875 ; aumônier des religieuses Augustines de cette ville, en 1893.

ROSAZ Jean-Basile, né à Termignon, vers 1798 ; ordonné prêtre, le 18 juillet 1823 ; nommé curé de la

Thuile, le 1er novembre 1827 ; puis des Molettes ; mort, le 1er février 1845.

ROSSET Édouard, né à Doucy, le 4 novembre 1866 ; ordonné prêtre, le 11 juin 1892 ; nommé vicaire à Moye, en novembre 1892.

ROSSET François, né à Doucy, en 1792 ; ordonné prêtre, le 28 juillet 1816 ; nommé de vicaire à Collonge-sous-Salève curé d'Aillon-le-Jeune, le 15 août 1819 ; mort, le 17 avril 1827, en laissant un excellent souvenir.

ROSSET Joseph, né à Saint-Germain, le 4 octobre 1849 ; ordonné prêtre, le 10 juin 1876 ; nommé vicaire à Domessin, le 1er juillet 1876 ; vicaire à Yenne, le 1er avril 1883 ; curé du Mont-du-Chat, le 8 mars 1884.

ROSSET Léon-Vincent, né à Chambéry, le 5 janvier 1817 ; reçu docteur en théologie, à Turin, en mai 1839 ; ordonné prêtre, le 5 juin 1841 ; nommé vicaire à Saint-François de Sales de Chambéry, le 15 juillet 1841 ; professeur de rhétorique et d'humanités, à Rumilly, le 31 mars 1845 ; professeur de philosophie et de physique au même établissement, le 3 novembre 1847 ; professeur de philosophie au grand séminaire de Chambéry, le 4 novembre 1852 ; vice-official diocésain, le 5 septembre 1855 ; professeur de théologie, le 1er décembre 1858 ; directeur du séminaire, le 3 novembre 1852 ; chanoine honoraire, le 26 juillet 1862 ; official diocésain, le 7 mai 1862 ; vicaire général de Mgr Billiet, le 11 avril 1867 ; vicaire général de Mgr Pichenot, en 1873 ; mort, le 13 février 1878.

ROSSET (Mgr Michel). Voir la première partie de cet ouvrage, page 294.

ROSSET-COPPIER Nicolas, né à École, le 5 août 1865 ; ordonné prêtre, le 23 mai 1891 ; nommé surveillant à l'Externat de Saint-François de Chambéry, la même année.

ROSSI Jacques, né à Chambéry, le 8 décembre 1855 ; ordonné prêtre, le 20 décembre 1879 ; autorisé à remplir la fonction de précepteur à Belley, le 1er novembre de la même année ; nommé vicaire à Serrières, le 22 janvier 1822 ; vicaire à Aix-les-Bains, en 1885 ; aumônier de l'asile des Sourds-Muets de Corinthe (Cognin), le 8 décembre 1890.

ROULET Charles, né à Bissy, le 25 janvier 1864 ; ordonné prêtre, le 15 juin 1889 ; nommé surveillant au collège de Rumilly, en octobre 1889 ; vicaire à Aix-les-Bains, le 10 août 1890.

ROUX Claude-Martin, né à Vimines, le 16 octobre 1815 ; ordonné prêtre, le 2 juin 1849 ; nommé professeur de la classe élémentaire au collège de Rumilly, le 1er novembre 1848 ; professeur de philosophie et de physique au même établissement, le 10 décembre 1852 ; supérieur du même collège, le 10 mai 1863 ; curé de Chignin, le 1er octobre 1869 ; mort, le 15 novembre 1887.

ROUX Jean-Claude, né à Genève, le 11 février 1810 ; ordonné prêtre, le 1er juin 1833 ; successivement vicaire au Bourget ; précepteur des enfants de M. le baron de Morand ; curé du Betonet et de Planaise. Il a quitté cette dernière paroisse, au mois de mars 1846, pour aller en Russie entreprendre l'éducation des jeunes princes Tchetwertenski.

ROUX Philibert, né à Faverges, le 29 octobre 1747 ; ordonné prêtre, en 1774 ; curé de la Motte en Bauges, en 1792 ; refusa toute compromission avec la Révolution ; émigra d'abord, puis revint bientôt dans sa paroisse ; arrêté en 1799, et condamné à la déportation à l'île de Rhé ; relâché pendant le trajet par suite du coup d'État du 18 brumaire ; rentra aussitôt à la Motte ; fut réintégré curé de cette paroisse, le 10 août 1803 ; mourut, le 5 février 1809.

— 711 —

ROYER Pierre-Joseph, né au Pont-de-Beauvoisin, vers 1787 ; ordonné prêtre, le 25 mars 1811 ; nommé de vicaire à Thonon curé d'Abondance, le 1er novembre 1817.

RUBAUD Pierre, né à Meyrieux ; autorisé à entrer dans la congrégation des Missionnaires de la Salette, par lettres testimoniales du 9 décembre 1890.

RUBELLIN Charles-Maurice, né à Rumilly, le 2 avril 1743 ; ordonné prêtre, en 1789 ; religieux Bénédictin de l'abbaye de Talloires, sous le nom de dom Bernard, en 1792 ; résidant à Rumilly, en 1803.

RUBIN Jean-Baptiste, né à Taninges, le 1er novembre 1784 ; ordonné prêtre, le 22 décembre 1810 ; nommé de vicaire à Genève et à Saint-Pierre d'Albigny curé de Puygros, le 16 octobre 1814 ; curé de Meyrieux, le 15 octobre 1815 ; curé de Veyrier, le 8 août 1821.

RUINON Joseph-François, né à Rochefort, le 3 mai 1810 ; ordonné prêtre, le 17 décembre 1842 ; nommé vicaire à Coise, le 20 décembre 1842 ; vicaire à Domessin, le 7 décembre 1844 ; vicaire à la Biolle, le 6 avril 1848 ; curé de Traize, le 4 décembre 1854 ; curé du Noyer, le 1er mars 1860 ; curé de Chanaz, le 7 mars 1863 ; curé de Lépin, le 1er avril 1879 ; mort, le 10 octobre 1884.

S

SADOUX Claudius, né à Chambéry, le 6 juin 1852 ; ordonné prêtre, le 10 juin 1876 ; nommé vicaire à Grésy-sur-Isère, le 1er juillet 1876 ; entré comme missionnaire diocésain à Myans, le 1er août 1877.

SADOUX Claude, né à Bassens, en 1862 ; ordonné

prêtre, le 19 décembre 1886 ; nommé surveillant à l'Externat de Saint-François de Chambéry, la même année ; professeur au collège de Rumilly, en 1888.

SADOUX Jean-Marie, né à Hauteville, et non à Chambéry, comme il a été dit précédemment par erreur, le 28 janvier 1858 ; entré chez les Capucins, en 1872 ; ordonné prêtre, le 17 février 1883 ; mort vicaire général aux Iles Seychelles, le 21 février 1893.

SADOUX Joseph, né à Bassens, le 23 mars 1866 ; ordonné prêtre, le 23 mai 1891 ; nommé professeur au petit séminaire du Pont-de-Beauvoisin, la même année.

SADOUX Noël-Pierre, né à Chambéry, le 6 juin 1852 ; entré dans la congrégation des Missions étrangères ; ordonné prêtre au séminaire de cette congrégation, à Paris, le 22 décembre 1876 ; parti pour la mission de la Birmanie méridionale, le 19 avril 1877.

SAGE Joseph, né à Sainte-Hélène des Millières, le 25 novembre 1801 ; ordonné prêtre, le 6 mars 1830 ; nommé vicaire à la Motte-Servolex, le 15 mars 1830 ; curé des Déserts, le 1er juin 1833 ; curé de Cruet, le 15 février 1842 ; mort, le 12 septembre 1857, à l'âge de 55 ans 9 mois 17 jours.

SAINT-GERMAIN Jean-Louis, né à Saint-Pierre d'Albigny, le 25 septembre 1852 ; ordonné prêtre, le 22 mai 1880 ; autorisé à remplir le saint ministère dans le diocèse d'Annecy, la même année ; nommé vicaire et aumônier des Sourds-Muets, à Cognin, le 15 avril 1882 ; vicaire à Massingy, le 15 mars 1886 ; vicaire à Albens, le 1er juin 1888 ; curé d'Hauteville, en août 1892.

SEVEZ Antoine, né au Bourget-du-Lac, le 21 janvier 1812 ; ordonné prêtre, le 10 mars 1838 ; nommé vicaire à Coise, le 19 mars 1838 ; professeur au petit séminaire du Pont-de-Beauvoisin, le 4 novembre 1839 ; vicaire aux

Déserts, le 1ᵉʳ novembre 1841 ; vicaire à Cruet, le 2 juin 1842 ; vicaire à la Motte-Servolex, le 8 février 1844 ; curé de Bellecombe, le 15 mai 1848 ; vice-archiprêtre, le 15 décembre 1856 ; archiprêtre, le 16 mai 1857 ; curé et vice-archiprêtre de Ruffieux, le 4 juillet 1857 ; curé de Cruet, le 15 mai 1863 ; curé du Tremblay, le 14 février 1868 ; mort, le 28 avril 1885.

SARDE DE LA FOREST Pierre-François, né à la Motte-Montfort (Servolex), le 29 août 1756 ; ordonné prêtre, en 1783 ; curé de la Motte-Montfort, en 1792 ; prêta d'abord le premier serment à la Révolution ; émigra ensuite à Turin et se rétracta ; fut nommé curé des Échelles, le 3 décembre 1806, et mourut, le 2 janvier 1815.

SIBUET Jacques-Émile, né à Saint-Vital, en 1859 ; entré dans la congrégation des Missions étrangères ; parti pour la mission du Coïmbatour, le 19 novembre 1884.

SIMIEN Jacques, né à Chambéry, le 7 février 1760 ; ordonné prêtre, en 1788 ; ancien mineur conventuel sous le nom de Frère Antoine, en 1792 ; émigra en Piémont, après avoir refusé le serment à la Révolution ; fut un des huit prêtres qui s'offrirent aux vicaires généraux de revenir en Savoie pour porter les secours de la religion aux fidèles, en 1797 ; fut saisi et déporté à l'île de Rhé, en 1799. Après le rétablissement du culte, il fut nommé vicaire aux Echelles, le 23 novembre 1807 ; curé de Gerbaix, en 1810, et mourut, le 27 décembre 1843.

SIMON Jules-Marie, né à la Biolle ; autorisé à prendre l'habit de religieux à la Chartreuse de Sélignac, le 30 décembre 1876.

SIMOND Jean-Louis, né à Samoëns, le 20 octobre 1789 ; ordonné prêtre, le 1ᵉʳ août 1812 ; nommé vicaire à Yenne, le 4 août 1812 ; vicaire à Genève, le 1ᵉʳ mars

1813 ; curé de Bonne, le 5 mai 1817 ; archiprêtre et curé de Rumilly, le 1er octobre 1819 ; chanoine honoraire, le 9 octobre 1861 ; décédé à Rumilly, le 26 mai 1876, à l'âge de 87 ans.

SIMONOD Georges, né à Rumilly, le 22 février 1832 ; nommé professeur au collège de Rumilly, le 1er novembre 1856 ; ordonné prêtre, le 20 décembre 1856 ; aumônier de la Charité, en 1872 ; retiré, en 1882.

SIRUGUET Louis-Albert, né à Thumeries (Nord), en 1847 ; ordonné prêtre, en 1870 ; nommé par Mgr Leuillieux vicaire général et chanoine honoraire, en 1881 ; décédé à l'archevêché de Chambéry, le 31 mars 1884.

SOCQUET François, né à la Chapelle-Blanche, le 17 mars 1854 ; ordonné prêtre, le 21 décembre 1878 ; nommé directeur de la Maîtrise, le 1er janvier 1879 (en fonctions depuis la Toussaint 1878) ; autorisé à remplir les fonctions de professeur à l'étranger, en 1882.

SOCQUET Pierre-Charles, né à la Chapelle-Blanche, le 29 octobre 1838 ; ordonné prêtre, le 30 mai 1863 ; nommé vicaire à Cusy, le 22 juin 1863 ; professeur au collège de Rumilly, le 15 octobre 1865 ; vicaire à Albens, le 12 octobre 1866 ; retiré malade, le 28 décembre 1866 ; nommé curé de Villard-Sallet, le 2 mai 1871 ; curé de la Trinité, le 1er juillet 1882.

SONDAZ François-Joseph, né à Rumilly, le 25 juin 1862 ; ordonné prêtre, le 19 juin 1886 ; étudiant à Lyon, la même année ; étudiant à Grenoble, en 1887 ; nommé professeur au petit séminaire de Saint-Pierre d'Albigny, en 1888.

SONDAZ Joseph, né à Rumilly, le 26 décembre 1847 ; ordonné prêtre, le 16 juillet 1871 ; nommé professeur au petit séminaire du Pont-de-Beauvoisin, le 18 octobre

1871 ; professeur de rhétorique au collège de Rumilly, en 1872 ; professeur de philosophie dans le même établissement, en 1876.

SOUBEIRON Pierre, né à Rochemolle, le 20 octobre 1764 ; ordonné prêtre, en 1780 ; nommé curé des Marches, le 30 août 1814.

SUARÈS Pierre-François, né à Ugine, le 11 juillet 1767 ; ordonné prêtre, en 1790 ; vicaire à Rumilly, en 1792 ; nommé curé de Giers, le 1er février 1807 ; ensuite professeur à Chambéry ; mort, le 4 février 1816.

SUAREZ Jean-Claude, né à Saint-Sigismond, le 20 janvier 1803 ; ordonné prêtre, le 20 mai 1826 ; nommé professeur de 5e et 6e au petit séminaire du Pont-de-Beauvoisin, le 1er novembre 1822 ; entré novice chez les Capucins, le 3 novembre 1824 ; reçu profès, en novembre 1825 ; sécularisé, le 9 septembre 1831 ; nommé vicaire à Chindrieux, le 20 décembre 1831 ; curé de Plancherine, le 25 juillet 1834 ; retiré à Saint-Sigismond, le 1er avril 1856 ; mort, à Saint-Sigismond, le 17 août 1865, à l'âge de 62 ans 6 mois 27 jours.

SUCHARD François-Marie, né à Amancy, le 3 février 1780 ; ordonné prêtre, le 14 août 1809 ; nommé vicaire à Sallanche, le 18 août 1809 ; puis curé de Chevron ; enfin curé de Motz et archiprêtre de l'archiprêtré de Ruffieux ; mort par l'effet d'une apoplexie foudroyante, le 19 octobre 1846. M. Suchard était un bon prêtre, prudent, généralement estimé et digne de l'être ; il a légué 300 fr. à l'archevêque pour le séminaire.

SYLVOZ Jacques-Antoine, né à Grésy-sur-Isère, le 9 novembre 1789 ; ordonné prêtre, le 12 juin 1813 ; nommé curé d'Hauteluce ; mort à la fin d'août 1814.

SYLVOZ Henri-Hippolyte, né à Grésy-sur-Isère, vers 1848 ; ordonné prêtre, le 7 juillet 1872 ; nommé professeur au Pont-de-Beauvoisin, le 1er octobre 1872 ; vicaire à Aix-les-Bains, en décembre 1874 ; vicaire à Saint-Innocent, le 1er novembre 1878 ; mort, à Aix-les-Bains, le 4 février 1879.

T

TAMPION Alexis, né à Saint-Genix, le 3 octobre 1825 ; ordonné prêtre, le 14 juin 1851 ; nommé vicaire à Oncin, le 23 juin 1851 ; vicaire à Belmont, le 20 janvier 1853 ; vicaire à Châteauneuf, le 10 novembre 1853 ; vicaire à la Biolle, le 20 septembre 1855 ; vicaire au Pont-de-Beauvoisin, le 30 janvier 1858 ; curé du Noyer, le 19 mai 1863 ; curé de Belmont, le 20 juin 1872 ; mort, le 28 septembre 1890.

TARDY Félix, né à Puygros, en 1866 ; entré dans la congrégation des Missions étrangères ; parti pour la mission du Tong-King occidental, en 1889.

TARDY Maurice, né à Chambéry, le 17 décembre 1811 ; ordonné prêtre, le 14 mars 1835 ; nommé vicaire au Bourget-du-Lac, le 20 mars 1835 ; entré chez les Missionnaires diocésains de Myans, le 1er octobre 1839 ; nommé curé de Bissy, le 15 janvier 1842 ; archiprêtre et curé du Pont-de-Beauvoisin, le 29 octobre 1867 ; démissionnaire, le 10 novembre 1872 ; mort, à Chambéry, le 10 février 1878.

TASSET Joseph, né au Noyer, le 26 juillet 1764 ; ordonné prêtre, en 1788 ; vicaire à Desingy, en 1792 ; intrépide missionnaire au Noyer, puis à Cernex, pendant la Révolution ; fut nommé curé de Leschaux, le 10 août 1803 ; curé de Menthon, le 1er juillet 1812 ; mort, dans cette paroisse, en 1836. Son nom est resté celui d'un prêtre admirable par son zèle et par sa foi.

TELLIER Marie-Jean, né à Conflans, le 24 juin 1791 ; ordonné prêtre, le 11 mars 1815 ; nommé vicaire à Marigny, bientôt après son ordination ; mort, le 13 décembre 1817.

TERRASSON Christophe, né à Saint-Genix, le 18 septembre 1753 ; ordonné prêtre, en 1779 ; refusa le serment à la Révolution ; fut arrêté, en 1799, et conduit à l'île de Rhé ; fut nommé curé d'Avressieux, le 4 décembre 1805 ; curé de Saint-Maurice de Rotherens, le 1er septembre 1817 ; mourut, le 7 juin 1820.

TERRIER Charles-Pierre, né à Saint-Pierre d'Albigny, le 5 octobre 1830 ; ordonné prêtre, le 2 juin 1855 ; nommé vicaire à Coise, le 13 décembre 1855 ; parti pour le diocèse de Saint-Paul, au Brésil, le 10 juin 1858 ; nommé professeur de théologie, d'histoire et de géographie au séminaire de Saint-Paul, en 1871 ; mort dans cette ville, quelques années après.

TERPAND Jean-Baptiste, né à Chambéry, le 17 novembre 1863 ; ordonné prêtre, le 4 juin 1887 ; nommé aumônier du Juvénat des Capucins, à la Roche-sur-Foron, la même année ; professeur à l'Externat de Saint-François de Chambéry, en 1889.

THEVENET Jacques, né à Motz, le 21 septembre 1735 ; ordonné prêtre, en 1765 ; curé d'Étersy, en 1792 ; réintégré curé de la même paroisse, le 21 août 1803 ; mort, le 21 avril 1808.

THIEVENAZ Pierre, né à Entremont-le-Jeune, le 18 janvier 1823 ; préfet d'étude au petit séminaire de Saint-Nicolas du Chardonnet, à Paris, le 1er novembre 1845 ; ordonné prêtre, le 20 mars 1847 ; nommé vicaire à Lémenc, le 30 mars 1847 ; cédé à l'évêque d'Orléans, Mgr

Dupanloup, et parti, le 6 février 1850 ; excorporé en faveur de Mgr d'Orléans, le 14 septembre 1852 ; nommé chanoine honoraire de la cathédrale d'Orléans ; directeur des études au collège national de Chambéry, en 1855 ; professeur au collège d'Albertville, le 1ᵉʳ novembre 1859 ; curé de Corbel, le 5 août 1860 ; curé de Saint-Christophe de la Grotte, le 1ᵉʳ octobre 1861 ; vice-archiprêtre, le 25 septembre 1861 ; curé de Challes-les-Eaux, le 4 août 1884.

THIOLLAZ (Mgr Claude-François de), né à Chaumont, le 8 avril 1752 ; ordonné prêtre, à Paris, en 1776 ; docteur de Sorbonne ; chanoine, puis prévôt du Chapitre de Genève, à Annecy, et vicaire général du diocèse, avant la Révolution ; continua d'exercer cette dernière fonction durant toute la persécution. Ayant rédigé, après la proclamation des commissaires conventionnels du 8 février 1793, une déclaration très énergique qui traçait au clergé la conduite à tenir désormais, il fut saisi, le 20 de ce même mois, sur la route qui menait d'Annecy à Montpont, avec son collègue M. Besson, ramené en cette ville, conduit à Chambéry, et condamné à la déportation.

Mgr Billiet, dans ses *Mémoires pour servir à l'histoire du diocèse de Chambéry*, raconte en ces termes les péripéties qui marquèrent l'exécution de cette condamnation : « Les représentants du peuple donnèrent immédiatement des ordres pour les faire conduire par les gendarmes jusqu'à Bordeaux. Lorsqu'ils furent arrivés à la Tour-du-Pin, M. Mathieu, perruquier d'Annecy, qui les suivait officieusement, trouva moyen de les faire sortir, pendant la nuit, de la chambre où on les avait enfermés. Ils marchèrent à pied, toute la nuit, du côté de Belley, tandis qu'ils eurent des forces. Ayant aperçu un hameau à quelque distance, ils y envoyèrent M. Mathieu pour y chercher des provisions et des montures et s'assirent en attendant derrière une haie. Après un long retard, ils entendirent des pas de chevaux sur la route. M. de Thiollaz passe la haie en disant : *C'était bien temps;* il se trouva entre les mains des gendarmes qui le poursuivaient. M. Besson eut le temps de s'évader. Le prévôt fut ramené à Chambéry et traité durant le trajet avec une grossière dureté. On assure qu'en arrivant il traversa la ville attaché à la queue du cheval du gendarme. Traduit devant les juges, il eut à subir un nouvel interrogatoire ; il y répondit avec noblesse et fermeté. On lui présenta une lettre qu'il avait écrite à M. Gallay, prieur de Douvaine, dans laquelle il disait : « La crainte de la Guyane est une chimère. — Hé bien, « lui dit le président, la crainte de la Guyane est-elle « encore une chimère ? — Peut-être, répondit-il. »

« On le fit repartir de suite pour Bordeaux. Son fidèle Mathieu le suivait d'assez près pour ne pas le perdre de vue, et d'assez loin pour ne pas exciter des soupçons. Arrivé à Bordeaux, épuisé de privations et de fatigues, il tomba malade dans la prison. Il eut en même temps la douleur d'apprendre la mort de sa mère, Mme Louise de la Faverge de Cormand. Durant ce temps, M. Mathieu réussit à intéresser en sa faveur une dame d'un rang distingué ; par sa protection, il trouva moyen de ménager l'évasion du prisonnier et de le faire embarquer sur un vaisseau de Hambourg, qui le conduisit à Ostende, d'où il se rendit à Lausanne. »

Après la prise de possession de son siège, à Chambéry, Mgr des Moustiers de Mérinville nomma M. de Thiollaz son vicaire général et prévôt du Chapitre de sa cathédrale, le 14 août 1803. Mgr de Solle le maintint ensuite dans ces mêmes fonctions, qu'il conserva jusqu'en 1822.

Après la création du diocèse d'Annecy, qui eut lieu

dans cette dernière année, le digne et vaillant confesseur de la foi en fut sacré évêque, à Turin, le 27 avril 1823. « En ce prélat, dit M. le chanoine Ruffin dans sa *Vie de Mgr Pierre Rey,* on vit revivre les grands pontifes qui, depuis saint François de Sales, avaient répandu tant d'éclat sur Annecy, où ils avaient établi leur résidence. Son nom, sa renommée, les fers portés pour la foi, sa haute raison, la fermeté de son caractère, ses vertus apostoliques, l'avaient entouré d'une vénération universelle. Quoique avancé en âge, il montra, pendant les neuf années de son épiscopat, une activité qui eut semblé extraordinaire de la part d'un jeune évêque. » Mgr de Thiollaz mourut, le 14 mars 1832.

THOMAS-CLERC Jean-Louis, né à Lucey, le 8 mars 1852 ; ordonné prêtre, le 10 juin 1876 ; nommé professeur au petit séminaire de Saint-Pierre d'Albigny, le 1er octobre 1876.

THOMASSET Fabien, né à Rumilly, le 4 avril 1817 ; ordonné prêtre, le 21 mai 1842 ; nommé vicaire à École, le 17 juin 1843 ; vicaire à Saint-Pierre d'Albigny, le 21 juillet 1851 ; curé de Lescheraine, le 15 mars 1856 ; curé de Châteauneuf, le 21 juin 1862 ; mort à la cure de Maché, le 11 novembre 1880, laissant la réputation d'un bon prêtre et vivement regretté de ses nombreux amis.

THOMASSIER Eugène, né à Saint-Pierre de Curtille, le 17 mars 1855 ; ordonné prêtre, le 29 avril 1878 ; nommé préfet d'étude à Rumilly, le 1er janvier 1879 ; vicaire à la Table, le 1er avril 1879 ; vicaire à Coise, le 3 novembre 1880 ; vicaire à Saint-François de Sales de Chambéry, en 1882 ; curé de Trévignin, le 1er octobre 1889.

THOUVARD Antoine-François, né à la Chapelle-Blanche, le 26 janvier 1830 ; ordonné prêtre, le 2 juin 1855 ; nommé vicaire au Châtelard, le 18 juillet 1855 ;

vicaire à Myans, le 18 novembre 1859 ; vicaire à la Motte-Servolex, le 9 mai 1860 ; vicaire de Saint-François de Sales de Chambéry, le 30 novembre 1861 ; curé d'Arvillard, le 13 juin 1868 ; archiprêtre et curé de Chindrieux, le 1er décembre 1873 ; archiprêtre et curé de Montmélian, le 2 mars 1882.

TILLET Jean, né à Massingy, le 4 novembre 1864 ; ordonné prêtre, le 23 mai 1891 ; nommé surveillant au collège de Rumilly, la même année ; vicaire à Serrières, le 5 février 1892.

TIOLLIER Charles, né à Chambéry, le 10 février 1810 ; ordonné prêtre, le 1er juin 1833 ; vicaire de Saint-François de Sales de Chambéry, le 5 mars 1836 ; curé de Chignin, le 1er juillet 1840 ; curé du Bourget-du-Lac, le 26 juin 1855 ; archiprêtre et curé des Échelles, le 4 février 1863 ; chanoine honoraire, le 25 juin 1877 ; chanoine titulaire, le 8 janvier 1883 ; mort, le 28 août 1885.

TISSOT Amédée, né à Saint-Alban, le 29 octobre 1851 ; ordonné prêtre, le 18 juillet 1875 ; nommé vicaire à Aix-les-Bains, le 13 octobre 1875 ; chapelain à Saint-Louis des Français, à Rome, le 15 décembre 1875 ; de nouveau vicaire à Aix-les-Bains, le 1er septembre 1877 ; secrétaire de l'archevêché, pendant la vacance du siège, en 1880 ; professeur au grand séminaire de Chambéry, en 1881.

TISSOT Antoine, né à Sainte-Hélène du Lac, en 1849 ; ordonné prêtre, le 12 juillet 1874 ; nommé vicaire à Cognin, en octobre 1874 ; vicaire à Chindrieux, en décembre 1874 ; vicaire au Bourget-du-Lac, le 1er août 1877 ; curé de Verel-Pragondran, le 10 juillet 1884.

TISSOT Charles, né aux Échelles, le 4 août 1817 ; ordonné prêtre, le 10 juin 1843 ; nommé vicaire à Arith, le 23 juin 1843 ; vicaire à Moye, le 8 septembre 1846 ;

curé de Tournon, le 1ᵉʳ juillet 1857 ; mort à Tournon, le jour des Saints Innocents, le 28 décembre 1875.

TISSOT Claude, né à Moye ; autorisé à faire partie du clergé du diocèse d'Autun, par lettre du 5 novembre 1845.

TISSOT François, né à Vers (Genevois), le 12 juillet 1838 ; ordonné prêtre, le 8 juillet 1866 ; nommé vicaire à la Biolle, le 12 août 1866 ; curé d'Épersy, le 10 septembre 1874 ; aumônier de l'asile des Aliénés de Bassens, le 1ᵉʳ décembre 1883.

TISSOT François-Léon, né à Vers, le 14 octobre 1843 ; ordonné prêtre, le 11 juin 1870 ; nommé professeur au petit séminaire du Pont-de-Beauvoisin, le 1ᵉʳ juillet 1870 ; précepteur chez M. le comte Bernard de Menthon d'Aviernoz, en octobre 1873 ; précepteur chez M. le préfet de Chambéry, le 1ᵉʳ novembre 1876 ; précepteur chez M. de la Plagne, en octobre 1877 ; vicaire à Saint-François de Sales de Chambéry, le 1ᵉʳ novembre 1879 ; aumônier de l'asile des Aliénés de Bassens, en 1881 ; aumônier du lycée de Chambéry, en 1883.

TISSOT Jean-Claude, né à Maché, le 2 janvier 1827 ; entré chez les Oblats de Marie, à Marseille, le 12 mai 1848 ; ordonné prêtre, le 29 juin 1851 ; dispensé de ses vœux, le 8 août 1866 ; nommé vicaire à Maché, le 17 février 1867 ; vicaire à Rumilly, le 1ᵉʳ mars 1868 ; aumônier de la filature de soie, au Beton, le 21 juin 1875 ; retiré malade, en août 1876 ; nommé aumônier des Prisons et second directeur spirituel du lycée de Chambéry, le 10 octobre 1877 ; aumônier de l'École normale de filles, à Rumilly, le 1ᵉʳ février 1878 ; de nouveau retiré malade, le 1ᵉʳ septembre 1879 ; nommé vicaire à Barby, en 1881 ; curé de la même paroisse, en 1886.

TISSOT Jean-Louis, né à Moye, le 10 décembre

1849 ; ordonné prêtre, le 20 septembre 1873 ; nommé professeur de grammaire à Saint-Pierre, le 6 octobre 1873 ; directeur du grand séminaire de Chambéry, le 10 août 1874 ; autorisé à remplir la fonction de précepteur à l'étranger, le 1er novembre 1876 ; nommé curé de Presle, le 7 novembre 1889.

TISSOT Julien-Joseph, né à Crolles, le 12 juillet 1814 ; ordonné prêtre, le 1er juin 1844 ; nommé vicaire à Héry-sur-Alby, le 15 octobre 1844 ; curé d'Héry-sur-Alby, le 10 janvier 1858 ; décédé, le 25 juillet 1865, à l'âge de 51 ans 13 jours.

TOGNET-MARCET, né à la Chambre, le 28 novembre 1763 ; ordonné prêtre en 1787 ; religieux Dominicain en 1792 ; nommé curé de Verrens, le 27 septembre 1805 ; mort, le 15 juin 1834.

TOGNON Jacques, né à Saint-Beron, le 5 septembre 1754 ; ordonné prêtre en 1780 ; résidant à la Palud, en 1803.

TOURNIER Marie-Étienne-Joseph, né à Chambéry, le 19 août 1835 ; ordonné prêtre, le 19 décembre 1868 ; nommé vicaire à Massingy, le 14 novembre 1869 ; vicaire à Grésy-sur-Isère, le 28 octobre 1871 ; vicaire au Châtelard, en 1873 ; curé de Rochefort, le 1er mai 1875 ; curé d'Epersy, le 15 décembre 1883.

TOURNIER Pierre, né à Billième, le 22 mai 1803 ; reçu docteur en théologie, à Turin, le 19 mai 1828 ; ordonné prêtre, le 13 juin 1829 ; nommé vicaire à Saint-François de Sales de Chambéry, le 18 juin 1829 ; curé de Châteauneuf, le 13 décembre 1832 ; archiprêtre, le 18 avril 1836 ; archiprêtre et curé de Montmélian, le 6 décembre 1838 ; professeur de philosophie au grand séminaire de Chambéry, le 15 janvier 1839 ; vice-promoteur de l'officialité diocésaine, le 18 février 1843 ; administrateur des Hospices, le 10 avril 1843 ; professeur de théologie, le 31 octobre 1843 ; chanoine honoraire, le 6 mai 1845 ; promoteur de l'officialité diocésaine, le 10 mai 1845 ; préfet des études au collège national de Chambéry, le 15 novembre 1848 ; official diocésain, le 5 septembre 1850 ; chanoine titulaire, le 30 janvier 1851 ; archiprêtre et curé de Saint-François de Sales de Chambéry, le 11 mars 1858 ; démissionnaire, le 26 octobre 1877 ; de nouveau chanoine titulaire, le 15 novembre 1877 ; archidiacre, le 24 novembre 1877 ; mort à Billième, le 13 octobre 1882.

TOURNIER Pierre-François, neveu du précédent, né à Billième, le 17 avril 1840 ; ordonné prêtre à Paris, le 10 juin 1865 ; nommé vicaire à Yenne, le 3 juillet 1865 ; vicaire à Albens, le 1er janvier 1867 ; vicaire à Notre-Dame de Chambéry, le 26 août 1867 ; frappé d'apoplexie en chaire et décédé, le même jour, dimanche 9 août 1868, à l'âge de 28 ans 3 mois 22 jours.

TRABICHET Jacques, né à Vailly (Chablais), le 28 octobre 1796 ; ordonné prêtre, le 22 mars 1822 ; nommé vicaire à Notre-Dame de Chambéry, le 15 février 1824 ; curé de Saint-Ombre, le 21 mars 1829 ; curé d'Arvillard, le 28 septembre 1834 ; curé de Bloye, le 15 novembre 1858 ; décédé le jour de Noël, 1873.

TRAVERS Antoine, né à Rumilly, le 26 avril 1858 ; ordonné prêtre, le 30 mai 1885 ; autorisé à remplir la fonction de professeur à l'étranger, la même année ; nommé vicaire à Saint-Baldoph, le 14 novembre 1886 ; vicaire à Entremont-le-Vieux, le 14 août 1887 ; autorisé de nouveau à remplir la fonction de professeur à Marseille, en 1888.

TRAVERS Jean-Claude, né à Saint-Félix, le 28 février 1826 ; ordonné prêtre, le 16 mars 1850 ; nommé vicaire à Thoiry, le 18 avril 1850 ; vicaire à Novalaise, le 1er décembre 1850 ; vicaire à Montmélian, le 20 juillet

1859 ; curé de Cléry, le 26 avril 1864 ; curé de Sonnaz, le 30 août 1875 ; décédé, le 1er juillet 1892.

TRAVERSAZ Antoine, né à Orelle (Maurienne), le 24 juin 1790 ; ordonné prêtre, le 18 septembre 1813 ; nommé vicaire à la Rochette, le 1er octobre 1813 ; curé de la Trinité, le 18 avril 1816 ; mort, le 5 mars 1853, à l'âge de 62 ans 8 mois 11 jours.

TREPIER Félix, né à Pontcharra, le 24 septembre 1747 ; ordonné prêtre, en 1773 ; nommé curé de Saint-Martin-de-Villard, le 25 avril 1804.

TREPIER François, né à Aillon-le-Jeune, le 22 décembre 1814 ; ordonné prêtre, le 21 mai 1842 ; vicaire à à Notre-Dame de Chambéry, le 22 novembre 1844 ; retiré chez lui, pour cause de maladie, le 1er novembre 1847 ; autorisé à remplir la fonction de précepteur chez Mme de Vignet, à Franquières, en 1848 ; retiré de nouveau, en 1865 ; nommé aumônier des prisons de Chambéry, la même année ; aumônier de l'Hôpital militaire, le 1er juillet 1875 ; chanoine honoraire, le 1er novembre 1879 ; décédé, le 9 mars 1892.

TREPIER Jean-Marie, né à Aillon-le-Jeune, le 19 décembre 1865 ; ordonné prêtre, le 20 juillet 1890 ; nommé professeur au collège de Rumilly, la même année.

TRIQUET François, né à Moye, le 19 décembre 1833 ; ordonné prêtre, le 29 mai 1858 ; nommé professeur de grammaire au petit séminaire du Pont-de-Beauvoisin, le 15 janvier 1858 ; vicaire à Domessin le 20 octobre 1858 ; parti pour le séminaire des Missions étrangères, le 17 juin 1861 ; nommé supérieur du séminaire de Coïmbatour, dans l'Inde anglaise, en 1868 ; supérieur du sanatorium de la congrégation, à Aix-en-Provence, en 1884 ; mort, dans cet établissement, le 6 février 1885.

TRUFFET (Mgr Jean-Benoît). Voir la première partie de cet ouvrage, page 280.

TURINAZ (Mgr Charles-François). Voir la première partie de cet ouvrage, page 290.

TURINAZ (Mgr Jean-François-Marcellin). Voir la première partie de cet ouvrage, page 275.

TURINAZ Jean-Louis, né au Châtelard, le 5 février 1800 ; ordonné prêtre, le 28 mai 1825 ; reçu docteur en théologie, à Turin, le 21 mai 1827 ; nommé vicaire à Montmélian, le 28 juin 1827 ; professeur de philosophie et directeur au grand séminaire de Chambéry, le 14 octobre 1827 ; chanoine honoraire, le 10 mai 1830 ; membre de la Société académique de Savoie, le 23 décembre 1831 ; vice-official, le 28 octobre 1834 ; professeur de théologie, le 1er novembre 1835 ; chanoine titulaire, le 12 avril 1841 ; vicaire général, le 16 avril 1841 ; official métropolitain, le 10 février 1843 ; décédé, à Yenne, le 8 mai 1847, à l'âge de 47 ans 3 mois 3 jours, après une maladie de cinq jours, contractée en accompagnant l'archevêque dans sa visite pastorale.

TURINAZ Édouard-Joseph, né au Châtelard, le 28 mars 1842 ; ordonné prêtre, le 10 juin 1863 ; nommé professeur au petit séminaire de Saint-Pierre d'Albigny, le 10 juin 1865 ; vicaire au Bourget-du-Lac, le 1er octobre 1865 ; mort, le 8 juin 1867, à l'âge de 25 ans 2 mois 10 jours.

V

VACHAUD François, né à Montmélian, le 15 juillet 1808 ; ordonné prêtre, le 24 juillet 1831 ; nommé vicaire à la Motte-Servolex, le 1er août 1831 ; vicaire à Maché, le 18 juillet 1832 ; curé de Villard-Sallet, le 30 novembre 1835 ; curé de Verel-de-Montbel, le 20 mars 1837 ; curé de Saint-Offenge-Dessus, le 2 janvier 1858 ; retraité, le 1er décembre 1863 ; mort, le 4 mai 1867, à l'âge de 58 ans 9 mois 19 jours.

VACHET Joseph, oncle de Mgr Dupanloup, né à Annecy, le 1er novembre 1755 ; ordonné prêtre, en 1785 ; vicaire à Arith, en 1792 ; résista à la Révolution ; fut nommé curé de Saint-François de Sales en Bauges, le 10 août 1803 ; curé des Ollières, le 28 septembre 1815 ; mort, en cette paroisse, en 1837.

VAGNEUX Jean-François, né à Annecy (on trouve aussi né à Menthon), le 3 juillet 1751 ; ordonné prêtre, en 1774 ; religieux Capucin, sous le nom de Père Joseph, avant la Révolution ; nommé curé de Saint-Pierre de Curtille, le 31 août 1803 ; ensuite curé de Saint-Eusèbe ; mort, le 22 février 1809.

VALLET Anthelme-Claude, né à Oncin, le 6 juin 1866 ; ordonné prêtre, le 11 juin 1892 ; étudiant à Lyon, la même année.

VALLET Jacques, né à Oncin, le 18 octobre 1812 ; ordonné prêtre, le 11 mars 1837 ; nommé vicaire à Grésy-sur-Isère.

VALLET Pierre, né à Chambéry, le 10 septembre 1812 ; ordonné prêtre, le 21 septembre 1839 ; nommé vicaire à la Motte-Servolex, le 25 septembre 1839 ; professeur au petit séminaire de Saint-Louis du Mont, le 1er novembre 1841 ; vicaire à Rumilly, le 24 octobre 1843 ; curé des Déserts, le 28 octobre 1850 : curé d'Arbin, le 28 juillet 1856 ; vice-archiprêtre, le 22 septembre 1872 ; mort, à Chambéry, le 11 août 1876.

VALLET Pierre, né à Oncin, le 30 mars 1821 ; reçu docteur en théologie à l'Université de Turin, le 3 août 1846 ; nommé professeur de rhétorique et d'humanités au collège du Pont-de-Beauvoisin, le 1er novembre 1846 ;

ordonné prêtre, le 19 décembre de la même année ; nommé professeur de physique et de mathématiques au grand séminaire de Chambéry, le 1er octobre 1847 ; chanoine honoraire, le 15 novembre 1862 ; mort, le mercredi saint, 1er avril 1874. Membre effectif de l'Académie de Savoie, il est auteur de plusieurs travaux estimés en géologie, entre autres, de la carte géologique de la Savoie, en collaboration avec MM. Pillet et Lory.

VALLET Pierre-Henri, frère du précédent, né à Oncin, le 28 septembre 1837 ; ordonné prêtre, le 14 juin 1862 ; nommé vicaire à Entremont-le-Vieux, le 19 juillet 1862 ; vicaire au Pont-de-Beauvoisin, le 8 juin 1863 ; curé de Loisieux, le 7 décembre 1869 ; curé d'Arvillard, le 1er décembre 1873 ; archiprêtre et curé de la Motte-Servolex, le 1er décembre 1881.

VAISSELET Joseph, né à Meyrieux ; autorisé à entrer dans la congrégation des Missionnaires de la Salette, par lettres testimoniales du 9 décembre 1890.

VALLIEND Laurent, né le 20 septembre 1765 ; ordonné prêtre, en 1790 ; ancien Grand-Carme ; résidant à la Trinité, après la Révolution ; nommé curé de Chamousset ; puis curé du Vivier, le 20 août 1812 ; mort, le 18 janvier 1829.

VALLIER François, né à Marigny, le 20 août 1782 ; ordonné prêtre, le 17 mai 1811 ; nommé de vicaire à Moûtiers curé des Chapelles, le 25 août 1817 ; curé de Macôt, le 1er août 1822.

VALLOIRE Alexandre, né à Bramans, le 27 septembre 1798 ; ordonné prêtre, le 1er juin 1822 ; nommé vicaire à la Rochette, le 1er juillet 1822 ; supérieur du petit séminaire de Saint-Louis du Mont, le 1er octobre 1823 ; curé de la Rochette, le 1er octobre 1825 ; archiprêtre, le 12 février 1848 ; mort, le 13 avril 1862, à l'âge de 63 ans 6 mois 16 jours.

VANNI Adam-Barthélemi-Christian, né à Chambéry, le 17 septembre 1815; ordonné prêtre, le 9 juin 1838; nommé vicaire à Saint-François de Sales de Chambéry, le 12 juin 1838; entré chez les Jésuites, le 13 novembre 1840; sorti, le 1er septembre 1845; nommé aumônier des Frères des Écoles chrétiennes, le 5 octobre 1845; curé d'Oncin, le 4 juin 1848; curé de Méry, le 18 septembre 1852; entré chez les Carmes déchaussés, à Carcassonne, le 15 février 1854; nommé curé de Chignin, le 26 juin 1855; aumônier des Frères des Écoles chrétiennes, le 1er octobre 1869; retiré, en 1892.

VARET Louis-Gabriel-Joseph, né à Cravant (Yonne), le 26 mai 1841; ordonné prêtre, le 26 mai 1866; nommé vicaire à Avalon, le 1er juillet 1866; curé de Sermizelle et de Blamay, le 1er décembre 1869; secrétaire particulier de Mgr Pichenot, évêque de Tarbes, son oncle, le 1er septembre 1870; secrétaire général de l'archevêché de Chambéry, le 18 septembre 1873; chanoine honoraire, le 1er octobre 1873; pro-vicaire général, le 26 novembre 1877; chanoine titulaire, le 1er avril 1878.

VELLET François, né à Yenne, le 9 mars 1849; ordonné prêtre, le 18 juillet 1875; nommé vicaire aux Déserts, le 1er août 1875; vicaire à la Table, le 1er juillet 1879; curé d'Entremont-le-Jeune, le 16 septembre 1884.

VENAT Maurice, né à Chambéry, le 7 septembre 1839; nommé professeur au petit séminaire du Pont-de-Beauvoisin, le 3 novembre 1862; sous-directeur de la Maîtrise, en 1869; directeur de la Maîtrise, en novembre 1871; précepteur chez M. de Gombert, le 1er août 1875; curé de Bloye, le 1er juillet 1876.

VERJUX Jacques, né à Nâves, le 24 décembre 1778; ordonné prêtre, en 1806; nommé de vicaire à Saint-Pierre d'Albigny curé de Nâves, le 2 janvier 1812.

VERGAIN Jules, né à École, le 4 janvier 1866 ; ordonné prêtre, le 23 mai 1891 ; nommé vicaire à Serrières, en août 1891 ; professeur au collège de Rumilly, le 5 février 1892.

VERNAZ Louis-Antoine-Léon, né à Saint-Jean de Maurienne, le 8 septembre 1816 ; élève de Superga, en 1835, 1839, 1840 ; reçu docteur en théologie, en juin 1837 ; ordonné prêtre, le 21 décembre 1839 ; nommé vicaire à Notre-Dame de Chambéry, le 29 octobre 1840 ; curé de la Trinité, le 25 mars 1853 ; retiré à Chambéry, le 8 novembre 1882 ; mort, le 5 août 1886.

VETTIER François, né à Marigny, le 25 octobre 1824 ; ancien Frère des Écoles chrétiennes ; ordonné prêtre, le 19 décembre 1857 ; nommé professeur au collège de Rumilly, le 15 octobre 1857 ; mort, le 18 janvier 1872, à l'âge de 47 ans 2 mois 23 jours.

VEUILLET Jean-Marie, né à Saint-Pierre de Curtille, le 4 octobre 1813 ; ordonné prêtre, le 27 mars 1841 ; nommé vicaire à Chindrieux, le 7 mai 1841 ; vicaire à Oncin, le 16 décembre 1842 ; vicaire à Étable, le 5 août 1844 ; vicaire à Grésy-sur-Isère, le 20 mars 1848 ; curé d'Épersy, le 3 janvier 1855 ; curé de Sainte-Marie d'Alvey, le 18 août 1858 ; curé de Jongieux, le 23 juillet 1862 ; retraité, le 31 janvier 1878 ; mort à Chambéry, le 13 janvier 1883.

VEYRET Benoît, né au Bourget-du-Lac, le 22 juin 1746 ; ordonné prêtre, en 1773 ; résidant au Bourget, après la Révolution ; mort, le 10 juin 1819.

VIAL François, né à Villaroux, le 14 janvier 1856 ; ordonné prêtre, le 22 mai 1880 ; nommé vicaire à Étable, la même année ; vicaire à la Rochette, le 1er janvier 1884 ; vicaire à Saint-Genix, le 24 octobre 1888 ; curé de Rochefort, le 10 novembre 1891.

VIBERT (Mgr François-Marie). Voir la première partie de cet ouvrage, page 120.

VIBOUD Anthelme, né à Chignin, le 4 février 1824 ; ordonné prêtre, le 8 avril 1848 ; nommé vicaire à la Motte-Servolex, le 17 mai 1848 ; aumônier du pensionnat des Frères de la Motte-Servolex, le 8 septembre 1855 ; curé de Bissy, le 26 octobre 1867 ; archiprêtre et curé de Saint-Pierre d'Albigny, le 1er mars 1875 ; mort, le 30 mars 1888.

VIBOUD Joseph, né à Chambéry, le 28 mars 1831 ; ordonné prêtre, le 20 décembre 1856 ; nommé professeur d'humanités au petit séminaire de Saint-Pierre d'Albigny, le 3 novembre 1856 ; directeur du même établissement, le 21 octobre 1867 ; curé de Bassens, le 27 août 1869 ; curé de la Ravoire, le 10 mars 1874.

VIBOUD-VERDUN Anthelme, né à Chignin, le 25 février 1815 ; ordonné prêtre, le 21 septembre 1839 ; nommé vicaire à la Rochette, le 5 octobre 1839 ; vicaire à Rumilly, le 9 mars 1841 ; retiré à Paris, le 20 octobre 1843, et de là, à Rome, en 1844 ; précepteur chez M. le comte Raoul Costa, le 20 août 1849 ; curé de Saint-Jean de Couz, le 16 septembre 1853 ; curé de Cruet, le 5 décembre 1857 ; mort subitement, le 16 avril 1873, à l'âge de 48 ans 1 mois 21 jours.

VILLARD Daniel, né à Montmélian, le 24 mars 1848 ; ordonné prêtre, le 12 mars 1881.

VILLARD Jean-Baptiste, né à Montmélian ; autorisé à entrer chez les Maristes, par lettres du 20 novembre 1848.

VILLERMET François, né à Villard-Sallet, le 15 juin 1857 ; ordonné prêtre, le 3 juin 1882 ; nommé vicaire au Montcel, la même année ; vicaire à Lémenc, en 1884.

VILLOUD Donat, né à Sonnaz, le 21 août 1841 ; ordonné prêtre, le 6 juin 1868 ; nommé vicaire à Cusy, le 6 juillet 1868 ; professeur au petit séminaire de Saint-Pierre-d'Albigny, le 1er octobre 1869 ; vicaire au Bourget-du-Lac, le 23 septembre 1871 ; curé de Verthemex, le 1er juillet 1876 ; curé de la Chavanne, le 9 décembre 1887.

VILLOUD Joseph, né à Chambéry ; autorisé à entrer dans la congrégation des Missionnaires de Notre-Dame du Sacré-Cœur, à Issoudun, par lettres de juin 1891.

VINCENT Guillaume, né à Voglans, le 7 août 1864 ; autorisé à entrer dans l'Ordre de Saint-Jean de Dieu, par lettres du 15 mars 1880.

VIOLLAND François-Marie, né à Thonon ; Capucin du couvent de Sallanches, avant la Révolution ; jureur et apostat, à cette douloureuse époque, méritant, en 1793 et 1794, les tristes éloges de l'administration révolutionnaire de Thonon. Après le Concordat de 1801, il fut nommé curé de Lépin.

VIOLLET Joseph, né à Rumilly, le 2 février 1764 ; ordonné prêtre, le 29 mai 1790 ; nommé vicaire à Nancy sur Cluses, le 10 juin 1790 ; vicaire à Vaux, le 13 novembre 1790 ; émigra en Piémont, le 3 mars 1793 ; revint comme missionnaire à Versonnex, le 10 juillet 1797 ; se cacha dans les environs de Rumilly, du 17 novembre 1797 au 14 septembre 1798, jour où il fut arrêté chez son père ; condamné à la déportation, il arriva à l'île de Rhé, le 27 octobre 1798 ; en sortit, le 1er mai 1800 ; vint à Mûres comme missionnaire, le 1er août 1800 ; fut nommé curé d'Héry-sur-Alby, le 1er janvier 1808 ; chanoine honoraire de la métropole de Chambéry, le 6 décembre 1855 ; chevalier de l'Ordre des SS. Maurice et Lazare, le 9 février 1857 ; mourut, le 4 janvier 1858, à l'âge de 93 ans 11 mois 2 jours.

VIOLLET Pierre-Marie, frère du précédent, né à Rumilly, le 9 septembre 1769 ; diacre, en 1792 ; ordonné prêtre à Sion en Valais, le 7 juin 1801 ; fut nommé de vicaire à Vaux, en 1803, curé de cette paroisse, le 21 mars 1814 ; mourut, en 1848.

VIONNET Claude, né à Grésy-sur-Isère, le 8 juillet 1811 ; ordonné prêtre, le 10 mars 1838 ; nommé vicaire à Saint-Alban, le 20 mars 1838 ; curé de Villard-d'Héry, le 12 février 1847 ; curé des Marches, le 20 juin 1860 ; mort, en cette paroisse, le 29 novembre 1880.

VIONNET Pierre-Marie, né à Grésy-sur-Isère, le 24 octobre 1844 ; ordonné prêtre, le 29 juin 1869 ; nommé vicaire à Belmont, le 28 juillet 1869 ; vicaire aux Marches, le 1er juillet 1870 ; vicaire à Notre-Dame de Chambéry, le 7 février 1873 ; aumônier du Bon-Pasteur, le 1er septembre 1879.

VIONNET Rose-Clément, né à Grésy-sur-Isère, le 25 mars 1849 ; ordonné prêtre, le 29 mars 1873 ; nommé vicaire aux Marches, le 1er avril 1873 ; curé d'Arbin, le 15 octobre 1881 ; retiré, pour cause de maladie, le 22 mars 1883.

VIRET Benoît, né à Moye, le 30 mars 1839 ; ordonné prêtre, le 10 juin 1865 ; nommé vicaire à Saint-Jean de la Porte, le 1er juillet 1865 ; curé de la Motte en Bauges, le 15 octobre 1871 ; curé de Saint-Offenge-Dessous, le 26 janvier 1881.

VIRET Claude, né à Moye, en 1846 ; entré dans la congrégation des Missions étrangères ; parti pour la mission du Kong-Tchéou, en 1869 ; mort à Tong-Tsé, le 1er septembre 1888.

VIRET Claude, né à Moye, le 2 octobre 1855 ; ordonné prêtre, le 20 décembre 1879 ; nommé professeur au petit séminaire de Saint-Pierre d'Albigny, en 1879 ;

professeur au petit séminaire du Pont-de-Beauvoisin, le 22 septembre 1880 ; vicaire à Domessin, le 4 mai 1883 ; vicaire à Saint-Pierre d'Albigny, le 28 octobre 1885 ; curé d'Aillon-le-Vieux, le 24 novembre 1890.

VIRET Jean-Antoine, né le 3 juin 1758 ; ordonné prêtre, en 1783 ; ancien Capucin ; résidant à Moye, en 1803.

VIRET Louis, né à Moye, le 16 août 1842 ; ordonné prêtre, le 6 juin 1868 ; nommé vicaire à Vimines, le 12 juillet 1868 ; vicaire à Saint-Pierre d'Albigny, le 11 octobre 1868 ; professeur au collège de Rumilly, le 12 mars 1872 ; curé de Planaise, le 10 septembre 1877 ; curé de Dulin, le 9 février 1889.

VIRET Pierre, né à Moye, le 26 juillet 1835 ; ordonné prêtre, le 14 juin 1862 ; nommé vicaire à la Biolle, le 13 juillet 1862 ; vicaire à Domessin, le 22 octobre 1865 ; curé de Gerbaix, le 1er avril 1871.

VIRET Pierre, né à Moye, le 24 septembre 1860 ; ordonné prêtre, le 19 juin 1886 ; nommé vicaire à Entremont-le-Vieux, le 1er août 1886 ; vicaire à Saint-Baldoph, le 14 août 1887 ; professeur au collège de Rumilly, en 1888 ; vicaire à Ruffieux, le 6 octobre 1892.

VIVET Antoine, né à Saint-Alban, le 15 juillet 1852 ; ordonné prêtre, le 15 juin 1878 ; nommé vicaire à Barby, la même année ; vicaire à Arvillard, le 1er avril 1881 ; mort à Chambéry, le 23 mai 1882.

VIVIEN Léon, né à Villeneuve-la-Guyard (Yonne), vers 1832 ; ordonné prêtre, à Sens, vers 1856 ; nommé vicaire à Brinon ; curé de Vachy ; aumônier de l'hôpital de Sens ; vicaire général de Mgr Pichenot et chanoine honoraire de la cathédrale de Chambéry, en 1874 ; curé de Saint-Louis des Français, à Moscou, en 1884.

VOIRON Charles, né à Chambéry, le 9 février 1843 ;

ordonné prêtre, le 8 juillet 1866 ; nommé vicaire à Moye, le 10 août 1866 ; professeur de grammaire à Rumilly, le 1er juillet 1868 ; retiré malade, le 15 avril 1871 ; nommé vicaire à Ayn, le 17 août 1872 ; curé de Loisieux, le 1er décembre 1873 ; parti comme aumônier des Sœurs de Saint-Joseph, à Saint-Paul (Brésil), en novembre 1874 ; revenu et nommé vicaire à Thoiry, le 1er juin 1880 ; de nouveau retiré malade, à Saint-Jean de Dieu, à Lyon, en 1881.

VOIRON Joseph-Nicolas, né à Saint-Alban, le 23 mars 1864 ; ordonné prêtre, le 23 mai 1891 ; autorisé à remplir la fonction de professeur à Lyon, la même année.

VOIRON Sébastien, né à Thoiry, le 5 avril 1748 ; ordonné prêtre, en 1774 ; résidant à Chambéry, où il avait le titre de chantre d'honneur de la cathédrale, avant la Révolution ; mort, le 3 mai 1830, après avoir été depuis longtemps frappé de cécité.

VUILLERME François, né à Coise, vers 1826 ; ordonné prêtre, en 1854 ; parti pour la Guadeloupe, où il fut curé des Abymes, et chanoine honoraire de la cathédrale de Basse-Terre ; décédé à Coise, le 3 octobre 1871.

VUILLEROT André-Charles, né à Saint-Genix, le 31 octobre 1852 ; ordonné prêtre, le 26 mai 1877 ; nommé professeur au petit séminaire du Pont-de-Beauvoisin, le 15 octobre de la même année ; aumônier du pensionnat des religieuses Augustines de la même ville, en 1893.

APPENDICE

Entrée de Monseigneur HAUTIN, archevêque de Chambéry, dans sa ville archiépiscopale, le 14 septembre 1893.

A la courte biographie de Mgr François Hautin, qu'on a lue en tête de la troisième et dernière partie de ce volume, je suis encore assez heureux de pouvoir ajouter ici, au moment où mon travail achève de s'imprimer, les détails de son entrée dans sa ville archiépiscopale.

Dès le dimanche 10 septembre, Sa Grandeur avait fait prendre possession de son siège, selon les formes canoniques, par M. le vicaire capitulaire Marc Burdin. Le jeudi suivant, fête de l'Exaltation de la Sainte Croix, à huit heures et demie du matin, le vénérable Pontife, après être descendu la veille de la Grande-Chartreuse et avoir passé la nuit au château de M. des Garets, à Saint-Beron, est arrivé lui-même à Chambéry. C'est ainsi que le *Courrier des Alpes,* dans son numéro du lendemain, raconte les diverses circonstances de la fête qui eut lieu à cette occasion :

« Hier a eu lieu l'entrée solennelle de Mgr Hautin dans sa ville épiscopale. De grands préparatifs avaient été faits en vue de cette cérémonie. Les rues où devait passer le cortège étaient ornées de mâts vénitiens portant des oriflammes et des faisceaux de drapeaux tricolores ombrageant la Croix Blanche. La place de la Cathédrale était décorée de guirlandes de verdure ; sur la façade de l'église se développaient de riches tentures aux couleurs pontificales encadrant les armes du Souverain Pontife et celles de Mgr Hautin. Un temps superbe favorisait cette belle fête.

« Mgr l'Archevêque est arrivé de Saint-Beron à huit heures et demie et a été reçu à la gare par plusieurs ecclésiastiques, aux accents des *Allobroges*, exécutés par la fanfare de l'Orphelinat. De là il s'est rendu en voiture à la maison des Frères du Verney pour revêtir les ornements pontificaux. M. le grand vicaire Burdin lui a adressé un compliment de bienvenue, et la procession s'est mise en marche au son de toutes les cloches de la ville.

« Le cortège était formé des confréries des paroisses et autres associations catholiques, des membres des congrégations religieuses, des représentants de l'abbaye d'Hautecombe, des RR. Pères Capucins et des prêtres du diocèse venus en très grand nombre. Sous le dais, précédé de MM. les vicaires généraux et des membres du Chapitre, marchait Mgr Hautin, assisté de MM. les chanoines Mareschal et Varet. Le Prélat s'avançait en bénissant la foule des fidèles qui se pressait avec respect de chaque côté de la rue. Presque toute la population de la ville était présente.

« Sur le seuil de l'église, M. le chanoine Dunand, prévôt du Chapitre, a présenté au nouveau Pontife les hommages du clergé et du diocèse. Monseigneur a répondu à cette allocution, comme il avait fait à celle de M. le chanoine Burdin, avec une grande délicatesse de sentiments et de paroles.

« Après le chant du *Te Deum*, a eu lieu dans le chœur la cérémonie de l'obédience. Puis Mgr Hautin est monté en chaire pour donner lecture de sa première Lettre pastorale et de son premier Mandement. Nous ne pouvons analyser ces pages qui seront bientôt communiquées aux fidèles de toutes les paroisses. Ils y trouveront, avec le charme d'une parole élégante et fine, l'expression d'un cœur affectueux et d'un esprit élevé.

« La cérémonie s'est terminée par la bénédiction solennelle, et Monseigneur a été conduit au palais archiépiscopal où il a reçu les visites des autorités civiles et militaires. Les représentants de la Cour d'appel, du Tribunal, de l'Université, de l'armée, de l'Académie de Savoie, des diverses administrations lui ont été successivement présentés. La délégation du Conseil municipal était composée de MM. Chiron et Revoil, adjoints, Barlet, Descostes et Favier, conseillers. »

Dans l'après-midi, Sa Grandeur a fait visite aux hôpitaux. Le lendemain, vendredi, elle s'est rendue à Notre-Dame de Myans, où elle a célébré le saint sacrifice au milieu d'une foule considérable de fidèles accourus de toutes parts, qui tous, unissant leurs prières aux siennes, demandent à la protectrice de la Savoie de bénir leur nouvel Archevêque, *Quem Deus diu sospitet atque semper tueatur.*

CORRECTIONS TYPOGRAPHIQUES

Page 191, ligne 23, au lieu de *égals*, lire *égal*.

Page 311, ligne 13, au lieu de *Joseph-Arnaud-Marie Godet*, lire Joseph-Marie *Arnaud-Godet*.

Page 322, à Lycée de filles, au lieu de *aumôniers*, lire *aumônier*.

Page 329, ligne 6, au lieu de *population en 1884*, lire *en 1804*.

Page 333, ligne 30, au lieu de *Joseph-Auguste-Martin-François Lovet*, lire *Joseph-Auguste Martin. — François Lovet*.

Page 349, à BARBY, au lieu de *canton sud*, lire *canton nord*.

Page 362, à ECCLÉSIASTIQUES ORIGINAIRES DE CESSENS, retrancher *Pierre Artique*, et page 504, à ARTIQUE Pierre, lire *né à Cervens*, au lieu de *né à Cessens*.

Page 382, à DRUMETTAZ-CLARAFOND. Population des différents lieux habités : Drumettaz, au lieu de *37 hab.*, lire *371 habitants*.

Page 405, à CURÉS de Lucey, et page 449, à ECCLÉSIASTIQUES ORIGINAIRES DE SAINT-GENIX, au lieu de François *Micalod*, lire François *Micolod*.

Page 415, à MONTMÉLIAN : CURÉS, au lieu de *Denix-Félix*, lire *Denis-Félix*.

Page 441, à SAINT-ALBAN DE MONTBEL, au lieu de *Sanctus Albanus Montebello*, lire *Sanctus Albanus a Montebello*.

Page 506, à BASSAT Jean-Baptiste, né... *1331*, lire *1831*.

Page 543, à CARLE André, lire *ordonné prêtre, le 20 décembre 1884*, au lieu de *1874*.

Page 648, au lieu de MARTIN *Jean-Marie*, lire MARTIN *Noël-Joseph*.

ADDITIONS

Page 303, à VICAIRES GÉNÉRAUX, ajouter *Jules-Camille Mareschal*.

Page 313, Petit séminaire du Pont-de-Beauvoisin, à PROFESSEURS, ajouter *Gaspard Perrier*.

Page 322, avant Lycée de Filles de Chambéry, ajouter : *Orphelinat de Filles des Marches*, créé, en 1885, par Mme Costa de Beauregard, Sœur de Saint-Vincent de Paul. — AUMÔNIERS. Noël-Antoine Gay. — Octave Morel. — Alphonse Blanchin.

Page 333, à VICAIRES, ajouter *François Trepier*.

Page 335, à ECCLÉSIASTIQUES ORIGINAIRES DE CHAMBÉRY, ligne 12, ajouter *Joseph Gargoux*.

Page 349, à CURÉS de Barberaz, ajouter *Jean-Bruno Francoz*.

Page 351, à ECCLÉSIASTIQUES ORIGINAIRES DE BASSENS, ajouter *Claude Sadoux*.

Page 353, à Ecclésiastiques originaires de Bellecombe, ajouter *Stéphane-Jean-Marie Cubit.*

Page 364, à Ecclésiastiques originaires de Challes-les-Eaux, ajouter *Antoine Duisit.*

Page 401, après Curés de Layssaud, ajouter : Ecclésiastique originaire de Layssaud. *François-Jean Ailloud.*

Page 407, à Vicaires à Marigny, ajouter *Joseph Janin*, et à Ecclésiastiques originaires de Marigny, retrancher le même *Joseph Janin.*

Page 464, à Ecclésiastiques originaires de Saint-Pierre d'Albigny, ligne 20, ajouter *Joseph-Gabriel Gex.*

Page 478, à Curés de Tournon, ajouter : *Joseph-Humbert Baud.*

Page 492, à Ecclésiastiques originaires d'Yenne, ajouter *Philibert-Joseph Romanet.*

Page 508, à Anthoine Joseph-François, ajouter : *mort, en 1839.*

Ibid., ajouter : Anthonioz Jacques-Pierre, né aux Gets, le 18 novembre 1795 ; ordonné prêtre, le 19 mars 1820 ; curé de Lépin, vers 1825.

Page 508, à Bazin du Chanay, ajouter : *mort, en 1812.*

Page 509, avant Béget, ajouter : Beauregard Jean, né à Chambéry, en 1856 ; ordonné prêtre, en 1880 ; nommé aumônier auxiliaire à l'Orphelinat de Garçons du Bocage, la même année.

Page 515, ligne 3, ajouter : à Berthet *Louis, vicaire capitulaire, le siège vacant, le 6 octobre 1880*, et, ligne 4, *vicaire général pour le Grand Séminaire, en 1881.*

Page 521, après Blanc Victor, ajouter : Blanchet Jean-Claude-Augustin, né au Grand-Bornand, le 18 octobre 1767 ; ordonné prêtre, en 1790 ; nommé curé de Chêne, le 24 novembre 1806 ; puis curé de Lépin.

Page 613, avant Gilbert-Collet, ajouter : Gex Joseph-Gabriel, né à Saint-Pierre d'Albigny, en 1864 ; ordonné prêtre à Rome, en 1888 ; entré chez les Missionnaires diocésains de Myans, la même année.

Page 623, après Grosset Victor-Marie, ajouter : Gruffat (le Père Eugène), né à Rumilly ; religieux Capucin, avant 1793 ; refusa toute compromission avec la Révolution ; remplit les fonctions de missionnaire dans le Lyonnais, où il s'était réfugié pour échapper à la mort à laquelle le tribunal révolutionnaire de Chambéry l'avait condamné ; après l'apaisement de la persécution, fut nommé curé de Saint-Galmier, où il extirpa le schisme de la Petite-Église et fonda trois établissements de charité ; puis, curé de la Guillotière, à Lyon, où, se faisant tout à tous, son nom fut béni surtout par les pauvres ; rentra dans l'ordre de Saint-François, en 1818 ; fut le restaurateur des Capucins en Savoie ; ensuite devint provincial, visiteur apostolique de l'ordre, et ministre général des Capucins. Il décéda à Rome, en mars 1843,

— 741 —

plein ire d p eegG to érpertusL .av ee VI, apprenantjdrsoe Xu sa mort, s'écria : *Oh! nous avons perdu un grand homme.*

Page 646, ligne 5, à Mareschal Jules-Camille, ajouter : vicaire général, le siège vacant, le 6 octobre 1880.

Page 684, à Pillet Albert-Joseph-Marcellin, ajouter : reçu docteur en droit canonique, en 1877 ; nommé chanoine honoraire de la Métropole de Chambéry, le 3 octobre 1893.

Page 714, ligne 3, à Simond Jean-Louis, ajouter : chevalier de la Légion d'honneur, en 1862.

Page 716, avant Tampion, ajouter : Tallon François, né à Aillon-le-Vieux, le 6 novembre 1848 ; ordonné prêtre, le 12 juillet 1874 ; nommé professeur au petit séminaire de Saint-Pierre d'Albigny, la même année ; entré dans la congrégation des Missionnaires diocésains de Myans, en 1877 ; nommé aumônier du noviciat des religieuses de Saint-Joseph, à Jacob-Bellecombette, en 1882.

Page 721, ligne 6, à Thouvard, ajouter : aumônier de la Sainte-Chapelle de Chambéry, en 1893.

Page 725, à Trepier François, ligne 10, ajouter : chevalier de la Légion d'honneur, vers 1880.

TABLE DES MATIÈRES

ANCIENNES CORPORATIONS

ANCIENNES CORPORATIONS DES ARTS ET MÉTIERS
DE CHAMBÉRY

	Pages.
Corporation des tailleurs..................................	1
Corporation des menuisiers	39
Corporation des maçons...................................	43
Corporation des chirurgiens............................	47
Corporation des tisserands	58
Corporation des serruriers, chaudronniers, ferblantiers, lanterniers, selliers, maréchaux-ferrants, taillandiers, couteliers, armuriers, épingliers, fourbisseurs, éperonniers..............................	65
Corporation des charpentiers..........................	84
Corporation des cordonniers, tanneurs et corroyeurs.	88
Corporation des boulangers et des pâtissiers	96
Corporation des apothicaires..........................	104
Corporation des blanchisseurs, chamoiseurs, gantiers et pelletiers...............................	116
Collège des médecins..................................	122
Corporation des meuniers	129
Corporation des ciergiers, confiseurs, épiciers et droguistes................................	132
Corporation des perruquiers...........................	137
Les bouchers	141

ANCIENNES CORPORATIONS DES ARTS ET MÉTIERS
D'ANNECY

Corporation des mouliniers en soie...................	146
Corporations des mineurs, des cordonniers, des tailleurs, des menuisiers, des merciers	149

PERSONNEL ECCLÉSIASTIQUE
DU DIOCÈSE DE CHAMBÉRY
PRÉFACE

Vicissitudes du diocèse de Chambéry.................	159
Le diocèse de Chambéry pendant la période révolutionnaire...............................	163

Le diocèse de Chambéry de 1801 à 1815.............. 169
Le diocèse de Chambéry sous la Restauration........ 177
Le diocèse de Chambéry depuis l'annexion de la Savoie à la France jusqu'à ce jour, 1860-1893......... 188
Division et but de cet ouvrage..................... 189

PREMIÈRE PARTIE

Évêques et Archevêques titulaires du diocèse de Chambéry.

Mgr René des Moustiers de Mérinville.............. 193
Mgr Irénée-Yves de Solles......................... 207
Mgr François-Marie Bigex.......................... 214
Mgr Antoine Martinet.............................. 228
S. E. Mgr Alexis Billiet.......................... 237
Mgr Pierre-Anastase Pichenot...................... 253
Mgr François-de-Sales-Albert Leuillieux........... 257

Évêques originaires du diocèse de Chambéry.

Mgr André-Marie de Maistre........................ 265
Mgr Jean-Baptiste Aubriot de la Palme............. 269
Mgr Jean-François-Marcellin Turinaz............... 275
Mgr François-Marie Vibert......................... 278
Mgr Jean-Benoît Truffet........................... 280
Mgr Félix-Antoine-Philibert Dupanloup............. 282
Mgr François Gros................................. 288
Mgr Charles-François Turinaz...................... 290
Mgr Michel Rosset................................. 294
Mgr Alfred Dardel................................. 298
Mgr Alexandre Berlioz............................. 300
Mgr Laurent Guillon............................... 302

Dignitaires et Officiers de l'Administration centrale.

Vicaires généraux................................. 303
Officialités...................................... 303
Chanceliers et secrétaires de l'évêché et archevêché... 304
Chapitre.. 305
Bénéficiers du premier ordre...................... 308

PERSONNEL ECCLÉSIASTIQUE
DES DIVERS ÉTABLISSEMENTS GÉNÉRAUX

Directeurs et sous-directeurs de la Maîtrise...... 309
Grand séminaire................................... 309
Petit séminaire de Rumilly........................ 310
Petit séminaire de Saint-Pierre d'Albigny......... 311
Petit séminaire du Pont-de-Beauvoisin............. 313
Ancien Petit séminaire de Saint-Louis du Mont..... 314

Externat de Saint-François de Sales.................. 314
Collège royal, Collège national et Lycée de Chambéry 315
Sénat et Cour d'appel............................... 316
Sainte-Chapelle..................................... 316
Couvent de la Visitation 316
Couvent des Carmélites.............................. 317
Couvent du Sacré-Cœur de Chambéry............... 317
Refuge du Bon-Pasteur............................... 318
Maison des Religieuses Sacramentines de Chambéry. 318
Établissement des Frères des écoles chrétiennes de Chambéry.. 318
Couvent des Religieuses de Saint-Joseph de Chambéry 319
Couvent des Religieuses Gardes-malades............. 319
Providence et Orphelinat de filles................... 319
Hospices civils..................................... 320
Pensionnat de filles de Saint-Ambroise de Chambéry. 320
Refuge de Saint-Benoît.............................. 320
La Mendicité.. 321
Les Prisons 321
Hôpital militaire.................................... 321
Orphelinat de garçons de Chambéry.................. 321
Lycée de filles de Chambéry......................... 322
Couvent des Augustines du Pont-de-Beauvoisin...... 322
Établissement de Sourds-Muets de Cognin........... 322
Asile des Aliénés de Bassens........................ 323
Pensionnat des Frères des écoles chrétiennes de la Motte-Servolex................................... 323
Fabrique Guinet du Pont-de-Beauvoisin.............. 323
Chapelle de Saint-Anthelme à Chignin............... 323
Congrégation des Missionnaires diocésains de Myans 324
Couvent des Capucins de Chambéry.................. 325
Couvent des Capucins d'Yenne....................... 326
Abbaye cistercienne d'Hautecombe................... 326
Couvent de la Trappe de Tamié...................... 327

DEUXIÈME PARTIE

Personnel ecclésiastique des paroisses du diocèse de Chambéry.

PAROISSES DE CHAMBÉRY

Saint-François de Sales............................. 330
Notre-Dame... 332
Lémenc... 334
Maché.. 334

PAROISSES RURALES

Aiguebelette.. 337
Aillon-le-Vieux...................................... 337
Aillon-le-Jeune..................................... 339
Aix-les-Bains....................................... 340

Albens... 341
Apremont... 343
Arbin... 343
Arith... 344
Arvillard.. 345
Avressieux... 346
Ayn.. 347
La Balme... 348
Barberaz.. 349
Barby.. 349
Bassens... 350
La Bauche.. 351
Bellecombe.. 352
Belmont.. 354
Le Betonet... 355
Billième.. 356
La Biolle... 356
Bissy.. 357
Bloye.. 358
Le Bourget... 359
La Bridoire.. 361
Cessens... 361
Chainaz... 362
Challes-les-Eaux................................... 363
Champagneux...................................... 364
Chanaz... 365
La Chapelle-Blanche.............................. 366
Châteauneuf.. 367
Le Châtelard.. 367
La Chavanne....................................... 369
Chignin... 369
Chindrieux.. 370
Cléry.. 371
Cognin... 372
Coise.. 373
La Compôte... 374
Corbel.. 375
Cruet.. 376
Curienne... 377
Cusy... 378
Les Déserts.. 379
Domessin.. 380
Doucy... 381
Drumettaz-Clarafond............................. 382
Dulin.. 383
Les Echelles... 383
Ecole.. 385
Entremont-le-Vieux............................... 386
Entremont-le-Jeune............................... 387
Epersy.. 388
Etable.. 389
Francin... 390

Fréterive	391
Frontenex	391
Gerbaix	392
Grésin	393
Grésy-sur-Aix	394
Grésy-sur-Isère	395
Hauteville	396
Héry-sur-Alby	397
Jacob-Bellecombette	398
Jarsy	398
Jongieux	400
Layssaud	400
Lépin	401
Lescheraine	402
Loisieux	403
Lornay	404
Lucey	404
Les Marches	405
Marigny	406
Massingy	407
Méry	408
Meyrieux	409
Mognard	410
Les Molettes	411
Montagnole	412
Montailleur	412
Le Montcel	413
Le Mont-du-Chat	414
Montmélian	415
La Motte en Bauges	416
La Motte-Servolex	417
Motz	419
Mouxy	419
Moye	420
Myans	422
Nances	423
Novalaise	424
Le Noyer	425
Oncin	426
Ontex	427
Planaise	428
Plancherine	429
Pont-de-Beauvoisin	429
Presle	431
Pugny	431
Puygros	432
La Ravoire	433
Rochefort	434
La Rochette	435
Ruffieux	437
Rumilly	438
Saint-Alban	440

Saint-Alban de Montbel	441
Saint-Baldoph	442
Saint-Beron	443
Saint-Cassien	444
Saint-Christophe de la Grotte	445
Saint-Félix	446
Saint-Franc	447
Saint-François de Sales	448
Saint-Genix	448
Saint-Germain	449
Saint-Girod	450
Saint-Innocent	451
Saint-Jean d'Arvey	452
Saint-Jean de Chevelu	453
Saint-Jean de Couz	454
Saint-Jean de la Porte	455
Saint-Jean-Puygauthier	456
Saint-Jeoire	456
Saint-Martin du Villard	457
Saint-Maurice de Rotherens	458
Saint-Offenge-Dessous	459
Saint-Offenge-Dessus	459
Saint-Ombre	460
Saint-Ours	461
Saint-Paul	462
Saint-Pierre d'Albigny	463
Saint-Pierre d'Alvey	465
Saint-Pierre de Curtille	465
Saint-Pierre de Genebroz	466
Saint-Pierre de Soucy	467
Saint-Sulpice	468
Saint-Thibaud de Couz	469
Saint-Vital	470
Sainte-Hélène du Lac	470
Sainte-Marie d'Alvey	471
Sainte-Reine	472
Serrières	473
Sonnaz	474
La Table	475
La Thuile	476
Thoiry	476
Tournon	477
Traize	478
Le Trembley	479
Tresserve	480
Trévignin	480
La Trinité	481
Verel-Montbel	482
Verel-Pragondran	483
Verrens	484
Verthemex	484
Villard-d'Héry	485

Villaroux	486
Villard-Sallet	487
Vimines	487
Vions	489
Le Vivier	489
Voglans	490
Yenne	491

TROISIÈME PARTIE

Monseigneur François Hautin	493
Dictionnaire biographique des ecclésiastiques du diocèse de Chambéry	497

APPENDICE

Entrée de Monseigneur Hautin, archevêque de Chambéry, dans sa ville archiépiscopale, le 14 septembre 1893	736
Corrections typographiques	739
Additions	739

Chambéry. — Imprimerie Savoisienne, 5, rue du Château.

www.ingramcontent.com/pod-product-compliance
Lightning Source LLC
Chambersburg PA
CBHW060903300426
44112CB00011B/1320